中国青少年保护与犯罪防治四十年

徐 建 ◎ 著

上海三联书店

将本书献给教育培养我的母校
——"法学教育的东方明珠"华东政法大学

为了明天(代序)

　　少年是一个特殊的群体,自然规律决定他们从出生后一段时期是生命、生存、健康、安全……需要全面保护、照料的弱势群体。自然规律同时决定在生长、成年、发展后,他们是国家,民族,人类的未来。少年保护和少年司法是法律层面保证这一自然规律和人类社会发展规律的武器,也是关乎国家、民族和人类未来命运的战略性法学领域。因此,为了明天,这正是我们的事业。

　　少年保护与犯罪防治是一个世界各国普遍存在的社会问题,从中外有文字记录的法的历史中,不乏记载和论述。如早在公元前六世纪我国春秋战国时期,著名政治家、军事家、改革家管仲就提出:"育幼无方,则民意绝,乱必滋生"的警示。再如我国云梦出土的 2300 多年前的"秦简"就有审讯犯罪少年"必先尽听其言而讯之,各尽其辞……""当律当治谅者乃治谅之"等规定。但从现代意义上的少年保护和少年司法制度来说,由于历史的原因,我国起步较晚,直到1980 年共青团中央召开《全国青少年保护法座谈会》,才首次把这个课题提上全国研讨日程。

　　1984 年上海市长宁区人民法院建立第一个少年法庭,开启了中国现代少年保护和少年司法制度之路。四十年来,在党的领导和广大人民群众的支持下,在改革开放时期的实践是检验真理唯一标准的思想指导下,从中国实际出发,理论联系实践,学习为了创新,从零开始,不仅跨越了发达国家百年走过的道路,建立起符合时代理念、具有中国特色的少年司法制度。在努力承接中外历史优秀成果的同时,勇于开拓创新具有中国特色社会主义、体现人民智慧和力量的独特做法、经验,如少年刑事案件审理中的"审教结合、寓教于审""独立建制的未成年人检察""少年司法一条龙""社会帮教一条龙""少年保护和犯罪预防的综合治理"等等。从实践改革、单一制度到系统全局研讨、理论提升,再到立法的推进、突破,其规模、力度和深度都是世界少年司法和少年保护发展历史上没有的。如《中华人民共和国未成年人保护法》,一部多方面体现儿童最大利益原则的儿童宪法式部门法;体系完整、内容丰实的《中华人民共和国预防未成年人犯罪法》;《中华人民共和国刑事诉讼法》设未成年人特殊程序专章……。我个人认为：现在，我们已经初步形成中国少年保护和少年司法制度体系，实践积累的丰富经验、做法，在有些方面已经领先于许多国家包括一些先进发达国家。

但是，四十年在历史长河中只是弹指一挥间，我们必须认识到，在我们从事和关注的领域和范围中，学科尚未得到广泛认可，理论基础依然薄弱。此外，还存在许多研究空白，人才不仅缺乏而且分散，面对的问题和不足众多，距离建成一个完善的、适应中国式现代化要求的少年保护和司法体系还有很大差距。这与党的二十届三中全会提出"全面深化改革，推进中国式现代化"要求很不适应。因此，我们必须前进、奋斗，适应时代变化、社会进步和科学技术发展。

四十年来，前进、发展的过程不是一帆风顺的，不仅存在起步晚、基础差等因素，我特别感受深刻的是下列社会、科学技术的发展、变化：

1. 当代科学技术发展之快，超乎常人想象。如计算机、电脑、手机，从高科技专家手段一下成为了少年儿童的玩具，飞机、汽车可以无人驾驶，人真的能去月球会"嫦娥"，信息技术、人工智能等发展变化对少年保护和少年司法不断提出新问题、新要求。环球时报今年5月28日报道，英国爱丁堡大学研究发现，全球每年遭受网络性虐待儿童超3亿，数据显示，美国成为特别高风险地区，英国、澳大利亚的情况也让人胆战心惊。新世纪来，传媒不断传出网络诈骗、网络性侵害、网络诱奸、网络霸凌，还有网迷网赌……，许多国家相应出台许多措施。2016年《中华人民共和国预防未成年人犯罪法》修改，增加"网络保护"一章，及时作出反应也是一例。

2. 社会的进步伴随全球化带来了环境、价值观、消费观及人口和家庭结构的变化。例如，一方面不少国家面临出生人口危机，另一方面联合国预测2050年全球人口将达到98亿，这引起了关于是否世界准备好应对这一挑战的讨论。又如美国的枪支问题，不少犯罪者、受害者都是未成年人，引发少年保护和少年犯罪等严重的社会问题。墨西哥前总统洛佩斯指出，自他2018年12月上任以来，政府收缴了50万支从美国走私到墨西哥的枪支，这反映了墨西哥面临的严重少年保护和犯罪问题。此外，未成年人模仿网红追求高消费和奢侈品也成为了一个不可忽视的趋势。面对这些问题，我们能够置之不理吗？

3. 法治进步和政策变化。历史证明，增加或取消一个罪名、政策收紧或者放宽,就会"制造、增加"或"消灭、减少"犯罪。刑事责任年龄的修改,就可能涉及千百万青少年的生命、权益得失。

4.国内外形势变化,特别值得研究和关注。历史上的德国在二战中组建了少年军团,导致许多未成年人丢掉了年轻的生命,这一点至今仍未被忘记。在当今世界的某些地区,战争仍然夺走许多少年儿童的生命。根据今年6月发布的联合国报告,"2023年武装冲突中针对儿童的暴力活动达到了极端水平,特别是在加沙和苏丹,严重伤害惊人地增加了21%"。

这都要有研究预测,情况愈复杂、变化,更要多研究、进行多方面预测。为了明天,我认为,要为建立地方、全国、国际化问题的少年保护和少年犯罪社会问题研究机构呐喊,吸收不同国家不同文化背景的,甚至跨学科人才,研究、储备信息资料,提前、超前研究重大、复杂问题。不仅要专注地方、我国,还要关注研究区域性、全球性专门问题,为国家、为国际社会提供建议和策略。为此,我们必须不断收集和分析情况、资料和数据,以丰富我们的数据库。这将有助于推动少年保护和少年司法在理论和实践层面的进步与发展,但这是一项任重道远的工作!

《中国青少年保护与犯罪防治四十年》,是将本人过往撰写的这方面文章收集、整理、修改而成的一部作品集,反映了我对于青少年犯罪问题研究、少年法学与少年司法研究的历程、思考和心得,记录了我在青少年犯罪预防与综合治理、少年司法制度的理论与实践探索及未成年人保护方面的一些历史印迹和认知过程,希望能对关注者有所启示。本书时间跨度半个世纪,不同时期文章明显具有当时的历史背景和时代的印记,在编撰中均未加改动,以存真实。由于个人的认知能力和理论水平的历史局限性,错误、不当之处,供讨论批评。此书编撰过程中,虽有多位年轻博学者的帮助,但本人年迈力衰、力不从心,虽尽心努力,错误、粗陋仍难尽免,敬请指出,并真诚致谢!本书有个别文字及极少部分内容简单重复的,略有删节,均加注释,以尊重读者。

这部著作起意较早,随着年龄增长日感力不从心,没有姚建龙教授的鼓励、支持是难以面世的。在收录、整理、修改、校订过程中,东南大学博士研究生刘兆炀,华东政法大学硕士研究生毕雨健、董笑洋、李佳欣,上海社会科学院硕士研究生乌云其木格、喻雨宸,上海政法学院硕士研究生陈秋润、杨子涵参与了本书工作,花费了大量的精力。邹宏建博士在最后修改、定稿阶段,参与了一些问题的研讨,还执笔完成一篇文章并同意编入本书。特致谢意。

今年气候反常,上海高温多达 50 天,酷热难熬,十分感谢上海三联书店的郑秀艳编辑为本书的反复审校及出版付出了辛勤汗水,特致敬意!

徐　建

2024 年 8 月 10 日

于上海松江雅仕轩

目　录

第二编　少年法学基础研究：理论根基、体系、发展走向

第三编　少年司法制度研究：革新、实践、启迪

第四编　未成年人保护立法实践与发展探索

第五编　铭记与回忆

附　　录

第一编

少年犯罪研究的方略、目标、
路径的时代选择

专题一：少年权益保护和犯罪防治研究的初心、规划与开拓

专题前言：中国少年权益保护与犯罪防治四十年，是学习、传承、创新、发展的四十年。四十年跨越不少发达国家一个世纪，足以振奋和自豪。但是面对新时代中国式现代化要求，任重道远。回顾历史，不忘初心才能跟上时代，更快前进！

历史不以个人意志转移，真实的四十年，发展不是顺畅理想的，而是充满矛盾、问题、曲折，有经验，有教训的。必须直面新中国成立75周年，我们为之奋斗的学科和实践探索，是在特定的历史时期起步的，比建国整整晚了35年。基于这个实际，才会出现一些我国才会出现的困难、问题、矛盾……，例如开创四十年的历史性的"青少年保护法研讨会"，实际起始研究和关注热点是"青少年犯罪"，这一广泛使用的概念从法学严格的标准思考，就是有争议和不严谨的。从而走出青少年犯罪——少年犯罪——未成年人犯罪；《中华人民共和国未成年人保护法》——《中华人民共和国预防未成年人犯罪法》；上海从少年刑事案件合议庭——独立建制的少年法庭——综合审判庭——少年法院研讨、构想——指定管辖、撤并——家事法庭……这样独特艰难、需要探研总结的独特之路。

社会进步是必然的、不可阻挡的，在一定历史阶段科学终究要回归到实践与理论统一，实现科学的追求和美好的社会效果。

一个事关未来的社会问题

——青少年犯罪问题研讨*

青少年是国家的未来，民族的希望，社会进步和发展的担子总是一代一代地落在青年一代的身上。青少年的堕落、犯罪不仅是某一个青年本身的

---

* 原载《社会科学》1980年第4期，获上海市高校哲学社会科学奖。

事,也不是某个青年家庭的不幸,而是关系到国家前途、民族兴衰的大事。纵观古今中外没有哪个朝代、哪个国家不注重青少年一代。我国历史上有许多值得借鉴的经验。管子说:"育幼无方,则民意绝,乱必滋生,而上位危矣",讲的是青少年一代管教不好,就会危及封建王朝的统治;韩非子说:"怀幼以法,本之本也",更加概括地说明青少年问题的重要性。因此,研究探讨和正确解决青少年犯罪问题是一个刻不容缓、万众关切的事情。

一、 社会主义创造了犯罪率大幅度下降的奇迹

犯罪不是自有人类以来就存在的现象,而是一个历史范畴。它是在私有制产生以后,与阶级、国家、法律等一起产生的社会现象,是统治阶级按照自己的意志,通过法律的强制形式,把侵害统治阶级利益的行为规定为犯罪,禁止人们去做。因此,追根求源来说,犯罪产生的根本原因在于私有制的产生,在于人剥削人的制度。我国老解放区解放以后实行了新的社会制度,社会面貌即为之一新。美国著名记者埃德加·斯诺在《西行漫记》中就曾经记载过当时解放区的亲身见闻,他说:在"苏维埃化已久的县里,中国大部分地方常见的某些明显的弊端,肯定是被消灭了",例如"彻底消灭了鸦片""贪官污吏几乎是从来没有听到过",乞丐和失业被"消灭"了,"奴婢和卖淫已经绝迹"等等。公正、客观地反映了事实。

中华人民共和国成立以后,社会秩序迅速稳定,各种犯罪分子得到有效的改造,各类刑事案件,其中包括青少年犯罪案件出现急剧下降的长期稳定趋势,在许多地方包括城市都出现了"路不拾遗,夜不闭户"的良好局面。以上海为例,解放前人们称之为"冒险家的乐园",是黑暗势力很集中的地方,兵痞、流氓、赌棍、惯盗活动猖獗。1949 年,党和人民政府从帝国主义、国民党反动派手中解放了这个城市,当时的刑事案件发生率是 1 年 4 万多起,也就是说每十来分钟在上海就要发生一起犯罪事件。但是,人民在推翻旧制度、扭转乾坤的同时,也改变了犯罪发展的历史进程,上海出现了刑事案件逐年下降的新情况。统计材料说明经过 5 年时间,到 1954 年全市刑事案件发生率就比解放初期下降 50%,以后继续下降,1957 年下降 70% 左右,1961年下降 75%,到 1965 年"文化大革命"前夕,比解放初下降 90% 左右,其中包括青少年犯罪的大幅度下降,这在旧中国或在资本主义国家中都是不可能的。许多国外著名人士在我国考察了解,亲身体验了这一点,都惊叹中国社

会制度的成功,创造了世界上的奇迹,使犯罪分子减少到令人惊奇的程度。在社会主义制度下,党和国家发展生产、解决了旧社会遗留下来的大量失业问题,为每一个人贡献自己力量,造福人类创造了条件。同时,当家作主的人民依靠自己的劳动和智慧,发展生产、改善生活,不仅使生活得到可靠的保证,而且对将来的美好生活充满了希望。在这样的条件下,盗窃、抢劫、诈骗、流氓等等行为就成为社会鄙视、人人痛恨的反社会行为,从而就使我们与犯罪和各种旧社会的残余恶习作斗争,具有广泛的社会基础。对于极少数恶性不改,坚持危害社会和人民的人,人民的专政机关依法给予打击,并采取惩办与教育相结合的政策,给以出路,加以改造,使上海这样旧社会藏污纳垢的"十里洋场"能在不长的时间中得到改造,社会治安良好,刑事犯罪大幅度持续下降。

二、 需理性看待青少年犯罪上升现象

在"十年浩劫"中,我国刑事犯罪主要是青少年犯罪,且出现了令人不安的发展趋势,一些省市的调查统计表明,我国青少年犯罪案件增加很快,有的近十年增加一倍左右,有的还远远超过一倍。其中青少年犯罪在整个刑事案件中所占的比例也大幅度提高,从 50 年代占 20％—30％,上升到现在的 60％左右,在大城市中青少年犯罪所占的比例尤高,引起了国内外人们的关注和议论。大家知道,1966 年以后,我国政治、经济生活中经历了历史上少有的大动荡,林彪、"四人帮"为了篡夺党和国家的领导权,混淆是非,颠倒黑白,破坏经济,制造混乱,挑动武斗,践踏法制,侵犯人权,骄侈淫逸,大搞特权,为非作歹。这一时期刑事犯罪和青少年犯罪的增加,正是与林彪、"四人帮"进行的破坏、制造的混乱分不开的。所以,近 10 年来青少年犯罪剧增是在特定条件下、具有明显特殊原因的暂时现象,决不能作为一种正常的规律或长期趋势看待,更不是社会主义制度所固有的必然产物。同时还必须指出,就是在 1966 年以后我国青少年犯罪以每年 10％左右的数值大幅度上升的反常情况下,我国发案率与解放初期比还是下降的,与一些主要资本主义国家比,更是比较低的。这可以从刑事犯罪占整个人口的比例数来看,美国最多为 5.3‰,英国为 4.4‰,西德为 4.8‰,日本为 1.1‰,而我国低于 5‰。青少年犯罪在整个青少年人数的比例,从我国若干城市的统计来看,也比资本主义社会要低得多。

　　还有一个极为重要、具有说服力的事实，就是粉碎"四人帮"以后，我国刑事案件和青少年犯罪也结束了持续 10 年大幅度上升的历史。据中央公安部统计，粉碎"四人帮"以后的 1977 年，刑事案件就开始下降。1978 年比 1977 年又下降 2.3％。但是要求用 3 年时间来消除十年动乱造成的祸害和影响，时间显然是很不够的，我们不能奢望短时间内就能取得青少年犯罪大幅度稳定下降的效果。不仅如此，而且要充分估计到由于各种原因，还可能多次出现复跳现象，只要在全党重视、加强对青少年的教育和全面关怀的基础上，给少数罪行严重的以必要的严肃处理，青少年犯罪必将逐步明显下降。

三、我国青少年犯罪剧增的原因剖析

　　从综合材料和一些典型的调查分析来看，现在刑事案件中青少年占大多数，其中绝大部分又是 25 岁以下的青年和 18 岁以下的少年，正是文化大革命中成长的一代。他们在文化大革命中经历了从儿童到成年的生长过程，这个过程从生理上来说是一个人新陈代谢十分旺盛的时期，与这个生理过程相适应，从社会观点来说，它是从家庭、亲友、学校、社会等方面进行学习，开始形成思想、观点、品行、性格、道德、爱好、理想、意志，逐步懂得社会责任、义务的关键时期，是他们从依附父母逐步走向社会，学习和锻炼独立的一个重要转变时期，也就是一个人被塑造的时期。正是在这个时期，林彪、"四人帮"进行了我国革命历史上少见的大破坏，毒害了正在成长的一代青年，其中最直接导致青少年犯罪的重要原因有以下几方面：

　　第一，"打砸抢"的谬论和活动，在青少年中灌输了一种法西斯强权哲学。林彪、"四人帮"散布大量"打砸抢"的谬论，什么剪裤子、砸东西、剃光头、贴封条是"荡涤污泥浊水"，建立了"伟大的功勋"；搞械斗是"文攻武卫"；砸对方组织是"革命行动""好得很"；拳打脚踢、人身摧残是"革命的暴力行动"；"好人"打"坏人"是活该等。在林彪、"四人帮"的教唆和支持下，"打、砸、抢、抄"成为一种时代的勇敢标准，王洪文之流成了 60 年代中国大地的"英雄"。一些亡命之徒，小的威风一时，捞取实惠，大的则加官晋爵，红极一时。反动的理论和丑恶的榜样直接毁掉一部分青少年，而其潜移默化的影响则害了一代人。他们以王洪文、陈阿大、黄金海之流为榜样，吃喝玩乐、成帮结伙、打砸逞凶，自称"革命"。在社会主义条件下，形成了一种法西斯强

权哲学，一种反动的权力英雄观。许多省市的调查都证明，在殴斗行凶的青少年罪犯中普遍地盲目崇尚"暴力"，认为："谁打人多谁革命""谁的手臂粗谁英雄"。天津市有一个不到 18 岁的罪犯，他的经验就是"打人越多越凶，别人就越怕我，越尊敬我，我就越有地位"。在这种思想支配下，他打遍了天津 7 个区，最多时纠集 700 多人，犯下许多罪行。

第二，个人主义恶性膨胀，极端利己主义思想泛滥。林彪、"四人帮"是一批野心家、阴谋家，为了实现个人野心，为了吃喝玩乐、过资产阶级腐朽生活，不择手段，什么坏事都干。他们常常在最最动听的语言、最最革命的词句掩盖下，干着最卑鄙龌龊的勾当。为了满足个人的物质欲望，不管是国家的、集体的，还是个人的财产，他们可以伸手拿，公开抢，甚至可以偷，可以骗。为了实现个人野心，他们讲假话、造谣言、诬陷栽赃、指鹿为马、拉帮结伙、封官许愿、制造事端、为所欲为。他们提出所谓"阶级斗争无诚实可言""要引导对方走上犯错误道路"等等谬论。林彪有一个座右铭就是"不讲假话不能成大事"。就是这样一些思想极为腐朽、品德十分无耻之徒，在政治动乱的特殊情况下，成了"榜样""标兵""英雄"。学习他们就得到表扬、鼓励，还可能平步青云，反对他们就大祸临头、挨整受批，甚至于惨遭杀害。他们以吃喝玩乐、挥霍人民血汗为荣；争权夺利，大言不惭；图谋私利，声大气粗，脸不红心不跳；对社会主义道德和革命优良传统恣意践踏、败坏，造成了个人主义恶性膨胀。上海机床厂一个现已转变成先进青年工人吴某某的经历就具有时代特征。1965 年他进厂不满 16 岁，要求进步。文化大革命中，他在林彪、"四人帮"思想毒害下，参加了"工总司"所属一个"造反队"组织的"打砸抢"活动，"胜利"以后分得了一辆摩托车，于是就接受了王洪文、陈阿大之流的经验，"杀"向社会，去获得自己所要的一切，从爬岗亭、撬食堂到偷汽车、捅刀子，走上了犯罪道路。最近走上犯罪道路的青少年中，可以看出有些虽然没有亲身经历过文化大革命的最混乱年代，但是，他们的思想作风、行为表明他们是文化大革命那一茬青少年犯罪的徒子徒孙。

第三，无政府主义思潮横行。文化大革命中林彪、"四人帮"为了篡党夺权，把一切道德、伦理、纪律、制度都踩在脚下，肆意践踏，把各种正常社会生活所需要的关系、纽带无情打乱，一切服从于他们的需要，真理服从于他们的私利。到处是各行其是，无所约束。父母管不了子女，教师教不了学生，师傅带不了徒弟，上级领导不了下级。各人管自己，上帝管大家。这一方面造成了家长、学校、社会对青少年的一切不良倾向和偏离社会正常的行为无能为力,眼睁睁地看着青少年道德水平下降,染上不良习气,一步一步向危险的道路滑去,而无法施展在具有正常关系下能够起到的教育、引导、阻止、扭转、警戒等作用。更严重的问题是造成青少年蔑视纪律、践踏法制,反对一切约束的错误思想和习惯。他们大搞无政府主义,浅薄地认为:一切纪律、约束、权威都是不好的、不必要的、可以对抗破坏的,甚至以破坏为乐事,把反对正常秩序的错误行为当作英雄行为、勇敢行为。认为自己年纪轻、出身好,干什么事都可以置身于法律制裁之外,因此,他们常常横行不法,以身试法,明知违法犯罪也要闯一闯,结果犯了严重的罪行。

第四,经济破坏,造成了不少青年失业、待业。"十年浩劫",国民经济停滞不前,而学校每年以几百万人的规模和速度,把青年一批批地投入社会。其中除百分之几的青年有条件升学深造外,年年都有大批青年无法安排工作,形成一支闲散待业队伍。这是一个大问题。他们有充沛的精力,但没有工作;他们年龄逐渐大了,没有经济收入;他们想学习,但没有机会,想升学,基础太差没有信心;他们要前途,但又不知道什么是真正的前途、出路,因此,有的人思想苦闷、彷徨,有的人自暴自弃,往邪路上走。据了解,上海青少年犯罪中,失业、待业青少年约占10%左右,有的地方统计,青少年违法犯罪者当中,无业、待业青年约占三分之一。

我国是一个经济落后人口又多的国家。在社会主义制度下,我们曾经比较好地解决了就业问题。近10年来由于林彪、"四人帮"造成的经济破坏,形成大量劳力闲散,实际上处于失业状态。与资本主义所不同的只是,对多数来说,由于父母工作有保证,生活不会发生过大的困难。但是,现在全国还有大批待业青年,这毕竟是一个亟须重视解决的现实问题。有的省市调查指出,凡待业青年较多的地方,就业安排得好,青少年犯罪就明显下降。武汉市在12000名待业青年中进行调查,未安排前有215人犯罪,安排就业后有犯罪行为的青年数量下降到只有17人;苏州市调查,由于把青年待业问题解决得好,15个团伙,被拆散13个,青少年案件比同期下降64.3%。可见解决青少年就业在减少青少年犯罪工作中的重要意义。

上海市少教所对1972—1979年间出所者进行调查的结果是,出去后没有就业的人员中重犯率比就业的要高3倍。说明少教期满出去后就业与不就业是很不相同的。像上海南市区的杨新才少教出来以后,他确实是下了极大的决心去改邪归正的。但是，1968年这样的时候，他得到的是歧视、冷淡和讥讽。政治动荡带来的经济凋敝，使杨新才找不到工作，忍饥挨冻，到1971年好不容易进了里弄生产组。可是，"四人帮"当时实行的"极左"政策又使他劳动一年而得不到一分钱的报酬。社会不给出路，杨新才又重新走上了犯罪的道路。如果不是粉碎"四人帮"，杨新才后来成为上海市轻工业局的新长征突击手是完全不能想象的。林彪、"四人帮"的破坏造成青少年犯罪增加的原因还有许多，例如学校停课，造成青少年愚昧无知、粗野；大量迫害干部、知识分子，造成有些人妻离子散、家破人亡；反动血统论等等。

第五，家庭影响与父母教育不当。家庭是社会的细胞，在青少年成长过程中，家庭影响与父母教育具有不可忽视的作用。许多事实证明，家庭结构良好、关系亲密和谐，父母对子女有严格的要求和恰当的管教，是青少年犯罪较少、社会稳定的重要保证。我国在"四人帮"横行时期，绝大多数青少年还是好的。这一点是与绝大多数父母没有忘记自己对社会的责任分不开的。同样道理，青少年犯罪也在很大程度上与家庭，特别与父母教育影响有关。虽不能绝对地一律归咎于父母，但多数父母有不可推卸的责任。据若干地方的统计，在当前青少年犯罪中，由于各种不同的家庭原因造成的犯罪约占20%。

家庭影响造成青少年违法犯罪中，最多的是父母教育不当。据上海某工读学校统计，青少年违法犯罪有75%与家庭教育、管理有关。父母教育、管理不当，具体表现为走两个极端。很大一部分是溺爱、护短、纵容，从小养成了小孩贪图吃喝享乐、为所欲为、极端自私等思想，成为家中的"小霸王"。随着年龄增加，这种思想又没有得到应有的批判，欲望继续发展，直到在家中无法得到满足，却又无法约束和控制自己，就从家里的"小霸王"变成里弄的"一只鼎"，最后成为犯罪分子。北京某工读学校一个班20个学生，其中有2个头生子，14个"老疙瘩"，占80%。家庭教育的另一个极端是打、骂、赶、饿。他们认为"棍棒底下出孝子"，结果事与愿违，使子女与父母对立，对家庭毫无感情。在严重的情况下，父母的严惩，直接使青少年离开家庭，横竖横，自己找出路，走上违法犯罪的道路。抚顺监狱调查101名在狱青少年罪犯，由于上述家庭原因走上犯罪的有26名。

我们国家就业面大，多数家庭父母双方工作，客观条件决定容易因工作、精力等因素而忽视对子女的科学教育和严格管理。加上国家提倡计划生育、控制人口增长,独养子女越来越多,有的幼儿园统计现在独苗已占一半以上,这样更形成关心生活大大超过对思想、道德、性格、品行的关心。有的父母还错误认为小孩吃饱穿暖就算自己尽到父母的责任了,这是很值得重视的问题。父母教育在子女成长中具有重要的地位,有的同志说父母是第一个教师,是时间最长的教师,是最了解自己"学生"的教师。因此,父母应该把教育子女看作自己对国家、社会的崇高义务,是自己不可忽略的社会责任,要合理安排时间与精力,学习正确教育子女的方法,与学校、社会其他部门配合起来,加强并做好对子女的管理和教育。

第六,文艺作品对青少年的成长有特殊影响。青少年的特点是体格、生理的发展速度超过认识发展的速度,形象思维能力超过逻辑思维能力。青少年的这一特点,决定了文学、艺术、戏剧、电影、电视、小说……对青少年思想的极大影响和作用。特别是电影、电视、戏剧等直接用形象语言来感染人、教育人,影响尤大。好的作品能引导、激发青年为革命的崇高理想去奋斗。坏的作品也能直接引导青年颓废、堕落。有一个女青年原来表现不错。后来就是从电影、电视、戏剧中大量吸收打扮、穿着、恋爱、跳舞、吃喝、享受等等东西,发展到以国外电影为蓝本,向往、追求西方生活方式,从而走上了犯罪和反革命的道路。因此,具有特殊影响和作用的文学、宣传必须考虑社会的效果,有利于青少年的健康成长。这一点不仅是我们,而且是世界各国都普遍重视的。

为了抵制有害的、腐朽的思想的侵袭,更为重要的方面,就是大力提倡健康有益的娱乐体育活动,丰富青少年的业余生活,提供尽可能多的青少年活动场所,开阔眼界,培养青少年广泛的兴趣、爱好、特长,把他们充沛的精力引导到有益健康、有益成长、有益的社会方面去。

另外,在青少年犯罪当中,烟、赌、酒是直接促使青少年走上犯罪道路的恶习。据有的地方调查,在青少年违法犯罪者当中,吸烟是 100%,赌占90%,喝酒占 50%。有些人引诱、腐蚀、教唆活动就是从教会吸烟、赌博、喝酒或是从烟酒不分家,递来递去开始的。有的人在赌场失利后,为找赌本,而直接去犯罪,还有抢钱买香烟和直接偷香烟的。一些违法犯罪的青少年在得到改造以后,他们在总结自己的教训时,概括为两句话:"不学好开始,一支烟上钩。"因此,在青少年中造成一种抵制、谴责烟、赌、酒的舆论是反腐蚀、反引诱中一个很值得注意的方面。

四、 预防、减少青少年犯罪的根本措施

青少年犯罪是一个涉及社会各个方面的复杂社会问题。预防和减少青少年犯罪是一项长期的战略任务。因此，解决这个问题靠某一个部门或少数人是不行的，要依靠全党动手，各方配合，环环落实，从小抓起，充分发挥社会主义制度的优越性，要从经济、政治、行政、教育、道德、法律等各方面来保护、培养、塑造青少年。其中家庭、学校、街道、工厂、政府五个方面形成一种固定的合作体制，可能是体现"综合治理"的好形式。有利于精心护理、保障青少年健康成长。

制定青少年保护法有利于把"综合治理"的有些措施用法律条文加以固定，并通过国家机关强制实行。青少年保护法基本着眼点是保护青少年。既要明文规定社会各部门、各团体、各种人在保护、培养、教育青少年方面应该负有的责任、义务，又要规定严惩毒化、迫害青少年的罪犯等等，以保障青少年的健康成长。

关于华东地区青少年犯罪问题
研究工作的设想与建议 *

近几年来青少年犯罪研究工作在理论工作者和实际工作者紧密结合、共同努力下,发展是很快的。但存在着三方面的不足:

1. 基础理论薄弱,像社会主义社会中犯罪原因、综合治理、违法犯罪青少年的教育感化等问题的基本理论都还缺乏系统的科学论述,有分量的研究成果不多;

2. 初级调查多,重复研究多,老课题多,粗浅分析(简单归纳和简单推理)多;

3. 缺乏全面的、历史的、有统一规格的科学材料。

从十二大提出的目标和"六五计划"提出的要求来看,这是与社会主义四个现代化的需要很不适应的。党和国家关心的,迫切需要解决的许多重要问题,现在都还没有系统的调查研究和经验总结,更缺乏深入的理论概括和分析。因此,应该淘汰一些重复的,现在已经没有多大实际意义的老课题,让更多的人力、物力、时间集中投放到研究青少年犯罪新问题、新情况、新经验上来,开创青少年犯罪问题研究的新局面,为社会治安和青少年健康成长服务。为此设想和建议:

第一,把编写《青少年犯罪学》列为华东地区的重点科研项目,组织各省(市)的有关力量,总结经验,指导实际,特别要对实际工作具有重要意义的一些基本理论问题作系统的研究和阐述,回答现实问题,填补我国《青少年犯罪学》的学科空白。具体地说是否可以在讨论华东政法学院青少年犯罪研究室提出的《青少年犯罪学》编写大纲(讨论稿)的基础上,尽快修改和确定一个符合我国国情,反映我国丰富经验、成果的大纲,并拟定写作计划,争取年内拿出一个初稿,为全国编写《青少年犯罪学》提供一个可供参考或选择的本子。如果质量较好,也可单独出版。

---

* 原载《青少年犯罪问题》1983 年第 1 期。

各省市承担哪一部分,可以从各自的基础、条件、力量出发,自选一个或几个部分,汇总后经过协商加以调整落实。然后,组织写作班子,加强领导和帮助,定期拿出成果。有条件的省市单独写一本也应该给以支持。

第二,深入进行犯罪预防和综合治理的研究,建议每个省(市)选一个或几个题目,组织力量写出有较高质量的论文,为六月份全国召开青少年犯罪预防和综合治理的大型学术讨论会作好准备。具体课题有三个方面:

1. 综合治理的理论方面,其中包括综合治理的科学概念和含义,综合治理的历史发展,综合治理的具体内容,综合治理的科学性与理论依据,综合治理的原则、方法、措施、机构、协调、监督等等。

2. 综合治理的措施方面,其中包括(1)层次研究,即面向全体青少年、保证青少年健康成长的战略性措施,对染有不良品行、习惯、嗜好的青少年的教育保护措施,对有破坏纪律和违法行为的青少年的预防教育措施,对违法犯罪青少年的预防、教育、改造措施等等。(2)方面研究,例如家庭、学校、工厂、企业、街道、里弄等等方面的教育和预防。(3)分类研究,特别是对几种严重类型的青少年犯罪(如杀人、抢劫、强奸、流氓等)的特点、变化规律、特殊预防措施等等。在此基础上,还要研究综合治理的系统化与制度化问题,要在一个村庄、集镇、城市形成一个科学的预防系统,环环相接、不留缺口。既能防止和减少犯罪,也有利于教育、改造已经失足的青少年。

3. 对综合治理与经济发展、经济管理等等方面的关系也要作专门研究。

第三,有关现实斗争中迫切需要研究的若干重要专题,也需要有意识地组织力量进行突破。这些问题是:青少年犯罪的新类型、新特点;重犯、累犯问题;农村青少年犯罪问题;国外影响与历史传统问题;人民内部矛盾激化引起的青少年恶性犯罪问题;青少年刑事犯罪与政治犯罪问题;偶然性(突发、偶发)与青少年犯罪的关系;青少年犯罪与社会主义精神文明的关系;反腐蚀问题;违法犯罪青少年的教育感化问题;青少年的性犯罪问题;等等。

专题研究要求反映新的情况、新的问题,总结新的经验,要作理论性、规律性的探讨,提出解决问题的一些办法和措施,使专题研究有一定的深度,并对推动实际工作的发展有所裨益。

第四,基础资料。全面系统的基础资料工作仍然是青少年犯罪研究工作中值得注意的一个薄弱环节,必须列入科研规划,探索获得解决的途径,并努力争取领导部门的关心和支持。

开拓是科学的生命*

1988 年已经过去,我们迎来了又一个新春。青少年犯罪问题研究这个新的科学领域在新的一年中怎样继续保持朝气,怎样继续行进,肯定是所有同行的理论工作者、实际工作者十分关切的课题。为此,回顾总结过去,科学展望未来,扬长避短,开拓奋进,这是一门发展中的学科辞旧迎新最富有意义和最受欢迎的行动之一。我们谨以此文作为新春礼物献给敬爱的读者和关心我们事业的同行们。

一、 龙年十件事

过去的一年,青少年犯罪问题研究的科学工作者,其中包括多学科从事理论工作和实际工作的学者、专家,不负人民的期望,团结开拓,取得了不少有影响的成果,下面记述的是本学科去年的一些大事:

1. 年初,群众出版社出版发行由中国青少年犯罪研究学会会长曹漫之主编的国家"六五"期间哲学社会科学重点科研项目——《中国青少年犯罪学》;

2. 3 月中旬,团中央根据中共中央同意由共青团牵头起草有关青少年法律法规的批示,在长沙召开有十一个省市人大和共青团有关人员参加的"青少年立法研讨会",交流情况,研讨指导思想、总体构思等重大问题;

3. 4 月 29 日,福建省七届人大常委会第二次会议通过了《福建省未成年人保护条例》;

4. 5 月中旬,最高人民法院在上海召开全国法院审理未成年人刑事案件经验交流会,充分肯定和在全国推广"审理少年犯合议庭"(简称少年庭的经验);

5. 5 月下旬,中国青少年犯罪研究学会在南昌召开全国家庭教育与青少年犯罪学术讨论会;

6. 8 月 28 日,湖南省七届人大常委会第四次会议通过了《湖南省未成年人保护条例》;

---

* 以"本刊编辑部"之名发表,原载《青少年犯罪问题》1989 年第 1 期。

7. 10 月中旬,中国教育国际交流协会与国家教委主办,在上海召开有七个国家的教授、专家参加的"轻微犯罪青少年学生教育国际研讨会",交流了各国对青少年犯罪教育、矫治的情况。我国重点介绍和论述了"工读教育"的经验和成果;

8. 10 月 20 日,北京市九届人大常委会第五次会议通过了《北京市未成年人条例》;

9. 11 月 19 日,辽宁省七届人大常委会第六次会议通过了《辽宁省未成年人保护条例》;

10. 下半年,春秋出版社出版发行由中国青少年犯罪研究学会会长张黎群任主任的编委会编辑的我国第一部《中国青少年犯罪研究年鉴》。

一年之中,全国性、国际性会议陆续召开,一个又一个省(市)相继通过、实施青少年法,专著、年鉴同年问世。其中大都是开拓性的科学事业,它融汇着我国众多的理论工作者与实际工作者的辛勤劳动和艰苦开拓,体现着我们党和国家对青少年一代健康成长以及社会治安稳定安全的关心、重视。可以说,没有开拓就不会有这门学科在龙年发生的十件事,也不会出现众多社会人士的热情关心、赞扬、支持,也不会吸引成千上万的多学科、多层次人员为这门学科献身,形成社会科学中的一个热点。

科学是历史前进的产物,龙年十件事是近年来我国青少年犯罪问题研究积累的成果。回顾一下历史的进程,1980 年 3 月,共青团中央牵头在北京召开的"青少年保护法座谈会",1981 年 8 月由中国社会科学院青少年研究所牵头在青岛召开的全国青少年犯罪研究规划会议,1982 年 6 月由中宣部批准在南宁召开的中国青少年犯罪研究学会成立大会暨首届全国青少年犯罪学术讨论会,1983 年 3 月在成都召开青少年犯罪等学科的"六五"规划重点科研项目的论证会,年复一年,没有中断。这是一条青少年犯罪问题学科发展的历史链条,开拓、积累、再开拓、再积累,才有学科发展的今天。今天,历本又开始了新的一页,已有的成果只能说明过去,科学的继续兴旺、发展需要规划和探索未来。及时反思、总结成功经验,剖析面临的困难,寻找前进的新起点,是本门学科继续前进的必要条件。

二、 悄然袭来的困难期

科学需要反思。当我们心中腾起热浪,注视着我国青少年犯罪研究工

作的迅速发展和取得的丰硕成果时,我们是否应该看到,发展的困难正悄然
向我们接近,是否需要从学科的战略发展高度来进行审视和反思。关心本
学科发展的同志多少能知道,近2年来,时有人提出困惑和疑问,例如,青少
年犯罪研究的热情正在衰退,兴趣正在减弱;青少年犯罪研究深不下去,正
从高潮走向低谷;我们处在进一步发展的困难期,徘徊不前,热不起来;青少
年犯罪问题研究的前景如何? 等等。我们认为,这些同志是敏感的,他们确
实从青少年犯罪问题研究的发展中看到热潮的起伏和温度的变化,这是促
进事物发展和科学进步的值得赞扬的特殊思维方式,借用哲学家的话来说,
是一种难能可贵的"危机感"。他们把问题提出于弯弓待发之前,引发我们
作全局发展战略的思考。

我们认为,青少年犯罪问题研究确实存在着需要进一步提高和突破的
新困难,虽然这一发展的困难期可能在一般的研究方面尚不明显,可以说,
尚处在潜在期,但在代表发展水平的学科前沿的开拓上就已经间或显露和
表面化,而使人们觉察到了。如果我们不能及早认识和克服这些困难,那
么,悄然袭来的困难将一步一步向我们逼近,并扩大其影响,从而不可避免
将带来学科发展的真正徘徊、停滞,这是我们所不希望的。

困难期的实质和表现怎样? 困难期的实质就是研究必须深化、提高,开
拓。当前不少同志感到,研究的水平似乎正碰到一个需要奋力越过的阈值,
它好像是一个发展阶段的极限,不突破这个界限就不能达到一个新高度。
例如,表现在当前研究成果中,类似的题目、类似的论述、类似的材料、类似
的水平,其中包括一些专业理论作者虽有洋洋大作,也是翻来覆去、材料零
碎、论述浅薄、缺乏新意、读之乏味,这当然激不起热情和兴趣,缺乏号召力
和动员力。又如一些十分迫切、极有价值的课题,大家都掂得出课题研究的
分量,也不乏立意闯关的同志,但似乎碰到一道橡皮墙,无从下手,难有进
展,只能围着问题空叫要突破呀要突破,提不出突破的方向和措施。得不到
进展和突破,也就容易使人失去信心和力量,有的人甚至要调整方向,转移
阵地。再如一些现实迫切的课题,大量是初级调查和简单的经验材料归纳,
缺乏系统、扎实、科学的调查研究作规律的探索,也很少有讲究实效、切中时
弊、富有创造的具体建议或措施,大多笼统而又众所周知的泛泛议论,对实
际工作没有行动价值,缺少吸引和影响;还有一些问题人云亦云,各讲各的,
缺乏严格科学精神和活跃的学术争论。现实提醒我们,科学就是开拓,科学

必须开拓。开拓才能提高、深化，才有活力，才能吸引和聚集愈来愈多的人，从而提高人们对本学科的需求感，并产生巨大影响。很难想象，在改革开放、社会不断进步的大背景下，一门新的学科能够在一段时期内徘徊在一个近水平面上而不被人们冷淡，对此我们必须引起警惕。

科学发展一般说总是有急剧发展和缓慢停滞的交替，就本学科发展已露端倪的困难和徘徊来说，则具有自身的独特原因和条件。主观方面，没有主动地不断明确方向，提出新任务，培训骨干，组织突破；客观方面，主要是学科比较年轻，正碰着从现象深入本质的认识跃进的困难，队伍素质与数量不适应，特别在掌握、运用科学方法手段方面，缺乏强有力的组织机构和物质支柱，社会变革时期及资料、信息、渠道不畅通等增加的难度等；主客观原因和条件构成了当前学科发展的局限性。

三、 出路与展望

青少年犯罪是当今一个棘手的世界性的社会问题，在我国也是长期存在的。社会的需要、安定团结的需要、现代化的需要，使本门学科具有广阔的发展天地和前景，这是不以人们意志为转移的。认为青少年犯罪有望采取简单的手段在短期内获得解决，青少年犯罪问题研究无所作为的看法是没有根据的。

从我国当前研究的实际情况出发，我们存在的困难是学科前进上升中的困难造成的，具有较好地克服困难的条件，学科发展的历史也提供了许多好的经验：首先是进行学科状况的调查研究，制定学科发展规划和发展战略。其次重视对实践创造进行系统的调查剖析和理论的论证、提升。第三，扩大学科研究基地建设。第四，团结协调攻关。这些经验虽已多次提到过，不过从行文中仔细推敲可以看出有一点我们的探索和新意。这里我们着重谈规划问题，这也许是科学开拓的人们最关心的问题，也是出路和展望中具有较高理论层次的问题。

学科开拓的首先问题是目标。现代科学已进入到一个更加自觉地、有计划的发展时代，许多影响历史进程的科学成果都是有组织、有规划、有目标的成果。例如 60 年代美国的阿波罗登月计划，80 年代初日本实施的"第五代计算机计划"，都是国家一级集中力量组织的，其成功往往成为国家的骄傲。我国青少年犯罪问题的研究在初始时制定的全国规划起了重要的导航、组织作用,经过几年的努力大体已实现。现在迫切需要新的规划,尤其是能够向广大理论工作者和实际工作者提出一批亟待探索,诱人神往的新课题。爱因斯坦说,提出一个问题比解决一个问题更重要,更有价值,这是极具战略远见的科学巨人的名言。为此,我们要作为一个特殊的科学项目来研究并指出本学科的新的问题,新的开发区,被人忽视的无人区,播下新的科学生长点,使科学探索尽量避免盲目性,减少重复性,增加突破性,把学者、专家、积极分子的精力和才能集中到最有效率、最有希望、最迫切需要突破的课题中来,为学科的兴旺、成就作出贡献。

科学规划的重点是把握学科发展前沿,这是学科前进的突破点,带动整个学科深化的力量,开拓新领域的通道。

原因探索仍是本门研科的重要前沿之一。原因是对策的基础,是制定方针、政策、措施的主要依据,也是本学科的基本内容构成。原因研究在很大程度上体现学科的水平。我们在这里提出作为科学前沿的原因研究,当然不是继续停留在国外理论的通俗介绍,一般的理论分析,或调查情况的因素罗列。而是要作诱发因素的定性、定量的研究,各变化因素的作用等级测定研究,社会变化因素诱发犯罪的作用机制和需要条件研究,原因结构关系和层次研究等等。在我国商品经济急剧发展的形势下,研究商品经济影响青少年犯罪的方面和引发青少年犯罪的运行渠道与作用流程,促发作用和抑止功能的评析,商品经济产生不良影响所需的具体社会、文化条件和结构模式,商品经济发展的不同阶段、不同层次对青少年犯罪的不同影响比较,其原因因素发展的可能性及在引发青少年犯罪的作用等级和量的标准等等。

预测研究也是学科前沿必须重视的领域。科学要有预见,只有能对事物作出规律性预见的学问才是科学。青少年犯罪问题研究中预测具有重要的价值,是青少年犯罪问题研究中一朵十分诱人的花。当前国际上十分关注经济发展对青少年犯罪的影响,现代科学技术与青少年犯罪变化的关系,个体预测等等。我们能否在某些问题或方面,总结探索符合我国国情的科学、准确、简便、实用的预测方法,测试与验证低龄化是否存在,低龄化的标准是什么?是否可制定出不同地区、不同时间、不同情况下的青少年犯罪允许度参考对照表?可不可以对影视录像、书刊图片、舞厅酒吧、广告宣传等带给青少年的不良影响,分别进行分解并作出数量等级评价,制作综合预测量表等等。这对基础理论和应用研究都能起很大的促进作用。

　　学科前沿中最受关注的是预防和治理对策,其中有许多值得研究的课题,例如"严打"的作用和影响探析,综合治理的具体化、规范化、行动化,青少年法的制定与实施等等。现在全国和地方都在制定青少年保护法规,加强青少年法研究,对全国法需解决什么问题,地方法要规定些什么,各省市应各具什么特点,现阶段法与后阶段法的关系、构想等等,都会很快发生社会效用。

　　"路漫漫其修远兮,吾将上下而求索。"我们从事的学科不过刚起步,行程坎坷是难免的,我们将继续探索……

青少年犯罪与教育改造中的"微变化"研究[*]

　　"微变化"指的是事物发展过程中的量的变化,由于这种变化不显著、不引人瞩目,看起来无足轻重,因而,我们称它为"微变化"。青少年失足堕落或教育转变过程中的"微变化"可以表现为事情小,数量少,程度轻等等,这些变化由于细小,不足挂齿,而常常被人们忽略,甚至视而不见。但是,实践却一再向我们显示,由于忽视"微变化"的客观存在,以至未采取得当措施,不少人受到了不同程度的报复和惩罚。例如,孩子在父母眼皮底下变成了杀人犯,父母竟"万万没有想到",到后来追悔莫及。为了改正孩子的恶习,有的家长棍棒相加,甚至铁链锁身,恨铁不成钢,但结果却适得其反,孩子越来越对立,越来越不讲道理,越来越坏。这样平常、多见的无数事例告诉我们:量的"微变化"是青少年犯罪问题研究中一个不容忽视,并且具有实际价值的问题。

　　研究量的"微变化"的理论依据就是唯物辩证法的质量互变规律。这条规律揭示出:世界上一切事物都是发展变化的,量变和质变是事物发展变化的两种状态。由于事物的矛盾运动,事物的发展变化过程总是先从量变开始,仅仅量变当然不会根本改变事物的性质,但是,这种不影响也是有一定限度的,一旦超出其限度,就会引起质变。以唯物辩证法质量互变规律为指导,可以看出从一个普通的青少年→罪犯→改正新生,这不是中间断开的"三级跳",而是在每二级之间都具有若干渐进的环节、层次和过程,使其从前一级跃进到后一级。青少年犯罪问题的研究者不只是要看到青少年已经从前者变化为后者,前者与后者之间的质的差别,从一定意义上说,更重要的是要研究前者是怎样向后者过渡,其过渡的环节、层次和具体过程是什么?为什么会出现这样的发展变化等等。举一个例子来说:一个19岁的青年走上了流氓犯罪的道路,做父母的既心急如火,又恨其堕落。可是通过调查表明,孩子却是在父母的眼皮下,甚至是在某种程度的纵容下变坏的。该

---

　　* 与孔幼贞合作,以"董方"为笔名发表,原载《青少年犯罪问题》1983年第3期。

父母在其子初始学坏的近两年时间里，对小孩听黄色歌曲、参加家庭舞会、抽烟、喝酒、交不三不四的男女朋友，以至赌博等行为，从来没有采取有力的教育、制止措施。相反地，他们自己对某些黄色歌曲也十分欣赏，对抽烟、喝酒，则认为没有什么，任其发展，甚至当发现其子有赌博行为时也只要求不出去干别的坏事，在家里小玩玩也无所谓。他们在其儿子成为犯罪分子以后感到突然、震惊和不解。然而邻居和亲友却清楚地看到这个青年一点一滴走向堕落的历程。这个青年的父母正是忽视、放松了这些"无所谓"的微小变化。《尚书》中有一句话："不矜细行，终累大德。"就是说，不检点自己细小的不良行为，最后就会损害大节。《系辞》也曾说过："恶不积，不足以灭身"，也是讲小缺点、小错误"积累"的作用和危险性。这是青少年犯罪发展变化的一条客观规律。因此，我们不仅不能忽视或轻视"细行"，而且要研究"细行"与"大德"的联系，洞察个体的"细行"是怎样一步步影响"大德"的机制和规律。如果我们能掌握这一规律，自觉地去指导实践，每当一个青少年错误尚在萌芽之时，如刚刚出现逃学或赌博的时候，做父母、当老师的，要能明察秋毫，微中见著，小中见大，预见其发展趋势，严肃认真地对待，并及时采取正确的教育方法和措施，使其认识错误，改正错误，防微杜渐，防止其缺点、错误的积累与发展，那么，可以肯定地说，就能预防和制止相当一部分青少年走上违法犯罪的道路。

青少年犯罪发展变化中的"微变化"，其社会效果可分为两类。一类是向下的"微变化"，这是指青少年在导致失足、堕落、违法、犯罪过程中的量的变化，是对青少年起不良影响的"微变化"。它包括青少年的兴趣、爱好、嗜好、思想情感、意志、道德法制观念，组织纪律性理想、抱负以及交友选择等方面出现的不良的"微变化"，要研究这些"微变化"的产生或诱发的条件，"微变化"发展的界限，达到什么界限会引起质变，制止"微变化"的可能性和条件等等。研究这类"微变化"是为了减少、改变、制止这种变化，防止这种"微变化"的积累。

另一类是向上的"微变化"。所谓"向上"是指促进违法犯罪青少年改过自新，成长为对人民、对社会主义有益的转化过程中的量的变化。这主要表现在对违法犯罪青少年进行教育、挽救、改造的过程中，研究他们在不同阶段，对不同事物出现的"微变化"，及时抓住其微小的、不稳定的、积极的苗子，并使其成为长期的、稳定的、根本转变，这是一种有利于违法犯罪青少年改造的"微变化"。

当然,"向下""向上"的两种微变化,在实际中不是截然分开的,往往是交错出现在青少年发展变化过程中,为此,就要运用辩证的思维,敏感地去捕捉、发现还潜藏着,或刚显现的"微变化",扶正祛邪,促使青少年健康地成长。

对青少年犯罪发展变化过程中的"微变化"作出科学的剖析和评断是一件很不容易的事情。因为各种量的微变化,虽然看起来都是微不足道的,但是就其性质而言是有差别的,就是同一种情况在不同条件下对青少年的发展变化也起着不同的影响和作用。例如,有的就其行为本身来说很难作出好与坏,有害与无害的评断。像喜欢逛大街,喜欢讲究穿着,对某些青年来说只是一种爱好,而对有的人来说却成了违法犯罪的起点,因此,这种行为变化的量的限定性比较小,在一段时间内看不出其社会后果。有的则明显表现出是十分有害的,像赌博、酗酒,不管其数量怎样少,不管只是偶然发生一二次,对青少年的影响总是一种"向下"的微变化,其量变的限定性就比较大。同时,作为量的"微变化",它是一种正在运动发展着的事情,因而要着眼于某个青年过去的历史,着眼于其未来的发展,要把青年身上出现的多种微变化联系起来综观,善于从中找出对青年影响最重要的因素和环节。

青少年犯罪和教育改造的"微变化"研究在实践中有着很重要的意义和作用。首先,"微变化"的研究用理论和实践提醒人们重视青少年犯罪发展变化中量的变化的重要性,提高我们辩证思维的能力和对青少年发展变化的科学洞察力。第二,"微变化"的研究是有助于提高原因研究、提高对策研究、预防研究、教育、改造研究水平,加强针对性、有效性的途径和手段。第三,"微变化"的研究使我们能及早发现青少年发展变化的可能趋势。唯心主义哲学家、辩证法大师黑格尔认为,量的变化"好像是完全无足轻重的",但后面却"隐藏着别的东西"。

这种"潜藏着"的东西就是引起事物发生根本变化的量的积累,由于它还是隐藏着,未显露出来而易被忽视,结果造成认识上、对策措施上的错误。"微变化"的研究正是指导我们善于去抓住潜藏着的东西,避免认识上和行动上错误,避免受到因违背辩证法而受到的惩罚。

我国古代著名思想家荀子说:"不积小流,无以成江海;不积跬步,无以至千里。"韩非子所说的"千丈之堤,以蝼蚁之穴溃;百尺之室,以突隙之烟焚"等等,从成与败两个角度强调了事物量的逐步积累在事物发展中的重要意义。在青少年犯罪和青少年的教育改造工作中要注意量的积累,特别要注意不引人注目,却又是事关紧要的"微变化",提高我们马列主义哲学理论素养,提高我们对青少年犯罪及其对策研究水平,把握尚处在量变阶段的事物的发展方向,以便创造有利条件促进事物向积极方面转化,让我们的青少年健康成长,让我们的国家兴旺发达。

青少年犯罪问题研究规划*

按:这份规划是青少年研究所请华东政法学院青少年犯罪研究室徐建同志负责起草,请北京政法学院姜文赞、郭翔、马晶森同志,中国人民大学法律系力康泰同志,北京大学法律系储槐植同志,华东政法学院夏吉先同志共同讨论,经反复修改制定的。**

我国青少年犯罪问题已经引起了党和社会的极大关注。党中央 1979 年 58 号文件指出,青少年犯罪绝不单纯是一个社会治安问题,而且是关系到党和国家的前途、关系到我们民族兴衰的大事,要求全党重视。近两年来,各地政法机关、共青团组织、社会科学研究部门和大专院校的同志开始了对这个问题的研究,在收集资料、调查研究、撰写论文、提出建议等方面,做了大量工作,迈出了可喜的一步。为了充分发挥各方面的积极力量,提高青少年犯罪问题研究的科学水平,争取在较短时间取得较多成果,当好党和政府解决青少年犯罪问题的参谋,我们认为,组织起来开展有计划的研究是现实的需要,也是科学自身发展的需要。因此,制定一个全国性的青少年犯罪的研究规划是必要的、适时的。

一、 指导思想与总的要求

在马克思列宁主义、毛泽东思想的指导下,根据中央 1979 年(58)号文件和有关政策、方针,运用各学科的专业知识,开展社会调查,进行综合研究,探索我国青少年犯罪问题产生、发展和变化的特殊规律,寻求在我国社会主义条件下,预防、矫正、解决青少年犯罪的途径和有效办法,促进青少年立法、司法向科学、完备、人道、有效的方向革新,为党和政府综合治理青少年犯罪问题提供科学的依据,为教育、感化、挽救失足青少年提供理论和科学

---

* 原载《青少年犯罪研究论文选》,1981 年 8 月版。
** 这是中国社会科学院青少年研究所在第一次公开发表本研究规划时加的按语。

普及的知识。

二、 资料工作

资料是研究工作的基础。开展青少年犯罪的研究工作,一定要充分掌握青少年犯罪的历史变化、各种不同类型犯罪情况以及有关犯罪人、犯罪行为、罪行分布、被害人、犯罪损害等一系列准确可靠的实际材料和数量统计资料。资料方面的工作主要有四项:

1. 我国青少年犯罪的基本情况和统计。

建议由中央有关部门要求各省(市)公安、法院、检察部门将按统一规格(另外拟定)定期积累、汇总有关青少年犯罪的情况和统计作为一种经常性的业务工作来抓。每半年或一年把有关材料数据汇编印刷成册,经必要的批准手续,供实际部门和研究部门的有关同志研究使用。

以公、检、法部门为主,由共青团、青少年教育办公室、社会科学研究部门协助补充整理解放以来重点省(市)青少年犯罪的历史情况和统计资料,无法补全的,可以选有基础的地区搞三十年来的变化情况和统计,也可以选不同时期的某些年份作出系统的调查和统计。

建议实际部门和科研部门合作,选若干典型地区、典型案例,作历史的周密的青少年犯罪专题调查,从各个不同角度、方面来了解青少年犯罪的特点、变化,以及与当地社会、历史、环境、风俗、政治、经济等因素的关系,积累专题资料。

要适当改变把犯罪情况和统计管得过严过死的办法,要让有关研究人员接触所需要的资料、数据。这是青少年犯罪研究工作能够深入发展的基础条件之一。社会主义国家不仅应使国内人民了解青少年犯罪的情况,而且应有计划地向世界公布必要的数字。这是坚信社会主义制度优越性的重要表现。这样做,对于及时掌握情况,了解动态,改进工作,争取主动具有现实意义,而且为科学研究提供系统的、第一手的可靠资料,从而促进从根本上解决青少年犯罪的问题。

2. 国外有关青少年犯罪的资料。

青少年犯罪是一个世界性的社会问题。国外青少年犯罪的研究历史比我们长,虽然国情各有差异,他们的研究成果、处置办法等等,也是多年实践经验的积累,聚集着许多社会科学工作者的劳动和智慧,其中不少内容是有

科学根据、值得借鉴的。而且国际交往频繁,这方面的学术交流也是不可少的。因此,国外资料的收集十分重要,其内容主要有:

(1) 各主要国家的青少年犯罪情况和资料。

要系统收集、整理、汇编美国、苏联、日本、西德、英国、印度等重要国家青少年犯罪的特点、数量、类型、手段的情况和变化数据、发展趋势等材料,编辑各国青少年犯罪资料专册,全面准确地反映各国青少年犯罪情况。

(2) 要注意收集、翻译、整理各国治理青少年犯罪的组织机构、工作方式、法律制度、对策措施、预防系统、实际效果等资料。

(3) 收集各国青少年犯罪研究的理论动态,研究方法和手段的演变,对青少年犯罪新情况的理论解释和说明等方面的资料。

3. 与青少年犯罪有关的理论研究资料。

青少年犯罪的研究与许多科学部门有密切关系,例如伦理学、教育学、法学、犯罪学、社会学、心理学、生理学等等,我们要注意各有关学科的动态,收集国内外有关科学部门对于青少年违法、犯罪问题提出的新的思想见解、理论假设、流派质疑等等,要翻译有代表性的文章与著作。各学科的许多交叉点上可能出现青少年犯罪问题研究的新生长点或突破口。

4. 编辑出版四本资料书,内容是:

(1) 我国解放后有关青少年犯罪的法律、法令、指示汇编。

(2) 我国青少年犯罪研究的论文与调查报告选编。

(3) 国外青少年犯罪情况和研究资料。

(4) 青少年犯罪的典型案例选编。

三、 研究的内容和课题

青少年犯罪的研究内容是极其广泛和复杂的,尚处在创建、开拓阶段,许多领域还是空白。在我国,由于极左思潮的影响,情况尤其如此。按照传统的、目前通行的看法,研究内容大致有这样几个方面,即:青少年犯罪的现状、特点,青少年犯罪的变化规律及其趋势;青少年犯罪的原因与预防;青少年立法及青少年犯罪的感化、矫正和司法制度;青少年犯罪的研究方法。当然这也不可能包括青少年犯罪的全部问题。根据理论联系实际,重点研究现实中的迫切问题。根据把当前现实问题的研究与基础理论探索相结合的原则,我们认为近几年内的研究应着重在以下几个方面:

第一，要突出对现实迫切问题的研究。

这主要是指党和国家最关心，群众反映最强烈、最敏感、最需要解决的一些问题。这方面引人注目的重要课题有：

1. 我们当前青少年犯罪率上升或不能明显下降的原因是什么？我们近2年来采取了一系列旨在教育、防止青少年犯罪的措施，起了不少作用，青少年犯罪率为什么仍未明显下降？为什么青少年犯罪中大案、恶性案件数量上升特别快？影响我们青少年犯罪率升降还有哪些重要的因素和条件？

2. 青少年犯罪的新特点、新类型、新手法，其产生、变化的规律和客观依据。青少年犯罪的残酷性、野蛮性、疯狂性形成的社会、历史、心理条件（原因，根据）是什么？

3. 青少年犯罪中需要特别重视的几类人的研究：团伙、惯犯、新滋生犯、女青少年犯。如：青少年初犯及心理如何？青少年惯犯、累犯是怎样形成的？其特点和发展规律？青少年犯罪团伙的种类、特点、组织形式、作案方式、意识形态方面的特点，危害情况，团伙头目的特点、作用，女青年在团伙中的影响和作用。女青少年犯罪的心理、思想，女青少年犯罪类型，女青少年走上犯罪道路的途径、一般规律和特殊规律，女青少年犯罪的特点、发展变化规律、教育、矫正等问题。

第二，应用实施性问题研究。

这一类问题的研究更着眼于怎样解决实际工作中的问题，其中包括提供处理某些应急性问题的措施、方法、方案。这方面最重要的课题是研究和提出青少年犯罪综合治理方案和具体执行的细则，其中包括综合治理的原则、方法、措施；综合治理的组织形式，由怎样的机构来进行总体设计、调查研究、协调处理问题；预防犯罪的各种措施和体制，法制在综合治理中的作用和地位，建立健全适合青少年特点的司法制度；从重从快原则的现实依据和理论依据，它的现实效果、中期效果的研究等。

其他重要的应用课题还有：怎样抢救已处于犯罪边缘的青少年？在哪些情况下，应该而且可以采取怎样的应急措施（例如收缴凶器，对某些人在某特定时间内进行活动时间的监督和限制、指定完成某种义务等等）来有效地控制青少年犯罪的暴发性漫延增长？家庭教育、学校教育的指导、监督、改进问题。新滋生的青少年犯罪的预防、控制，青少年初次犯罪的教育、矫正问题。青少年惯犯的处置和改造问题。如何防止青少年犯罪团伙的形成,如何拆散、改造犯罪团伙。青少年犯罪的侦查、审讯特点,在整个司法程序的各个环节中,如何做到挽救、改造绝大多数成为有用人才? 如何运用犯罪心理学的研究成果有效地教育、改造青少年罪犯? 改造教育的组织形式,管教的办法应怎样加以科学的改进? 怎样惩处极少数青少年犯罪尖子,对于青少年犯罪的尖子在改造过程中怎样矫正其危险的思想、恶习? 青少年犯罪趋势预测、预报,以及如何在实际工作中应用等问题。

第三,理论性、探索性课题研究。

理论性、探讨性课题是研究难度更高一些的问题,其中有些课题可能需要较多的时间和人力,但是这些课题是非常重要的。属于这一类的课题主要有:怎样认识社会主义制度下青少年犯罪的本质,社会主义制度为什么存在青少年犯罪? 在实现现代化的过程中,能不能长期稳定的大幅度减少青少年犯罪? 需要的条件是什么? 从减少和消灭青少年犯罪出发,我国社会发展的战略应该如何? 青少年犯罪能不能消灭、消灭的根据是什么? 我国与青少年犯罪作斗争的指导思想和原则。我国青少年犯罪与国外青少年犯罪的比较研究。青少年犯罪学是不是一门科学,怎样用马列主义、毛泽东思想来建立具有我国特点的青少年犯罪学? 青少年犯罪学的内容、体系,我国研究青少年犯罪的历史,青少年犯罪研究的方法及研究方法现代化问题,等等。

第四,青少年立法及其他课题研究。

当前世界上许多国家(发达国家基本上是全部)都从青少年犯罪的严重性和教育、保护青少年健康成长的必要性出发,根据青少年的特点,制定青少年保护法规,探索与一般刑事法规不同的立法思想、原则、组织体制、处理程序、矫正方法。因此,关于制定青少年法规的必要性,以及如何根据我国情况确定青少年的立法思想原则,探索青少年保护法的科学体系、执行等一系列问题是非常必要的。

此外,还有许多与青少年犯罪关系十分直接的问题,例如精神病问题、宗教迷信问题、自杀问题、道德伦理问题、行为科学问题等等,也是需要与从事有关学科研究的同志一起进行研究的。

以上提出的若干研究内容,是力求有助于为研究的同志开拓思路。青少年犯罪的研究课题应该从现实需要出发,由浅入深、由小到大,从专题到专著……我们规划今年内先突出青少年犯罪原因和违法犯罪青少年转化这两个问题的研究。在犯罪原因方面,我们设想主要抓青少年犯罪的原因理论,青少年初犯的特点及原因剖析,青少年犯罪新形态原因探究,在原因研究基础上制定青少年犯罪预防条例等四个课题。在违法犯罪青少年的转化方面,我们设想主要抓感化的经验、原则研究,青少年思想转化规律的研究,编写可供有关人员学习参考的感化手册,提出司法、劳改制度方面的改进、改革方案等,也是四个课题。通过合理的组织力量,争取年内这些课题有所进展,向今年年底或明年年初召开的科学讨论会提供若干篇有材料、有观点、有分析、有办法的论文。同时,抓紧综合治理和青少年立法方面的研究组织工作,把提出综合治理方案和青少年立法草案作为近期的研究目标。在此基础上,逐步开展战略研究,分期分批在三五年内逐步实现上述研究项目,出版一批研究青少年犯罪的专著与丛书。我们相信经过若干年的努力,我们一定能形成比较符合马列主义的青少年犯罪学,为人类进步、社会发展做出一些贡献。

四、 组织队伍，开展学术交流

建议各省(市)每年召开一二次综合的或专题的青少年犯罪研究成果报告交流会。全国由中国社会科学院青少年所与有关方面协商后,每年召开一次学术报告交流会,并推选优秀的成果出专题报告或论文集。

举办青少年犯罪学讲座,培训青少年犯罪的研究人员和实际工作者。在此基础上,集思广益,编写具有我国特点的,以马列主义、毛泽东思想为指导的青少年犯罪学。

在有关部门的支持下,经过领导的批准,对某些科学研究的成果组织科学试点和实验,进行科学鉴定,取得经验,丰富提高。

进行国际青少年犯罪研究学术交流,组织出国访问、考察。逐步与亚洲太平洋地区以及世界性的青少年犯罪研究机构建立联系,并参与其学术研究活动。

五、 组织协调、经费

青少年犯罪涉及面广,政法机关、教育部门、科研机构、共青团组织等都有不少同志从事这方面的实际工作和研究。为了更好地组织、协调和交流全国青少年犯罪的研究,建议由中国社会科学院青少年所发起筹备成立全国青少年犯罪研究会或全国青少年犯罪问题学会,争取 1982 年成立,接受个人会员,也接受地方青少年犯罪研究会为团体会员。

建议中国社会科学院青少年所建立青少年犯罪研究室,成为全国青少年犯罪研究中心和联络中心,并在上海、重庆、哈尔滨等地建立青少年犯罪研究联络点,争取一二年内扩大到在广州、武汉、西安或兰州等地建立联络中心,聚集与培养人才,定期碰头,交流研究新的情况和提出新的课题,协作交流,出版资料、刊物等等。

建议各单位搞青少年犯罪研究工作的同志保持一定的稳定性和连续性,有条件的单位、社会科学研究机构、大专院校建立青少年犯罪研究室(组),并在经费上加以照顾。

中国社会科学院青少年所对某些重要课题进行委托和协作,并从经费上加以支持和帮助。

六、 措施

1. 上述规划经过反复讨论、修改、通过以后,连同规划会议情况,一并报中央政法委员会、中国社会科学院审批并备案,根据领导的批示意见进行检查和促进规划的执行。

2. 建立全国青少年犯罪研究会(或学会),创办青少年犯罪研究会刊,作为内部材料,反映动态,交流成果,推动我国青少年犯罪研究工作的开展。

3. 建立重点专题协作组,如青少年犯罪原因专题研究组,违法犯罪青少年思想转化规律研究组,综合治理方案研究组,违法犯罪青少年感化手册专题研究组等等,确定每个专题组参加的地区、单位、人员,并推选中心联络人。

① 向司法部送一报告,建议在各政法学院和有条件的大学法律系建立青少年犯罪研究室(组),成为我国研究青少年犯罪的专业力量中的一支稳定力量。

② 建议中国社会科学院青少年所建立全国青少年犯罪资料中心和交流中心,开展资料和信息的储存、传递和交换工作。

③ 向中央建议在适当的时候和地方,建立研究违法犯罪青少年的实验基地。通过必要的程序批准建立几个处理青少年犯罪的实验法院,实验少管所,实验教养队,感化院等。

④ 今年 11、12 月间,仍由规划会议发起单位委托专人采取简单有效的办法,分地区了解规划执行情况和所取得的成果。由青少年所汇总并筹备大型学术成果交流会。

前言：中国青少年犯罪研究会成立大会、全国青少年犯罪研究规划会议，开启了我国青少年权益保护和青少年犯罪防治实践创新和理论开拓的高潮时期。经验交流、调研报告、论文、研讨会，十分活跃，中科院青少所、北京政法学院（现中国政法大学）、华东政法学院（现华东政法大学）、西南政法学院（现西南政法大学）、西北政法学院（现西北政法大学），四大院校聚集人才，组建机构，华政从青少年犯罪研究组——研究室——司法部批准建立青少年犯罪研究所。中科院青少所创办内部期刊《青少年犯罪研究》，华政创办《青少年犯罪问题》，国内外公开发行至今。勇做新学科的探索者，发刊词是当时的初心。

《青少年犯罪问题》发刊词 *

青少年犯罪问题已经引起世界范围内众多的学者的关注和研究，这是由青少年犯罪在现实社会中的严重性和治理青少年犯罪问题的迫切性所决定的。当今在一些主要的资本主义国家里，青少年犯罪具有不断增长、难以遏止的发展趋势，其恶性蔓延和严重危害程度，被比之为"瘟疫""社会的灾难"，成为恶性发展的严重社会问题。在我国，青少年犯罪从本质上与资本主义世界不同，突出表现在新中国成立后相当一段时间内，我国青少年犯罪的发展变化具有与资本主义国家完全不同的特点和趋势。但十年动乱以后，近年来也出现令人不安的新情况，青少年犯罪也成了我国社会治安中的突出严重问题。党中央在1979年发的第58号文件明确指出："各级党委都要把加强对青少年的培养教育，包括解决其中极少数人的违法犯罪问题，放到重要议事日程上来。"因此，本刊的问世反映了社会现实的需要。

我国青少年犯罪问题研究工作是在党的十一届三中全会所确定的正确方针指引下活跃起来的，现在已经形成了一支涉及各行各业的调查研究队伍，科学研究正从经验走向理论，出现了历史上从未有过的兴旺局面。中国社会科学院青少年研究所、团中央、公安部、司法部、最高人民法院、最高人

---

* 原载《青少年犯罪问题》1982年第1期。

民检察院在组织和支持开展青少年犯罪研究工作方面发挥了重要作用。上述部门在北京、杭州、青岛、南宁召开的全国性会议成为推动我国青少年犯罪问题开展理论研究的历史记录。《青少年犯罪问题》作为学术交流的阵地，也是在这样的形势下筹创的，这块社会主义法学的特殊园地是科学发展的必然产物。

青少年犯罪及其治理的必要性，推动着实践和科学理论的发展，使青少年犯罪研究正在成为一门有影响的独立新兴学科，并对各自国家的青少年犯罪的治理对策起着参谋的作用。我们的任务就是要在马列主义、毛泽东思想指导下，贯彻党的"双百"方针，以研究我国青少年犯罪的迫切现实问题为重点，遵照中央有关文件的精神，动员有关人员运用各学科的专业知识，理论联系实际，对青少年犯罪的产生、发展、变化规律，青少年犯罪的原因、预防和综合治理，青少年立法，违法犯罪青少年的教育感化等问题，进行大胆的探索和综合性的研究，为党和国家以及有关部门治理和解决青少年犯罪问题，提供可供选择研究的情况、资料、对策和建议等，为青少年健康成长，为我国社会主义四个现代化服务。

当然，对于国外青少年犯罪的情况和理论，我们也要研究，既要吸收其科学的研究成果和好的经验，也要揭露资本主义制度制造青少年犯罪的本质，批判其唯心的、反科学的糟粕。

我们经验不足，水平有限。我们殷切希望所有关心我国青少年健康成长，关心和致力于治理违法犯罪青少年工作的实际工作者和理论工作者能够不吝赐教，充分利用这块阵地，为社会主义法学、为祖国的科学事业、为伟大社会主义祖国的子孙万代幸福成长作出自己的贡献。

勇做新学科的探索者

——祝青少年犯罪研究所成立*

今年4月,司法部批准华东政法学院成立青少年犯罪研究所。经过近半年的筹建,于10月15日召开成立大会,正式与社会各界见面了。这是国内第一个专门研究青少年犯罪问题的研究所,我们怀着追求科学发展与社会进步的激情,祝愿它为推进我国青少年犯罪学的发展,为促进国内外青少年犯罪研究的学术交流、为减少和预防我国青少年犯罪、保障青少年一代健康成长,为我国社会主义四个现代化的兴旺发达作出贡献。

青少年犯罪研究所的成立是一个新的起点,标志着扎根于我国社会这块土地上的青少年犯罪研究,在社会需要的推动下,在广大理论工作者和实际工作者的辛勤努力下,已经有了重大的进展,取得了一定的成果,得到了社会的支持和肯定。没有近年来我国青少年犯罪研究的基础,没有各方面的关注和支持,创建研究所是不可能的。它是我国青少年犯罪研究发展的必然结果,同时也是科学研究要求新的水平,推动这门学科继续发展,进一步取得新的进展、新的成果的重要组织措施。青少年犯罪研究所一定要加强与各方面的联系和合作,坚持以马列主义、毛泽东思想为指导,广泛研究当今世界各国的青少年犯罪及其动向、对策,重点研究我国青少年犯罪的理论问题和实际问题,对社会的进步和科学的发展有所裨益。

研究所成立后要办好几件事,其中重要的一件,就是要努力把原青少年犯罪研究室编的《青少年犯罪问题》杂志继续办好,因为这是我国关心、研究青少年犯罪问题的同志相互交流情况、经验,传递信息的窗口,是探讨犯罪原因、发展变化规律、犯罪预测等各种问题的理论阵地,是向社会介绍理论研究成果,宣传法制,提供各种有价值的科学资料的讲坛。过去五年来,由于广大读者与有关方面的热情关怀和支持,这个刊物对青少年犯罪研究起了推动作用,受到了理论部门和实际部门同志的许多赞扬。但是,由于机

---

* 原载《青少年犯罪问题》1986年第5期。

构、人员不够稳定,编辑力量不足,更新的情况、动向反应不快,内容与形式不够活跃。而在出版、印刷、发行方面,近一年来更不能令人满意,经常脱期。青少年犯罪研究所成立以来,为了改变上述状况,已采取措施,加强力量,增辟栏目,突出反映新的情况、新的探索、新的成果,使《青少年犯罪问题》杂志以新的面貌与读者见面。我们热切希望得到广大读者、作者和各有关方面的支持与帮助,共同把法学百花园中这块开发不久的园地耕耘好,让她开出社会主义精神文明建设的鲜花。

青少年犯罪研究要有勇于探索的精神,如果只是汇总、转述情况,注释现有政策、法律,总是重复已经清楚而又明确的道理,而不去关心和研究领导还没有看到、没有考虑到的新问题,不敢反映真实情况,提出现有政策以外的新观念、新意见、新对策,害怕探索一些一时还把握不住,可能讲错写错的新现象、新领域,那么,党和国家要研究机构干什么? 研究人员的作用在哪里? 这不是十分明显的问题吗。青少年犯罪是一个十分复杂的社会问题,是一个需要多少代人长期努力治理的非生态顽症,我们要倡导做新学科的开拓、探索的勇士。我们希望与各行各业的同志合作攻关,为党和国家预防、治理青少年犯罪,大胆探索,出谋献策。《青少年犯罪问题》愿热忱为不辞劳苦、深入实践、勇攀本门学科高峰的科学战士呐喊和服务。

论马克思主义理论指导下
青少年犯罪问题研究的深化 *

翻开 1994 年色彩缤纷的日历,新的一年又开始了。从 1993 年向 1994 年跨越的岁末年初,华夏大地,到处都在兴高采烈地迎接一本特殊的著作——《邓小平文选》第 3 卷的发行,《邓小平文选》第 3 卷是马克思主义宝库中的最新成果,是给中国社会主义建设事业指明方向、开通前进道路的宝书,认真学习《邓小平文选》第 3 卷是我国人民的一件大事,具有巨大的现实意义与历史意义。

犯罪是社会主义初级阶段不可避免的,也是必须有效控制获得正确解决的一个问题。因为建设有中国特色的社会主义没有社会的安定与稳定是不行的。15 年来改革开放、建设有中国特色社会主义的伟大实践告诉我们,为了有效地预防、控制、减少犯罪与青少年犯罪,维护社会的安定与稳定,保障与促进社会主义经济健康、稳定、高速发展,必须认真学习《邓小平文选》第 3 卷,坚持马克思主义的理论指导,把马克思主义与当前建设有中国特色社会主义的实践结合起来,加强对社会治安、犯罪与青少年犯罪的研究,保证与促进这些学科的健康发展。

小平同志指出:"马克思主义是很朴实的东西,很朴实的道理。[①]"用马克思主义理论指导、加强对我国犯罪与青少年犯罪的研究是具体的。根据个人学习的体会,至少有以下几个方面:

一、加强马克思主义理论指导,就是要面向实际,实事求是,调查研究,了解情况,掌握全面的第一手材料。这是小平同志第 3 卷中反复论述的马克思主义的基本思想。15 年来,在改革开放与社会主义市场经济迅速发展这个历史大轴承的带动下,我国社会生活的方方面面发生了极大的变化,社会治安,包括犯罪与青少年犯罪的情况也不例外。那么,15 年来犯罪与青少年

---

　　* 以"华青"为笔名发表,原载《青少年犯罪问题》1994 年第 1 期,原题为《以马克思主义理论为指导　加强对我国青少年犯罪问题的研究》。

　　① 邓小平著:《邓小平文选》(第 3 卷),人民出版社 1993 年版,第 382 页。

犯罪的实际情况究竟发生了哪些过去未曾出现过的新情况、新变化、新问题、新趋势，为什么发生这些变化与问题，它的变化机制与变化规律怎样，能不能控制，怎样来控制等等，这是我们要工作、要改变现状的出发点与根据。对实际的了解与认识不客观、不正确，出的主意与办法就对不上号，不能真正解决问题。例如我国近年来犯罪与青少年犯罪究竟是大幅度增加还是一般有所增加，还是起起伏伏变化不大，还是减少、大幅度减少；影响变化的原因、有关因素是在发展还是已经得到有效的控制，或者一时尚难以控制等等，这都是极端重要的，半点虚假都不是马克思主义。实际当然是有答案的。从数量上来说，1978 年全国发生刑事案件（指立案数——下同）535698起，每 1 万人发案数为 6.6，1991 年全国发案数高达 2365709 起，①为 1978年的 4.4 倍，按 90 年底全国总人口计算，每万人发案数上升到 20.89。根据十余年数据可以说，刑事犯罪基本上是大幅度上升的态势，而青少年犯罪在刑事犯罪中占的比例一直保持在 60%—70% 左右，用一句形象的话说，近 2年犯罪与青少年犯罪的发案数是新中国成立以来破纪录的。从性质、严重性方面看，重大案件增长幅度更大，凶杀案件 1981 年为 9576 起，②1991 年增加到 23199 起，③严重盗窃 1981 年为 16873 起，④1991 年增加到 329229起。⑤据有关调查统计分析，十余年来重大恶性案件增加约十倍。有些城市大要案占全部刑事案件 50% 左右，还出现过去从未有过或多少年没有发生过的劫机、劫车、绑票、抢劫银行、轰爆、盗窃驻外使馆、贩毒、武装走私、巨额贪污、卷巨款潜逃等等特大恶性犯罪案件。需要指出的是这些重大、恶性案件中也屡屡发现是未成年人干的，山东一未成年女青年堕落成为大贪污犯；某地一未成年盗窃团伙，五个成员平均年龄不满 17 岁，不到半年时间连续作案，盗窃总额达 10 万元；上海一名技校学生，17 岁，竟独立涉足股市，私改单据一次骗得人民币 5 万元。这些新的情况、新的犯罪类型、新的特点不是偶然的，必须重视加以研究。此外，市场经济的急剧发展，还引起一系列影响犯罪变化因素的变化。例如大中城市外来人口问题，既带来城市的繁荣与活力，也带来各种社会治安问题与犯罪现象的增加。据上海某一些城市的统计，刑事犯罪中的外来人员作案比重不断提高，越是开放、经济发展快的

---

①③⑤　中国法律年鉴社汇编：《中国法律年鉴》，中国法律年鉴出版社 1992 年版，第 861 页。

②　中国法律年鉴社汇编：《中国法律年鉴》，法律出版社 1987 年版，第 886 页。

④　中国法律年鉴社汇编：《中国法律年鉴》，法律出版社 1987 年版，第 887 页。

城市,外来人员作案在刑事犯罪中的比例也越高。深圳、上海均从过去10%左右,已上升到50%或超过50%。我们要维护社会的安全与稳定,为建设有中国特色的社会主义服务,就一定要全面了解实际及其变化,而且,这种了解不是历史上的一个点,我们需要的是能用数据材料证实的连续的线,是发展变化的规律性材料。

二、加强马克思主义指导,就是要坚持马克思主义的基本理论观点,根据新的情况,求新的结论、新的方法。小平同志指出:"马克思主义是科学"①,"马克思主义的真理颠扑不破"②,丢掉老祖宗就是丢掉真理,是不行的。但是真正的马克思主义者必须根据现在的情况,认识、继承和发展马克思列宁主义。情况变化了,"要根据新情况、新问题,提出新办法"。③这不仅不是丢掉马克思主义,恰恰是"我们需要的真正的马克思主义"④。必须清楚地看到,建设有中国特色的社会主义是前无古人的开创性事业,我们面前展现出许多需要解决的极其复杂的理论问题与现实问题,没有真正的马克思主义素养与信仰是无法承担这样重任的。例如在改革开放与建立社会主义市场经济体制的历史进程中,犯罪与青少年犯罪的大量增加,是不是说明犯罪与青少年犯罪的成因与发生、变化规律在资本主义国家和社会主义国家都是一样的,经济发展与犯罪同步增长是不是社会主义社会不可避免的必然规律,社会主义制度对此是否也是无力改变的。我个人认为,这些问题离不开现实,也不能离开马克思主义的一些基本理论观点,因为一段时期中我国犯罪与青少年犯罪出现了与某些资本主义国家相同的变化与特点,还不足以证明并得出其成因与变化规律相同的结论。我们不能忘记社会主义市场经济体制是与社会主义基本制度结合在一起的,坚持以公有制为主体,多种经济成分共同发展;社会主义建立以按劳分配为主体,效率优先,兼顾公平的收入分配制度,鼓励一部分地区一部分人先富起来,走共同富裕道路;还有社会主义物质文明建设与精神文明建设两手抓,两手都要硬等等。这些都将从根本上制约着我国犯罪与青少年犯罪具有与资本主义不同的成因与发展规律,改变其发展的趋势,这不仅是理论的阐述,实践也一定会证明

---

①② 邓小平著:《邓小平文选》(第3卷),人民出版社1993年版,第382页。

③ 邓小平著:《邓小平文选》(第3卷),人民出版社1993年版,第87页。

④ 邓小平著:《邓小平文选》(第3卷),人民出版社1993年版,第213页。

上述理论的分析正确性与科学性。因此,不能认为,市场经济条件下出现了新的情况,马克思主义基础理论的指导似乎也失效了。现在有人把历史上早就讨论过的老问题,当作理论上的新发现又提出来了,例如犯罪是不是有人类社会就存在的现象。①科学在发展,人类学家、犯罪学家在这方面确有不少有价值的发展与研究,有助于我们把握真理。但是,把马克思批判的观点,说成是马克思的观点,这是不能允许的。如果说是由于疏忽做了错误的引用,那么作者做学问的态度与研究方法是极不严格的、极不可取的,因为,其一,这种错误引用曾经发生过,并被人指出,得到纠正,这在法学界、犯罪学界是广为人知的。该作者旁征博引为什么避开这一点;其二,该作者批评我国刑法学界、犯罪学界在阐述犯罪产生问题所引用的经典名篇,"不知是有意地阉割,还是无意地忽略"②"不能漠视的"③引文前后关键性的论述。这说明该作者对经典名篇是花了功夫的,那么该作者自己搞得张冠李戴、移花接木就似乎不应该是由于疏忽了。总之,不管该作者本人出于何种思想指导,背离马克思主义原意的谬误不只是对读者不负责任的,特别对一些非专业研究者来说,把谬误当作新见解、新创造,似乎还有根有据,这样反复流传,则害人匪浅。我们现在所处的特殊时期,社会治安情况复杂,犯罪与青少年犯罪的现实不断提出各种复杂的、过去没有接触过、研究过的问题,促进了理论界的活跃和思考,在这种情况下,学习《邓小平文选》第3卷,提醒我们认真学习马克思主义,坚持马克思主义,以马克思主义为指导,结合我国实际情况,有所创造、有所开拓是有极其深远意义的。

三、加强马克思主义指导,就是要敢于开拓、创新,根据新情况,提出新问题,寻求新方法。小平同志指出:新情况下出现一些新问题,现成的答案是没有的,要"大胆地试,大胆地闯","总结经验,对的就坚持,不对的赶快改,新问题出来抓紧解决。"④"没有一点闯的精神,没有一点'冒'的精神,没有一股气呀、劲呀,就走不出一条好路,走不出一条新路,就干不出新的事业。"⑤我们建设有中国特色的社会主义,在解决社会治安、犯罪与青少年犯罪问题方面,将遇到许多新的复杂的问题,其中有不少理论上困惑、疑虑、问题,例如,如何正确估计犯罪与青少年犯罪形势,犯罪与青少年犯罪高峰的

---

①②③　参见肖剑鸣:《论人类社会产生犯罪现象的根源》,载《公安大学学报》1993年第1期。

④⑤　邓小平著:《邓小平文选》(第3卷),人民出版社1993年版,第372页。

相对标准与绝对标准？犯罪低龄化的概念、标准、测定。市场经济改变了原计划经济的哪些方面对犯罪具有最直接的影响？一些社会丑恶现象为什么屡禁不止，怎样看待这些现象的蔓延与发展，解决问题的症结何在？某些犯罪是否有合理存在的理由？在一定的时空条件下，犯罪是否可以有一个允许的起伏的数量水平？市场经济急剧发展，青少年犯罪逐年增多的情况下，少年司法制度是否必要，会不会重蹈有些国家出现过的"司法纵容"的覆辙？"严打"成效的科学评价与处理少年犯罪案件中如何掌握与能否适用？我国青少年犯罪不同时期的特点与变化规律，对当今工作的启示？能不能建立犯罪预测的指标体系，怎样使犯罪预测工作经常化、制度化、科学化，直接为安全、治安部门工作服务？社会治安综合治理的业绩评估，综合治理实施方案研究？流动人口的概念标定、管理、统计，为什么流动人口在刑事犯罪中的比例不断提高，流动人口是否容易犯罪？法制宣传怎样提高人的质量，促进塑造一代新人？工读学校向何处去？青少年自我保护的必要性、重要性，怎样提高青少年自我保护能力？如何建立适应市场经济变化的社会治安法律体系、刑事法律体系、少年保护与少年司法体系，等等。列举一些重要问题，其目的在于说明有大量的新问题亟待有识之士大胆去实践、开拓、探索，得出科学的认识，总结群众的经验与创造，寻求解决问题的有效办法。中国是一个有 12 亿人口的大国，我们有解决各种复杂的治安问题与犯罪问题的丰富经验，为什么我们不能培育、形成具有中国特色的专业学派、流派，为人类社会的进步作出更多的贡献？为什么我们至今还不能组织力量公布完整的、有权威的犯罪统计，以科学估计犯罪形势，促进对策研究？为什么我们至今还没有全国权威的犯罪资料数据中心，没有犯罪研究的实验基地与科学长期的追踪调查。经济力量是一个重要的因素，缺乏马克思主义的勇气与胆略也是一个因素。认真学习《邓小平文选》第 3 卷，可以得到强大的力量与鼓舞。

四、加强马克思主义指导，要放眼世界，吸收一切科学有益、符合我国国情的好经验，但决不能照套照办，"走自己的路"①中国才有希望。小平同志说："无论是革命还是建设，都要注意学习和借鉴外国的经验。但是，照抄照

---

① 邓小平著：《邓小平文选》(第 3 卷)，人民出版社 1993 年版，第 3—4 页。

搬别国经验、别国模式,从来不能得到成功"。①马克思主义不能拒绝真理,从来不拒绝学习好的东西,小平同志在不同场合下指出,不要把自己置于封闭状态和孤立地位,要开放、要吸收国际的经验,要利用外国智力等等,犯罪与青少年犯罪是各国都存在的社会现象,每个国家根据自己的社会环境、历史传统、文化背景,都有自己的经验与做法,其中有许多成功的、经过实践证明取得成效的创造发明,我们都需要了解,比较研究,结合我国情况进行借鉴、学习、吸取其中适合我国国情、可操作的经验与做法。但不能生搬硬套,更不可能的是搬弄名词概念猎奇。"每个国家都有自己的情况,各自的经历也不同,所以要独立思考"。②例如少年司法制度,美国是最早提出来的,但是,美国式的独立的少年司法系统,单纯保护青少年,而忽视对社会的保护与社会的综合保护,从而造成事与愿违、"司法纵容",引起社会的不满,我们显然不能照搬。根据我国国情与实际的经验,吸取国外这方面的经验与成果,我们创造中的少年司法制度就可辩证地把握保护青少年与保护社会的统一,在整个司法过程中,每个环节都根据不同的职能加强教育、挽救、矫治,对少数罪行严重的未成年人犯罪既有教育、挽救、从轻、减轻,又有必要的惩处与严肃,惩处也是为了教育。我们的创造与经验,不仅能有效地解决现实问题,在国外学者中也获得了肯定评价,体现出中国的特色与社会主义制度的优越性。国外犯罪与青少年犯罪的理论更是学派林立,众说纷纭,观点对峙,其中当然也有优秀的成果,对我们有很大启示,尤其是经历过市场经济不同发展时期的一些国家,他们的历史资料与理论研究成果及对策,对我们研究、预测我国当前社会治安与犯罪的情况变化是很有价值的。但对国外的各种理论派别也要分析、鉴别,弄清楚其产生的背景及理论的实质,而不能被一些新的名词、形而上学的结论甚至偏见迷惑,盲目地推崇、接受,例如青少年犯罪的种族遗传理论、心理决定论、越轨行为随年龄增长自然消除的理论等等,都必须持客观、分析的态度,盲从吹捧与武断否定都不是马克思主义的态度。

　　《邓小平文选》第 3 卷关注中国革命和建设的大业,建设有中国特色社会主义的理论涉及国家政治、经济、社会、文化思想、外交诸多方面,这些论述

---

①　邓小平著:《邓小平文选》(第 3 卷),人民出版社 1993 年版,第 3—4 页。
②　邓小平著:《邓小平文选》(第 3 卷),人民出版社 1993 年版,第 260 页。

对我们都有重要的指导意义,尤其是其中有许多直接论及社会稳定、打击刑事犯罪、加强法制宣传、加强青少年教育、反对资产阶级自由化、健全民主与法制等等方面,是我们成功进行开拓、创新的马克思主义的思想理论武器。小平同志说,"学马列要精,要管用的"。[①]这应该是我们的座右铭,牢牢记住这一点,并付之于行动,就一定可以为国家的安全、社会的稳定作出贡献,一定能够为建设有中国特色的社会主义作出贡献。

---

① 邓小平著:《邓小平文选》(第3卷),人民出版社1993年版,第382页。

知难而上　奋发进取

——时代需要青少年犯罪研究有新贡献[*]

我国青少年犯罪研究是在粉碎"四人帮"以后,随着改革开放的步伐逐步开拓、进步与发展起来的。青少年犯罪研究推动了我国社会治安综合治理,推动了青少年立法与少年司法制度,推动了对犯罪学的关注与研究,为我国的法制建设、经济发展、社会进步作出了重要贡献。当时钟走完 1995 年,迎来我国"九五"规划第一年——1996 年时,我们应该继续前进,为祖国 21 世纪的春天作出新的贡献。

我国青少年犯罪研究有一个好的传统,就是理论联系实际,坚持为建设具有中国特色的社会主义服务,为我国的经济发展、社会安宁、青少年健康成长服务,急党所急、急社会所急、急人民所急,不断开拓与探索重要迫切的现实问题。党的十四届五中全会通过了关于制定"九五"计划和 2010 年远景目标的建议,提出了跨世纪的宏伟蓝图。遵照小平同志建设具有中国特色的社会主义的理论,规划一再强调社会主义精神文明建设与民主法制建设在社会主义现代化建设中的重要作用。青少年犯罪研究如何坚持多年来具有的优良传统,努力提高自己的素质与专业水平,脚踏实地,深入实际,抓重点、抓热点、抓焦点、抓难点,研究与探索社会治安、青少年犯罪、青少年健康成长中的新情况、新问题,为决策部门提供新的科学有据的思路、建议与材料,这是我们的新任务、新目标、新要求。在"九五"计划第一年,我们就要以更加昂扬的姿态开好头,起好步,夺取新的成果。

事物的发展有其客观的进程与规律,近年来青少年犯罪研究虽然仍在发展与进步,实际部门与理论部门有一支为数不少的队伍为之奋斗。但是,我们必须看到,当前的困难与问题也是很多的,有的困难还很突出。其一,有计划有组织的研究已经十几年了,一般性问题的研究与调查也不少,人们关注的热情下降。新的形势要求我们能对新问题、深层次的问题拿出高水

---

　*　以"华青"为笔名发表,原载《青少年犯罪问题》1996 年第 1 期。

平、具有针对性与直接指导意义的成果，才能再次得到人们的关注与重视。这无论从深度、难度，还是从复杂性、科学性来说，都不是一般的调查研究或经验方法能够取得进展与突破的。它需要研究人员学习新知识，掌握新方法，开阔视野，提高理论素养与专业水平，这是涉及学科兴旺并能为现实有效服务的关键。其二，青少年犯罪与犯罪的现代研究，就其复杂性与科学的难度上来说，已不是靠个别人的才智、奋斗能取得的，它需要科学的组织，多学科的配合，现代科技手段的运用，以及相应的经济投入，这方面的困难在目前也是相当大的。在这种困难的情况下，更需要有一批有事业的理想与信念，有为科学、为社会主义献身精神与毅力的中坚分子，努力走出困境，从困境中作出新的成就。其三，经济的健康发展与社会的进步，自然科学与社会科学各有其特定的作用与贡献，社会科学不仅有社会效益，也有经济效益，但其效益表现有缓慢显露、模糊性、从其避免或减少损失上反映出来等特点，需要我们提高认识水平。我们强调知难而上，奋发进取，就是要正确地分析估价这些困难和问题，咬紧牙关拼，闯出一条路，开创新局面。成功只属于不惜付出劳动和智慧、奋发进取的人。

研究要走在实际的前头 *

在我国改革开放经历了二十年的巨大发展变化的今天,保护青少年健康成长,预防犯罪与青少年犯罪,维护社会的安全与稳定,仍然是摆在我们面前的一个复杂的、令人关注的社会问题。20 世纪就要过去,我们即将面临21 世纪新情况、新问题的挑战,其严峻性绝对不能低估,研究、开拓这个专业性极强的领域,拿出新的成果,是迫切而又艰巨的任务。

需要就是命令,怎样在新的世纪有所作为、有所奉献,跃上新的台阶,取得有大影响、大成效的成果? 历史的经验与理性的思考告诉我们,研究要走在实际的前头。

自从社会分工中出现专门的研究人员、研究机构以后,他们就被赋予一种特殊责任,那就是坚持探索、开拓、创新、攻关,发现新的问题,关注一般人尚未注意或者并不在意的情况,澄清一般人存在的思想认识误区,解决一般人解决不了的实际问题。这些人就是为此而生活,也为此受到社会的承认、尊重、欢迎。因此理论要指导实践,研究要走在实际的前头,这是研究工作存在的前提,是研究本质规律的要求,是研究的价值所在。

研究要走在实际的前面,就要扎扎实实、付出艰辛劳动与代价,沽名钓誉、投机取巧、浮光掠影、回避困难是难以如愿的。科学的研究要了解、继承历史的成果,更要接触、了解、研究当今的实际。因为犯罪问题、法律问题有深刻的理论性,同时又具有极强的应用性、实践性,单纯的书本、文献研究是绝对不够的,要破万卷书、行万里路,理论与实践两者结合,融会贯通,才能眼明、耳聪、心灵,抓住本质、规律,走在实际的前头,作出研究工作特殊的贡献,社会就必然会用热情、敬佩、欢迎、支持来回报。

实际是具体的,问题有大有小,研究人员不能因事小而不为,热心主动去早发现、早研究,解决好问题,实际部门、人民群众会高兴。我认为研究者更要争取在大问题上走在实际的前头,有高起点、大视野,要时时盯着、思考

* 原载《青少年犯罪问题》1999 年第 2 期。

大问题、全局性问题、党和国家急切关心的问题。大问题难度大，付出的时间多，劳动强度大，可是大问题有大影响，解决大问题的成果对国家有大的贡献，我们应该有大志气，作大的贡献，我们的事业才能有光辉、有发展、有生气。

犯罪研究要有中国特色的创造性劳动精神

——《论预防犯罪》读后感[*]

今年春,获冯树梁教授赠其近著《论预防犯罪》,拜读之后很受启发,就有写点感受的冲动,由于学校交办的有些工作加之年龄精力所限,拖至暑假才了此心愿。

冯树梁同志是我尊敬的同行、专家,有很强的社会责任感,治学严谨,根底深厚,离休后尤其关注预防犯罪研究,成果甚丰,由法律出版社出版的《论预防犯罪》即是其中之一。这是一本经过作者精选整理的论文集,从时间跨度上长达二十年以上,这是我国犯罪和青少年犯罪研究很重要很艰苦的二十年,是我亲身经历见证、置身研究探索的二十年。讲其很重要,因为这是我国犯罪研究产生、发展,从无到有到,奠定我国现代犯罪研究基础的二十年,《论预防犯罪》一书中多篇论文就是这一时期中完成的;讲其艰苦,是这一时期犯罪研究处在开拓创新的困难时期,研究条件较差,发展动荡起伏,有时受到关心支持,有时备受冷落忽略,就目前来说,专业机构、人员、经费等与国家经济、社会发展需要仍呈极不协调的存在态势。因此,我读这些文章特别有感情,能见证冯树梁同志在我国二十多年犯罪研究中的先锋足迹,成为我国多项犯罪研究工作的先行、先尝者,是至今在我同辈中仍能坐得下来、走得出去、提得上来、展得开去的不多的较全面的了解实践、富于理论思维的研究者。文如其人,从论文中可以充分感受到冯教授的研究功底和思维深度和理论特色,我有幸作为同行者三十有年,有许多相同的感受和认识,常常也从他的论文、讲话、交流中得到许多启示和教益,心相通、情相连,共目标、同奋斗。愿将读后感受体会与大家共享。

我的感受主要不在文章本身,而是透过文章研究成果体现的一种支撑研究的理论指导、治学态度、作风、方法,一种值得学习、传承、发扬的犯罪研究精神。

---

* 原载《青少年犯罪问题》2010 年第 6 期。

一、　犯罪研究的战略眼光

战略眼光是学者的素质、水平的高度表现,犯罪学家研究犯罪问题要有战略眼光,也就是说不能只看眼前,图省力,随大流,急功近利,要关注基础问题,前沿问题,难点问题,敢于突破、探索创新,研究眼前不受重视但对长远具有重大意义的课题。重视预防犯罪研究,重视基础研究、情况数据真实性研究、符合中国历史和当前社会主义现实情况的理论提升研究,都具有战略重点眼光的表现。

冯树梁致力于预防犯罪研究就是有战略眼光,我们都知道,与犯罪作斗争古今中外不外打击、预防两个方面,可是实践中通常都是重打击、轻预防。为什么重打击? 因为,打击犯罪声势立显可见,成绩立见可计,破大案,抓要犯,记大功,获奖励,轰轰烈烈,惊险生动,上报纸、上电视,受激励,振奋精神。而预防犯罪呢? 一是成就结果具有不确定性,预防事故、防止犯罪、消除隐患,后面的事情毕竟没有发生,不要说成就,有多少具体成果也常常说不清楚、道不明白;二是预防采取的措施手段与结果成效具有时间距离上的分割性,即使按照计划或方案采取了行动后,效果按预见实现了,由于时间分割中的不可避免的多因素介入,能否证明预防与效果的因果关系,实践中尤其是难以确凿证明防止多少事故,减少多少案件,存在科学评估难、衡量难;三是预防犯罪工作,量大面广、具体细小、长期持续,具有不引人注目的艰苦性、平庸性,默默无闻,既不轰轰烈烈也无惊险生动场面,上不了报纸和电视,引不起震动和重视。

上述预防犯罪易受冷落忽视的一面,并不能说明不重要。相反,预防犯罪从来都受到有远见卓识的政治家、学者专家的重视,现代刑法学、犯罪学的开山鼻祖贝卡利亚就说:预防犯罪比惩罚更高明;日本著名学者藤原藤一认为,“预防犯罪应该是法中之最”,他们已经把预防犯罪的重要性和价值提到了不能再高的程度。《联合国少年司法最低限度标准规则》(《北京规则》)特别关注预防犯罪要从少年健康成长抓起,规定:“尽力创造条件确保少年能在社会上过有意义的生活,并在其一生中最易沾染不良行为的时期使其成长和受教育的过程尽可能不受犯罪和不法行为的影响。”联合国专门制定通过《联合国预防少年犯罪准则》(《利雅得准则》),指出“青少年通过从事合法的、有益社会的活动,对社会采取理性态度和生活观,就可以形成非犯罪性的态度。"可见预防犯罪的重要性和现实性早为国际社会公认。其积极意义和战略价值至少在于：

首先，早期从源头防止犯罪的发生，防患于未然，防微杜渐，早发现早解决，我国古训说的"预则立不预则废""风起于青萍之末"，都是提醒人们把问题矛盾解决在未发生或萌芽之时是最好的，这是治本之策。

其次，预防犯罪不发生、少发生，尤其是防止减少大案和恶性案件发生。防止、控制或制止一起案件就是实现一次社会零损失零伤害，总体上把损失、危害、消极影响减少到最低程度。

第三，预防犯罪直接让一些人自觉或被动地避免成为犯罪人减少社会中犯罪错人，也积极挽救了一批可能的失足者，这是根本性问题，对全社会是有好处的。

第四，预防犯罪有助于建立良好秩序，改变社风民气，对社会的和谐、长效稳定有战略长效机制作用。

预防强调治本。现代预防犯罪理论是治本同时讲究效果，十分重视治标的多种手段的速效高效，把预防犯罪理论建立在更加现实有用可操作性的实际需要上，在理论上战略上都更加成熟、实际、得到肯定和公认。冯树梁教授多年来一直把犯罪研究的重点放在预防犯罪的课题上，是有革命家战略眼光和学者科学思维，具有反常规、反习惯、反功利的特点，他在书中讲述古代魏文王向扁鹊问病的故事很值得我们一读。我们必须把我国长期来实践中重打轻防的常规性、习惯性思维定式改变过来，放弃目光短浅、急功近利、实用主义的研究和工作布局，不能由于预防工作难度大、效果慢、看不见、难衡量、不显赫，而不肯投入人力财力物力和领导精力。

二、 重基础、重视犯罪情况的真实性研究

重基础、重视犯罪情况的真实性研究并敢于直面事实大胆突破，闪耀着创造性劳动的光辉，是研究犯罪非常值得钦佩、学习的精神。

基础很重要，创新要有基础，预防犯罪研究的基础就是犯罪的情况和变化。在我国，由于历史的原因缺乏这方面的传统、积累和基础，上世纪80年代，在社会迫切需要鞭策着青少年犯罪研究起步的时候，有关犯罪情况和数据长期被忽略几乎处于空白，且是一般人难以接触了解的禁区，专业人士要获得也十分困难。因为，犯罪是反映社会消极、病态、危害的一面，受"左"的

影响下,为了不影响社会主义的优越性,这些消极负面的情况数据只能封闭,仅限于直接掌管人"自知",是不给人见、忌讳人知的,有时还要"加加工",以防否定社会主义优越性,给社会主义抹黑,成为政治问题。1981年,我当时组织部分老师带领学生在上海市杨浦区某派出所近二个月做犯罪调查,当时亲身经历基层如何处理每月立案上报案件发生数据的,先是内勤根据案件登记记录作出报表,送所领导审核,所长与上月报表比较,发现上升幅度较大,于是与周边所联系沟通了解情况,最后结合辖区综合情况,经过讨论分析调整,把数字降下来后报出,整个过程不过一个多小时,似乎已成规范。我把上报材料与原始材料核对一下,发现重大案件数如实报出,一般案件减少许多,最明显的是盗窃自行车案件只有实际发生的60%—70%。我向所长提问请教,所长很具体地向我解释数据处理的"科学性"和"根据",而且提醒说处理后的数据一定要注意仍能反映犯罪的变化动向,同时也告诉我有关上级指标要求、业绩评估、干警工作艰辛和福利、周边平衡等。我真切感受到基层公安工作的复杂性,确实佩服基层干部的能力和智慧,当然也发现犯罪数据不能正确反映犯罪情况的严重性,并对数据既难得到又不准确深感不安和无奈,多次在会议上曾以此为例呼吁公开我国犯罪数据,质疑犯罪数据能否真正反映我国犯罪严重的事实,以及给犯罪研究者带来极大的困难和误导,严重影响犯罪研究工作。

　　预防犯罪脱离具体真实的犯罪情况,规律、对策、预防问题就无从谈起,谈也是空的、假的、不符合实际、不会真正起作用。粉碎"四人帮"后召开的十一届三中全会,拨乱反正,确立"实践是检验真理的唯一标准",为真实反映情况敞开了道路,但公安方面由于其特殊性当时仍是难以开放的领域。研究犯罪的前提是首先要知道犯罪情况和变化,系统掌握犯罪情况及其真实性既是早期研究极难突破的难关,又是展开科学研究犯罪和预防犯罪必须突破的难关,不仅工作本身复杂困难,而且需要胆略和勇气。

　　本书中多篇文章中论及的犯罪"水分"调查及其分析研究成果就是反映突破这一难关、实现情况真实性的记录,是当时涉及理论和实践重大问题的研究成果,具有历史特征、时代意义。话题需要从上世纪70年代末80年代初说起,人们从大动荡大破坏中刚走出来,青少年犯罪突发似的成为街头巷尾全民关注的社会问题,中国青少年犯罪、青少年保护、青少年法、犯罪预防、社会治安综合治理和犯罪学研究正是在这样独特的时代背景下,从青少年犯罪这个事关国家和社会的安全稳定发展的热点开始调查研究并快速发展起来的,走着完全不同于西方从犯罪与刑法逐步深入到青少年犯罪、青少年法中,交替推动发展的道路。初始的研究首先碰到最多的问题就是中国青少年犯罪究竟情况怎样? 数量增加还是没有增加,略有增加还是大幅度上升,短暂上升还是持续增长,局部地区上升还是全国性上升,上升幅度究竟有多大,会持续多少时间? 接着是犯罪是些什么人,各地区分布,类型、手段、危害等。进一步必然是原因、预测、预防等对策问题。一时间,针对性的调查研究在全国各地纷纷展开,为了维护社会主义国家的秩序稳定和安全发展,一批有社会责任感的学者和实际工作者,想党和国家之所想,急党和国家之所急,不过对犯罪情况真实性这类敏感、现实的问题的接触和突破还是顾虑重重的。《现阶段犯罪问题研究》课题研究确定五个方面,其中不少课题是直面现实、突破性的,揭示各地立案不实,水分颇多,就是体现科学求实精神和勇气胆略的其中一个。冯树梁同志是课题的策划设计者成员也是具体组织实施者之一,他们的团队公开、尖锐、直接提出这样一个敏感、极易引发争议甚至声讨的课题是破天荒的。而且通过对全国 300 多个派出所立案情况和近万个个案情况专题调查,规模之大、涉面之广,用确凿数据打破传统禁区,肯定全国普遍存在立案不实存在水分的情况,确定地指出,"发案数几倍地上升,破案数大幅度下降",这样的调查和研究,可以说前无先例,至今尚无后者。这个课题从中国的犯罪情况最关注的数量开始,从水分这个关键难点突破,从上到下取得全国性认识上的认同,并在政府文件中转化为指令、工作规范要求、行动指针,很快在 1992 年我国刑事犯罪案件统计数字走出误区,从几十万起,提高到几百万起,较客观地从数量上反映了犯罪现实,效果和影响不说也十分清楚。论文论述尖锐、简明、透彻,尤其是结论性指出,"不管什么事情,不讲真话,不计实效,总是要吃苦头的""科学的生命在于真实。给虚假的东西蒙上一层经过科学研究的面纱,比不研究的欺骗性更大",值得传承和铭记。

三、 立足中国现实的理性思维和理论创新

数据、情况、经验是重要的,没有真实客观科学的情况数据就没有正确有效的犯罪对策和犯罪预防。但是,停留在数据情况经验层面上不是有远见卓识的合格研究者。二十年前,我国青少年犯罪研究开拓探索的主要倡

导者、组织领导人之一曹漫之教授,在华东地区第六次青少年犯罪研讨会研讨大要案发生规律和防治对策时说,"一门学科的产生、发展,逐步成熟,发挥作用,需要长期地去做艰苦工作,长期的努力。"他认为我国历史悠久、实践丰富,有中国特色的犯罪学、青少年犯罪学理论"能在国际学术讲坛上取得应有的地位"。

中国的经验和研究成果要走上国际学术论坛,不能停留在实践经验的层次上,要从情况数据实践经验的认识,经过"去粗取精、去伪存真、由此及彼、由表及里的改造制作的功夫,形成概念和理论的系统,进到理性认识"。规律、理论就是深化的认识,全局的认识,本质的认识。预防犯罪不能停留在情况上,即使是全面客观的情况把握也是现象的表面的零碎的有局限性的,必须有升华,掌握、拥有自己主创的科学理论。科学理论高于情况数据经验,具有规律性、普遍性、指导性、借鉴性,据此才能不断设计有效的办法措施,推广应用,有效地限制、减少、预防犯罪,改变犯罪的变化态势,有益于社会进步健康发展、人民幸福安康。

中国预防犯罪太需要有我们自己的理论了,中国犯罪学研究必须走自己的路,有自己社会主义特色,才能受尊重、有地位、获发展,文艺界有一句话说得好,民族的就是国际的、最好的。中国的预防犯罪理论也应该是中国的、社会主义的、现代的、国际的、原创的。综合治理理论就是具有上述元素的预防犯罪理论,它符合党的指导理论和优良传统,体现社会主义制度的优势,能够充分运用系统综合、信息技术现代科学技术成果,凸显其科学性和发展潜力。中国原创的综合治理,重在全社会的综合协调合力形成预防机制或体系,社会主义制度的根本利益一致和组织协调优势保证其良好正常运转实施,保证其取得预想的实效。否则,"好比一台机器,有的齿轮不转,影响了整台机器的有机运作",也不会发挥作用和优势。我们要把中国的元素、中国的理论,用国际化现代化的方式、表述、语言为国际社会理解和接受。

冯树梁同志重视并致力于从理论上对综合治理进行研究,发表多篇专题论文。他还倡导预防犯罪研究中引进《孙子兵法》,建议综合治理干部学点《孙子兵法》。他在《〈孙子兵法〉与社会治安综合治理战略策略研究》一文中,以《孙子兵法》观点与犯罪作斗争作了九点比较,认为有很大的趋近性、适用性,以《孙子兵法》中特指的"道、天、地、将、法"五大要素,作了很有新意的移植性研究。《孙子兵法》颇受当代国际社会关注,冯教授的研究有很多独到之处,如关于未然、将然、已然;以战反战;最小代价换取最大胜利,并从迎战 21 世纪有组织犯罪需要,研究运用《孙子兵法》的战略策略战术,把现代预防犯罪研究与充满智慧和辩证法的我国优秀古代文化传统结合,已引起同行关注和认同。

冯著中闪耀着敢于直面问题,深入进行理性思维,开展大量理论提升概括研究的光辉。他多角度探索基础规律就具有中国特色和相当的高度、深度,很有代表性。他说"抓基础是必行的规律",把基础规律列为预防犯罪的指导规律,理论上重视基础理论和基础研究,预防犯罪实务上强调基层组织和社会基层单位建设。把"二基"提高到理论的层次上来研究,以"枫桥经验"为例,用"强根固本"为题重点论述农村基层基础工作的重要性,认为基层基础建设是整个社会稳定的基础,它如大厦之基石大树之根节,基石固则大厦不倾,根节牢则枝盛叶茂。他借用一句演员台词说:"底座拿走了,塔尖往哪里放?"说明"二基"在预防犯罪理论和实践中的地位和价值,非常形象、通俗、深刻、极富哲理。"二基"建设是科学的在实践中有效的中国化预防犯罪理论的组成部分,值得下功夫去研究、实践、开拓、深化。

四、 讲实际,讲效果,指导实用可操作

犯罪研究是现实研究,讲效果,讲实用,讲对策。《孙子兵法》十家注曰,孙子十三篇首开言计,"计者,选将、量敌、度地、料卒、远近、险易,以断优劣、胜负、成败,故以计为篇首"。预防犯罪、与犯罪作斗争就类似打仗,选将、量敌、度地、料卒等等,都是为了断胜负、成败,知己知彼,布阵设防,就是为了取得实际效果。离开实际效果和操作性,就成了空话,毫无价值可言。

当代预防犯罪研究日益科学、完善、成熟。了解真情实况就是预防犯罪的基础和前提,情况明,对策和办法才能有针对性和有效性,实施、操作才有可靠保证;理论是把握规律,为制定预防犯罪提供科学依据,指导成败评析、方案设计等;还有具体方法、现代科学技术手段等。既有科学预测和长远长效战略性预防原理、措施、手段、设计,也有快速高效的条件预防理论、预防犯罪办法和现代科技运用。

不过,无论长远的或立竿见影的,最后又都回到落实上,落实才能产生效果,落实的程度与效果成正比。消除犯罪原因是预防减少犯罪最好最直

接有效的办法，人所共识，不过原因复杂，有的涉及生产、经济、社会发展水平，不是个人、部门，包括国家机关主观想做就能做到，有的确实工作量极大难度高，但是其中有相当多因素是可以控制、消除的，关键在于落实，不一步一个脚印去实现落实，也不会产生效果。条件性预防的效果几乎是立竿见影，前提还是要做，要措施、手段落实，否则也是空的。

《论预防犯罪》来自实际，敢于提出新问题，许多研究作出的理论概括和论断，都是现实性强、实用有效的，能指导实际工作的，如研究成果中，关于文化大革命结束后，我国犯罪总的情况是"数量增多、质量提高，手段恶劣，危害严重"的论断；在中国犯罪分布研究上，首次作出"三分之二集中在长三角洲珠江三角洲至广西的沿海地区和鄂湘川交通枢纽地带"的最简洁概括；在提出条件预防时，提示说条件预防见效很快，关键是落到实处；较早提出涉黑、毒品、金融等犯罪新类型、新动向等。都是有根据的作出符合实际的科学看法，都有超前性、预防犯罪的指导性，不仅在当时有实际作用，即使现在也仍然是有价值的。

科学理论转化为实际效果，一定要把科学的理论通过具体的方案、计划、措施等中间环节变为行动。我国实践证明，秩序就是预防，有秩，能减少违法犯罪的机遇；做到有序，发生违法犯罪往往在冒头时就暴露被发现，做到有序了，犯罪发生后也为快速破案创造较好条件。乱而无序，就是为犯罪创造条件，犯罪就会增多。因此，建立秩序，保持秩序，就是把理论变为行动的中介环节，大量日常的秩序管理就是实现有效地预防犯罪、保护社会的措施手段。

中国青少年犯罪研究学会创建者、我国犯罪研究开拓组织的主要领导人之一、老会长张黎群同志，生前要求年轻人把青少年保护和青少年犯罪研究"作为事业来办，立志要办好它"。他说："事业，总是永放光芒的。"冯树梁同志已 80 高龄仍不断为我国预防犯罪研究事业做贡献，他的精神可敬，他的成果是值得学习、珍惜的宝贵社会财富。

专题二:青少年犯罪的过去、现状和趋势预测

试论新中国成立以来我国青少年犯罪的发展变化[*]

正当青少年犯罪在许多资本主义国家恶性发展、蔓延成灾,成为严重社会问题的时候,刚刚从旧社会烂摊子上建立起来的新中国,却出现了刑事犯罪逐年减少、青少年生气勃勃、健康成长的新局面,这是社会主义中国创造的治理社会的"奇迹"。

三十三年来,我国青少年犯罪的情况和发展变化也有起伏和曲折,但与资本主义世界不同,独具自己的特点和变化规律。因此,用马列主义、毛泽东思想为武器,科学地调查、分析、研究我国青少年犯罪的本质特征,正确认识和估价我国当前青少年犯罪的状况和实质,不仅有利于有针对性地提出预防和治理青少年犯罪的具体建议和实施方案,而且对其他国家也会有重要启示,这是我们响应十二大的号召,全面开创社会主义现代化建设新局面的实际行动,本文特就新中国成立以来青少年犯罪发展变化中一些特别令人关心的表现作粗浅的理论探讨。

一、 两个大幅度的变化

新中国成立以来,我国青少年犯罪发展变化是与整个刑事犯罪变化趋势相一致的,大致可以分为三个阶段:

第一阶段从新中国成立开始,根据国家公布的材料,我国解放初每年发生刑事案件 50 余万起,这是与我们接受的是一个千疮百孔的旧世界直接联系的,当时不仅政治破坏案件多,而且流氓、盗匪、兵痞、妓女到处活动,社会秩序十分混乱,刑事案件发案率比较高。但是社会革命带来经济基础的根本变革和思想、管理制度的变化,使社会秩序迅速改观,刑事案件随即大量减少,仅仅 3 年时间,即到 1952 年,我国刑事犯罪与解放初比,下降 50%以

* 原载《青少年犯罪问题》1982 年第 1 期。

上,全年只有 24 万起。以后,1953 年、1957 年、1962 年,虽受国内外斗争形势的影响,刑事犯罪出现过回升,但时间短暂,上升幅度大大低于几年中下降的幅度。因此,这个阶段犯罪发展变化的状况可以用一句话来概括:起伏中的大幅度稳定下降。到我们称之为十年内乱的"文化大革命"前夕,刑事犯罪出现了新中国成立以来历史上发案率最低点,以上海来说,近一千万人口的城市,1965 年发生刑事案件 3500 起,比新中国成立初下降 90% 以上,真可谓"夜不闭户,路不拾遗",成为至今人们仍回忆称颂的"太平盛世"。刑事犯罪大幅度稳定下降的变化亦基本上反映了青少年犯罪的发展变化规律。据统计,上海 1953 年青少年犯罪中学生有 1395 名,占当时全市人口的2.3‰,1958 年下降为 994 人,占当时人口的 1.2‰,到 1965 年进一步降到655 人,占当时人口的 0.6‰。事实说明 17 年中青少年犯罪大幅度稳定下降是明显的,不过与整个刑事犯罪下降的幅度比,青少年犯罪下降的幅度没有整个刑事犯罪下降的幅度大。

历史的发展不可能是笔直的。1966 年"文化大革命"以后,我国刑事犯罪与青少年犯罪的发展变化进入到第二个阶段,出现了大幅度回升的现象,平均每年增加 10% 以上,其中有的年份如 1975 年前后虽出现过下降,但整个阶段的总变化是大幅度逐年上升。上海这个"四人帮"控制的重要据点,每年就是以一千件以上的数字逐年增加的。华东地区其他省的情况也一样,都在原来基础上每年增加几百起、近千件案件。到"四人帮"粉碎后,全国刑事案件一年约六十万起左右,绝对数已超过 1950 年,但按人口平均,发案率仍低于 1950 年。这一阶段中刑事犯罪变化的重要特点就是青少年犯罪数量大大增加,青少年犯罪在整个刑事犯罪中所占的比例愈来愈大,从 50 年代百分之十几,上升到百分之六十左右,有的地方青少年犯罪占整个刑事犯罪百分之八九十,从而成为当前我国一个严重的社会问题,被提上了党和国家的议事日程。

"四人帮"被粉碎以后,由于"四人帮"造成的政治、经济、思想、文化的严重破坏,继续影响青少年犯罪,加上我国历史发展上一个大转变所不可避免带来的一些问题,青少年犯罪继续是严重的,甚至出现 1979 年和 1980 年的猛跳。但从去年开始可以看出,冲击的势头已经堵住,长达十余年的青少年犯罪大幅度上升的发展趋势已经在改变,1981 年上海等少数城市青少年犯罪已出现稳定或下降的局面,今年上半年则有更多的城市和地区相继出现青少年犯罪下降的可喜现象,这是三中全会带来的必然结果。随着我国经济、文化事业的发展,民主与法制的完备和加强,整个社会主义精神文明建设所取得的成果,可以有根据地预计,青少年犯罪将会出现从稳定到逐步下降的发展趋势。

以上我们对新中国成立以来青少年犯罪的发展变化的三个阶段作了简要的历史考察,可以看出,两个大幅度的变化形成新中国成立以来我国青少年犯罪"V"字形变化的独特表现和特殊规律。

二、 说明了四个问题

三十三年来,我国青少年犯罪特有的发展变化规律说明了什么? 给我们有什么启示? 认真地探讨这个问题对正确认识和估价我国青少年犯罪的现状是十分重要的。

第一,我国青少年犯罪两个大幅度变化的独特性,打破了资本主义世界青少年犯罪的一般规律。这可以在与欧美、日本等发达资本主义国家青少年犯罪情况的比较中看得很清楚。在与我国上述大致相同的时间内,欧美发达的资本主义国家和日本,青少年犯罪急剧增加是普遍现象,1955 年联合国在纽约召开的第一次预防犯罪会议决议就承认:"各国青少年犯罪普遍增长,大大超过以往年代"。其发展的总趋势是不断上升,日益恶化。以美国为例,根据联邦调查局公布的 7 种严重罪行的统计,50 年代每年约为 200 万起,60 年代上升为每年 300 万起以上,70 年代达到每年平均约 800 万起,现在突破 1000 万起,其中青少年犯罪增加的速度大大高于一般成年人犯罪。据纽约统计,1979 年逮捕的青年罪犯就比 1950 年增加 8 倍。再以日本来说,青少年犯罪发生率比英、美等国要低得多,在资本主义国家中是以治理青少年犯罪有方而自豪的,但是战后连续三次出现青少年犯罪高峰,即青少年犯罪按人口比超过百分之一,其中每两次高峰之间的稳定时间不长,下降的比例不大,而新出现的高峰却不断创造青少年犯罪的历史新纪录,日本有关方面承认,很难有把握说每一次新创造的纪录就是发展的顶点。

为什么资本主义社会青少年犯罪持续增加,而我国会出现连续多年大幅度下降这样在资本主义社会不可能出现的"奇迹"呢? 根本的原因就在于两种社会制度的根本不同。在资本主义社会中,青少年犯罪是资本主义制度的产物,是资本主义制度罪恶最集中表现的一部分。马克思、恩格斯引用过大量材料论证过资本主义的劳动制度"是产生道德堕落的最肥沃的土壤"。资本主义制度不断把青少年变成罪犯的补充队，或干脆直接把青少年推向犯罪。在现代资本主义社会中，道德的沦落、社会的奸诈、经济上的不平等，对青少年的压抑和唾弃，有增无减。资本主义制度正像其工厂不断增加物质产品一样，其社会不断制造犯罪。这正是资本主义社会青少年犯罪无法避免、恶性发展、难以治理的根源所在。

新中国成立以来，我们打破了资本主义世界青少年犯罪的一般规律，就因为我国社会主义制度是以公有制和高度精神文明为特征的。它建立一种与资本主义根本不同的新的人与人的关系、新的思想、新的道德、新的行为准则，这种消灭了阶级和剥削的社会制度本身不产生犯罪，而且为减少和消灭犯罪创造了最重要的实际条件，使青少年犯罪的预防、治理成为现实和可能，这是我国新中国成立后十七年犯罪率所以能大幅度下降，并且经过十年破坏以后能够较快地控制青少年犯罪率上升的冲势以及三十多年来，我国青少年犯罪率始终大大低于资本主义国家的本质原因，也是正确认识和估价我国当前青少年犯罪问题的重要出发点。离开了这个基点既无法理解我国青少年犯罪的历史变化，更难以正确估计我国青少年犯罪今后的发展趋势。

第二，两个大幅度的变化说明我国青少年犯罪的上升不是社会制度必然产生的长期现象，而是某种特殊原因、特殊条件造成的暂时现象，是社会主义制度受到人为破坏而出现的历史曲折。全国以及各省市的青少年犯罪变化资料都一致反映出，我国青少年犯罪率在长期大幅度稳定下降的情况下，突然开始上升都是从 1966 年开始的。为什么都在这一年出现转折，当然不是偶然的，因为这一年"一场由领导者错误发动，被反革命集团利用，给党、国家和各族人民带来严重灾难的内乱"开始了。"十年浩劫"，是非颠倒，黑白混淆，破坏了经济、破坏了教育、破坏了法制、破坏了我们党的优良传统，破坏了革命的道德、理想、信念。在这样人为造成混乱的情况下，刑事犯罪大量增加，在任何国家都是不可避免的。何况在"文化大革命"中，把青少年作为"小将"推到了第一线，受到了最直接的毒害和熏陶。历史的曲折进一步证明，我国青少年犯罪的增加，本质上是短暂的，带有偶然性的，不能作为正常的规律和长期趋势来看。我们完全有理由认为即使没有十年内乱，青少年犯罪可能由于各种因素也会出现起伏变化，像 1954 年、1962 年曾经出现过的那样，但绝不至于出现"文化大革命"中这种反常的直线上升的状况,更不至于成为一个严重的社会问题。同样地,根据上述观点,我们敢于断言,随着产生青少年犯罪直线上升的各种人为破坏因素的纠正与消除,历史又回到正常发展的轨道,在我国社会主义制度下的青少年犯罪一定会重新出现稳定下降的、完全不同于资本主义世界的新局面。这是我们从本质上认识当前我国青少年犯罪的又一个出发点,是我们从新中国成立以来我国青少年犯罪的历史变化中得到的第二个看法。

应该指出:十年"文化大革命"造成青少年犯罪上升的历史一方面证明青少年犯罪不是我国社会制度的产物,与我国社会制度没有必然的联系。另一方面又说明,社会主义制度的任何不完善、被破坏,可能成为各种犯罪因素能够蔓延、发展的条件,甚至成为各种犯罪利用的漏洞,这是一个重要的经验教训。因此,健全、完善社会主义制度、尽量减少和避免工作中的失误,在青少年犯罪"综合治理"中具有最重要的意义。

第三,两个大幅度的变化反映了我国社会主义条件下,青少年犯罪的曲折变化,它的基本特点都是低犯罪率的。把我国青少年犯罪的变化情况放在世界范围内进行比较就会发现,即使是经过十年内乱后我国青少年犯罪有了大幅度上升的今天,与一些发达的资本主义国家比,我国青少年犯罪无论是绝对数或是与人口的比例数都是很低的。根据公安部统计,1979年我国九亿多人口,全年刑事案件发生63万起,犯罪率为0.065%,青少年犯罪人数为22万人,青少年犯罪率为0.057%。而一些发达的资本主义国家,如美国,约二亿人口,据联邦调查局公布的材料,1975年发生7种重罪1125万起,犯罪率为5.3%,青少年法院处理的案件140多万起,青少年犯罪率为4.58%。英国人口约六千万,1979年犯罪案件250万起,犯罪率为4.4%,1977年21岁以下青少年犯罪率为3%。日本约一亿人口,1979年青少年犯罪率为1.45%。上述数据显示出,美、英、日这些国家青少年犯罪变化的基本特点是高犯罪率(高于百分之一)的。他们的升降起伏,高峰变化、恶性发展都是在高犯罪率的基础上的发展变化。而我国,在青少年犯罪出现跳跃发展的1979年,青少年犯罪率也是相当低的,不到千分之一,发达的资本主义国家要高出我国十几倍——几十倍,两者确实不可同日而语。客观事实进一步显示出社会主义制度的优越性和生命力。历史的考察不仅使我们看清楚我国当前青少年犯罪的严重性,而且使我们有清醒科学的比较分析,不要形成社会主义不如资本主义的错觉。

第四,两个大幅度的变化说明建设社会主义精神文明确实是"建设社会主义的一个战略方针问题。"胡耀邦同志指出:忽视以共产主义思想为核心的社会主义精神文明建设,"我们的社会主义就会失去理想和目标,失去精神的动力和战斗的意志,就不能抵制各种腐化因素的侵袭,甚至会走上畸形发展和变质的邪路"(在中国共产党第十二次代表大会上的报告),这是我国历史经验的概括。我国青少年犯罪的历史变化也证明了这个概括的科学性。新中国成立三十三年来,我国社会治安情况的好坏,青少年犯罪出现起伏变化都与我们是否自觉抓紧社会主义精神文明建设有关。例如:我国青少年犯罪两个大幅度变化的转折年1965年,这一年创造了新中国成立后刑事犯罪的最低记录,就于1963—1965年间,全国开展学雷锋,学王杰,发扬共产主义精神,亿万青少年做好人好事,形成人人讲共产主义道德,个个以为人民服务为光荣的新风尚直接有关,从特定的意义上来说,是共产主义思想道德发扬的必然结果。相反地,"文化大革命"造成了多方面的破坏,其中最严重的破坏也表现在把我国社会主义精神文明建设的好传统、好经验否定了,造成了是非、善恶、美丑的混乱和颠倒,使极端个人主义、无政府主义公开泛滥,"文化大革命"中和最近几年青少年犯罪的发展正是"文化大革命"破坏社会主义精神文明带来的苦果,是文化大革命各种破坏留下来的综合性的后遗症。我们党的三中全会以后,党中央多次明确提出建设社会主义精神文明问题,特别是党的十二大系统地阐明了这个问题,我们亲切地感到,只要坚决贯彻党的这一正确的战略方针,使广大青少年从小就学习文化,具有革命的理想、道德和纪律,我们就能抵制各种封建主义和资本主义的思想侵蚀,顶住精神生活中各种腐朽堕落现象的逆流,不仅能有力地减少和预防青少年犯罪,而且可以使青少年健康成长,培养出社会主义的一代新人。

三、 今后的发展趋势

青少年犯罪与其他事物一样不是不可捉摸的,它有自己发生、发展的变化规律,分析其发展变化和最主要的相关因素,可以有根据地对我国青少年犯罪的发展趋势作出原则的估计。我个人认为,现在我国已处在青少年犯罪从上升发展向稳定和下降过渡的时期。其主要依据:

1. 稳定、下降的趋势已经出现。

1978年开始,青少年犯罪存在着一个发展的趋势,现在这个发展的冲势已经受到堵截而明显减弱,去年已有一部分城市、地区或某些类型犯罪未出现上升甚至还下降。我国最大的城市——上海,去年青少年犯罪人数下降23.1%,青少年犯罪在整个刑事犯罪中所占的比例下降5.9%,青少年犯罪在人口所占的比例由0.132%,下降到0.1%。今年以来情况进一步向好的方面发展,上半年出现了全国性发案率下降的新局面,据统计,各类刑事案件发案数比去年同期下降16.3%,比去年下半年下降13.9%,重大案件也分别下降4.6%和4.7%。上海继续下降幅度比全国大,今年头五个月青少年犯罪人数比去年再下降33.4%,在刑事犯罪总数中占的比例下降6.8%,占人口总数的比例下降到0.066%。为什么会出现这个趋势,首先与我们已经胜利地实现了历史性的大转变有关,也是中央近几年来采取一系列治理青少年犯罪的重大步骤所取得的明显效果。这个趋势具有稳定和巩固的基础,是必然性的开始表现。

2. 经济调整工作已取得重大成果。

我国经济已度过最困难的时期,走上了稳步发展的健康轨道。与此相适应的,人民群众的生活有所改善,青年待业问题已得到各种不同程度的安排、处理。像常州市待业问题已经基本解决。这为治安好转,青少年健康成长,青少年犯罪得以明显减少准备了基础和重要条件。

3. 促使青少年犯罪的某些因素得到一定程度的消除。

对青少年犯罪的发展、上升有重大影响的"四人帮"思想残余影响和资产阶级腐朽思想的侵蚀,通过大抓社会主义精神文明,已得到明显变化和抵制,文艺宣传的正面影响在加强,党风有力地在改进,这就加强了正气,大大减少了青少年犯罪的刺激因素和诱导因素。

4. 教育管理工作得到了加强。

学校教育已逐步走上了正轨,收效明显,学生犯罪率已经出现的大幅度下降是决定青少年犯罪率下降的主要因素。令人鼓舞的是有的地方出现学生违法犯罪的"断茬"现象。工厂教育管理和家庭教育管理目前还比较薄弱,但已经开始引起各方面的重视,从趋势看,工厂管理教育水平提升上去后收效是会比较快的。

5. 社会主义法制的健全愈来愈有力地显示出在教育、改造犯罪青少年中的特殊作用。

综上所述,我国青少年犯罪将出现下降的趋势是可以肯定的。如果考虑到我国 1958 年人口高峰已经开始退出青年期,1964 年人口高峰已经开始退出未成年人的范围,那么,随着青年人口的减少,青少年犯罪的绝对数和相对比例数的下降幅度还可能更大一些。但是,也应当看到,由于历史不可能简单重复,因此青少年犯罪要治理到我国历史上较好的年代那样,绝不是短时间能办到的事,这是一个十分艰巨的长期任务。历史的经验告诉我们,由于国内的因素和国际的影响,阶级斗争还将在一定范围内长期存在,在某种条件下还有可能激化,因此,青少年犯罪的某些类型甚至还会出现上升或其他新的变化也是不奇怪的,我们应该估计到并要有足够的思想准备。

党的第十二次全国代表大会庄严提出,要在今后 5 年内实现社会风气的根本好转,其中着重指出要显著减少社会刑事犯罪事件,坚决消灭那些在新中国早已绝迹而目前又重新出现的丑恶现象,这是一个建立在历史经验和科学分析基础上的动员令,也是一个反映了我国青少年犯罪客观规律的切合现实的科学要求。我们一定要在党中央领导下努力奋斗,促其实现。

"十五"期间中国社会环境变化
对青少年违法犯罪的影响[*]

一、 转型变革期青少年违法犯罪态势仍会上升

近二十年,我国社会经历了改革开放、建立社会主义市场经济的巨大变革,社会环境发生历史上从未有过的大变化。在极大地推进我国经济发展、社会进步、人民生活水平提高的同时,消极负面影响与丑恶现象大量出现,犯罪与青少年犯罪持续增加、性质严重。

1980 年至 2000 年,全国刑事犯罪从 75.7 万起上升到 330 万起,增加 300％以上。全国法院判决的少年犯,尽管有 1991 年立案标准提高、1997 年刑法修改等因素使统计数据减少,但判决的少年犯仍从 1985 年的 17506 起上升到 1999 年的 40014 起,增加 129％。青少年犯罪的类型结构与作案手段、危害程度均明显趋向更加严重。

今后五至十年,我国将在"九五"期间社会主义市场经济体制初步建立,全方位对外开放格局基本形成的基础上,逐步完善社会主义市场经济体制,进一步推动全方位、多层次、宽领域的对外开放,社会转型、变革的大环境在全局上不会根本改变,青少年犯罪的原有走势还会继续。

二、"十五"期间影响青少年违法犯罪的社会环境变化

1. WTO 对青少年违法犯罪的影响

加入 WTO 已成定局,WTO 是机遇与挑战并存。一方面为我国经济带来新的发展生机,但有些方面对青少年将带来冲击和压力。我认为对青少年影响主要在两方面:一是长期的愈来愈大的思想文化方面的不良影响与渗透;二是在就业、竞争、贫富差距方面带来的影响。

---

* 2001 年 3 月在团中央一次座谈会上的发言。

2. 计算机普及与网络

计算机作为高科技的信息传送渠道与新类型犯罪的载体,对青少年具有极大的吸引力,网络打破空间、国界,大大削弱了对违法犯罪的预防与控制。2005 年我国计算机普及将超过 4%,信息服务费用降低,在大中城市普及率会大大超过 4%,成为青少年不可少的工作、学习、生活伴侣。

3. 教育体制改革中新变化

教育体制改革势在必行,公办学校一统天下的局面不复存在,民办、私立、合资兴办的学校将得到鼓励、支持,在"十五"期间这一走势会进一步发展。后者办学的公益性大为减少,市场经营、产业化的特点愈来愈突出,高收费使义务教育在这里已不存在,高中、大学更把相当大一批有志学习的青少年拒之门外。公办学校中九年义务教育的收费也成惯例,选进质量好的学校还需不少额外的经济投入,高中、大学收费已难分公办、私办。这必将造成一批失学、辍学而又缺乏就业条件的闲散青少年,并成为违法犯罪的高发群体。

4. 毒品、色情行业的蔓延,毒害青少年

三、 基本看法

在原有发展走势的基础上,由于上述比较重要的环境变化因素影响,我国青少年违法犯罪在类型数量、变化、严重性等方面会出现更严峻的形势。

论科学技术与我国青少年犯罪的动向和变化机制[*]

80 年代是我国犯罪和青少年犯罪起伏变化大，数量上升，犯罪手段出现技术化、智能化动向，社会治安情况比较复杂的时期。据统计，1981 年，全国共发生刑事案件 890261 起，是我国历史上发案记录最多的一年，比 1980 年上升 18.5％，比 1979 年上升 41％，比 1978 年上升 67.90％。根据破案后捕获罪犯的统计，其中 25 岁以下青少年犯罪占全部刑事犯罪成员的 64％，18 岁以下的未成年人犯罪占全部刑事犯罪成员的 21％。此后，经过各方面的努力进行综合治理，犯罪和青少年犯罪急剧上升的局面基本上得到控制，并且一度出现过较大幅度的下降，例如 1984 年全国发生刑事案件下降到 514369 起，比 1981 年下降 42.2％，其中 25 岁以下的青少年犯罪占全部刑事案犯 63.3％，18 岁以下的未成年犯占全部刑事犯的 20.45％。但不久就回升，到 1988 年，刑事发案数回升到 80 万起左右，绝对数比 1981 年下降约 10％，其中 25 岁以下的青少年犯罪约占全部刑事案犯的 70％，所占比例高于 1981 年。

刑事犯罪的严重性，不仅表现在数量的增加方面，同时也反映在性质、手段等方面。近年来，我国刑事案件中重大案件数量增加。以盗窃案件为例，1986 年比 1984 年增加 7.6％，其中严重盗窃案却从 1984 年的 16340 起，上升为 1986 年的 42192 起，增加 1.52 倍。青少年犯罪中重大案件和应用技术手段作案的案件虽然在数量上所占的比例还是小的，但上升的趋势非常突出。1985 年全国杀人、抢劫、强奸三类案件作案成员中，25 岁以下青少年比 1984 年增加 10％，1986 年，全国 14 岁至不满 18 周岁的未成年人进行杀人、抢劫、放水、爆炸、强奸等严重暴力犯罪活动的人数比 1985 年增加了一倍。在这些严重犯罪案件中技术性、智能性犯罪数量逐年增多，青少年犯罪正凭借科学技术的力量，从数量、性质、手段等方面增加了对社会安全和人们生命、财产的危害。随着改革开放和我国四个现代化事业的推进，科学

---

* 原载《中日刑事法若干问题》，中国人民出版社 1992 年版。

技术对青少年犯罪的影响正逐步增大,这种影响在大中城市、工业中心,以及沿海地区更为明显,已成为刑事法学家、犯罪学家、社会学家共同关心的重要社会问题。

一、 科学技术对我国青少年犯罪的新影响

从犯罪现象的历史发展来考察,犯罪分子实施犯罪,总是要为实现犯罪目的并逃避惩罚,而采用在当时条件下可以利用的知识、技术和科学手段,其中也包括他们积累的各种经验。这一点是由犯罪分子的切身利害关系决定的,所以都是十分主动、自觉的。历史上任何时期,只要出现新的工具、武器、技术、知识,能够给犯罪分子实施犯罪或逃避惩罚带来帮助,就会被犯罪分子所吸取或使用。"道高一尺,魔高一丈",18 世纪以来,每一次科学技术革命都给犯罪的类型、结构、手段……带来影响和变化。现在在发达国家引起关注的,数量不断增加的多种计算机犯罪,就是新技术革命给犯罪带来的最明显的变化。因此,科学技术在推进生产、经济发展的同时,也使犯罪的类型、手段发生变化并具有更大的危险性,这是具有一般意义的规律性。不过在科学技术发展比较缓慢的历史年代,这种影响、制约关系也比较缓慢、不大明显。而在现代科学技术急剧发展的时期,这种影响就十分显著而广泛,成为一个很突出令人担心的问题。

在我国,科学技术对青少年犯罪现代化的影响,主要表现在以下几个方面:

1. 利用现代交通工具,使犯罪具有流窜性和快速实施、逃匿等特点。

犯罪现代化的重要表现之一是利用现代化交通工具,我国近年来交通工具的发展为犯罪分子提供了条件。新中国成立后近三十年中,我国民用交通工具主要是火车、轮船、公共汽车,这些都是由国家企业或有关部门、单位严格控制和管理的,除高级干部拥有公配的轿车外,私人拥有汽车、摩托车是极个别的,飞机更不是一般干部、群众所能享用的,它是权力、待遇的象征。在这种情况下,犯罪分子很难利用现代化交通工具。因此,其流窜性无论在范围和速度上都受到很大的限制。改革开放为商品经济开拓了市场,交通成为首当其冲的矛盾。几年时间,大中城市首先发生了极其重大的变化,私人拥有的汽车(其中主要是出租汽车)、摩托车成千上万辆的增加;机关、企业的车辆也大量增加,其中不少由于承包或下放自主权也成为一般人

易于获得的交通工具;飞机的航线、航班不断开拓,也成为有钱就能乘坐的大众交通工具。现代化交通的发展,为经济发展提供了重要条件,同时也为犯罪分子提供了追求速度和机动性的能力。交通工具条件的变化影响着罪犯的思想观念变化,近年来,青少年犯罪中追求现代化交通工具以取得作案的机动性和实施、逃匿速度的观念趋于自觉和强烈,利用各种汽车、摩托车作案的数量,在重大案件中所占的比例,可以说是与我国轿车、摩托车的增加成正比例地上升,这在深圳、广州、上海、厦门、北京等大城市或沿海城市中最先反映出来。例如,二名北京青年为抢劫银行专门物色、拉拢一名汽车司机入伙,以实现先抢劫汽车,以便迅速作案后长距离逃匿的犯罪计划。上海一青工杀人,事先准备好摩托车以便尽快逃离现场,制造无作案时间的假象。在深圳发生的毒品、走私案件中,几乎都有汽车司机参加或被拉入。1984 年深圳发生一起集团走私案,被捕案犯 20 人,其中竟有司机 13 人,全部都是 25 岁以下的青年。现在,许多城市的青少年犯罪都发生有雇佣、收买或劫持司机实施一些严重犯罪的。例如,劫持轿车抢劫银行,驾驶摩托车在公路上实施快速突击性抢劫,利用轿车掩护身份、躲避查询潜入宾馆进行盗窃,用轿车劫持妇女强奸,利用汽车伤害多人,等等。这都是在过去现代化交通工具很难取得的情况下难以实施的。

2. 窃用枪支弹药,增加犯罪的危险性、残酷性。

速度和杀伤力是犯罪现代化的两大支柱,利用枪支弹药也是近年来我国青少年犯罪手段变化的突出表现。我国是对枪支进行严格管理的国家。五六十年代,利用枪支实施的暴力犯罪案件是极少的。“文革”中一部分枪支散失,更重要的是枪支管理出现了许多漏洞,加上“全民皆兵”的备战活动,使枪械知识和使用技能为不少青年所掌握,有些人还了解枪支弹药管理情况,有些人甚至还会制造土枪土炮、炸药包、手榴弹、定时炸弹等等。在这样的条件下,国外影视录像中大量充斥的现代凶杀、暴力案件中所表现的枪击、爆炸手段,在青少年中起了诱发、启示的作用,使我国几乎绝迹的盗窃枪支、持枪抢劫,枪杀、爆炸案件频频发生,近年来成倍增加,从每年发生几起发展到每年上百起。1988 年全国丢失枪支案件和利用枪支弹药实施的严重犯罪案件几百起。其中有些案件对社会安全和人民生命财产威胁很大。1987 年 3 月 19 日西安发生的 24 岁女青年因对丈夫离婚不满制造的爆炸案件,伤 19 人,其中包括两名新西兰游客。10 月 31 日福建省一名 21 岁的青年因与女售票员恋爱未成,采用爆炸手段实施报复,炸死炸伤20多人。11月16日上海24岁的犯罪分子于双戈,先盗窃枪支,得手后持枪抢劫银行储蓄所,打死一名女营业员。这些案件性质严重,社会危害极大。

3. 科技成果商品化、工具化、简单化,使技术性、智能性犯罪比例增加。

现代科学技术的迅速发展,使许多科技成果成为商品性的工具或极易学习、掌握的技能,诸如各种麻醉药物,小型多功能的工具包,电子通讯设施与技术、摄影技术,涂改、伪造技术,计算机技术等等,使犯罪青少年轻而易举地获得进行技术性、智能性犯罪的能力或条件,实施某些技术性犯罪,例如,某工业城市捕获破坏保险柜进行盗窃的罪犯,具有锯、钻、切、割等技能,多次就地取材利用电钻、气割等工具破坏保险箱成功,盗得巨款。广州市对171名少年盗窃犯调查剖析,使用技术手段实施犯罪者竟达38.1%。上海市近两年以电击、麻醉实施犯罪的案件不断发生、有所增多,有一名杀妻的罪犯,把现成购得的自动转换电压的装置装进电吹风中,使妻子被电击而死。

科学技术成果的商品化,使科学技术日益深入人们的日常生活,开阔了人们视野,提高了广大人民群众首先是一般青少年的科学技术水平,使许多科学知识、工具操作方法,其中包括某些专业技能逐渐成为一般社会成员的常识,从而使犯罪者有可能改进作案的方法、技巧,提高思考与准备的缜密程度等等,增加了犯罪的技术性和智能性。

科学技术商品化还打破了科学技术的垄断和保密,使有些专业具有的某些特殊知识,通过文化市场变成了用钱可以购得的商品性知识。例如各种药物性能、毒品知识、堕胎、密码,甚至包括黑社会内幕、敲诈技巧、刑事犯罪的侦查破案理论与技术等等。这就使某些有预谋的严重犯罪,可以通过合法的、易于掩饰、使人不易觉察的办法,有目的地培训或取得某种技能或知识,为其实施技术性、智能性犯罪服务。

4. 现代信息工具为不良信息的大范围快速传播提供了条件,出现了青少年犯罪的扩散性、多发性、国际性。

信息技术是现代科学技术发展的重要标志之一。在我国70年代,半导体无线电在农村还不是一般农民所能拥有的奢侈品。几年之后,主要是改革开放以后,仅仅10年左右的时间,半导体早已不在话下。电扇、洗衣机、冰箱、吸尘器、收录机、电视机陆续进入普通家庭。现在,收录机、电视机在城市已近普及,在江南农村也达到 50％左右,成为我国城乡群众取得各种社会信息的最主要手段,其影响大大超过电影、书刊、报纸等等。由于无线电、电视传播信息不仅快,而且覆盖面大,电视还有形象、艺术、直观等特点,使许多信息可以在同一时间内传达到我国城乡,其中包括内地、边远以及偏僻落后地区。因此,在我国改革开放的情况下,客观上存在的多元文化、变动中的价值观念、经济发展不同水平表现出来的消费差异、国外文化中不良倾向或因素,为提高社会新闻的吸引力和透明度而揭示的社会阴暗面内幕,以及文化政策的不慎、失误,文化管理上的漏洞等等,通过现代信息工具不断从中心城市快速向中小城市、农村集镇、广大农村传播,起了不健康的、消极的,甚至有害的作用,其中包括引起思想观念的混乱和矛盾,从而形成我国近年来出现的犯罪与青少年犯罪类型、特点、增长,在不同地区具有同步突发性。例如游戏性犯罪、劫机、劫车、抢劫银行等案件,基本模式常常是某一案件发生后,通过电视、无线电、报刊等披露,随之其他地区几乎接踵发生,一些典型调查中反映,青少年在受社会不良影响或需求偏离产生犯罪的意念后,犯罪的侵害目标选择、手段运用、类型特点、利害估价等等,都不同程度地受影视、录像、新闻报道、杂志、报刊的影响和启示,呈现出我国青少年犯罪从城市向农村扩散、蔓延的现状。

由于现代信息工具形成的世界性的信息交流,加上国际交往的增加,诱发犯罪的许多文化因素和经济因素具有共同性,从而出现犯罪国际性的动向。例如:走私,贩毒,利用信用卡盗窃、诈骗,抢劫银行、机车,以及其他暴力犯罪等等。

现代化信息传播与现代化交通工具、通讯联络结合,犯罪的流窜性成为现代化犯罪的重要特点之一。据统计,上海近年来外来人员作案大幅度上升。1984 年外来人员作案占全市刑事作案 10.8％,而到 1987 年就达到30.5％,1988 年竟占全市刑事犯罪 50％。广州、深圳的统计还表明,近年来外国人以及港澳等地区的人来我国实施犯罪的也逐年增多,成为我国犯罪一个值得关注的新动向。

5. 科学技术不断改变主客观的关系,使犯罪类型和犯罪主体更加复杂多样化。

科学技术的发展使我国犯罪出现了新的侵犯的目标。例如:科学技术资料、计算机、信用卡、发明权、专利权、汽车等等。使有些在过去较少发生的犯罪类型如伪造、诈骗、交通肇事案件、责任事故大量增加。科学技术也使不同年龄，不同性别造成的犯罪差异，被部分地突破，出现了未成年人犯罪成人化，女性犯罪男性化的倾向等等，据此预计将出现愈来愈多突破传统犯罪模式、结构、类型、手段的现代型犯罪，其狡猾性、危险性、侦破判定的复杂性和难度都可能增加。正如我国曾经破获的一起伪造火车票案件所显示的特点那样，罪犯通过关系专门学习、观摩伪造车票的主要技术，使伪造的假火车票在破案后送到铁路部门检验时，售票人员还坚信不疑地肯定这是经他们卖出的有效火车票，最后经造纸厂科研人员进行纸浆化验才揭露和证实为伪造的火车票。上海曾破获一起巨额盗窃案，现场勘察揭示出罪犯有准备、有计划，具有很丰富的作案经验，现场上可能留下的痕迹也均被破坏。因此，侦察人员很有把握地肯定罪犯是有作案经验、多次作案的惯犯、流窜犯。但最后破案捕获的却是三名均不足 18 岁的初犯。经审讯查明，他们作案确实有计划、有分工、有应变打算，作案后从容清除可能留下的痕迹。不过这都是从国外和香港录像片中看到学来的，它使这些尚在读书、初次犯罪的未成年人变成了老练成熟的危险罪犯。

二、 现代科学技术影响我国青少年犯罪的途径和机制

科学技术是人类智慧之果，是人类创造性劳动的结晶，本质上是有利于社会进步和发展的，但是为什么科学技术发展又会使犯罪和青少年犯罪发生更危险的变化，这种影响的性质和转化是怎样发生的呢？

第一，这是由科学技术具有被犯罪分子利用的可能性决定的。

人类社会的进步和发展是与科学技术的进步和发展分不开的，现代社会更是如此。科学技术作为人类的知识和技能，不仅直接提高生产，使社会经济发展，人们的物质生活得到不断的改善。同时，它也可以为犯罪分子利用来杀人、抢劫，进行各种罪恶活动，制造骇人听闻的暴行和犯罪。因此，科学技术像一柄双刃的剑，既能伤人也能伤己，为谁所得就为谁服务。科学技术可能影响犯罪发生危险的变化，就是由科学技术的这一性质所决定的。一般说，科学技术绝对不会被犯罪分子利用是不可能的，正像计算技术问世的时候，有的犯罪学家曾经预言计算机将会使盗窃成为不可能。但是，社会实践的发展却正好相反，计算机使盗窃犯罪带来了最现代化的形态，使北欧四国总理不得不开会研究对付这种危险性极大的计算机犯罪。这个经验是

值得我们汲取的,我们要警惕科学技术作为时代的火车头,也带着犯罪分子走向现代化的动向。

第二,科学技术本身不会直接导致青少年犯罪的增加或性质严重化,它是通过一定的中介影响青少年犯罪发生不同的变化。根据我国近年来青少年犯罪发展变化的实际情况,主要是科学技术改变了社会环境、社会结构、社会交往、人与社会的关系、人与人的关系等等,进而引起青少年犯罪的变化。具体来说:

1. 科学技术与青少年犯罪结合,取决于科学技术知识在社会上的普及程度和日常可利用的程度。犯罪者利用科学技术一般要求易于获得,使用简便,能够掩饰,这不能不有赖于科学知识的普及和科学技术成果商品化的发展,形成具有中等文化和中等智力水平的青少年可以利用的社会环境,才有较多可能被青少年犯罪利用来实现犯罪手段现代化或实施某些新类型的犯罪,其中包括利用科学知识、操作机具的技术、现成的工具或产品,以及犯罪侵害、破坏的目标等等。如果科学技术难度较大,专业性很强,通常人们又不易取得的工具或产品,那么,除了具有较高文化层次或一定身份的人外,未成年人或一般青少年犯罪利用的可能性就很小。因为青少年犯罪缺乏利用这一类科学技术的社会环境和条件,科学技术就不可能对犯罪的变化发生影响。

2. 信息本身是现代科学技术赋予现代犯罪的资本与力量,信息又是沟通科学技术与犯罪技能的桥梁。我国近年来现代信息技术与信息工具的发展,已经初步形成了大中城市的信息中心,它们以极快的速度聚集极其庞大的信息量,又以同样的速度向外扩散、传播,形成全省、全国、全世界的信息交换、播放网络。这在当今社会成员层次复杂、观念开放、评价不一的情况下,不可避免会有许多对青少年不适宜或起消极不良影响的信息传播。如果信息传播的管理缺乏高度文明和社会责任感,则更可能传播数量可观的色情、淫秽、凶杀、暴力等等极为有害的精神毒素。特别是电视、录像出现后,这些高速度、高质量的形象信息,大量地、持续地提供现代犯罪发生的情况,犯罪的手段、技巧,对付社会控制、法律制裁的办法等等,为青少年犯罪观摩、学习、模仿创造了条件,诱发和强化着青少年犯罪的手段现代化及青少年犯罪的蔓延性。其数量之多,影响之大,危害之严重是过去从未有过的。

3. 科学技术改变着青少年的成长环境,增加或改变了诱发犯罪的因素。

现代科学技术促进社会生产的高度发展和城市的繁荣、高消费、消费的多样化等等，其突出表现为：人口聚集、诱人的广告、各种高档的消费品及五花八门的游乐场所……，从而形成对青少年的强大的物质享受的诱惑力和攀比性。与此同时，收入分配的不公，闲暇时间增多，管理上的不协调、漏洞等等，扩大了需求、物质欲望与现实可能的矛盾，增加许多不利青少年健康成长的社会环境因素，直接影响现代社会中青少年犯罪数量的增加和性质、类型的变化。例如台球、电子游戏机在我国一些城乡流行，就诱发和造成学生赌博、盗窃等犯罪增加。许多地方的材料都指出，不少中小学生迷恋台球、电子游戏机，旷课、逃学，从家中、邻居中偷钱或在同学中敲诈勒索、强抢财物，以满足游乐的欲望，有些学生和青年还利用其进行赌博。有的学校老师称之为"台球冲击波""电子游戏机冲击波"，报纸上也多次呼吁要加强管理和控制。

第三，犯罪行为是人实施的，而人的行为是受人的一系列主观条件、因素决定或制约的。科学技术对青少年犯罪现代化的影响，最终还表现在科学技术与具有罪错思想的危险青少年实现结合，改变了青少年的知识结构、能力、需求、价值观念、思想动机等等。

科学技术提高了犯罪者的技能，加强了犯罪者力量，加快了犯罪信息的传递，给破案增加了难度等，其实这都不是科学技术本身的错误，而是科学技术被什么人利用的问题，所以科学技术影响青少年犯罪现代化，是通过青少年犯罪人实现的。究其核心与实质来说是青少年利用科学技术的问题。如果青少年具有健康的思想、健全的是非辨别能力，正确的价值观念，合理的需要结构；或者虽然受到不良思想的影响，产生罪错的思想欲念、动机，如能自我控制，自我约束，都不可能去实施犯罪，也就不会发生科学技术的消极作用。退一步说，某些青少年意欲实施犯罪，但不具有可以利用的科学知识、专业技能、工具材料等等，也无法实施技术性、智能性的犯罪。因此，在探讨我国科学技术影响青少年犯罪现代化的问题上，我们特别关注青少年犯罪主体方面的因素变化，其中包括上述两个方面：一是需求偏离、兴趣爱好偏离、交往偏离、价值观念偏离，思想行为偏离，二是知识结构、技能特长、社会条件等。科学技术被犯罪分子的可利用性，通过社会中介为犯罪分子运用科学技术提供了条件，进一步在犯罪主体上实现了青少年犯罪与科学技术结合，导致犯罪现代化，我个人认为这就是科学技术影响犯罪变化的最主要机制。

在现代科学技术革命浪潮中,知识量激增,竞争激烈的条件下,我国还出现青少年学生学习负担过重,思想上、精神上、体力上承受不了升学压力,家庭、学校、社会的舆论压力,前途理想压力,而出现精神崩溃,行为恶变的现象。例如自杀、杀害父母自戕、杀害老师泄愤等等,这是与科学技术发展有关犯罪的特殊问题,我们还缺少深入的研究。

三、 现代科学技术条件下青少年犯罪预防的思考

科学技术对青少年犯罪的影响,给青少年犯罪预防增加了难度。但是,必须全面地看到,科学技术也为犯罪预防增添了新的有力武器、条件和方法。因此,我们对预防、控制,减少青少年犯罪始终是有信心的,我们面对青少年犯罪的现代化特点,思考采取积极预防的对策。

第一,从科学技术是由人掌握利用的,犯罪是人实施的这一基点出发,考虑到现代社会条件下青少年生理成熟提前的特点,我们提出重新思考、审视、探索学龄前和中小学学生的思想品德教育的改革和内容结构的更新。现在,我国少年儿童的早期教育普遍存在品德教育和文化教育分离,重智力轻品德,把各种品德教育相互分割,加重负担,重复低效,以及概念化、缺乏吸引力等缺陷,造成青少年早期教育不全面,经不起不良环境因素的考验。因此,适当把安全教育、社会行为规范教育、道德、法律教育提前,与科学技术现代化必然带来智力开发提前发展的趋势相一致,从小养成稳定的行为规范和道德法律观念,这显然十分重要。而且品德教育要与文化知识教育结合或同步进行,以全面提高青少年的社会成熟度,使之能适应现代社会的复杂性。这是现代科学技术条件下青少年犯罪预防的首要问题。

在青少年早期教育中,家庭观念是不能淡化的。现实社会复杂多变的情况,更需要父母的关心、指导、保护,家庭教育的及时性、针对性、个别性,是任何其他方面教育无法比拟的,也可以说是不可代替的。这方面我国历史上具有良好的传统。但是近年来我们家庭教育放松,家庭教育的素质与社会发展不适应,家庭教育中品德教育的地位下降。因此,当前家庭教育需要大力改善,提高家长的家庭教育素养,做到家庭教育科学化,把怎样做人提到家庭教育的重要位置上,这是极其重要而艰巨的工作。

第二,对可能被犯罪利用、侵害,尤其是可能造成重大社会危害的现代

科学技术成果,必须加强管理,减少青少年犯罪的条件和机会。

　　在科学技术现代化的条件下,管理越来越具有重要的意义。管理不仅是生产秩序和生产良好发展的需要,而且也是预防事故和犯罪的需要。管理才有秩序,管理才能及时发现漏洞,管理就是预防。一般来说,设备器材原料管理、商品管理、工具管理、各种科技成果管理、贵重物品管理、违禁品管理,甚至可以包括上述电子游戏机的管理,都会有效地减少犯罪的条件与机遇,从而有利于阻止或控制科学技术与青少年犯罪的结合。现在我国管理上的漏洞甚多,管理与防范水平不高、制度甚松,亟待提高与改进。不过,从我国青少年犯罪中发生的大案、恶性案件所揭示的问题考虑,对可能被犯罪利用、侵害,尤其是可能造成重大社会危害的现代科学技术成果,更应成为需要加强管理的重点。例如,各种机动车、枪支弹药、各种麻醉剂、有毒物质等等,其中有些物品应对其作为商品的流通过程加以限制、控制,对不应在流通过程加以限制、控制的物品,则可以设想在使用过程中加以管理和监督。否则对社会安全是不利的。

　　第三,以信息管理为重点进行社会环境的控制与改善。

　　科学技术对青少年犯罪的影响是多方面、多渠道的,其最主要的中介是社会环境。众所周知,由于青少年自身的不成熟性,认识和情感的表面性和片面性等,增加了社会环境对青少年的影响,这决定着在科学技术现代化的今天,控制、改善环境的重要价值。控制、改善社会环境的内容是非常广泛的,从我国青少年犯罪现代化的现实情况出发,信息管理具有最迫切、最实际的意义。

　　信息管理的关键是大中城市,这是信息制作、转换、扩散的基地,对其他地区信息传播和制作起着模式、定向的作用。因此,信息的控制、评审、筛选的工作也主要在作为信息中心和信息源的大中城市,这方面措施不仅要有严格、科学的程序、标准、规定,而且要充分估计信息扩散的多方面社会影响,切实防止可能带来的消极社会影响。

　　信息技术的发展是现代科学技术革命的重要内容,对信息管理不能采取消极减少、限制等简单做法,要一方面减少、控制不良信息与可能带来消极社会影响的信息。另一方面要充分利用现代信息技术,制作和传播健康的、有利抵制不良影响的、对社会环境结构起优化改善作用的信息,使正效应增强,负效应减少。信息管理与控制只有科学、严格、依法坚持才能有效。

第四,加强综合治理,强化与青少年犯罪现代化作斗争的职能机构,提高侦破、审判、改造青少年犯罪的现代科学水平。

综合治理是我国预防、减少青少年犯罪的成功经验,就是依靠群众,动员社会各方面的力量,运用多种手段,全面关心青少年,从根本上治理青少年犯罪,保障青少年健康成长。我们认为,在防止青少年罪犯利用现代科学技术,影响青少年犯罪发展严重化方面,综合治理的战略方针和根本措施是同样有效,而且应该坚持的。

在与受现代科学技术影响的青少年犯罪作斗争中,强化与犯罪作斗争的职能机构,提高其现代化装备和成员的现代科学素养是一个重要的环节。例如具有现代化交通和通讯装备的快速机动的刑事警察就是与利用现代化交通工具、流窜性、突发性很强的犯罪作斗争所必要的。面对快速作案与逃匿、危害性很大的罪犯,必须以快制快,最大限度地控制局面,减少危害。再如针对现在已在我国出现的各种技术犯罪,其中包括计算机犯罪、技术伪造等等,不培养具有这方面专长的专家对付这类犯罪也是不可能的。对此,我们必须有预见、有准备。

第五,加强科学技术发展条件下青少年犯罪动向、特点及对策的研究,提高国家机关调节、干预的自觉性与主动性。

科学技术的发展是不可抵挡的历史趋势,青少年犯罪在现代社会发展中会出现什么变化和特点,是受许多复杂的因素制约的,许多方面我们还不能超前作出准确的判断。为此,加强科学研究机构,包括与犯罪作斗争的实际部门中的研究机构,同心协力,开展青少年犯罪的动向、特点、趋势研究,切实进行早期预测和早期预防工作,把青少年的教育、管理、保护列入经济发展的战略规划,对新的科学技术成果进行社会影响的专题研究等等,都会提高人类社会自我调节、自我完善的能力,从而为人类的进步和健康作出贡献。

农村青少年犯罪中的新动向、新问题[*]

　　鉴于我国农村青少年犯罪出现了新情况、新变化,中国青少年犯罪研究学会(华东片)与安徽省法学会 5 月 19 日至 25 日在黄山市召开华东地区农村青少年犯罪问题科学讨论会。据悉,专题研究农村青少年犯罪问题的科学讨论会在国内还是首次召开。

　　会议是在作了充分准备、进行了大量调查研究工作的基础上召开的,直接参加调查研究的同志有几百人,不少调查报告和论文是许多同志辛勤劳动的结果,聚集着集体的智慧。大家争相发言,学术气氛浓郁。

　　会议首先讨论了农村青少年犯罪的状况和近期趋势。不少同志认为农村青少年犯罪有上升发展的趋势,需要警惕和重视。

　　与会代表一致认为,我国社会治安的形势在中央一系列正确方针政策指引下,取得了巨大成果。严厉打击严重刑事犯罪分子的活动在取得社会治安明显好转方面起到了扭转关键的作用。目前农村治安形势良好,改革顺利进行,经济发展,农民生活改善。但是,在新的形势下,农村治安也有一些值得着重注意的新情况和新动向:

　　1. 农村青少年犯罪在整个刑事犯罪中占的比例比较高,近几年持续上升。据上海市调查,过去农村刑事犯罪占全市刑事犯罪的比例不超过 20%,现在上升到 40% 左右。天津市郊县刑事犯罪在全市罪犯中所占的比例,1979 年为 25%,1980 年为 26%,1981 年为 28%,1982 年为 40%。"严打"以后的 1984 年对 1300 名罪犯的抽样调查,属郊县的罪犯占 45%。山东省人大常委会的同志对省少管所二中队进行调查,发现该队今年新收的 78 名在押犯中,农村少年犯有 51 名,占 66%。枣庄市、区(县)二级法院对 1980 年受理一审的刑事案件进行统计,全部青少年罪犯共 596 人,其中农村户口的 393 人,占 66%。上述统计资料表明,我国青少年罪犯的构成正在发生重

　　* 以"骆驼"为笔名发表,原载《青少年犯罪问题》1985 年第 3 期,原题为《华东地区召开专题科学讨论会探讨农村青少年犯罪的新动向、新问题》,略有删减。

要的变化,在全部青少年罪犯总数中,农村青少年罪犯已从几年前占比重较少,逐步上升到第一位,成为影响社会治安的一个带有全局性的问题。

2. 当前农村青少年犯罪的绝对数在有些地区和某些类型犯罪中也有增加。据山东省司法厅所做关于新中国成立以来农村青少年犯罪的数量变化的调查,如以 1950 年的数字作为基数 100,则 1980 年为 106,1981 年为 165,1982 年为 216,1983 年为 824,1984 年为 273。从中可以看出,"严打"的效果是极为显著的,1984 年比 1983 年有了大幅度的下降。但五年中绝对数总变化仍是增加的。另外值得研究的情况是"严打"以后,在整个城乡刑事犯罪大幅度下降的情况下,少数几类犯罪下降不明显,在农村甚至上升,而且有些地区上升幅度较大,上海郊县强奸案件的发案情况就是如此。前几年上海市城乡强奸案件中农村约占 30%,从 1980 年以来,每年递增约 38%,现在城乡比例倒过来了,农村占 70%,城市只占 30%,尤其值得探究的是,"严打"后,1984 年全市强奸案件比 1983 年减少 50%,而郊县共抓未成年强奸犯 22 名,比 1983 年增加 46%。与会代表感到其他省市也存在类似的情况,认为这是社会治安尚未根本好转的一个重要方面。

3. 农村青少年犯罪的统计欠准确,存在着人为控制、压低的情况。江苏省公安厅研究室曾在某县调查一个大队的治安情况,了解该区域内今年 1—5 月发生刑事案件 12 起,但在乡里查看统计只有 2 起,再到县里查看报表竟一起也没有。另一个省进行的某市调查,某地区老百姓报案 270 起,在县公安局只有 54 起。据上述调查组同志了解和分析,除其中一部分确系不够立案标准或情况尚待进一步查明者外,看形势报数字,"不破不立"(案子没有破就不立案,以免影响破案率),有案不报,少报的情况不是个别的。这就掩盖了农村青少年犯罪的部分严重情况和某些值得注意的动向,值得领导部门警惕和重视。

4. 农村青少年犯罪在近期内有可能出现一次较大幅度的上升。在讨论当前农村青少年犯罪动向和趋势中,对近期是否会出现较大幅度的上升这个问题上,争论十分热烈。有的同志对当前农村青少年犯罪的变化动向、农村青少年犯罪的诱发因素、农村社会治安综合治理等方面进行分析,认为农村青少年犯罪近几年不大可能出现大幅度下降的局面,而且可能出现起伏上升。江西省有的同志认为由于"严打"中处理的刑事犯罪有很大一部分人(江西占 40%,江苏占 75%)刑期在 5 年以下,劳动教养则在 3 年以下,这部分人从 1987 年开始将大量获释。由于时间短，改造效果不可能都很好，再考虑到其他社会的不利因素，这部分人中有些人可能成为危害社会治安的危险因素，从而使 1987—1988 年成为农村青少年犯罪的高发年度。也有同志认为不可能出现这种大幅度上升的情况，因为我们对农村青少年犯罪变化趋势的分析要充分估计到全国政治、经济的发展的影响以及党对整个青少年工作的基本政策和措施的作用，可以从总体上说农村青少年犯罪不会出现新高峰，但局部地区可能由于实际的情况和措施矛盾的问题出现案件的增加。

此外，与会代表还讨论到当前农村青少年犯罪的新特点和犯罪类型的变化。例如：盗窃、诈骗和性方面的犯罪增多，盗窃对象指向个体户、专业户、万元户；盗窃目标转向大量的现金和高档物品，包括金银饰品、古玩、珍贵花木等等；青少年罪犯年龄低化等等。

会议集中讨论的另一个中心是关于我国农村青少年犯罪出现新的变化趋势的原因和有关因素。与会代表认为，不良信息与钱的诱惑冲击着农村青少年，影响和危害农村青少年健康成长。

1. 在探讨农村青少年犯罪有增多趋势的原因时，与会代表集中提出的一个问题就是不良信息下乡，影响、腐蚀农村青少年的问题。福建、浙江、上海、江苏等省市都以大量调查材料说明农村开放、经济搞活以后，国外和国内城市的不良影响随着大量有用信息被一齐带到农村，农村青少年首当其冲，思想受到污染和侵蚀。例如温州的一些山区过去与外界交往很少，近几年发展成为全国性的小商品市场，每天摊位上千，来往人员上万，营业金额上百万，除个别省市外，小山沟与全国都有联系。过去这个地方未发现过黄色手抄本，现在已在学生中流传被查获，就是采购员带进来的。福建有一个 22 岁的女青年同时与几个嫖客淫乱，她说："这才是人生的真正享受"。问她怎么会有这种想法，她说："报上登着的，电视上演着的，歌里唱着的"。报纸嘛，满街都有卖的，《浴盆里的女尸》《皇帝的三宫六院七十二妃》。电视录像《红玫瑰的报复》《红楼春上春》。歌吗"人生都是梦，不梦也是空……"据浙江、上海等地已有的材料，这些省市农村都有数百部以上的没有经过审查的录像在放，看的都是青少年，其中有的是必须禁演的。但是，越毒越有人看，越毒越赚钱，有的录像一张票要卖十元以上，因此有人甘冒杀头的危险，千方百计从国外，或港澳，或广东等地去弄，播放赚钱。现在对农村青少年影响最大的是电视、录像、书刊、小报、电影、流行歌曲、舞会等。因此,如何加强这方面的管理,控制不良影响向农村渗透,防止不良的信息对农村青少年的影响和腐蚀,是各行各业必须立即引起重视而且十分迫切需要解决的现实问题。

2. 西方生活、高档消费品和发横财对农村青少年的诱惑十分严重。由于现代信息交往快,城乡距离接近,农民青年思想城市化,其中部分青少年向往西方生活,向往城市生活,讲排场,要享受,追求贵重高档商品,看见万元户眼红,没有本事就走歪门邪道。浙江省有一个青年农民在发财欲的支配下,以帮助办厂为名,诈骗金额上万元。还有一个农村犯罪青年自己交代说:"人无横财不富""一想到钱眼睛都红了,作案时没有思想斗争"。农村经济发展,钱物大量集中,也给有些犯罪分子以可乘之机。也确有一些万元户是不择手段地暴发的。

3. 农村封建残余死灰复燃,在新形势下对农村青少年犯罪有重大影响,其中最突出是在婚姻方面。据安徽省枞阳县调查,以各种彩礼(见面礼、劝礼、聘礼、三节礼、衣礼、婚礼等等)为名而行买卖婚姻之实的情况十分严重。此外,还有换婚、转婚、抢婚等等,严重违反婚姻自由,违背妇女意志,受到男女青年的抵抗和反抗。有的矛盾激化导致一些农村青少年走上犯罪的道路。福建省莆田有一个农村青年陈××由于岳父母严重干涉其婚姻,多方求援没有得到合理解决,最后在一个月夜杀死岳父一家四口。当被判处死刑时,他说,"杀头不要紧,只要教育深,杀了陈××,吸取大教训"。除了包办买卖婚姻之外,其他如封建迷信在有的地区也很严重,使的青少年堕落犯罪。

4. 农村关系多元化,利害关系变得切身直接,矛盾增多。山东的同志发言说,农村青少年犯罪中许多大案、恶性案件如杀人、投毒、纵火、爆炸、破坏生产等,大部分是人民内部矛盾没有及时得到缓解,逐步发展激化的。

5. 农村社会治安管理力量薄弱,跟不上农村的发展,许多环节失控。例如,新兴集镇,新办的个体户旅店、饮食店、运输业,户口属市区的郊区新工房,大量流动人口,农村集市等等,目前如何管活、管好都存在不少问题。农村的机构、人员也不能适应新的情况,有的地方基层组织名存实亡。浙江某县有一个乡 41 个治保会 64 名委员,其中 62 人已转到生产、供销方面去了,只有 2 人,由于身体不好,不能适应工作,只能留在乡里做些治保工作。因此,许多基础工作、起点工作无人抓。

此外,有的同志还提出一个值得注意的情况:

　　"严打"对农村违法犯罪分子的震慑作用从空间与时间的效果看比城市小得多。浙江省政法委员会对该省少管所 137 名新近来自农村的青少年犯罪分子进行调查，了解他们为什么在"严打"的形势下竟然"顶风上"进行犯罪活动，结果有 43 人根本不知道"严打"不"严打"，46 人听到过"严打"，但没有什么深刻的印象，这两部分人合占 65％。而在其余知道"严打"，懂得利害关系的 58 人中，犯罪时害怕的仅 21 人，在全体被调查对象 137 人中占 15.3％。这说明"严打"对农村违法犯罪青少年的震动、影响还不大。讨论中大家认为这一方面是农村地域大，严厉打击的对象不可能像城市那样集中，其影响也不那么有威势、有震动。另一方面，在宣传教育工作中农村比较薄弱。特别是没有把"严打"的影响有针对性地带给农村中有违法犯罪危险的青少年，使他们从中吸取教训，受到教育。

　　会议最后集中讨论如何预防、减少和治理农村青少年犯罪的问题，认为县委重视，认真抓措施落实是关键的关键。有同志建议，要抓住农村集镇为重点，建立以农村集镇为中心的农村青少年犯罪综合治理体系。

　　与会代表认真讨论治理农村青少年犯罪的办法和措施。江苏的同志以实际的调查材料为依据，认为关键在县委一级，县委思想落实，组织落实，措施落实，农村青少年犯罪完全有把握可以减少和控制。其他省市的同志也一致认为，许多好的经验证明上述意见是正确的。

　　华东政法学院的同志在多次调查的基础上，与实际部门的同志一起研究，认为农村青少年犯罪主要是以农村集镇为中心的广阔地带的犯罪，真正发生在广阔乡村的青少年犯罪实际上数量是不多的。因此，要有效地减少、预防、控制农村青少年犯罪，就需要建立以农村集镇为中心的农村青少年犯罪综合治理体系。农村集镇是农村政治、经济、文化、科学技术的中心，也是城市影响向农村扩散、输送的主要通道，解决好以农村集镇为中心的社会治安问题，也就从根本上保证了农村治安的根本好转。

　　安徽、江西等省市的同志还提出，治穷致富，长治久安，要找出一条与西方国家不一样的新路子，也就是要"富更安"，而不是"富更乱"。

　　会上还讨论如何抓农村社会治安的基础工作，打击与防范如何并行不悖，精神文明建设与物质文明建设如何同步发展，以及如何加强农村青少年犯罪问题的研究等等。会议决定把科学讨论会的情况和建议写成简要的报告送中央有关部门参考。

农村变革中的青少年犯罪原因新思考[*]

为什么我国农村青少年犯罪问题引起人们的广泛关注？先请看下面几个统计数字：

天津市郊县刑事犯罪在全市罪犯中所占的比例,1979 年为 25％,1980年为 26％,1981 年 28％,1982 年猛增到 40％,1984 年对 1300 名罪犯抽样调查中,属郊县的罪犯占 45％。

武汉市郊县青少年犯罪中,农民罪犯 1970 年为 113 人,1980 年为 313人,1982 年为 381 人,1983 年 11 个月为 728 人。

全国 1979 年学生犯罪占青少年犯罪总数第一位;1980 年待业青年占第一位,学生占第二位;1981 年青工占第一位,待业青年占第二位,学生占第三位;1982 年青农占第一位,青工占第二位,待业青年占第三位,学生占第四位;1983 年青农犯罪仍在增加,而青工、待业青年、学生犯罪继续下降。

农村青少年犯罪问题引起了我们的注意,从 1984 年年底开始,我们几次赴江苏农村进行调查,发现情况基本相同。例如历来十分偏僻落后的盐城市农村,近几年青少年犯罪逐年增多,仅 1984 年 12 月底破案捕获的 634 个人犯中,农民为 461 人,占 72.7％,干部、职工、军人、学生、自流人员、待业青年等合计 173 人,占 27.3％。大丰县青少年犯罪 1982 年为(数字不详)人,1983 年高达 101 人。

上述材料说明,近几年农村犯罪比例数和绝对数持续上升,农村青少年犯罪已成为带有普遍性的问题。那么现阶段影响农村青少年犯罪上升的有哪些主要因素呢？本文提出一些初步看法以供大家探讨。

一、 开放中的不健康因素渗透强烈

闭关自守、自给自足的农村是长期封建统治的产物,它使农村生产力落后,阻碍了农村经济的发展和繁荣。党的十一届三中全会后,农村普遍实行

---

　　* 与肖建国、顾平合作,原载《青少年犯罪问题》1985 年第 6 期。

了联产承包责任制，对外开放，对内搞活，全面改革经济体制，大大促进了农村与外界的交往和联系，同时也就出现了许多新情况、新问题。

不可否认，原先农村环境的闭塞对抑制犯罪产生有一定作用，长期以来我国农村治安相对安定与此有一定的内在联系。例如，费孝通教授作"江村调查"时发现，那里解放后几乎没有发生过刑事案件，原因之一就是江村远离交通线，外界信息不易传入，长期保留着传统的淳朴风俗，治安情况很好。我们为了从更大范围说明社会环境和地理环境对犯罪的影响，专程赴南通进行调查。南通三十多年来，犯罪率一直很低，特别是抢劫杀人、强奸杀人等重大恶性案件很少发生。这似乎与南通的地理位置也有一定联系，表面看来南通距上海 128 公里，西离南京 264 公里，南面又紧靠苏锡等城市，但受长江天险阻隔，南北来往主要靠几艘小轮船，与"江村"有若干类似之处。犯罪原因是错综复杂的，但从南通和"江村"的情况可以看出，封闭型农村不利于经济发展，但也使诱惑犯罪的某些信息的传布和蔓延比较缓慢。

社会从封闭型向开放型转变是历史的必然，党的农村政策有利于生产力的发展和经济的繁荣，推进了这个转变的过程。开放型农村的一个显著特征就是青少年的生活空间和社会接触面大大扩展，速度之快（由经济发展的迫切性和现实性决定的），范围之广（由向城市开放和向国外开放决定的）使青少年目不暇接。近几年"江村"正在赶筑公路，南通也在进行或设计水路、公路、铁路和航空建设。据南通轮船运输公司长江客运处统计，开放以来，客流量直线上升，每天达一万多人次，其中 70% 左右是从事长途贩运的农民。对外进一步开放、对内进一步搞活，也会在社会治安方面引起一些问题。过去南通很少有流窜犯，即使到此流窜作案也不易逃走，因为只要在几条主要公路和码头设卡堵截就能使流窜犯很快落入法网。随着交通渠道的增加，现在南通流窜犯逐年增多，1983 年 1—7 月查获 160 人，比 1982 年同期增加了 33.3%，其中 54 名系江西、湖北等长江上游沿江而下来作案的。由于人员来往频繁，抓捕流窜犯也就比较困难了。

其实，人员流动和现代信息技术的发展所引起的外来信息增多猛烈地冲击着落后保守封闭的农村，不论是交通便利的沿海农村和城市郊县，还是偏僻落后的内地边疆都是如此。外界信息冲击农村，量多势猛，难免夹杂一些不健康的因素。它们侵袭着农村青少年的思想，使一部分青少年受到腐蚀和毒害，陷入犯罪活动，盐城市 1981—1983 年共发生反革命政治案件 76

起,在已被破获的 134 起中,青少年作案 116 起,作案者 149 人。其中 42%
是听了敌台、看了空漂、海漂进入的反动宣传品后,产生对社会主义制度的
怀疑和不满。他们或公开散布反革命言论,或越境外逃企图投敌,或扬言要
实施反革命杀人,或向敌特机关投寄反革命挂钩信。另外,黄色淫秽物品从
国外、从城市流入农村后,毒害了农村青少年的心灵。许多青少年接触到这
类黄色淫秽物品,萌发了犯罪意识,实施了犯罪行为,造成了农村性犯罪急
剧上升。试以江苏射阳县罪犯情况为例,1981 年 6 人强奸,无流氓犯罪,二
类案占整个青少年罪犯的 11.3%;1982 年 11 人强奸,1 人流氓犯罪,二类案
占整个青少年罪犯的 24.4%;1983 年 31 人强奸,130 人流氓犯罪,二类案占
整个青少年罪犯的 56.9%。由此可见,外来不健康因素对农村青少年的成
长是十分有害的。

外界不健康因素的大量渗透并不是孤立地发生作用的。西方资产阶级
思想很容易和农村固有的封建残余思想和旧观念、旧习惯、旧风俗等混杂在
一起,这就大大增强了它的腐蚀能量和作用。可以认为,我国农村青少年犯
罪如此严重的现状是内外不健康因素结合的畸形产物。只注意外界不健康
因素的强烈渗透而忽视农村固有的不健康因素余毒,这是片面的认识。目
前农村大量滋生的青少年犯罪团伙,就是在资产阶级思想意识腐蚀下,利用
封建帮会和哥们义气进行合伙作案的。犯罪团伙的名称、内部结构、活动方
式以及作为精神支柱的"哥们义气"等,都带有浓厚的封建帮会和旧社会黑
势力影响的种种痕迹。"十年浩劫"使旧社会的沉渣泛起,造成了西方资产
阶级思想和旧中国封建残余思想对青少年双重腐蚀这一严峻现实。

开放型农村中内外不健康因素是普遍地、大量地存在着,但它们对农村
青少年腐蚀毒害的程度,归根结底要受我国农村生产力和生产关系、经济基
础和上层建筑各个方面的制约,其中特别要受青少年本身的素质以及我们
管理教育青少年的成效制约。虽然实行生产责任制后农村经济发展缓慢、
生产力低下的情况有了根本好转,但仍然赶不上新形势下农村青少年成长
的需要。尤其是实行生产责任后,我们的许多工作不能适应农村变革的实
际需要,我们对青少年的管理教育、思想政治工作和文化体育活动等等跟不
上。"十年浩劫"中成长起来的农村青少年本身有先天不足的缺陷。如果再
在这方面出现失调的话,就可能造成农村青少年犯罪增多。

影响农村青少年犯罪增多的外部不健康因素和内部不健康因素的不可

分割性,决定了我们预防和治理农村青少年犯罪问题绝不可以有片面性。当前,我们要在继续坚持党的对外开放,对内搞活经济,全面进行经济体制改革的前提下,尽量控制外界不健康因素对农村的影响,减少它的渗透量,同时也要注意清除农村内部的不健康因素的余毒。从根本上讲,只有大力发展农村经济,完善农村生产责任制,加强对青少年的管理教育,提高他们对资产阶级思想和封建残余思想的识别和抵制能力,才能使预防和治理农村青少年犯罪取得实效。因此,内因和外因兼顾,治本和治标一起抓,实行多层次、多方面的综合治理,是刻不容缓的。

二、 横向关系增多中的矛盾纠纷增加

农村联产承包责任制的广泛实行,使我国农村生产关系发生了极大变化,过去那种纵向关系为主的社会关系逐渐为以横向关系为主、纵横交错的新型社会关系所代替,使得农村现阶段民事矛盾纠纷种类增多、范围扩大,成为农村社会治安中的新问题。

我们知道,过去我国多年实行集体生产,行政手段的使用几乎涉及农村各个方面,许多事情都是家庭和个人直接与生产队、大队发生联系。这种纵向行政关系势必造成特定的矛盾,即"大锅饭"时期出工收工你迟我早、分配农活你轻我重、评工分你高我低、分粮分草你好我丑、肥料评价你厚我薄等纠纷,至于人与人、户与户之间的联系面窄量少,因此造成的民事矛盾纠纷也不严重。但随着农村联产承包责任制的实行,农村家庭的地位和作用日益突出,在保持与集体的行政领导关系的同时,还大量产生人与人、户与户、户与社会各个部门之间头绪复杂繁多的横向关系,目前农村大量存在的民事矛盾纠纷主要就是这种横向多头关系的产物。

我们在调查中发现,农村民事矛盾主要有以下几种类型:

一是承包纠纷多。农村开始实行承包时有些人犹豫不决,但经过一段时间后就争着承包盈利较多的某些项目。1984 年 1 月 3 日,阜宁县东沟镇魏桥村村民魏××(女,28 岁)、魏××(男,23 岁)姐弟俩与另一户人家为争承包手扶拖拉机的车厢发生矛盾,最后两家发生扭打。另外有些人承包后往往不履行合同,或因职责不清、经济利益分配不均等原因造成矛盾纠纷。

二是水利界埂纠纷多。责任田的种植往往引起各自界埂、水利纠纷,你占我的地,我挤你的田,有时还争夺在田界埂上的种植权。农业生产离不开

水,所以抢用自然水,争着先用水的争端也很多,仪征县大仪公社实行承包 2年,水利纠纷发生过 136 起之多。

三是宅基建房纠纷多。农村经济发展,越来越多的农户造房砌屋,有些村民擅自毁苗搭屋,违章建筑,错误认为"分给我的田,就有我的权,我建我的房,谁也管不着"。有些村民因宅房问题与亲友、邻居发生纠纷,盐城市民事纠纷中宅基建房纠纷约占 10% 以上。

四是家庭婚姻纠纷多。家庭婚姻纠纷在整个民事纠纷中占的比例最大,盐城市近几年来一直保持在 40% 左右。有些农村家庭为生产经营、婚姻恋爱、抚育赡养、继承财产等问题发生纠纷。如东县掘东区南坎乡八大队女村民金××与兵房乡七大队村民吴××的离婚纠纷中,女方请了三十多人到男方抢回嫁妆,引起扭打,有几千人围观。

民事矛盾纠纷的急骤增多是一个值得重视的问题。盐城市农村七县一镇在 70 年代每年只发生民事纠纷案件几百起,现在光滨海一县就达到这个数字。据全国统计资料,自 1984 年至 1985 年的 11 个月中,各级人民法院审结的一审民事案件达八十余万件,比 1983 年审理的民事案件还多 7%,还有更多的民事纠纷由行政部门作了适当的处理或由调解委员会解决了。农村民事矛盾纠纷大量增加,有一部分因得不到及时的妥善解决而引起激化,造成刑事犯罪或自杀身亡。南通市 1983 年发生因民事纠纷所致的非正常死亡达 315 人。民事纠纷激化对农村治安产生消极的影响,这是显而易见的。

我们认为造成目前民事矛盾纠纷的现状还与农村处理民事矛盾纠纷的能力和方式有密切关系。实行生产责任制后对这个问题缺乏足够的思想和组织准备,许多地方调解组织不健全,调解干部大多是兼职的,而且经济补贴有限(南通和盐城一般每年七八十元,少的三十元左右),物质利益得不到保障,致使他们"肩上担着权,心中想赚钱,手中忙种田",对调解工作并不热心。特别是许多同志对调解工作的作用认识模糊,认为民事矛盾纠纷管不住、止不了,不去及时妥善地解决,往往一拖再拖,大量积压,恶性循环,导致矛盾激化。南通县通海公社兴北大队十一生产队陆××见邻居家新砌的房屋墙角超过了自身的墙角,认为有碍"风水",产生纠纷。由于长期无人过问,陆某图谋报复,一日见邻居家的 6 岁的儿子在空场上玩,顿起杀人歹念,对此 6 岁幼童头部猛砸数斧致死。有些地方因农田、山林、水利等纠纷发生凶杀、伤害、纵火、投毒甚至群众性械斗,社会影响很大。这类恶性案件在杀人伤害案件中占的比率较大，最近仍呈上升趋势。

应该注意到，在民事纠纷激化的案件中，青少年参与者占了相当比例。因为大量存在的家庭、婚姻等纠纷中绝大部分一方或双方当事人是青少年，他们自控能力差，一旦发生矛盾纠纷，往往首当其冲，不讲究解决问题的方法，不考虑自己行为可能造成的后果，喜欢采用极端方法，很容易违法犯罪。例如盐城郊区楼王乡周花村一组村民周××（男，17岁）因为本组组长周天和等人不同意让他参加承包组，长时纠缠不休，因达不到目的，遂于1984年5月9日晚用喷雾器将二钾四氯农药喷射在周天和等五户农户培养的棉花苗床上，致使棉苗枯黄，触犯了刑律。因此，在农村民事矛盾纠纷中，特别要重视青少年问题，防止青少年在处理民事矛盾纠纷中极端行为的发生。

对已经存在的农村民事矛盾纠纷的解决，要强调走群众路线的原则，一般来说，引起激化的民事矛盾纠纷起因简单，一开始并没有引起人们的重视，但是矛盾日积月累，最后公开和尖锐化，造成质的恶变。因此，通过调解工作，把民事矛盾纠纷解决在基层，消灭在萌芽状态，抓早、抓小、及时处理，不使矛盾扩大化和尖锐化，避免可能发生的伤害事故，使那些走在犯罪边缘上的青少年悬崖勒马，是农村治安的一项基础工作。

三、　物质文明发展中的精神文明缺口较大

党的农村政策促进了农村经济的迅速发展，农民的物质生活水平大面积地、迅速地得到提高。据抽样调查，1984年人均纯收入为355.3元，比上年增加14.7％，人均生活消费达273.4元，比上年增长10.1％。一向贫困的苏北盐城农村1983年每人均收入331.4元，比1979年增长134.9％，人均生活消费达273.7元，比1978年增106.1％。我们在调查过程中也耳闻目睹农村长期落后的状况已经有了巨大的改变。

农村的变革不仅引起人们经济生活的重大变化，而且引起人们生活方式和精神状态的重大变化。农民在解决温饱问题以后，还渴望提高文化知识；渴望健康有益、丰富多彩的精神文化生活；渴望有一个安定、美好的工作生活环境。农村广大青少年更是强烈希望改变精神生活现状，使较多的业余空暇时间能够充分利用，使充沛旺盛的精力得到正常合理的抒发。要满足这些要求，就必须大力加强农村精神文明的建设。

我国农村精神生活领域面临着基础差的状况。长期以来农村经济落

后,农民只求温饱,不可能想得过多,同时落后的农村也无法提供精神文明建设所需的物质条件。近几年来,农村乘改革之风,全面推行生产责任制,物质生产得到高度重视,许多同志把抓生产看作是"硬任务",而把精神文明建设看作是"软任务",完成与否无所谓,认为只要把经济搞上去,什么问题都可以迎刃而解了,因此有些地区精神文明建设问题迟迟抓不上来。特别当外界信息源源不断地传到农村,各种腐朽没落的剥削阶级思想乘虚而入之时,青少年便首当其冲受到腐蚀和毒害。如果社会主义精神文明不在农村建立起来,青少年正当合理的要求得不到满足,青少年犯罪的增多将是不可避免的。

党的十二大报告中提出,"物质文明的建设是社会主义精神文明建设不可缺少的基础。社会主义精神文明对物质文明的建设不但起了巨大的推动作用,而且保证它正确的发展方向。两种文明的建设,互为条件,又互为目的。"有些同志不了解这种辩证关系,认为只要物质条件改善,青少年吃好、穿好、住好就能代替一切,而没有把社会主义精神文明的建设摆到重要议事日程上来。我们认为社会要搞好治安,务必使物质文明和精神文明建设在矛盾运动中取得平衡。过去中国农村犯罪相对较少,其原因之一就是物质条件落后的同时有一个虽然较低的,但与之基本相适应的精神文明,二者在低水平上处于基本平衡状态。现在农村物质文明上去了,如果不有意识地抓紧精神文明建设,就可能造成新的不平衡,物质文明程度高,精神文明水平低,社会治安就得不到保证。西方资本主义国家不正是如此吗?高度的物质文明伴随着犯罪的高发率,很重要的原因就是青少年精神生活的贫困和不健康。

近几年来我国农村经济发展迅速与精神生活相对落后的矛盾已经开始出现,并且在一些地区比较尖锐,少数地区甚至出现精神文明倒退的现象。目前我国农村物质文明建设和精神文明建设的不相适应,集中表现在三个"缺乏"上,即缺乏有效的组织领导,缺乏起码的活动场所和经费,缺乏科学的方法。许多农村青少年有钱、有精力、有时间,但没有文化体育场所和健康的指导。正是在这种情况下,他们胡乱地接受外界信息,往往对好的、健康的东西无认识和接受能力,对坏的、不健康的东西却兴趣十足,电影电视中的一些镜头使他们十分好奇,黄色淫秽手抄本使他们感到刺激。对这些问题如不进行管理、教育和疏导,青少年的思想就会潜转默化,受到腐蚀,造成其中一部分人的堕落。射阳县陈泽乡后湾村葛××(男,22 岁),1982 年秋在建湖做临时工时转抄了一本《少女之心》,又带回村给人传抄,使二十多名男女青年中毒,互相乱搞男女关系。又如兴桥乡刘庄村刘××等十一人,趁本乡各村放电影之际,先后作案几十起,共摸了四十多名女青年乳房,还奸污了妇女,自称是"摸奶子团伙",互相之间谈论津津乐道。这些情况都十分令人吃惊。大丰县小海乡海东村青年农民王×(男,24 岁),对我们说:"我们手中有钱,有时间,但没有地方玩,几个人在一起玩扑克,时间长了感到没意思,就想找些刺激,这就赌起来了。"赌输了怎么办? 有不少人去偷去抢,回来继续赌,赌到家破人亡,陷入犯罪泥坑不能自拔。为什么现在农村性犯罪逐年上升? 为什么农村赌风盛行,禁而不绝? 这不是有个精神文明建设落后的问题吗? 如果我们光嘴上强调要预防犯罪,而不去认认真真解决精神生活中存在的这些实际问题,那么青少年的受腐蚀被毒害是无法避免的。

加快农村精神文明建设步伐,使精神文明和物质文明在新的历史条件下得到统一和相对平衡,是一项具有战略意义的工作。农村经济的迅速发展,已经或正在为农村社会主义精神文明建设创造雄厚的物质基础,开辟广阔的前景,现在的问题是要强调两个文明同步齐进,切实改变农村精神生活落后的状况。各级领导要认识两个文明建设之间的辩证关系,加强领导,从人力、物力和财力以及方针政策的制定上保证社会主义精神文明建设的健康发展,通过开展各种适合我国农村特点和青少年年龄特征,并受到青少年普遍欢迎的各种文化体育活动,使农村青少年在成长过程中,努力培养适应经济发展和社会进步要求的、文明的、健康的、科学的生活方式,摒弃那些落后的、愚昧的、腐朽的东西,振奋起积极向上的进取精神。我们相信,经过我们不懈的努力,农村在较高水平上的精神文明和物质文明相对平衡一定可以出现,并将对我国农村治安根本好转产生积极的影响。

四、 变革中的青少年管理教育矛盾突出

农村青少年犯罪上升下降很大程度上取决于我们对青少年的管理教育工作做得如何。随农村生产责任制的实行,农村有几种情况值得注意,第一,人们思想观念上,普遍重视发展生产增加收入,而不及其他;第二,随着进一步的对外开放和对内搞活,外出务工经商人员增多,农村人员流动性增

大,第三,为了减轻农民负担,农村各级基层组织干部编制精简,人员大量减少。这些都给农村青少年管理教育工作带来许多问题。

1. 农村家庭教育方面的矛盾

我国农村从 70 年代开始实行计划生育,家庭子女人数较少,加上生活条件的改善,农民对子女的家庭教育普遍关心。但实行生产责任制后,农民劳动积极性空前高涨,劳动时间相应加长,教育子女的时间却相对减少,个别农民甚至让子女停学留在家中做自己的帮手。同时,家长文盲和半文盲较多,他们虽有"望子成龙"的迫切愿望,但是由于知识水平和教育能力的局限,往往缺少科学的家庭教育方法,棍棒教育迄今盛行。而对独生子女则是娇生惯养、百依百顺,放松了对他们的要求。另一种情况是青少年外出做工经商,长期不在父母身边,家庭教育鞭长莫及,无法进行有针对性的教育。家庭管理教育是青少年成长中至关重要的环节,我国历来有重视家庭管理教育的传统和习惯,古人就把"齐家"作为"治国平天下"的出发点。因此,如何在新形势下发扬我国重视家教的传统习惯,努力发挥家庭管理和教育在预防和治理农村青少年犯罪中的特殊作用,是当前迫切需要研究的课题之一。

2. 农村学校管理教育方面的矛盾

前几年农村学生弃学务农经商或为家长做帮手的情况比较严重,不少地区一度入学率下降。这种不正常的情况经过各方面做工作已逐步纠正,但农村学校管理教育问题仍然不少。一是小学教育基本普及,但初、高中招生有限,很大一部分 14 岁左右的少年上不了学。江苏省小学毕业升入初中平均为 69.67%,初中毕业能升入高中、农职中、中技校、中专校的平均为 31.41%,盐城农村更低于省平均数,那里小学毕业能升入初中的为 68.29%,初中毕业能升入高中等的为 23.5%,如果把农村集镇人口剔除,比率将更低,这说明目前农村教育事业仍不能满足青少年入学要求。农村教育的另一个突出问题是师资质量差,教师编制不足。盐城市按编制缺幼教老师 5440 人,小学教师 4929 人,初中老师 388 人。另外,现有教育质量差,小教达中师水平的为 19.7%,初中老师达大专水平的为 27.46%,高中老师达大学本科水平的为 32.5%。而且学科不配套。除语文、数学基本够编外,其余均奇缺。例如上级要求中小学开设法制课,但整个盐城市教师队伍中没有一个系统学过法律的,上课无非照样画葫芦而已,不少学校干脆不开设法制课。这样,必然就引起教学质量差。盐城市 1984 年小学升初中的语文数学双科及格率仅为 49.1％,初中升高中的各科平均及格率不足 22％。当然,在各县都有一些重点中学教学质量有相当水平,但普遍的基层中小学教学质量有问题,一般说越到基层越差。除此之外,还存在一个情况,就是重分数、轻思想政治工作,甚至既不重视分数,又不抓思想政治教育。前一种情况在农村重点中小学比较明显,后一种情况在农村村一级学校中普遍存在。这些如果不引起重视,不切实改变,农村青少年的政治素质、文化素质不提高,就不可能从根本上预防和减少农村青少年犯罪。

　　3. 农村乡村基层组织管理教育方面的矛盾

　　为了适应农村经济发展的需要,农村管理体制进行了重大改革,农民自我教育、自我管理、自我服务的新基层群众性自治组织——村民委员会纷纷建立,这是利国利民的好事,但也有新的问题。一方面村民委员会人少任务重,对青少年的管理无暇过问;另一方面,又面临着新形势下的新情况:第一是对流动人员的管理教育问题。现在农村青少年自找门路,纷纷外出务工经商。个别人利欲熏心,赚钱不择手段,如皋县邓元公社二大队江××,以个体理发为掩护,乔装打扮,走街串巷,乘人家中无人之机,越墙、撬门,盗窃作案 17 起,价值 1500 元。如东县新乐公社十四大队七队杨××,以做木工为掩护,串门走户盗窃 40 余起,价值 1000 元。此类"白日闯"案件增多,作案者大多为农村个体户。另外上海等城市已经发现不少农村建筑承包人员和做生意农民等在城市违法犯罪,这些人长期在城市,城市管不了,农村管不到。第二是对乡镇企业职工的管理教育问题。乡镇企业对发展农村经济确实起了积极作用,但乡镇企业如何对青工艺徒(包括农民、季节工、合同工等)的管理教育问题成堆,那里的思想政治工作十分薄弱。如皋县场北综合厂支部书记鞠××公然对本厂船队职工说,你们出去各显神通,但有一条,不要给人抓住,弄回来的东西四六分成。船员在其怂恿下,大肆行窃,先后盗窃煤 81 吨,黄沙 330 吨,小麦 8400 余斤等。海安县李庄公社五山大队八队朱××等 4 人,承包供销社及粮食部门的运输业务,运什么偷什么,先后作案 80 余起,窃得化肥 11200 余斤,粮食 1500 余斤,还有棉籽、棉饼、煤炭等数十种物资 2 万多斤。目前农村集镇犯罪比率较高,其中许多是乡镇企业青工艺徒所为。

　　农村家庭、学校和乡村基层组织是管理教育青少年的三个互相联系、不可缺少的环节,如何根据农村经济发展的要求,解决各自存在的问题,提高对青少年管理教育的质量,是预防和治理农村青少年犯罪的根本所在。我们应该在深入调查研究基础上,对农村青少年管理教育问题制订出一整套具体有效的方法和措施来,逐步形成适应新时期农村特点的,以农村学校为重点,家庭、学校和乡村基层组织相协调的"三位一体"的农村青少年管理教育网,发挥家庭、学校和乡村基层组织在农村社会治安综合治理中的整体效应作用。

我们在探索农村变革时期青少年犯罪原因时,感到有几点特别需要加以说明的:

第一,农村青少年犯罪原因研究,必须紧紧围绕农村变革这一时代特征。党中央制定的农村政策给我国农村增添了新的活力,农村变革涉及各个方面,产生了巨大影响,因此,研究现阶段青少年犯罪的原因,必须抓住这一中心环节。这就需要我们深入农村调查研究,掌握大量的第一手材料,客观地、全面地、深入地认识农村变革后的青少年犯罪原因。当然,"材料是要搜集得越多越好,但一定要抓住要点或特点(矛盾的主导方面)"①,也就是说,要重视农村变革实际,抓住农村生产关系、生产结构和管理体制的改革及其对青少年犯罪的影响,揭示出当今农村青少年犯罪的真正原因。如果不了解农村,不抓住农村变革这一主要矛盾,研究工作势必停留在一般的分析研究上,不可能推动农村青少年犯罪原因研究的不断深入。

第二,农村变革中影响青少年犯罪上升下降的原因呈现出系统性和动态性。影响农村青少年犯罪原因是错综复杂的,从上面分析中我们可以看到,现阶段农村青少年犯罪既有外来的因素,又有内部的因素;既有客观的因素,又有主观的因素;既有历史的因素,又有现实的因素;既有一般的因素,又有特殊的因素,等等,这就构成了原因因素的立体交叉的系统性。各种原因的具体个别作用和各种原因的整体综合作用是不可分割的两个方面。另外,农村的变革方兴未艾,顺利健康地向前发展着,城市经济体制改革也必然会影响到农村,因此,农村青少年犯罪原因也不是凝固不变的,我们应该随时了解和掌握新情况、新问题,使研究工作跟随农村前进的步伐不断有所进展。如果我们看不到农村青少年犯罪原因的系统性和动态性,仅

---

① 中共中央文献研究室编著:《毛泽东农村调查文集》,人民出版社1982年版,第25页。

仅凭着暂时的、片面的材料简单匆忙地作结论，就不可能是科学的和正确的。

第三，农村变革引起的青少年犯罪的变化是农村前进中产生的问题，既不能过分夸大，也不能视之不理。在党和国家的领导下，我国农村变革是健康的。变革促进了农村生产力的迅速提高，迎来了经济的繁荣和发展，受到了亿万农民的拥护和赞赏，目前由于农村变革所引起的青少年犯罪的变化，仅仅是农村大好形势下所发生的一些支流，它绝不是农村变革的派生物，更不是党的农村政策实行后的必然结果。但是，农村变革需要不断发展和完善我们的各项工作，我们的各项工作也必然要求能适应新形势。如果我们对农村青少年犯罪比较严重的情况不引起足够的重视，不采取坚决有力的措施来解决，让我们上面所提到的矛盾日益扩大，各种工作的脱节现象继续发展、日趋严重，那么农村青少年犯罪将会继续增多，最终必然会反过来破坏农村经济发展，破坏农村的改革。

第四，解决农村青少年犯罪问题的出路是乘改革之风针对犯罪原因，把各项工作尽快抓上去。农村的变革是历史发展的必然趋势，任何人都无法改变农村与外界联系越来越紧密、横向社会关系越来越广泛、物质文明建设越来越发展的事实，我们不能让农村倒退回去，用缩小农村与外界联系，减少横向社会关系，延缓物质文明建设速度等消极做法来使社会回到低水平上的平衡和适应，从而减少犯罪的产生。相反，要通过我们现在正在进行的农村变革，不断发展和完善农村生产责任制，加强农村青少年的管理教育，为青少年成长创造一个良好的社会环境和条件，使青少年一代健康成长。通过一系列积极有效的工作，使青少年管理教育中的矛盾得以消除，变不适应为基本适应，让农村各项工作在较高水平上取得平衡，这是预防和治理农村青少年犯罪的唯一出路。

试论青少年犯罪团伙发展的新趋势[*]

七十年代以来,青少年犯罪团伙在我国数量明显增加,危害日益严重,成为我国社会治安中一个很突出的问题,引起了党、国家和广大人民群众的关心、重视。经过几年的治理和斗争,特别是近一年来贯彻中共中央和全国人大常委会关于严厉打击刑事犯罪分子的决定,成效极为显著,摧毁了大量犯罪团伙,严厉打击了一批作恶多端的犯罪团伙头子和骨干分子,出现了刑事犯罪案件大幅度下降的好趋势。

但是,在我国大量出现猖獗一时的犯罪团伙,其中包括青少年犯罪团伙,是否经过一二次打击就能够得到解决呢?答案是否定的。根据犯罪的一般规律和我国与犯罪作斗争的历史经验分析,经过打击一方面估计会出现团伙继续减少的情况,另一方面可以肯定地说,犯罪团伙又必然会根据受到打击的形势,吸取经验,研究党和国家的方针政策,进而改变他们的犯罪手段、组织形式、活动方法等等。在社会条件发生重大变化,斗争十分激烈的时候,犯罪手段、形式、方法的相应变化也更加迅速而明显,这是多年的历史经验所证明了的。

因此,为了实现中央提出的从根本上改变我国社会治安面貌的目标,我们不能只满足于当前斗争所取得的战果,还要研究和科学预见事物的发展、变化,以及将来可能出现的情况。因为对明天或不久的未来没有明确了解、估计,没有科学预见、预测的人,不可能是一个真正的马克思主义者,在今天的社会里也不可能有真正的对工作的领导。这就是说,从避免盲目性,提高工作的自觉性、目的性、有效性考虑,迫切需要我们实际工作者与理论工作者认真研究和科学估计青少年犯罪团伙的发展变化趋势,以便有助于我们在工作中作好准备,提高对付某些新类型犯罪的能力,防止某些严重类型的犯罪团伙的发生,或者一当某些危险苗子出现的时候,我们就能够较快地作出反应,提出预防或揭露其罪行的对策。

---

* 原载《中国法学》1984 年第 2 期,1986 年获上海市哲学社会科学奖。

　　根据近几年积累的青少年犯罪团伙发展变化的调查研究材料,特别是近一年来严厉打击以后所出现的实际变化,初步感到我国青少年犯罪团伙已出现了下面一些新的变化趋势。

一、组织程度提高,隐蔽性加强

　　我国70年代出现的大量青少年犯罪团伙,表现出来的重要特点之一就是大多数组织松散,违法犯罪活动比较公开(这在一定程度上也是当时大家把他们称之为"团伙"而没有称之为"犯罪集团""犯罪组织"的原因),这从当时的大量调查报告和论文中可以得到证明。例如,1980年7月一篇未署名的文章《从一个青少年犯罪团伙的剖析,谈青少年团伙犯罪的规律和特点》说:"当前,结成团伙进行违法活动,是青少年犯罪的一个显著特点。……它与成年老年犯罪集团的区别是,组织松散,犯罪活动公开……"1980年10月共青团武汉市委办公室写的青少年团伙犯罪专题调查中认为:"团伙犯罪的盲目性大,……很多团伙犯罪事前没有预谋。临时起兴,一哄而散,"但犯罪团伙的形式和内容在不断"变化"。贵州省社会科学院1981年作的贵阳市青少年犯罪调查也指出:"流氓团伙分子整天三五成群,东游西逛,寻衅滋事,打架斗殴……"等等。我们认为这显然带有文化大革命的痕迹,在法制被破坏、社会秩序混乱的情况下,造成违法犯罪青少年公开结伙闹事,无人管,无所谓。

　　党的十一届三中全会以后,不断对社会治安进行整顿,特别是依法从重从快打击严重的刑事犯罪分子,使青少年犯罪团伙的情况逐渐发生了变化。首先是专政机关揭露、清理、摧毁了大批犯罪团伙。举几个地方的数字来说,几十万人口的徐州市第一仗就挖出团伙74个,成员四百多人,其中25岁以下的成员占83%。上海市据有关方面不完全统计,1981、1982年每年破获、摧毁团伙都是几百个,1983年两次打击又是近一千个。集中打击好像是进行治安卫生大扫除,松散的公开暴露的犯罪团伙可以说基本上是很难漏网,隐藏的通过各种方式也挖出了一部分。这样,现存的青少年犯罪团伙扫掉一大批,新产生要一个时间过程,还有些人在打击的震慑下也畏惧无产阶级专政的力量,不敢再搞团伙犯罪。因此,可以有把握地预见,青少年团伙在近几年会明显减少,但没有被揭露的则一般说是比较隐蔽的,或者组织较为严密的。这些犯罪团伙的成员由于躲过了几次打击,将更加懂得活动隐藏和严密组织在逃避制裁、反侦破中的要害。有的犯罪分子明确警告同伙要少出去，避风头，不能轻举妄动，万一出事不准讲别人等等，也就是更加自觉地向有组织和活动手段隐蔽的方向发展。另外，从新产生的犯罪团伙来看，新的公开活动的松散犯罪团伙，由于易发现、易控制、易暴露，现在较难拉起来，一般违法犯罪青少年也知道团伙犯罪的严重性和危险性，不敢轻易参加或沾边。可是极少数恶习深，或者为了进行某些严重犯罪必须拉帮结伙的，他们不搞则已，搞起来却都是经过事先策划和组织的。例如内蒙古某监内为越狱而形成的一个犯罪团伙，六个人都是互相反复捉摸，物色在一起，经过长期策划观察，掌握车辆进出监狱的规律，然后劫车外逃的。有一个青少年犯罪团伙，全部成员没有一个超过 25 岁的，小的只有 17 岁，却制定了严酷的纪律共 10 条，其中包括文身标记，出卖别人格杀勿论等等，他们大都从自身或他人的经历中愈来愈自觉地体验到，为了自身的"安全"，也为了达到他们的犯罪目的，必须不断提高团伙的组织程度和隐蔽程度。

现实斗争中这一趋势正在更趋明显。前一、二年许多省市都陆续发现青少年犯罪团伙中出现过去少见的组织严密、活动隐蔽、危险性很大的犯罪集团或犯罪组织，有制订纲领目标的，有制订惩处纪律的，有严密分档控制成员的。上海市杨浦区有个张国民犯罪团伙能从公安、保卫人员的直接控制下，在张国民已经受伤不能自己行动的情况下，指挥团伙成员把他从医院里有组织、有计划地劫走，而且连大多数参与行动的团伙成员都无法知道张国民的真正藏身处，这是一个带有趋向性的信号，说明其隐蔽活动能力和组织严密程度已达到能够与我们专政机关的力量直接相对抗，进行面对面的较量了。这是一种正在发展的动向，是应该及早看到和充分估计到的青少年犯罪团伙的危险趋势。

二、 团伙罪行趋向严重，经济型、淫乱型、暴力型犯罪将增多

在严厉打击犯罪团伙和其他严重刑事犯罪的形势下，罪犯决心组织团伙进行犯罪，可谓是来者不善，善者不来。或者是罪行严重，目标困难，或者是诱惑力特大，甘冒极大危险在所不顾；或者是犯罪的要求、情绪极为强烈等等。因为，罪犯通常总是在产生犯罪的需要、动机以后，要对实施犯罪的主客观条件，能否实现犯罪目标，以及可能带来的后果等进行一系列得失权

衡的基础上,才进行抉择的。罪行可能受到的惩处愈严重,这种权衡的考虑愈细致,愈激烈,作出抉择所需要的决心也愈大。尽管罪犯考虑问题往往是在侥幸心理和对于自己力量过高估计的基础上进行的,但声势大、震动大的严厉打击的现实,使罪犯除了非合作难以得逞的重大罪案外,通常也是不愿担此风险的。此外,还必须看到,文化大革命造成的混乱已经在社会上撒下了罪恶的种子,青少年违法犯罪分子当中已经产生极少数思想堕落、恶习较深,甚至已经具有犯罪习性和严重犯罪倾向的累犯、惯犯。这些人有犯罪的经验、胆量,具有内在的犯罪动力和明显的反社会情绪,一有机会就互相联络,拉人下水进行犯罪活动,而且胆子越干越大,罪行越干越严重,多数成为青少年犯罪团伙的头目和骨干,成为我国社会主义条件下阶级斗争表现的一个重要方面,这就是今后青少年犯罪团伙必然存在,而且其罪行趋向严重的主客观社会依据。

青少年犯罪团伙罪行趋向严重,集中表现为经济型、淫乱型、暴力型犯罪在数量和比例上都有增加的趋势。

首先是追求金钱、追求利欲的经济型犯罪大量增加,有的地方统计占犯罪团伙各种罪行的三分之一左右,甚至还有占第一位的。从目前情况来分析,由于我们执行对外开放和对内搞活经济的政策,西方资产阶级生活方式和物质享受对青少年具有极大的诱惑力;社会上讲究实惠而忽视政治思想的倾向,使有些青少年精神空虚,单纯追求感官的眼前满足;工矿、企业的国家和集体的财产,管理上存在着严重的漏洞。因此,大量盗窃国家和集体的财物就成为一部分青少年犯罪团伙的主要目标。有个青少年罪犯说,打架斗殴称英雄的时期已经过去,打来打去伤害的都是哥们兄弟,判得重大家吃苦头,不合算,不实惠。他们认为钱财最实惠,有钱就有一切。所以我们可以觉察到近两年不断揭露出大量有组织盗窃国家、集体财物的犯罪集团实际上是团伙发展的一种带有新趋势的征兆。上海元通漂染厂出现内外勾结,包括盗窃、运送、加工、销赃分工的一条龙盗窃集团,钟表行业出现特大的青少年盗窃团伙,都是这方面的典型案例。估计今后相当时期内,这种盗窃集团是需要我们重点加以对付的团伙罪行。

第二,从几次集中打击的材料看,团伙中性犯罪、性淫乱占的比例最高,这是我国当前社会的一些变化和问题的反映。我国青少年一代由于历史的原因缺乏系统地进行科学的性知识教育,正确处理性爱、婚姻关系的教育,性道德的教育,以及辨别和批判资产阶级腐蚀性观念的教育等等。文化大革命中黄色手抄本长期在青少年中流传,加上闭关锁国政策打破以后,资产阶级黄色、淫秽的书刊、图片、录像、影片的严重渗透,对缺乏辨别、抵制能力的青少年来说无异于没有准备,突然置身于正在散播的病毒之中。资产阶级腐朽的性自由、性解放等观念在相当多一部分青少年中留下了有害的影响,他们把丑恶、腐朽的东西当作新奇、时髦的东西来模仿、效法,认为是"自由""进步""大方""文明",不以性的混乱为耻,反而以耻为荣,从而流氓、性犯罪有增无减,虽经打击,下降仍不甚明显。有的在犯罪团伙中宣扬什么"男的没有情妇不帅,女的没有情夫不美"。有一个团伙中的女青年竟无耻地表示,以能把自己的身体贡献给无数的男人而感到幸福。这种思想在青少年流氓团伙中不是个别的。团伙中性的混乱加上对金钱和物质享受的追求,使青少年犯罪团伙具有当代资本主义世界腐朽文化腐蚀的特点。由于资产阶级有关性的腐朽思想观念已在青少年中具有影响,特别已在一部分中学生和年龄较小的男女青少年中留下了祸根,因此,堵塞污染渠道,消除精神污染,与青少年犯罪团伙的性犯罪、淫乱性犯罪进行斗争,需要有长期的战略思想考虑。

第三,青少年犯罪团伙的暴力型犯罪是需要严重关注的趋势。近年来,由于矛盾的积累、激化,个别人反社会情绪的爆发,以及国外各种暴力犯罪的启示,我国历史上比较不常发生的暴力罪行不断出现,手段日益危险,后果极为严重。除一般杀人、强奸、抢劫、伤害等案件继续出现外,过去罕见的碎尸案已不罕见了,还出现了些新类型的暴力罪行,如劫机、劫船、劫车、爆炸、驾车行凶、绑架等新中国成立以后从未出现过的暴力型犯罪,其中相当多是青少年犯罪团伙实施的。大家都知道的1983年沈阳劫机团伙就是新中国成立以来少有的典型案件。1983年6月内蒙古发生的团伙杀人案,7个人都不到25岁,其中3人还不足18岁,为了实行报复,一夜杀死27人,还实施轮奸等大量暴行,最后一名主犯自己引爆炸死。团伙暴力犯罪影响大,后果极为严重,头次发生就有模式作用,虽破获惩处,但仍常为别的犯罪分子所仿效采用,以后短期就连续发生第二次、第三次……劫机、爆炸、驾车行凶等严重暴力犯罪都曾出现过这样的情况,值得研究。

我国七十年代末的青少年犯罪团伙罪行大多是斗殴、赌博、抢夺、偷窃、调戏猥亵妇女等,一个团伙的罪行有时比较单一。从80年代开始上述罪行逐渐减少,而集中到经济型、淫乱型、暴力型犯罪,而且数量逐渐增加,常常一个团伙进行多种犯罪、连续犯罪,逐步向盗窃犯罪集团、淫乱犯罪集团、暴力犯罪集团发展。这绝不是某一个罪犯主观随意决定的,而是由一系列社会变动,经济、文化因素,社会意识因素决定的,具有趋势性,并有一定规律性的。

三、 犯罪团伙会更多地利用现代科学技术、社会科学知识进行犯罪

我国青少年犯罪团伙开始猖獗活动的初期,由于成员科学技术文化落后甚至是空白,因此犯罪手段很少有运用现代科学技术的。近年来犯罪团伙的青年罪犯运用现代科学技术的案例已不少见,从利用现成的现代化交通工具、通讯设备、录音、录像机具,到应用各种专业科学知识如摄影、翻拍技术,堕胎、避孕的医学技术和知识,制造炸药,组装定时炸弹,制造火枪火炮,运用麻醉剂、迷幻药等等。江苏有一个犯罪团伙的头子对他的两个团伙成员说,你们文化低没有资格犯罪。我为了犯罪专门学了法律,还花了三个月时间学刑事侦察的知识和技术。你们要犯罪也要补文化,学法律,读刑事侦察的书。这不是从反面提醒我们:这是又一个需要注意的新动向、新趋势、新问题吗?

应该看到,80年代以来,学校、工厂、企业、商店普遍开展文化补习、进修和科学技术的普及教育,学生、青工的文化科学基础知识水平都有明显提高。有的工厂调查统计,近一二年青工中大部分已经分别取得初中、高中的合格文凭,并且有10％左右的青工参加了电大、业余大学、职工大学、自学考试学习。随着广大青少年科学文化水平的继续提高,应该看到,犯罪青少年的一般文化科学知识状况也将提高,过去那种"文盲加流氓"的说法将不能反映现在一部分犯罪青少年或将来大部分犯罪青少年的真实状况。现在犯罪青少年中懂外文,能说会道,有一定科学文化知识的人多起来了。因此,他们在犯罪时运用他们已经具有的文化科学知识不仅是很自然,而且是必然的事情。从已有案件中看到,有运用气象知识、利用自然因素消灭犯罪痕迹的,有利用电学知识伪装犯罪现场的,有应用化学毒物知识杀人的,有收集、参考各种书籍寻找最佳杀人方法的,等等。

另外,有较高文化科学知识水平的人参加犯罪团伙,成为青少年犯罪团

伙的头目、骨干或智囊。例如大学生、中学生参加团伙,进行周密组织、策划等等,有的团伙还出钱雇佣护士、司机等有文化、有技术的人为其犯罪活动服务。青少年犯罪团伙注意利用现代科学技术的趋势,提高了他们犯罪的能力,从而大大增加了我们与犯罪团伙斗争的复杂性和艰巨性。

四、 青少年犯罪团伙可能会主动拉入掌握一定权力的干部、高干子女、女青少年合伙犯罪

青少年犯罪团伙成员结构的变化是一个值得注意的问题。近年来犯罪团伙成员除较多出现经过专政机关多次处理过的青少年累犯、惯犯外,最明显的变化是女青少年在犯罪团伙中不断出现,数量增多,不少干部子女,其中包括有的高干子女参加团伙犯罪,有的党团员、干部也加入犯罪团伙。从我国社会的特点和历史发展变化的条件分析,这不是偶然的,一方面是历史的、国内外的罪恶因素必然会使有的青年男女腐化堕落,另一方面是犯罪团伙自身发展的要求。

青少年犯罪团伙有掌握一定权力的干部或高干子女参加,就能够突破金钱、暴力无法突破的管理、监督、限制和防御系统;能够走通金钱无法通过的道路,达到一般手段无法达到的领域;能够不费力气、不冒风险使用或取得在我们社会中个人无法支配与占有的各种物质设施和条件;甚至能够在罪行暴露后,逍遥法外,无人过问、无人敢问。这样的犯罪团伙就可以大量盗窃、走私,长期为非作歹,严重危害国家和人民的利益。江苏徐州市以宋家三兄弟为首的流氓犯罪团伙,强奸 19 名女青年,轮奸 7 名,犯下了大量罪行,25 个成员,全部是青年,其中有军师级干部子女和市局级干部子女各 7人,这是该团伙能够有条件、长时间作恶的一个重要因素。上海有一个作恶多端的流氓团伙,就与大同酒家副经理(是该团伙的头子)有直接关系,他运用自己副经理的权力,提供吃喝玩乐的场所和酒菜,打击报复揭露其罪行的人,腐蚀、威胁不肯任其摆布的受害人。

大量实例证明,干部、干部子女,特别是高干子女参加的青少年犯罪团伙危险性大大增加,而且由于其广泛的社会联系,有的可能在很大的空间范围内进行犯罪活动,例如跨省区,甚至与国外进行联系。

女青少年参加的青少年犯罪团伙中很少不具有大量性犯罪、性淫乱活动的。性方面混乱加速团伙成员的无耻、堕落,助长了吃喝玩乐,导致抢劫、

偷盗、斗殴、伤害、杀人等各种案件的发生，还出现男女勾搭进行犯罪的新手法，使团伙犯罪性质更趋严重和多样。女青少年参加团伙有的是自己逐步堕落的，相当多的则在开始时是受骗上当的受害者，以后陷进去成了犯罪者，利用色情引诱，拖人下水，掩护犯罪，盗窃、走私、卖淫都无所谓，甚至个别的成了团伙的头目或骨干，罪行和作用不比男性团伙骨干小。

五、 团伙的反社会倾向、反革命倾向增加

青少年团伙中一部分累犯、惯犯由于多次受到专政机关打击，对专政机关和现社会不满甚至仇恨。而团伙成员由于犯罪与广大人民群众的直接利害冲突，经常受到刑事惩罚的震慑，使累犯、惯犯的反社会情绪、反革命的思想倾向在团伙内部极易传播和相互感染。同时，追求吃喝玩乐、向往资产阶级生活方式，也易产生对社会主义、对共产党的怀疑和不满。

敌台的反革命宣传，内外反革命组织和港台黑社会组织的渗透，使有些青少年犯罪团伙直接具有反社会、反革命的倾向。今后随着国外反动影响向国内渗透的渠道增加，可能要增加青少年犯罪团伙的反社会倾向和反革命倾向。

总之，青少年犯罪是一种社会历史现实，它的发展变化趋势不是任何人主观想象的，这需要从社会政治、经济、文化、历史的发展变化的规律中去寻找，要从国内外阶级斗争的形势中去作出科学的估价，以便为现实斗争服务，为在我国顺利实现四个现代化服务。

根据上述对青少年犯罪团伙新趋势的探讨，我们认为需要从犯罪学角度，从法律惩处以及改造罪犯等多方面，设计有针对性的有效对策。现仅就某些迫切的方面提出几点建议：

第一，要以强有力的实际步骤全面贯彻和加强青少年犯罪综合治理。现在严厉打击正在取得成效，为了巩固、扩大已经取得的成果，必须继续严厉打击严重刑事犯罪分子，同时花大力气扎扎实实地抓好综合治理，这是解决青少年犯罪，其中包括青少年团伙犯罪的总战略问题。从我国当前的实际情况来看，不少部门和单位对综合治理的关心和热情在减弱，因此不能对人们对这个问题的认识估计过高，还需要更大规模地进行宣传。要科学地总结我国综合治理的各方面成功的经验，其中包括基础工作、内部管理、危险人物的帮教和控制、消除污染源、堵塞精神污染渠道、堵塞管理漏洞等等

方面,形成综合治理的科学体系,设立权威的综合治理的领导、协调机构,制定和通过青少年犯罪综合治理法,以保证综合治理切实付诸实行。

第二,建立全国和省(市)一级的犯罪对策技术中心,对新发生的每一重大刑事案件进行犯罪特点登记。由于每一个犯罪团伙的成员结构、知识经验、生活习惯、历史发展的特殊性,形成不同团伙在犯罪对象,作案时间、地点、方式,犯罪手段、方法、技术等方面,都有一定的相对稳定的特点,这是我们揭露犯罪团伙的有用材料。为了深挖隐藏比较深的危险性很大的犯罪团伙,就要对犯罪特点的材料作长期积累,为了发现新的团伙线索,要注意对新的、特殊的犯罪特点进行登记。这些材料集中储存在全国或省(市)的犯罪对策技术中心,以便研究犯罪手法的特点变化规律,并可从不同地区、多次出现雷同的犯罪手段、方法特点中,把握某些团伙的活动动向,寻找不同犯罪案件的联系,发现团伙的线索,帮助有效地揭露跨省(市)流窜活动,长期实施严重罪行的犯罪集团或犯罪组织。

第三,侦察、防范要现代化。犯罪分子运用现代交通工具抢时间、争速度,运用现代科学技术实施犯罪、隐匿犯罪。在这种发展的趋势面前,必须提高刑事侦察技术的现代化水平,以收及时破案、及时打击、震慑犯罪之效。这方面最迫切的是对犯罪信息的计算机处理技术,微量物的定量定性快速分析,复原和记录技术,综合通讯网络,以及快速机动的刑事警察队伍的现代化交通工具,只有这样才能适应揭露利用现代科学技术进行集团犯罪的需要。

除了侦察技术的现代化,还要研究和提倡运用各种现代化预防器材设备、设施,例如报警系统、自动录像、遥测遥控、电视监视等等,这对于保证安全和现场破案都有积极意义。

第四,要加强犯罪学的研究,把握犯罪的原因和活动规律,经常不断针对刑事犯罪情况的变化提供新的对策。

试论开放城市新社会环境结构与青少年犯罪*

社会环境是青少年成长的客观条件,研究青少年犯罪的新动向和防治对策,绝不能脱离和无视青少年所处的微观社会环境和宏观社会环境。我们看到,实行对外开放政策,对于我们吸收发达资本主义国家的资金、生产技术和管理经验,加快我国经济建设步伐,确实很有必要。但是,开放、搞活和改革正在冲击和改变着开放城市传统的社会环境结构,新的社会环境结构的形成势必对社会治安带来错综复杂的影响,因此新社会环境结构下的青少年犯罪的特点、规律和发展趋势等问题,作为一个十分紧迫的理论问题和现实问题摆在我们的面前。

开放城市新社会环境结构与青少年犯罪问题的研究固然可以从多种角度、各个层次来进行,但是,我们认为要使这种研究具有科学性和现实指导性,必须在更广阔的社会背景下进行。这个背景就是我们目前所面临的两股强大的时代潮流:一是我们党的十二届三中全会制定的以城市为重点的整个经济体制改革的潮流,它使我国处于日新月异的变动时代;二是整个世界面临着一场新的技术革命的潮流,它对我国形成了一种现实的挑战。这两股潮流的结合必将大大加快我国开放城市现代化建设的进程,也将使青少年犯罪发生显著变化,这是研究开放城市青少年犯罪问题时绝不能回避的。

特殊的社会背景决定了我们在研究开放城市青少年犯罪过程中,要改变"不识庐山真面目,只缘身在此山中"状况。跳出就犯罪论犯罪的狭小范围,从全国、全世界更大的系统范围来探讨,从开放、搞活和改革的深远和总体性的影响、作用来研究。从某种意义上说,在开放城市青少年犯罪研究中,后一点更易被人们所忽视,难度也比较大。根据系统论、控制论的基本原理,要解剖开放城市新社会环境结构与青少年犯罪的辩证关系这样一个复杂问题的整体特征,必须剖析开放城市这个系统内部各个要素和它们之间的整体结构与机制。不可否认,开放城市执行开放、搞活和改革方针,必

* 与肖建国合作,原载《青少年犯罪问题》1986 年第 6 期,本文最后部分略有删减。

将对那里的政治、经济、文化、教育、道德伦理和社会以及人们的心理诸方面产生极其广泛、全面、深刻的影响，将会对社会的管理和控制，对青少年的教育等提出新的要求。这些影响和要求有些容易被人们所认识，有些则一段时期内不易被人们所重视，如果我们仅仅从某些方面孤立地去观察和研究开放城市青少年犯罪上升下降的原因和因素，就只抓住了犯罪这一复杂链条中的一个环节，得出的结论将会具有很大的局限性和片面性。

依据上述基本思想，我们对开放城市青少年犯罪问题进行了一些调查研究，感到开放城市新的社会环境结构与青少年犯罪之间存在着一种特殊的联系，本文不避浅陋、自述所见，对这种复杂联系作些剖析，难免有谬误之处，期望得到斧正。

一、 新社会环境结构导致青少年犯罪区域性范围的突破

环境的闭塞不利于犯罪信息的传布和犯罪分子的流动，一定程度上抑制了犯罪的增长，可以认为，封建闭关自守政策下形成的我国社会环境相对与世隔绝的状态，与犯罪率较低、社会治安相对稳定存在着一定的联系，同时，也就形成了与封闭型环境相适应的特定的犯罪模式，犯罪的区域性十分明显，很少有境外人员牵涉进来。但是，在生产力日益迅速发展的今天，国际经济关系愈来愈紧密，经济生活的社会化已越出一国范围而愈益走向国际化，我们党和国家顺应人类社会发展的进步趋势，自觉地积极推动这一历史进程，适时提出对外开放的战略方针，并且由南到北、由沿海到内地、由点到面，有步骤、有计划地确定特区、开放城市和开放地带，这对加快社会主义现代化建设起了积极的推进作用，同时，由于开放而带来的信息传播多、人口流动量大等特征，导致传统的犯罪模式发生变化，开放城市的青少年犯罪已突破区域性范围，开始形成一种新的格局。

一是犯罪侵害对象的有目的转移。随着对外开放政策的进一步贯彻执行，对外活动和人员交往日益增多，越来越多的人员出入国境，据统计，在1980年至1983年的四年里，进入广州市的外国人和华侨、港澳同胞共5202786人（次），平均每年130多万人（次），1984年到广州市的港澳人员共190万人（次），华侨、外国人44万人（次）。数量急剧增多的入境人员开始成为犯罪分子的作案目标，实施侵犯港澳、华侨和外国人的案件经常发生。例如，入境人员一般携带较多的钱币和物品，一些犯罪分子将这些作为猎取的

标的物，或者有目的地潜入豪华宾馆进行盗窃；或者在拥挤的公共场所扒窃入境人员随身携带的钱包。上海市1985年发生了34起盗窃外国商人、旅游者、政府代表团成员的财物案件，造成了极坏的政治影响。对入境人员实施犯罪不仅使侵害对象受到直接危害，同时也使我们国家的国际声誉和形象蒙上了不良的影响。

二是犯罪主体的动态变异。传统的犯罪主体除极少数潜入的敌特人员外，很难见到有港澳、华侨和外国人作案的，随着入境人员的增多，一些不法分子以合法身份混迹其中，入境进行各种严重的刑事犯罪活动。例如，有组织进行大规模的走私文物、金银珠宝、邮票；在国内利用或伪造身份对我国有关单位、女青少年招摇撞骗；唆使和勾引妇女卖淫并在某些沿海城市建立拐卖妇女去港澳卖淫的基地；对我国有关干部和干部子女进行拉拢和策反，为他们的犯罪活动提供便利条件；以"投资""联营"等为名义，大量诈骗我国一些企业单位和地方的巨款；……据有关方面统计，广州市开放后境外人员入境犯罪被抓获的人有逐年增多的趋势。1983年2月13日，香港歹徒陆文，尾随香港的情敌黄钦文来广州市，并于2月21日凌晨将黄杀死，伙同犯罪帮凶罗健思（广州市工人）将一块42斤重的水泥制件绑在死者身上，扔到珠江河内沉尸灭迹，陆犯作案后逃回香港。香港歹徒陈国机，在香港以15000元港币的代价收买香港凶手吴富华、吴瑞剑，阴谋将广州市第三十五中学教师张连鸿杀害，当这两名歹徒多次入境伺机行动时，被我国察觉。

境外犯罪分子不仅将我青少年作为腐蚀毒害的重点，唆使青少年作案，自己则从中渔利，而且中外犯罪分子互相勾结、共同作案，这类案件在广东、福建等沿海特区和开放城市中多次发现，尽管在刑事犯罪中占的比例数并不大，但这种犯罪手段比较狡猾，作案危害性大，一旦得手以后，境外犯罪分子很快逃离内地，侦破和捕获罪犯比较困难。

三是涉外经济犯罪逐年增多。与港澳、外国人洽谈生意，搞独资或合资经营企业等对外经济活动中，很难避免出现一些涉外经济纠纷。但是，有些人见利忘义，不顾党纪国法，在腐朽没落的资本主义思想的腐蚀下，利令智昏，见钱眼开，不讲原则，不择手段，以权谋私，索贿受贿，利用各种机会和条件来达到自己卑鄙的目的，甚至少数人发展到丧失国格、人格，触犯党纪国法。涉外经济犯罪卷入者青少年仅是少数，但它对青少年的恶劣影响却是深远的。

传统的犯罪模式变化,中外犯罪开始出现相互交织的新格局,我们还可以从犯罪手段、方法、类型、趋势等多方面去探讨。当然,上面所揭示的犯罪新模式仅仅是从现象上作了归纳和分析,如果我们从更深刻的含意中去探讨,就可以看到我国开放城市的青少年犯罪正逐步突破区域性范围的束缚,与外部世界的联系愈来愈密切,这种密切反映在:(1)来自境外的犯罪诱因增多;(2)犯罪人员的中外混杂;(3)境内境外跨越犯罪;(4)出现一批惯犯和黑社会分子;(5)犯罪的国际性影响增大等。随着对外开放口子越来越大的发展趋势,很有可能会加快开放城市青少年犯罪区域性范围扩展的速度,同时也将给青少年犯罪的防治工作带来许多新问题。

二、 新社会环境结构形成了滋生青少年犯罪的特殊外部条件

建立具有中国特色的、充满生机和活力的社会主义经济体制,必须有相适应的社会管理的方法。尽管我国解放以后摸索出了一整套适合中国国情的管理城市的方法,积累了相当丰富的经验,但开放城市在开放、搞活和改革过程中正在逐步形成一个开放型的生机勃勃的新型城市,传统的城市管理机构和方法势必很难适应目前这样一个全新的、特殊的社会环境和条件,社会治安出现了一些新问题、新情况,为了能有力地说明新社会环境结构形成的滋生青少年犯罪的特殊外部条件这一复杂问题,我们列举几方面情况作些分析:

(一) 关于日益增多的流动人口的管理问题

开放城市作为政治、经济、文化等活动的中心,自然成为社会联系和交往的重要场所,成为对外开放的窗口,外来人口增多是正常的和不可避免的,今年年初据北京、天津、上海、广州等十大城市统计表明,那里的暂住人口激增,目前约有暂住人口329万余人,占这些城市人口总数的10.4%,去年10月上海市对外来人员统计时发现流动人员已超过百万大关,随着城市经济的搞活、城市流动人员增多的势头有可能继续保持下去。但任何事物都要讲究一个"度",城市人口本身过多,再加上超负荷的外来人员势必对城市治安带来影响。首先,大量外来人口不仅加剧了城市交通、食宿等矛盾,而且使城市治安管理更为艰巨,现有的治安条件和力量相对不足,缺乏应变能力,城市治安存在着不少漏洞和空隙;其次,流窜犯、潜逃犯和夹杂在外来人员中间的其他违法犯罪分子鱼目混珠、难以识别,这些人常常伪造各种身

份。利用合适时机和条件从事违法犯罪活动,得手后销赃快、潜逃快,防范和侦察破案相对较难;第三,城市违法犯罪分子往往利用外来人员的弱点,窥视犯罪目标,从事犯罪活动,对外来人员实施诈骗、扒窃、偷盗和流氓活动的案件不断发生,并且有增多趋势;第四,外来人员集中的地方,例如:车站、码头、旅馆、公园、主要商店和街道等往往成为犯罪高发区和高发点,这些特殊地区案件一旦发生后一般难于及时侦破。

面对外来人口骤增如何加强社会管理确实是棘手问题,例如,有些长期在城市搞建筑、服务行业的农民,思想政治工作无人过问,文艺体育活动无法开展,业余休息时间很容易接触城市中不良思想和行为,最终受腐蚀而滑下犯罪泥坑;又如,为接待日益增多的外来人口,城市中大量开设了家庭旅馆和街道里弄旅馆,有些旅馆管理不严,住宿不要证明,往往成为藏垢纳污的场所。去年9月,上海市公安机关曾对全市旅馆进行清查,据虹口、闸北、普陀等10个区不完全统计,在旅馆中查获各类违法犯罪分子60余人。开放城市许多案例证明,犯罪分子正是钻了我们管理中客观存在的空隙和漏洞,放手大胆地从事各种违法犯罪活动的。上海市旅馆业统计,全市旅馆、招待所有3334家(其中个体户办的747家)。由于部分旅馆、招待所单纯追求经济效益,忽视了治安保卫工作,使一些不法分子有隙可乘,进行盗窃、诈骗等违法犯罪活动。1985年1—6月共发生各类案件四百多起。开放城市面临治安基础工作薄弱和某些行业、场所管理不严的问题。

(二) 关于经济活动中的大量现金管理问题

在这里我们并不打算全面揭示“一切向钱看”给犯罪带来多么巨大的恶劣影响,而仅仅从各单位和个人目前持有的货币数量和流通状况如何管理问题上看看与社会治安的关系。只要我们不回避现实,那么就不难发现,目前社会上的货币发行、流通、使用过程出现了一些新的情况。一是从全社会角度看,货币投放量每年大幅度增加,一段时间增加过猛;二是从各企、事业单位看,有些单位手头合法地或非法地掌握大量现金;三是农民、个体户和有些街道、里弄小厂、乡村企业做生意、采购、经营等几乎全是使用现金;四是公民普遍富裕后,家家户户几乎都有一定数量的现金;……由于这些因素我们经常可以见到人们口袋鼓鼓的,装有数百、数千元现金去拥挤的商店购买物品,有些农民、个体户、供销人员外出常常带有几千、几万现金,有些藏在口袋里,有的放在背包中,有些缠在腰上。总之,社会上的现金数量确确实实比以前有较大的增加。

如果说盗窃历来是犯罪中最常见的一种,那么现在的犯罪分子不仅继续从事这类犯罪,而且由于与现金增多相适应的一整套管理方法没有同步跟上,经济活动中大量现金在保存、管理、流通过程中存在着大量漏洞,防范和管理工作又不能适应新形势,使窃取防范、管理不严的单位和个人的现金成为罪犯特别重视的作案目标。青少年盗窃犯罪由小偷小摸向重大盗窃转化,将盗窃重点转向掌握大量现金的企、事业单位和个体户、有海外经济来源的人,落实政策补发工资的人、供销人员等等,这可以从拎包作案中证实。据有关方面介绍,在许多城市的车站、码头、汽车、火车、轮船上等,近两年来拎包案件经常发生,凡涉及拎包的案件,少则有几百元,几千元,多则达几万元。上海市铁路局已发现拎包案件多次,其中一次就被盗去人民币 13 万元之多。还有一种白日闯案件。现在城市居民普遍富裕,许多家庭有大量现金、存折和贵重财物,同时成年人一般在职学习和工作,白天许多家庭"铁将军看家",或由小孩老人看家,犯罪分子利用特殊身份(如伪装亲朋好友、同事或打扮成修理工、理发师等),光天化日之下闯入居民家中,翻箱倒柜窃走现金、存折和贵重财物,甚至将电视机抱走。这种白日闯案件目前发生较多,上海市发现有些罪犯在街道里弄闲转,一旦发现机会(家中无人或只有老人)就作案,已经有几个老太太被罪犯杀害,翻箱倒柜,拿走家中钱财。目前盗窃案件在上海占整个刑事案件的 80% 左右,在重大刑事案件中,盗窃大案的比重逐年增加,1983 年占 28.9%,1984 年占 31%,1985 年上升到42.7%,今年 1 月,发生重大盗窃 55 起,占全部重大刑案的 54.7%,去年查获的盗窃犯中青少年占 62.3%。

(三) 关于自谋职业的个体户的管理问题

国家宪法确认,在法律规定范围内的城乡劳动者个体经济,是社会主义公有制经济的补充;国家保护个体经济的合法的权利和利益,并通过行政管理,对个体经济进行指导、帮助和监督。个体户的发展和在国民经济中的地位和作用是十分明显的,但目前人数众多的、遍布全国的个体户人员十分复杂,有的是"两劳"释放人员;有的是招工招生中未被录取的人员,有的是工厂辞职经商的人员。他们中很大一部分人的政治思想素质并不是很理想的。另外,个体户特殊的职业环境和条件等因素决定了对他们更应加强政治思想教育和遵纪守法教育,但实际情况并不是这样。我们在调查中感到,工商行政部门注重税收管理，街道里弄又很难承担起思想政治工作，目前个体户中政治素质普遍较差，党团员寥寥无几，思想动态不能掌握，难免有一些个体户挖空心思走邪道。虽然违法犯罪的个体户数量不多，但他们本身违法犯罪行为给社会治安带来的危害，以及在青少年心理上造成的严重不良刺激不可低估。这就提出一个尖锐的问题，那就是如何才能对蓬勃发展起来的个体户实行有效管理和监督，尽量减少这种不良现象。

上面我们列举了流动人口、货币、个体户等三种情况的管理问题，其实开放城市的社会管理问题，涉及众多的方面。现代化城市离不开一整套科学的管理机构和方法，从社会治安的经验教训中可以发现，城市科学管理是预防和控制青少年犯罪必不可少的重要环节，哪里的科学管理抓上去了，哪里的青少年犯罪就有可能降下来，反之，哪里的科学管理放松了，哪里的青少年犯罪就必然会上升，这是历史和现实给我们的启示。正确认识开放城市青少年犯罪所形成的特殊社会环境和条件，从社会的微观和宏观两方面加强管理、阻塞漏洞、弥补空隙。这是新形势下开放城市社会治安必须尽快解决的新问题。

三、 新社会环境结构中精神产品的社会效果成为影响青少年犯罪的敏感问题

我国目前实行的是有计划的商品经济，因此价值规律和经济效益问题引起人们的普遍关注是无可挑剔的。但是，现在出现了一个新的问题，即精神产品的经济效益与社会效果的矛盾尖锐了。邓小平同志在党的代表会议的讲话中曾经提出一条原则，那就是"思想文化教育卫生部门，都要以社会效益为一切活动的唯一准则。"但是，少数部门却不是这样，他们在资产阶级自由化思想影响下，一度偏离了社会主义轨道，单纯追求利润，"一切向钱看"，使有些精神产品的社会效果极为恶劣，成为滋发青少年犯罪的温床。近几年的经验教训证明，内部放映的国外电影失控、小报泛滥、黄色录像出现，都立即伴随青少年犯罪的上升，精神产品的社会效果问题几乎可以用青少年犯罪数量变化作为衡量和评价的标志之一，这似乎已成为犯罪增减的一个规律。为了说明这情况，我们试例举几方面情况加以说明：

（一）出版问题

出版事业是社会主义精神文明建设的重要组成部门，出版部门理应十

分严肃地对待党和国家赋予的重大使命,把最好的精神文化食粮供给人民。我们在充分肯定近几年来整个出版事业主流是健康的、成绩是显著的同时,也注意到一段时期出版工作中出现的一些不良倾向:有些书刊质量不高,极少数的甚至粗制滥造、平腐低劣;新武侠小说、言情小说之类的书籍泛滥;一些古旧小说大量出版,有几家科学技术的专业出版社也偏离正业,竞相翻印离奇荒诞之作,从中捞钱;一些不健康书刊为题材大量编印的连环画充斥市上。当时,全国有六十多家出版社参与了这一活动。其中特别要指出的是,对青少年毒害甚深的街头报摊上遍地叫卖的各种小报中,有相当一部分偏离党的出版方针,单纯以盈利为目的,以所谓"法制宣传"为招牌,专门描写凶杀、强奸、偷窃、淫乱等犯罪活动,大量披露我们侦破方法和手段,以此招徕读者,毒害青少年,人们称这种粗制滥造的所谓法制文学为"犯罪文学""教唆文学",实际上这是对法制宣传的干扰和损害,是为违法犯罪火上浇油,成为社会治安不安定的新因素。广州市有关单位清查街头摆卖的一百多万份小报中,发现 27 万份是属于不健康的,这对于社会的毒害是十分严重的。许多青少年迷恋、传阅黄色小报,最终陷入违法犯罪泥坑。

(二)宣传问题

从研究青少年犯罪原因角度出发,我们不能不涉及宣传工作中的失误而对青少年犯罪带来的消极影响。这种失误最明显地反映在宣传某一事情、论证某一观点时,常常会提出一种在当时看来似乎是正确的口号,或者在某一方面的宣传上分量较大,但对这个口号提出后,会给社会带来怎样的副作用,却又显得惊人的无知,这种无知带来的影响常常在青少年犯罪问题上集中地反映出来,试举三例证明:

一是在宣传量上把握不住给青少年犯罪带来的影响。有一段时期,为了鼓励农民通过劳动致富,消除平均主义,报刊上曾大张旗鼓地树立了一些"万元户"的典型,应该说,适当宣传一下劳动致富的"万元户"未尝不可,但过多地宣传"万元户",给人一种农村富得不得了的感觉,似乎"万元户"铺天盖地、层出不穷,成为"万元户"毫不费事。

二是在宣传的全面性上把握不住给青少年犯罪带来的影响。在宣传事物的一方面时,往往忽视事物的另一方面,这是宣传工作中经常会犯的失误。例如,我们在宣传西方科学技术先进的同时,忽视了对资本主义制度的批判和揭露,有些青少年由于没有新旧社会对比的亲身经历,对资本主义剥削制度的本质和腐朽性认识不足，朦胧感到资本主义国家什么都是先进的，甚至连"性解放""性革命"也被有些青少年奉为思想解放的楷模。现在社会上一部分人中间掀起了一股"出国热"，有些人出国并不是为了学文化学技术、为振兴中华打基础，而是追求奢侈的物质享受，迷恋西方生活方式，少数有权、有势、有学问的人合法出国去了，不具备这些条件的人则不择手段去创造条件，有些人潜逃出国，有些人通过与来华的港澳、华侨、外国人结婚出国，哪怕年龄相差二三十岁也无所谓。最近发现有些女大学生、研究生为出国"深造"，与港澳华侨、外国人勾搭在一起，目的是想让他们提供出国条件，通过这种卑鄙途径使出国愿望如愿以偿。

三是在宣传口号的提法上把握不住给青少年带来的影响。宣传口号如果不慎重，容易给人们一种错觉，这种教训很多。例如，"高收入，高消费""拼命地工作、拼命地玩"，等等口号都值得商榷，这种情况并不符合我国的实际，不同程度上超越了我国现有经济水平，违背了勤俭节约、艰苦奋斗的优良传统，倘若类似的口号提得太多、分量过大，很难避免引起误解，给青少年带来不利影响。一部分青少年觉得自己劳动太累、收入太少、生活太苦，认为"理想是空的，钱才是最实惠的"，相信"金钱万能"、崇奉"拜金主义"，只讲"实惠"，不讲贡献；只讲需要，不讲可能；"吃要营养、穿要漂亮、用要高档、住要宽敞"，忘记了我国国情和忘记了艰苦奋斗的优良传统和作风，更有少数青少年正路不走走邪路，不是劳动合法致富，而是通过盗窃、诈骗、抢劫、卖淫等非法途径来赚取钱财。

（三）影剧、音乐茶座、舞会等问题

影剧院、文化宫、滑冰场、舞会等各种文化体育娱乐场所，丰富和活跃了青少年业余文化生活，对青少年具有强大的吸引力，但是这方面的问题确实不少，试以舞会为例加以说明：

有些舞会管理不严，甚至放任自流。学校、工厂、机关、团体举办文化娱乐性舞会必须从严掌握，认真组织，加强引导，严格管理。但是，有些舞会人员混乱，舞姿和音乐不健康，秩序很乱，违法犯罪分子迷恋这种舞会，利用这块合法阵地干起罪恶勾当，许多幼稚青少年在那里被腐蚀和毒害，不少女青少年在那里被引诱和侮辱。有些单位仅注意从舞会举办中获取经济利益，丝毫不重视舞会实际上已成为青少年违法犯罪的高发点。

家庭舞会乌烟瘴气，被犯罪分子所利用。在社会上各种舞会从严掌握时,家庭舞会应运而生,且有增多的趋势。对家庭舞会需作认真分析,其中有些是健康文明的,有些则被流氓犯罪分子所利用。近几年来,经常发现一些流氓犯罪分子开家庭舞会,跳黑灯舞、贴面舞、裸体舞,有些是男女流氓犯罪分子在一起鬼混,有些是将无知女青年带来,以跳舞为名,行污辱、奸淫之目的。如果是高干子女卷入进去,那么这种舞会更是乌烟瘴气、不堪入目,流氓犯罪活动达到了登峰造极的地步。他们往往利用自己特殊的地位和条件,组成"高档"流氓团伙,有的负责提供独特的居住条件和环境;有的驾驶小汽车负责接送;有的负责提供避孕药品;有的负责拍摄淫秽照片……这种"高档"流氓团伙利用家庭舞会奸淫玩弄女青年人数之多、手段之残忍,都是一般流氓犯罪所不及的。

针对目前舞会中存在的种种问题,我们认为舞会不能简单否定,但舞会的举办必须慎重,管理必须严格,舞姿和音乐必须文明健康,要让社会主义精神文明占领舞会这块阵地。

上述涉及的出版、宣传、舞会等问题之所以发生,很重要的原因是我们在具体工作的指导思想上发生了偏差和管理上出现了漏洞。影响社会精神生活既有我国内在的因素,也有资本主义社会外来的因素,是内外因素的综合反映。资本主义剥削思想意识常常是赤裸裸地唆使青少年违法犯罪的,秘密流传在社会阴暗角落里的淫秽书画、录音、录像制品以及黄色手抄本等,这些淫秽物品多数是海外流进的,也有一些是旧社会遗留下来的和国内犯罪分子制作的。

我们在调查中发现开放城市从海外流入淫秽物品的渠道主要有:

一是犯罪分子利用各种方式走私带入境内,流入国内非法市场出售。一般走私带入的淫秽物品数量较多,在社会上流传范围也广。

二是来华旅游观光、洽谈贸易的外商、港商将随身所带的淫秽物品丢在大饭店和宾馆里,或送给来访客人、服务员。据广州市市属宾馆统计,每年交易会清理外商留下有淫秽或不健康内容的书刊最少几百斤,多至上千斤。

三是一些驻华使、领馆和有关机构带进国内,流到社会上。

四是从境外邮件、包裹中夹寄进入。

五是我国远洋轮船和出国访问的文艺团体工作人员等违反规定私自带入国内。

六是少数出境探亲、留学、访问的人员或海外来华探亲访友的华侨、侨眷等夹带流入的。港客苏润年于 1983 年春节期间偷带一箱"春宫图"，共 500 本交给其在广州的"推销员"谭瑞荣（男,27 岁,广州港务局工人）贩卖时被我们破获。

七是一些外轮海员在国内港口靠岸卸货过程中,将其送给个别思想不健康的工人或随意抛扔的。这在许多大港口时有发生。

八是少数有录像设备的单位和职工,擅自翻录走私进口的淫秽录像,或者有些流氓犯罪分子翻拍扩散的。去年 6 月,广东省初步查了一下,录像放映点有 7000 多个,其中有 700 多个不仅放映武打片,而且放过淫秽片,有的县有录像放映点 100 多个,一个县城就有几十个。

如此等等,当然远不止这些。回顾近几年来对淫秽物品的查禁、收缴。有关部门做了大量工作,成绩有目共睹。国务院专门在 1985 年 4 月 17 日作出关于严禁淫秽物品的规定,"严打"又大大推动了这项工作的深入,据广东省统计,他们在加强录像放映管理过程中,取缔了 660 个违法放映点,收缴了 3782 盒淫秽录像带,查处了 804 名犯罪分子（其中逮捕判刑 294 人,送劳教 510 人）破获了 3 宗走私、贩卖进口录像带（其中有淫秽录像带）的大案。现在存在的问题是各地区、各单位工作不平衡;声势不大,时紧时松,处理不严;缺乏一鼓作气、连续作战的精神;面上抓得多,隐蔽的角落挖得少;查禁和收缴工作实际上存在不少问题,使得淫秽物品禁而不止,缴而不绝。

青少年犯罪同社会环境结构中精神生活状态密切相关,西方社会在比较丰富繁荣的物质外壳下,之所以存在严重的青少年犯罪不断上升的发展趋势,根本原因就是资本主义制度国家精神腐朽没落,物质上去了,犯罪也跟上去了,青少年在这样一种恶劣的社会环境下成长,岂能不去犯罪? 从我国青少年犯罪的众多案例中,我们觉得现在开放城市物质文明建设大踏步上去了,精神文明建设的问题更为突出和紧迫了,预防和减少开放城市青少年犯罪,需要大力加强那里的社会主义精神文明建设,这不仅是指对淫秽物品的查禁和收缴,还包括更深刻一层含义,那就是胡耀邦同志说过的:"我们一切共产党员和革命的文艺工作者,不要忘记引导群众前进的责任。只要我们坚持积极引导,正面的积极的东西多起来了,消极的东西就会逐渐少下去"[1],只有大力加强社会主义精神文明建设,向青少年提供足够的健康文明

---

[1]　中共中央文献编辑委员会编著:《胡耀邦文选》,人民出版社 2015 年版,第 597 页。

的精神食粮,才可能预防和减少青少年犯罪。因此,处理好有关精神产品的社会效果和经济效益的矛盾,使我们的精神产品始终以社会效果为唯一准则,源源不断地推出有利于青少年健康成长的精神食粮,这是预防和治理青少年犯罪的当务之急。

四、 新社会环境结构对青少年犯罪防范和侦破提出了新要求

一场新技术革命的潮流正在席卷全球,我国在对外开放,从事社会主义现代化建设过程中已经感受到新技术革命的巨大冲击,这种现实的冲击不仅反映到经济、科学技术方面,也反映到社会生活的各个方面,目前开放城市的青少年犯罪当然毫无例外地受到新技术革命的影响,使青少年犯罪出现了一些新的特征:

首先,原来那种特定历史条件下产生的文盲、法盲加流氓的犯罪将会减少,而那些有一定科学文化知识,掌握一些法律知识的犯罪将会增多。科技发展推动和促进了全社会科学文化的提高,人们的科学文化水平必然会随着时代的进步而提高,具有高层次文化的罪犯必然会相应增多,另外,科技发展必将大大推动社会防范和侦破犯罪水平的提高。青少年罪犯的犯罪观念和犯罪意识也会随之改变,有意或无意地去掌握一些实施某种犯罪所必须具有的科学文化知识,例如,罪犯为了在某些重要场所进行犯罪,必须掌握拆除报警装置方面的知识;为了撬开保险柜必须了解保险柜的原理;为了在远距离操纵指挥犯罪必须具有通信设备并具备掌握使用它的技能;为了劫机劫船必须了解飞机、船只的性能、结构、基本操作原理和航空航海资料;为了逃避惩罚必须了解一些侦破原理和知识;为了能被捕后减轻处罚必须了解一些为自己辩解的法律知识。

其次,传统的犯罪形态将会有所变化,依靠一定犯罪技能的犯罪新形态将会出现。新中国成立后基本绝迹的丑恶现象又有出现,如卖淫、吸毒、绑架人质等各地时有发生,如果从犯罪与科学技术发展的关系来看,随着科学技术发展的同时,也产生了一些新的犯罪形态,例如,随着航空、航海,公路建设的发展,飞机、船舶、汽车、摩托车等愈来愈多,劫机、劫船、盗窃汽车和摩托车的案件出现了,随着信用卡、电子计算机的问世,利用信用卡、电子计算机进行犯罪也是不可避免的;……可以相信,伴随新技术革命的发展,犯罪新形态将会不断问世。

第三，传统的犯罪手段方法不断翻新，犯罪手段方法逐步趋向于技术化、智慧化、冒险化和综合化。犯罪手段方法的技术化，是指罪犯通过现代化的交通工具、通讯设备和比较科学的技术和工具实施犯罪；犯罪手段方法的智慧化，是指罪犯在实施犯罪过程中主要不是凭借体力，而是凭借智力，从事涂改文件、冒领支票、侵犯版权、诈骗等犯罪行为；犯罪手段方法的冒险化，是指罪犯往往不是局限于一般常规手段方法，而是采取抢劫银行、劫持飞机，爆炸绑架幼童等冒险活动；犯罪手段方法的综合化，是指罪犯在实施犯罪过程中，不拘于某一手段方法，而是多种手段方法同时并用，有本国的，也有吸收外国的，有古代的，也有现代的。总之，犯罪手段方法的采用受科学技术发展的制约，科学水平提高后，犯罪手段方法将会发生相应的变化，而这种变化往往既与罪犯个人也与整个社会科学技术、文化水平的提高有直接关系。

科学技术作为人类智慧的产物，本身不是也不可能是邪恶的力量，但是在特定的条件下，它却被邪恶力量所利用，犯罪分子为了达到他们的罪恶目的，就有可能运用科技手段去从事反社会的行为。因此，对科技成果的社会运用进行必要的道德监督和法律控制是完全必要的。

科技成果被一些犯罪分子所运用，使犯罪出现一些新特征是很自然的，关键在于我们对这个问题采取什么样的态度和对策，也就是在于开放城市的犯罪防范和侦破与新形势下犯罪新特征是有一定差距的，这种差距表现在很多方面：

一是对新科技革命与犯罪发展变化和防范、侦破的规律研究不够。新技术革命对犯罪产生的影响是新形势下社会治安面临的新问题，这种影响有些容易被人们觉察出来，思想上会有重视，有些不易觉察出来，因此，往往放松了对犯罪新手段、新类型的应有警惕，也就没有充分运用新科技革命成果来防范和侦破犯罪。

二是侦察人员知识结构不能适应犯罪的变化。犯罪新特征对侦察人员素质提出了更高要求，长期以来，我们对侦察人员的挑选强调政治素质多、强调体力多；强调科学文化知识少；侦察人员在工作中只注意使用，忽视了培养提高，从现有侦察人员队伍来看，有些侦察员的文化水平只有初中程度，办案单纯凭时间，凭人数，凭经验，凡犯罪涉及一些科学知识方面的问题则束手无策，如果说过去这种侦察员尚能应付的话，那么现在社会变化了，犯罪也不同以往任何时候,这些侦察人员的知识结构如不能有较大的提高是绝对不行的。

三是刑事技术力量比较单薄和落后。诸如刑事照相、痕迹检验、文书检验、司法弹道检验、法医检验、指纹登记、外貌识别等还沿袭二三十年前的那一套,很少有发展,尤其在广大农村和内地。在现阶段侦破能否准确及时,很大程度上取决于刑事技术。刑事技术力量能否有大的提高既需要提供大量的经费,也与我国现有的科技水平有关。但有些同志在刑事侦察中注重人的因素,轻视刑事技术力量的作用,也是造成目前刑事技术力量比较单薄和落后的重要原因之一。

四是缺乏一支相应的侦破机动队伍和现代化的装备。社会治安错综复杂,特别是当今犯罪突发性强、案情发展快、涉及范围大、技术性强,而且常常会出现国外恐怖分子、黑社会分子从事犯罪活动的情况,针对新时期犯罪的特点必须配备一支有现代化装备的侦破机动队伍,但现在这样一支队伍在许多城市尚未建立,已经建立的队伍也面临着经费、技术、装备等方面的困难,因此,对某些恶性犯罪难以做到"召之即来,来之能战,战之必胜"。

从以上差距分析中可以看出,在新社会环境结构中,社会防范和侦破犯罪的现状和对策已经难以适应目前青少年犯罪的新特征,开放城市社会治安中的这一新矛盾将会随着科学技术的发展愈来愈突出地反映出来。虽然"严打"取得了辉煌成绩,但犯罪仍在起伏波动,很不稳定;大案、恶性案件有所增加,很难制止在预谋阶段,破案率不能令人满意,许多案件久侦未破,仍有犯罪分子逍遥法外;……类似问题的产生固然与众多因素有关,但不能说与我们没有针对新技术革命特点及对社会治安所产生的影响及时调整对策无关。我们在着手制定和实施开放城市青少年犯罪的防范和侦破对策中要能够充分考虑新技术革命特点以及对犯罪的影响,发挥新技术革命在防治犯罪中的积极作用。

我们从上述四个方面揭示了开放城市社会环境结构的变化及其与青少年犯罪之间的内在联系。社会环境结构是一种动态结构,伴随着社会的发展而不断发展变化着,从整体上讲,新社会环境结构是一种进步,因为它符合社会发展规律和趋势,能激发我国经济活力,促进生产力发展,是我国社会主义现代化建设的必由之路。我们一方面不能因青少年犯罪方面出现一些新情况,就全盘否定新社会环境结构,就对开放搞活和改革产生怀疑和动摇。另一方面也要看到开放、搞活和变革后，社会环境结构变化后确实也存在着某些消极的成分和因素，起着毒害青少年、诱发青少年犯罪的恶劣作用。

开放、搞活和改革作为一项复杂的社会实践，又是在国内无先例可循，也不能照抄书本、照搬外国模式，只能在实践中不断地艰巨地探索着，这就出现了开放城市社会环境结构在发生急剧变化，但我们对社会治安管理中许多方面仍旧在采用旧体制、旧方法，用它们来解决社会治安中的新情况、新问题；即使是已经确立的新体制、新方法，也还需要不断总结和提高，并在更大范围内推广，这就难免造成对青少年管理教育工作中的一些差错，类似的问题和矛盾虽然是客观存在的，有些还比较严重，但它可以在改革过程中逐步加以解决。改革的实质就是社会主义制度的自我完善和发展，随着改革的不断深入，我们对开放城市的治安管理和对青少年的管理教育等工作将会有新的起色，就会出现一个更加有利于青少年健康成长的崭新的社会环境结构，青少年犯罪的诱因将会大大减少，青少年犯罪将被最大限度地抑止在一个极低的水平上。

中国青少年犯罪的发展变化与防治 *

　　青少年犯罪是当今世界各国普遍存在的社会问题,其严重性和社会的关切程度在各国是不相同的,在我国,不同时期、不同地区也有很大的差别,总体上说,情况是从 60 年代后期逐步严重起来的,近年来成为我国社会治安中一个较突出的问题,从而引起了我国各级政府和社会各界的重视,许多学者和实际工作者做了广泛的、多侧面的研究,取得了不少新成果。考虑到当今世界各国对"青少年犯罪"这一概念的理解具有差异性,因此,有必要先把我国关于"青少年犯罪"的概念含义明确一下。

　　《中华人民共和国刑法》第 10 条规定了我国犯罪的概念,这是在中国确定什么样的行为是犯罪的总标准。接着《刑法》又在第 14 条对刑事责任年龄作了规定,根据这一规定,"不满 14 岁的未成年人不负刑事责任,已满 14 岁不满 16 岁的人,犯杀人、重伤、抢劫、放火、惯窃罪或其他严重破坏社会秩序罪,应当负刑事责任,已满 14 岁不满 18 岁的人犯罪,应当从轻或减轻处罚。"在这些条文中,我国刑法没有用"青少年犯罪"概念,但上述规定严格界定了刑法上未成年人犯罪的行为标准和年龄界限,我国刑事司法实践都是遵循刑法的上述规定执行的,这是我国刑法提供的"未成年人犯罪"概念,可以称之为狭义的"青少年犯罪"概念。

　　为了探究青少年犯罪的发生机制和发生前后的变化规律,以及为查明原因,寻求预防治理对策等,刑事法学家与犯罪学家显然不能把自己局限于《刑法》规定追究刑事责任的那部分青少年犯罪行为上,而需要把视野扩大到青少年危害社会的全部行为。具体地说,这就是在年龄上还要研究刑法上未达到刑事责任年龄的人实施的危害社会行为,以及那些已满 18 岁但在生理、心理特点和行为特征上仍具有幼稚、不成熟性的这部分青年人的犯罪行为;在行为上,不仅要研究犯罪行为,还要研究青少年与犯罪有关的一些危害行为,其中包括青少年犯罪前过程表现,以及与犯罪行为有内在联系的

　　* 撰写于 1988 年 2 月,发表于日本成文堂出版社。

青少年不良品行、习惯、不轨活动、违法行为等等。从而出现了我国刑事法学和犯罪学研究中常用的广义的"青少年犯罪"概念，其内涵和外延均比《刑法》规定的大。在我国的学术论著和调查研究报告、统计中，"青少年犯罪"一词多数均指广义的含义，即指 25 岁以下的青少年的犯罪行为和违法行为。我们认为，这对于全面、科学地研究青少年犯罪的发生、发展变化规律，寻求切实有效的治理对策，教育挽救更多的青少年，促进科学和社会的进步都是有意义的，本文所论述的也是广义的青少年犯罪的情况和动向。

一、 我国青少年犯罪在刑事犯罪中的不同时期变化

犯罪是社会历史现象，各个国家由于政治制度、经济发展、文化道德传统、社会结构、民情风俗、社会控制能力、司法制度等不同，犯罪的状况和变化也是不相同的。我国刑事犯罪的变化当然是与我国社会政治经济的发展变革分不开的。青少年犯罪是刑事犯罪的组成部分，其发展变化在我国虽然是与刑事犯罪的发展变化总趋势一致的，但是，由于其主体的特殊性，他们对社会政治经济变革具有某种切身的利害关系和特殊敏感的反应联系，因而表现出既不同于世界上其他国家，也不同于我国刑事犯罪变化的发展特点。下面从我国新中国成立以来刑事犯罪发展变化所经历的三个阶段看我国青少年犯罪在不同时期的变化。

第一个阶段从新中国成立到"文化大革命"开始（1949—1965 年），这是世界上许多国家犯罪和青少年犯罪大幅度上升的时期，而在我国是刑事犯罪在起伏中大幅度下降的时期。新中国成立初，由于历年战乱、经济破坏、盗匪横行，社会秩序十分混乱，当时刑事案件发生率比较高，据统计，1950 年全国发生刑事案件 51 万余起，按当时我国人口 5.5 亿计算，发案率约为 9.3‰。但是随着我国社会改革和社会经济建设迅速恢复发展，社会秩序逐步稳定，刑事案件也随之大量减少，仅仅 3 年时间，即到 1952 年，我国刑事犯罪发案数就下降到 24 万余起，比 1950 年下降 53％，按当时全国人口计算，犯罪发生率为4.2‰，下降幅度比较大。以后由于国内外斗争形势的影响，发案数有升有降，但除少数年份外，直到 1965 年均保持稳定下降的态势，最好的一年全国发生刑事犯罪为 18 万起，按当年全国人口平均发案率为 2.8‰。

随着刑事犯罪发案数的大量减少，这一时期的青少年犯罪也相应减少，从新中国成立初十余万人次，下降到几万人次，使我国成为世界上青少年犯

罪发生率最低的国家之一。但是,在我国刑事犯罪和青少年犯罪大幅度下降的这个时期,青少年犯罪在整个刑事犯罪中发生了一些当时我们没有充分注意的变化:第一,青少年犯罪下降的幅度小于刑事犯罪下降的幅度。17年中,整个刑事犯罪下降幅度超过 50%,而青少年犯罪下降幅度大大低于50%,从而导致青少年犯罪在整个刑事犯罪中的比例从 50 年代的 20%,上升到 60 年代上半叶的 30%以上,使青少年犯罪对社会治安的影响增加;第二,与刑事犯罪比较稳定的下降不同,青少年犯罪具有较大的跳跃起伏性,例如在我国经济困难时期,青少年犯罪明显增加,而在学雷锋、学王杰时期,青少年犯罪大量减少。上述情况反映出我国青少年犯罪的特殊规律性和这一时期中值得注意的发展动向。

　　第二个阶段是从"文化大革命"开始的 10 年(1966—1976 年),这是我国刑事犯罪大幅度回升的 10 年。历史的发展有时确实是令人难以预料,我国延续 17 年保持的社会稳定和刑事犯罪发案数大幅度下降的形势,竟从 1966 年"文化大革命"开始出现了不良的转折。这当然不是巧合,也不是人们主观臆想的,其中包含着我国人民付出沉重的代价得到的教训。这一时期由于国家最高领导的错误决策所带来的政治动乱,及在政治、经济、文化、教育、道德、法制等等方面造成的破坏、混乱,直接导致刑事案件的增加。尽管当时公、检、法机关受到冲击和破坏,缺乏可靠的统计,但根据若干省市的典型调查证明,"文化大革命"开始后,刑事犯罪的持续上升是有充分材料根据的,如江苏省 1965 年发生刑事案件 9000 余起,1966 年就超过 10000 起,1976 年达到 17000 多起,"文革"十年刑事犯罪发生数平均以 7%的速度增加。上海在"文革"中刑事犯罪的上升幅度还要大,1965 年上海全市发生刑事案件共 3479 起,1966 年上升到 4357 起,"文革"头一年就上升 25.2%。从1966 年开始,上海除个别年度略有下降外,到 1976 年全市发生刑事犯罪已达 17585 起,平均每年增加 30%。从全国来说,据不完全统计,"文革"十年刑事犯罪增加一倍多,发案数已回升到新中国成立初五十余万起。

　　这一时期青少年犯罪发展趋势也是与刑事犯罪一致的,但是上升的势头较一般刑事犯罪更突出。通过对典型调查材料的分析看出,"文革"中刑事犯罪增加一倍多,其中 25 岁以下的青少年犯罪增加幅度很大,其上升速度大大超过一般刑事犯罪。据北京,上海、天津、沈阳、福州、郑州六大城市调查,1965 年六大城市青少年犯罪率为 1.99‰,到了 1979 年,同样是这六个城市,青少年犯罪率为20.6‰,与1965年比上升了18.61‰,青少年犯罪的绝对数除去人口增加因素,增加8.6倍。因此,可以说,"文革"十年刑事犯罪的增加,实质上是青少年犯罪的增加。这一时期青少年犯罪的绝对数上升,在整个刑事犯罪中的比例也同步大幅度上升,从五六十年代的20%—30%,很快上升到50%—60%,对社会治安带来了严重的危害后果,青少年犯罪问题的严重性正是在这一时期开始显露出来,引起了社会上的重视。

第三阶段,从1976年粉碎"四人帮"开始到现在,这是我国社会不平凡的年代,在社会治安上也出现了比较复杂的变化。粉碎"四人帮"以后,民心称快,我国历史进入了一个新时期,政治大动乱停止是这一时期开始的最主要变化。经历十年动乱的人们渴求安定团结,这时尽管物资紧缺,公、检、法机关工作尚处在刚刚恢复时期,但刑事犯罪却在持续十年上升的情况下,1977年和1978年上半年均出现令人宽慰的下降。可是,"文革"破坏带来的苦果毕竟是要我国社会承担的,1978年下半年开始,因"文革"破坏而生产停滞,经济困难,人民贫困,青少年大量待业等问题对社会带来了冲击,"文革"中拉帮结伙,"打砸抢"流毒给青少年思想和行为规范带来消极破坏性影响,导致刑事犯罪再度上升,加上我国历史转折时期带来的新情况,出现了我国历史上迄今为止刑事犯罪发生数最高的几年。1979年到1981年,我国平均每年发生刑事案件80万起左右,绝对数大大超过了新中国成立初,发案率由于我国人口的增长,仍低于新中国成立初,保持在7‰左右。

中国共产党十一届三中全会以极大的革命勇气拨乱反正,把各项工作纳入以社会主义四个现代化建设为中心的轨道上来,党的十二次代表大会又提出实行改革,对外开放,对内搞活经济的战略方针,从上到下,从农村到城市都出现生机勃勃、发展振兴的局面,党和政府一手抓建设,一手抓法制,从根本上治理刑事犯罪。经过几年的努力,动员整个社会加强综合治理,同时依法打击严重的刑事犯罪分子,逐步扭转了刑事犯罪跳跃性上升的趋势,并向下降过渡。1982年开始,在新的形势下出现比较明显的下降,全年发案数为74万起,比1981年下降16%,1983年与1984年进一步下降,到1986年发案数为54万余起,实现了社会治安的好转和稳定。从而形成了1976—1986年这一时期我国刑事犯罪经过大起伏后趋向稳定的特点。

1982年起青少年犯罪也有较大幅度下降,但绝对数仍比第一、二阶段多,一直成为我国社会治安的突出问题。青少年犯罪在整个刑事犯罪中的比例也仍然保持在 60%—70%,农村中青少年犯罪占的比例要比城市低一些。青少年犯罪率也高于全国刑事犯罪发生率,据统计,按全国人口计算,1983 年以来我国刑事犯罪发生率一直稳定在 5‰左右,而按同龄人口计算,1983 年以来青少年犯罪率大致是 12‰左右。青少年犯罪表现出起伏大,上升快,下降慢、治理难的规律性,而且,类型多样化,性质更趋严重,手段也发生一些危险的变化,出现了与世界上其他国家一些共同的特点和趋势。

综观我国 38 年来刑事犯罪的发展变化,经历了一条下降、回升、再下降的特殊曲折道路,发案数在人口成倍增加的情况下基本上保持新中国成立初水平,而青少年犯罪则出现绝对数、在整个刑事犯罪中占的比例数、按同龄人口计算的发案率等方面均有上升的形势,并且出现了一些值得研究的新特点。

二、 当前中国青少年犯罪的动向和特点

当前,青少年犯罪作为我国刑事犯罪的主要组成部分,总体上是得到控制的,从 1983 年开始,连续 5 年均保持在近年来较低的水平上,社会治安持续稳定,人民群众有安全感。但是,我国当前社会正处在一个新的转折、振兴的新时期,改革、开放、搞活的新方针的贯彻实施,使社会生活不断出现新的情况、新的格局、新的观念,这不可能不对青少年犯罪产生影响,从而给我国青少年犯罪带来一些新变化、新特点。

(一) 数量变化特点:不够稳定,影响青少年犯罪案件增加的潜伏因素比较多

1982 年来,我国青少年犯罪下降幅度是比较大的,6 年中,绝对数下降 29%。但是,第一,这种下降是有特殊条件的。首先,近年的下降是在 1979—1981 年我国刑事犯罪发案数比较高的基点上开始的,由于比较切实地解决"文革"造成的混乱,因此收效比较明显,随着"文革"带来的混乱基本上得到纠正以后,这种大幅度下降的效应就很难继续了。其次,我们在社会治安实行综合治理中,对依法惩处、打击严重犯罪分子比较重视和落实,因此,震慑犯罪的作用大于消除犯罪诱发因素的作用。再次,我国青少年犯罪的社会防卫机制还处在探索时期,虽有许多好经验,但主要靠行政措施,缺乏法律的保证和工作的长期延续性。这些特殊因素就使近年的下降还缺乏长期稳定的基础。第二,影响青少年犯罪案件增加的潜在因素比较多,例如,物质诱惑力增加,拜金主义思想抬头;淫秽、凶杀的录像、图片、书刊、小报等传播;

待业职工、辍学学生增多;人、财、物大范围流动,管理上出现许多新的漏洞;离婚纠纷和离婚家庭增多,使这部分家庭的子女教育受到严重干扰和影响;沿海城市和开放地区,国外犯罪渗透也有所增加,这些因素在短期内不仅尚难控制和改变,而且有些因素的影响可能还要增加。第三,我国社会上还存在一批可能实施犯罪或可能实施再犯罪的不稳定分子,这是一支需要警惕、防范的力量。据我们典型调查了解,这支队伍的数量要超过现在实施犯罪人数的 3 至 5 倍,甚至更多。这些人教育、帮助得好可能不走上犯罪道路,稍有疏忽就能发展到犯罪的道路上去,而在当前的社会教育、防卫条件下,总有一部分是会堕落成为罪犯的。上述三方面的情况决定了我国近期青少年犯罪的数量变化趋势不可能长期维持下降的势态,甚至要求稳定在这几年的水平上也是很艰巨的。

当前犯罪的实际情况已经表现出复杂的起伏不定的特点,一是在依法严厉打击严重刑事犯罪的进程中,就出现过刑事犯罪案件的数量回升,二是一般刑事案件下降,重大案件上升,三是大多数类型犯罪减少,严重盗窃和性犯罪增加,四是全国发案数减少,有些地区发案数明显增加。根据实际与理论的分析,可以预计这一不稳定特点在近年内仍难根本改变,我们认为青少年犯罪在我国是一个长期、复杂的问题,要有青少年犯罪发生数可能在不稳定的变动中上升的预见和思想准备。

(二) 行为特点:预谋增多,运用智能,使犯罪趋向危险、严重

青少年犯罪的状况有量的表现,也有质的表现。近年来,我们不仅注意研究了青少年犯罪的数量变化规律及其特点,特别加强了在社会变革时期青少年犯罪性质、手段严重程度变化的研究。从历史上看,我国青少年犯罪基本上都是临时起意、顺手牵羊、小偷小摸、殴斗伤害等轻微犯罪,抢劫、重大伤害、强奸妇女等犯罪较少,杀人等严重犯罪更属少见。70 年代开始,青少年重大伤害、抢劫、杀人案件有所增多。进入 80 年代以来,青少年在暴力犯罪、重大盗窃、强奸妇女等严重犯罪中比例逐步上升。据某省对新中国成立后青少年抢劫罪调查,50 年代占该省整个刑事犯罪总数的 1.25%,八十年代就上升为 5.88%。当前青少年犯罪行为特点突出表现在:

1. 预谋策划增加。有的十四五岁的未成年人盗窃作案,竟预先商量“作战(案)方案”,制定“行动路线”,决定作案被发现时的“撤退计划”,甚至提出几套“方案”进行比较。江苏省破获三个青少年抢劫银行的罪犯,其中 2 名

20 岁刚出头,1 名 17 岁,为了抢劫银行而纠合在一起,从北向南行程数千里,比较了不同城市银行的布局和作案条件,最后选定江苏省某市的一个银行,实地察看、观测 3 天,然后准备好交通工具、分工动手,确实是精心策划。破案后,出谋划策者却是年龄最小的一个。审讯中他说,作案的方法都是从外国影视中看到的,他能讲出有关影视的片名及其中他学习模仿的某一段情节,这些影视成了培训他们预谋策划、实施犯罪的教材。我们调查研究证明,近年来各种类型的青少年犯罪中,预谋策划的案件逐年有所增多,在重大案件中增加特别明显。

2. 犯罪手段智能化。当前,青少年犯罪愈来愈多地利用科学技术知识和智能,在青少年抢劫案件中,动用轿车、摩托车等较现代化的交通工具和利用枪支的案件逐年上升。沿海开放城市中有的青少年犯罪分子把学习驾车、射击技术、获取车辆、武器,作为实施重大犯罪的前提条件。还出现使用现代通讯联络手段、化学毒物、麻醉剂、电气设备、摄影器材以及伪造、假冒、诈骗等手段的。有一个未考取大学的高中毕业生甚至为作案而学习法律和侦察学,目的是作案时知道湮灭罪迹、逃避惩罚,万一案发可以为自己进行辩护、开脱罪责,这些都是青少年犯罪手段向智能化发展的突出事例。

3. 青少年犯罪结伙和隐蔽程度提高。1983 年以来,我们连续 3 年依法打击严重的刑事犯罪分子,其中揭露和惩处了一批犯罪团伙分子,对青少年犯罪团伙起了震慑和抑止作用。但是,1986 年后又有回升,新形成的青少年犯罪团伙,有些已不同于 70 年代末 80 年代初那种组织松散、活动公开或半公开、主要从事寻衅闹事的团伙,他们吸取受打击团伙的教训,使团伙组织趋于严密,活动趋向隐蔽,具有我国封建帮会和现代国外黑社会组织的一些特点,从事较严重的犯罪活动。沿海地区已发现国外和港澳黑社会组织直接向我国渗透,引起了我国有关方面的警惕。

青少年犯罪不再都是简单、幼稚的,出现了预谋策划、利用科学技术智能、组织结伙等成人化的新特点,是与现代科学技术发达、现代化大众传播工具普及分不开的。电影、电视、录像等等现代化手段,使青少年接触社会的年龄提前,接触面扩大,他们通过影视录像知道大量罪犯怎样作案和警察如何破案的知识,其中有些知识在过去属专业人员的专门知识,连一般成年人都不易了解到。现在通过形象的艺术反映,使一般青少年都了解。由于青少年好奇、敏感,他们对这些内容特别感兴趣,看得细,记得牢,有时还津津乐道。因此,当有些青少年受了不良引诱走向犯罪以后,他们就能自觉地利用过去通过多渠道吸收和积累的有关学识,来创造条件实施犯罪,并且千方百计地学习影视中那样为逃避侦查、审判而不择手段。为此,如何防止这一动向的发展是我们面临的新课题。

(三)成员结构特点:青少年犯罪中,小年龄犯罪和女性犯罪增加

青少年犯罪中小年龄的犯罪人数有所增多,据统计,1984 年未满 16 岁的少年犯比 1983 年增加 2.4％,1985 年又比 1984 年增加。未成年人犯罪在青少年犯罪总数中比重也有所上升,1983 年全国未满 18 岁的作案成员占青少年作案成员总数的 26.9％,1984 年上升为 32.3％,1985 年达 33.4％。我国不少学者在调查研究中发现,青少年犯罪平均年龄下降,始犯年龄和高峰年龄提前。一些少年犯管教所和工读学校的统计指出,这几年小年龄违法犯罪分子增加,使少年犯的平均年龄下降,高峰年龄提前 1—2 岁,未成年犯中不少人是在十一二岁开始作案的,个别的始犯年龄在九岁、十岁,这是值得关注和令人担心的。

在青少年犯罪成员结构中,女青少年犯罪增加也是一个比较突出的问题。我国受封建传统影响比较深,妇女性格均较内向、软弱,过去女青少年犯罪数量极少,近年来女青少年犯罪的绝对数和在整个刑事犯罪中的比重数都在增加。1983 年前女青少年犯罪一般均占青少年犯罪总数的 10％,而 1985 年全国查获的青少年犯罪中,女青少年占 18.64％。上升的幅度比较大。这几年在流氓罪、性犯罪方面,女青少年增加尤为明显,青少年犯罪团伙中也有一定数量的女青少年参加,使犯罪团伙的腐蚀性、危害性增大。特别是过去一些女青少年绝少涉足的犯罪类型,如抢劫、严重伤害等,被认为是女青少年的体力或其他性格因素难适应的领域,有人称之为男性犯罪的王国,现在不仅有女青少年涉足,而且还有是由清一色女青少年或女青少年为主实施的。现在可以说,再没有什么犯罪领域没有女青少年涉足了,存在一种女性犯罪男性化的动向。

(四)犯罪类型特点:围绕着财、色两个字,集中在财产犯罪和性犯罪上,并更多趋向贪欲和综合多种类型犯罪发展

青少年犯罪在我国过去数量少,类型比较单一,有的是由于生活困难所迫进行小偷小摸,有的是顽皮殴斗、打架闹事,总体上没有明显的贪婪和物欲性质。随着我国对外开放、对内搞活经济,促进了我国生产、经济发展的

同时,在思想意识领域中,国内外一些消极、错误、腐朽的思想习惯也鱼目混珠、泥沙俱下,对我国社会产生冲击性影响,青少年由于阅历浅、简单幼稚,良莠难分,首当其害。此外,琳琅满目的商品和广告,西方生活方式和金钱、美女的诱惑,使有些青少年物质欲望恶性膨胀,他们脱离我国的经济发展水平和个人收支能力,露骨地追求超现实的物质享受和难以合法实现的高消费。结果见利忘义,知法犯法,有的宁可享受快活几天,甘冒被捕坐牢的危险。我们通过对服刑的青少年罪犯的调查了解,近年来青少年犯罪集中在财产经济犯罪和性犯罪两个主要类型上,这两类犯罪在青少年犯罪中遥遥领先,占全部青少年犯罪绝大多数。开放、搞活初期,在贪污、投机倒把、走私等案件中,青年犯罪分子为数很少,这几年也不断增加。青少年犯罪中物质经济观念比过去任何时期都强化了。现在盗窃、抢劫案件中,由于生活上、经济上困难而犯罪的为数极少,绝大多数都是为了吃喝玩乐、吸外烟、交女朋友、享乐挥霍而走上犯罪,具有明显的贪欲倾向。他们追求"生活西方化、吃用高档化,穿着豪华化,出入现代化",信奉"金钱至上""有钱就有一切",具有强烈的物质欲贪婪性。上海近几年破获多起由青少年专门到高级宾馆、饭店作案的巨额盗窃案件,罪犯盗窃金额不少都在万元以上,这些罪犯作案后无不大肆挥霍,有的带着女朋友出入宾馆酒家,包专车旅游,买进口照相机、高级裘皮大衣等等。有的邀集好友,遍尝名酒佳肴、赌博玩乐,往往几天后被捕获时就挥霍殆尽,身上所剩无几。

青少年犯罪的这种贪婪性也反映在性犯罪方面,前几年由于西方性解放、性自由的思想影响,青少年性犯罪增加较多,主要是受淫秽书刊、影视腐蚀,或男女互相玩弄,或实施某些性犯罪。这两年,女青少年性犯罪愈来愈带有贪求财物的图利色彩,而男青年性犯罪不少是以财物作诱饵来达到自己的犯罪目的。

青少年犯罪类型特点中还有一个值得注意的变化,就是不少青少年罪犯不止犯一种罪,他们为了掠取钱财一人犯多种罪。在青少年团伙中综合犯多种罪的趋势十分突出,偷盗、诈骗、抢劫、流氓、性犯罪什么都干,危害性特别严重。

三、 我国青少年犯罪的预防与治理对策

我国青少年犯罪的预防与治理对策,可以概括为四个字:"综合治理"。

这是根据我国的实际情况提出来的预防、治理青少年违法犯罪的理论和对策体系，是我们几十年来依靠群众、预防犯罪的经验总结和进一步发展。

我国青少年犯罪综合治理的实践和理论还在探索和完善之中，根据已有的体会，我们认为：青少年犯罪综合治理一定要抓住基本环节，形成一个严密、科学、有效的工作体系，使各项措施能得到稳定、协调、仔细的实施。否则，零散、无序的措施，虽能有部分效果，但人力、物力消耗大，事倍功半，不能取得理想效果。

青少年犯罪综合治理要动员社会各方面的力量，运用政治的、经济的、思想的、文化教育的、行政的、法律的多种手段，具体地说，要抓住五个基本环节：第一，基点是面向全体青少年和特定青少年的教育、帮助，从根本上防治青少年犯罪；第二，主动、积极地加强各项工作的管理，建立秩序，从客观上减少、消除违法犯罪的可能性；第三，要注意发现可能影响或导致青少年违法犯罪的各种问题，或工作管理上的漏洞，加以指导，及时解决和堵塞，亡羊补牢，未为晚也；第四，对已经发生的刑事案件，一定要及时侦察破案，揭露犯罪者，并依法给予惩处，决不能让犯罪分子逃避惩罚，逍遥法外。这对青少年犯罪有重要的警戒、预防作用。同时严厉打击那些罪行严重的犯罪分子和教唆青少年犯罪的分子，也是保护青少年健康成长的重要方面。对实施犯罪的青少年也要依法处置，既要保护教育，也不能放任纵容；第五，对于已经受到惩处、停止违法犯罪的青少年，一定要坚持教育、挽救、感化的方针，热情关怀，使他们改恶从善成为新人，并给出路，防止他们回到社会后重新犯罪。这五个环节贯穿、衔接起来，可以全面地带动综合治理的各项工作。教育、管理、防范、改造，一环扣一环，是逐步推进、深化的，体现着内在的层次连续性。

青少年犯罪综合治理的工作体系至少需要包括三个基本方面：一是要动员社会各方面的力量，组织一个各行各业与行政区划相结合的教育、防治网络，其中包括充分发挥家庭和政法机关在防治网络中的特殊作用，使这个网络具有严密性和群众性；二是要建立一个权威的、多功能的青少年犯罪综合治理的指挥中心。指挥中心起集中信息、研究动向、制定对策、指挥行动的作用，使综合治理网络成为一个活的、有生命的网络。没有指挥中心就等于人没有大脑，综合治理网只能是一个静态的、缺乏应变能力的网络，不能有效地对付处于经常变化中的青少年犯罪；三要制定保护青少年和预防、治理青少年违法犯罪的法律、法规，使综合治理系统化、法律化。我国各行各业各个方面在综合治理青少年犯罪的实际工作中创造了不少好的经验、措施、办法，但是，常常由于人员变更、领导不重视、碰到困难无人帮助解决、其他工作繁重等等原因，时松时紧，做做停停，损害了综合治理的效果。因此，理论工作者与实际工作者近几年不断提出，把综合治理的丰富经验条理化、规范化，形成若干有针对性的法律、法规，已成为当前一个很迫切的问题。有了综合治理的法规，就使缺乏约束力的好经验、好办法，变成国家用权力来保证其实施的行为规范和法律要求，使大家行为有了标准，工作有所依据，这会引起各行各业、人民群众、广大青少年自己对综合治理工作的重视，有助于明确各自的职责和应该遵循的规范，从而提高综合治理的效率和水平，保证综合治理工作的长期坚持和前后连贯，促进综合治理各项措施的落实。现在各省、市以通告、决定、管理办法、条例等各种形式制定和颁布了一些规范性文件，在实施中取得了良好的效果。上海市人民代表大会于1987年6月22日通过了《上海市青少年保护条例》，已经于去年10月1日正式实施，这是我国第一部综合性保护青少年的地方法规，从其规定内容的广泛性来说，也可以说是一部预防和综合治理青少年违法犯罪的法规。我们认为青少年犯罪综合治理工作体系的这三个方面缺一不可，网络是基础，指挥是关键，法律是保证，有了这三方面的结合，综合治理才能作长期、有效的工作，为青少年的健康成长和社会的安全作出贡献。

　　青少年犯罪综合治理的措施有宏观治理措施和微观治理措施。宏观治理措施是战略性的，着眼于全局、着眼于动向、着眼于预防。例如，研究青少年犯罪变化趋势、科学预测、健全社会管理制度、制定新的刑事政策、进行新的力量的训练和配备等等。这对于控制社会治安的全局，保证青少年犯罪总体的稳定或下降，避免大幅度上升、波动，以及发现重大危险征兆，提高总体反应能力具有重要的实际意义。微观治理措施是局部性措施，这是针对某一部门某一时期新出现的犯罪诱发因素，不良信息传播渠道，管理工作中的缺点、漏洞等，所采取的针对性极强的措施，微观措施要特别注意对影响青少年犯罪的因素变化作出敏感、快速的反应，以及时解决一些具体的实际问题。对有不良品德或犯罪危险的青少年进行重点教育、帮助，对个别有犯罪预谋或犯罪嫌疑分子进行监督、控制，是微观治理中的特殊措施。

　　我国当今青少年犯罪综合治理的主要措施有：

1. 提高家长的文化、教育素质，加强和改善青少年的家庭教育

（1）宣传家庭教育的重要性，多渠道、多形式地提高家庭教育的教育水平和文化素养

现代科学证明，少年儿童时期的教育，尤其是学龄前教育，对形成、塑造一个人未来的思想、性格、品德具有极其深刻的影响，而这个时期的教育，迄今为止在任何国家都还不是家长以外的任何人或机构所能代替的。在我国，违法犯罪青少年当中，有 65% 的人或多或少与家庭因素有关，我们通过广泛、经常的宣传，使整个社会和广大群众真正认识到加强和改善家庭教育对青少年健康成长，避免违法犯罪的重要意义。为了提高家庭教育水平，克服当前家庭教育中存在的各种问题，我们现在采取以下一些办法：

① 组织专家、学者编著各种家庭教育的科学著作、通俗读物、文章，向广大群众广泛介绍科学的家庭教育方法、家庭教育的成功经验，以及各种特殊青少年的教育原则和办法等。

② 建立家长学校、家庭教育讲座、家庭教育指导站、咨询站、家庭教育函授班等多种形式，给新婚夫妇举办婚后生活、育儿以及怎样做父母的专题讲座，给已有子女的家长举办青少年生理、心理特征，以及如何针对青少年成长规律进行教育的专题讲座，给教育子女有困难的家长举办有针对性的特殊讲座，对子女有违法犯罪活动的家长进行法律和如何对孩子进行转化工作的专题讲座，其中包括给个别家长提供帮助等等。上海现已有家长学校一千余所，实践证明这些办法是受家庭欢迎的，对家庭教育起着直接提高和改善的作用。

③ 开展家庭教育的经验交流，不断把群众自身创造的家庭教育好经验、好办法发掘出来，互相学习，提高整个社会的家庭教育水平。

（2）加强国家和社会对家庭教育的监督、管理和帮助

国家首先通过立法干预家庭教育，规定家长管教子女的责任和要求，给工厂、企业、单位对本部门职工的家庭教育以一定的监督、考察权，对违背管教责任、给社会或者青少年带来不良后果的家长予以制裁等。国家还通过各种渠道，为科学的家庭教育提供指导和帮助，其中包括对无人教养、无能教养，以及家庭教育发生特殊困难等问题，采用切实有效的社会措施，加以妥善解决。

社会团体、工矿企事业单位、街道都把对本部门、本辖区内的职工的子女教育问题，纳入自己的职能工作范围，负帮助指导、教育、监督的责任。各

行各业不仅关心本部门职工子女的经济生活、就学、就业等问题,还关心每个职工对子女的家庭教育情况,把职工对子女的教育、管理,列为对职工全面考核的内容之一。经验证明,社会各方面对家庭教育的关心和监督,可改善、提高家庭教育状况,既有利于青少年健康成长,又有助于预防和减少青少年犯罪。

（3）关注和解决家庭结构缺损对青少年教育的影响

家庭结构的缺损对子女教育有重大影响,例如父母双亡、有父无母、有母无父、父母离婚、父母再婚、父母双残、父母分居、父母远离、父母劳改、父母不和等等,这常常给家庭教育带来一些不利因素,使家庭教育不能正常进行,有的无法或无能进行。国家机关、社会团体、工作单位需要针对具体情况给予关怀,有时要出面调整关系,对双方进行教育;有时要对歧视、虐待子女以及放弃教育子女责任的父母进行批评或宣传;有的要采用具体办法解决实际问题。

2. 学校和有关单位加强青少年的教育和管理

学校是专司教育的机构,现在推行的九年义务教育制,使全体青少年都必须受到一定的学校教育,这就加重了学校在综合治理中的地位。国家向学校提出了培养德智体全面发展的人才要求,敦促学校克服重智育、轻德育、片面追求升学率等偏向,努力采取各种措施,为青少年健康成长打下较好的思想、道德、品质以及文化、科学知识的基础。学校改革课程设置,教书育人,同时开好政治思想课、道德课、纪律教育课、法制课,进行系统的反腐蚀教育,从小抓起,培育社会主义一代新人。

机关、工厂、企业、商店对青年职工加强管理和教育,制定必要的规章制度,切实执行并经常督促和检查,特别要坚持经常性的理想、职业道德和职业纪律教育。对偶尔失足的青年职工,提倡尽可能本单位消化,变消极因素为积极因素,不能推出了事,增加社会的压力和负担。

3. 净化、优化青少年成长的社会环境

青少年犯罪有自身的原因和责任,但年龄愈小,外在环境的影响作用愈大,因此,改善、净化、优化青少年成长的环境,尤其是社会环境,是我国青少年犯罪综合治理的一项经常性重要工作,我们主要抓三项工作:

（1）加强现代信息管理,控制不良信息传播渠道

现代化的信息技术使信息成为每一个人都可以取得的财富,可以享受

的权利。当代青少年能够接收到的信息数量愈来愈大,成为对青少年成长具有重大影响的社会环境因素,影响着青少年的爱好、情感、思想、观念和世界观,而我们目前对现代化的信息管理存在不少问题,有管理过死渠道不通畅的一面,也存在缺乏管理、放任自流的一面。从青少年犯罪综合治理的角度考察,不健康以及有害信息的管理和控制,是保证社会环境和社会良好风气的重要问题。一张黄色、怪诞的小报,一组情调低下的电视镜头,在一定条件下,能够使一名教师对不良青少年煞费苦心、耐心教育取得的一些进步很快付之流水。为此,我们的具体办法是:

① 对生产精神产品的部门加强教育与管理,使生产精神产品的广大干部和有关人员,充分考虑精神产品的社会效果,努力创作绚丽多姿的、健康的、促进社会进步的精神产品,制止生产不良、有害的精神产品,从源头方面注意净化社会环境。

② 对传递信息的现代化工具和主要渠道加强管理,研究和制定符合我国国情的审查标准、评审制度、出版发行范围的等级划分标准和管理办法等,不允许有毒化社会风气或腐蚀青少年思想的不良信息任意传播。

③ 坚决依法取缔黄色手抄本、淫书淫画、淫秽录像带等。对以营利为目的,大量制造、翻印、走私、贩卖淫秽物品来毒害青少年的犯罪分子,要追查到底,坚决惩办。

④ 对在青少年中有影响的电影、电视、戏剧、歌曲、小说等作品开展评论和介绍,提高青少年的识别水平和抵制有害影响的能力。

(2) 加强社会环境的管理

加强社会环境的管理是净化、优化环境的直接办法。通过环境管理,第一,可以直接控制、减少不良影响;第二,可以预防、减少犯罪和青少年犯罪;第三,可以直接减少或堵塞漏洞,不给犯罪分子制造实施犯罪的条件;第四,可以建立秩序,完善制度,使犯罪分子没有可乘之机;第五,可以了解社会动向,改进社会管理;第六,可以管理和控制犯罪危险分子、犯罪嫌疑分子,直接揭露犯罪人。我们从当前社会的实际出发,特别加强对各种公共场所、复杂场所的治安管理,防止偷盗、殴斗、赌博、酗酒闹事以及散布黄色毒素、实施有害社会风气的流氓行为或其他违法犯罪行为。

此外,我们通过法律和行政法规明确各行各业在保护和净化社会环境方面应该承担的责任,并要求各单位、各部门保证本辖区范围内的环境健康、安全,净化或优化部门内的微观环境。

（3）抵制国外不良影响

对外开放是我国长期执行的战略方针,在对外开放的形势下,国外的不良影响是客观存在、不可避免的。为了适应新的形势和现代科学技术发展的新情况,我们一方面加强管理,限制、控制国外不良影响对我国渗透的各种渠道,另一方面努力使青少年开阔眼界,正确了解全世界,通过比较和鉴别,能分清先进与落后、光明与腐朽、美丽与丑恶,自觉地抵制和批判落后、腐朽、丑恶的东西。

4. 加强人民调解和基层群众组织工作

人民调解制度是我国长期革命和建设实践中创造的处理大量民间纠纷的办法,这种办法符合中国历史传统,具有中国社会主义人道主义特色。人民调解委员会每年解决矛盾和纠纷数百万起,防止矛盾激化,避免这些矛盾逐步积累、扩大、激化,爆发重大刑事案件或不幸事故。据有关部门统计,从1981年到1985年6月,由于调解工作的成果,防止了三十六万余人次重大案件或其他不幸事故的发生,为社会和人民群众避免了许多损失,而上述纠纷的当事人大多是血气方刚、年少气盛的青少年。从近年的发展看,人民调解工作已经成为我国社会治安综合治理的重要组成部分,也是犯罪和青少年犯罪的一道重要防线。

在我国城乡普遍建立的居民委员会、治保委员会、调解委员会都是人民自己管理自己的群众组织,也是青少年犯罪综合治理的重要基础力量。这三个委员会对掌握情况,加强管理,堵塞漏洞,维持秩序,发现和制止违法犯罪分子,帮助和教育青少年,打击现行犯罪活动,以及落实基层治安保卫责任制,组织防范网络,能够发挥非常重要的作用。

5. 组织多种形式的帮教,挽救违法或有轻微犯罪行为的青少年

对有轻微犯罪行为和违法行为以及有违法犯罪征兆的青少年,由群众自愿义务组织帮教,是我国预防和治理青少年犯罪的重要措施。现在我国帮教工作有许多新发展,除原来的里弄、单位组织的帮教小组;学校、家庭、里弄、派出所等"几结合"的帮教;模范先进人物与后进青少年"结对子"帮教等外,新出现的有个体户负责帮教,帮生活上自立、帮技术上指导、帮思想上进步;有的帮教双方自愿签订合同"保帮保教";有的单位公开约法三章,招收犯过错误的青年,帮助其成为对"四化"有用的人才;有的工厂还有先进班

组集体帮教等等,效果都很好。

　　另外还有儿童教养院和妇女教养院,这都是由民政部门为主、公安机关配合管理的。儿童教养院收养、管教无人管教或家长无法管教的不满十四岁的违法犯罪少年儿童。妇女教养院收养、管教那些卖淫或犯性罪错、影响很坏、屡教不改的女青年。

　　再有就是工读学校与劳动教养,这对教育改造有轻微犯罪行为的青少年也是有效的措施。这是非刑事性质的处置方法,已成为我国综合治理青少年违法犯罪的成功经验之一。

　　工读学校是挽救有违法和轻微犯罪行为的学生的特殊教育机构,工读学校以"挽救孩子,造就人才,立足教育,科学管理"为指导思想。学生经过一、二年时间的学习,认识和改正错误以后,重新回到自己原来的学校,可升学,也可根据一定的条件参加工作。

　　劳动教养,也是我国长期实行的有效经验。它不是刑事处分,而是依法对罪行轻微、不予追究刑事责任的人,进行强制性教育改造的一种措施,劳动教养的期限为一年至三年,必要时得延长一年。劳动教养在管理方式、劳动条件和生活待遇上都与监狱不同。

　　6. 惩处和改造青少年罪犯

　　依法惩处已达到刑事责任年龄的青少年犯罪分子,是任何国家治理犯罪必不可少的手段。我们对青少年犯罪是惩处与教育保护相结合,一方面绝不能让青少年犯罪分子继续为非作歹,危害社会,另一方面,在青少年罪犯的审理、管教中贯彻教育、感化、改造的精神。1984 年,由上海市长宁区人民法院首先建立的"少年犯合议庭",就是在审判工作中通过向学校、家长和有关方面调查研究,了解少年犯的人格品行和犯罪原因等,作大量消除犯罪原因、促使罪犯认罪服罪、改过自新的教育工作,取得了良好的效果。现在我国许多地方法院都在学习这一经验,依法建立"少年犯合议庭"。少年犯管教所也不只是收管罪犯,而是积极参与对罪犯的综合治理,把工作延伸到犯罪预防和帮助刑满释放人员回到社会后能得到公平待遇,继续进步不再危害社会。

　　我国采取多种办法让家长、单位、社会各方面都配合公安、审判、劳改等部门,保护青少年的合法权益,帮助犯罪者认罪服罪,改过自新,成为新人。

　　国家规定各行各业、各个方面,对重新回到社会上来的失过足的青少年要热情关心，不歧视、不冷待、继续关心、考察、教育、帮助，及时解决升学、就业等问题，给出路、给前途。

7. 加强青少年犯罪的研究工作

在改革开放的新时期，我国政府十分关心和支持青少年犯罪的研究工作，已经形成大学、科研机构、实际工作部门三支队伍结合的研究体制。全国成立了中国青少年犯罪研究学会，大部分省市也相应建立了省、市一级的研究学会，还出版了一些专著和发表了数量可观的论文。学者、专家们收集整理各种信息资料、掌握动态，进行青少年犯罪的数量变化、类型变化、手段变化、侵害对象变化、罪犯思想动向变化等多方面研究和预测，总结、比较、探讨各种治理经验和新的对策，制定和选择各种治理方案等等，成为实际工作的科学顾问、领导部门的智囊，对提高青少年犯罪治理的科学水平和效率起着重要的作用。

我国青少年犯罪的预防和治理对策，是在我国的特定条件下形成的，上述的基本经验和措施在我国是行之有效的。当然在新的形势下，我们也不断碰到新的问题，还有待于进一步在探索中发展、完善。

青少年犯罪是当今世界性的社会问题，虽然各国社会制度不同，历史、文化传统不同，青少年犯罪的性质和发展变化趋势也不同。但是，在现代科学技术、交通、通讯高度发达的情况下，犯罪和青少年犯罪的情况、信息的传递、交流、相互影响是不可避免的，有的是直接渗透，还有的是跨国勾结、联络、合作，甚至形成国际性的恐怖集团、黑社会组织等。在这样的条件下，每个国家对青少年犯罪的情况记录、趋势研究，有效的预防措施和治理对策，对其他国家研究青少年犯罪的变化、今后出现某些情况的预测、全面地认识和把握青少年犯罪的本质和变化规律都是有价值的。科学是全世界人民的共同财富，各个国家对于青少年犯罪问题的研究成果，是可以互相学习，互相补充，互相借鉴的，这是达到全面、科学地认识青少年犯罪问题的必由之路。我们希望在青少年犯罪问题的研究方面能加强国家与国家之间的交流、合作，为科学的发展、社会的进步作出贡献。

立足现实预测我国青少年犯罪的发展[*]

历史的车轮滚滚向前,我们的周围正在发生着令人欣喜的变化,社会在进步,经济在发展,生活水平在提高……但青少年这一重要的群体中却有许多令我们感到担心的问题,其中更使人感到担忧的是,自从工业化发展以来,青少年在显示出其不可替代的重要性的同时,青少年犯罪问题也成了社会的顽症。尽管我们已经作了诸多努力,但青少年犯罪的预防和对策任务似乎变得越来越艰巨。

19世纪是资本主义的发展期,也是青少年犯罪的发展期,第二次世界大战作为资本主义世界社会矛盾激化的结果,更使青少年处于不幸的境地,二战以后的青少年犯罪在资本主义各国普遍增长,成为全球性的社会问题。资本主义社会的剥削制度及其衍生的各种社会矛盾、世界各国面临社会发展的重大任务,尤其是发展中国家所处的社会发展要求和环境、需求之间的矛盾和问题,成为导引青少年犯罪现象蔓延的主要因素,仅以联合国提供的一部分情况来看,1955年联合国召开的预防犯罪会议决议中指出:"各国青少年犯罪率普遍增长,大大超过以往任何年代。"1980年4月底,联合国秘书处收到46个国家的犯罪问题的报告,绝大多数国家的犯罪率都在上升,只有10个国家报告他们的犯罪率有所下降,但少年犯罪仍在增加。根据联合国预防犯罪和罪犯待遇委员会所设计的指标和调查方法,并自1970年起进行的跨度达16年的三次全球性犯罪调查,第三次犯罪调查报告在1991年第八次大会上公布,该报告指出:

第一,在第二次(1975—1980年)、第三次调查期间(1980—1985年),报警的犯罪案件总量均在增加,1975—1980年期间增加11%,1980—1985年期间增加23%,增加速度愈来愈快。从不同类型的案件分析,1975—1985年间只有非故意杀人案在下降,强奸、绑架、贿赂等案持平外,其余各类案件均有上升;1980—1985年间除了非故意杀人案有所下降,贿赂案持平外,其余

* 与忠孝合作,原载《青少年犯罪问题》1995年第3期。

类型案件均上升。从全球的情形分析,大多数国家的犯罪率上升。

第二,全球犯罪状况并不令人乐观。如同某些预测显示的那样,未来情况似乎更加严重,假设人口增长率不发生巨大变化,所预测的犯罪率仍有可能显著增长,本世纪末下世纪初的犯罪率有可能在 2000 年及其以后导致更多的犯罪,其他非人口的变量也可能影响犯罪状况。

1992 年 2 月,联合国预防犯罪和罪犯待遇委员会提供的一项报告中指出:"过去 10 年中全世界的犯罪数以每年 5% 的速度增长,超过了人口增长的速度,也超过了许多国家抑制犯罪的能力""犯罪问题正在质量与数量上变得愈益严重。"联合国提供的材料说明,青少年犯罪是不同社会制度与处于不同发展水平国家存在的具有普遍性的一个问题,增长趋势具有普遍性。

我国青少年犯罪有其自身的特点与发展变化的条件。50 年代当资本主义世界正经受着犯罪与青少年犯罪浪潮冲击的时候,美国的封锁使我国与资本主义"隔离",受其腐朽意识影响较少,加上我们党和政府的权威与预防、控制犯罪的有效性,我国青少年犯罪的数量呈多年大幅度下降趋势。"文革"的破坏造成了我国青少年犯罪持续增加的局面,但我国一直是世界上犯罪与青少年犯罪数量少、犯罪率低、危害较轻的国家。在这两段时期中,除"文革"时期已明显看到青少年犯罪增多外,青少年犯罪的发展变化中已经包含着另一些值得关注的情况,例如青少年犯罪在整个刑事犯罪中的比例增加,青少年犯罪在整个刑事犯罪起伏中往往是起得快、增量大、降得慢、减量少。说明青少年犯罪潜在的危险发展动向,但当时没有为人们觉察与重视,对国外实践提出的问题与学者有关的研究,我们由于封闭而不甚了解,从而影响了我国对青少年犯罪与少年司法制度的理论研究与实践发展。粉碎"四人帮"以后,我国进入一个新的历史时期,改革开放有力地促进了我国的繁荣与发展,"文革"破坏带来的后遗症及随着改革开放、市场经济发展不可避免地在社会生活、人们的生活方式、思想观念等方面带来的某些消极影响、矛盾等使青少年犯罪增多,日益显露成为一个上下关注的社会问题。

世界各国至今仍处于犯罪持续增长的状态。我国是否能够避免经历同样的困境呢? 就我们的愿望来说,当然希望我国的青少年犯罪形势会很快得到遏制,然而我们不得不看到青少年犯罪的严重性,看到资本主义世界的不良影响和国内消极因素的作用,还有诸多的矛盾和困难,我们下面依据大量资料进行的分析,将提供我国青少年犯罪的严重性、长期性的根据,并预告短期内改变这一趋势是极为困难的,我们要有长期艰苦努力的工作准备。

一、 青少年犯罪历史发展提供的可能趋势

根据我国最近十余年来的社会形势和青少年犯罪变化资料的分析,结合有关典型调查,我们可以判断青少年犯罪的严重化趋势。

表1　1980—1989 年未成年人犯罪情况表

年份	1980	1981	1982	1983	1984	1985	1986	1987	1988	1989
犯罪人数	15 万	12 万	13.1 万	11.4 万	8.3 万	11.2 万	10.8 万	11.4 万	15.1 万	20.5 万
与上一年比升降率		20%	+9.2%	−13%	−27.2%	+35.4%	−3.6%	+5.6%	+32.5%	+35.8%

从表中可以看到,青少年犯罪人数从 1981 年开始下降,与一般刑案比提早一年下降,这与中央从 1979 年开始重点抓青少年犯罪综合治理有关。到 1984 年最低点,与一般刑事犯罪完全一致。从 1985 年开始则基本是上升趋势。十年中,四年下降,六年上升,其中 1984 年下降幅度最大,不可否认,严厉打击严重刑事犯罪产生的震慑力是一个重要因素,而上升幅度最高的是 1989 年,与上年比上升 35.8%,大大超过 1984 年下降的幅度。总的十年上升 36.7%,而 1984—1988 年则增加 81.93%,与一般刑事案件同期增 60.89% 比,未成年人增加幅度要高出 21%。

我国犯罪统计资料还显示,25 岁以下青少年犯罪在刑事犯罪作案成员中所占比例居高不下,近十余年多数占 70% 左右,在我国历史上也是不多的。

在我国犯罪统计中,法院统计比较严格准确,法院的刑事审判统计与有关资料也证明我国未成年人犯罪数量上升、危害严重化的趋势,见表 2。

按同龄人口计算犯罪率是研究与比较犯罪增减趋势的比较科学的方法,表 3 提供的资料说明,我国从 1980 年以来,犯罪率呈逐年提高的发展态势,其中尤以 25 岁以下的青少年犯罪率最高,许多年统计显示都要高出全部刑事犯罪率一倍左右。18 岁以下未成年人犯罪率也比整个刑事犯罪的犯罪率高,1991 年为 22.5‰,高于历史上任何一年。

表 2　1979—1993 年全国法院判处年满 14 岁不满 18 岁的未成年犯统计比较表

人数与比例　项目　年份	1979	1980	1981	1982	1983	1984	1985	1986
判处未成年犯人数（人）	4954	16155	24630	20356	52094	33018	17506	27289
占全部刑事犯罪的 %	3.66	8.33	9.61	7.46	7.96	5.55	6.37	8.44
比上一年增减的 %	125.08	226.10	52.46	−17.35	155.91	−36.62	−46.98	55.88

人数与比例　项目　年份	1987	1988	1989	1990	1991	1992	1993	
判处未成年犯人数（人）	28515	32449	42766	42033	33392	33399	32408	
占全部刑事犯罪的 %	8.80	8.85	8.89	7.24	6.58	6.78	6.20	
比上一年增减的 %	4.49	13.80	31.79	−1.71	−20.56	0.02	−2.97	

表 3　1980—1992 年犯罪率比较表

按同龄人口算犯罪率‰　分类　年份	1980	1981	1982	1983	1984	1985	1986	1987	1988	1989	1990	1991	1992
全部刑事犯罪		8.9	7.4	6.0	5.0	5.2	5.41	7.74	18.2	20.1	23.2	13.8	
25 岁以下青少年犯罪	14.9	19.5	18.1	17.5	10.6	11.6	12.7	13.6	18.7	27.4	27.5	29.1	
18 岁以下未成年人犯罪		11.7	12.8	11.1	8.1	11	10.6	11	14.7	19	20	22.5	14.2

　　历史的规律是可信的，在社会条件与有关因素没有重大变化的情况下，按照外推法与历史延续性原理，我国青少年犯罪在今后一段时期内将处于继续增长的过程中。

二、 现实地分析青少年犯罪前景

从发展来看,青少年犯罪上升的趋势至少在进入 21 世纪初期的若干年内,仍将处于持续上升的态势,原因在于青少年犯罪是一个社会问题,它的变化是受社会发展进程中的各种客观因素决定的,人们虽然可以干预,改变这些因素,但不可能没有人力、财力、时间、空间等条件的限制,因而是不受人们主观想象左右,更不是任何少数人力量所能改变的。只要简单分析以下几个影响青少年犯罪的主要因素就可以得出上述大体的结论。

1. 近若干年,青少年犯罪增加最猛的是财产性犯罪,引起财产性犯罪增加的最直接的原因,一是物欲的强烈诱惑与恶性膨胀,二是对金钱的追求,金钱万能,拜金主义。这两个因素是社会性的,互相联系,已经形成一种社会风气,成为不少人接受的思潮与价值观念,公开宣扬,大言不惭,从趋势看其势难减。

2. 社会发展、经济转轨过程中财物集中,保管不善,企业单位的经济、财物管理制度跟不上,不衔接,出现大量的漏洞与问题,为青少年犯罪创造了条件,增加了机遇。例如大量经商人员身带巨款,保管方式简陋,粗心大意,到处流动;许多新开发地区,工地林立,露天仓库,无人管理;有的单位包括制度比较健全,管理严格的金融机构,管理手段落后,制度松懈,明拿暗偷,贪污盗窃,无人觉察状况等等,也是一时难以改变的。

3. 淫秽录像、录音、影片、书刊、图片,以及宣扬凶杀、抢劫、偷盗与各种不良影响的文化制品,通过合法与多种非法渠道,公开或暗中在各种不同层次的人员中传播,对青少年的危害十分严重,直接起着诱发、教唆犯罪的作用。许多调查资料均揭示,违法犯罪青少年中绝大部分均有接触不良文化制品的经历,有的调查统计指出,其比例高达 90%,可见其影响的严重性。中央多次采取措施加强管理,从目前看,文化市场中单纯追逐经济利益而不顾社会影响的情况往往是变着手法仍在继续。

4. 家庭教育与社会防范、制约力量不能适应青少年犯罪增长趋势而得到相应的加强,首先是我国家庭教育的优良传统受到"文革"的极大破坏,改革开放与市场经济条件下离婚率上升,独生子女造成的对子女过分宠爱、纵容,给青少年健康成长带来极为不利的条件。其次,社会治安综合治理的方针、战略是极其科学的,但还缺乏系统能够长期坚持的规范与措施,立法与手段、措施的配套完备也非三、五年所能实现的。此外,政法机关投入不足,人员、配备均跟不上犯罪与青少年犯罪增加的需要。表四是郑州、洛阳、佛山三个城市从 1980 年到 1989 年公安干警与重大案件增长相差悬殊情况,带有一定的普遍性,可供参考。

表 4　1980—1989 年郑州等三市干警与重大刑案增长比较表

增长数　　　项目 城市	干警增长数	重大刑事 案件增长数
郑州	1.50 倍	33 倍
洛阳	1.80 倍	25 倍
佛山	1.50 倍	20 倍

表 5　1982—1986 年三年重犯调查情况表

重犯 比例 年份　　项目	成年刑释人员		少年刑释人员		少年教养解救人员	
	重犯 劳教	重犯 判刑	重犯 劳教少教	重犯 判刑	重犯 劳教少教	重犯 判刑
1982	3.79	10.67	9.40	17.89	21.11	19.47
1983	1.31	5.96	7.02	15.92	6.2	18.57
1984	1.56	5.07	5.12	11.13	4.13	17.39
1985	0.88	3.97	5.63	0.36	2.57	1.13
1986	1.23	3.92	4.44	2.67	4.88	14.28

　　5. 青少年违法犯罪的教育矫治及回归社会后的继续关心、帮教、防止再犯罪的工作成效不理想。司法部曾组织三年重犯的专题调查,调查结果说明,我国重犯率有所减少,但少年犯罪的重犯率明显高于一般刑事犯罪,这说明我国刚刚起步的少年司法制度的建设,还有大量的探索、研究工作要做,表 5 是司法部关于三年重犯调查的数据材料。

三、 对外开放背景下西方青少年犯罪的"高水位"或影响我国

　　尽管我国目前的社会治安形势十分严峻,我国依然是犯罪率较低的国家之一。但是,我们正处于社会变革时期,进一步实行对外开放是一项基本

的国策,我国经济将进一步与世界各国、国际市场发生联系,政治、文化等方面也进行交流,事实上,中国社会已经同国际社会融合为一体,对外开放带来的不仅是经济方面的影响,还有其他多方面的影响、渗透与交错,在这一过程中:

第一,国外反动势力的"和平演变"政策在苏联和东欧取得成功以后,更进一步集中力量对我国展开攻势,1989 年我们所出现的不安定就是一个明证。这种作用在一定的形势下会严重引发普遍性的反社会性的刑事犯罪,而且这种犯罪一旦被利用,与政治问题纠缠一起,就会使问题更显得严重。而国外的反动分子、间谍特务分子潜入国内进行非法活动,往往使阶级斗争更显复杂。反社会性的刑事犯罪由于其作案矛头直指整个社会,有的因个人不满也报复整个社会,往往出现重大恶性事件,给社会治安带来严重压力。

第二,由于大众传媒等的作用,国际上犯罪中出现的作案方式、犯罪手段、侵害对象、犯罪构成特点都影响我国犯罪的形势。而对外开放中国外对我国的影响力波及社会结构的变化,思想、文化、价值观念的渗透诱发新的犯罪产生,此外,国际犯罪活动及国际恐怖主义分子甚至直接把我国作为他们实施犯罪活动的空间。

我国青少年犯罪的历史变化及其发展的分析,说明我国青少年犯罪问题的长期性与严重性,绝不是短期内可以顺利解决的,它需要举国上下真正重视并长期工作,切勿因一时一地由于某些特殊因素作用,所取得的犯罪与青少年犯罪的暂时下降或稳定,就轻易断言青少年犯罪已经得到控制或好转。总之,在社会背景条件出现大的变化、社会发展不断受到变革的冲击时,对犯罪形势可能出现的变化要有足够的估计,要谨慎为重。如此,我们才能对青少年犯罪发展趋势有充分的认识,从而使社会治安综合治理不仅从理论上、文件上、政策上提高到一定的地位,更要在实践中、措施中、工作中把它真正放上重要位置,从而把社会治安综合治理工作推向前进,最大限度地预防与减少青少年犯罪。

青少年学生违法犯罪的发生规律和个体预测*

犯罪是社会历史现象。一个人为什么会犯罪？这涉及社会和个人主客观许多因素，但总体上主要原因是社会的，而不是生理、遗传、病理、心理方面的。研究青少年犯罪要有这样的、来自科学的基本观念和思想指导，才有助于我们客观地研究问题，有助于我们比较深地揭示青少年犯罪问题的实质。

犯罪与年龄有一定的联系，这是国内外犯罪学研究早已观察到的现象。大量材料证明，青少年时期是犯罪发生率比较高的时期，近年来，我国14岁至25岁的犯罪者在整个刑事犯罪中占60％以上，其中还有不少是在校或离校不久的学生。目前学生犯罪中大多集中在初中和高中低年级，这是需要整个社会关注的问题。

一、 情况分析和数据（略）

二、 青少年学生违法犯罪发生、发展的一般规律

事物的发生、发展变化都是有规律的，科学就是要掌握规律。青少年犯罪发生、发展变化的规律怎么样？这是我们预防、控制、减少、治理青少年违法犯罪必须探索的问题，也是犯罪预测的科学性基础。

（一）青少年学生违法犯罪一般都是从外在不良影响开始的

马克思主义认为，天生的犯罪人是不存在的。现代自然科学和社会科学进一步证明，人类生殖是自然现象，一个婴儿来到人世间，本身是不具有善恶本质的，他（她）们生活、成长在一定的社会关系中，在特定的社会关系的熏陶、培育下，经历了社会化的过程，成为一个有特定性格、思想、是非善恶观念的人，这才分化出"圣人"与"犯罪者"。

青少年学生是正在经历社会化过程的人，是处在社会化不同阶段的人。

---

* 原载《青少年犯罪问题》1988年第2期。

他们已经不是一个纯粹的自然人，因为，他们已经受了一定的社会化的培训，具有了一定的记忆、认识、思想、品格、习惯等主观方面的东西，从而产生了一定的主观责任。但是，由于年龄的限制，他们毕竟还没有完成社会化过程，是主观责任不完全的人。这从根本上决定了青少年学生违法犯罪发生、发展规律的一个重要特点，就是通常都从外在不良影响开始的。大量调查研究揭示出，青少年学生违法犯罪，其错误思想、罪恶动机起初无不来自不良环境和不良交往的不良影响。例如父母或兄妹行为不端的家庭，校风校纪很差的学校，不良的邻里环境或社会风气对青少年学生潜移默化的影响，以及亲友、邻居、同学、同伴中的品行不良分子在交谈来往中给予的影响、暗示、挑动、示范、教唆等等。这些不良影响通过各种渠道（其中大部分是直接的、近距离的、感观的）转化（内化）为青少年学生的错误思想观念等内在的主观的因素，促其走上危险的道路。俗话说："近朱者赤，近墨者黑"就是这个道理。因此，注意青少年学生生活、学习的环境，从根本上改善、优化环境，使青少年学生尽量减少不良影响的渗透、冲击，在预防、治理青少年学生犯罪活动中显然是非常重要的。

（二）不良影响必然导致需要、心理、意识、行为结构的变化

违法犯罪行为是受人的思想、意志支配的。对在不良影响下导致的青少年学生违法犯罪，其影响首先就表现在改变了受影响者的需要结构、心理结构、意识结构和行为结构。根据调查研究的材料看，不良影响通常明显带来爱好和需要结构的变化，有的抛弃或改变了原有的朴素的、健康的兴趣、爱好，有的接受或热衷于某些不健康的兴趣、爱好，如厌恶学习、一味吃喝、讲究打扮玩乐，从而出现不符合年龄身份的需要、脱离实际可能的需要、不正当的需要等等。不良影响还直接引起思想意识结构的变化，最重要的方面是是非、好坏、善恶和观念的模糊和颠倒。好事不知好，坏事不知错，好人不可爱，坏人倍觉亲。其他如消极、错误思想的增加或强化，意识结构中抑止不良思想意识泛滥的因素受到削弱或排斥，进而形成一些错误的思想或人生哲学，例如"人生在世，吃喝二字""有钱就有一切，其他都是假的""人情冷酷、利害关系""社会主义不如资本主义"等等。与需要、意识结构变化相应的，青少年学生心理在不良影响下也发生变化，例如形成贪利、纵欲的心理，形成对正面教育的逆反心理，对复杂变化的社会影响作有害选择的心理等等。一般来说，外在不良影响不改变接触者的需要结构、思想意识结构、

心理结构,那么外在不良影响仍然是接触者的身外之物,也就是说不良影响对接触者还没有发生影响。只要外在影响改变了接触者的需要、意识等结构,外在的因素内化为接触者主观的不良思想因素,就可能成为推动受影响者实施危害社会行为的内在驱动力量。青少年学生违法犯罪正是不良影响内化的结果,这是青少年堕落必经之路,是青少年学生走向违法犯罪转折关键。

（三）从外在不良影响到表现为危害社会的行为是一个逐步升级、逐步蜕变的过程

青少年学生从受到外在不良影响开始,内化为主观方面思想、观念的错误,进一步外化为危害社会的行为,这是一个逐步升级、逐步蜕变的过程。青少年学生违法犯罪中除少数由于具有突发性,蜕变的时间和过程比较短、不够明显外,大多数都具有较明显的发展蜕变过程。典型的过程就是从兴趣爱好发生不良变化到思想意识上出现一些不健康或错误的东西,进一步发展到形成不良嗜好、品德等,从而表现出一些不道德行为或违纪行为、违法行为,最后突破了刑法的警戒线,走上了犯罪道路,从轻微犯罪发展到严重犯罪。但是,一般的青少年犯罪不一定都机械重复经过上述从不良思想、嗜好、违反道德、纪律的约束……走上违法犯罪道路的过程。有的表现为违法犯罪思想逐步地发展并蜕变为违法犯罪行为;有的表现为问题、矛盾、不满的增加和积累,在一定的条件下激化、爆发,走上了犯罪道路;有的从一些较轻的违法犯罪类型转移、跳到危害性较大的严重犯罪类型;也有的是由于思想上存在某些弱点,被人利用、挑动,牵入犯罪的。尽管如此,我们还是可以从中探索和把握青少年学生违法犯罪发展变化的一般规律性,用以指导我们对青少年犯罪的预测、预防工作。

三、 犯罪预测的理论和方法

预测是人们根据已知事物的分析研究,来发现未知的事物,或对事物未来发展作出估计。科学的、准确的预测提高了人类对自然界和社会未来发展的干预、控制的能力;不仅可以避免事物的各种不利的发展变化,防止对人类有害的情况发生,而且可以创造有利于人类社会健康发展的环境、条件,提高人类活动的目的性、有效性。在现代社会中,预测的水平在许多方面已成为社会发展程度、人的认识深度、科学是否成熟的标志之一,成为人

们能够利用科学认识影响客观自然界的"自由度"的标尺,成为人们采取重大战略决策行动的基础和必要前提。

(一) 犯罪预测的特点与种类

犯罪预测是对人类社会的一种消极社会现象及其变化过程进行预测,这是一种特别复杂的预测,预测的目的不是希望促其出现,而是要求寻求能够预防、减少这种消极现象的对策,有计划、有目的地进行干预,来破坏这种消极社会现象的发生进程。因此,我们一方面要预测一定的地区在某个具体的时间尚未出现,但可能出现的犯罪现象和趋势,指出其实现或偏离的可能性。另一方面又要求实际历史的发展不出现预测的情况。这就决定了我们认识,评价犯罪预测的一些特点:

1. 犯罪预测具有复杂性和变化的极大可能性,因此不要求过分的精确性。这不仅由于在现代自然科学和社会科学的发展水平上还不可能对犯罪这样因素复杂的现象作出十分精确的预测,而且由于预测的结果是要求加以干预破坏的,因而没有过分的精确的必要。

2. 预测结果是否出现也不能作为预测是否科学,可靠的唯一标准。还必须增加考虑预测后是否采取干预措施及采用干预措施后的影响。

3. 预测应尽量指出其预测结果得以出现的条件和如何防止预测后果的方向或办法。

犯罪预测可以根据不同的标准作不同的分类,较多的是根据预测方法、预测时间、预测内容作分类。根据方法,有人把预测分为:直观预测、探索预测、目标预测、反馈预测;有人把预测分为:定量预测、定时预测、概率预测等等。根据时间划分,分为十年以上的长期预测,五年—十年的中期预测,几个月或二三年的短期预测;还有根据预测内容进行分类:例如个体预测与群体趋势预测。个体预测又可分为初犯预测、累犯预测。群体趋势预测是一种总体性的宏观预测,预测一定范围内一定时期中青少年犯罪的总体变化。群体趋势预测,又可分数量变化预测和类型特点变化预测等等。

犯罪预测的内容是很丰富的。除了个人是否犯罪,犯什么罪,什么人在什么地方什么时间可能犯什么罪,可能用什么方法与什么人犯罪等问题外,还有在群体趋势方面如数量多少、类型变化、各种犯罪的消长、危害结构的变化、成员结构变化、年龄结构、受害者的数量分布、一些措施、政策的影响等等。

（二）犯罪预测的理论依据

1. 犯罪现象的稳定性、延续性原理，是犯罪预测的最主要依据之一。犯罪从现象上看似乎是犯罪者主观随意的，其实犯罪者实施某一类型犯罪，侵害什么客体，以及犯罪的手段、特点等，都是受历史的、社会的、科学文化发展的条件所制约的，因而，一方面，在这些重要社会历史条件未发生重大变化的情况下，犯罪的类型、手段、特点是相对稳定的，发生的变化也是有限度的。这就是犯罪现象的相对稳定性。稳定性的因素愈大，预测的可能性、科学性、准确性也愈大。另一方面，犯罪现象的变化也是社会历史环境条件变化的反映，今天的犯罪状况是在历史上犯罪状况的基础上发展变化过来的，包含着过去犯罪的情况、类型、手段、特点变化的痕迹，又体现着社会历史环境新变化的特征。同样地，未来的犯罪也是今天犯罪及其条件变化的继续。这种连续性使我们有可能研究变化的规律，从过去、现在预测未来。因此，犯罪的稳定性和历史延续性就成为犯罪预测的理论依据，根据这一原理有助于我们构想和设计犯罪预测的具体方法。

2. 犯罪现象的因果性原理，是犯罪预测的又一个重要理论依据。因果联系是事物的普遍联系形式，恩格斯在讲到因果性时说："我们不仅发现某一个运动后面跟随着另一个运动，而且我们也发现：只要我们造成某个运动在自然界发生的条件，我们就能引起这个运动……我们能给这些运动以预先规定的方向和规模。"①因果联系反映了人们对事物发展变化的规律性认识，而且对事物的因果联系认识可以预见事物的发展变化后果，从而指导人们的行为，去促成或避免某些发展结果。现代犯罪学、法学、社会学、心理学等不断探索和论证了犯罪产生和影响其变化的根本原因和具体原因，有些方面已达到了比较精确可以用数学方法来表述或测算这种因果联系，从而为犯罪预测，尤其是近期的、个体的预测提供了直接的科学基础。从一定意义上说，没有对犯罪现象的因果制约性进行科学的研究，就不能有真正现代科学的犯罪预测。

3. 犯罪的量变质变原理，是犯罪预测的第三个基本理论依据。犯罪的变化是多种多样的，但总起来说离不开两大类变化，一是数量变化，一是量

---

① ［德］卡尔·马克思、［德］弗里德里希·恩格斯著：《马克思恩格斯全集》（第 20 卷），中共中央马克思恩格斯列宁斯大林著作编译局译，人民出版社 1971 年版，第 573 页。

变引起质变。还有一些突发性的或从一种犯罪行为跳向另一种犯罪行为，可以说是量变到质变的一种特殊形式。这就是说，犯罪变化都具有量变质变的普遍规律性，从而据此提供了犯罪预测的科学依据。根据犯罪量质变化的原理，可以寻求或创造一些具体的有效的预测方法。

犯罪预测方法实际上是上述原理的具体运用，或者是借助于某些手段、技术，使上述原理具体化、标准化、数学化，成为一种有实效的、较易测算、评价的预测方法，例如主要根据稳定性延续性原理的趋势外推法，主要根据因果性原理的相关因素分析法，主要根据量质变化原理的平均增长率法等。

(三) 犯罪预测的主要方法

1. 趋势外推法，即根据过去和现在已掌握的犯罪动态规律、通过统计、数学方法进行的延伸和推导，以预测未来的变化。

2. 类推法，研究不同历史时期、不同地区的犯罪变化规律，寻求和比较其中相类似的过程、条件、特征，伴随因素等等，找出规律性的类似变化，对现在具有某些类似条件的犯罪现象的未来变化进行类推预测。

3. 专家评估法。以专家掌握的有关犯罪变化规律的学识、资料、经验为基础，对犯罪现状进行综合性的科学分析，以预测其未来变化和趋势。

4. 特尔斐法，是一种有比较严格规则的专家评估法。这种方法是有目的地选定若干有权威的专家，以不记名的方法通过几轮书面预测，征求专家们对预测问题的意见。预测领导小组对每一轮预测意见进行客观的汇总整理、作出定量统计后，作为参考资料再发给每一个专家，请他们进行再一轮的分析预测，并提出新的论证。如此反复数轮，得出日趋一致的专家预测意见。由于这种方法充分集中了不同专家的智慧，而且经过反复论证，因此具有较大的科学性和权威性。

5. 因素分析法，全面、可靠掌握影响犯罪类型、数量、特点变化的种种因素，特别是有重大影响的因素变化，从而据此对犯罪的未来变化作出科学的预测。

6. 模型法，就是把犯罪变化的各种规律性联系，以较简单的形象或数学方法加以描述或表述，以便运用现代数学方法进行各种可能变化的预测。

四、 青少年犯罪个体预测

1. 青少年犯罪个体预测的现实意义与存在困难青少年犯罪个体预测是

一个对实际工作具有很大吸引力的研究课题,在理论上也具有很重要的开拓意义。众所周知,犯罪是人的危害行为,如果人们能够预测某一个青少年会犯罪,在什么时候犯什么罪等等,必然会引起政法工作和教育工作出现革命性的变化。首先,这将根本改变当前我们与犯罪斗争的那种盲目性很大、处处设防的撒大网的治安管理办法,而代之以目标针对性很强的个别预防、控制办法,从而大大减少人力、物力、财力的消耗;第二,这将给教育工作带来新的要求和课题,而且会根本改变目前治安工作和教育工作中相当普遍存在的被动的"马后炮"办法,而代之以主动的、事先预防、教育的方法,使工作效率大大提高;第三,这将为人类解决违法犯罪问题开拓一条新的道路,并为人类社会的发展、进步作出卓越的贡献。

但是,青少年犯罪个体预测在当前还有许多困难和问题。(1)犯罪原因因素极为复杂,一个人犯罪的机制在现代科学水平上还不能作出精确的数量测定和评价;(2)人具有极其机动多变的主观能动和自由随意系统,在一定条件下是外在环境和其他人难以掌握、控制的;(3)现代犯罪预测手段还是比较落后的,不能适应犯罪个体预测的需要;(4)预测正确,如果处理不当,把可能在以后某个时期犯罪错的人当作现行犯罪分子来处置,就会导致非法侵犯人身权益。当然,如果预测错误则可能招致的不良后果就更严重了。因此,总体上说,青少年犯罪个体预测还处在探索研究的阶段,主要是作为一种综合治理的宏观指导性、咨询性措施,而不能作为采取有碍人身权利、自由的行动措施的根据,在实践中运用要慎重和合法。

2. 青少年犯罪个体预测中的"环境—人的思想—行为"系统理论

青少年犯罪预测所依据的基本原理已在前面叙及,从个体预测来说,"环境—思想—行为"系统理论就更为直接和具体。因为作为个体预测对象的个人是生活在一定的环境中,及犯罪行为是处在"环境(社会的、自然的)—人的思想—人的行为"系统中。人的行为从内因看受主体思想的支配,从外因看一定意义上是由环境决定的。因此,人们认为既不能超越时代,脱离特定的社会环境,又不可能离开自己的思想,其中包括其成长历史对思想、性格的影响。人的行为在"环境—思想—行为"系统中运动,并在环境与思想的交互作用下具有发展变化的规律性,从而为青少年犯罪个体预测提供了依据与可能。根据这一理论,尽管被预测人可以不暴露自己的思想、意旨计划,也可以有意回避其实际上以后准备做的事,其中也确实有当事人自己也还未明确想到要干的事。但是，犯罪个体预测却可以从被预测者过去、现在的表现、成长和生活环境、交往谈吐、伙伴及伙伴所作所为等等方面，预测其未来的表现和作为。如果不存在"环境-思想-行为"系统，青少年违法犯罪行为也不受这个系统约束，那么我们就没有实实在在的依据进行科学可靠的青少年犯罪个体预测了。

3. 青少年犯罪个体预测的方法

个体预测的具体方法很多，如单因素分析法，多因素综合分析法，各种预测表法，模型法，征兆评估法等等。我们介绍二种供实际运用的预测方法：

（1）单因素相关分析法

这就是选择诱发青少年学生违法犯罪的某一个因素，人为地把该因素与其他因素分解开来，专门研究单个因素与犯罪变化的联系。例如研究特定时期青少年学生由于逃学、辍学、自动离校、退学等形式流失到社会上，与青少年学生违法犯罪的关系，从中可以了解学生流失到社会上对学生成长、发展带来的影响，流失生社会接触与思想品德变化的关系，流失生违法犯罪的情况，流失生走上犯罪道路的外在条件，流失生犯罪在整个青少年学生犯罪中的比例等等，找出规律性的数据作为依据可以对存在此类问题的学生的发展进行预测。

单因素分析预测，由于抓住个别因素与犯罪变化的联系进行预测，因此调查研究比较简单，相关联系也能揭示得深一些，作出的结论有时也可以较为明确、肯定、具体。单因素分析是青少年违法犯罪个体预测的一种方法，对预测青少年学生犯罪的数量变化及对整个刑事犯罪趋势的影响，以及估价某一因素（例如流失生）在社会治安综合治理中的意义都是有实际价值的。这种方法也可供不同深度要求的研究。需要提醒注意的是，单因素分析预测由于只取个别因素研究，因而只能反映个别、有限部分的情况，因此，不能据此作出超出个别因素影响以外的全面预测的结论。

（2）征兆综合分析评估法

征兆综合分析评估法是根据青少年违法犯罪发展的一般规律的青少年犯罪个体预测的基本理论，把青少年走向违法犯罪的发展变化过程，从纵向和横向两个方面剖析为若干方面，每一方面找出几个主要特征，对其在引发青少年犯罪的作用影响上作出评价，最后综合这些征兆对青少年学生在进一步发展过程中,是否可能犯罪? 可能犯什么罪等等作出预测。

征兆分析包括环境特征分析,主观思想、行为特征分析,接受教育指导的态度和条件分析。

环境特征方面:主要调查被预测对象的家庭、学校(特别是班组)、邻里的类型、环境特点、成员构成和品德、风气等等。这是判断和理解被测定学生主观思想行为的客观依据,又是判断和预测其思想行为进一步发展趋势的依据。

主观思想行为特征方面:是对青少年学生进行个体预测的最主要依据,其中包括思想偏离、需要偏离、交往偏离、行为举止偏离四组特征。

第一组,思想偏离。这是青少年走上违法犯罪的早期征兆,也是青少年违法犯罪的内因变化程度的标尺。对思想偏离的内容、程度的具体了解是早期预测的重要依据之一。思想偏离主要是根据被预测对象在平时议论、问题讨论、亲友谈心、写作、在特殊场合下的思想暴露等等言行中,反映出不合其身份、背离社会主义社会准则的思想,例如极端自私,强烈的物欲,不正当的性观念,对资本主义社会的吹捧、迷恋等等。

第二组,需要偏离,是促使青少年走上违法犯罪的直接有力的因素,明显的需要偏离有时能直接导致实施犯罪行为。需要偏离是采取某些保护措施或帮助措施的根据,主要是通过日常生活、学习、工作等调查了解被测对象对学习、工作的态度,不良嗜好、不良追求,以及超现实的需要等等,例如荒废学业、热衷打扮、追求性解放、一心迷恋西方生活方式、吸烟、嗜酒等等。

第三组,交往偏离,是青少年走上违法犯罪的重要条件或途径,某些不当交往甚至是违法犯罪的边缘和前兆,必须采取一定的帮教或监护、控制措施。交往偏离特征中要注意及早发现青少年学生与关系复杂、行为鬼祟、来历不明的人的交往,与各种不法分子、流氓团伙的交往,以及与某些外籍人员的不正当交往。

第四组,行为偏离,是青少年违法犯罪的前兆,有的本身就是违法犯罪行为的开始。在不加干预的情况下,其发展的直接后果必然会走上犯罪道路,行为偏离包括逃学、逃夜、旷工、性错误、小偷小摸、赌博打架,以及其他某些反常的行为表现。

这四组被测对象主观方面的特征,是我们对青少年违法犯罪学生个体预测的主要依据,尤其是有的行为偏离是我们采取早期预防手段、控制手段的依据。为了使预测具有统一的标准，应对这四组特征进行量与质的标定。

接受教育指导的态度和条件方面：也是预测个体发展趋势所必须考虑的重要因素，因为这方面因素影响发展趋势的方向和速度，包括被测对象受教育的历史状况，主观认识基础和性格、态度、家庭和学校的客观环境条件等等。

综合上述诸方面的众多因素征兆的了解和评价，就能够对青少年个体违法犯罪的趋势作有一定依据的科学预测。但是预测毕竟是预测，不能把预测的可能行为作为已实际存在或实施的行为，而且干预措施必须是合法的、适当的，否则早期预测可能包含着破坏法制和侵犯青少年学生合法权益的危险。

专题三：青少年犯罪的预防与综合治理

创新有效预防青少年犯罪工作的思考[*]

党的第十八届三中全会通过的《关于全面深化改革若干重大问题的决定》提出，创新社会治理，必须着眼于维护最广大人民的根本利益，最大限度地增加和谐因素，增强社会发展活力，提高社会治理水平，全面推进平安中国建设，确保人民安居乐业、社会安定有序。创新有效预防青少年犯罪工作，正是落实、实现三中全会提出的社会治理任务的重要组成部分，对于保护青少年健康成长，维护最广大人民的根本利益，最大限度地增加和谐因素，确保人民安居乐业、社会安定有序等，均具有重大的现实意义。

一、 需客观、准确地评析现状

三十多年来，我国预防青少年犯罪工作已经取得了重大的成就。从 20 世纪 70 年代末 80 年代初开始，我国未成年人犯罪率经历了四次上升、四次下降的过程。其中，下降幅度最大的是 1983 年"严打"，下降幅度达 50% 以上，但时间维持不到三年；上升时间最长、幅度最大是 1998 年至 2008 年的 11 年间，上升了 164%。这从客观上说明了三点：第一，未成年人犯罪率总体呈上升趋势。从笔者掌握的研究资料看，从中共中央 1979 年 58 号文件提出"各级党委要把加强对青少年的培养教育，包括解决其中极少数人的违法犯罪问题，放到重要议事日程上来"算起，三十多年，未成年人犯罪率升多降少。32 年的数据显示未成年人犯罪率上升 23 年，下降 9 年。其中，升时幅度大、升速快，降时幅度小、持续时间短。第二，未成年人犯罪率的跌宕起伏，客观反映了我国上下合力，不断在探索、总结预防和控制青少年犯罪的经验和问题。我们通过采取多种手段和措施进行综合治理，并且理论联系实际，积极发现并解决问题，从而创新和积累了许多预防青少年犯罪的成功

＊ 原载《青少年犯罪问题》2009 年第 6 期。

经验。第三,未成年人犯罪的总量和总上升幅度得到了较为有效的控制。从全国法院审理的未成年人犯罪案件有数据以来的统计,①1990 年审理的未成年罪犯 42033 人,到 2010 年为 68193 人(其间起伏最高曾突破 8 万人),21 年间仅上升了 62%,而且再也未出现 1979 年前那种持续大幅度上升的态势。2009 年至今,未成年人犯罪率仍保持下降趋势,创三十多年来连续下降时间最长的纪录。

笔者认为,能取得上述成就,是与我国预防青少年犯罪的工作积极探索和创新分不开的。我国预防青少年犯罪工作在这三十多年中,通过积极探索和改进,经验日益丰富有效,组织制度得到完善加强,工作和研究队伍得到壮大,立法取得了突破性进展。当然,我们也应当看到,我国青少年犯罪问题仍然非常严重,预防、减少未成年人犯罪仍然是我国社会和谐稳定、国家安全发展的重要问题。对此,笔者有两个判断:一是青少年犯罪的总体上升趋势或格局,在短期内仍难以改变,降低青少年犯罪率还没有持续稳定的基础和保障;二是青少年犯罪性质、类型、危害的严重性趋势,是比数量更值得关注的问题(下文还要专门分析),其根据是未成年人犯罪的原因、条件,以及近二十多年来青少年犯罪的现实和动向。

首先,从青少年犯罪的原因、条件来看,我国社会主义市场经济体制的持续发展,进一步推动了社会全方位、多层次、宽领域的对外开放,在这种社会转型、变革的大环境中,引发未成年人犯罪的条件、因素日益增多。物质诱惑、社会矛盾、科学技术、价值观念等均是引发青少年犯罪的重要条件或因素。其中如传媒、网络等对青少年犯罪的影响比物质因素更直接、更广泛。此外,还有贫富差距、社会矛盾、国外不法势力等因素也均会加剧青少年犯罪的发生,而这些因素在短期内都难以有根本改善。

其次,从青少年犯罪的现实和动向来看,随着我国少年司法制度的进步,针对未成年人的特殊保护原则和程序的逐步确立和实施,能够进入到司法审判环节的少年刑事案件几乎已不是传统的轻微犯罪,庞大的犯罪数量

---

① 根据《中国法律年鉴》和《未成年人审判精要》提供的数据,全国法院从 1990 年至 2010 年审理的未成年人犯罪案件数分别是:1990 年 42033 人,1991 年 33392 人,1992 年 33399 人,1993 年 32408 人,1994 年 35832 人,1995 年 38388 人,1996 年 40220 人,1997 年 30446 人,1998 年 33612 人,1999 年 40014 人,2000 年 41709 人,2001 年 49883 人,2002 年 50030 人,2003 年 58870 人,2004 年 70086 人,2005 年 82692 人,2006 年 83697 人,2007 年 87506 人,2008 年 88891 人,2009 年 77604 人,2010 年 68193 人。

所反映的犯罪严重性与过去不可同日而语。某省批捕的 2972 名未成年犯中，犯故意杀人罪、抢劫罪、绑架罪、爆炸罪等严重暴力犯罪的就达 1695 名。青少年犯罪的严重性由此可见一斑。

笔者认为，青少年犯罪的原因、条件，以及近二十多年来青少年犯罪的现实和动向，既是我们创新有效预防青少年犯罪的工作依据、目标和责任，也是我们工作的意义和价值所在。

二、 需以动态战略思维不断研究新情况、新动向、新变化

青少年犯罪的严峻性，不仅表现在数量上升方面，今后可能更主要的是表现在犯罪性质、类型、危害的严重性上。青少年犯罪的严重性、暴力性、结伙性、智力性等均在增加，其中还出现了个别极其危险的犯罪，如多类型结合的高危险犯罪、因好奇而实施带有模仿性的有组织犯罪、高科技智能性犯罪等。因此，对于较为轻微且常规的未成年人犯罪，需要在更大程度上通过日常管理中的关爱、保护、矫正来予以防止，并需要采取更加灵活、更人性化且没有后遗症的办法来处理。对于未成年人实施暴力性、结伙性、智力性、危害特别严重犯罪的情况，我们需要研究这些未成年犯的个人环境、人际因素、生理心理特点，以及其犯罪的引发机制、发生过程、实施条件等，特别要注重事前预防工作，争取在源头上将这些犯罪予以扼杀或化解。笔者认为，这无论是对于保护未成年人，还是对于家庭和谐、社会稳定、国家安全，均具有重大的影响、意义和价值。而欲要有效预防青少年犯罪，我们就必须进行战略创新，动态思考，强调研究新情况、新动向、新变化、新问题、新矛盾，并相适应地突出探索新思路、新的关注点、新手段、新措施、新方法、新的组织形式、新的作战方案、新的工作机制等。

战略创新，动态思考，就要充分运用现代信息技术手段建立大统一信息网，通过存储积累将分散信息集中形成为总信息库。信息是行动的指路灯，只有信息通畅、快速、全面，才能有效保证认识的客观、准确、及时，预防手段、对策才能正确、有效。对此，我们必须做好以下工作：依靠群众、依靠全社会来收集信息；及时发现问题的隐患，并建立需要关注的人和事信息库；随时组织进行危险性的评估、筛选、沟通、通报；提示环境信息、重点保护区域、人、物；增加地区或区域间合作，适时进行危险预警，防止突发事件或恶性犯罪的发生。

三、 需将日常管理的统一协调制度化、规范化

社会管理有序能够对青少年犯罪起到基础性预防的作用。浑水才能摸鱼,无法保证秩序的社会管理,就难以消除随时可能发生的无序或混乱。无序或混乱容易引发摩擦、纠纷、不满、冲动,甚至导致产生犯罪事实、掩盖违法犯罪活动。而有序就能明察秋毫,及时发现问题并将其消除在萌芽之初。

任何一个未成年人违规、违法甚至犯罪,都必然会有一系列的行为前生活、交往、情感及认识表现。而其中必有不符合规则、常情、规章制度的种种表现,如孤独、无望、内向、交恶、矛盾、不满、离家出走、旷课、辍学、私制武器或管制刀具、不合适的交往聚会、到不应去的场所、不符合身份的穿戴打扮、不正常的言语行为表现等等。这些都会在与家庭、学校、商店、活动场所、社会机构等接触过程中反映出来。人各有责,如其与常情、规章制度不合,接触者就应在其职责范围内根据情况给予关注、联系、反映、报告等,以使得未成年人能够得到指导、帮助、救济、监督等。能否及时发现未成年人的违规、违法、犯罪行为,并予以关注和阻止,实际上就是检验社会各方面统一协调管理的水平和能力。例如,某地五个小孩(13—16 岁)杀死一位在广场睡觉的流浪汉。而从这些小孩辍学、流浪、偷窃,到购买刀具,再到整晚在外聚集活动、实施抢劫等过程中,也曾有不少人或部门接触过,但只要任何一个接触过的人或部门认真落实承担了社会管理的责任,这些小孩的越轨或犯罪行为也就能被发现、制止了。

应当看到,未成年人犯罪的情况比较复杂,有的是因交友不慎,有的是因脱离管教,也有的是因生活困难无着,还有的是因不良侵犯等。可见,儿童福利也是当前值得呼吁的重要问题。目前,我国有 6000 万农村留守儿童、60 万服刑人员未成年人子女等,其中有相当一部分人是需要国家予以关心、帮助的。以人为本,民生为先,就需要把关心儿童福利放在重要位置上予以优先考虑,这也是从源头上解决未成年人失管失控问题的重要举措。

社会管理是从管控向积极关护、帮助,及时解决问题的转变。我们应积极探索创建一套保护未成年人、预防未成年人犯罪的有效管理办法和制度,而不是简单地实施控制或限制等消极措施或办法。将日常管理的统一协调予以制度化、规范化,并严格落到实处,做到发现问题能反映、矛盾能化解、权益有保障,才是社会有效预防青少年犯罪的可靠保障。

四、 需努力强化未成年人的自我保护

预防青少年犯罪,虽然要靠家庭、学校、社会、国家的保护和管理,但这些都只是青少年的外在保护力量,而外部力量、因素要通过或结合青少年自我保护的力量和自身素质因素,才能发挥最大、最好的作用,否则这个预防体系是不全面的。

孩子是积极、能动的主体,未成年人自我保护、健康成长、自我控制具有特殊的战略意义。歌德说:谁不能主宰自己,便永远是一个奴隶。诱惑越多,自控能力越重要,不能让孩子随心所欲。从某种程度上说,自控能力比智商更重要。我们要让未成年人懂得自己是社会人,懂得责任和担当,懂得自尊,从小养成好习惯,明辨是非,能够正确评价自己的行为,增强并不断提高自控能力。笔者认为,只有社会的保护和预防与未成年人自我保护和预防结合起来,才是科学、完整、全新的预防未成年人犯罪方向。

自我保护是调动青少年自己的力量,是预防犯罪中最为积极、能动、有效的方面。虽然说基于青少年的弱势地位,我们必须把落实外在保护和预防放在首位,但从某种意义上说,依靠外在保护、预防不如依靠自我保护和自我预防。因此,将两者科学结合,才是最为全面、完整、有效的。

人的自我保护和自我预防的意识、素养、能力、水平,不会自然形成,而是需要不断学习、精心培养、实战训练的。遗憾的是,目前我国对青少年自我保护和自我预防意识的培养大都停留在口头、说教上。对此,笔者建议,应在全国试办未成年人自我保护和预防犯罪训练班、培训学校、夏令营、冬令营,并编写未成年人自我保护和预防犯罪教材,通过生动、愉快的活动,让青少年懂得如何进行自我保护和自我预防。例如,对于碰到矛盾怎样避免使用暴力,怎样对待朋友怂恿去干坏事的情况,如何做到不能去的地方坚决不去等问题,可以通过介绍案例、组织讨论、做游戏、模拟法庭、搞动画等方式,让他们如亲身实践一样从中获取认知。

论显著提高未成年人犯罪预防实效的战略举措[*]

值此进入新世纪、新千年的第一个新春伊始，我们就严肃提出青少年犯罪这个全球性的社会问题，表现出我们对新世纪和平、稳定、安全、健康发展的关注与责任感，具有特殊的意义。回顾历史，早在 1979 年 8 月 17 日，中共中央就发文指出，"对青少年犯罪问题绝不能就事论事，孤立地去对待它，……要从大处着眼，从小处着手，采取强有力措施，抓紧解决好这个问题"。中共中央要求，"各级党委都要把加强对青少年的培养教育，包括解决若干极少数人的违法犯罪问题，放在重要议事日程上来。主要领导同志要亲自过问"。20 年后，1999 年 6 月 8 日全国人大通过了《中华人民共和国预防未成年人犯罪法》(以下简称《预防法》)。20 年中间还有许多有关的文件、指示、讲话。这些要求和规定从层次到权威性都几乎可以说是已经到顶了。但是，直到今日预防、控制未成年人犯罪，仍然是一个我国社会各方面所公认的极其困难、复杂的社会问题，还需要我们作长期的研究和实践探索，而目前最令人关切的是这项工作实效尚不能令人满意，要显著提高未成年人犯罪预防的实际效果，必须得有重大的新的战略举措：

一、 对未成年人犯罪形势的再认识

科学的认识是正确行动的前提，行动的突破先要有认识的突破。20 年来，尽管中央对预防和治理青少年犯罪多次作出过坚决、肯定的指示，但是我国仍有相当多的干部，包括众多领导干部在内，对我国青少年犯罪的严重性并没有真正认识到。这不仅影响对这方面工作人力、物力、财力的投入，而且影响工作的决心与力度，因此要在实践上显著提高控制、减少、预防未成年人犯罪实效，首先要对未成年人犯罪的严重性、长期性进行再认识，广大干部在认识上真正解决问题，有所突破。

＊ 原载《青少年犯罪问题》2001 年第 1 期。

我们一直非常关注我国未成年人犯罪的变化发展,可以相当有把握地说,20 年来是持续上升和近期内还在上升的态势。可是人们常常出于对工作成绩的维护,或者非常好心地、而实际上是表面地把一时一地少年犯罪数据波动起伏中的下落,误认为未成年人犯罪已经出现稳定、好转、下降的转折或趋势,而没有仔细剖析导致这种情况产生的真正原因,从而冲淡了对 20 年我国未成年人犯罪总体数量呈持续上升的态势的认识。这只要从法院审理未成年人刑事案件数的变化就可证明。尽管少年司法制度建立、刑事犯罪立案标准提高、刑法修改规定满 14 周岁不满 16 周岁的未成年人只对 8 种罪承担刑事责任等等,都会明显减少法院少年刑事犯罪案件的数量,但是比较严格的法院统计证明,全国法院在 80 年代每年平均审理未成年人刑事案件 2.5 万起,90 年代不仅没有下降,而且每年平均已上升到 3.5 万起。

未成年人犯罪的严重性更主要是表现在犯罪结构、犯罪手段方面,以及不断出现犯罪新类型、新形态等变化上,与上述数量增加相比,这是更重要、更危险的变化趋势。

首先是未成年人犯罪的类型构成发生显著变化,未成年人抢劫、杀人等严重犯罪数量大幅度增加,在未成年人刑事犯罪总数中占的比例提高。以少年抢劫为例,从 1985—1995 年,十年中绝对数从 916 人增加到 26154 人,95 年是 85 年的 28.5 倍(1982 年至 1998 年全国刑事犯罪中抢劫犯罪人数从 16518 人增加到 175116 人,1998 年是 1982 年 10.6 倍),在整个未成年人犯罪总数中占的比例从 0.8％上升到 17.1％;在盗窃犯罪中,大案要案数量所占比例均大大提高;少女与小年龄罪犯增加。

其次在手段变化上,未成年人的预谋、团伙、智力型犯罪增加。

再次在犯罪类型上,过去未成年人犯罪主要是传统的偷窃、伤害等轻微犯罪,近 20 年来未成年人几乎涉足全部严重犯罪类型,未成年人绑架、弑父杀母、组织卖淫、抢出租车、计算机犯罪、贩卖毒品等未成年人犯罪新类型不断出现。

只有客观评判未成年人犯罪现状和变化趋势的严重态势,才能充分理解中央要求各级党委把青少年教育培养和解决青少年犯罪问题提上重要的工作议事日程,要求主要领导亲自过问指示的迫切性、重要性与现实性,才能认识颁布《预防法》的意义和价值,肯花力气、下功夫贯彻实施《预防法》,

把法律、指示转化成预防犯罪的实际社会行动。

二、 科学是生产力在犯罪学中体现的特殊性

科学技术是第一生产力。小平同志一句话解放了科学技术，根本改变了人们对科学技术的看法，给神州大地带来历史上从未有过的巨大变化，工农业更新换代，社会生产力出现从未有过的生机与活力。科学包括自然科学与社会科学，现在人们对自然科学的作用和提高生产力的意义在认识上大大提高了，但远远没有看到社会问题研究的巨大的、有时可以说是难以估计的作用和价值，没有真正意识到自然科学的作用和生产力提高都是要在社会环境与社会关系正确调节中才能实现，后者正是社会科学研究的责任。当今有必要强调社会问题研究的重要性，历史经验证明，一个社会问题的决策错误或失误，可以使中国社会停滞、倒退几十年，一个正确的、有远见卓识的社会问题决策，例如实行改革开放、市场经济、计划生育、发展第三产业、民营企业、股份制等等，会在几年、十几年的短促时间内把闭塞、落后、贫穷的国家变为繁荣富强、现代化的国家。在这层意义上，"一言兴邦"或"一言丧邦"并不言过其实。

犯罪是危害社会、破坏生产的行为，犯罪研究归根到底是为了预防、控制、减少犯罪的危害与破坏，因此犯罪研究也是一种生产力。当然，作为一种生产力有它表现的特殊性，它不是直接表现为增加物质产品或财富，也不表现为增加产值产量，而是表现为社会生产、经济发展提供稳定安全的社会环境，减少或避免犯罪造成的损失，节省为与犯罪作斗争所需的开支，提高人们生活质量。据美国提供的资料，1965 年犯罪造成的经济损失 210 亿美元；1970 年为 510 亿美元；1975 年为 896 亿美元，包括有组织犯罪造成的经济损失 372 亿美元，侵犯企业财产造成损失 213 亿美元，其他犯罪造成经济损失 95 亿美元，还有司法机关活动支出 146 亿美元，个人或企业同犯罪作斗争的支出 70 亿美元，这几乎相当于全世界钢铁工业一年产值的四分之一。在我国虽然还缺少这样完整的统计和数据，但仅从一些大要案个案造成的经济损失来看，少则几十万、几百万，多的几千万、几个亿，数量显然也是巨大的。如果一项科学发明为社会增加了几百万、几千万财富是巨大的生产力，那么预防犯罪的研究成果减少或避免了几件、几十件甚至更多件的几百万、几千万的损失，其结果等于上述科学发明创造财富的几倍、几十倍。而

且犯罪、未成年人犯罪研究"创造"的不仅是物质钱财,还保护、保障了创造物质财富的人、人的生命、人的健康、人的安全、人的成长、人的发展,这可能是一般的科学技术所不能比的。从社会协调发展、可持续性发展的战略高度考虑,必须提高"犯罪研究是生产力"的认识,加大犯罪研究和预防犯罪的力度,把犯罪、青少年犯罪的研究纳入社会发展、经济发展总战略,这是关系子孙后代的千秋大业。

加强犯罪与未成年人犯罪预防的研究是显著提高犯罪预防实效的重要举措之一,近年来青少年犯罪研究机构削弱,人、财、物投入减少,专业与实际部门中致力于研究的激情下降,功利主义倾向上升,研究方法滞后,严重影响未成年人犯罪预防、控制工作的创新与实效。《预防法》把"加强预防犯罪对策的研究"写入法律是非常正确、具有战略远见的。现在的问题是让它成为众多掌握实权的领导者的共识,付之于行动,支撑犯罪和青少年犯罪研究事业。把少年法、预防犯罪法转化为政府有关部门、社会各行各业、广大群众协调的、规范的、可操作的实际预防活动,使之产生实际有效的预防效果,对社会安全稳定和经济发展、青少年健康成长真正起到保障、促进作用,这应该成为我们关注的重要课题。

三、 法要为群众掌握、为群众实践

江总书记在致亚洲预防犯罪基金会第八届国际大会全体与会者的信中指出,"把犯罪的预防工作纳入法治轨道,使犯罪预防工作法治化、规范化"。我国目前少年法总体上虽不完善,还有不少空缺,不过已经制定、颁布、实施了《中华人民共和国未成年人保护法》(以下简称《保护法》)《预防法》《义务教育法》,《刑法》《刑事诉讼法》《民法》等也有若干有关未成年人权益保护与未成年人违法犯罪的专门规定,加之全国和地方的法律法规,可以说已经初步形成体系,预防未成年人犯罪正在法治化的道路上迈进。加速立法只是法治化的一步,法律法规只有为群众掌握、为群众实践,才能实现价值、产生结果。

未成年人犯罪是社会问题,涉及千家万户,关系到整个社会,任何人都不能保证自己子女绝对不会受社会不良影响、不会违法犯罪、不会受违法犯罪的侵害,因此保护未成年人、预防未成年人犯罪的法律宣传,要列入普法宣传教育的主要内容,其广度与力度应与其影响的广泛性相适应,大量、持

续地进行。上海有一位家长因为子女迷恋游戏机而走上犯罪的道路，竟不知法律明令禁止的规定，不是用法律保护自己的子女，反而离职陪小孩去游戏机房进行"监督"，甚至乞求游戏机房老板"帮忙"，这不是极大的讽刺吗？要组织编写适用老、少、男、女、工人、农民、干部各种不同人群需要的教材、读物，运用多种多样生动、易记的形式，包括不断重复的电视公益广告等，组织学习与宣传。

预防未成年人犯罪教育要与国民素质教育、少年儿童的启蒙教育、品德素质教育结合起来，形成制度。

四、 法律预防与社会预防结合

未成年人犯罪是成因复杂、变化多端、涉及面广、很难预测的社会现象，因此，预防未成年人犯罪是一项非常困难的工作，理论与实践相结合制定一部专门法是非常必要、非常有价值的，在我国具有开拓创新的意义。但是认为有了法就解决一切问题或者希望法规定得十全十美、十分具体，我们一切照办就可以了，这都是不切实际的或者说是不可能的。法的作用要通过法的实施、法的意识深入人心、法对人们行为活动的指导约束、社会为实施执行法提供条件、人们实现法的目的所采取的实际步骤活动等实现的。

《预防法》作为一部特殊的未成年人保护法，它有严厉禁止处置的刚性一面，还有大量需要社会预防实际活动支持、补充的一面。《保护法》也是如此。事实上任何一部法都不可能十全十美、天衣无缝，详细得什么问题、什么事都可以简单地对号入座。以"法无明文规定者不为罪"的刑法来说，刑法的理论与实践相对是比较成熟的，我国刑法的准备、研究、制定历时比较长，但是1997年大改后不久就发现新问题，对不上号，入不了座，1999年全国人大又通过修正案，1997年《刑法》虽然比较详尽，毕竟也只有452条413（4）个罪名。这说明，即使今天规定得很详细、很全面、很具体，但是犯罪现象在不断变化，明天出现了犯罪新情况、新手段、新类型，原来的规定又会有遗憾或不足。所以把话说到底，《预防法》的约束、控制、制裁作用不转化为社会的有效预防活动，其作用是表面的、有限的，它只有与多种多样、具体的、有针对性的预防实际活动、手段、措施、方案、办法结合起来，全面控制、减少、消除诱发犯罪的原因、条件，才能收到预期的效果。不断完善未成年人立法,把法律保护与社会保护结合起来,把法律预防与社会预防结合起来,是显著提高未成年人犯罪预防实效的又一重要举措。

五、 落实预防未成年人犯罪的根本指导方针和原则

《预防法》在总则中规定,预防未成年人犯罪要政府领导、各方参与、各负其责、综合治理,这是预防未成年人犯罪的根本指导方针和原则,是保证《预防法》转化为实施步骤并取得显著效果的关键。必须贯彻《预防法》规定,把这十六个字具体化,落到实处。

首先,要在犯罪预防的社会实际活动的每个环节上落实"政府领导"。政府是执行国家职能的庞大机器,有众多的机构、部门和领导、工作人员,预防未成年人犯罪只是政府的一项专门工作,因此,"政府领导"必须落实到确定具体负责的机构、部门,确定由什么领导负责等,要层层落实。否则只能是口头上、名义上的领导,实际上的空话、扯皮、推诿。领导不落实,预防犯罪也就成为一句空话。

其次,落实"共同参与、各负其责"。国内外的经验证明,一个单位的事好做、好检查,多个机构联合行动、共同实施的事,由于认识、职能、利益、权力、物力、财力、考虑问题的角度等不同,问题就多,就难办。怎么解决这个问题,可行的办法就是针对所要解决的问题,确定需要参加的部门、单位,越实在越好,不给挂虚名,每个单位、部门的职责要分明。《联合国预防少年犯罪准则》规定"明确划定参与预防工作的合格机关、机构和人员的责任"。由于预防未成年人犯罪工作的长期性,每个部门、单位确定的专职或兼职人员都力求稳定或相对稳定,以便培训和保持对工作的熟悉、连贯、衔接;规定每个部门在特定预防活动中的角色定位、责任、权限,一定要解决承担预防未成年人犯罪的职责与承担本部门职责的结合、统一;制定联系、协调、转移、交接的制度,发生困难、矛盾、问题时,应当十分明确该问题应由什么部门、什么人负责处理。要做到在各种情况下预防未成年人犯罪的工作中有关各方共同参与、各负其责,是很复杂、很实际的社会系统工程,这方面已经有不少成功经验,但总体上还不规范、不完整,需要从实际出发研究、探索、创新、总结。

最后,关于实现预防未成年人犯罪的综合治理,至少要做到以下几点。一是在科学评估未成年人犯罪的历史变化、现状、预测的基础上,提出综合

治理的任务和目标；二是分解目标并据以建立较易构筑的具体的可以操作、能够实现的未成年人犯罪预防次级系统；三是制定分工、协作、检查的规范、制度，并保障人财物到位；四是"九九归一"，把所有子系统统一纳入总系统，实现综合治理、预防未成年人犯罪的总目标。

六、"体系"是显著提高预防效力的强大力量

《中华人民共和国预防未成年人犯罪法》在第二—六章中，规定了教育预防、不良行为预防、严重不良行为矫治、自我预防、重犯预防，这是一个比较科学、严密的预防未成年人犯罪的体系。怎样按照"政府领导、各方参与、各负其责、综合治理"的精神，在社会实践中构筑并实现以预防不良行为和严重不良行为为中心的未成年人犯罪预防体系，是防止未成年人犯罪的坚实屏障和有效防线。

怎样具体建立未成年人犯罪的预防体系，我们可以把它分解为三个层次，设想构筑三个预防未成年人犯罪的次级系统：

第一个层次是教育和自我防范系统，面向全体未成年人，是未成年人犯罪预防的基础，可以称之未成年人犯罪预防第一次级系统。第一次级系统由政府的某一部门领导；明确以学校为主实施《预防法》第二章和第五章之规定；专题研究与实践探索创新相结合，形成一个有学校、家庭、社会有机结合、统一机制的未成年人预防犯罪教育系统；成为未成年人启蒙教育、法制教育、素质教育的重要组成部分。科学地确定未成年人犯罪预防教育的内容和要解决的问题。方法上要有重大改革创新，坚持正面教育，时时处处、多种多样的教育引导。国内外成功经验要总结、培训、推广，如参与式、家庭学校、电视社会公益广告、寓教于乐的活动……

第二个层次是不良行为和严重不良行为的预防系统，它主要面向危险青少年，是最直接、最见实效的预防未成年人犯罪的关键，可称之为第二次级系统。

大量未成年人犯罪的案例证明，不良行为与严重不良行为是违法犯罪行为的开始或违法犯罪行为发展过程中的一个阶段。未成年人走上犯罪道路，一般都有一个逐步发展的过程，从接受不良影响，到思想、需要、交友偏离、进一步产生偏差行为、不良行为，最后走上违法犯罪。这当中，从不良意识与需要、交友偏离发展到不良行为，是未成年人走向犯罪进程中的关键的

飞跃。这是一个重要关节,通过这一关未成年人行为的危害性就加速向犯罪发展,到了严重不良行为的程度就离犯罪只有半步之遥了。从刑法的规定中可以看到不良行为与严重不良行为的影子,刑法规定中不少条款都包含着不良行为与严重不良行为的某些重要构成特征。因此,把住这一关在预防犯罪、保护青少年、保障社会安全上都具有极其重要的意义。

预防不良行为在犯罪预防中的关键作用还在于,行为与思想、需要、交友比较,具有显露性和可操作性的特点,使人们在未成年人犯罪还处在萌芽状态时能及时观察、鉴别与发觉,并采取有效的针对性措施,这就有利于切断犯罪发展的链条,达到预防犯罪、保护未成年人之目的,效率高,遗憾少,取得事半功倍的效果。

第二次级系统以公安部门或社会治安综合治理办公室或青保办领导,以社区为主建立预防未成年人不良行为专门工作小组,实施《预防法》第三章和第四章之规定。一发现有九种不良行为和九种严重不良行为的未成年人,就根据《预防法》有关规定及时有序地分别纳入有关部门和有关责任人的工作视野、工作范围、工作计划,一项预防未成年人违法犯罪的活动就正常运作起来了。必须形成完整的运作规范、运作程序、运作内容与运作要求,也就是说每个环节什么人负责、怎样工作,效果记录、环节或方法的变更与转换、工作结束,都是一步一个脚印、分工明确、操作规范。为此要组织一支经过培训的社会志愿工作者队伍。这个系统的预防措施、手段都是管理、保护性的,要保护未成年人的合法权益,尤其是要保护未成年人的隐私、人格尊严、前途发展。

第三个层次是重新犯罪的预防系统,它针对已经违法犯罪的青少年防止他们重新犯罪,这个系统可称之第三次级系统。这个系统由监狱管理局领导,实施《预防法》第六章之规定。可以组建类似香港善导会这样的组织机构与政府部门合作来实现预防重新犯罪之目的。

这三个亚系统能够操作运转,落到实处,未成年人犯罪预防的大系统就能实实在在地产生实现预防未成年人犯罪的效果。

事在人为。未成年人犯罪是一个世界性的难题,但绝不是无能为力的,在我国社会主义条件下,我们有更多的有利因素,实现控制、减少、预防未成年人犯罪。

《为了青少年的明天》①

———————————

① 由江苏省淮阴市委政法委、市社会综合治理委员会办公室、市中级人民法院、市人民检察院、市司法局、市公安局、共青团淮阴市委、市教委等 16 家单位联合举办的主题为"为了明天——淮阴市预防青少年违法犯罪法制教育图片展",其内容丰富、图文并茂的 120 多块展牌,吸引了全市 120 多所中小学校,近十万名青少年纷纷前来观看。本图为图片展在盱眙县巡展期间,展厅工作人员正在为前来观看图片展的中小学生们讲解法制方面的知识。

未成年人犯罪预防战略的新思考

——动态战略重在当前*

犯罪预防是一个关系国家安全、社会发展的重要课题。新世纪第十个年头的春天,在迎接世博会即将开幕的上海,积极组织事关未成年人健康成长、社会安全、世博和谐成功的课题研讨具有现实和长远的意义。

一、 我国预防未成年人犯罪方向正确、已显成效

我国有领导、有计划的未成年人犯罪预防的理论研究和实践探索,从1979年中共中央58号文件强调青少年犯罪是"一个不容忽视的问题",要求"各级党委都要把加强对青少年的培养教育,包括解决其中极少数人的违法犯罪问题,放到重要议事日程上来"开始,接着是1980年共青团中央召开有关青少年犯罪和青少年立法座谈会,1982年中共中央宣传部批准成立中国青少年犯罪研究会,至今至少已有30年的历史,三十年方向正确,成效显著。

30年来,经历"文革"的破坏性灾难之后,在我国社会转型、经济急剧发展、现代信息技术和传媒迅速发展、各种矛盾聚集交错的背景下,未成年人犯罪从上世纪七八十年代爆发性急剧上升的局面,实现了有限度的控制。

全国未成年人保护法、犯罪预防法颁布实施,地方法和其他法律法规逐步配套,我国以权益保护和综合治理为核心的未成年人权益保护和预防犯罪初步形成体系,对维护社会稳定、学校安全、家庭和谐、未成年人健康成长起了重要保障作用。

形成一支有事业心、有社会责任感、紧密联系实际的学者队伍,和一支同样有热情、有探索精神、关注理论素养的实践工作者队伍;两支队伍结成友好、协作联盟,取得了众多成果。建立中国未成年人综合性保护治理机

---

* 撰写于 2010 年 4 月。

构、工作机制和少年司法组织体系，以及少年司法制度的诞生、创新、完善等，是对保护未成年人和预防未成年人犯罪最重要的成果和贡献。

正确评估以保护未成年人健康成长和保障社会安全稳定、和谐发展为中心的未成年人犯罪预防工作成果和实效，肯定方向和成绩对当前或今后工作都是极其重要的。

二、 犯罪预防是动态的、长期的，重在当前

犯罪预防要讲实效、看当前和发展。未成年人犯罪经常处于较难准确把握的变动之中，无人能确定今天一定会发生什么。因此，未成年人犯罪预防战略必须建立在对犯罪的长期性、复杂性、变化性这一根本规律的客观认识上。

未成年人犯罪的长期性、复杂性、变化性决定了未成年人犯罪预防是动态的、发展的、长期的系统工程，在发展变化的延续锁链中尽最大力量准确把握现状，就能主动收到预想的效果。

当前未成年人犯罪总的动态趋势值得警惕和重视。

我国未成年人犯罪在绝对数量上还在上升。尽管近30年来，我国在预防、控制未成年人犯罪上取得显著实效和重要成果，甚至还会取得局部或某一时段的短暂下降，但今后若干年内，我国社会主义市场经济体制还将持续发展，进一步推动全方位、多层次、宽领域的对外开放，我国社会转型、变革的大环境在全局上不会根本改变，网络、媒体对未成年人的负面影响有增无减，国内灾害和国际金融危机又增加了新的矛盾和困难，我国未成年人犯罪的上升动态还会继续。

早在1990年我就提出一个警示性论点，未成年人犯罪的严峻性，不仅表现在数量上升上，今后可能更主要的是表现在犯罪性质、类型、危害的严重性上。此后我又多次对此作过分析论述，在《青少年法学新视野》一书序中，我用了这样的语言，"估计不足或忽视这一点甚至可以说是对人民的渎职犯罪。"2009年我在首届全国法学名家论坛上发表的论文中，进一步提出未成年人犯罪的严重性、暴力性、结伙性、智力性、危害程度在增加，其中还出现个别特别危险的犯罪。

上述令人不安的变化动态不是局部和短暂的，形成这种动态的影响因素和机制复杂、难以准确把握。由于我国现代化发展进程的道路曲折、社会

历史状况复杂、生产力和经济科学技术发展水平低、改革发展的艰巨复杂性、国际环境等存在众多不利和困难因素，随时都有可能引发我国未成年人犯罪动荡和高发，而这些因素又是长期起作用、有时还不是主观努力能够短时期改善或控制的。仅对未成年人健康成长有根本性影响的国内城乡差别、贫富差别、受教育差别问题，也是长期与未成年人犯罪紧密相关而又不是短时期能解决的问题，我们必须时时警惕做好准备。

动态预防战略就是指导思想和对策上不允许静止、停滞、僵化，随时看到变化、随时调整布置、随时准备战斗。动态战略要求信息通畅、快速、全面，保证认识的客观、准确、及时，随时随地地保持警惕、清醒、自觉、前瞻性，保证手段、措施、方法的变化及时性、针对性、有效性。

一般的口头上承认未成年人犯罪是动态、长期、复杂性往往是直观的、被简单化了，真正深刻认识并提高到预防战略上实施就很难得、很困难了。据此，我们必须继续坚持正确预防战略，同时根据动态变化新情况抓未知点、弱点、盲点。

三、 动态战略思维要求不断研究新情况、新动向、新变化

动态战略必须加强调查研究，研究新情况、新动向、新变化、新问题、新矛盾，相适应地突出探索新思路、新的关注点、新手段、新措施、新方法、新的组织形式、新的作战方案、新的工作机制等。下列变化可作为近期内足以引起战略变化研究的情况或依据：

（一）外来未成年人犯罪增加

上海市人民检察院公布 2009 年调查统计，上海未成年人犯罪人数 2008 年比 2004 年上升 56％，其中沪籍未成年人犯罪人数 2008 年比 2004 年下降 27.4％，外地来沪未成年人犯罪人数上升 127％。据了解这一变化在大中城市、发达地区有普遍性。另据公安部 1991 年中国现阶段犯罪研究课题调查，当时我国"2/3 刑事犯罪发生在长江三角洲到珠三角洲至广西沿海和豫、鄂、湘、川交通枢纽地带""外来流窜人员犯罪占 60％以上"。国外也早有发现外来人员犯罪率高发的研究成果和研究，引人注目。

从现实看，我国对户籍所在地未成年人犯罪的保护预防控制相对比较完善、到位、落实，而对流动的、外来的未成年人保护和犯罪预防存在无能、无法、无为的薄弱空缺状态。这一情况值得战略上调整和加强。

（二）高危险犯罪、发泄好奇模仿性有组织犯罪、高科技智能性犯罪值得关注

首先要研究类型交错、结合性的高危险犯罪,我国地域广阔、人口众多、社会情况复杂,近年来,时有发现未成年人实施一些非传统、非常规的特别危险的类型结合突发的犯罪,如有的犯罪未成年人没有是非感、罪恶感、恐惧感,想到就偷、就抢,偷不到抢不到就杀人伤害放火灭迹,什么罪行轻重、侵犯财产、侵犯人身、危害社会管理都不在意,真有点"不是不敢做,只是未碰到"。又如众所周知的 2007 年广州审处的"黑龙会"案件,2009 年上海审处的"尊龙名社"案件,与一般常规传统案件比,人多胆大、频繁作案、危害性大、影响后果更严重。随着文化教育科技知识水平普及提高,运用学到的文化知识和现代科技手段实施有准备有预谋的智能性犯罪,在未成年人和小龄青少年犯罪中时有发现,其发展增加是早有预见的,等等。未成年人犯罪新类型如能确认,其研究的价值和战略意义是不容置疑的。

（三）传媒、网络等对未成年人犯罪的影响比物质因素更直接更广泛

传媒、网络上不良信息漫延传播早已引起社会的普遍关注,近年来成为全国和省市人大代表、政协委员们的热议问题。湖南省人民检察院副检察长公布 2009 年的一组最新数据,全省批捕的 2972 名未成年犯,犯杀人、抢劫、绑架、爆炸等严重暴力犯罪的有 1695 名,其中 50% 以上受网上暴力、色情影响。2010 年 1 月中国青年报调查中心调查显示,95.3% 的被调查者认为互联网对孩子有负面影响。公安部开展专项行动,至 2010 年 2 月 10 日止,已关闭淫秽色情和低俗网站 1.6 万个,可见问题之严重和中央的重视。

（四）改革开放、发展强大带来的国际社会影响和责任

中国特色社会主义越来越受到国际社会的关注是不争的事实,中国社会的政治、经济、文化、社会安全稳定等等,无不受到世人瞩目,人权、法制、安全更是备受关注。在我国举办的国际性活动增多,今年世博会在上海举办,安全问题也是重中之重,类似特殊重要活动需要及时、可靠、安全预防保险的绝对保证,未成年人健康安全与预防犯罪也应该有相应的战略应对研究。

四、 新的战略重点和工作机制

切合实际的有发展、有变化的预防战略才是科学有效的,战略是与具体

目标、措施、手段相连的,常新才有针对性,常新才能常有效。犯罪预防就是打仗,敌变我变,知己知彼,百战不殆。情况变化了,战略不变就不行,不变用之一定不灵、少效、无效、失效。

针对上述动态的现状研究,有几点不完整的探索性粗略思考和构想:

(一)把外来未成年人保护和犯罪预防的研究和实际操作提到战略日程上来

在继续完善加强本地未成年人保护和犯罪预防控制的同时,专项重点研究外来未成年人犯罪的原因、条件、发生变化情况和规律;创新思路,如平等公正切实为外来人员服务,让外来人员从利益、感情上与上海紧密联结起来,自己靠近、纳入上海管理,变我要管为要我管;入学接受教育是把外来未成年人纳入视野、纳入管理、掌握信息、防止与减少矛盾问题的得人心、人性化、有良效的办法;建立责任制,发现问题苗子,通过关心不是歧视,帮助不是压制,管理不是控制或限制等办法,及时解决或报告,探索创建一套保护未成年人、预防未成年人犯罪的有效管理办法和制度。

(二)建立大统一信息网,存储积累并把分散信息集中形成总信息库

综合治理是长期有效的战略,信息是行动的指路灯。信息要依靠群众、依靠全社会。需要研究制定标准、管理规范、工作程序;发现问题苗子、隐患,建立需要关注的人和事信息库;随时组织进行危险性的评估、筛选、沟通、通报;提示环境信息、重点保护区域、人、物;增加地区或区域间合作,适时发危险预警,防止突发事件或恶性犯罪。

(三)提高家庭教育水平能力与少年自控能力

孩子的习惯、是非标准、道德理念、法律意识都是从小从家庭开始的,这一点现在更有必要重视强化和改进落实。

孩子是积极能动的主体,未成年人自我保护、健康成长、自我控制具有特殊的战略意义。最近有一篇文章用歌德的一句话:不能主宰自己,永远是一个奴隶。文章认为诱惑越多,自控能力越重要,不能让孩子随心所欲。自控能力比智商更重要,要让未成年人懂得自己是社会人,知道责任,自尊,从小养成好习惯,明是非,正确评价自己行为,增强并不断提高自控能力。

(四)把抓好日常管理秩序纳入预防战略

"浑水摸鱼"说明秩序就是预防,组织就是预防,情况就是预防,时间就是预防。有序就好组织就能在第一时间发现情况、发现问题,及时作出反应

解决问题。平安要有秩序，守法就能和谐平安。秩序要求自尊自控、宽容沟通与尊重他人的权利自由。

（五）加强研究，从犯罪预防研究中去得到时间、人力、物力、资源、效率

科学是生产力，从未成年人政策面考虑，要研讨不能犯国外曾经出现过"犯罪趁早"的纵容犯罪的错误；法律刑事责任年龄一刀切规定与实际上未成年人自然生理社会成熟早晚个别化矛盾，对特别严重犯罪的认识水平测评与处置也是一个需要研究的课题；还有未成年人保护与保护社会与公众安全、社会与公众容忍度平衡问题，刑事处罚的多样性及其不可少的震慑性、预警性和体验感受教育问题等，都是与预防未成年人犯罪战略直接关联的。砍柴不负磨刀工，犯罪预防需要的人力、物力、财力、资源的投入是永远不可能充分满足的，加强研究就能以有限的投入获得事半功倍的回报和效果。

司法机关在预防未成年人犯罪有特殊的责任，长宁检察院多次主持、支持、承办研讨会作出众多贡献。我个人认为检察机关加强研究，创新理论和工作机制，充分发挥检察职能和检察法律监督的特有职能、联络优势，建立或形成未成年人犯罪动向和预防的信息中心、研究中心、动态发布中心、创新建议中心、创导支持推动中心、制度检查、长效监督中心，能够在这个特殊领域为社会作出特殊贡献。

略谈刑事侦查工作中的青少年犯罪预防问题[*]

刑事侦查是与各种刑事犯罪作斗争的重要武器。列宁说："……惩罚的警戒作用绝不是看惩罚得严厉与否，而是看有没有人漏网。重要的不是严惩罪行，而是使所有的一切罪案都真相大白。"①侦查破案的目的就是要使每一案件"真相大白"，不使任何一个犯罪分子因漏网而逃避应得的惩罚。解放以来，我国公安机关在依靠群众、利用技术、提高侦破水平、揭露刑事犯罪分子、保护人民利益方面，取得过许多成果。但是，如果能像我国古话所说："防患于未然"，使罪案不发生，少发生，避免总是在罪犯实施犯罪以后像斯大林所说的"去咬他们的脚后跟"，那么，我们就不能不把着眼点从侦查破案进一步考虑到犯罪预防。实际情况表明，刑事侦查工作中的犯罪预防，必须引起足够的重视和大量的研究。克服那种认为预防犯罪不是刑事侦查工作部门的业务，是与刑事侦查无关的额外负担，搞预防是不务正业等不正确的思想。实践中应把刑案侦破与犯罪预防置于同等重要的位置。

刑事侦查中的犯罪预防是在侦查破案的同时，总结经验，发现问题，寻找规律，有针对性地提出、采取一系列旨在预防和减少犯罪的原则、思想，以及有效的措施、技术、办法。例如，在有的旅馆中经常发生被窃事件，侦破过程中发现大部分案件发生在黎明前，原因是夜班门卫在晚上十一点钟以后就把大门关闭睡觉了，一般都睡到第二天早上六点钟左右，而旅客中因各种原因总有个别人特别早就起身外出，他们打开了大门，而这时门卫与其他旅客都在酣睡，给了盗窃犯可乘之机。针对这种情况，刑侦部门提出改进旅社门卫管理，建议加强黎明前出入的检查和监督，有效地防止和减少了该类罪的发生。这个例子说明，侦破与预防是刑事侦查工作的两条腿、两着棋，是具有完全相同的目的和任务的。刑事侦查工作中的犯罪预防，在实践中不仅完全必要，而且是义不容辞的。它与侦查破案相辅相成，是侦查破案的

　＊　原载《新中国犯罪学研究》，法律出版社 2011 年版。

　①　《列宁全集》（俄文版，第 4 卷），第 364 页，载中文马克思主义文库网（https://www.marxists.org/chinese/lenin-cworks/4/index.htm），访问日期：2024 年 6 月 6 日。

进一步发展，是对人民利益负责到底的表现。在一定意义上，刑事侦查工作中的犯罪预防比侦查破案具有更加主动积极的意义。另外，预防的基础是预见，预防反映出人们对犯罪及其变化规律认识、把握的深度，是人们与犯罪作斗争中，从盲目被动的必然王国，走向自觉主动的自由王国的里程碑。因此，刑事侦查工作中轻视或忽略研究科学有效的预防，只能说明刑事侦查工作的片面、被动和落后。从刑事科学的观点上甚至可以说，没有预防就没有积极主动的、科学的社会主义犯罪侦查学。

一、刑事侦查：青少年犯罪预防中的特殊环节

刑事侦查工作中的青少年犯罪预防，是犯罪预防体系中的特殊环节，在青少年犯罪综合治理中具有独特的地位，它不同于综合治理中的一般预防方法，也不是一般部门的预防。青少年犯罪的刑事侦查预防的最主要特点是从刑事侦破工作实践中总结出来的，针对青少年犯罪的具体原因、特点、条件，而制定的技术的和非技术的综合防御系统。它具有特别明显的针对性和有效性，是侧重于各类具体犯罪的专业性、业务性预防。当然这不是说，刑事侦查的青少年犯罪预防只对个别犯罪和特殊类型的犯罪具有预防的意义，没有一般预防的价值。因为，普遍性寓于特殊性之中，共性寓于个性之中，从刑事侦破的角度，对青少年犯罪的具体原因、特点、条件的研究，可以为研究青少年犯罪的本质的、一般的原因，以及研究青少年犯罪的变化规律提供大量有价值的实际材料，能够为制定全面的青少年犯罪预防、治理方案作出重要的贡献，特别能够对各种措施的现实有效性作出切合实际的评价。

青少年犯罪预防是我国当前刑事侦查部门一项亟待建设的重要业务，应该提到重要的议事日程上来，它是刑事犯罪的现实情况和特点所决定的。众所周知，我国当前刑事犯罪中，60％以上是青少年犯罪，主要集中在二十岁上下的几个年龄区间。在劳改、劳教的对象中，青少年在许多场所中占90％以上。以上海为例，1977 年全市青少年犯罪占整个刑事犯罪的 72.1％，1978 年占 71.7％，1979 年占 78％，1980 年占 69.9％。四年的比例说明，上海在这几年中，青少年犯罪在整个刑事犯罪中所占的比例，在 70％—80％间浮动。这个比例数所反映的情况，在全国的大、中城市中有一定的代表性。特别值得指出的是，在上述比例数浮动的年份，青少年犯罪的绝

对数一直趋于上升,其中未满十八周岁的未成年人,竟占青少年犯罪的10%—20%。因此,把青少年犯罪预防工作抓上去,就是关系到解决刑事犯罪中百分之七十、八十、九十的大问题,是当前解决刑事犯罪、搞好社会治安的关键。

犯罪预防工作与犯罪侦破工作不仅是一致的,而且预防工作做得好,可以加强侦破力量。因为,与其在大量实施的青少年犯罪案件面前,动用大量人力、物力,分散力量,被动地去追查线索,发现嫌疑,最后惩处的只是少数严重的犯罪青少年,不如在案件未发生前,主动投放力量,采取措施,预防和减少青少年犯罪的实施,真正做到集中人力、物力于严重的青少年犯罪案件上,从而加强了侦破力量,强化了侦破工作。因此,无论从政治影响、实际效果和侦查业务工作开展方面来考虑,都是合适可行的。我们必须充分估计到,在我国社会主义条件下,青少年犯罪中绝大多数是恶习不深的、偶发性的,其中很大一部分案件是可以预防的。刑事侦查部门要下决心在抓紧侦破、打击严重犯罪的同时,拿出力量来从现实出发,寻找发案规律和预防办法,与有关部门配合,大抓青少年犯罪的动向探测,大抓防止青少年犯罪的各种针对性业务措施,大抓综合治理,这是刑事侦查工作面貌从根本上有所改变的不容忽视的一环。那种单纯重视侦破"忽视预防"或者口头上重视青少年犯罪预防,实际工作挂不上号、挨不上边的看法和状况亟待改变。

在"极左"思潮的影响、干扰下,尤其是林彪、"四人帮"的严重破坏,我国刑事侦查工作的体制和业务工作损害极为严重,基础工作、青少年犯罪的预防工作更是一个薄弱的不受重视的领域,大量现实问题急需加强研究。在目前缺乏系统的资料、统计和调查研究的情况下,本文提出的许多问题具有探讨的性质。但是,只要广大实际工作者与理论工作者真正重视、密切合作,这一重要领域的薄弱状况就会逐步改变。可以指望经过若干年的持续努力,我们能够建立起我国青少年犯罪刑事侦查预防的科学体系,进一步在理论上得到发展和说明,在方法上日趋丰富和完善。

二、 青少年犯罪的刑事侦查预防方法概述

刑事侦查工作中的青少年犯罪预防,内容十分丰富,手段也是多种多样的,根据其内在的逻辑联系和采取方法、措施的性质,主要有:

（一）控制性预防

刑事侦查工作中青少年犯罪的控制性预防,是一种与侦破紧密结合的专门性工作,这种预防要求细致地掌握学校、工厂、企业、里弄中有违法犯罪活动的青少年的详细情况、活动规律、新的动向,在此基础上:(1)根据已破获的犯罪青少年堕落的教训,针对不同类型、不同发展时期的有失足危险的青少年,提出进行教育、帮助的措施建议,克服错误思想,矫正其不良习惯,认识其行为活动后果的危险性,提出忠告等;(2)发现有些人的行为出现反常征兆,根据已有的经验判明确有犯罪的威胁时,采取必要的措施及时制止,防止犯罪行为的实施;(3)在某些人作案以后,根据案件发生的时间,作案人必须具备的条件,作案手段的特征等,迅速及时在已掌握情况的青少年中发现疑点与线索,及时侦破,防止其犯罪活动进一步发展,造成更严重的后果。例如,某地发生了一起盗窃案,有人揭发可能是浙江省某区的一个青年干的,但不知姓名、具体住址,有关部门向该辖区民警提供已掌握的部分特征请求查寻,由于该民警熟悉其辖区的青少年情况,因而就立即提供了符合该特征的青年的情况和姓名,进一步查实了这个青年就是盗窃案的主犯,而且正在筹划一次规模更大的盗窃活动。这就充分发挥了控制预防的积极作用。

控制性预防要做大量扎实的基础工作,材料要长期积累,不断更新,细致准确。例如,要摸清楚有违法犯罪行为的青少年人数、特征、社会关系,进步或堕落的变化,活动特点,兴趣爱好、思想变化、被教育改造后重新回到社会上的思想、心情、表现、实际困难等。情况掌握得越细致清楚,那么任何一项突然变化的不正常因素就越逃不出有关部门的"火眼金睛"。例如,有一个有多年偷盗历史的少年,经反复教育,已经一年多稳定下来未犯错误,民警、干部、邻居经常关心他、了解他,后来发现他结交了一个新朋友以后外出活动频繁,有行动不正常征兆,经查证,他结交的新朋友系外地来的一个流窜盗窃犯,于是,一方面与有关地区联系作了处理,另一方面对该少年进行了教育批评,使其懂得了结交朋友以及与坏人割断联系的重要性,他认识到危险后果以后感激地说:"是派出所同志挽救了我,使我一只已走上犯罪道路的脚拔了回来。"

控制性预防要特别注意在侦查破案过程中牵涉的青少年落后层,其中许多人已在不同程度上受到犯罪的影响,这是犯罪青少年的保护性外围,是他们助威壮胆的力量，也是他们扩大影响的中介，从发展看还是青少年犯罪的补充后备力量。因此，要重视掌握这部分人，对这一层人要进行分析研究，与有关单位、部门联系，落到实处。了解他们，关心他们，教育他们。减少犯罪青少年对他们的影响，控制这支队伍不再发展，支持他们觉悟起来与违法犯罪作斗争，这对于预防、减少青少年犯罪是很重要的。

（二）堵塞性预防

堵塞性预防就是在青少年犯罪侦破过程中，努力发现和寻找造成青少年犯罪得逞的漏洞和问题，从而针对性极强地提出和采取措施加以堵塞，以防止和减少青少年犯罪的方法。堵塞性预防可以列举以下几个方面：

1. 堵塞工厂、企业财产、物资管理方面存在的漏洞

根据大量实际材料反映，我国青少年犯罪中盗窃案件占第一位，其中最主要的一个漏洞就是工厂、企业在物资、财产的管理上松和乱。形同虚设的破网式仓库，无人过问的露天仓库，四通八达的马路仓库，短缺无数的糊涂仓库，物资各自取的良心仓库等，为青少年犯罪开了方便之门。其他如值班人员玩忽职守、喝酒、聊天、打扑克、睡觉；财会人员违反规定存放大量现金；企业领导对财物短缺不查不追，等等。有的青少年罪犯传授犯罪经验说：偷公家财物有四"好"，一是无人管，易得手；二是财物多，油水大；三是情况杂，好蒙混；四是不心痛，追查松。这从反面暴露出我们管理工作中的问题和漏洞。这方面的实际事例很多：有的案子破了，失窃单位尚未发现；有的人赃俱获，赃物送还，失窃单位还不认账；有一个单位竟然把价值万元的黄金随意放在公共场所，无人照管，造成罪犯非常自由地窃取黄金的机会；还有一个工厂把大量物资、原料堆放在一个无人看管的露天场地，周围篱笆千孔百洞，小孩经常自由出入，捉蟋蟀、打闹，或者随手拿点认为好玩的东西。有的拿些东西换糖吃或送废品收购站出售。周围一批青少年大量偷窃盗卖该厂的工业用铜，他们公开说：没有钱花，到隔壁工厂的仓库去"借"。无怪乎有的群众指责这个单位是在给青少年犯罪提供"练艺场""培训场"，造成青少年的不良思想在这种混乱的环境中得以实践和发展。事实证明，就是这个工厂在有关单位和群众的督促下，与街道、教育等部门配合，修好了围墙并派了一个警卫人员以后，该地区偷铜案件就很少发生，阻止和避免了很多青少年犯错误。

2. 堵塞青少年管教方面的漏洞

从已揭露的青少年犯罪成员中，有学不上、有工不做、有家不归的人占

有相当比重,这些人主观上都有许多问题,但学校、工厂、家庭少有管教、知难不管等是一个极需要堵塞的大漏洞。有的工厂青工经常迟到、早退、无故旷工,领导和有关人员从不过问;有的职工长期不上班,厂里竟一点也不知道。学校中有的班主任对自己班上的学生经常不来习以为常,从不查问,甚至对有的"捣蛋"学生希望他不要来,免得找麻烦。家长则常常是从管教不当到无能为力、不再为力。这一批"游离"的青少年有大量闲散时间,精力充沛,既无监督、约束,又无正当工作,于是搞无政府主义,惹是生非,乱交朋友,沾染不良习惯,直至失足堕落,走上犯罪道路。据有关部门统计,仅上海市去年(1980 年)中学生中就有这种"有学不上"的游离分子四千人,其中70%的人有违法犯罪行为。可见堵塞这个漏洞在预防青少年犯罪工作中的重要性。

除上述外,在青少年犯罪案件的侦破过程中,我们还可以发现、总结出许多工作、管理、教育中的漏洞,如对青少年接触国内外文艺宣传方面的不良影响缺乏管理、限制和指导;青少年犯罪所得赃物存在一个黑暗畅通的销赃市场问题;学生中"黄色"手抄本对青少年的腐蚀毒害问题。小如一个公园、一个溜冰场的管理和风气问题;一个夜间的餐厅、咖啡馆为什么人服务的问题等。这些大小问题都要关心、总结、研究,要系统地、经常地、及时地向各级组织、各个方面指出这些漏洞及其潜在的危害性,并提出如何堵塞的办法,其中包括刑侦部门本身的积极工作和配合。

青少年犯罪堵塞性预防明显具有针对具体犯罪的特点,一般都具有迅速直接收效的优越性,这是刑事侦查工作预防独具特色的重要组成部分。

剥夺性预防是堵塞性预防的特殊形态。它根据某些青少年犯罪实施所需要的条件,如聚众斗殴、伤害、杀人、抢劫所需要的凶器,流氓、卖淫需要的场所,聚赌要有赌具,吸毒要有毒品等,事先剥夺其犯罪条件,如收缴凶器、赌具,严禁毒品的入境或制作,严格户口管理等,这也是预防、减少该类犯罪的一个不可或缺的方面。

(三) 保护性预防

保护性预防是根据青少年本身的幼稚不成熟、不坚定、辨别能力不强,正处在成长发育时期的特点所决定的。这主要表现在两个方面:

1. 保护青少年不受外界不良影响的毒害

从破获的青少年犯罪案件中可以看出,不少青少年并不是生来就坏的,有的甚至有良好表现的青年和少年时代,由于交友不慎、坏人的教唆、色情的熏染、社会的歧视、生活的枯燥、不良的家庭、父母的遗弃、经济的困难、升学的挫折、疾病的缠扰等,给他们带来不幸和灾难,使他们从受害者变成害人者。因此,保护青少年不受这些毒害是社会的职责。对于教唆者、引带者、遗弃者、渲染者……要进行教育、限制、处理、惩罚,要求他们承担义务,保护青少年不受危害,健康成长。

2. 禁止青少年去从事某些有损青少年身心健康的活动

大量材料证明,青少年吸烟、嗜酒、谈对象、赌博、看不适年龄特征的书刊、电影等,对青少年健康成长都极为有害,甚至往往成为犯罪的诱因。从青少年犯罪的调查统计中反映出,犯罪青少年中染有这些不良习惯的人所占比例是很大的,有的地方统计犯罪青少年中,男性吸烟占 99％,女性吸烟占 60％。一个觉悟了的未成年犯回顾其走上犯罪道路的教训时说:"不学习开始,一支烟上钩",是很值得深思的。一个干部的孩子,竟成了"偷自行车的人",其直接原因就是吸烟、吃喝、谈朋友,经济上无法通过正常渠道得到满足。至于染上赌博习惯,失足堕落成为各种犯罪的青少年数量更多。所以,禁止青少年接触或从事某些不合适的、有害的活动,是对青少年的关心和保护,也是预防青少年误入歧途,失足犯罪的重要措施。

三、 青少年犯罪时刑事侦查预防方法的实施要领

刑事侦查工作中的青少年犯罪预防是独具特色的,它具有明显的专业性和特定犯罪种类预防的针对性,而成为青少年犯罪预防总体系中的有机组成部分。为了充分发挥刑事侦查工作中的青少年犯罪预防的特殊作用,必须掌握和正确处理以下几个问题。

首先,从实际出发,把预防工作建立在刑事侦查工作的扎实基础上。根据辩证唯物主义的根本原则,刑事侦查工作中的青少年犯罪预防的基础和前提就是要客观地、全面地反映青少年犯罪破获过程中暴露和探究出来的各种类型犯罪的具体原因、条件、手段、特点等。这种专门的了解、探索越具体、越实际、越准确,在此基础上提出的一般或特殊种类犯罪的预防措施、手段、技术,就越科学、越有效、越有价值。反之,从一般情况出发,就失去了刑事侦查工作中青少年犯罪预防的客观依据和特点,缺乏针对性和科学性,对解决实际问题也就没有什么意义。

由于青少年犯罪受到政治、经济、文化宣传、社会发展、人口结构、社会风气、国内外思想影响，其类型、数量、特点、手段、侵害对象等经常发生复杂的变化。因此，我们要注意调查在刑事侦查过程中发现青少年犯罪的细微变化和新的动向，研究其变化、动向的客观依据和发展趋势。这种调查研究要不断进行，使我们的预防思想、预防措施和办法得到不断补充、更新、发展。要充分利用新的技术手段和方法，最快地、最准确地掌握青少年犯罪变化的各种征兆，并在制定预防措施中充分利用技术系统，这是保证我们预防工作经常有效的根据和条件。

其次，党领导下的群众路线是我国公安工作的根本路线。刑事侦查工作中的青少年犯罪预防也必须在党的统一领导下依靠群众，要掌握专门机关与广大群众相结合的原则。否则孤军作战，神秘主义，只能是事倍功半，收效甚微。

依靠各个部门、单位的支持、合作，依靠有组织的广大群众，这是我们依靠群众的最主要形式和特点，也是我国社会主义制度优越性的表现，具体的办法就是依据侦查破案中掌握的细微材料和各方面提供的情况，经过去粗取精、去伪存真、由此及彼、由表及里的改造制作过程，形成较为系统的意见，经常不断地向各系统、各部门、各单位、各有关人员指出青少年犯罪在各系统、各部门的情况、动向、变化，进行青少年犯罪的动向探测，及时对可能出现的危险发出信号或警告，提出防范的具体方案、建议和要求，提供最新、最有效的防范技术或非技术防范方法等。把各部门的新情况、新经验、新办法又经常反映集中起来，有利于作进一步的分析研究。刑事侦查部门提供的准确情报和可行的办法、措施，使各部门、各单位在实践中取得令人信服的效果，就大大有利于专门机关与各个部门及其广大群众的密切联系，使有关单位和群众的积极性得到发动、保护和充分发挥。各部门及其群众真正地信赖专门机关，并把专门机关看作人民利益的保护者，是他们与青少年犯罪作斗争的参谋和指导。只有让各个部门和广大群众真正行动起来，又有不断充实有效的预防办法和措施，才能发挥青少年犯罪预防的最大作用，并取得资本主义国家无法取得的效果。强迫命令、包办代替都不是依靠群众的办法，是无法调动群众积极性的。

最后，要加强研究、总结，不断提高自己的专业水平。从总的青少年犯罪预防考虑，重点要根据刑事侦查工作特点，研究和总结各种类型的青少年犯罪的特殊预防系统,不断探索适应各种情况的青少年犯罪预防方案、预防措施,创新和利用各种新的科学技术预防方法,在此基础上总结、提炼成我国青少年犯罪预防的理论和科学体系。

在我国这样一个人口众多、青少年人口比重大、情况复杂的国家,要保证四个现代化建设所需要的安定团结的良好社会环境,没有现代化的业务水平和技术水平是不行的,要努力从实践中学习、总结,也要从理论上不断探索,我们要吸取国内外现实中和历史上一切有价值的成果,为青年一代的健康成长、为现代化的强大的社会主义祖国服务。

司法分流与未成年人违法犯罪预防战略

——兼论盘龙经验的科学性、借鉴性 *

构筑未成年人违法犯罪的预防体系,是世界各国政治家、司法实际工作者、法学家、社会学家等众多人士共同关注的具有战略意义的研究课题。

预防未成年人违法犯罪的战略体系必须是多道防线的综合防治体系。早期的教育、早期的预防是最好最积极的一个环节。司法预防是最后的防线、底线,也是必不可少、具有不可代替的特殊功能的一个重要环节。云南省昆明市盘龙区探索的"司法分流"试点经验,基于未成年人的特殊性,让一切不必要或者通过其他手段可以得到解决、解救的违法犯罪的未成年人不进入刑事司法处置程序,这是司法预防环节中的早期教育、早期预防、早期保护,是司法预防中保护挽救未成年人最积极、最重要、最值得关注的一个问题。我认为,"司法分流"实际上是以国家司法强制的权威为后盾实施教育挽救预防的特殊手段,是当今国际社会普遍认同的少年司法的发展走向,具有保护未成年人、极富人性化、人道主义和现代社会文明进步的特征。

盘龙的试点突出司法分流,在法律规定的框架内,在公安第一线推行"合适成年人参与制度"、建立社区青少年活动中心、形成一支志愿者工作队伍等,均是围绕司法分流而展开,这是在一个特定区域内探索一项有成效的、科学的、有推广价值的未成年人违法犯罪预防战略模式。通过多年的工作实践,盘龙区逐年减少了未成年人进入正式司法程序的人数,在具有关键价值的环节上有效地挽救与保护未成年人,预防减少了未成年人犯罪和重新犯罪,其在未成年人违法犯罪预防战略中的示范意义是值得肯定和进一步研究的。

科学的、值得借鉴的未成年人违法犯罪预防战略模式至少要具备以下几个特点,这是我们研究、评价盘龙经验的依据:

---

* 撰写于 2007 年 2 月,原载《为了明天——未成年人保护与违法犯罪综合预防研讨会文集》。

一、 符合未成年人特点，具有积极保护的性质

未成年人是成长中的人，是身心发展和认知培育尚未完成的不成熟的人，是处于幼弱时期的人。这就决定了这个群体是一个不稳定群体、容易受影响的群体、可教育可塑造的群体、需要特殊保护的弱势群体。

这是我们正确认识、理解有关未成年人法律、政策精神的基点。未成年人犯罪预防战略也要从这一基本认识、科学认识出发。我国《预防未成年人犯罪法》总则第 2 条就有"立足于教育和保护"的专门规定。未成年人违法犯罪预防法律规定的每个环节也都体现了这一精神，也就是教育、保护、挽救，尊重其人格尊严，促进其健康成长，才是从根本上预防、减少未成年人违法犯罪的万全之策。

只有保护是最积极、最得到社会理解支持、最少消极负面影响和后遗症的预防战略、策略、方法、手段。盘龙的"司法分流"试点立足于教育、保护，在目标和具体要求上规定"探索中国未成年人司法制度的完善和健全，促进联合国《儿童权利公约》第 40 条，即涉及未成年人司法条款的实施"，目标明确，指导思想是科学的正确的。

二、 有针对性，符合罪因特点和未成年人犯罪发生、发展的规律

未成年人在成长、发展过程当中会出现这样或那样的问题，是具有生理心理因素的难以避免的现象，走上违法犯罪道路的未成年人也与其生理心理的特殊性有关，虽然不能否认有自身的缺陷和问题，但是大多数未成年人都有其本人难以选择、难以抵御的外在环境影响和条件决定或制约。因此，预防、挽救未成年人违法犯罪战略或手段特别要注意其罪因特点，实实在在地改变、改善、创造、优化其生存生活的外在环境和条件。否则，单纯惩罚甚至重罚其本人，在很大程度上是不起作用的。

必须强调指出，走进司法程序是一个转折性关键环节，对违法犯罪的未成年人来说几乎都存在一个特殊醒悟的潜在机遇。因为，面临着严厉的刑事惩罚是对他（她）难以承受又无法抗拒、无法选择的现实，这是真正的当头棒喝。是否进入刑事司法程序关系着他（她）们生活、娱乐、自由、学习、前途的根本变化，在这样一个非常情况下，存在着取得特殊教育、挽救效果的时

机。这时候一方面是在强大的国家强制压力下，等待着他们的可能是刑事处罚、失去自由，一方面是教育挽救给出一线希望，调动了通常情况下难以调动的力量，有利于组成多种力量配合有效的工作。从而造成违法犯罪的未成年人会出现特别听得进，特别老实，特别感恩的思想感情交流情景，形成转机，突现一日胜过几年的认识跃进，"浪子"好像一下子长大、懂事、醒悟了，有了"回头"的情感、语言、念头、表示等等。这时，司法方面与社会方面要有一个援助、挽救体系，要有一种机制，能够提供机会和条件，帮助他（她）告别过去，向健康成长的道路上前进，减少弯路，避免走上错误、危险发展的道路。这个体系和机制必须结合司法的程序和处置环节，符合未成年人违法犯罪的发生发展的实际进程，具有可操作性，就像盘龙已经做或者正在做的那样，能够有实际的措施提供实际的帮助。

三、 符合现代社会的法律理念和我国现行法律规定

我国《宪法》明确规定"尊重与保障人权"，尊重与保障人权特别需要关注的是处于弱势群体的公民权益。不容置疑，未成年或可能进入刑事司法程序的未成年人是弱中之弱，是最容易受到侵害的特殊群体，他们甚至不知有权，不会维权，无力维权，为此国家专门制定保护法保护他们。

联合国《儿童权利公约》以及有关文件也专门规定了儿童的最大利益原则，司法公平公正原则等。具体规定，尽量减少司法干预的必要；对触犯法律的少年公平、人道地处置；对儿童的逮捕、拘留或监禁应符合法律规定并仅应作为最后手段，期限应为最短的适当时间。这些规定都要求不能让未成年人承担不应承担的责任，不能让未成年人受到不应受到的处罚，不能让未成年人受到不应得到的不公正待遇，不能让未成年人受到超过其认识能力、行为严重程度的处罚，等等。

四、 社会支持、认可、接受，具有可操作性

一个社会公众不理解、不支持的做法、手段、措施是无法贯彻实施的，如果违背人心地强制推行也是行不通的、无法操作的。实践证明，盘龙的做法得到广大公众的理解、支持、赞扬、肯定，得到司法部门、政府机关的理解、支持、合作，当然更得到受益群体的拥护、赞扬，社会效果十分显著，这从不同层次、市内外、省内外广阔社会上的多种舆论的反映中充分体现出来，四年

试点经验和实践也摸索、总结出一系列规范化、可操作的做法、规定、程序、制度等,其教育、挽救、预防未成年人违法犯罪的效果是有实践依据和数据支持的。

从上述观点或标准、特点出发,研究评价盘龙试点的经验,我个人认为试点是抓住了少年司法的一个关键环节、早期干预环节,提供了以"司法分流"为核心、为特点的未成年人违法犯罪预防的科学有效的模式,具有科学性和推广借鉴的价值,尤其是以下一些经验和做法是符合我国现行法和国际规则的规定,是科学的,有可操作性,值得学习借鉴的:

首先,从公安第一道防线上开始,在我国现行法律、规定框架允许范围内建立制度,形成规范,与时俱进,不断修改完善,保障未成年人的合法公正的权益,执行教育挽救政策,使违法犯罪的未成年人尽量少进入刑事司法程序,有利于青少年健康成长和社会安定和谐,也有利于减少司法成本,提高司法权威。

第二,专职与兼职合适成年人参与制度成为推动"司法分流"工作的重要支撑,也是保障司法公正、协调关系、保护触法未成年人合法权益、教育管理落到实处的重要力量。专职合适成年人与兼职志愿者合适成年人相结合,是一项开拓性的创新成果,在经济实力相对不足的地区更有借鉴、推广的价值和意义。

第三,政府主导下的各方参与配合,形成政府、法院、检察院、公安、司法、高等学校、科研机构、社区、社会援助机构的综合力量,构建多道防线,包括足够重视必要的惩罚手段,才能使科学的认识、设计变成能够付诸实施的手段、措施、规定,形成有效的预防体系和网络。

第四,社区活动中心成为未成年人犯罪预防战略中的一个支持平台,配备有素质修养的工作人员、物质资源,使分流出来的人有去处、有人关心有人管,不脱离有关部门和公众的视野,有出路,这是分流得到落实和社会安全得到重要保证的基础。

有必要说明,盘龙的探索和经验还有待发展、完善,目前涉及的也只是需要关注群体中的一小部分。从我们关注未成年人违法犯罪和社会安全这一独立的视野考虑,只有把从刑事司法中分流出来的未成年人、法律不认为犯罪或不承担刑事责任而客观上实施危害社会行为的未成年人,还有进入刑事司法程序不予处罚或不予拘留、逮捕的未成年人……都"分得出"，有去处，有部门、有人员关心管理，各得其所、有出路，才能真正形成完整的科学有效的未成年人犯罪预防战略体系，才能为构建和谐发展的社会主义社会作出重要贡献。要走的路还很漫长，任务还很艰巨，我们都还要加倍努力。

保护未成年人是为了"明天"*

科学发展观指导我们今天做什么事都要想到明天,关注青少年更是直接"为了明天"的系统工程。把保护未成年人健康成长,预防未成年人违法犯罪列入"为了明天"的系统工程是非常恰当,也是非常重要的,因为这关系到明天的建设者、保卫者,关系到明天的经济繁荣昌盛,关系到明天的社会安定和谐。今天展现在读者面前的这本书是众多拥有爱心、热心的人四年实践创造的记录,他(她)们有志愿者、教师、科研人员、司法部门的基层领导、政府官员、英国救助儿童会的项目官员和工作人员,其中还有国际社会的爱心工作者,他们虽然拥有不同工作、不同生活背景、不同肤色,却共同"为了明天"更美好的目标,用自己执著、热忱、不倦的工作写就了这本值得关注的著作。

本书探索的问题是在司法领域中切实保护未成年人的合法权益;让一切不必要或者通过其他手段可以得到解决、解救的违法犯罪的未成年人不进入刑事司法处置程序;使已经触及刑事司法门槛甚至已经进入刑事司法门槛、但尚有法律依据和现实条件可以"分流"出来的未成年人,从刑事司法程序中救助出来,享受正常少年儿童的成长权利和生活情趣,实现健康的人生价值。表面上看,这个问题似乎与一般人关系不大,实际上人人都必须在复杂的法律关系中生活,不少人往往事到临头才从自己利害关系中知道,保护未成年人合法权益、预防未成年人犯罪不仅是事关全社会利益,而且是事关每一个人、每一个家庭切身利益的问题,才感受到社会上还有这么一部分人工作的重要价值和他们难能可贵的精神。

未成年人犯罪的问题,从 20 世纪 70 年代末开始引起我国各方面人士的关注。为什么会在当时引起关注呢? 这与当时我国青少年犯罪大幅度上升,青少年犯罪成为一个严重的社会问题。1979 年共青团中央曾经对北京、上海、天津、沈阳、福州、郑州 6 城市的青少年犯罪进行调查统计,显示从1965 年到 1979 年,我国未成年人犯罪绝对数上升了 12.8 倍,扣除人口增长

* 撰写于 2007 年 2 月,原载《为了明天——未成年人保护与违法犯罪综合预防研讨会文集》。

等因素其上升幅度也是相当大的，这不得不引起国家领导人以及国内各方面的重视。历经 20 多年的风风雨雨，未成年人保护与未成年人犯罪预防整治取得重大的进步和发展，未成年人犯罪总体上已经得到一定的控制，犯罪率大幅度下降，公众社会安全感明显提高，与 20 世纪 80 年代相比平稳得多。但是我们认为未成年人犯罪仍旧面临十分严峻的形势，不仅是数量上仍有所上升，而且犯罪的严重性、暴力性、结伙性、智力性、危害程度也在增加，其中还出现个别危害性极大的犯罪。

"为了明天"，就必须把未成年人保护与未成年人犯罪预防整治工作提到战略高度来考虑。美国著名的犯罪学家沃尔夫冈，在 20 世纪 60 年代进行了一个对全世界的犯罪学理论研究很有影响的费城调查，调查数据显示：未成年人犯罪如果在三次以上，又没有得到挽救改造的话，成年以后这部分人所实施的犯罪可能会占整个刑事犯罪的 50% 以上；换一种统计视角也可以说，这部分人只占刑事犯罪 6% 的犯罪分子可能实施整个社会 50% 以上的刑事犯罪案件。这一实证数据告诫我们，为了社会未来的安全，为了我们今后长远的国泰民安，就必须从战略高度重视未成年人健康成长和未成年人犯罪预防工作。

盘龙区未成年人司法试点项目已经历时四年，其经验已初步形成我国保护未成年人合法权益、预防未成年人犯罪的一种值得推广借鉴的模式，其中最值得关注的如政府主导下社会多种力的规范化组合协调，专职合适成年人与志愿者组合的工作队伍，使保护未成年人合法权益、预防未成年人犯罪成为了有责任人持续关注、科学规范的工作；建立社区活动中心使社区未成年人、外来闲散未成年人、分流出来，暂时没有学习工作的未成年人有一个可以来、愿意来、喜欢来的落脚点、学习点、受教育点，解决许多地方把这些未成年人救助分流出来以后，无人管、无去处、难以保障其良性转化的尴尬情况。

盘龙区未成年人司法试点的经验是有创造性的，把国外的经验与中国国情、社会主义特点在实践中结合起来了，时间长达四年，在国内同类试点中规模、规范、持续性都不多见，社会反响强烈，效果显著。盘龙区未成年人司法试点项目工作已经取得了很多宝贵的经验和良好的成绩，也碰到许多矛盾和问题，今后发展要走的路仍旧很长、很艰巨。但是我们相信盘龙的续篇一定更精彩，一定会带给我们更多的启示。

青少年学生违法犯罪的早期预防、控制和综合治理战略*

青少年犯罪的早期预防、早期控制是当今世界各国十分重视的一个问题。我国关于青少年犯罪的早期预防、控制和综合治理，具有历史的传统和社会主义的特点，我们有责任在实践中加以发展，从理论上不断提高，为社会主义四个现代化建设作出积极的贡献。

一、 青少年违法犯罪早期预防的重要性和特殊意义

青少年学生违法犯罪早期预防是一种犯罪战略干预，把青少年违法犯罪消除在萌芽阶段，解决在犯罪行为还没有实施之前，防患于未然，既避免危害社会，也使青少年不犯错误、健康成长。这是防止、减少青少年学生违法犯罪最积极、最主动的措施，充分体现我国社会主义制度的优越性。

早期预防对防止、减少青少年犯罪、保护青少年健康成长具有特殊的意义。首先，表现在早期预防、早期教育，较易改正错误。因为当青少年学生刚开始走下坡路时，对不良事物的牵涉不多，影响不深，而正确的道德观念、是非观念、权威影响还未根本动摇或丧失，容易教育，矫治，改正罪错，这是预防、教育的好时机。其次，早期预防使犯罪行为不发生，可以直接避免损害和损失，有利于社会安定。再次，早期预防对有犯罪危险的青少年来说，也是福音，对社会来说，减少后遗症，例如，历史包袱，家属的对抗情绪等等。最后，早期预防可以防止偶犯罪错的青少年向累犯、惯犯转化。

二、 青少年学生违法犯罪早期预防的内容和方法

青少年学生违法犯罪的早期预防有两个方面：一，年龄早期预防，二，行为早期预防。

---

* 原载《青少年犯罪问题》1988 年第 2 期。

　　第一，年龄早期预防，就是强调要从小年龄关注是非、好坏、品德、纪律的教育，注意从小养成较好的言谈态度、性格、品德，对小时候开始有所表现的好逸恶劳，心目中只有自己、称王称霸、占小便宜等不良思想品德要进行细致的教育和纠正，这在很大程度上是幼儿教育的任务，对于青少年成长过程中的健康发展是很重要的。

　　第二，行为早期预防，这就是以青少年违法犯罪的发生规律和早期预测为基础，对有违法犯罪危险的青少年采取各种预防措施，其中分为违法犯罪行为的前过程预防，行为发生过程中预防，行为发生后预防，由于这些预防都是为了避免进一步发展可能发生的社会危害行为，因此，统称行为早期预防。其重点是违法犯罪行为发生前过程的发现和制止。

　　1. 行为前过程预防。这是指根据已知的规律和已有的经验，发现某种危险的征兆或预计某种事物、社会现象以后可能会出现的问题，提前进行教育或采取各种预防措施。前者如从某一地区个别青少年中发现有性放荡的现象，针对其出现的原因，在可能继续出现此类问题的地方或可能发生此类问题的人当中进行教育或制止。后者如在放映某一电视或录像前，如果预计该电视或录像当中有一些可能引起误解或某些消极的影响，就事前或同步进行如何欣赏、评价等宣传，进行指导，以防止或尽量减少消极影响带来的不良后果。行为前过程预防要求早期发现危险征兆和对事物的发展有预见，这是一种积极的提醒性预防，其中也包括警告性预防，是行为早期预防的最主要部分。

　　2. 行为发展中预防。这是指在违法犯罪行为发展的逐步升级过程中，采取预防措施以制止最终走上犯罪或严重犯罪的道路。例如，发现传抄、传阅淫秽书刊、手抄本等情况，这不仅危害青少年身心健康，而且本身就是一种违法行为，在工读学生中调查证明，犯性罪错的男女学生中大部分都接触、传抄、传阅过淫秽书刊或手抄本。可见查明其传播渠道、来源，并采取必要措施，是防止青少年学生进一步受毒害和防止其进一步蔓延，避免更多的青少年学生受其影响的必要手段。行为发展中预防，其措施一类是直接制止性措施，如查禁淫秽书刊、拆散流氓性团伙活动、制止赌博活动等等，另一类是消极防范性措施，如自行车交人看管或上锁，防止偷窃或"顺手牵羊"，街道、商店派人负责治安、巡逻、值班；经常进行检查，防止赌博等等。行为发展中预防重点是直接制止性预防，但这种直接制止不是纯粹的消极干预,同时要结合进行有针对性的引导教育,才能收到较好的效果,否则单纯防范是防不胜防的,甚至可能出现道高一尺,魔高一丈的状况。

3. 行为发生后预防。这是根据已经发生的违法犯罪行为进行必要的处理,以防止重犯、再犯。青少年学生违法犯罪行为基本上都是情节、性质都比较轻的,其中性质较为严重的只占百分之几。因此对初次、偶尔失足犯罪者,必须处置得当,处理与教育结合,使其心服口服,认罪知错,并且有出路、有前途。这样处置一个就教育挽救了一个,从而可以有效防止青少年学生违法犯罪中累犯惯犯的出现。因此,这又可称发展预防或再犯预防。从防止累犯、再犯的角度说,也是行为早期预防的一部分。当然,这不是说性质较为严重的罪行就不存在再预防问题,对性质较为严重的犯罪,我们同样要积极做好再犯预防工作,避免对社会造成更严重的危害。

青少年学生违法犯罪早期预防的方法是与违法犯罪者的年龄和违法犯罪行为相适应的,而且因行为发展的不同阶段而有所不同,有教育、保护、堵塞漏洞、帮教、控制、刑事处罚等等,大致可以分为一般方法、特殊方法和个别方法三大类。第一类方法主要是面向广大青少年学生的思想教育、道德教育、法制教育等,这种方法起着一般预防的作用,是需要经常坚持进行的。因为社会和个人的变动因素很多,我们无法绝对精确地制定何时何地什么人一定会实施某种违法犯罪行为,因此,在一般情况下,教育既能提高青少年学生的认识水平和道德法制水平,增强对各种犯罪诱惑因素的抵制,教育也能使有危险动向的青少年有所得益而长进,放弃或克服一些错误的打算。此外,建立制度,加强管理,堵塞漏洞都是行之有效的、早期预防的一般方法。第二类方法是针对某一部分特殊的青少年而采用的方法,例如家庭虐待或被家庭抛弃的青少年学生;家庭结构受到破坏给子女带来性格、品德缺陷的这一部分青少年学生,已经出现某些不良倾向、不良嗜好,如早恋、逃学、逃夜、吸烟、嗜酒、赌博的青少年学生;受到流氓分子或流氓团伙拉拢、腐蚀、控制的女学生等等,针对这些不同类型情况的青少年学生要有特殊的保护措施、行政措施、帮教措施。第三类措施是个别措施,根据每个人的不同情况,采取某一特定措施,如个别控制、拘留、给予各种不同的刑事处分等等。实际工作中应尽量运用不同方法以适应不同的预防需要,避免简单化、一个模式的方法。

三、 青少年学生违法犯罪早期预防、控制的步骤与环节

青少年学生违法犯罪的早期预防、早期控制必须依靠组织、依靠群众,抓好以下几个步骤和环节:

(一) 调查了解情况,建立信息反馈制度

青少年学生违法犯罪早期预防、控制的第一步,就是要做到情况明确,基本情况心中有数,这是基础。一个班级、一个学校、一个地区,只有比较充分地把握所教学生的各种不良动向和违法犯罪征兆,才能有科学有效的预防和控制。因此,要形成情况登记制度,系统地积累材料,定期进行分析、分类,明确重点对象。对正常发展的青少年学生进行常规的教育、管理,对有不良动向和违法犯罪征兆的学生,则要全部投入观察、重点教育管理的视野,对重点关注的学生要进行有目的的工作,定期记录其延续性变化,以及经过一段时间以后决定是否继续需要列入视野给予早期干预。一般说,一个学期至少需在开学后与学期结束前各进行一次对象总体分析,以了解基本情况的变化。

由于青少年学生行为的易变性,因此,除了定期的信息集中制度保证稳定的信息资料外,还要通过有关教师、家长、街道等多种联系渠道,把有关学生的新情况、新动向、新征兆及时向主管本项工作的部门和工作人员进行连续动态信息反馈,不断把新的对象和新的问题纳入早期预防、控制的轨道,同时,把经过集中研究过的预测、预报情况,通报给学校、家长、街道等,提请关注某些人或情况。

为了预防、控制的有效性,不仅要发现学生中的不良动向和违法犯罪的早期征兆,而且要分析征兆的性质、类型及其反映的动向,以便加强监测和决定措施。这既是研究决策的现实依据,又是采取个体预防措施的重要环节。

(二) 建设科学合法的早期预防、控制网络

青少年学生违法犯罪的早期预防和控制要有一个符合教育体制、合法有效的网络,没有这个实体性网络,就没有依托、没有力量,早期控制和预防就可能成为纸上谈兵,不可能取得实际效果。这个网络要依靠学校专管老师与学校其他教职员工的合作,我们设想可以有四个层次:

第一个层次是学校专管教师与班主任形成一个核心,成为学校防卫教

育的骨干力量。

第二个层次就是以学校为主，与家长、里弄建立联系，进行协调和合作。

第三个层次是在区青保办等有关部门领导下，形成工读学校与普通中学的区级连接网。工读学校作为一个区的青少年学生违法犯罪预防、控制终站中心，发挥组织作用、信息汇总中心作用、业务指导作用，必要时把符合条件的学生收归工读学校进行教育与控制。

第四个层次是以市社会治安综合治理办公室和教育局、青保办等有关部门为中心的指挥、调度网络。

（三）以教育、保护为主的正确干预措施

早期预防、控制绝不是单一消极的限制性措施，而是多种多样的手段、措施，其中尤为重要的是教育、保护措施；例如提醒教育、自我保护教育、对重点学生的关注和管理，指导和帮助学生家长以正确的思想、科学的方法管束子女、解决某些关系失调等环节。必须强调的是，根据教育学原理，组织有吸引力的、健康有益的活动，把青少年学生的兴趣、注意力、精力吸引到生动活泼、增长知识才干、有益身心健康的活动中去，这是早期预防和控制的主要的积极的干预办法。

早期预防和控制也不可没有各种不同程度强制性的措施，从社会帮教、工读，到拘留、判刑等等。但是以国家强制力为后盾的法律干预，只有在其他措施难以取得效果的情况下才能依法采取。

四、青少年学生违法犯罪综合治理战略

70 年代末、80 年代初，我国提出了社会治安综合治理，这是具有中国社会主义特点的治理违法犯罪问题的理论和对策，也是我国长期来依靠群众、预防犯罪的经验总结和进一步发展。中共中央 1979 年 58 号文件指出：要求各级党委把培养、教育青少年和预防、治理青少年违法犯罪问题，提到自己工作的重要议事日程上来，而且主要领导要亲自过问。显然，58 号文件突出的是青少年，从社会治安的角度看，近年来危害社会治安最突出的问题也是青少年犯罪问题，这个问题解决了，社会治安问题也就解决了一大半，所以从特定的意义上说，社会治安综合治理的核心问题是青少年犯罪综合治理，而解决青少年犯罪问题，不仅是政法机关的业务问题，而且是一个需要依靠整个社会、从整个青年工作全局考虑的问题。

（一）完整地、科学地理解青少年犯罪综合治理战略

青少年犯罪综合治理，就是在党的统一领导下，依靠社会主义制度的力量，动员整个社会，运用各种手段，全面关心青少年，从根本上治理青少年违法犯罪现象，使青少年健康成长的战略方针和根本措施。这是以马列主义、毛泽东思想为指导，具有我国社会主义特点的预防犯罪理论和战略。

（二）青少年犯罪综合治理的基本要求

在我国，作为一个阶级反对另一个阶级的斗争已经不存在了，作为敌我斗争反映的犯罪在数量上也只占一定的比例。犯罪大部分都是人民内部矛盾，尤其青少年犯罪的绝大部分都是罪行轻微、恶习不深，对共产党、对社会主义没有仇恨和根本的利害冲突。他们走上犯罪道路，虽然有其主观上不可推卸的责任，而家庭、学校、社会的影响、教育、管理方面也存在着许多问题。我个人认为，根据当前我国社会主义初级阶段的性质和特点，管理是综合治理中的一个新的、值得重视的问题。从工厂、商店、基层单位、集市的基础管理，到某种行业、某些财物、某些人、特定地区、复杂地区的特殊管理，再到一个地区、一个省市，甚至全国的综合治理管理，管理工作搞好了，就可以大量地减少和控制青少年犯罪的发生。管理是一门科学。社会环境、秩序的管理，是符合客观规律的积极管理，绝不是消极的限制，既要保证搞活经济，促进交往，又要保障安全，稳定治安。通过管理使整个社会环境秩序井然，生气勃勃。管理使正常的活动得到保护和发展，使违法犯罪活动没有空子可钻，受到限制和控制，管理使各种矛盾、漏洞、问题及时发现，及时解决，不致使矛盾、问题长期被人忽略、无人负责，避免为违法犯罪活动创造条件，防止矛盾发展激化，造成人财物的重大损失。管理，加强协调和团结，调动大家的积极性，做好工作，限制消极因素，反对不良因素，促进积极因素，管理、支持表扬遵纪守法、有所贡献的人，管理和制裁违法乱纪、制造混乱，物质欲望恶性膨胀，搞无政府主义的人；管理创造一个使人们心情舒畅，健康成长的良好环境，让青少年向有益于社会需要去充分施展自己的才能和智慧。

为此，新形势下青少年犯罪综合治理有以下四个具体要求：

1. 积极服务性。新形势下青少年犯罪的预防和治理应是积极的，体现为开放，为搞活经济，为改革服务。这就是说，要求对青少年犯罪预防和治理适应新的形势和要求。而不是限制、取消、退回去走老路。当然这并不是

放弃必要的限制。相反地,应该反对,应该限制的则要坚决反对和限制,限制消极因素,抑止破坏力量,这也是积极服务的一个方面。

2. 主动进攻性。在"开放""搞活"的新形势下,城市里不良影响的冲击也比较集中、明显。因此,预防和治理工作在教、防、堵、打、改各个环节上都要打主动仗,不要都打事后仗、被动仗,被犯罪分子活动牵着鼻子走。

3. 协调性。在横向联系增加,交往关系复杂,情况变化较快的情况下,协调才有力量,协调才有效果,协调成为青少年犯罪预防和治理中的关键问题之一。

4. 管理性。随着社会的进步和发展,社会生活愈来愈复杂,青少年犯罪的预防和治理将愈来愈带有管理性,管理才能治理,管理才能清除隐患,管理才能暴露犯罪苗子和犯罪分子。

(三) 贯彻落实青少年违法犯罪综合治理的几个问题

(1) 打击累犯、惯犯、教唆犯、罪行严重的犯罪分子以及犯罪团伙的为首、骨干分子,不仅对维护社会治安,而且对保护青少年,预防青少年犯罪具有重要的意义。

(2) 依靠整个社会的力量,改善、优化社会环境。

(3) 提高父母的素质和教育子女的能力与水平,改进家庭教育的方法。

(4) 综合治理制度化、法律化。发挥《上海市青少年保护条例》在国家职能、改善社会环境、预防青少年违法犯罪、保护青少年健康成长中的特殊作用。

做好青少年犯罪防治的新文章 [*]

1992 年是不平凡的一年,我国社会主义市场经济有了新的进展与突破,经济建设出现高速发展的新时期。当我们精神振奋地步入 1993 年的时候,面对改革开放步伐加快、社会主义市场经济建设迅速发展的新形势,各行各业的开拓都有一些亟待研究解决的新情况、新问题,社会治安、犯罪与青少年犯罪防治也面临一些必须研究解决的新情况、新问题。

一、 市场经济是不可阻挡的历史潮流

多少年来,社会主义要不要搞市场经济是一个争议颇大的问题,一些人认为社会主义需要"发展商品经济""充分发挥市场调节的作用",有人则反对,认为市场经济就是"取消公有制",就是"否定共产党的领导,否定社会主义,搞资本主义"。

实践是检验真理的唯一标准,我国改革开放的实践证明,市场作用发挥得比较充分的地方,经济活力就比较强,发展态势也比较好。1992 年我国经济发展比较快,就是社会主义市场经济的硕果。社会主义市场经济使我国改革开放出现前所未有的好形势,加强与完善了社会主义,提高了经济发展的速度与效益,改善了广大人民的生活水平。社会主义建设的国外历史经验也告诉我们:搞市场经济能够进一步发展生产力,推进社会主义前进与发展,不搞市场经济,经济就徘徊、停滞、落后,没有活力,没有出路,搞不好连社会主义的老阵地也保不住。小平同志南方谈话根据历史的经验,坚持马克思主义的基本原理,以革命家的大无畏精神创造性地肯定了社会主义市场经济,从根本上解除了这方面加在社会主义改革者、建设者身上的思想束缚,突破了又一个具有重大意义的禁区,使多少历史巨人卷入的一桩社会主义建设的理论争辩的公案,有了实践与科学统一的结论。

江泽民同志在中国共产党第十四次代表会议上的报告中明确提出:"我

---

* 以"董方"为笔名发表,原载《青少年犯罪问题》1993 年第 1 期。

国经济体制改革的目标,就是建设社会主义市场经济体制"。现在我们可以说,市场经济是不可阻挡的历史潮流,是我国社会主义改革、兴旺的必由之路,这是必须看清的基本形势变化,是我们各项工作的立足点。

二、 社会主义市场经济要求新的服务保证

建立社会主义市场经济体系是关系到经济建设中心的一项大政策,带来的是大变化,影响所及的广度和深度都不是一般政策调整所能比的,这些变化对社会治安、犯罪与青少年犯罪防治提出了一系列不同于过去的新要求和服务保证。首先,社会主义市场经济要求高度动态活动中的秩序与安全,这是与过去计划经济进行静态管理的安全要求有着本质的不同。社会主义市场经济是充满活力、生机的经济,它给予主体充分的自主独立权,能充分发挥主观能动性,要求主体敢闯、敢冒、敢于大胆试、敢于冲破各种陈规陋习,一改过去计划一揽的天下为千姿百态的市场局面。市场经济的竞争机制鼓励着人才流动,决定着企业兴衰,商品冷热,同时会出现许多碰撞和动荡的现象。市场经济是从无序中求有序,从冒险中求得生路。"无序""冒险"会带来"乱",其中包括人为的不正常的混乱。这是社会主义市场经济高度动态活动的一个特点,它向社会治安和防治工作提出新的要求,即改变过去静态管理。在这里,保障安全要以动态(其中包括本身具有的不稳定、波动、冲击、无序等)为特征、为前提的,因为没有流动、竞争、活力,市场经济也就不存在了,皮之不存,毛将焉附,保障也失去了价值。探索动态中的秩序和安全,这是极高的要求,也是一个新的难题。其次,社会主义市场经济要求更大范围内的开放的、统一的安全机制。商品生产与交换是一个开放的连续不断的流程,具有极强的整体性与相互制约性,牵一发而动全身,一个环节、一个地区造成的困难与障碍,就会使整个流程不能顺利进行,甚至造成流程中断、瘫痪、坏死。因此,市场经济要求全局统一的安全保证,把国家和社会统一协调的整体安全提到特别重要的地位。这就是说,治安安全不仅要深入到市场经济的过程中,保证每一个环节的安全与流畅,而且要保证全国治安安全的统一稳定,解决好重点地区治安混乱与薄弱环节,不使一时一地的问题蔓延开来影响全局。从改革开放的进程看,不仅要沟通地区与地区,形成统一开放的安全市场体系,而且还要与国外市场沟通、接轨,并防止国外犯罪与不安定因素向我国渗透,造成危害。第三,市场经济要求及

时、快速反馈的安全保证。现代社会的市场经济，人财物的聚集在数量上和速度上都是惊人的，一旦发生问题，没有及时、快速反馈的安全保证，可能造成极大的损失与危害。同时，连锁反应也非同小可。不能掉以轻心，上述种种从总体上可以看出新形势对社会治安提出的新的更高的要求。

从犯罪与青少年犯罪防治来说，市场经济将会带来更多的矛盾、纠纷与问题，更为复杂的社会环境，数量更多的变动与控制难度很大的因素，以及众多的不良影响的传播渠道并形成强大诱惑，从而使犯罪与青少年犯罪无论从数量上或性质手段上都会出现较为严重的情况，给防治工作增加艰巨性、复杂性。社会环境条件的变化与犯罪的新特点，使传统的消极静态的防治战略与手段难以奏效，必须探索与设计新的战略、手段、措施。但是，更重要的是社会主义市场经济应该发挥社会主义的长处与优越性，不仅要控制、减少犯罪与青少年犯罪的发生率，让犯罪尽量制止在行为萌发的早期阶段，使我国犯罪率继续保持在低水平上，以改变资本主义市场经济条件下经济发展与犯罪同步增长的常规，而且要把受到各种不良影响的青少年，其中包括已经走上违法犯罪道路的青少年，教育挽救过来，使他们成为适应市场经济、有才干、有前途的新人。这显然很不容易，可是其意义与价值要比消极的防范大得多。

还有一个问题，就是社会主义市场经济能不能靠其自身机制来解决社会治安与青少年犯罪防治问题。任何一项成功的经济措施，也不意味着同时是一项能解决各种社会问题的措施。从思考研究的特定重点出发，我们认为社会主义市场经济是解决经济发展的手段，社会治安与青少年犯罪防治是另一种性质的非经济问题。因此，市场经济的发展不可能直接解决或靠其自身机制来消化这个问题。社会治安与青少年犯罪防治需要专门的学科、手段、措施、办法，市场经济健康运转中的安全保证也主要靠专门工作的服务来解决。当然，经济发展提高了人民生活水平，坚定了人们对共产党与社会主义的信仰，经济发展使国家具有实力，也为加强社会治安以及与犯罪、青少年犯罪作斗争力量提供了物质基础、物质条件，其作用当然不能被低估。

三、 研究与探索市场经济变化带来的新的不利因素

市场经济作为一种经济手段，强有力地促进与调动了企业、部门与个人

的生产积极性,提高或改善了经营管理与生产技术水平,在现代社会复杂多变的需求中较灵活地合理配置资源、劳力以及组合各生产要素,使社会生产向深度和广度发展,使市场多彩多姿。但是,市场经济不是万能的,即使单纯就经济来说其自身也有许多局限性,至于扩展至整个社会领域。市场经济的某些局限性对社会的某些方面可能存在不少消极的不良影响,从本文研究的特定角度和目的出发,我们认为市场经济带来下述变化因素会对治安管理与青少年犯罪防治带来不利的影响,需要进行认真的研究与探索消除不利影响的对策。

第一,市场经济自身特点与局限性的消极影响。

市场经济离不开商品交换,它在运行过程中的基本动机与动力则是生产者、经营者对经济利益的追求。在商品交换这个世界里,利益原则是得到确认、尊重、不可动摇的,个人的经济利益和对个人利益的追求也是公开的、符合市场经济的道德准则的。这正像一把双刃剑,市场经济的活力在于此,而对社会可能带来的消极不良影响也在于此。

从活力来说,对经济利益的追求是强有力的促进、激励、竞争机制,它推动着经营者千方百计、竭尽全力地提高技术,保证质量,优化管理,降低成本,了解需要,增加品种,美化包装,改善服务,提高信誉,联络感情……以期在自主、自由、平等的市场上,获得优势或有利条件,实现自己的利益。当然,生产的发展,社会的进步在其追求个人的利益中也得以实现。

但是,从它的消极不良影响来说,问题就是利益原则的局限性。最大的局限性与不良影响首先表现在把利益原则扩大到非经济领域。利益原则是市场经济运行中的原则,不能够随意推广、扩展到其他领域。因为社会生活与精神生活的其他许多方面有着更高、更加重要的一些准则或其他原则,例如"为人民服务""坚持真理、修正错误""宽待人、严责己""见义勇为、互相帮助"等等。如果把利益原则"神圣化""普遍化",把市场经济中的一个特定标尺,拿来作为处理各种关系的万能的、通用的标尺,那么,上述这些推动人类进步、文明的重要原则就要被否定,我国许多优良的文化传统就要被葬送,从而给青少年一代带来错误的导向,不仅直接促成各种错误与违法犯罪行为的产生,为社会带来严重的损害,而且其长远的社会影响则更会令人担心。其次,利益原则不可能正确调整一切经济关系,在某些经济关系中利益原则也可能导致损害。例如:在利益原则指导下,有利则干,无利不干,大利大干，小利小干，这样在涉及眼前利益与长远利益，局部利益与整体利益，个人利益与国家利益等等关系时，就不可避免地出现从个人得失出发不顾整体、长远、国家利益的问题与偏离，从而造成不协调、冲突以至对国家、整体的损害，做出损害他人、损害社会利益的行为。再次，利益原则包含造成贫富分化与社会不平等的危险，对社会的稳定、安全带来极大的潜在不稳定因素。利益原则促成的竞争从表面看是平等、自由的，实际上是既不平等而又残酷无情的。因为每个人在市场竞争中的条件、环境、能力、技巧、机遇等等不可能是相同的，有的条件好可以用低于社会必要劳动实现产品，有的人则要付出大大高于社会必要劳动量的劳动；有的人机遇好在此时此地可以价格高于价值，另一些人则相反，在彼时彼地价格却大大低于价值等等。市场竞争就是大鱼吃小鱼，带来两极分化、贫富悬殊。社会主义市场经济在正常的情况下，可以通过政策措施等多种渠道避免或及早防止这种趋势。但是，不可否定也有存在潜在危险的可能性。这是值得引起人们关注的一个可能产生不安全的消极因素。

第二，市场经济直接带来可能触发犯罪的因素与不利于社会治安管理、青少年犯罪防治的因素。

市场经济的发展，必然引起社会各方面的变化，例如，社会环境、社会结构、历史传统、文化格局、人际关系、思想观念等等的变化，其中有些变化对社会治安与青少年犯罪防治的不利影响应该充分估计并加以研究：

1. 人口密集与流动性增加的问题

人口密集与流动性增加对社会治安、犯罪与青少年犯罪的变化有重要影响。改革开放以来，随着市场经济的迅速发展，我国城市数从1985年底的324个，增加到1988年的446个，县辖镇从7511个增加到9086个，四年中城市与县辖镇人口净增近2亿。市场经济愈发达人口聚集的速度与密度也愈大，从人口控制较严的上海来看，市区人口增加明显高于郊县，据1980年到1987年统计，市区人口增长率是全市人口增长率的1倍，其中增长最多的1年，市区增长率是郊县的8倍。像商业经济最发达的黄浦区，人口密度就居全市之首，有些街道每平方公里人口密度超过10万，在全国也是不多的。与人口聚集的同时，市场经济带来人口流动增加更为突出，温州的市场经济推出了10万供销员活跃在全国各地。浙江义乌的小商品市有摊位2万多个可称亚洲第一，其流动人口为常住人口的2倍。上海历史上就是一个商业城市,在改革开放前流动人口有二三十万人,进入 80 年代以来,流动人口逐年增加,1982 年为 56 万,1983 年为 70 万,1984 年为 102 万,1985 年 9 月调查高达 165 万,1988 年调查达 209.1 万,在流动人员中主要是经商人员。因此,认真研究人口的这些变化究竟对社会治安带来怎样影响,是非常迫切和现实问题。

　　一般说,人口密集与流动人口大量增加会带来治安问题与犯罪、青少年犯罪的增多,因为人多流动多,各种摩擦、矛盾、事故的发生机会多,不良影响的传播渠道,交叉感染的机会也多,速度也会更快,人口密集超过一定程度会带来生存环境的恶化,生活质量的降低。影响青少年的素质,影响青少年健康成长,人口聚集与流动人口大量增加,也为犯罪分子增加作案的机会,创造了藏匿与逃避惩罚的条件。上海近几年的犯罪统计也反映流动人口犯所占的比重逐年在上升,从 1984 年占全部作案成员 10.8％,1988 年占 29.9％,1989 年占 31.4％,1990 年占 33.3％。但是,人口密集、流动人口增加究竟与社会治安、犯罪变化有什么关系,许多问题并不都是很清楚的。例如,有人认为人口密度增加,处处有眼睛,犯罪会减少;也有人认为人口密度增加,开始时可能会有利于减少犯罪,但是密度超过一定程度,又成为犯罪的有利条件而使犯罪增加;还有人认为,人口密度增加造成了空白与空隙会增加犯罪,没有造成空隙就不会增加犯罪。又如流动人口问题,有人认为外来人口情况不熟悉,胆子小犯罪少;另有人认为外来人口由于某种特殊条件只可能在某些类型犯罪中较多;更有人尖锐提出,流动人口的标准是什么?统计是否科学? 究竟是流动人口多犯罪多,还是流动人口管理不当犯罪多,等等。这些看法也是有一定的道理与根据的,不仔细研究这些问题,就难以寻求科学对策来有效地为市场经济服务。

　　2. 财物的聚集与流潮对治安的负效应

　　市场经济就是商品的大量不间断的交换,成千上万种商品从各个方面向市场聚集,形成财物、货币的流潮与集中。市场经济愈发达,商品钱财的流速与聚集量愈大,既给治安防范带来更大压力,也将对社会治安、青少年犯罪带来负效应。这表现在:(1)千姿百态的商品引起人们对财物的欲望与追求,造成脱离个人支付能力的高消费、超前消费,扩大物欲与个人经济力量之间的矛盾。(2)美化与神化了金钱,金钱成为名誉、地位、能力,甚至是非、美丑的标尺,金钱万能,有钱就有一切的观念不断冲击、渗透人们的思想、工作与处理各种事务关系之中，造成有的人"宁愿坐牢可以花天酒地过三天，不愿平淡清苦过三年"。(3)财物大量聚集形成明显的目标，吸引犯罪者并极易成为犯罪者侵害的对象目标。这些对象、目标的任何疏漏有更大的可能被犯罪分子利用。此外财物在生产、存储、运输、转换、销售等环节与过程中，都可能有难免的疏忽、漏洞与机遇，环节愈多犯罪分子的可乘之机也愈多。

3.违法、半违法、准违法以及管理不当极易产生为犯罪提供条件的行业、经营业务增加

市场经济具有极强的开拓能力，为满足不同对象、不同层次、不同要求的需要，五花八门、一般人难以想到的行业、经营、商品、设施都会被创建出来，这对于社会进步、经济发展是有重大积极意义的。但是也会使一些丑恶的东西"死灰复燃"，或"引进""开拓"出一些不好的消极的东西，有违法的如毒品、枪支买卖、拐卖妇女儿童、卖淫、制造假冒商品等等；有些是半违法或准违法的，例如赌博性的游戏机、买卖带有黄色、暴力等不良影响的书刊、录音带、录像，具有某种程度不健康服务的按摩院、酒吧等等；还有大量在市场经济中具有积极服务意义需要大量发展的行业，但如果管理不当，极易被违法犯罪分子利用，从而为社会治安、犯罪与青少年犯罪防治带来困难和影响。例如旅馆、酒吧、舞厅、旧货调剂、废物收购、出版印刷等等，除明目张胆的违法者外，如果管理不严，诸如扩大些"对象"，增加点"服务"，搞一点"擦边"活动等等，就可能为违法犯罪分子活动创造条件，成为毒化青少年的环境与渠道。

第三，市场经济要求人们思想观念的变化，以适应变化了的客观现实，但市场经济带来思想观念的变化不都是正确的、健康的，例如绝对自由不受束缚的无政府主义思想，以及"生活就是享受，其他都是假的""人世没有真情在，唯有钞票最实在""国外是生活好，国内是生存好"等思想。经济变化引起的思想意识形态的变化，我们现在还研究得不多，尤其是对人生观、幸福观、价值观、道德观的长远的、深层次的积极与消极影响还不太清楚。我们是马克思主义者，承认物质经济变化对思想的决定作用，又承认思想精神对物质经济的反作用。因此，对各种思想思潮要分析，绝不能认为现实存在的都是正确合理的。人及其行为是受思想精神支配的，在思想精神领域还是要用正确的、崇高的东西来代替错误的、低级的东西，才能更好地促进经

济的发展与社会的进步。

此外，新旧体制转换中的一些问题，如竞争机制带来的一部分社会富余人员、青少年的就学、就业、社会保险在进行适应市场经济的改革中碰到的问题等等，在处理不当的情况下会产生消极的不利因素，同时，我国社会主义市场经济还处在建构过程中，新旧体制之间的不协调所带来的漏洞也会成为一部分人犯罪的条件。

四、做好新形势下防治对策的新文章

社会主义市场经济带来了繁荣昌盛，也带来了社会治安、犯罪与青少年犯罪防治的新情况、新问题，我们有责任提出并探索这个课题，提出解决问题的办法，做好这篇新文章。

1. 转变思想观念。要学习、了解市场经济，掌握其特点与运行的机制、规律。经济是中心，治安防范以及犯罪与青少年犯罪防治都是为中心服务提供保证的。因此，要按照中心运转的特点、机制来为服务提供保证，否则，主观上想为中心服务，实际上还是按传统的计划经济为主的特点与运行机制开药方，结果是南其辕北其辙，难收良好效果。真正转变思想就要学习、熟悉市场经济，这样转变思想观念才有真正的基础和内容。不入虎穴，焉得虎子，只有懂得市场经济，及其可能出现的治安、犯罪新问题，才能开出对路有效的药方。

2. 要发挥我国市场经济的社会主义优越性。社会主义是我国市场经济的特殊性与趋势，也是与资本主义市场经济不同的地方，社会主义公有制可以解决市场经济所无法解决的问题，可以弥补市场经济的局限性与弱点，可以抵消、消除市场经济对治安管理、犯罪防治方面的消极因素影响，这应是新形势下防治对策的战略思想与指导原则。

3. 抓好物质文明建设与精神文明建设两条相互独立、互相影响的战线。在经济得到迅速发展的情况下，精神文明建设的相应迅速发展才能保证社会的健康与稳定，否则经济发展与社会问题（包括治安、犯罪等问题）同步增长并严重化是很难避免的。江泽民同志最近指出："大力加强社会主义精神文明建设，是坚持'两手抓'的一个重要方面，要在全国人民，特别是青少年中，深入进行党的基本路线和爱国主义、集体主义、社会主义教育，要继承中华民族的传统美德，积极吸收人类的文明成果，树立正确的理想、信念、人生

观、价值观，抵御资本主义和封建主义腐朽思想的侵蚀"。这对制定与落实新形势下的社会治安、犯罪与青少年犯罪防治对策具有重要的指导意义。

4. 加强与完善法制建设是防治对策规范化、科学化的重要要求。市场经济在某种意义上讲就是法制经济，要针对市场经济运转中可能出现的消极影响与疏忽漏洞，加强法制建设，制定切实可行的执法规范、程序，运用法律手段调整各种关系，加强管理，包括一些限制性、惩处性规定，这是一种权威、稳定的安全保证。

5. 重视与加强防治对策的现实调查与理论研究。社会治安是一个理论与实际紧密结合的问题，青少年犯罪在社会治安中具有特殊重要的地位。近年来社会的进步、变化十分剧烈，但在社会治安、青少年犯罪防治方面，没有提出一些新的有深度的、其价值足以动员激励大家一起来为之奋斗的课题，这影响了组织有分量、有质量、有影响的调查研究活动。现在愈来愈看到这是做好防治对策这篇文章必须尽先补上的段落。我们愿与大家一起努力，我们正在努力。

第二编

少年法学基础研究：
理论根基、体系、发展走向

专题四：中国少年法学的学科定位、立法实践、构架体系

专题前言：少年法学最早的开拓者可追溯到 19 世纪，1899 年 7 月 1 日美国伊利诺伊州第 41 届议会通过世界上第一部《少年法庭法》，21 条创少年法之先河。之后，从国内其他州相继学习仿效，继而传到欧亚、全世界。日本 1922 年通过第一部《日本少年法》，我国台湾 1971 年实施《少年事件处理法》。中国大陆解放后，由于历史的原因，尽管在法律法规政策的制定和实践中有众多规定和文件，但专门的少年法研讨和实践与国际社会脱节。上世纪 70 年代末，由于特殊的社会动荡引发的青少年犯罪，引起党和国家的关注和指引。回顾四十年，最早出版、发行的是 1981 年出版发行的是北大法律系编辑的《国外青少年法规资料选编》和中科院青少所出版发行，委托我主持编选、整理、审定的《青少年犯罪研究资料》四集中的第一集《青少年法规资料摘编及其研究》。第一部《青少年法学》（康树华著）问世是 1986 年。检阅 40 年，泱泱大国，只有 1993 年肖建国著《中国少年法学概论》，1996 年康树华著《青少年法学新论》，2001 年佟丽华著《未成年人法学》，2005 年徐建主编《青少年法学新视野》，2021 年高维俭《少年法学》。可见，《少年法学》在我国的研究路还很长，还是一门未得到学界、社会一致认可的法学门类的独立学科，学科地位存在很大争议，远远有待确立。中国文明历史久远，中国的经验和理论有独特的不可代替性，中国少年法学要有中国的特色和传统，一定要走出自己的路，形成自己体系和可验证的社会效果，对国家作出贡献，对国际社会也有重大的价值和意义。

少年法学在中国的发展和定位

——中国法学急需建立的一门新学科*

在中国官方认定的法学学科分类和学科系列中，没有少年法或少年法学的分类，也没有法学学科、法律门类、部门的划分。在学者专家中除非专

---

* 原载《青少年犯罪问题》2009 年第 4 期。

门关注少年司法和少年法学者外,一般受传统学科分类的模式和官方行政认定的学科分类影响,尽管在实践或研究中会涉及相关问题并特意强调,但一般都不甚关注少年法学的特殊性及其独立存在和发展的必要性、理论价值、现实意义。

科学分类本身就是一门科学,是客观的不以人们意志为转移的。新学科总是在社会进步、科学进步、人类认识进步中不断诞生的。新中国成立 60 年来,我国法学的分类也在不断变化,尤其是改革开放后,随着经济的发展,经济法学的分支学科受到关注和发展。随着人权入宪,"以人为本"为核心的科学发展观的学习实践深入人心,少年法学创建为一门法学体系中的独立学科一定会受到关注和重视,其发展趋势是必然的、无法改变的。

一、 中国少年司法实践和少年法历史的简要回顾

我国历史文献资料中不乏有关少年违法犯罪的反映和法律规定,时间最早的可以上溯至公元前几世纪。①但具有独立意义的少年司法却诞生在现代工业化发达的年轻的美利坚合众国,伴随着分歧、争论而受到认可并得到迅速推广,随后影响、扩展到英、德、法、日、印度等国家以至于全世界。②20世纪 30 年代,我国有一些学者向国内介绍、宣传西方发达国家的少年刑事政策与少年司法制度,③向当权者提出建议等,并对中国产生了一定的影响。但是由于战争和经济发展等多种因素的制约,在中华人民共和国成立前,中国没有建立起自己的少年司法制度,独立的研究和论著更是罕见。据华东政法大学姚建龙副教授整理提供的资料,20 世纪 30 年代开始的二十年左右,我国只出版了一二本有关少年犯罪与少年法的小册子,发表的文章也只有十几篇。

中华人民共和国成立后,少年司法制度在全国也一直没有被提上议事日程,台湾、香港、澳门等地区由于历史的原因和条件,有一些零散的实践和研究比内地要早。从全国来说,中国少年法的提出起于共青团中央 1980 年在北京召开的"青少年保护法座谈会",中国的少年司法制度的独立实践和

---

① 参见张鸿巍著:《少年司法通论》,人民出版社 2008 年版,第 65—67 页。

② 参见[美]玛格丽特·K.罗森海姆等著:《少年司法的一个世纪》,高维俭译,商务印书馆 2008 年版,第 50—54 页。

③ 参见赵琛著:《少年犯罪之刑事政策》,商务印书馆 1937 年版,第 176—181 页。

探索则开始于 1984 年的上海市长宁区人民法院。①

1979 年 8 月 17 日，中共中央转发中央宣传部等八个单位《关于提请全党重视解决青少年违法犯罪问题的报告》的通知，通知要求"各级党委都要把加强对青少年的培养教育，包括解决其中极少数人的违法犯罪问题，放到重要议事日程上来"。共青团中央是《关于提请全党重视解决青少年违法犯罪问题的报告》的主要调查起草部门，在报告被转发后，又及时地邀请中央有关部门和若干省市的代表筹备召开"青少年保护法座谈会"。会议明确提出，根据我国社会主义法制必须日趋完备的要求，需要制定青少年的单项法规。讨论会认为：由于全党当前对解决青少年问题十分重视，做了大量的工作，又积累了丰富的经验，已为制定青少年法规创造了更好的条件，现在是着手进行这项工作的时候了。会上开始就如何具体起草全国青少年保护法展开筹划启动工作。

在全国关注青少年违法犯罪和青少年保护的大背景下，1984 年初夏，华东政法学院青少年犯罪研究所与上海市长宁区人民法院合作进行青少年犯罪与少年刑事审判调查研究，同年 11 月，在研究总结该院近五年的少年刑事案件的特点、问题的基础上，结合国外的经验，依据《中华人民共和国法院组织法》，创建并试行专门审理少年刑事案件合议庭（后来统称为少年法庭），这就是中国第一个少年法庭。1984 年至 1987 年，长宁法院建立少年法庭的经验经过三年多的实践、总结，取得了显著的社会效果，得到最高人民法院的肯定，在全国推广，至 1992 年 6 月，全国县、市基层法院（其中还有一部分中级人民法院）普遍建立了少年法庭，总数达 2763 个。②

保护法研讨会以及少年法庭的建立与发展推动了检察、公安、司法相应的改革创新，共同推动了少年法的立法工作。1987 年上海市人大制定并通过了《上海市青少年保护条例》，③1991 年 9 月与 1999 年 6 月，全国人大分别通过并颁布《中华人民共和国未成年人保护法》《中华人民共和国预防未成年人犯罪法》，开中国独立少年立法之先河。

---

① 参见李国光等著：《中国少年法庭之路》，人民法院出版社 1994 年版，序第 1—3 页。

② 参见林准著：《中国审理未成年人刑事案件的司法制度》，载李国光等：《中国少年法庭之路》，人民法院出版社 1994 年版，第 84 页。

③ 参见上海市青少年保护委员会：《我国第一部保护青少年的地方法规》，上海人民出版社 1987 年版。

二、 充满活力的实践推进少年司法和立法研究

随着我国少年法庭、未成年人检察、未成年人保护机构的建立和工作的拓展，我国出现了一支极具活力、探索、献身精神的少年司法和少年权益保护工作者队伍，一支还在增多壮大、水平不断提升的专家型实务工作者队伍，一批与实践紧密联系的学者、专家，"几结合"让中国少年司法实践充满活力和探索、创新精神。据本人不完全统计，仅上海市区法院、检察、公安、司法、青保、妇联、工读的试点实践创新项目就有数百项，公开与内部发表的论文、调查报告达千余篇，著作 60 余部（本）。在中央的关心、支持下，华夏大地充满活力的实践推动着我国少年法和少年法学的进步，出现近二十多年来我国少年法制建设前所未有的繁荣、活跃、进步和发展。纵观新中国成立 60 年，我国少年法大致经历了三个发展时期：

1. 20 世纪五六十年代是内容单一、零星的行政规定时期。中华人民共和国建立之初，刚刚从多年战争破坏中走出来的新中国，百废俱兴，许多事是没有条件、也没有能力提上议事日程来考虑。涉及未成年人违法犯罪和未成年人权益保护问题，只能从实际出发对群众最关心、最迫切要求解决的问题作出一些规定和指示、决定、意见等等，没有统一规划，比较零散，不成体系。

2. 七八十年代是内容扩展、发展较快的时期。随着改革开放和我国经济发展、社会进步，健全民主和法制提上了国家的重要议事日程，我国立法进程大大加速，主要法律门类逐步齐全，全国人大制定、颁布了一系列重要法律、法规。十余年内，我国社会、经济生活的各主要领域的法律逐步完善，初步形成了适应我国社会主义社会现实需要的法律体系。未成年人权益保护也受到重视、得到较全面的体现。许多出台的法律中都有一些涉少的规定，虽然较为分散，但综合起来已经有了较多方面的、具体的规定，初步形成了相互有一定衔接的系统。

3. 20 世纪 90 年代，以《中华人民共和国未成年人保护法》为标志，进入专门立法并向构建未成年人权益保护法律体系过渡的时期。90 年代开始，少年司法实践已取得重要进展，我国少年儿童权益保护愈来愈受到社会的关注，国家加大了这方面的支持与投入，这一领域的专门法律、法规经过多年的讨论、呼吁，陆续出台，成为当时立法热点之一。《中华人民共和国未成

年人保护法》《中华人民共和国预防未成年人犯罪法》等均在这一时期制定。同时,以《上海市青少年保护条例》为标志,各省市人大通过了一系列专门保护青少年的独立条例、法规,此外,还出台了一些有关妇女儿童权益保护、义务教育、预防未成年人犯罪与社会治安综合治理方面的法规或规定,初步形成了由全国专门法、行政法规、地方法规组成的综合性的少年儿童权益保护的法律体系。

中国少年法立法起步比发达国家晚了近一个世纪,但是 30 年的进步和发展是快速和成功的。由于种种原因,如理论准备不足、实证研究和论据不够、中国社会社情的复杂和现阶段的急剧变化因素等,少年立法的科学性、完备性、可操作性还存在诸多问题与不足,中国少年法制建设的路还很长,任重而道远。

三、 少年法学滞后于立法和少年司法发展的需要

法律滞后是司法实践中经常存在的问题,有时甚至是难以避免的。我国少年法由于历史的原因不适应社会需要和司法实践的情况更为严重,但相比之下,少年法学的滞后更为突出。从 20 世纪 80 年代开始,近 30 年我国少年法的研究工作从无到有,成果显著,据有关学者收集整理的资料显示,公开发表的论文有 6000 多篇,正式出版著作近 200 本。但真正意义上的学科建设还处在起步之中。正如本文开始所述,国家有关行政部门在学科分类上还未予承认,传统法学学科的学者也不甚关注少年法学的特殊性及独立存在和发展的必要性、重要性,高等学校一般也不愿为其研究发展投入人力、资源、财力的支持,有的研究机构不仅没有发展扩大反而在萎缩,人才不断流失。

少年法学滞后首先表现在不能适应改革开放和社会发展进步的现实需要。当今我国许多现实问题令人关注、亟待研究,如未成年人犯罪及其原因、发展趋势;众多的未成年人权益保护问题,如拐卖儿童、校园伤害、外来人口子女平等受教育权等;未成年人司法保护;现代信息技术进入网络时代,网上不良信息、色情、暴力信息,严重危害未成年人;独生子女教育与留守儿童安全、保护与教育问题;儿童保护机构与政府行政保护机构、司法保护机构设置;国际公约与国内法如何衔接、协调;少年刑事政策;以调整社会成年人关系为对象的一般法与少年特殊法不同,如何加强特殊法研究;少年

法的理念、基本原则;国外少年法的现状、比较研究;国外未成年人司法实践的创造与经验、教训等。不少问题提出多年,但缺少投入,没有深入研究,经验或论证没有得到公认,未形成工作或立法的指导原则。

其次表现在国家保护、司法实践中许多问题急需研究总结、提出解决办法或建议。20多年来,我国少年权益保护和少年司法实践活动十分活跃,社区矫正办法、教育令、司法分流、合适成年人参与制度、恢复性司法、前科消灭问题、限制与减少强制措施、扩大适用缓刑、社会调查、风险评估、少年司法程序等。但基本长期处在试点探索中,存在各自为政,重复试点的情况,没有理论研究的提升,没有科学权威的评估,没有系统数据的积累,没有完整的论证和结论,更没有上升为规范、指导原则、法律、系统理论。

实践是理论的源泉,是检验真理的标准。同时理论对实践的指导、支持也是极其重要的,没有理论指导的实践具有盲目性和片面性的危险。我国少年法较为难产,司法实践经验不能得到及时提升、认可、发展,这是与少年法学滞后,得不到少年法学理论的强有力的支持分不开的。

四、 少年法学发展的必然性、迫切性

少年法学以保护未成年人健康成长、社会安全稳定可持续发展为目的,从少年这一特殊法律主体出发,研究少年成长及其成长过程中,少年与成年社会成员、少年与社会环境、少年与少年的法律关系。其诞生是社会发展进步的要求,是自然科学以及犯罪学和法学发展、对儿童权益保护认识深化、社会安全需要的必然结果。世界上第一部少年法的产生就与美国人权运动、慈善组织活动有渊源,以及芝加哥少年犯罪尤其是少年团伙犯罪猖獗、危害严重、社会安全生产需要的推动密切相关。在我国也有其诞生发展的特殊社会背景,更有其社会需要的特殊迫切性和现实性。

从20世纪70年代开始,我国青少年犯罪由于"文化大革命"造成破坏出现大幅度上升的态势,[①]成为引起公众关注的社会问题,促进了当时对青少年犯罪和青少年法的关注和研究,发表了不少论文、调查报告,也出版了一些青少年犯罪或青少年法的著作。尽管当时这些文章和著作从某种意义上

---

① 参见戴宜生著:《关于二十世纪八十、九十年代中国青少年违法犯罪状况及趋势分析》,载中国青少年犯罪研究:《中国青少年犯罪研究年鉴》第2卷,中国方正出版社2002年版,第145—157页。

而言是初始的、浅薄的,相当一部分还是低水平的重复,但是明显反映出社会需要推动着青少年犯罪学与青少年法学的探索和发展。随着"文化大革命"的错误得到纠正,在 80 年代,少年犯罪上升势头一度得到平抑甚至略有下降,但是少年犯罪与少年法继续受到重视和关注,这与改革开放背景下的未成年人犯罪率迅速上升的新形势直接有关,也与后面将要提到的儿童权益保护愈来愈受到关注有关。全国法院统计数据显示:1985—1989 年,我国法院判决少年罪犯年平均为 2 万 9 千起,1990—1999 年,法院判决少年罪犯年平均上升至近 3 万 6 千起,2000—2006 年,法院判决少年罪犯年平均上升至 6 万起,2008 年最高人民法院研究室主任邵文虹说,2000 年以来中国未成年犯罪人数平均年上升幅度达 13%。今后若干年内,我国社会主义市场经济体制还将持续发展,进一步推动全方位、多层次、宽领域的对外开放,我国社会转型、变革的大环境在全局上不会根本改变,国内灾害和当今国际金融危机又增加了许多新的矛盾和困难,我国未成年人犯罪的上升走势还会继续。少年犯罪持续增长的形势强力催生少年法学的诞生和探索。

　　未成年人犯罪形势十分严峻,不仅是数量上还在上升,而且犯罪的严重性、暴力性、结伙性、智力性、危害程度也在增加,其中还出现个别特别危险的犯罪,进一步增加青少年犯罪学和青少年法学学科研究的迫切性。[①]我国历史上少年犯罪类型比较传统、单一,危害性小,但近年来情况越来越严重,如犯罪类型上频繁出现杀人、抢劫、绑架、麻醉、撕票、放火、投毒、走私、组织胁迫少女卖淫、组织淫秽表演、计算机网络犯罪、毒品等未成年人新类型犯罪。杀人在传统未成年人犯罪中极其罕见,多少年才会发生一起,现在未成年人杀人案年年都有发生,有时一年发生多起,而且手段残忍。利用计算机网络侵入银行系统进行盗窃、网上诈骗、建立色情网站等,实施多种犯罪;未成年人团伙犯罪增多,危害十分严重,一般占未成年人犯罪的 60% 左右,2006 年《上海未成年人犯罪情况和少年司法工作研究》课题成果统计,未成年人共同犯罪占全部未成年人犯罪案件总数的 63.93%,[②]有些地方比例还要高。还有人钻法律漏洞(利用法律保护妇女、孕妇、未成年人的规定),利用未成年人实施犯罪,尤其是智力型、预谋型犯罪、系列化犯罪等等,案情重

---

　　①　参见徐建著:《青少年法学新视野》,中国人民公安大学出版社 2005 年版,序第 8—10 页。

　　②　上海市高级人民法院少年法庭指导小组:《中国特色少年司法制度理论研讨会文集》,2006 年,第 15 页。

大、危害严重。

上述类型、性质、危害、特点与趋势远较数量增加更值得关注,从而对少年法制建设和少年法学研究提出紧迫要求。

未成年人维权保护日益受到社会和公众的关注、重视,社会上不断发生严重侵害未成年人权益的案件,2004 年人权入宪,也不断对少年立法和少年法学研究提出紧迫要求。互联网违法违规传播淫秽色情内容危害未成年人,学校剥夺学生受教育权、家长任意打骂体罚、甚至虐待未成年人子女等等。在我国,未成年人权益不受尊重甚至被任意侵犯的情况相当严重,突出反映我国诉讼进程中当事人(尤其是未成年人)合法权益法律保护存在问题,少年司法和少年法学的空白点与薄弱点亟需加强研究。

贯彻落实现行法的实践,也不断提出新课题,迫切需要少年法学研究成果的支持和帮助。20 世纪 90 年代我国颁布了《中华人民共和国未成年人保护法》和《中华人民共和国预防未成年人犯罪法》,填补了我国少年专门法的空白,随着形势发展,各方有识之士不断对上述两部法律的不足提出修改建议,还有全国人大与省市人大代表、政协委员提出修改或制定其他有关少年法的意见或提案,如全国政协委员李玉玲在今年全国两会上提交制定《未成年人网络保护法》的提案,前几年也有人提出《家庭教育法》《学校伤害处置法》《农民工子女权益保护》等提案或建议。少年权益保护和少年司法实践中有关未成年人保护政府机构和未成年人司法机构设置、未成年人特殊司法程序、司法分流、限制或减少对未成年人适用监禁和强制措施、对未成年人犯罪适用社区矫正及非刑事处置方法等众多实际问题,都是实际工作中贯彻落实《中华人民共和国未成年人保护法》和《中华人民共和国预防未成年人犯罪法》亟待研究解决的课题,对社会安全、经济发展具有重要意义。

综上所述,少年法学发展的必然性,以及在我国当前情况下学科建设的迫切性和现实性是再明显不过了,加强投入和研究确实是迫在眉睫。

五、 少年法学具有独立法学学科的构成元素

学科分类及其独立性是以该门学科是否具有不同于其他学科的研究对象为依据的,少年法学是一门以少年法与涉少年法律法规为研究对象的法学分支学科,研究法律如何根据未成年人的特殊性正确调整少年与成人、少年与社会环境、少年与少年法学关系,以及其他与未成年人健康成长、社会

安全可持续发展的有关问题。少年法学作为一门独立的法律分支学科，以未成年人为法律的特殊主体，调整特定的法律关系，由其作为独立法学学科存在的最基本构成元素。

青少年健康成长是国家进步、民族兴旺、经济与社会可持续发展的根本，是预防减少违法犯罪的根本，是人类延续的希望，这是社会其他任何群体无可与之比拟的。这一点人们在历史上早就有所认识，可是要有特殊的专门法律来调整，设立专门的学科进行研究，保护其权利和利益，却是现代科学发展和人类进步的新成果。少年儿童是人类社会客观的存在，中外法律发展历史上不可能不存在涉及未成年人的法律规定，其特别规定基本上出于怜悯、恤幼等道德情感的考虑，缺乏科学理论依据和现代人权理念，现代自然科学和社会科学的进步发展为少年法学奠定科学基础，百十年来促成了少年法学的诞生和发展。现代科学表明，未成年人在其成长过程中，由于其生物、生理、社会化的客观规律所决定，具有幼稚、天真、单纯、无知，对成人及外在环境的依赖性、盲目性，没有或不具有足以保护自己的能力，盲从易受伤害等特点，必须有一整套特殊法律法规来调整与其方方面面的关系，保证其健康成长，社会延续、兴旺繁荣，这是科学的必然，社会的需要，人类的进步。

少年法学调整的法律关系是特定的，是其他法学无法代替的，包含少年不良行为、违法犯罪行为、少年特殊行为、涉少年行政关系，少年与少年、少年与成人、少年与社会、少年与家庭、学校社会组织之间的特定关系等。少年法及其少年法律制度确立未成年人特殊独立主体地位，承认未成年人是特殊的权利主体，少年司法中建立一系列特殊的程序和制度，是法制史上的重大创新和突破，是对以成人为中心的法律制度的无可争辩性提出的挑战，对法学和司法制度的进步和发展起到重大促进和推动作用，少年法学是法学大家族中的新成员，构成法学领域的重要组成部分。

否定少年法学独立性、必要性者往往认为现有法律发展中已有诸多未成年人的专门规定，其实问题的根本在于社会活动主要是成年人活动，未成年人由于生理的原因还不能有主见、有权利、有能力进入社会生产、交换、运输领域并处理决定问题。因而一般法律都是从社会现实出发调整成年人法律关系的成人法，当社会进步到承认未成年人是法律的特殊独立主体时，以成人法来调整未成年人法律关系就显得极不协调、极不适应，既不科学也不公平(公正)。以刑法为例,《刑法》第263条规定:抢劫罪就是以暴力、胁迫或者其他方法抢劫公私财物的行为。《刑法》的规定对一般犯罪主体来说是很明确的普遍适用的,但是在未成年人犯罪中就有非常复杂特殊的情况。面对成年人与未成年人客观存在的质的差别却一定要适用同一部法去解决问题当然也是不合理、不公平的。这个案例说明未成年人犯罪构成具有特殊性,只有研究少年法学的专门理论和问题,制定符合未成年人生理、心理特征、不同于成年人的专门特殊法律法规才能科学、正确、合理地处理未成年人的种种实际问题。上述案件经法院研究,根据案件情况和未成年人特点,最后判定不构成犯罪,纠正错误,教育释放。

少年法学作为一门独立的法学新学科,研究内容是丰富和独特的,至少涉及未成年人出生、成长中的条件、权益、环境、物质保障、法律关系;少年培育、教育、管理中的特殊法律要求;具有独立品格的少年法理论和法理渊源;少年法的基本理念、指导思想、政策原则、工作方针;少年立法目的内容、任务;少年法的历史、类型、分类、体系;不同类型少年法的特点、内容、结构;少年法的立法、程序规定和实体规定、处置办法、执法、监督;未成年人违法犯罪的认定和处理;少年司法制度;少年违法犯罪的预防和社会安全;实践发展与少年法的变化进步、发展趋势;少年法、少年法学与其他法律学科的区别、联系和协调等等,少年法学的内容体系必将随着学科的建立发展逐步丰富、发展、完善。

六、 少年法学亟须研究解决的课题和展望

少年法学是建立在现实社会需要基础上的,当代中国未成年人在成长过程中,不仅面临科学技术的伟大革命,而且面对国家政治、经济体制、社会文化的巨大变革,生产力急剧发展、文化多元化的冲击。在这一特别复杂、多变的时代,未成年人既有机遇和挑战,也会碰见历史上从未出现过的矛盾和困难,甚至会失落和迷茫。未成年人成长的复杂现实及其成长对我国当前安全稳定及长远发展的战略影响,社会对未成年人权益保护的关注及对少年立法的迫切要求,是未成年人法学发展的强大动力和深厚基础。

无论是立法或研究,调查研究、了解情况是基础和依据,我国目前还没有这方面的政府权威机构或学术机构,专门从事基础性调查与资料积累,没有全国少年或青少年白皮书(个别省市开始在做了),也没有少年犯罪白皮

书,没有专门定期的未成年人人权报告,甚至于连比较系统完整的未成年人口、未成年人犯罪的数据都没有,这方面的工作亟待加强。

少年法是少年法学的直接研究对象,也可能是少年法学研究推动的成果,由于我国少年立法起步时间不长,现有法需要修改完善,更有许多新的关系需要立法进行规范、调整,如我国第一部真正意义上的少年法——《中华人民共和国未成年人保护法》,从历史发展和实际作用看,是一部综合性的具有少年宪法性质的法,对我国其他少年法有导向、指导的"母法"作用,其重点规定了少年法的目的、任务、指导思想、科学的保护体系、机构、独特的工作原则、机制等等。一部法容量有限,不可能解决所有问题,在目前少年法还不完备的情况下,《中华人民共和国未成年人保护法》要解决对未成年人保护具有全局性,对推动全国工作及地方立法进展具有最重要价值的重点、热点、关键问题,尤其是非全国法难以解决的难题,如机构、政策、司法制度、刑罚替代措施等。因为这些规定是全国性的,是只有中央或全国人大才能解决的难题,而地方或基层是无能为力的。全国法有了规定,下位法就有开拓发展的余地,实践才有创新、探索、实验的空间。这方面迫切需要研究、论证,当前确立的规定至少有机构问题,政府需要建立未成年人委员会、未成年人工作局等机构,主管并协调有关未成年人保护工作;公安机关、人民检察院、人民法院应当设立少年法庭(法院)、专门检察、公安机构;办理未成年人犯罪的案件实行不同于成年人案件的特殊程序;限制监禁刑和刑事拘留等强制措施的适用;增加适用于未成年人的非监禁处置或刑罚替代措施等。

新的配套立法更需要大量调查研究、理论论证、组织起草工作,现实性大、迫切需要的如《少年或未成年人组织机构法》《少年司法特殊程序法》《涉少案件实体规定》《未成年人违法犯罪特殊处置法》《家庭教育管理、指导法》《少年网络管理法》《未成年人自我保护指导通则》《合适成年人(或司法保护员)参与未成年人刑事案件的规定》《儿童环境与食品安全法》等。

本文仅提出几个研究课题说明少年法学的广阔发展空间:

第一,研究我国家庭教育的现状和问题,制定《家庭教育管理、指导法》。家庭是社会的细胞,家长是子女的第一任教师,这几乎已是一句常说的老话,但是这句话客观地指出家庭、家长在未成年人成长中的特殊地位和作用。未成年人从出生来到人世,首先就是家庭、家长的呵护、抚养、教育、培养，而且时间包括从出生到成人，这在当今世界还是无法由别人代替的，这就是家庭教育、保护、管理在未成年人成长中的初始性、基础性、重要性。未成年人教育保护要"从娃娃抓起"，就一定要有法律的支撑和规范，我认为家庭教育管理是未成年人保护、预防不良行为和违法犯罪行为、成人成才的战略工程，是国家兴旺、社会可持续发展的基础工程，是落实"从娃娃抓起"的第一工程。培养、保护、塑造、预防、减少、控制违法犯罪都要从家庭开始进行严格、科学、人性的家庭教育管理。

家庭教育是一个需要国家花大力气开拓的领域，首先要在理论上、立法上有突破、创新，要破除家庭教育管理涉及私人领域，是国家不可干预、难以干预的观念，要经过研究论证，科学地解决哪些国家必须干预、怎样干预、介入或干预的程度等问题。其次家庭教育、保护、管理的关键在于家长素质。一个人对子女的教育、管理、指导、保护能力水平都不是与生俱来的，要学习、帮助、指导，这方面我国还处于自发、经验、落后的不自觉状态，大有必要制定法律作出开创性的规定。

第二，研究未成年人自我保护，制定《未成年人自我保护指导法（通则）》。当今社会多种经济成分交错并存，社会结构多层次性，价值观多元化，需求多样化，客观上表现为社会复杂、评价标准不一，不良影响因素渠道增多。在这种形势下，未成年人的外在环境与力量的限制与保护，具有很大局限性、消极防御性和不可靠性，只有未成年人自身具有良好的识别、自控、抵制能力才能以不变应万变，防止侵害腐蚀，出淤泥而不染，再结合或辅之以外力以及环境的控制、净化等，才能达到最佳的保护效果。

自我保护是基础，具有战略、积极、主动的地位。科学完整的保护体系是外在与主体自身两方面的统一，缺一不可。主体方面有自我教育、提高认识与识别能力、自我调节、自我规范、自我控制、自我防范、独立意志、抵制诱惑或不良侵害能力；外在方面的保护力量有政府、家庭、社会、学校、司法各个方面，改善环境、条件，控制、限制不良影响。两者统一形成一个内外结合、多方面协调的科学严密的保护体系。

制定《未成年人自我保护指导法（通则）》，涉及未成年人生理心理特点、未成年人保护战略、理论、指导思想的完整性、能动性、科学性。涉及许多理论和实际问题，至少要研究、考虑以下问题：

1. 全面贯彻实施国家素质教育的战略要求，从小加强法律意识、自我保护意识，积极参与有关自身权益的立法、司法活动。

2. 未成年人自我保护的客观科学依据、概念、内容。

3. 自我保护包括：未成年人提高和运用自己的知识、能力，或通过集体组织的力量，维护自己的合法权益；提高素养，拒绝诱惑或抵制不良环境、不良影响；学法知法，加强法制观念，自觉遵纪守法、自觉控制不良行为，避免罪错，健康成长。

4. 未成年人自我保护形式主要有：请求援助、自主报告、检举控告、申诉辩护、接受管理指导、开展自我教育活动。

5. 自我保护能力需要培养和随着年龄逐步提高，学校家长培养未成年人自我保护能力的方法、途径；政府鼓励、支持未成年人自我保护的积极性与能动性，提高未成年人识别、自控、自制、抵制能力。提高和培养未成年人独立的自我保护能力是未成年人保护组织、学校、家长及有关部门的重要职责。

6. 未成年人的合法权益受到侵害，有权向主管部门或有关单位请求援助，被请求部门或单位应当接受并在责任范围内及时采取措施，或提供具体指导与建议。

7. 任何组织和成年公民发现未成年人实施严重不良行为或其人身合法权益受到严重侵害，应当及时制止或向有关部门报告。

8. 未成年人自觉学习法律知识，提高法制观念，遵纪守法，防止不良行为是重要的自我保护手段。

9. 未成年人应当人人做到：不吸烟、饮酒、吸毒，不携带管制刀具，不打架骂人、强索他人财物，不赌博，不逃学逃夜，不参加封建迷信活动，不进入法律法规规定未成年人不适宜进入的活动场所，不携带、不传送、不观看不良的影视读物，不参加邪教组织、不良团伙及其任何活动，不做其他危害自身和他人身心健康的事。

10. 共青团、青年联合会、学生联合会、少年先锋队是未成年人的代表、朋友，带领未成年人维权是未成年人自我保护的有机组成部分。代表并指导未成年人维护国家和人民的权益，关心社会，关心他人，维护自己的合法权益，反映未成年人合理要求；组织咨询与援助活动，同侵害未成年人的行为作斗争；根据未成年人的特点，开展各种自我教育及其他有益活动，促进未成年人健康成长。

　　第三,研究未成年人司法保护的理论和实践,制定《少年或未成年人组织机构法》《少年司法特殊程序法》《涉少案件实体规定》《未成年人违法犯罪特殊处置法》。现代发展心理学研究确定,人出生以后,经过婴幼儿期、儿童期、青春期,进入成人期,这不仅是一个从小到大的成长变化,而且有生理、心理、社会化的质的跨越,儿童不是婴儿的简单放大,成人不是儿童的简单放大,人生成长的不同时期是人生发展中的不同质的嬗变,具有不同质的变化和特征,从而构成制定少年法和少年法学研究的科学基础。所以,一部适用成人的法律要普遍推广而适用到人生成长的不同质的所有阶段的人,就会违反科学、背离人的本性、造成错误。

　　法律上要科学、妥善地解决这个问题是非常复杂和困难的,通常的做法是规定一个年龄分界线,这既能维护法律的威严,又便于操作管理,但实际上是忽略人的真实发育情况。法律断定模式是必要的,但是事实难道多一天到了14岁就成熟了,少一天不到14岁就那么没有认知了吗? 有的大年龄未成年人甚至于按年龄分界已划入成人的小年龄成年人,其对成人家长的依赖性、无知易受伤害、对法律的理解、认知能力很差,而有的少年则生理、心理、认知水平更接近甚至于超过成年人,自主能干地实施危害他人、危害社会的行为并规避法律制裁,能认为前者成熟需要严惩后者不成熟需要从轻吗? 法律断定是强制的、刚性的、事关权益的,年龄往上提高或下降,都会增加一些权利,也会夺去一些权利,利弊要研究。年龄分界上,法律一旦划入未成年人则受种种保护,同时也不会享有某些成年人权利,还会在某些方面从保护考虑对儿童行为有所限制等,会有得有失,得失都必须是有根据的、必要的。国外有"成熟的未成年人学说""未成年人同意法令"等,就是考虑年龄划定后的未成年人认知和成熟的特定性,少年法有关少年司法的专门法律法规将科学、人性化地解决上述问题。

　　少年司法是保护未成年人的最后一个屏障,也是教育挽救违法犯罪未成年人具有关键价值的最后一个环节,是未成年人违法犯罪预防战略综合防线中最后的防线、底线。研究未成年人司法保护的理论和实践,制定《少年或未成年人组织机构法》《少年司法特殊程序法》《涉少案件实体规定》《未成年人违法犯罪特殊处置法》等法律法规是少年法律和少年法学完备的重要组成部分。我个人认为:少年司法理念的科学性、特殊性及其在立法、司法上得到突破的程度和速度,决定着我国少年法学开拓发展是否顺利及其发展水平、发展速度。

　　其他如特殊程序、少年法庭、实体法适用，近年来都有许多成功经验和理论研究成果，也是少年法学亟须研究解决的课题，是少年法学的广阔发展空间。少年法学大有可为。

国际视野下的中国少年法学建设发展的思考[*]

少年法学作为 19 世纪最后年代法学方面诞生的新领域，与存在历史久远的少年犯罪现象比，反映出人类文明发展的不同步、不对称、不和谐。一百多年来，在这个领域，作为工业化社会发展崛起的发达国家，普遍比发展中国家更早受到关注，发展得早些、快些、好些。但是，与其他学科比，总体上仍是落后、零散，与社会发展要求不适应，需要国际社会的同行们共同努力做出新的贡献。

一、 少年法学还是一个躁动于母腹中尚未成熟的婴儿

我认为，各国和不同地区的学者要有国际视野，建立起共同承担建设独立的少年法学的共识和社会责任感。

少年健康成长是一个国际性社会问题，少年法学是一门从法律上关注、保障少年健康成长、权益保护、避免或减少罪错、维护国家和社会和谐进步发展的社会科学，它不同于自然科学或技术问题可以由一个国家若干学者建立完善。历史可以证明这门学科只靠一个国家、少数学者是建立不起来的，因为每一个国家的传统、环境、制度、实践等的局限性，影响少年法学的科学真理的客观、全面、深度和本质规律的认识。

就如中国成语说的"瞎子摸象"，几个盲人想知道"大象"的样子，大象很大，他们几个人有的摸到象鼻子，有的摸到象耳朵，有的摸到象牙，有的摸到象身，有的摸到象腿，有的摸到象尾巴，由于他们盲人视觉和接触部位有限的限制，他们根据自己有限的认识把大象说成是"粗长的管子""宽大扁扁的扇子""厚实的墙""柱子""一条粗细不均的绳子""大萝卜"，其实他们都只接触感受到大象的不同的局部，离知道大象的真实样子还有很大的距离。

从世界上第一部少年法诞生以来，各国出版、刊发了许多阐述少年犯罪和少年法的著作、文章，从历史、理论或立法司法维权多方面作出不少研究

---

* 系 1999 年国际学术研讨会的报告。

和精辟论述,对学科进步发展、保护少年儿童权益作出众多贡献。但是,从建立独立少年法学的角度审视,少年法学离不开少年法律、司法制度、组织机构、实施的具体手段、条件等等,这就无法脱离各个国家、地区的历史、法律渊源、采用的理论指导原则、具体法律选择的模式、具体规定,使著作论述明显带有国家地区的特点和自身特定的发展历史印记,从而必然具有局限性。由于不同国家地区发展的程度、水平不同,历史文化背景传统差异,社会制度、法律制度法律规定不一,科学、经济、人文条件千差万别,著作文章都是特定的具体的,尽管有许多比较研究、历史资料、各国介绍等提供思考,总体上都是根据著作者国家、地区的历史发展经验、法律论述、案例剖析作理论提升的。这个国家的成功经验不一定在另一个国家成功有效,这个地区适用、能说明问题,在另一地区不一定能适用说明问题。

国际学术的交流合作就要在有能说明一国一地的经验理论基础上,进一步共同协作发现、探索不同国家不同地区普遍适用、有效、能说明问题的理论,获得实践和理论统一的人类认识的普遍规律、普遍真理,建立独立少年法学学科的最基本理论、原则、原理、规律、规范、规则、内容结构体系。

我们的目标就是从理论上全面深入阐述解决少年法学建设独立学科的科学根据和理论基础,与之相应的独立学科应该具备的统一必需的元素,如颇多争议的性质、定位、任务、内容、理论体系等,求得最基本的统一、得到公认和令人信服的学科共识。

二、 少年法学成为独立学科的根据和前提

研究对象的独立性、独特性、其他学科无法代替性,是一门学科独立存在的基础和前提。少年法学能否独立、是否科学、是否必要,不是哪个权威人说的,而是少年法学研究对象主体的独立性、独特性、其他学科无法代替性决定的。科学全面阐明并充分论证这一点是本学科建设发展的根据和前提。

现代自然科学和社会科学的进步发展才为少年法学奠定科学基础,百十年来促成了少年法学的诞生和发展。现代科学表明,未成年人在其成长过程中,由于其生物、生理、社会化的客观规律性决定,幼稚、天真、单纯、无知,对成人及外在环境的依赖性、盲目性,没有或不具有足以保护自己的能力,盲从易受伤害等特点,必须有一整套特殊法律法规来调整其与方方面面

的关系,保证其健康成长,社会延续、兴旺繁荣,这是科学的必然,社会的需要,人类的进步。

现代发展心理学研究确定,人出生以后,经过婴幼儿期、儿童期、青春期,进入成人期,这不仅是一个从小到大的成长变化,而且有生理、心理、社会化的质的跨越,儿童不是婴儿的简单放大,成人不是儿童的简单放大,人生成长的不同时期是人生发展中的不同质的嬗变,具有不同质的变化和特征,从而构成制定少年法和少年法学研究的科学基础。所以,一部成人普遍适用的法律要推而适用到人生成长的不同质的时期人,就会违反科学、背离人的本性、造成错误。

法学是以不同法律研究和调整不同社会关系来区分的,少年法学与一般法学学科分类不同,他是以研究对象的主体特殊性决定的,这有点类似于军事法学,其研究对象的主体——少年不是普通社会人能涵盖其特质特性的,他是生物人向社会人过渡的人,是未来变化多端、少年时期一举一动对其未来善恶发展具有决定影响作用的人,是承担人类延续和社会持续发展责任的人,是当前弱势、无能、需要大投入的消费者而未来是强势、治国安邦、创造财富、开辟未来的承担者,是与成年人完全不同的人,其特殊性和重要性决定法学必须建立发展独立的少年法学学科。法学发展的历史和水平决定一般以成人为出发点的传统法,不能满足、适应少年健康成长的需要,不适应社会持续发展、文明发展不断进步的要求。社会越发达、科学越进步,认识越清楚,对独立的少年法学的要求越迫切,因为,少年是未来,少年好,国家就好,社会就好。

我们可以这样说,什么法都与少年有关,但以成年人为出发点的现有法,从特殊性考虑,都不能具体解决少年健康发展中的特殊需要、特定发展中产生的问题、特殊保护问题,正是这一点,决定少年法学的必要性、科学性根据和前提。

学科独立的研究对象,方法、目标追求、独立的知识体系、不以人的意志转移,不应该受原有学科的观念、概念、体系限制,更不能用行政管理规定、手段等限制(学科名称)、排斥,科学发生发展要顺其自然,学科不能按照行政规定来,不能削足适履,鞋只能是按脚做才科学,才更接近真理,科学发展管理也需要科学,否则,新学科就永远无法诞生、成长。

三、 独立的少年法学应从建立特定的、科学统一的基本概念开始

科学研究事物、现象、问题，把握规律，寻求真理，形成理论和体系，都需要有准确表达自己研究事物、内容、变化、特质的概念，如果在现有的概念中没有现成可用的，就必须建立自己具有特定性涵义的概念。如现代物理学诞生后，有许多新现象、新发现，有的借助于现有概念或稍加改造就可以表述，让人准确理解，如核子、反物质、超光速等，有的根本没有能准确表述的概念，就必须创造新的概念加以说明界定，让人们逐步理解、接受。天文学有许多新名词就是为了说明过去没有的新发现的现象出现的，如果没有新的名词、新的概念来表述，就没有现代天文学。现代信息技术发展日新月异，新名词、新概念也随之不断被创造，网络语言中许多词要专门解释，否则就是无法懂的天书，还有网络虚拟货币，物化的比特币，网店、网书、网恋、网友，层出不穷的新花样，使现代社会无限丰富和无限精彩。人类的认识要深化，社会要进步，科学要发展，新学科、新概念是一定会出现，一定要出现的。

我们在多年研究和实践中深深感受到少年法学领域中，现有概念的局限性、不统一、不规范，影响理解、影响研究、影响交流，如少年、儿童、青少年、少年儿童、未成年人等；犯罪、少年犯罪、罪错、违法犯罪、非行、未成年人违法犯罪、不良行为、少年事件等等，不同国家、不同法律、不同学者在阐述有关问题时，往往有自己与他人不同的内容、理解和引申，少年犯罪有的仅指刑法规定的一定年龄的未成年人触犯一般成年人触犯刑法同样构成犯罪的行为；有的就包含成年人构成犯罪和成年人不构成犯罪的某些行为，范围就扩大得多；还有的认为少年犯罪不是犯罪，只是借用这个词表示行为的值得关注的危险性，需要教育、防止、矫正，学科用语的不科学、不规范、不一致，影响本学科成为一门真正严谨的独立科学。

科学是追求真理，应该受到国家的保护和支持，不应该受到国家限制和不当干预。但是，法律的强制性及其对国家的影响，使法学学科不可能不受到比一般学科更多更大的制约和干预，少年法学的实践和理论研究发展，在没有得到社会普遍认可的不成熟的初期，更会受到难以避免、难以想象的影响，行政机关的不当干预更为直接明显。一个法律规定的改革和新理念的诞生，从英国国家亲权的理念、美国依里诺斯少年法院法诞生院诞生、国际

社会对儿童最大利益原则和儿童参与权的认同、到我国最近刑事诉讼法关于未成年人特殊程序的规定,都是在否决、争议、反复的进程中艰难前进发展的。要有思想准备,防止某个极好的创意、探索,由于有权力的机构或人的反对、质疑,把一个有希望、有真理的探索、实践中断甚至断送。

少年法学建立、发展要从学科的基本概念群的创新及其科学界定、逐步统一开始,通过国际社会的合作,把少年,少年法学、少年犯罪等内涵外延究竟有多大,如何科学表述,学科研究对象,包括有哪些内容,解决什么问题,与一般刑事、民事、行政、权益的关系等,认识理解逐步统一,逐步深入,逐步展开。

四、 少年法学的性质、定位与主要内容

少年法学是一门研究少年生存、健康、发展保障,行为规范引导,正当合法权益保护,防止与减少行为偏差及罪错的独立的法学学科。虽然与社会学、教育学、心理学、生理学密切联系,交叉综合,具有其他法学学科没有的独特性,但仍然是法学体系中的新成员,其作用定位与其他法与法学学科一样,不能解决有关少年的所有问题,只是从法律的功能作用上,要为其他学科、其他涉少事业提供指导、保障、服务、支持、后盾,学科的研究发展为构建能够为其实现其功能,提供、改善、创新的法律体系、法律资源、法律保护支持手段等。

我个人认为独立的少年法学由于其对象主体的特点,其特殊性涉及整个法学的全部领域,但有些法律领域在某种时空条件下又几乎是毫无关系,如劳动关系、商业经营、生产管理等等,有些法律空白却与少年关系紧密甚至于是性命攸关,如儿童福利、家庭教育、少年法律援助等等。因此,要按其自身独特性构建法律及学科体系,不能包罗万象把法律各部门都加上"少年"纳入少年法创新,如少年刑法、少年民法、少年程序法、少年某某法等,这样的学科创新发展就太简单了。

少年法学作为一门独立的法学新学科,研究内容是丰富和独特的,至少涉及未成年人出生、成长中的条件、权益、环境、物质保障、法律关系;少年培育、教育、管理中的特殊法律要求;具有独立品格的少年法理论和法理渊源;少年法的基本理念、指导思想、政策原则、工作方针;少年立法目的内容、任务;少年法的历史、类型、分类、体系;不同类型少年法的特点、内容、结构;少年法的立法、程序规定和实体规定、处置办法、执法、监督;未成年人违法犯

罪的认定和处理；少年司法制度；少年违法犯罪的预防和社会安全；实践发展与少年法的变化进步、发展趋势；少年法、少年法学与其他法律学科的区别、联系和协调等等，少年法学的内容体系必将随着学科的建立发展逐步丰富、发展、完善。

少年法及其学科创新，必须根据其性质与定位的独特性。我建议少年法的体系与少年法学研究主要内容：根据宪法，建立与其他法律部门协调、配合的独立体系，少年组织与指导原则，确立不同于一般法的指导思想和原则，组织机构。机构是一个很重要、很困难的问题，虽然不是办什么都要建机构，可是在本领域有两个机构不可少，需要特别重视对待，一个是组织协调总机构，一个是司法体系内的独立建制的少年专门机构；少年福利和权益保障法，保障少年生存、健康成长；少年行为指导、管理、保护法，强化行为规范的教育、指导、管理；少年行为不当的教育、干预法，包括特殊家庭帮助、特殊学校教育、社区特殊管理、危险行为处置、防止与减少行为偏差及罪错等；少年犯罪处置法；正当合法权益保障、行为矫正等。打破传统的刑事、治安、民事、行政、实体、程序的法律分类，又全面传承法律的成果和思想精华。

总之，从少年独特性和少年健康成长，成人、成才出发，真正体现以人为本的思想，推进社会进步发展，把可以考虑、必须考虑的涉少的重要问题，现实的、可能发生的新问题都考虑到。创建独立的综合性的少年法学，要有创新智慧和理论勇气，还要有远见卓识和理论素养。

少年法学调整的法律关系是特定的，是其他法学无法代替的，包含少年不良行为、违法犯罪行为、少年特殊行为、涉少行政关系，少年与少年、少年与成人、少年与社会、少年与家庭学校社会组织之间的特定关系等。少年法及其少年法律制度确立少年法中未成年人特殊独立主体地位，承认未成年人是特殊的权利主体，少年司法中建立一系列特殊的程序和制度，是法制史上的重大创新和突破，是对以成人为中心的法律制度的无可争辩性提出的怀疑和挑战，对法学和司法制度的进步和发展起到重大促进推动作用，少年法学是法学大家族中的新成员，构成法学领域的重要组成部分。

五、 少年法学需要扩大一支有素养有社会责任感的专业队伍

事在人为。少年法与少年法学在西方发达国家起步早，关注的人多一些，研究发展也比我们好，但是，与法学其他学科比，人数也是比较少的，力

量弱,影响和作用也比较小。在我国,这个领域的历史可以追溯到很古老,但从 1899 年美国诞生世界上第一部少年法院法开始,中国一直只有极少的学者关注,在战争年代和中华人民共和国建立后相当一段时间,几乎空白。

　　1979 年,随着中国社会的重大变革,少年法与少年法学受到国家和社会的极大关注,发展的速度和规模可能是其他国家或地区难以想象的。这一年,中国共青团中央组织开展具有里程碑意义的青少年违法犯罪的调查研究。1980 年,中国代表团第一次参加联合国预防犯罪和罪犯待遇大会(第六届),并就少年犯罪问题发言;中国共青团中央邀请全国有关部门和各省市的部分代表召开"青少年保护法座谈会",研究评析中国当时青少年犯罪的状况,总结交流治理对策,介绍国外青少年立法情况,研讨我国青少年保护法立法建议。1981 年,中国社会科学院青少年研究所经过充分准备,与中国共青团中央等联合召开"青少年犯罪研究规划会议",制定并通过了"全国青少年犯罪研究规划";当时中国集中法学教学研究人才最多最大的四所大学,北京政法学院(现中国政法大学)、华东政法学院(现华东政法大学)、西南政法学院(现西南政法大学)、西北政法学院(现西北政法大学),先后建立青少年法或青少年犯罪研究机构;成立中国青少年犯罪研究学会,聚集了一批热心、有志向、勤奋努力的专业人士,组织开展调查研究和学术交流活动;华东政法学院在本科学生中开设青少年犯罪、青少年法等课程。1982 年,中国青少年犯罪研究学会与华东政法学院分别出版发行《青少年犯罪研究》与《青少年犯罪问题》杂志。1983 年开始,一批独立研究我国青少年犯罪状况、动向、治理、预防的著作陆续出版。1984 年,第一个少年法庭在上海试点。1987 年,第一部保护青少年的地方法规《上海市青少年保护条例》通过实施。法院、检察院、公安以及保护青少年的政府机构中涌现一大批有社会责任感、有爱心、有实际经验的专家参与了本领域的研究,大大改变了我国这个领域的研究状况,生气勃勃,热力四射,中国少年犯罪与少年法的研究和创新探索出现前所未有的进步与发展。

　　但是,随着研究的深入和学科发展难度的增加,热潮在本世纪初回落,人员减少热情减退,研究重复停滞,新成果减少,实践的创新精神也下降,虽然还有一些人坚持而且取得许多进展和值得高兴的成果,出版了一些很有价值的著作和文章,但还是给我们带来人才队伍力量不足的反思和学科发展的危机感。

　　为了发展，我认为要有同心协力组建一支队伍的意识，才能保障学科持续发展进步。从我国情况出发，个人认为：

　　一、中国青少年预防犯罪研究学会（原中国青少年犯罪研究学会）是我国最早成立的倡导、推动研究少年犯罪、原因、治理和少年法的全国性学术团体，比犯罪学会、法学会青少年法研究会早十几年，其重大作用和影响是公认的，近年来仍旧组织、推动了一些很有成效的工作，扩大了影响。但全国性学会要防止行政化，建议要在联系国内理论、实践方面的专家，提出新课题组织队伍交流、开展探索研究方面多有动作和举措，尤其希望要密切与社科部门、大学联系，发现新的有发展潜力和前途的青年以及有成就、有创见、已显露才华的年轻学者，促进人才培养，组织培训、多种形式交流活动等方面，起到引领和推动作用。

　　二、畅通国际学术交流渠道，经常或定期组织类似本次活动的学术论坛，交流新情况新动向、提出新问题新课题，组织课题合作，创造条件建立少年犯罪与少年法学国际学术研究会。以此为契机，促进建立我国法学的校院系、社科院所、社会人士专业社团、研究机构发展，吸引更多的人关心、支持、研究少年法学的理论和实际问题。

　　三、建议在高等学校以及其他有基础的基地，加强或新建中心，聚集、发现条件好、基础好、有志的青年学者，培养本科、硕士、博士，鼓励法学、教育学、犯罪学、社会学学子关注、学习少年法学的兴趣、爱好、志向，让更多人向少年法学深造、献身。

　　四、关注实际第一线的队伍，这是一支要关心、支持、不断给力的队伍，是一支有巨大贡献和潜在力的队伍，绝不能低估其活力、水平和创造力。没有这支力量的投入和支持，少年法学的繁荣发展是难以实现的。

　　五、全国历史较长的专业期刊，要为建立、扩大这支有素养、有社会责任感、能坚持探索创新的队伍提供平台和支持。

关于两法修改的学习和建议 [*]

  《中华人民共和国未成年人保护法》（以下简称《保护法》）和《中华人民共和国预防未成年人犯罪法》（以下简称《预防法》）的两份修订草案，我极为关心、期待已久，这是我国未成年人保护事业和中国少年司法建设、发展的一件大事。从修改稿可以体会到修改以问题为导向，抓住现实中的热点、焦点、难点，花了大力气，总结经验，调查研究，广泛听取意见，有成就、有提升、有创新、有亮点。除增加网络保护专章等，最令人难忘和值得我们尊敬铭记的是：

  第一章第 5 条明确规定：保护未成年人总的"应当坚持最有利于未成年人原则。"具体事项处理增加"特殊、优先保护"原则。这是修改中的精华、根本，成就。这是承认科学，承认未成年人的特殊性和特殊地位，与我党的一贯政策指导思想和国际社会的先进理念完全一致，是未成年人保护法的基础，也是所有（全部）少年法律体系的思想理论基础。这次正式入法了，意义重大。

  第 11 条（和《预防法》有关条文）规定，"国家支持建设未成年人保护相关学科、设置相关专业、相关科学研究、人才培养""国家建立健全未成年人统计调查制度……状况统计、调查和分析"。这条规定的贡献也会让人永远铭记。这方面问题也是我国少年法学没有得到国家教育部门重视，发展缓慢未形成独立学科的重要原因之一，对立法也有重要影响。

  不足方面：个人认为修改稿还有很大不足，如不改进补充，就会失去一次里程碑进步的机会，我甚至认为会让两法失去为中国实现两个 100 年梦想，实现民族复兴作出更大贡献，为中国少年法学和少年司法走上国际社会，引领世界的机会。而且一失就不知道是多少年。

  主要不足：一是总则十二条没有机构的规定；第六章第 69 条、第 70 条，国务院和县以上建立协调机构，到乡镇、街道设立工作站或指定专人。第七

---

  * 撰写于 2019 年 12 月。

章第 92 条,专门机构办理和独立评价。规定公检法司"应当根据需要明确专门机构或者指定专人",也就是说,越上面越虚,国家最高权力机关立法机关不规定,让没有最高权威、没有立法权的公检法司去解决没权办没法办的事;"预防法"也是如此。这是 40 年来,我国未成年人保护法和预防未成年人犯罪、少年司法前进发展中一直跨不过的坎。

二是没有对未成年人有针对性的特殊精准有效的管教处置手段和方法的规定。大连 13 岁强奸杀人案就是多次反复出现的教训。

我认为,两法一定要坚持保护(保护未成年人合法权益),坚持防处(预防、处置未成年人违法犯罪)。两个坚持才全面、才完整、才平衡有效。

这是在习近平中国特色社会主义理论指导下,依法治国、科学创新,修改两法,让中国少年法学服务我国发展战略、引领世界的路。具体二点建议:建议一:建立机构。国务院建立未成年人工作部或青少年工作部。国际经验、我国台湾、香港等经验教训,都证明涉及国家兴旺发达、民族复兴的三亿甚至更多的未成年人及青少年,其健康成长是国家的大事,值得花人力、物力,要有强有力的部门战略规划、工作管理,是一项刚性战略工程,一定要上。同时,公安从上到下,建立未成年人保护和预防违法犯罪警务局、处、科(室)、组站。

检察院从上到下,建立未成年人检察厅、处、科。检察院九厅、九处、到基层科室组已经创新实践,值得立法提升肯定。

法院在少年法庭成功经验基础上,健全上至厅(庭)下到基层专门法庭、复合法庭、组、专人。

司法部建立少年司法特殊防处所,从上到下形成体系。

建议二:研究、创新、制定有针对性的特殊精准有效的未成年违法犯罪的管教处置手段和方法。不能要么抓起来、关起来,要么放掉不管,"养"到出大问题了再抓。或者寄希望于降低刑事责任,包括开杀。这个法律上的大漏洞一定要通过两法修改补上。

特殊精准有效的未成年违法犯罪的管教处置手段和方法是复杂的系统工程,先不求全、有中国传统和特色的,经验丰富成熟理论上站得住,加以规范、配套、完善,先规定下来,逐步创新完善丰富。如司法建议、社会观护、社区矫正、限制活动、参加指定学习培训、教育矫治、家庭管教、工读学校、留置中心、政府管教……

未成年人违法犯罪,随着社会变化,一直在变,暴力形式、危险性也在变化,国外曾出现过飙车族(国内也出现过苗子,我们有准备控制住未扩展开来)。还有加里森敢死队、弹弓帮、标火族(标擦火柴放火)都出现过,靠完善的教育保护和科学无缝的管防处体系,才能解决问题。降低刑事责任年龄不是解决问题的根本有效途径。要么抓住关,要么放,明知有问题有危险无法管,这才是危险。大连13岁强奸杀死10岁女孩,痛心可恨,仔细研究可以说明,降低刑事责任年龄不是解决问题的根本有效途径,要靠完善的教育保护和科学无缝的管防处体系。暴力、欺凌……

《保护法》是《预防法》的前提与基础,《预防法》从一个特殊方面更全面保护、保障未成年人全体全面健康成长。《保护法》不可能包一切,未成年人保护、预防未成年人犯罪还需要更多的独立法,网络保护、家庭教育、未成年违法犯罪实体管教处罚、程序……,从发展来看,都有必要单独立法。

伟大变革中的我国青少年犯罪与未成年人保护法 *

我想了个大题目,叫做《伟大变革中的我国青少年犯罪与未成年人保护法》。我本来想讲"变革中的我国未成年人保护与犯罪的理论和实践",但是我想就青少年犯罪讲得稍微广泛一点,而保护呢,我想着重讲未成年人,所以这里我用了"青少年"和"未成年人"这两个不同的概念,就大概围绕这个题目吧,一次时间不够,再谈一次也可以。

一、 青少年犯罪预防与青少年保护理论与实践的大跨越

我先讲第一个问题是变革中前进发展的我国青少年犯罪预防与未成年人权益保护。这个问题首先要放在我们国家改革开放三十多年的大变革中认识,因为青少年犯罪预防与未成年人权益保护,是在拨乱反正、改革开放所取得的巨大起步和成就中取得的,这一点我在其他文章或讲话中较详细论述过,今天就简单提一下。我们这么大一个国家,30多年的进步、发展、变化确实是前所未有、举世瞩目、人所共见。这不是喊口号式的讲讲,对于我这个年纪的人来说是切身感受、非常强烈的。30多年前所处的社会生活环境是后来的年轻人感受不到的。确实是物资紧缺,食品供应非常困难,收入低下。我1954年大学毕业时在大学任助教,工资是65块钱,生活还是不错的,但物价上涨,结婚生子,开支增加,工资却"岿然不动",进入80年代,还只有82.5块钱,二十七八年加了17块5毛钱。当时,我想什么时候我的工资能加到三位数,就像做梦了。今天对比看看,三十年来我们的国家确实是翻天覆地的发展进步变化,"一年一个样,三年大变样",确实是这种感受,上海与全国随处去走走看看都是这样。虽然改革开放前,我们国家也在发展和进步,也有不少令人骄傲的成就,这是不能否认的,但近三十多年的大变革成就尤其显著,无论是我国的经济、科技,还是军事,都让人刮目相看。我为

* 2016年1月18日于华政青少所与几位年轻领导的学术交流谈话,原载《青少年犯罪问题》2016年第1期。

什么要简单讲一下国家三十多年来发生的变化呢？因为不懂得这一点就无法理解我们这个领域的进步变化是怎么来的。

　　我们现在研究的这个专业是青少年犯罪预防与青少年保护，不管是从法学还是社会学的角度来看，这都是一个小的专业、小的学科，我们所从事的是一个小的事业。这个小的事业必须要摆到我们党和国家的大事业当中来观察，我们才能感受到这种变化，才能考察、认识我们这个专业和学科的发展变化的来龙去脉。小学科离开了这个大事业将无法发展，我们这个小事业、小专业必须在我们党和国家的大变革、大事业当中来看，我们骄傲的是这个大事业中的一部分，而且是这个大事业中不可缺少的一部分。这样看问题，我认为就把我们学科的地位摆正了，我们的心态也摆正了，它的重要性也就凸显出来了。在这样背景前提下，回顾我们青少年法和青少年犯罪研究三十多年来所取得的成果和变化，才能真正理解我们从事的专业是我国三十多年的改革发展的需要，它是怎样走过来的，在改革开放中起的作用和贡献。我们这个小的事业、小的专业就是要跟着时代走的，也只有跟着党和国家指引的方向走，我们这个专业才能发挥作用，作出贡献。所以，我觉得今天和你们谈这个问题特别有意思。习主席在今年的元旦献词中有这样一句话，他说我们现在就是处在一个很特殊的决胜阶段，我们党提出来"两个百年"奋斗目标，第一个百年目标就是要在2020年全面建成小康社会，而2016年是我们全面实现小康社会决胜阶段的开局之年。我觉得这句话是进军号令，我们这个专业三十多年来实现了一种大踏步的、跨越式的前进，2016年也应该是我们这个专业发展新阶段的开局之年。

　　我们从事研究探索的这个领域30年有多大的变化？30多年前，我们这个专业学科在中国是没有的。20世纪70年代末80年代初，我国的青少年犯罪大幅度上升，上升的幅度之大在新中国成立以来是没有过的。当时有数据显示，"文化大革命"结束后，我国青少年犯罪数比"文化大革命"前上升了8倍，这种大幅度上升的情况，在我国历史上是从来没有过的。所以，当时的青少年犯罪问题是街头巷尾热议的一个社会热点问题，是影响社会稳定、经济发展的大问题，因此，受到党和国家的重视，才会有我们这样一群人去关心和研究这个问题，也才有了我们这个学科和实践的进步和发展。

　　那时，在我们提出预防青少年犯罪，要保护未成年人的时候，很多人觉得不可思议，无法理解。所以，共青团中央提出来要制订未成年人保护法就存在很大的争论，包括有些法学专家都觉得什么未成年人要搞什么保护法，还要专门为未成年人立法，没有必要。当时对于未成年人这个群体要不要特殊保护，相当多的人没有考虑过，人们在思想观念上并不统一。

从立法、司法层面来看，当时根本就没有任何针对未成年人的专门法律和专门机构。当时我在长宁法院搞调查研究，共同尝试创建全国第一个少年法庭的时候，没有先例，没有经验，于是采取只做不讲的态度，直到有成功效果得到最高法院肯定后，还有人提出"少年庭"还是"慈善庭"的质疑。他们认为，法院就是"刀把子"，你们这是把法院搞成什么机构了，你们搞的到底是"少年庭"还是"慈善庭"？为此，我与长宁法院还合作就此专门拍了个片子，青少年犯罪研究所专门请了一位懂拍片的人，专门来设计，写剧本，后来拍了一个电视片。这个片子现在还在。现在，大家都承认"少年庭"是当时的一个创新，时任最高法院院长说"少年法庭是一个新生事物"，因为我们国家当时没有，开始的确是困难而且要承担风险。当时，我带了一些研究人员还有学生在长宁法院调查研究，有了一些新的认识与想法，与法院的同志交流十分投合，认为很有必要借鉴国外经验，设立了一个专门审理未成年人犯罪案件的法庭。查遍我国法律找不到设立这个法庭需要的直接法律依据，最后我们根据《人民法院组织法》规定，人民法院审判第一审案件，由审判员组成合议庭进行。我们就根据法院组织法的规定结合少年案件试点。先是选对未成年比较关爱、有专业知识、懂点心理学、态度也比较好的审判人员（还要有女的）组织一个合议庭，审理一个未成年人犯罪案件。由于准备充分效果比较好，法院把这个合议庭常态化、固定化，所有的未成年人犯罪案件都组织由该合议庭审理，内部就称为"少年犯合议庭"，后称"审理未成年刑事案件合议庭"。这个合议庭搞了 3 年，通过总结，该合议庭三年审判的未成年犯罪人，释放以后重犯率从前三年的 6.6％大幅度下降到 2.2％，效果非常明显。于是就把这个合议庭试点的报告（由李成仁、张正富等具名，李成仁时任长宁法院副院长，是当时试点的最高领导，也是试点责任后果最后拍板决策人，报告发表时没有注明其实际身份），通过《青少年犯罪问题》杂志刊发出来。当时，这篇文章公开时还背负了很大的风险，李副院长跟我讲，"徐老师啊，我准备这顶乌纱帽不要啦，但是这件事情我一定要把它做成"。后来，华政青少年犯罪研究所年轻的研究人员肖建国跟我说，"徐老师我们是否想办法把少年合议庭的事发表出去"，我大力支持，于是就写了一篇信息性的不足千字的文章送到了《中国法制报》。发表后出乎意料的是，最高人民法院郑院长看到非常重视，认为这是个新事物，随即通知长宁法院去北京汇报，要求认真总结，支持在全国推广。最高人民法院还决定由副院长林准专门主管全国少年法庭的工作。林准同志召开第一次、第二次、第三次全国少年法庭工作会议，宣传推广交流，全国的法院都逐渐建立起了不同形式的"少年法庭"，到 1992 年，全国建立少年法庭 2763 个，最高法院和部分中级法院、高级法院也建立了相应机构。法院的少年法庭一建立，检察院的未检部门也开始搞起来了。上海长宁检察院率先建立全国第一个未成年人刑事检察科与少年法庭配套，然后是虹口区人大通过任命建立独立建制的"未检科"。后来，法院、检察院和我们都与公安机关联系，促进试建专门针对未成年人犯罪的专业部门，虽然推行得不是很成功，但是也推动了一部分。少管所原来就有，在新形势下也有许多创新。这样，实现了实践中我国少年司法制度初步完整配套。少年司法制度，我国从无到有了。我们这批人成为社会认可的最早倡议、开拓、推动者。回首往事，社会对我们的肯定，是最大的鼓励和荣誉，我们的努力和付出也是对改革开放，对社会进步发展的一点奉献。

从法律思维和政策层面来讲，三十多年来，对未成年人保护的理念变化是根本性的。之前，未成年人保护似乎与"严打"刑事政策也存在冲突。在"严打"期间，我们强调即便未成年人犯罪也要依法对未成年人进行特殊保护。有人不理解，甚至责问未成年犯罪人也要保护，你们的立场到哪里去啦？这不是跟"严打"唱对台戏吗？可见当时对未成年人保护理念缺失之程度。这些问题就反映出对未成年人保护的立法在开创时期是很难的。

再者，当时青少年犯罪研究方面的人才非常稀缺，1981 年团中央率先召开"全国青少年保护法座谈会"，就派人到全国各地发掘、邀请这方面的专家，但几乎找不到。最后在上海邀请了三位。我当时算是稍微接触比较多的人，实际上我当时也刚开始搞研究。我早期从事刑法、犯罪对策学教学研究，一度中断，"文化大革命"结束后，我认识到青少年犯罪是个值得花大力气关注的大课题，开始专注于青少年犯罪动向和防范治理研究，这在全国来讲确实算比较早的了。当时我在《上海社会科学》杂志上发表了一篇文章，团中央的同志看到后就来找我谈话，交谈后当场拍板请我去参加全国青少年保护法座谈。另外请了当时上海市团市委宣传部部长钱关麟，他长期从事青少年方面的工作,接触不少青少年犯罪的情况。还有一位是上海妇女杂志的副主编陈惠玉,她关心接触过女青少年犯罪问题。去北京开会我们每人都带了一篇文章,当时看了我们的文章,认为文章有事实有见解,上海确实是比其他地方走在前面一点。实际上,为了研究青少年犯罪,我们当时确实已经开展了一定规模的调查研究。当时我校在老院长曹漫之主持下,组织了两百多个学生和二十多位老师开展青少年犯罪问题的调查。这从一个侧面可以说明,三十多年前我国非常缺乏研究青少年犯罪和未成年人权益保护的专门人才。我简要谈这几点可以反映出,三十多年前我们研究领域的大体情况。

三十多年后的今天,我们这个领域和学科的情况就大不一样了,值得高兴。

第一,已经形成了未成年人法律分支系列。虽然目前还不能讲是形成了体系,但我国的未成年人相关法律法规已经在中国特色社会主义法律体系中有了一个分支系列。

早些年,我在国际学术交流的时候,我讲过我国的青少年法已经初步形成了一个体系,但是当吴邦国委员长宣布中国特色社会主义法律体系建立的时候,我发现我国青少年法实际上还构不成体系,只能说是已经有了一个分支系列,至于为什么,我下面另讲。我们现在有几部少年法,有若干地方法规,有几个部门,已经初步形成的是一个分支系列,这也是非常了不起的。

第二,已经形成少年司法体系。我们公检法司都有了专门机构(公安稍微差一点)都颁布有全国统一的法规。目前全国法院普遍建立了少年法庭,管理也越来越规范。检察系统后来居上,特别是最高人民检察院为加强未成年人司法保护,专门设立了未成年人检察工作办公室,这是一个很大的进步,我说这也是我国少年司法具有里程碑意义的新的重大一步。我一直认为司法专门机构要正名,要有立法规定,要名正言顺地建立,不能笼统模糊。但是,未成年人专门司法机构一直在法律上没有位置、不明确,长期如此难以解释,法院、检察院都出现过要取消的传言,立法上有责任。2015年,最高检的孙谦副检察长在无锡会议上有一个具有高度理论概括和实际指导意义的讲话,其中有一段话,他说,"未检工作对象特殊、地位特殊、政策特殊、职能特殊,要切实提高对其特殊性的认识""无论机构怎样整合,一定要保证未检工作的专门办案力量。未检工作不能削弱,只能加强。建立未检独立评价机制"。这段话切中我国少年司法制度的核心、要害。"一定的发展实践都是由一定的发展理念来引导",此会一开,全国未检机构稳定加强。这必将有力推进我国少年司法其他方面的更好发展。现在公、检、法、司基本都已经建立了专门针对未成年人的司法部门,专业化、规范化程度大大提高,我们可以说我国的少年司法体系基本已经形成了。

第三,青少年犯罪和未成年人保护研究的进步以及相关研究队伍的壮大。经过三十多年的努力,我们已经有了未成年人相关立法,有了少年司法制度,青少年犯罪和未成年人保护研究也取得了巨大进步,相关研究的队伍也逐渐壮大。现在我们已经进入到有力量、有能力研究探索社会上很多热点问题的水平,如未成年人暴力问题、少年性侵犯问题、留守儿童问题、监护问题、家庭教育问题、大数据问题、未成年人犯罪构成标准体系的问题、未成年人保护核心指标体系等。我觉得提出这些问题就反映了我们认识的深度和广度,就反映出我们国家对青少年犯罪研究和未成年人保护这个领域的发展水平或深度。这些问题如在若干年前是提都提不出来的,这个变化我觉得实在是很了不起的、可圈可点,值得喝彩。

我们现在有一批研究青少年犯罪和未成年人保护的新人脱颖而出,而且每年都有一些著作出版。这在 30 多年前是不可能的,当时我要作研究要找一本直接的参考书都找不到。我校当时已经建立了青少年犯罪研究室,为了研究课题,专门由几位老师,分头到上海图书馆、北京图书馆、北大图书馆、有关大学图书馆等,去查询、搜集、借阅资料书籍。我当时有几本几十年前出版的专业书,知道的人都要借阅,很稀罕。现在就不一样啦,去任何一家书店都可以看到研究青少年犯罪或者青少年法律方面的书。当然,更重要的不是出了一批书,而是出了一批人才,理论界如宋英辉、佟丽华、高维俭、姚建龙、皮艺军、张鸿巍、关颖等等。有一批知识面比较广、又有丰富实践经验的、年轻的青少年犯罪理论研究工作者,同时还有一批实践经验非常丰富、理论功底扎实、知识面又比较广的实践专家。这个人才成长特点在上海表现得非常明显。我回顾自己在这个学科领域除了时间长一些外,能够比有些同志理解更深刻一些的重要原因就在于我积极接触、参与实践。全国第一个少年法庭我直接参与、积极倡导试点,未成年人刑事检察上海第一个设立也有我的大力支持、参与推动,公安方面我也积极参与策划、积极推广。我直接参与了第一部地方性少年法的起草直至通过的全过程,编著出版第一部《青少年犯罪学》，在领导和各方支持下创办了国内唯一公开发行的《青少年犯罪问题》专业杂志，招收青少年犯罪学的硕士生。我的体会就是，理论研究不接触实践、不研究实践，就是不食人间烟火，不接地气，这个理论就让社会不感兴趣，最起码你的理论人家听了不会太兴奋。我觉得上海的一批学者在这方面做得比较好、有传统。比如年轻有为的姚建龙教授，对实践的接触很广、很丰富，他如果没那么多实践基础，就不可能在很多地方有那么多很有创意的思考。当他还是研究生的时候，他就关注实际，认真参加调查研究，参加全国会议，快速成长，崭露头角。我们这个领域是个非常实际、解决社会现实难题的学问，学者就应当多接触实践。一个理论研究者、教授，理论是他的本行，他短处是缺乏实践，如果你能够接触实践，把实践的东西提升为理论，然后形成你自己的看法和观点，你这个人就有影响，就能创新。所以我们很可贵的是，我们现在就有一批这样的学者。当然，只有学者队伍是不行的，还必须有一支实践的队伍，我们上海的实践队伍，我可以说肯定是属于全国最强之列。上海法院检察系统许多同志是专心致志地办案子、学东西。比如"合适成年人"制度，我从英国引进后，召开了几次国际会议以及上海地方性的会议，我们上海的法院、检察院、公安局、青保办、共青团等方方面面的很多同志都踊跃来参加交流学习，热烈讨论，而且学了以后都能反复思考和研究。所以上海呈现了一批具有扎实理论功底且经验丰富的实践专家是必然的，如果将这些专家派到国外去，绝对是少年司法的权威专家，能讲出一套实际有用的东西给他们听。

有同志赞誉上海是中国少年司法的发源地、摇篮，反映出上海在这方面的不断创新取得的成果。上海的少年司法制度一直处在全国比较领先的位置，就是因为既有一批具有丰富实践经验的理论工作者，又有一批具有扎实理论基础的实践工作者，而且这两支队伍的关系非常融洽、团结，互帮互助、共通有无，能够相互支持创新、解决问题。

第四，未成年人保护的观点已经普遍被社会所接受。现在你哪怕到中学、小学里面去，哪怕是小孩子也都知道未成年人保护。特别是在上海，我的感受特别深刻。第一个把《未成年人保护法》称作"保护神"的就是上海的小学生。一个郊区农村小学有一个小学生活动室，但小学所在的村的村主任将该活动室收回出租创收增加村收入，这些小学生就拿着刚通过的《上海市青少年保护条例》去找那个村主任，说我们这个活动的场所你不能随便把它挪作他用,《青少年保护条例》里面有这一条规定。村主任一看,发现还真是有这条规定,觉得小学生讲得有理有据,于是表扬了他们并依法将该活动室收回,还学生以活动场所。这些小学生特别高兴,他们就专门送了一面锦旗给上海市青少年保护办公室,上面写着《未成年人保护法》就是他们的"保护神"。

最后,要特别指出 30 多年中,有三件与我们这个领域有重大关系的大事。一是人权入宪。2004 年第十届全国人民代表大会第二次会议对宪法进行了第四次修改,增加国家尊重和保障人权。二是联合国大会于 1985 年 12 月 10 日通过《联合国少年司法最低限度标准规则》,这是在我国首都北京讨论修改定稿的少年司法保护的国际规则,联合国命名为《北京规则》。三是 1991 年全国人大通过批准,我国加入 1989 年联合国《儿童权利公约》。

因此可以看出,我们国家的青少年犯罪和未成年人保护研究三十多年来在国家的大变革当中取得了巨大的进步,走过了其他国家花费一百年的时间走过的一段路程。

那么,我们现在处于什么阶段呢? 我认为,我们现在可以说已经走到了与国际社会基本同步发展的水平。这就是我对现在我们国家青少年犯罪问题研究与青少年法律保护的一个估价。这个评价我不是随便说的。我去过英国、日本、美国等国家好几次,也跟很多国家的学者都有过多次接触交流,对于他们的青少年保护水平都有一定的了解和掌握。当然,不可否认,跟这些国家相比,我们也还有差距,在很多方面由于历史原因我们还有很多缺陷,但是在大的方面我们已经基本处于同步了。我第一次向美国的学者介绍我们上海的青少年保护条例,我讲到保护青少年与保护社会要同步、要协调。美国学者听了后就非常赞赏,他们说以后要向我们中国学习,他们承认美国走了很大一段弯路,就是因为他们没有将保护社会与保护未成年人协调好,单纯强调保护未成年人而不注意与保护社会协调统一,最后受到纵容了未成年人犯罪的社会责备。我们讲法律、讲政策,保护宽容未成年人,但绝不可以纵容未成年人犯罪。所以我认为我们在青少年犯罪研究和未成年人保护方面所取得的成就是巨大的。这就是我讲的变化,变化是上海的,更是全国的。我认为从 2016 年开始,是我们进一步探索有中国特色的未成年人保护、未成年人犯罪预防研究的一个新时期。我们应该开始这个新时期了,我们已经有了三十多年的积累,已经有了很多成果,现在我们应该把以前的工作总结总结、梳理梳理，然后好好规划一下，开始进入具有中国社会主义特色的未成年人权益保护、未成年人犯罪预防研究或探索的新时期。我觉得我们应该开始这样一个新的时期，开始这么一个新的阶段。

二、依法治国下的我国少年法体系

第二个问题——依法治国下的少年法体系。对于少年法体系，我们需要有一个界定和评估标准。关于这个问题以前我们讲得比较随意，我记得北京出过一本研讨会文集，书名就是我国少年法体系。我以前与国外学者交流，我也讲过我们中国的少年法在 20 世纪 90 年代末就大体上已经初步形成一个体系了。我当时之所以讲到体系这个问题，是因为从事这个专业的总要让国外学者对我国少年法有个总的了解，知道我们国家的进步和发展。我讲的进步发展也是客观实在的，但是我得稍微把它理论化一些，所以就讲体系。那时我讲体系怎么讲呢？我就讲我们国家有几部少年法，然后有很多关于少年的法规，讲到我们国家既有全国统一适用的少年法，也有地方少年法等等，应该说也说之成理。

但是吴邦国委员长宣布中国形成了中国特色社会主义法律体系后，我就考虑，我讲的少年法体系与委员长宣布的体系不可同日而语。体系必须要有一定的高度和标准，所以我就对法律体系特别关心。我学习研究法律体系的标准，看了很多材料，体会到宣布形成体系是一个科学严肃的问题。2010 年 6 月 23 日《人民日报》刊发了李林的一篇文章，这篇文章提出了中国特色社会主义法律体系形成的五个标准，对我很有启发，这五个标准分别是：(1)构成标准。中国的社会主义体系当中，既有宪法，也有其他部门法。这就是一个构成标准。(2)数量标准。三五个法是不成体系的，必须达到一定的数量、形成一定的规模。他讲到，全国人大及其常委会制定了 230 多部现行有效的法律，国务院制定了 600 多件现行有效的行政法规，地方人大及其常委会制定了 7000 多件地方性的法规，民族自治地方人大通过了 700 多个自治条例和单行条例。他说各个法律部门已经齐全，基本的、主要的、起支架作用的法律及其配套的现行法规都已经制定了。(3)调整范围标准，就是法律是调整社会关系的，包括经济关系、政治关系、文化关系、国际关系等方面。国家与公民的关系、中央与地方的关系、地方与地方的关系、公民与公民的关系、公民与社会组织的关系、各个党派之间的关系、民族之间的关系、组织之间的关系等均可以做到有法可依。假如说这方面也缺乏,那方面也缺乏,就形成不了体系。(4)内部技术标准,包括法律的结构、体例、逻辑、相互的协调、衔接、整个法律体系中的矛盾等。(5)价值实效标准,即所制定的法律是否具有价值,是否能够产生实效。

但是形成法律体系,并不是说就不会再有新的法律了,不是完美不会变了,社会在不断变化,法律实际上还会调整,总在不断地发生变化,不断地进步。那么接下来就要考虑一个问题了,我们国家已经形成一个法律体系了,那么少年法这个领域是不是已经很完善,也形成体系了呢?我认为我们国家的少年法还没有形成体系。所以我刚才讲的我国少年法只是有了一个相对独立的分支系统或分支系列,但还没有形成一个体系。为什么这么讲呢?我觉得少年法体系也应该有它的标准。我认为,根据联合国儿童权利公约和我国特色社会主义法治理论,从我国法律体系下的一个分支领域思考,少年法律体系的标准至少有三:一是《宪法》的要求和赋权。我们少年法是一个小的法,这个法必须要考虑根本法——《宪法》是否赋予这种权利,有没有给你这种认可。二是分支领域的有关法比较全,已有法律基本能够满足社会需要调整的多种社会关系(涉及少年权益的类别比较齐全,现实社会问题都有法可依),即是否能够基本满足社会的需要,社会需要调整未成年人与国家、未成年人与社会、未成年人与学校、未成年人与家庭、未成年人与未成年人之间的关系等,遇到什么问题,是否均有相关法律可以调整,也就是刚刚讲的,是否有需要调整的关系都能有法可依。这个标准是很重要的,否则你说已经形成体系了,但还有很多的法律漏洞和空白,那就不行。这个标准是基本的。目前,国际上一般公认儿童基本权益至少有:生命和人身安全、生活福利、权益保障(娱乐、自由、话语、隐私)、教育发展、参与社会等方面。三是相关法律之间是否相互协调、衔接,是否形成了一个统一的有机整体。

我提出少年法如果是能够同时满足这三个标准,那么我们就可以说基本上形成体系了。这三个标准当中的第一个我觉得现在已经具备了。因为我国《宪法》规定"国家应当尊重和保障人权",第二章规定了公民的基本权利与义务,其中当然包括了对未成年人的总的权利保护,特别是《宪法》第46、49条规定了对儿童权益的特殊保护。宪法不是随便都可以改的,相关规定有就是有,没有就是没有。因此,我认为少年法体系形成的宪法标准应该已经具备了。第三个标准,相关法律之间的协调衔接问题肯定会存在,但是这个问题有很多解决方案，实践中不会有很大阻力，怎样协调或衔接可以逐步解决。因此，这三个标准当中第二个标准是最关键的，是我们目前判断少年法体系是否形成的一个最关键的标准。

那么这第二个标准我们应该怎么来判断，怎么来分析呢？对于第二个标准我们应该要找一个判断依据，即你必须要找一个相对可以参照的依据。我认为主要应参照联合国的《儿童权利公约》和《中华人民共和国未成年人保护法》。《儿童权利公约》是目前国际社会上比较公认的、有权威地规定儿童权利方面的一个公约。这个公约对每一个国家都有一定的影响和制约，这个公约的形成前前后后经过了一百年左右的时间。现在为止已经有 191 个国家参加，大家都认可，是经过了很多专家几十年反反复复思考而形成的一个约定。这个公约除了序言之外，一共是三个部分。三个部分当中最主要是第一部分，第一部分全面规定了儿童权利，即儿童需要保护的特殊权利，一共 41 条，很具体。现在来看，这个公约应该是比较成熟和全面的，而且也是比较科学的，其中概括了儿童权利需要保护的范围，以及其所存在的一些主要问题。我们国家在 1991 年对该公约予以了认可，加入了这个公约。

所以我觉得我们要认真仔细地学习研究《儿童权利公约》，但现在我们对这个公约研究得不够多，还没有进行好好的研究。我也是因为专业关系，才经常看《儿童权利公约》，也没有深入研究。这个公约一共 54 条，涉及权利的一共是 41 条，其中涉及很多方面的权利，现在大家公认的四个方面的权利，也就是说将该公约 41 条当中的全部内容加以研究分析后归并概括为四个权利，即生存权、保护权、发展权、参与权。这四个权的名称不是《儿童权利公约》里面规定的，而是英国救助儿童会组织专家概括出来的。我国《未成年人保护法》把它肯定下来了，《未成年人保护法》第 3 条就规定未成年人有生存权、保护权、发展权、参与权。我曾反复地去研究过，我把儿童权利公约条文一条一条地跟那四个权进行比较研究，我不知道研究了多少次，我就想能不能概括出其他几条出来，但也概括不到他那么好。实际上，在这 41 条当中，前面有 5 条讲的是一般原则，关于保护权的条文最多，然后是生存权，第三是发展权，发展权跟生命权相关的条文差不多，最少的是参与权。参与权只有 5 条。其中很多条文是互相交叉的，比如涉及保护权的条文中实际上也涉及生命权、发展权，所以保护权最多，你要仔细看的话每一条都跟保护权有关系，而发展权就相对少一点。所以我认为，我们现在判断我国少年法涉及少年权益的类别是否齐全就可以参照儿童权利公约的这 41 条,再粗一点就参照那四个权。

现在最大的问题在于参照公约的四个权,我们的儿童权利还存在较大缺口,还没有形成少年法体系。结合我们中国的实际情况来看,尽管我国《未成年人保护法》也规定了 4 个权,但是《儿童权利公约》41 条所规定的权利是很具体的,其中一些具体的权利我们却没有。比如,我们国家目前有大概 4100 万留守儿童,这个统计是好多人做了研究,而且报纸上也不断出现的。这个留守儿童有不少人是很困难、很苦的。父母亲都出去了,有的家里有老一代照顾,有的连老一代都没有,就成为事实孤儿。尽管有父母,实际都不在,家里面也没有别的人照顾,他实际上变成孤儿。据统计说我们中国的事实孤儿有将近 57 万。这是一个很大的问题,这么多留守儿童或事实孤儿,教育得不好就会成为社会祸害,而教育得好就能成为我们国家的建设人才,也许还有国家栋梁。最近一段时间还出现一个统计数字,即我国有 1000 多万的黑户口,这个黑户口当中有近 90% 都是未成年人。主要是计划生育造成的,超生造成的。我接触到一位在上海摆小摊的外地人,他有 3 个小孩,大概一直在外摆摊赚了点钱把超生费交掉了,他的 3 个小孩都有户口,现在是 3 个大学生,1 个在上海学法律,1 个在徐州学医,1 个在南京读工科,其中一个已经考取读研究生了。他们是幸运的,都是我们国家的人才啊。如果这 3 个人当时没有给他们户口,变成黑户口,那他们的生活怎么过? 可能就没有办法出行,没有办法住店,没有办法读书,很可能就会成为文盲。现在这个问题不是个别的,而是有 1000 多万的黑户口。你说像这些问题,从未成年人权益保护来讲,是不是有问题? 这些问题没办法,你说我们在法律上面有没有解决这些问题。我们的《未成年人保护法》有没有解决这些问题? 没有! 现在是中央明确指示,公安部雷厉风行在解决这个问题,如果根据未成年人权益保护法来办理,肯定是"猴年马月"。留守儿童的问题、事实孤儿的问题、黑户口的问题,其中绝大部分都是未成年人啊。这些问题如果能解决好,我国的犯罪率也会大大降低,他们可能成为我们国家的财富,成为我们国家的人才,我国人口老龄化,今后人口红利没有了,这些人不是都变成人口红利了吗? 如果我们把他父母亲违背计划生育犯了错误的结果让他的子女承担一辈子没有办法做人、没有办法学习、没有办法进行正常的社交活动、没有办法出去旅游、没有办法买飞机票、火车票……这样一个情况、法律上这个缺口，如果法律上不尽快解决和填补的话，这是不是一个社会的祸根啊？所以，《儿童权利公约》规定，小孩不能因为他的性别、不能因为他的国籍、不能因为他的出身而影响他的权利。但是在我们目前还没有完全做到这些，还存在很多少年权利保护缺口。

下面具体讲三个少年法缺口：

第一，《儿童权利公约》规定保护未成年人要有相应的机构。我国这类机构从少年司法制度来讲，到现在为止还不是很明确，所以在去年上海召开的"依法治国"背景下的青少年法律体系建设系列研讨会上，上海高院未成年人案件指导处处长、综合审判庭庭长朱妙在会议上讲的一句话，让我一下子触动很大，心疼得几乎掉眼泪。她说，我们的少年法庭现在还没有"准生证"，就是说法律上还没有明确的地位，法律上只是规定可以建立相应的组织，没有明确讲少年法庭是中国法院系列中的少年法庭。所以她说我们少年法庭现在还没有名分啊。中国的少年法庭从1984年试点，1986年得到最高法院认可并开始全国推广，至今已经三十而立了，但还没有名分，只是法律上打了个擦边球。上海曾经一度有个别人要撤掉少年法庭，我坚决认为不能撤，在少年法庭第一线的很多人也坚决反对撤掉少年庭。最后向前看，通过合并指定管辖，走出了一条艰难发展的道路。到现在组织机构仍然是法律缺口问题。

第二，我们还没有制定《少年福利法》。未成年人的生存权涉及健康甚至是生命，当未成年人遭遇到了各种各样的特殊困难，没人照顾、父母亲残疾或者他本人残疾等时，都是需要物质保证的。这个物质保证就不能靠社会人员救济，因为社会人员没有法定义务进行救济，他可以救济你，也可以不救济你，我今天愿意做慈善，我拿出5000块钱捐到慈善机构或者帮助某一个人，我不愿意拿出来你也不能勉强。所以这个问题需要国家，需要社会有个组织，而这些都需要《少年福利法》的规定和保障。《儿童福利法》涉及对儿童的生存权、保护权及发展权的保障，但目前我们国家还没有制定《儿童福利法》，大量涉及这些方面的权利都是无法可依。从现在来讲，少年司法不管怎么说已经有点东西了，但是涉及少年福利法这个领域，少年法体系中的这个分支基本还是处于空白状态。

第三，我们还没有制定专门的《少年刑法》，国外这也是一个短板、薄弱点。现在我国《刑事诉讼法》已经有了针对未成年人的专章规定，但刑法对未成年人还是规定得比较原则,更没有专章进行规定。应当看到,未成年人可能涉及各种各样的犯罪,但这么一个特殊的群体,存在很多特殊的地方,而我们却没有专门的少年刑法,至少紧缺专门的一个少年刑事处罚的专章,和适合未成年人犯罪的特殊处置法。我认为未成年人可以大量不适用针对成年人的刑罚方法,而应制定很多适合未成年人教育管理的处罚方法,但现在一条都没有,所以前若干年前我在长宁法院支持倡导针对未成年人罪犯的社区矫正令等,这些办法一度被叫停了,现在又开始试验了。这方面空白是非常明显的。

此外,目前我国少年法中还存在一些已经公认的缺陷,如涉及儿童监护的《家庭教育法》还没有一部专门法,民法是不是要有专章还是在监护人方面有重大修改或突破,互联网问题管理要有新管理,许多法要修改补充完善,一些已有的专门法已经滞后于实践、过于原则、可操作性差等问题。

所以,对照《儿童权利公约》的 41 条,更大一点的就是那四个权,我们在少年法方面尚存有很多空白,很多缺口,所以我们不能认为我们的少年法已经形成体系了,而只能说已经有一个法律分支系列。全国法律体系已经形成了,但是少年法还有一个缺口,还没有完善,还有待于形成较为完善科学的体系。

我们现在的少年法实际上就是我平常讲的"三法二章和还没有上升为法律的三通知"。三法就是《未成年人保护法》《预防未成年人犯罪法》和《义务教育法》。二章就是《监狱法》中针对未成年犯的教育和改造的专章和《刑事诉讼法》当中的一个专章。三通知主要是很有针对性的公、检、法三部门分别颁布的关于审理未成年刑事案件的决定或通知,后来还有一个民政部的一个规定。此外就是刑法、民法、婚姻法等法律中有所涉及的个别规定,国务院与其部门颁布的一些规定等,地方法,上海是形成一个独立的条例,很多地方只是一个执行办法,还不能说是完全独立的地方法规。说少年法是一个系列,我主要就是从这些规定来讲的。虽然不成体系,但系列还是有的,毕竟我们有《未成年人保护法》。《未成年人保护法》是我们未成年人法中的"小宪法",那么《预防未成年人犯罪法》是一个专门法,《义务教育法》是涉及发展权的一个很重要的少年法,现代社会,人能够成长,能够在社会上有贡献一定是通过学校、通过教育成长的。尽管如此,对比《儿童权利公约》的 41 条,对比那四个权利,我们少年法当中还有很多空缺,所以我提出成体系,最起码有 10 部法都是要做考虑的。

目前从实际出发,迫切需要制定的新法大概有这么几个,我说是非常重要,非常迫切,按照重要性、迫切性、现实性排列,主要有:《儿童福利法》《刑法》的"未成年人违法犯罪处置特别规定"专章、《特殊群体未成年人保护法》(涉及留守儿童、流浪儿童、残疾儿童、遗弃儿童、智障儿童、黑户口儿童等)、《家庭教育法》《少年司法机构组织法》(也可在有关法或组织法修改中解决)、《未成年人人身伤害事故预防保护法》、《儿童环境优化法》(涉及媒体、网络、文化、书刊、广告、KTV、舞厅等对未成年人管理等)《反儿童暴力法》《未成年被害人特殊保护法》《女童特殊保护法》(或者在《特殊群体未成年人保护法》《未成年被害人特殊保护法》中设专章)。

总的来说,从实际出发,总体设计、规划,成熟一个制定一个。如果这些法能够陆陆续续制定起来,按照轻重缓急能够立起来,也许有那么三四部法基本上搞成了,比如说我们制定了《儿童福利法》《刑法》专章,《特殊群体未成年人保护法》,再制定一个《家庭教育法》,我觉得我们的少年法体系基本上就形成了。以后再继续根据实际情况再慢慢增加。今年是国家全面实现小康社会决胜阶段的开局之年。搭开局之年的东风,同人同心,规划开始 5 年、10 年的奋斗,如果能搞出来,那我觉得我们国家的少年犯罪预防或少年权益保护就可以与国家进步发展同步,开始一个新时期,跨上一个新的层次了。到那个时候,我们就基本上可以说,我们是国际社会上少年法先进的国家,而且我们还有自己的特色,某些方面还会更先进一点。因为后来居上。后上者,结合了我们中国的情况,既可以吸取外国的经验,又可以有我们自己的创造,所以我们可能比人家更先进一点、更科学一点。今天就先谈这些,还有一些具体的理论问题、政策问题以后有机会再谈吧。

二十一世纪中国青少年法律保护的新问题[*]

世纪之交的中国,自实行改革开放政策以来,科学技术日新月异,经济文化繁荣发展,人民生活水平明显提高,为二十一世纪中华民族的振兴奠定了基础,也为青少年一代创造了良好的生存发展的环境和机遇。然而,激烈的社会变革势必会带来一些社会问题,其中许多方面与世界上许多国家出现的问题是相同的,具有共同性、趋向性,值得我们重视与关注,例如青少年合法权益的问题,青少年违法犯罪的问题,青少年自我发展和提高的问题,等等,都是十分突出的问题。作为现代社会管理的基本手段之一的法律,理应顺应社会发展,保护世纪之交的青少年健康成长。

我们感到,世纪之交的中国青少年是值得信赖、大有作为的,他们完全能够承担起振兴中华民族的经济、推进社会发展的重任,但是,我们也充分意识到社会变革时期经济文化、科学技术的急剧发展对青少年带来的冲击。有些方面其负面效应也会妨碍、制约青少年健康成长的社会化进程,从我国现有的实际情况出发。结合国际社会发展中普遍存在的青少年问题,我们认为走向二十一世纪的青少年面临以下四大问题:

一、 信息污染

本世纪下半叶是科学技术划时代发展的年代,高科技的发展给社会与经济发展带来高速的变化,其中令人瞩目的一点就是现代信息传递、转换技术的日常生活化。电视、录像、计算机、通讯卫星、全球信息网络……给人类带来极大的进步、效益、便利,丰富了人们的精神文化生活。但是,利用现代信息手段传送不良信息也日益成为具有现代化特征的新的社会问题。70年代以来,一些发达国家已暴露出这方面问题的严重性,有识之士指出,这些国家的儿童迷恋电视,平均每天在电视机前3—5小时,对儿童的视力、血压、

---

　　* 与肖建国合作,原载《跨世纪的青少年保护》,上海教育出版社1997年版,原题为《二十一世纪中国青少年法律保护的走向》。

精神带来种种不良影响。迷恋电视的儿童食欲不振、学习兴趣下降、智力畸形发展等等，而电视中的不良信息对青少年危害更是严重。1985 年原联邦德国某杂志对两个电视台 10 月份夜间娱乐节目进行的一次调查指出，在 261 个放映小时内，看到 2253 件犯罪案件，累计时间达 875 分钟。美国在 80 年代的一份调查中指出，在儿童电视节目中，每小时有 18 起暴力犯罪案件，一个美国学生到高中毕业时已在电视中看过 18000 起谋杀案。因此，有学者认为，"电视是少年犯罪的教唆犯""电视暴力——儿童是受害者"等等。必须提醒人们看到，这种不良的影响与危害随着 21 世纪的到来将更趋严重。日前有报道指出：美国二名十几岁的少年以炸弹炸毁学校相威胁向学校勒索 130 万美元。今年 3 月 3 日，一对法国 17 岁少年情侣杀死了他们的同学。英国伦敦某大学教授发现色情暴力的信息资料通过信息网络在全球泛滥，一些少年从中寻找不良信息，等等。这些问题引起社会的严重不安。今年 1 月 23 日，美国总统克林顿在国情咨文中提出要推广一种可以在电视上滤去暴力节目的高科技电子装置。3 月初，克林顿总统召集 31 位电视业高级行政官员到白宫讨论如何对付电视节目的色情暴力内容对少年儿童的危害。这些情况足以说明，信息污染对下一世纪青少年保护的严重性与国际性。可惜现在许多国家还远远没有引起应有的重视和关注。在我国，随着改革开放与现代技术的发展和人民生活的提高，不良信息传播对青少年的危害和影响也十分突出。在一些抽样调查中显示，65％以上的工读学生，50％以上的少年犯，其违法犯罪行为均直接接触并受过各种不良信息的影响，主要媒介是录像、书刊、电影、电视、音带、游戏机等。为此，我国政府采取法律手段与各种社会管理控制手段，制止各种不良信息的传播、泛滥，近几年取得较大的成就。但是，制止不良信息的污染，保护青少年健康成长，在我国乃至在世界上均是一个跨世纪的工程，在新世纪中的任务仍是十分艰巨与困难的。

二、 竞争与就业困难

现代社会充满着激烈的竞争，市场经济更是一个充满竞争的大舞台，在科学技术日新月异，知识素养直接关系到工作优劣、社会和经济效益、个人回报丰厚的情况下，新的世纪迎接青少年的肯定是充满竞争的时代。当代青少年从其就学起，就会感受到竞争的压力，许多年轻人在就业问题上更是困难重重。世界上许多国家普遍存在的失业群体是摆在未来年轻人面前的尖锐现实。我国是一个有 12 亿人口的大国,虽然在降低人口出生率、控制人口增长方面取得了巨大成功,但就业不足的矛盾始终存在。特别是劳动生产率的提高和农村大量过剩劳动力涌向城市,更加剧了城市就业矛盾。青少年完成了一定阶段的学业后,如果不能及时实现就业,就会带来种种矛盾和困难,形成社会问题。如何保护青少年就业权利,解决青少年的实际困难,必然成为青少年保护的重点。与竞争、就业直接相关还有一个青少年身心健康问题。有的青少年在学习、工作、生活中的无情竞争和快节奏的冲击下,难以适应,产生或加剧心理的不安、焦虑,甚至形成心理障碍。这在发达国家已是司空见惯的现象。这几年来,我国社会学、心理学研究也表明,青少年心理障碍也呈持续增多态势。如何保护青少年的合法权利,帮助青少年参与竞争,适应竞争,在竞争过程中促进自己健康成长,实现自己的追求与理想,为社会作出贡献,这在跨世纪青少年保护中绝不是一个可有可无的问题。

三、 物欲观念

　　物欲是人类生存、延续的基本条件,物欲偏离也会使一个人走上邪路,甚至毁了自己。在社会进步、经济急剧发展的转折时期,帮助青少年正确处理个人物欲与社会责任的关系是保护青少年健康成长的一个特殊问题。中国改革开放成果卓著,已提前实现了国民生产总值翻二番的宏伟目标,这既是国力增强的标志,又是青少年健康成长不可缺少的物质基础。历史的经验告诉我们,在青少年健康成长过程中,在提供良好的物质保障的同时,还必须培植健康的精神生活与良好的品德素养。否则,单纯的物质福利可能会带来众多的预先估计不到的消极后果,甚至妨碍青少年健康成长。我国有一句老话:爱过变成害。过度的物质照顾反而易使青少年好逸恶劳,不思进取,追求吃喝玩乐,只顾自己缺乏互助互爱精神与社会责任感,甚至称王称霸,损人利己,危害他人等等。现在我们已明显感到一部分青少年有不正常的物欲观念,高消费、攀比风、享乐欲……与国家经济发展水平与家庭、个人经济承受能力不相适应。在其他一些国家经济高速发展过程中,社会上也出现过一些青少年追求享乐、刺激,精神空虚,不愿承担社会职责的情况,这个问题正引起社会各界的忧虑。我国是一个发展中国家,经济发展很不平衡，但是，在国家政策正确、人民团结奋斗的条件下，经济的繁荣发展，人民生产的不断改善提高是不可逆转的。在这一新的发展态势下，为了保护青少年，培养一代又一代的有作为的青少年，必须使青少年具有正确的物欲观念，养成优良的品德素养。为此，近年来，我国政府在重视物质文明建设的同时，加大精神文明建设力度，这不仅是青少年保护中具有战略性的基础一环，而且是建设具有中国特色社会主义社会的伟大系统工程。

四、 少年犯罪与毒品诱惑

少年犯罪与毒品问题是保护青少年健康成长的又一重要课题，在有些国家这已是一个蔓延发展多年的老问题。在我国则是改革开放以来出现的新问题。80 年代至今，我国少年犯罪的绝对数与占同龄人口的比例数均不断增加。据我国最高法院公布的统计数据，1980 年我国法院判处年满 14 岁不满 18 岁的未成年犯为 16155 人，占全部刑事犯罪的 3.66％，1993 年已上升到 32408 人，占全部刑事犯罪的 6.20％，占同龄人口中的比例则由 1981 年的 11.7‰上升到 1992 年的 14.2‰。少年犯罪增长、蔓延的情况在许多国家也继续存在，1992 年联合国预防犯罪与罪犯待遇大会提供的一项报告中指出："过去 10 年中全世界的犯罪数以每年 5％的速度增长，超过了人口增长的速度，也超过了许多国家抑止犯罪的能力。"报告还指出，不同社会制度与处于不同发展水平的国家，青少年犯罪增长趋势具有普遍性。可见，从全局纵观跨世纪的青少年保护问题时，如何预防、减少青少年犯罪以及感化、挽救少年犯是一个具有战略性的课题。在青少年违法犯罪问题中，毒品问题特别引人瞩目，许多发达国家都面临少年吸毒的威胁。我国虽然曾经是一个根治毒害的无毒国家，但在 70 年代后，由于国际贩毒集团因传统贩毒渠道受阻，就利用我国改革开放的时机，将毒品渗透到我国，妄图开辟一条通过中国的国际毒品通道，使我国许多地方重新出现毒品问题。正像一些国家曾经经历的那样，毒品开始在青少年中蔓延，对青少年身心健康造成严重的危害。据我国广东省公安部门统计，从 80 年代末开始，全省每年查获吸毒人数明显增加，其中绝大多数是 25 岁以下的青少年，包括一部分未成年人。毒品使有些人家毁人亡，造成不少人间悲剧，给社会带来其他犯罪与社会问题，威胁社会的稳定与经济发展。联合国禁毒委员会在一份报告中表述毒品危害说，"其严重程度不亚于敌国入侵。"由于毒品的巨额利润、毒品的特殊性以及复杂的社会原因,毒品问题已成为国际上公认的三大公害之一,在21世纪的青少年保护中将占有特殊的位置。

青少年保护工作中出现的新情况、新矛盾,对青少年教育保护工作提出了严峻挑战。我国政府和全社会历来重视青少年的保护工作,并已初步形成了保护青少年的工作网络、工作机制和工作方法。在世纪之交的青少年保护工作中,特别要适应社会的发展特点,强调制度和法律在保护青少年中的特殊作用,尽快形成完整的青少年保护法律体系。当今我国在宪法及其他法律有关青少年保护规定的基础上,近年来又制定了一些有关青少年保护的新的法律,如《未成年人保护法》《义务教育法》《教育法》,还有一系列新的决定、规定,如《关于加强社会治安综合治理的决定》《关于办理少年刑事案件的若干规定》《关于创造良好社会教育环境保护中小学生健康成长的若干意见》《打击非法出版物的决定》《惩治走私、制作、贩卖、传播淫物品的犯罪分子的决定》《禁止使用童工的规定》《未成年工特殊保护的规定》等等。为了适应改革开放与迎接21世纪社会发展的需要,全国人大正在修改、制定一些法律,如《预防青少年犯罪法》已经列入近期立法议程。在理论研究与实践创造的基础上,还可能制定出具有我国特色的少年刑法、少年刑事诉讼法、少年违法犯罪处置法、家庭法,等等,使青少年法律保护更加完善、更加符合社会进步与经济发展的需要。从上述青少年保护的世纪发展特点出发,跨世纪的青少年法律保护应体现以下一些走势:

一是对侵害青少年行为的依法严厉惩处。青少年身心特点决定了他们易受腐朽、易被侵害,许多社会组织和个人为追求经济利益,不顾社会效益,蚕食青少年活动场所,出版和发行不良精神产品,从而妨碍、危害了青少年的成长,特别是少数人直接对青少年进行犯罪教唆和腐蚀,对青少年身心健康予以侵害。要在加强打击、惩治违法犯罪行为立法的同时,重点抓好执法工作,对所有直接的或间接的侵害青少年的行为,都应该依法严厉惩处。

二是加强青少年权利的法定化及有效保护。社会的发展、经济的繁荣,必将大大扩大青少年权利的范围和内容,并为权利保护提供保证。我国宪法和法律对青少年的权利有专门规定,由青少年自身的生理、心理和社会化特点所决定的特殊的青少年权利,应该随着社会和经济的发展而更加具体、配套、完善,我们应该对宪法和法律中所规定的青少年权利加强保护,防止侵害;同时,还应该在福利、教育、文化、劳动、司法中的各项具体权利予以补充和完善,使青少年能享受到社会发展后愈来愈广泛的权利,以促使青少年在新世纪中更加健康地成长。

三是使社会环境建设能纳入法制轨道。社会环境对青少年成长的影响极为明显,采取积极的姿态来加强社会环境建设,优化青少年成长环境,这不是单纯依靠消极的禁止、打击所能实现的。由于社会环境建设真正落实困难重重,因此,在明确社会环境重在建设的指导思想下,要使建设社会环境的工作纳入法制轨道。具体讲,就是社会环境建设必须在政府制定的经济和社会发展规划中予以体现,要通过相应的法律和制度来促进青少年文化娱乐场所建设和精神产品建设,行政执法机关和司法机关对有利于青少年健康成长,有利于优化社会环境的各项活动、各种行为要依法支持和保护。社会环境建设一旦有了法制保障,必将产生更大的社会效益。

四是依法维护家庭的稳定和加强家庭教育。家庭的稳定是保护青少年的重要基础,也是青少年健康成长的保证。因此,维护家庭的稳定是十分重要的。针对目前离婚率上升的现状,社会应该加强对家长所负社会职责和对子女职责的教育,及时发现和调处家庭中的矛盾纠纷,表彰文明家庭,使家庭结构稳定率能维持在较高水平上。与此同时,针对家庭教育中存在的"望子成龙""望女成凤"的愿望和教子无方,教子乏力的现状,社会各方面应该加强对家长的教育,以提高家长为国教子的意识和科学育儿的方法,充分发挥千家万户在教育、管理和保护青少年中的特殊作用。

五是对特殊青少年予以特殊的法律保护。青少年中有许多特殊的群体,诸如残疾青少年、女青少年、罪错青少年等,这些不同类型的特殊群体,应该有不同的教育、保护要求、方法,我国青少年保护法已经有所规定。但还远远不够。各种特殊群体一般应该有相应的法律予以保护,制定和完善这方面的法律,既是对有关青少年的关心和爱护的集中体现,也是社会主义法制建设的必然要求。这方面的任务很重,应当加快立法,以对罪错青少年为例,当前应该尽快制定青少年帮教法、工读教育法以及涉及诉讼程序、实体法适用和处置等方面的法律法规,完善少年司法制度。各种特殊类型青少年法律保护的立法完善了,方能视为青少年保护法律体系的真正建立。

六是强化青少年保护的法律责任和执法监督。现代化社会是法治社会。法治的核心是对个人合法权益的保护和对违法行为设置障碍,而保护和障碍的后盾则是法律的强制力。现在,有关青少年保护法律尚不完备,有的已颁布的法律,或法律责任不明确,或因无配套规定而难以追究。为此,应强化青少年保护的法律责任,对一切胆敢以身试法者予以严厉处置,这种情况下的青少年保护才有力度和效度。自然,法律明确责任是一回事,能否追究违法者责任又是另一回事。社会应该采取各种措施,利用各种途径,加强执法监督,唯有如此,才能及时察觉违法者,依法惩治违法者,使青少年保护工作落到实处。

论少年儿童保护法律的实施保证*

少年儿童是人类的未来,少年儿童期是人生发展中幼弱,成长的时期,需要特殊的关怀和保护,联合国《儿童权利宣言》全面地提出了保护少年儿童权利的基本原则,对推动国际儿童权利保护工作发挥着积极作用。本文无力论述少年儿童的极其广泛的权利保护,仅涉及法律保护实施方面的某些特殊问题。

一、 法律化是社会进步的历史趋势

法律是调整人们社会关系的一种特殊的重要手段,它深入到人类社会生活的各个领域,现代社会没有法律就无法正常运转,法律愈来愈受到人们的重视。从 20 世纪末,世界上出现专门为维护少年儿童权益而制定了第一个青少年法开始,法律以现代社会和现代科学为背景,明确提出特定的保护目标,全面介入涉及少年儿童权利、健康成长和社会生活的各个方面,调整这一特定领域的人们相互关系。短短几十年时间,法律体系中这一新的法律门类以极快的速度传播和发展,据悉当今世界上绝大多数国家或地区都制定实施了保护少年儿童的专门法律。从形式上分,有法典式的,有单行条例式的,也有单一条文式的。从内容上看,有宪法式的政策方向指导性质的,有刑事法性质的,有福利性质的,有权益保护性质的,有社会安全性质的,有改善或净化社会环境的,等等,有的国家已逐步形成青少年法的系列,社会历史显示出,少年儿童保护的法律化是世界历史发展的潮流,具有其社会进步的必然性。

我国具有保护少年儿童的优良传统。中国共产党在历史上一贯重视保护少年儿童的权益,这在革命早期的法律、法令中有大量体现。但是新中国成立后,由于复杂的历史原因,我国青少年法的实践和理论没有得到应有的进步和发展。粉碎"四人帮"以后,在十一届三中全会拨乱反正的路线指引

---

* 原载《维护和保护儿童权利研讨会会议论文集》。

下,社会主义法制得到了重视和发展,青少年法也开始受到党和国家的关怀。1979 年,中央明确要求"各级党委都要把加强对青少年的培养教育,包括解决其中极少数人的违法犯罪问题,放到重要议事日程上来。主要领导同志要亲自过问"。1985 年,中央"建议立法机关会同有关部门,根据宪法精神,加紧制定保护青少年的有关法律,用法律手段来保障青少年的合法权益不受侵犯,保护青少年的健康成长"。近年来,国家陆续颁布了《义务教育法》,新的《婚姻法》,各省市都制定了保护妇女儿童的若干规定。1987 年以来,上海、福建、湖南、北京、辽宁、河南、广东、内蒙古等,都通过并实施《青少年保护条例》或《未成年人保护条例》,还有若干省市正在进行这方面的立法,全国人大正式把制定《青少年保护法》列入了立法规划。据了解全国未成年人保护法的起草工作在团中央牵头主持下,已十易其稿,并多次听取和征求各方面的意见。实践证明通过并实施的保护条例,深得人心,卓有实效。以《上海市青少年保护条例》实施的情况为例,2 年多时间内,全市自上而下逐步建立和健全青保机构,已经形成一支有组织的"青保"队伍。据悉全市专职或兼职从事青少年保护工作的人员有近万人。根据《条例》要求,各区、县公安局成立了少年预审组,检察院设立青少年起诉组,法院设立了青少年合议庭,有些先行的地区经过摸索,还制定了实施细则和管理办法。有的家长和青少年已知道运用《条例》来保护自己的权益,到各级青保机构去信、去访、去咨询的人次逐渐增多,得到了接待和处理。由于各级组织重视和支持贯彻《条例》,在改善、优化社会环境,提高家庭教育水平,切实保障青少年合法权益方面取得了不少成果。比较明显的有:清理淫秽及不健康的图书,增加了一些新的少年儿童校外教育活动基地;组织书法、摄影、绘画、诗歌朗诵、游泳、球类、棋类等丰富多彩的活动;采取了一些有效措施,打击了社会上不良分子冲击,扰乱学校秩序,殴打、敲诈、辱骂中小学生的现象;切实处理了一些严重侵害女青年权益的案件,据全市 13 个区、县公安局统计,今年以来就按《条例》受理、处理了侵害女青少年身心健康的案件 84起;重点处置了几件较严重的教师体罚或变相体罚学生的案件,对制止这些现象,教育教师起到了良好的作用;在制止流生,清退童工、童商方面,到目前为止,全市流生复课率已达 90%,童工、童商也已清退;调查,控制流浪儿,从全国和一些地区青少年立法和实施的实际情况看,我们可以毫不夸张地说,80 年代的社会主义中国少年儿童保护立法出现了热潮和转机,开拓了一

个新的发展时期，其重要的标志之一就是少年儿童保护工作提上了法制建
设的议事日程，并开始走上法律化的轨道，出现了令人振奋的局面，适应了
社会进步的发展潮流，适应了我国社会主义现代化的需要，适应了当前我国
改革开放的社会需要。

二、法律的实施是我国当前少年儿童保护中亟待解决的关键课题

　　法律是阶级意志的表现，法律的正义性、科学性是一个首要的、本质的
问题，但是，再好的法律规定不能付诸实施等于没有，甚至比没有更坏，因为
没有可以提醒人们去制定，而且不会有蔑视法律存在等消极作用，我国已经
颁布的法律、法令中有许多关于保护少年儿童的重要规定，近年来又有若干
专门的青少年法规诞生，虽然，法律的重要特点之一就是依靠国家强制力保
证实施，但实际上在我国有法不依，执法不严的情况现在还是普遍存在的。
在一些实施保证不太硬的法律中这种情况更为严重，这就使法律等于一纸
空文。保护少年儿童的法律当前正面临难以真正实施的现实，例如，1985 年
上海通过实施的《上海市保护妇女、儿童合法权益的若干规定》《上海市普及
义务教育条例》，对少年儿童的某些权益作了十分明确的保护规定，处罚规
定也是很具体的，其中关于打骂，体罚儿童的规定，关于以淫秽物品引诱腐
蚀儿童的规定，关于不得招收尚未受完义务制教育的青少年、儿童做工、经
商或从事其他工作的规定等等，都是现实社会上较多存在，具有重要实际意
义的规定。但是这些规定实际上没有得到真正贯彻执行，大量违反这些规
定的现象照样公开存在，少年儿童的权益仍旧公然受到损害和践踏，法律的
权威性被蔑视，群众的正义舆论受到讥讽不能起到积极的作用。《上海市青
少年保护条例》在制定的过程中吸取了过去这些少年儿童保护法规实施中
的经验，对实施的可行性给予特殊的重视，市人大法制委员会主要负责人亲
自为《条例》的实施与有关部门联系，听取意见，检查督促，使实施效果得到
了重要的保证。但实施的情况表明，发展仍不平衡，一些厂矿、企业、财贸部
门和农村地区不重视，自觉贯彻《条例》的意识很差，而《条例》实施的机构不
健全，人员不稳定（大部分是兼职、短期的），司法制度与司法程序不严格、不
配套，没有群众性的监督机构与力量等等，影响和削弱了《条例》发挥应有的
作用。理论与实践均说明，保证法律的实施，发挥法律调整社会关系的作

用,是当前少年儿童保护工作中一个迫切需要解决的问题。马克思说过:"一步实际运动比一打纲领更重要",借用这句话的精神,我们有根据说,法律实施及实施保证是法律功效得到实现的关键,退一步说,法律实施的保证问题至少与制定少年儿童保护法同样重要。

"有法不依,执法不严"现象出现的原因是复杂的,其中有林彪,"四人帮"破坏了人们的法律意识,有的法律规定太原则,其本身的科学性、可行性有问题。有立法者的实施意识不够明确,有法律实施的组织保证、物质保证,以及我国法律实施体制方面存在的缺口、不协调、困难等等。因此,法律实施方面存在的困难只有在法制健全、改善的总进程中逐步改进与解决。

但是,我个人认为,当前少年儿童保护的法律实施中至少有两个亟待解决并有可能带来明显实施效果的问题。其一,立法者要有更加明确具体的实施意识。立法者不仅要考虑需要和内容体系结构的完整性、科学性等等,还要有明确的指导思想,分析实施法律的现实基础和条件,必要时应专门对新立的法律的实施进行可行性论证,其中包括,为有效实施法律作出某些特殊的规定,为法律实施创造条件。其二,就是解决法律实施的组织保证问题。法律实施是不可能没有强制实施力量的,我国少年儿童保护法规实施的最大困难或弱点就是没有专门的强制实施的力量保证,统观近期我国有关少年儿童的立法都没有解决这个问题。我国现有或拟议中的有关法律、法规,解决强制实施力量的办法,用我的话来说就是"吃现成的",具体说就是现成的袭用国家机关,单位的行政处分,公安机关、税务、工商部门的行政处罚,国务院规定的劳动教养,民法、刑法规定的处罚方法。表面上看,这些现成的保证强制实施的力量都是权威的,但实际上,各行各业、各个部门都有自己的主要职责,他们是否愿意、是否理解新增的职责,有没有能力、力量去履行新增的职责,故意推脱、不履行新增的职责怎么办? 是否存在没有力量干预到的空白? 是否允许突破现有规定作出更有针对性的新的强制办法规定,以及由谁去组织、检查、督促、协调等? 这些实际问题没有解决,"现成的"力量大都要落空的。为了真正有效地解决法律实施问题,如要借用"现成的"力量,必须要在"现成的"力量中加以调整、明确、落实,例如《上海青少年保护条例》中规定在公检法机构中相应要建立"少年庭""少年科"等等,这就比较落实一些。当然,就我国国情来说,更加有效的办法就是要有一个新的机构,要有人、有钱、有权,把有关少年儿童保护方面的事统一、实在地管起来,现在机构臃肿要大力精简,但是,少年儿童保护的机构却是需要新建、加强的。毛泽东同志过去批判过"见物不见人"。今天看来,为了国家的未来,更不能"见物不见少年儿童",建立并强化少年儿童保护机构是少年儿童保护法律实施的重要保证力量,是具有战略意义的组织力量的保证措施。

三、 关于建立"少年儿童或青少年保护律师事务所"

少年儿童的健康成长涉及社会的方方面面,决定了少年儿童的有效保护需要形成一个体系,这是理论上与实践上得到证明的科学认识结论,当今国内外法律保护都体现着这一思想。根据我国青少年保护立法起步较晚、国家推行一对夫妇只生一个小孩的政策,以及改革开放的现实情况,我个人认为,一方面在国家采取各种措施加强保护、改善环境的同时,要花大力气宣传、指导学校、家长加强对少年儿童的教育,从小培养他们具有明确的是非、道德观念,良好的思想习惯,遵纪守法的好品德,自觉控制自己行为和抵制不良诱惑的能力,充分发挥少年儿童自我保护的积极性,使少年儿童在现代社会中能做到"近墨而不黑","出淤泥而不染",以少年儿童自身的成熟变化,做到自尊、自爱、自强、自控,来适应客观环境中各种不良影响的千变万化,保证少年儿童保护取得更加理想的效果,另一方面,需要从保证法律实施配套考虑,建立少年儿童或青少年保护律师事务所,形成一支特殊的法律工作者队伍,为全面贯彻有关法律、法令,有效维护少年儿童的合法权益,保障少年儿童的健康成长服务。

提出建立"少年儿童或青少年保护律师事务所"这个建议和设想是基于下述现实需要考虑的:

首先,少年儿童的幼弱性特点迫切需要一支能够为自己提供帮助的法律工作者队伍,少年儿童在我国是一支包括几亿人的巨大队伍,他们代表着未来和希望,其发展潜力难以限量。但是这支力量需要培养和教育,而且就其依附性这一现实状况的主要特点来说,这一支权益容易被忽视、受损害,而且在受损害的情况下,自我认识和为维护自己权益进行抗争的能力特别弱。因此需要国家、社会等多方面的关心、帮助和保护,《中华人民共和国宪法》第2章中规定了公民的基本权利,其中特别强调了保护少年儿童的合法权益。面对数量如此庞大,本身的特点非常需要关心、保护,《宪法》又有特殊规定的少年儿童,迄今为止,没有一支相应的为维护少年儿童法规有效实施、能为少年儿童提供法律帮助的专门法律工作者队伍,是不合理的、不适应社会发展要求的。

其次,我国社会发展的需要,随着改革、开放和我国社会的进步,少年儿童健康成长面临一系列新的挑战,例如高度物质福利与艰苦奋斗为人民奉献问题,商品经济下的金钱欲望与少年儿童应当获得生长发育、教育照顾、健康发展权利问题,先进科学技术与色情、暴力文化泛滥问题,生理成熟提前与社会化矛盾问题,青少年违法犯罪问题等等。少年儿童生活、成长在现实社会中不可能不受这些问题的影响和困扰,如何正确处理这些关系,理想、信念、道德与法律要求如何协调,生理、心理如何在法制、伦理的前提下得到充分的发展,在少年儿童不得不卷入更多的法律关系和法律纠纷的情况下,少年儿童应该有渠道从专家那里获得法律的解答、帮助。

再次,少年儿童保护法律实施的需要。现在已经通过的青少年或未成年人保护条例实施中,不断提出新的少年儿童保护的法律问题,其中有违法犯罪问题,有权益纠纷问题,还有大量保护案件与纠纷。福建、北京通过的保护条例中均规定,对因违反保护法而受处罚不服的,可以向上一级部门申诉或申请复议,也可依法向人民法院起诉。上海及已颁布的绝大多数保护条例都规定了对违反保护条例行为的控告、检举、处理程序及处罚等。实践证明今后大量少年儿童保护问题必将愈来愈多地进入司法程序,直至提交人民法院解决,为此,要有一支专业法律工作者队伍为少年儿童提供咨询及各种法律服务,为维护法律尊严和少年儿童的合法权益不受侵害服务,为少年儿童得到公平待遇讲话,进行法律实施的呼吁等等。如果说两年前我们刚提出这个设想的时候,当时还缺乏一定的现实依据的话,那么现在情况又有了许多新发展,据调查,上海市长宁区人民法院今年上半年就受理涉及青少年权益的民事案件335起,是前所未有的。实际表明青少年保护法实施的经验为我们的建议提供了实际的论证和支持。

为了适应我国青少年法的建设和发展,适应我国社会发展的需要,这支特殊的法律工作者队伍的组建可以说是十分迫切,势在必行。具体办法就是采用"少年儿童(或青少年)保护律师事务所"的形式聚集起来,组织起来,这样不仅可以依法参与有关青少年的刑、民事案件的诉讼活动,接受咨询,提供各种需要的帮助,而且可以参加保护青少年的社会活动,担任青少年保护的法律顾问,承担某些专门的群众监督、社会调查研究,向有关部门系统反映情况，提出建议等任务，这对少年儿童的法律实施将起重要的促进作用，至少有以下好处：1.少年儿童保护律师事务所从组织上与青保办、公检法的"少年庭"、"少年科"、少教所等配套成龙，使我国少年法体制更为完备。2.律师事务所的独特地位对少年儿童法能起促进其有效实施的作用。3.聚集，培养这方面的专门人才，为少年儿童及有关人员服务。4.促进整个社会关心、重视，提高少年儿童保护工作的质量。我们认为"少年儿童保护律师事务所"应是一个保护少年儿童权益、保护青少年健康成长，维护国家有关少年儿童权益、法律、法令的严肃性、权威性，促进其正确贯彻实施的非盈利的法律社会服务机构，这个机构在坚持四项基本原则的基础上，直接为少年儿童和社会主义现代化服务。

近年来，我国少年儿童保护工作的法制建设进步较快，实践和理论均有明显发展，已经具备了建立"少年儿童保护律师事务所"的条件，尤其是像上海、北京等城市，不仅领导重视，而且积累了立法、执法的一定成功经验，还形成了一批专业法律骨干队伍，只要在政策上或财力上给予必要的支持，组织这样的队伍是有条件、有优势的。

少年犯罪实体法适用中的犯罪构成特殊性探析*

前言: 少年法是一门还未形成的新学科体系,在法学大学科中的位置尚存争议。我虽然无法提出系统设想和建议,但个人认为,少年法很难简单列入目前刑法、民法、行政法之列,预想经过多少年发展之后一定会成为法学中一个新的独立门类。目前已有保护法、预防法、福利法……,2005 年中国人民公安大学出版社出版的姚建龙教授《少年刑法与刑法变革》一书首提少年刑法概念,2019 年北京大学出版社出版了叶青教授所著的《未成年人刑事诉讼法学》,这两本著作都是开拓引领之作。继往开来,从这里开始,更多学者根据少年的特殊性,从法学视野开拓一个又一个的部门,少年法学体系的起点也许已经从今天的上海开始。

我国少年法庭诞生以后,实践、认识、再实践、再认识,在吸取国内外已有成果基础上,为建立与完善具有中国社会主义特色的少年司法制度,不断进行理论的概括与探索。一段时期以来,我们主要集中于少年犯罪案件程序特殊性方面的实践与研究,近年来又发展到对少年犯罪案件实体法适用方面的研究。从根本上说,实体法适用更涉及少年司法制度的本质与核心,从程序特殊性探索向实体法适用特殊性探索,标志了我国少年司法制度建设发展正在走向一个新台阶。我认为少年犯罪程序特殊性的实践与探索,总体上还在走先行国家已走过的路,有许多经验、理论可供借鉴,而实体法适用特殊性的实践与探索,现有的经验、成果很少,我们已基本上与世界上大多数国家站在同一条起跑线上。成功的实践、探索、开拓将是具有中国社会主义特色的少年司法制度前进中又一次飞跃,并将以自己的实践与理论的科学性、先进性对国际社会作出贡献。

少年犯罪案件的实体法适用应有特殊性,是由少年犯罪的特殊性决定的,这个特殊性是什么? 最根本、最核心的就是少年犯罪构成的特殊性。犯

---

* 原载《青少年犯罪问题》1997 年第 6 期。

罪构成是刑事责任的基础，也是定罪量刑的基础与根据，少年犯罪构成特殊性构筑成少年犯罪适用刑法特殊性、例外性的科学基础与理论依据。如果少年犯罪构成没有特殊性，那么少年犯罪适用刑法的特殊性就没有法理依据，从法律的角度看，只是人们的主观良好愿望，是可采用也可不采用、无足轻重的同情、理解或怜悯。因此在研讨一些具体类型的少年犯罪处置时，例如少年盗窃犯罪的实体法适用，首要关注的就是少年盗窃犯罪构成的特殊性，这是一个关键性理论问题，是前提与基础，当然还有一系列对刑法规定的理解、解释、操作以及其他对少年犯罪的认识问题。

　　盗窃作为一种常见、多发的少年犯罪，对其犯罪构成的特殊性进行剖析，对整个少年犯罪构成的特殊性研究是有启迪的。

　　首先，少年犯罪构成的特殊性表现在犯罪的特殊主体是未成年人，需要特别强调的是未成年人不是小大人，而是在生理、心理、社会化等方面不同于成年人的人，这是少年犯罪构成特殊性的基点。从历史上看，罗马法与我国出土的秦简都有对未成年人犯罪特殊处理的规定，但由于历史与科学发展的限制，都出于怜悯、同情、人道等，而缺乏生物学、生理学、犯罪学、犯罪构成理论等现代科学依据，因此其规定是经验的、零星的、不系统的。现代生物学、生理学、心理学为法律规定未成年人特殊处理提供了科学根据，对未成年人犯罪作特殊处理规定也已成为世界各国刑法理论与实践的共识，在规定上也趋于具体、完整、科学，我国刑法在这方面也已有一些基本规定。

　　少年犯罪构成特殊性在主观方面表现得最为复杂、明显。由于少年犯罪主体的特殊性，少年对实施危害社会行为及其后果所持的心理态度，在认识与意志方面都与成年人不同：在有的少年盗窃案件中，未成年人急于到某地去，正巧看到一辆忘锁的自行车就偷了骑走，到目的地后不当回事就走了，其目的与故意内容具有与成年人不同的独特性；有的表现为故意与客观行为、后果的矛盾，例如几年前，两个未成年人没有香烟抽，商量好到一个商店去偷几包烟，进去后偷了一条烟，走时年龄小的一个看见柜台上一部手机，他听说过这东西没有线能讲话，想顺手带走玩玩，年龄大的说烟已经弄到，别的东西不要拿，快走，但小的说拿了玩玩不好玩就丢掉好了，边说顺手还是拿了，结果那条烟倒不值多少钱，可是一部手机当时价值近 2 万，构成数额特别巨大，后果十分严重；还有的表现为可以排除主观故意的认识错误。例如在受不良影响、好奇玩耍而盗取汽车品牌标记的一个案件中，未成年人认为不损坏汽车，也不知道能值钱，弄下来在学校里玩玩无所谓，未成年人不仅不知道自己行为的违法性，而且按其年龄的认识水平归根结底是对行为的社会危害性缺乏认识，在主观上也没有明显占有他人钱财的意识，至少说占有他人钱财意识十分模糊。上述少年盗窃案件的主观方面如果不作具体细致分析，则定罪量刑不当是很难避免的。

还有的家庭中，未成年人本可以向家长合理合法要钱，家长也不会不给，但未成年人怕家长不给，不敢正面要，采取背着父母偷，甚至偷家长明确已给子女但代为保管的钱，事发后家长不知道报了案。实际上可以说，这是少年自己"偷"自己的钱，也涉及犯罪构成问题，我国有关机关已经关注到，并通过一些规定做出司法解释。

刑法明确规定盗窃罪构成中数量与次数在定罪量刑中的地位，这是构成盗窃罪在客观方面的法定必要条件，如果把这个问题与未成年人的发育水平、认识能力联系起来考虑，那么与成年人同等对待也有许多问题值得研究。

少年犯罪构成的特殊性是客观存在的，不是我们凭空想象的，早在1994年3月，我们与长宁法院合作，对该院1984—1993年已结案的全部少年刑事案件作了研究、剖析，从中逐步意识到少年犯罪构成的特殊性，并体会到加强研究对正确处理少年案件的重要价值与现实必要性。少年犯罪构成特殊性启示我们，未成年人与成年人适用同一部刑法是不尽合理、不尽科学的，应在加强研究与探索的基础上，起草一部有中国社会主义特色的少年刑法，为我国的长治久安和社会的进步、发展服务。

对我国未成年人构罪理论和实践探索的思考

——基于少年司法制度的创新发展*

犯罪古已有之。有犯罪就有认定犯罪的标准、构成、罪名、认定的人或机构、怎样处罚（刑罚）等等。不过作为刑法专业用词"犯罪构成"是经过几个世纪的演变发展才形成现代司法实践严格遵循的理论。

在以习近平同志为核心的党中央领导下，依法治国取得全面推进，创新发展成果瞩目。今天我们聚会从理论和实践上研讨未成年人构罪问题，是在我国司法体制改革的背景下，为保护未成年人健康成长，预防减少未成年人犯罪，保障人民群众人身财产安全和社会稳定有序发展，对我国现代少年司法制度创新发展的探索，具有重要的理论和实践意义。

把未成年人构罪从刑法专业性很强的犯罪构成中单独提出来探讨，是科学的、有根据的，已经看到了可喜的成果。同时也是有许多问题、矛盾、困惑和争议，还需要理论和实践作更深入的探索。我个人对这个课题也作过较长时间的关注和思考，今天谈几个值得思考的问题，供研讨。

一、未成年人构罪研究的出发点

为什么提出这个问题？因为传统的刑法理论往往忽略了未成年人的特殊性，在实际中不一定完全适合未成年人实际，甚至于可能会有伤害未成年人权益，影响未成年人健康成长的危险性。

人总是要经过出生、婴幼儿、少年，成长成人。这是自然界不能违背的规律。小孩问我从哪里来？从石头里蹦出来的孙悟空毕竟是神话性的人，现实中是没有的。未成年人生理心理发育未全，大脑、心脏、神经系统、骨骼肌肉、认知水平、社会化均未达到独立进入社会的标准，幼弱、不稳定、易受影响，好奇、模仿、盲目、片面、极端、冲动等是这一时期成长性共生特征。对任何人在这一时段内实施的行为必须作科学、客观、人性的分析评价。用成

---

* 系"犯罪未成年人构罪研讨会（滁州）"上的发言稿，撰写于 2017 年 8 月。

人、社会化成熟、普通法律的判断，就常常有失客观和公正。11 岁孩子好奇开着机动车酿成事故，与成年人无照驾车酿成事故，能一样吗？小学高年级学生拿着削铅笔小刀在上学路上抢劫低年级学生（抢到 100 元因被害人哭还了 95 元），与成人持刀拦路抢劫只得到 2 元 6 角钱，可以等同吗？一个十岁男孩从游戏机看到能杀人复活游戏，把一名 5 岁女孩杀害等待复活，是正常成人会实施的行为吗？未成年人不由自主，不知，错认，好坏颠倒、想当然，确实存在、难免。这些行为和后果相似的行为，不能同样入罪、同样处以刑罚。否则，不仅伤害了这些孩子一辈子，而且是法律的不公、不科学，而且是增加社会的悲剧，无助于预防犯罪和社会的和谐稳定进步。

保护未成年人，体现利益最大化原则，这是未成年人构罪研究的出发点，从根本上是要缩小犯罪适用的范围，减少刑事法律干预，还孩子以公正、尊严和权益，保护全部未成年人。在我国有 3 亿多未成年人，涉及行政、民事、刑事全部法律关系，其中犯罪是严重危害社会的行为，将受到国家最严厉的制裁。若有误判对未成年人伤害最大，影响一辈子，甚至可能改变毁掉一生的，无法挽回或补偿。因此，创新我国少年司法制度必须把未成年人构罪研究作为深化司法改革的一个重要问题。缩小犯罪适用的范围，减少刑事法律干预，是对未成年人保护不是保护犯罪，而是保护每一位不应受到刑事处罚的未成年人的权益，保护未成年人健康成长，从改革创新的大方面说，保护未成年人就是保护社会、保护未来。

不要在降低刑事责任年龄、提高惩罚力度强度上下功夫，而是在提高保护力度、减少刑事干预上下功夫，才是科学、治本、积极之道。

二、 未成年人保护与社会保护之矛盾的化解

少年司法制度发展中历经起落，时常受到指责和非议，最大的争议就是"保护"还是纵容？国外早有"法律纵容少年犯罪"的指责，我国现在也有"保护法是纵容未成年人犯罪法"的严厉批评。其实在我国未成年人保护法创始之初，国际社会的历史教训早就受到关注，上海制定第一部保护条例时就为防止这一倾向出现的可能性，明确提出保护青少年要与保护社会安全和广大人民群众的权益统一起来。但是协调和平衡以取得最好效果，是需要时间以及理论工作者和实际工作者的智慧、贡献和付出。

保护与惩罚是相互联系有关但又是两个完全不同的问题。未成年人的

特殊性相应必须有特殊保护的法律规定,符合未成年人入罪构成的犯罪必须承担相应的责任,包括刑事处罚,两者如何在实践中协调统一,是国际社会都碰到的难题。已经有的成功经验是在探索尽量不入罪少入罪,非犯罪化,出罪,减少司法干预、出罪的同时,是否还有扩大司法干预,"入罪""犯罪化"探索的必要,这是避免放纵,让未成年人不走人生弯路、出现迷途及时引导回归正路,保卫社会和人民人身财产安全的不可少的法制工程。如身份罪,工读学校或不同程度不同形式的不良行为学习诊断评析治疗机构(学习班、学校、诊所、保护站、矫正班等),形成从行为失范、失教失管、不良行为、违法行为、准犯罪、犯罪的完整关怀、关注、管控、矫治的有效无缝全衔接的制度、手段,才是治本之道。

保护法是保护、纵容犯罪实在是太多的误解和错解,这说明法治宣传教育不到位,实际工作中创新发展跟不上形势需要。

三、 未成年人构罪研究中的最大短板

上面提到保护是有缩小有扩大。适合未成年人的刑事、非刑事的多种处置、管控、教育、矫治、预测、预防手段和方法,要新建、增加、扩大。

我国刑法能适用未成年人违法犯罪处置的手段方法太少、太单一。程序法近年有进步,实体法特别是要新建、补缺的短板。

刑法规定主刑五种,管制、拘役、有期徒刑、无期徒刑、死刑,附加刑三种,罚金、剥夺政治权利、没收财产。

管制、拘役都是对轻微犯罪惩处的短期刑罚,是否必要、有效,管制还涉及未成年人犯罪记录封存等问题,今后对未成年人、死刑不适用,无期徒刑也基本上不适用。

附加刑三种,罚金、夺政治权利、没收财产。未成年人基本上还没有,一般也难适用。

对不予刑事处罚的未成年人刑法还有责令家长或监护人加以管教,由政府收容教养。这两条至少在目前还是空缺不落实,难适用。

最后只剩下有期徒刑一种。未成年人保护又要求对未成年人犯罪有期徒刑,只在万不得已作为最后手段使用。

这就是造成目前对未成年人犯罪存在处置乏力、社会实效不理想的重要法律不完善的漏洞,群众批评"放纵"的缺位和短板。

少年司法实践和社会管理实践,多年来一直在创新以填补这些漏洞和短板,社区监督令、社区管教、保护处分制度,还有一些老的好经验如社会帮教、工读学校教育等等,需要整体设计、阶梯配套、可行有效。让未成年人成长中一直生活在全社会的关心保护之中,发生偏差时及时得到指导。发展到今天不能零敲碎打、碎片化,要顶层总体设计,有条件,是时候了。

四、 少年司法制度发展创新的最大现实问题

1984 年我国诞生第一个少年法庭,以最高人民法院院长郑天翔、副院长林准为首,开启我国少年司法跨越式创新发展时期。至 2014 年,全国已有少年法庭 2253 个,合议庭 1246 个。未成年人犯罪审判机构问题似已解决,实际上并未真正解决,少年法庭三十多年,早过而立之年,还未得到"出生证""户口本",撤并之声时有传播。

近十年来,以最高人民检察院检察长曹建明、副检察长孙谦为首,在习近平为首的党中央领导下,发展创新又开创少年司法跨越式发展新时期。至 2016 年 11 月,全国共有 1963 个检察院建立了未检机构,后来居上,占检察院一半以上。2015 年,最高人民检察院建立未检工作办公室,未检工作机构完善配套,队伍稳定,士气昂扬,工作推陈出新,创新不断,推动少年司法制度前行。实践证明,有机构才有组织和强有力的领导,才能保证人力物力财力的投入,才有实践创新的活力,才有理论的提升和研究。

公安部早就颁布《公安机关办理未成年人违法犯罪案件的规定》,规定"公安机关应当设置专门机构或专职人员承办未成年人违法犯罪案件"。虽然有的地方进行试点,但总的没有落实推进,成为我国少年司法制度的薄弱环节,与国际社会上出现的情况很相近。

五、 未成年人构罪研究中的最大关键

实践是源泉,立法是根本,立法不能滞后。立法停滞不前,在依法治国的形势下,对少年司法制度实践创新发展有很大的限制甚至负面阻碍影响。

犯罪认定总要有人或机构赋予认定的权力,这总是由掌握国家的统治者说了算,如皇帝、代表国家的政府等等。在我国是代表人民的全国人民代表大会,通过立法,颁布执行。

构罪理论研究有较大的自由空间,理论研究成果对立法有促进作用,刑

诉法修改中宋英辉等几位学者的理论研究成果对增加未成年人刑事案件诉讼程序专章就起了重要促进作用。我个人相信我国立法机关不会遗忘少年司法这个特殊的领域。同时我个人也期望理论和实践的各方面，要主动把自己的创新探索成果形成材料、意见、建议、提案，雪片似的向立法机关、向各方面反映上去，上网交流、传送。人或机构也是有局限的，大讲、多讲、讲透彻，沟通了就会得到重视，才能提上议事日程，急事重要事就先办了。

我国近40年来，在少年司法领域的实践、学习、借鉴、探索、创新方面，在国际范围内是值得引以为豪的。在党的领导下，从中央到地方，我国投入的人力、物力、财力是其他国家不可能的，我们积累的经验是经过实践检验、丰富的，我们的进步和成就、实效是有数据、能实际感受的。中国伟大的实践变革正在形成诞生伟大的理论，我们在这个伟大时代也要有一点贡献、发一点光辉。

专题五：自我保护在保护体系中的特殊地位和作用

论少年保护体系中的自我保护[*]

少年(联合国《儿童权利公约》规定"儿童系指 18 岁以下的任何人"，我国称未成年人)是活生生、有自我意识，生理、心理、体力、知识、能力日新月异变化中的人，是法律上有明确地位的独立能动权利主体，是拥有对与自身利益相关决策参与权的人。

未成年人自我保护是中国少年保护法保护体系中独创、首创，有引领地位的中国特色社会主义的理论研究和实践创新，对国际社会少年权利保护和人权理论作出了新贡献。

一、 自我保护的提出和历史背景

上世纪 70 年代末进入 80 年代，是中国改革开放的大变革时代，在复杂的社会进程中，少年犯罪剧增一度成为国家关注的社会问题。为预防减少犯罪、维护社会治安，党和国家提出在新时期保护青少年，制定青少年保护法的要求。上海集高校、社会科学科研机构、政法实践部门第一线、共青团等各方面力量合作，起草《上海市青少年保护条例》，在学习国内外先进理念，结合中国实际，尤其是基于我国在综合治理方面的丰富经验，提出"保护青少年与保护整个社会相统一""青少年保护体系"，保护体系中的"自我保护"等前所未有的保护新概念、新构想。经过反复研讨、论证，全面反映在提交上海市人大审议的《条例》草案中。1987 年 6 月 20 日，上海市人民代表大会常务委员会通过并于 10 月 1 日施行。经过历史检验，理论和保护体系的规范是科学的。我在 1987 年 6 月 26 日在中国烟台召开的《中美学者青少年犯罪问题研讨会》上，曾专题介绍《上海市青少年保护条例》有关"保护青少年与保护整个社会相统一"、青少年保护体系中的"自我保护"等指导思想和

---

* 撰写于 2024 年 7 月。

体系结构，也得到与会学者、专家的认可和鼓励，实践效果符合预期，是成功、有效的。

二、 自我保护的理论基础

首先，现代科学提供生理学、心理学依据。

科学不断揭示、证明少年（未成年人）是成长中有主体意识、有主观能动性的独立活生生的人，是生理、心理、体力、知识、能力日新月异变化中的人，是法律上承认的、受特殊保护的独立权利主体。不是消极、被动的活体。这是青少年保护体系中"自我保护"的基本根据。

历史上对少年的关心保护主要出自照顾、怜悯等慈善、道德、人性理念。因为，限于当时科学发展的限制，没有生理、心理、社会化不成熟的特殊性科学依据，所以，出于怜悯、慈善的关心、照顾、宽恕……都不是现代法律提出、规定的、以生理、心理特殊性为科学根据的"保护"和"特殊保护""少年权益"保护的科学依据。

但是，现代少年保护发展也有一个过程，相当长一段时间一直停留在外在保护阶段，没有把少年（未成年人）看作是独立能动的主体。现代生理学、心理学的研究早已经肯定，人与其他动物的差别就是，人从出生之日起，就有高于其他动物的基于意识的本能性反应，不是一个完全被动的受体。科学实验和研究表明，宝宝出生到三个月，就对声音、信号，甚至语言有指向性要求表现；一年后，随着行走、语言的能力进步，独立能动主体的特殊性就更加明显；三岁以后，反映、记忆外部世界，认识、交流，甚至有改变自己和外部世界的行为，明显显示有自我意识的主体人。中国俗话说，"三岁表现看到老"，这是几千年的经验总结，现在更有生理学、心理学的科学成果佐证。

从国际上看，20世纪初才在文件中出现"儿童权利"概念。1959年，虽然《儿童权利宣言》提出了对少年儿童的'特殊保护'条文，但当时仍没有提出法律保护的建议，也没有对儿童能动主体的认识。到1989年的提出制定有约束力的《儿童权利公约》，首次提出明确儿童权益的法律保护，也是首次肯定少年儿童的主观能动的意识和能力。如"确保有主观能力的儿童有权对影响本人事项发表自己的意见""儿童特别应该有机会……直接或通过代表或适当机构陈述意见"……。我国后来居上、弯道超车，关注、认定儿童是有自我意识、主观能动的受法律保护的主体。从地方法到全国法，明确提出并规定"自我保护"，这种理论开拓和立法首创精神值得继承和发扬。

第二，辩证唯物主义关于主客观辩证统一理论是青少年保护体系中的"自我保护"的认识论依据。

青少年保护不能仅仅被理解为预防青少年犯罪，因为少年权益有其明确界定，其范围（内涵、外延）要大得多，后面要专门论及。

我们从完整的儿童权益保护体系的发展过程中来考察一下保护与被保护的关系。长期来，通常所关注的家庭、学校、社会的方方面面，都是独立于少年之外的外在因素，事实证明这是必要、正确的，而且是科学有成效的。但是，少年保护研究在发展、进步，从人与人、人与社会、人与自然的关系来说，法律现在规定四大保护、五大保护、六大保护，N 大保护，都是独立于受保护主体外的力量和因素。如果主体是被动、单向、消极被保护，在复杂的犯罪原因和多项因素交错影响下，许多侵害因素是无法预料和控制的，一旦事件发生，N 大保护都会无能为力，保护就全部落空。调研数据证明少年伤亡的最大杀手是意外，高达 50％。其中，违法犯罪是一方面，大量非违法犯罪意外伤害是随时随处、不可测的各种偶发因素造成的，如自动扶梯、动物园、玩耍、游泳、出行等等。这说明，方方面面外在保护确实可以减少、防范、消除许多伤害。但是，还有许多是难以预见、防范、消除的。正是在这一关键上，独立的受害主体能发挥"自我保护"的特殊作用，是儿童随时随处、身影相随的"护身符"，是外部保护力量无法代替的独立方面，能偶发（在犯罪侵害和非犯罪侵害的偶发场合）发挥有效保护、救助自己，有效避免伤害的作用。

还要指出，有些伤害事件与少年主体的自身消极（如常见的、为数不少的忍受、沉默、掩盖等）、不良因素（逃学逃夜、好占便宜、打骂欺骗、挑拨是非、不良嗜好……）有关，这也不是外在因素能"保护"的，心病还要心药医，外"治"内"调"结合，才能有效。

客观外在保护与受害主体"自我保护"结合，才能构成完整、有效的保护网，形成科学、积极的保护体系。这是自我保护中的主客观结合辩证法的要求。

第三，自我保护具有法理与法律依据。

现代儿童权益保护的理念源于英美发达国家，其在斗争中得到认可，并在法律上逐步体现。1989 年联合国《儿童权利公约》中，已多处认定明确肯定少年儿童的自我意识能力，如"有主见能力的儿童""儿童有寻求、接受、传递信息的能力"，儿童"不同阶段有不同的接受不同指导的能力""有接受教育、接受传媒、儿童著作的能力"等等儿童的主体能动能力。

在"自我保护"概念和理论的研究的基础上，《上海市青少年保护条例》根据宪法和法律，首创设立"青少年自我保护"专章，把理论研讨提升规定为了"自我保护"的内容和体系，为实践提供了明确、具体的法律准绳和依据。之后，"自我保护"概念正式被吸收进《中华人民共和国未成年人保护法》和《中华人民共和国预防未成年人犯罪法》，保护法规定"增强辨别是非和自我保护的能力"，预防犯罪法不仅规定"自我保护"，还立"未成年人对犯罪的自我防范"专章，这进一步为我们提供了法律根据，也进一步为我们确立、规范"自我保护"概念和内容提供了法律依据。

三、少年保护体系中的自我保护概念

少年保护体系中的"自我保护"，是对应其他保护强调少年主体在一般意义甚至在更广意义上防受伤害，自觉适应身外保护的包括学习、接受指导、自我感悟、行动技巧、自律、求救等全部一切活动和手段。

具体内容则是涵盖多方面的体系，如身体素质健康，自（保）护意识、文化科学知识、法律意识和知识，学法守法、辨别是非，人际交往、沟通交流，知错能改，自我控制，抵制不良引诱和侵害，防卫能力，求助知识、能力、方法等，涵盖正常成长获得和专门指导培训所获得的自我保护的全部知识、能力、手段、方法。笔者将其大体归纳为有层次的几个方面：

一、生理健康与防范、识别意识——基础。

二、知识与素养——判断、主观能动的方向抉择和发挥。

三、自我约束、控制的意识和能力——离开、回避、拒绝、抵制可能伤害自身健康、权益、发展的交往、活动、场所……这是个人自己保护自己的无可替代的屏障，是时刻持续保护自己健康安全成长发展的品德素质。

四、主动作为，自卫。判断、权衡自己和现实危险的力量、处境，最大限度有利的主动作为、处理消除危险或伤害、自卫。

五、请求保护是自我保护中求助外部力量保护自己的自我保护的必要、法定、最后保底的方法和手段，对少年儿童特别重要。必须让他们在能接受、理解的不同阶段，知道求助的人、组织、机构、渠道、方法……用"请求保

护"来保护自己。请求保护可以事前、事件进程中的任何时段,包括紧急求救。

六、自我保护主体的"自我"界定。首先是有个体自我意识的能动个体。还包括少年这个有特殊地位、享受特殊保护的群体。他们的代表和能代表其利益、维护其权益、为其讲话、出谋划策、做事的组织、机关、团体,如共青团,少先队,少年、学生的群众团体。这是本群体的生理、心理、社会化不成熟、能力、知识等不足所决定的,也是法律规定支持的。

七、运用法律手段维护自己合法权益,包括自己抵制不良行为的引诱和防范不良行为的侵害。

在保护和自我保护关系中,保护方或责任方有:父母或监护人,老师或学校,有关行业、商行企业,工厂、环境、风气,政府机关、司法部门……,其均是承担保护责任的主体,既有个人也有组织。受保护方是少年儿童,是成长中活生生的人,是有意识能动地接受保护的主体。这个体系中的双方,任何一方的缺失都构不成体系,令保护无力、失效、失败,达不到保护目的。目前的状况是,保护力量、力度和组织不断扩大、增强;而接受保护的一方,缺乏专门的研究,也没有负责此项工作的实体,没有明确目标、规划和系统完整的措施、方法设计,急待改进、加强。

总之,在未成年人保护中,保护方、受保护方是保护体系中两个不同的主体,前者有人、有组织、机构、社会团体等,比较复杂,后者则是活生生具体的未成年人,前者负责、充分出力到位,后者能动的认同、适应、配合、接受。在前者难以到位、难以适时到位、无法到位、突发难料……情况下,有前者做后盾,发挥后者自己的聪明智慧能力,实现保护的目的,这就是未成年人自我保护。外在保护和未成年人自我保护,两者统一协调合一,才能最大程度达到实际保护的目的。

自我保护的意识和能力并非天生,而是在成长、学习和培育的过程中逐步增强、提高和发展的,不同时段、不同人、不同时期有不同特点、变化、要求。

四、 少年保护体系中的权利内容

对于儿童权益保护,家庭保护、学校保护、社会保护、司法保护等保护和自我保护而言,明确少年儿童(未成年人)要保护的权利是保护的前提。在历史文献中，首次提出、承认"儿童权利"的是 1924 年《日内瓦儿童权利宣言》，1989 年联合国《儿童权利公约》（1989 年 11 月 20 日 44 届联合国大会通过，我国 1991 年 12 月 29 日加入）则明确提出儿童有生命权、存活与发展权、姓名权、国籍权、受保护权、参与权，并特别强调规定"儿童最大利益首要考虑"原则。1984 年 11 月 29 日通过的《少年司法最低限度标准规则》（北京规则）在司法保护方面又有重要发展。1991 年，我国制定、颁布了《中华人民共和国未成年人保护法》，1999 年，制定、颁布了《中华人民共和国预防未成年人犯罪法》等等。根据权利的特质，可以将其总结、归纳为以下八个方面：

一、生存权。首当其冲的是生命权、存活权，这是人人均有、出生固有，未成年人时期却又特别脆弱、极易受到侵害的权利。其包括存活物质保障（含救济）权，居住权（家庭、住宅、父母照顾），不被遗弃权，人身自由、人格尊严权等权利，防卫权。

二、健康权。包括营养、医疗权，不受摧残、伤害、凌辱、忽视权，社会安全权，不受虐待权，休息权等。

三、发展权。如受教育权（含教育物质保障），获得科学技术知识能力学习培训权，学习中国历史、文化传统权，了解中国共产党领导革命和摆脱穷困、建设中国社会主义现代化国家权，了解与自己有关法律、社会规范权，获得信息权，参加文化艺术活动权，游戏娱乐权，隐私权，通信、思想、信仰、宗教权等。

四、参与权。如参加社会活动（志愿活动、见义勇为）、自由发表意见权（发表与自己有关言论），批评、建议权，与未成年人年龄认知相应的有限的结社、和平集会权，接受人类宽容、懂得谅解、友好、爱好和平、奉献人类服务精神权。

五、特殊保护权。如出生就应该拥有的姓名、国籍权（这是与生就应该获得法律认可的身份权），荣誉权，肖像权，通信权，隐私权。

六、财产、继承、著作、专利权。

七、少年儿童优先保护救济权。不受到剥削雇佣、毒品、色情、强制婚姻、性侵犯，不受到可损害其健康教育妨碍身体心智品德发展的权利，保护不沾染可能养成宗教歧视等任何歧视的坏习惯的权利，要求受保护措施、支助措施权。

八、自我保护权。涉及诉讼还涉及有关特别保护的权利，有程序的、责任年龄、刑罚、监禁、死刑,诉讼中通过代表适当机构、通过媒介、口头……发表意见权。

八大权利,涉及家庭、学校、社会、政府、司法、媒体、网络方面,有的主要涉及一个方面,有的涉及多个方面。由于社会变化、进步和人类生活的复杂性,很难穷尽。基于权利的不同性质,对于受保护的主体都应有针对性的素养、品德、能力、技巧等培育指导要求。

五、 构建"自我保护"体系的探讨

自我保护是未成年人在成长过程中逐渐形成、增强并及时发挥效用的保护能力。这种能力并非先天赋予的自然生理力量,而是现代文明社会为保护青少年,特意培养并强化的防范伤害的特殊素质与知识技能。我们应当致力于创新、探索及构建一套体系,旨在提升青少年的自我保护水平与能力,从而为每一代青少年的健康成长及社会的进步贡献力量。应当建立有国家和法律支撑,以中小学学校为基地,以家庭为后盾,社会各行各业、团体组织综合协调配合的"自我保护"体系。

一、中小学学校为基地。现代中小学是专业培育、塑造受教育者的专门机构,有人才、资源、专业、经验,本身就是承担国家、社会培养合格劳动者和专业人才后备军的任务。培养承续文化传统事业接班人的阵地,作为"自我保护"的基地是分内之事,是"自我保护"的最佳组织者、实施者。

二、以家庭为后盾。家庭是出生、生存、生活的摇篮,是养育结合、环境温馨、亲情联结的场所、具有不可推卸的法定责任,是"自我保护"的关切、受益、可靠的积极参与者。

三、社会各行各业、团体组织,以及自然环境,都与儿童的生存、生活、学习和发展密切相关,没有这些力量,少年自我保护也是难有成效。

四、培养自我保护的专业人才,建立咨询、培训机构,探索创建新职业。

五、加强研究,编写自我保护学习资料、手册、教材,组织自我保护指导讲座、课程。

六、定规立法。制定《未成年人自我保护指导意见(原则、规则、条例等等)》,规范未成年人自我保护概念、内容、分类,自我保护形式、方法,以及前面提及必须规范的问题。

七、系统积累数据和资料,提高自我保护的教育培训的针对性,提高自我保护的实效。

八、少年的成长过程具有个体差异,社会在发展变化、科学技术在进步发展,自我保护必须不断发现、研究新问题,对此,要有大数据支持、验证的科学预见、预测,航空飞行安全有一个"海恩法则",其指出:每一起严重事故的背后,必然有 29 次轻微事件和 300 起未遂先兆以及 1000 起事故隐患。每一起少年儿童权益伤害事件,尤其是重大暴力犯罪案件,背后往往存在被忽略的轻微事件、未遂先兆和隐患。因此,必须认真调查、总结,探索规律,精准预测,提前准备更有效、针对性更强的新指导提示,教育、培训办法、方案。

六、 结语

发展创新是时代强音,在党的领导和社会方方面面的支持下,一路走来,我们超常规的跨越式进步、发展、成就,有目共睹。展望未来,目标明确,任重道远。处于中国式现代化的伟大时代,全球化、网络化、信息化、大数据正在对于全世界形成冲击,这必将严重影响人类社会和青少年。为了明天,我们应当传承奋斗,砥砺前行,作出贡献。

中国未成年人权益保护法律体系[*]

中国有 12 亿 5 千万人口,18 岁以下的少年儿童有 4 亿,这是一个数量庞大、地位特殊、情况复杂的群体。他们有一个共同的特点,就是都处于人生发展进程中幼弱时期。历史与现实都证明,这是一个个人权益极容易受到侵害的时期,是一个需要法律特殊保护的群体。

一、 中国未成年人权益保护的发展概况

我国未成年人权益保护的历史源远流长,早在公元前 221 年秦始皇统一中国后,当时的法律对未成年人犯罪已有实体与程序方面的保护性规定(见《睡虎地秦墓竹简》)。但是近二百年来,我国在这方面显然要比西方发达国家落后得多。中华人民共和国成立后,尽管政府十分关注少年儿童权益保护,可是受社会、经济发展与法制建设的整体水平的影响,直到近二十年才有显著的发展与进步,正在形成综合性的现代保护少年儿童的法律体系,可谓是起步晚、发展快,大有后来居上的趋势。50 年来,我国未成年人权益的法律保护大致经历了三个发展时期:

1. 20 世纪五六十年代的单个法规、分散规定时期。

中华人民共和国建立之初,刚刚从多年战争破坏中走出来的新中国,继承的是一个十分落后的千疮百孔的烂摊子,经济问题、社会问题比比皆是。因此,当时的情况没有条件、也没有能力全面考虑未成年人权益保护问题,只能从实际出发对群众最关心、最迫切要求解决的少年儿童权益问题作出一些规定,其中有的通过人大立法作出规定,大多是通过行政法规的形式来规定的。例如 1950 年《中华人民共和国婚姻法》规定保护非婚生子女,禁止溺婴、残害婴幼儿,禁止继父母虐待子女等;1954 年公布的《中华人民共和国劳动改造条例》专门对少年犯管教的组织机构、管理等作了专门规定;1965 年公安部、教育部《关于加强少年管教所工作的意见》进一步规定,要对少年

---

* 原载"少年儿童权利与司法制度"中英研讨会中方论文之八。

犯进行体检、绝对禁止带戒具和打骂虐待等；1955年全国人大常委会通过《关于处理违法图书杂志的决定》，规定对宣扬凶杀、淫秽及其他犯罪行为的图书杂志进行处置，保护广大人民及广大青少年的身心健康；1960年最高人民法院、最高人民检察院、公安部专门发出《关于对少年儿童一般犯罪不予逮捕判决的联合通知》；1957年最高人民法院、公安部、司法部专门规定，严惩奸淫幼女的犯罪分子，对唆使或组织少年儿童进行犯罪的分子必须严惩等等。这一时期法律保护涉及少年儿童权益的各个方面，但总体上没有统一规划，比较零散，不成体系。

2. 七八十年代，这一时期主要法律门类中有关未成年人权益保护的规定大量出台，初步形成一定体系。

七十年代末，我国法制建设在改革开放的推动下，进入一个新的时期，全国人大制定、颁布了一系列重要法律、法规，十余年时间，使我国社会、经济生活的各主要领域的法律逐步完善，形成初步适应我国社会主义社会现实需要的法律体系，未成年人权益保护也得到较全面的体现。例如《中华人民共和国刑法》(1979)、《中华人民共和国刑事诉讼法》(1979)、《中华人民共和国民法通则》(1986)、《中华人民共和国民事诉讼法》(1991)，还有《婚姻法》(1980)、《继承法》(1985)、《治安管理处罚条例》(1986)《义务教育法》(1986)、《妇幼卫生工作条例》(1986)等。在这些法律、法规中，我国少年儿童权益的保护有了更为全面、明确、具体的规定，形成了一定的系统。

3. 90年代形成以少年法为标志的综合性未成年人权益保护法律体系。

80年代酝酿、90年代开始，我国少年儿童权益保护愈来愈受到社会的关注，国家加大了这方面的支持与投入，这一领域的专门法律、法规经过多年的讨论、呼吁，陆续出台，成为立法的热点之一。以《中华人民共和国未成年人保护法》(1991)与《上海市青少年保护条例》为标志，全国人大与各省市人大通过一系列专门保护青少年的独立法律、法规，有全国性的《未成年人保护法》(1991)、《预防未成年人犯罪法》(1999)、《义务教育法》(1986)等专门法，还有《收养法》(1991)、《教育法》(1995)、《残疾人保障法》(1990)、《母婴保障法》1994，以及《劳动法》(1994)、《妇女权益保障法》(1992)、《监狱法》(1994)中的专门规定。同时各省、市人大也普遍制定、通过了有关未成年人保护、妇女儿童权益保护、义务教育、预防未成年人犯罪与社会治安综合治理方面的地方法规。形成了主要由全国法、行政法规、地方法组成的综合性的少年儿童权益保护的法律体系。

二、 中国未成年人权益保护法律体系的主要内容

宪法是国家的根本大法,我国宪法全面规定了公民的基本权利与义务,具体有选举权和被选举权、宗教信仰自由权、人身自由和人格尊严不受侵犯权、个人财产权、受教育权、劳动权、休息权等 20 余项权利,这显然包含着少年儿童的多方面权益,其中专门规定:"国家培养青年、少年、儿童在品德、智力、体质等方面全面发展""婚姻、家庭、母亲和儿童受国家的保护""父母有抚养、教育未成年子女的义务""禁止破坏婚姻自由,禁止虐待老人、妇女和儿童"等等。《宪法》是国家的根本大法,这是我国青少年权益保护的保证与根本的立法依据,也是我国其他法律包括少年、儿童权益保护法律、法规的法律渊源,在我国少年儿童权益保护法律体系中居统帅、指导地位。以宪法为依据,全国人大通过与颁布的法律与国务院及其有关部门制定的法规中有关少年儿童权益保护的内容主要有:

（一）惩处直接侵害少年儿童权益的犯罪行为

打击各种严重危害少年儿童权益的犯罪行为,是直接保护未成年人权益的重要方面。《刑法》规定了对犯罪行为的惩罚,除了对侵害未成年人的一般严重危害行为的惩罚外,还有若干专门保护未成年人的规定,如奸淫幼女罪,猥亵儿童罪,拐卖妇女儿童罪,收买被拐卖的妇女、儿童罪,聚众阻碍解救被收买妇女儿童罪,遗弃罪,拐骗儿童罪,引诱幼女卖淫罪,嫖宿幼女罪,以及"教唆不满十八周岁的人犯罪的,应当从重处罚"的规定等。

（二）保护未成年人人身、财产等合法权益

这集中体现在《民法通则》与《未成年人保护法》。《民法通则》规定了公民的财产所有权和财产所有权有关的财产权、知识产权、人身权等民事权利。中国民法规定 18 周岁以上是完全民事行为人;16 周岁以上不满 18 周岁的公民,以自己的劳动收入为主要生活来源的,视为完全民事行为能力人;10 周岁以上的未成年人是限制民事行为能力人,可以进行与他的年龄、智力相适应的民事活动;不满 10 周岁的未成年人是无民事行为能力人,由他的法定代理人代理民事活动。无民事行为能力人的监护人是他的法定代理人。民法还对什么人可以作监护人以及监护人的职责作了明确规定,"监护人不履行监护职责或者侵害被监护人的合法权益的,应当承担责任;给被监

护人造成财产损失的,应当赔偿损失。人民法院可以根据有关人员或者有关单位的申请,撤销监护人的资格。

《未成年人保护法》是我国第一部由全国人大常委会通过的全面保护未成年人权益的专门法律,分 7 章共 56 条,该法总则第 1 条立法宗旨明确规定:"为了保护未成年人的身心健康,保障未成年人的合法权益,促进未成年人在品德、智力、体质等方面全面发展,把他们培养成为有理想、有道德、有文化、有纪律的社会主义事业接班人。"其中分章规定家庭保护、学校保护、社会保护、司法保护,并规定违反本法承担的法律责任,在我国少年儿童权益保护法律体系中具有基本法、指导法的性质与地位。

还有《婚姻法》《继承法》《劳动法》等,针对侵害未成年人权益的问题,对抚养、非婚生子女、继父母或养父母对未成年子女的责任、遗产继承、禁止用人单位招用未满 16 周岁的未成年人,以及未成年工特殊保护(劳动时间、工种、劳动强度等)作出具体规定。

(三) 未成年人受教育权的保护

《教育法》与《义务教育法》根据宪法规定充分保障未成年人受教育的权利,两法具体规定保护受教育者入学、升学等权利,对有困难者提供资助或帮助,对侵犯受教育权,侵犯学生人身、财产权者进行处理或提起诉讼等。

(四) 改善未成年人成长环境,预防未成年人犯罪

我国历来十分重视改善与优化未成年人成长环境,预防未成年人违法犯罪,这是保护未成年人权益、保证未成年人健康成长的重要组成部分。我国对枪支、特种刀具的管理,禁止色情、凶杀的书刊影视,学校周边环境管理,可能对未成年人产生不良影响的游乐场所的管理等,都有相应的法规。新近实施的《预防未成年人犯罪法》是全国人大常委会通过的从犯罪预防角度保护未成年人的又一部专门法律,共八章五十七条,总结我国的成功经验,吸取各国理论成果,规定"预防未成年人犯罪教育""对未成年人不良行为的预防""对未成年人严重不良行为的矫治""未成年人对犯罪的自我预防""对未成年人重新犯罪的预防"五个方面,构筑一个完整的预防未成年人犯罪的系统,这在国际上的未成年人保护法律体系中也是一个开拓与探索。

(五) 对未成年人违法犯罪的特殊处理与保护

《刑法》与《刑事诉讼法》对未成年人犯罪在实体与程序上均有特殊保护

规定,主要有刑事责任年龄、不适用死刑、从轻减轻、不公开审理、监护人到庭、辩护人辩护等。《未成年人保护法》规定办理未成年人案件应当建立少年法庭、未成年人检察等机构或指定专人办理,对违法犯罪的未成年人实行"教育、感化、挽救"的方针,坚持"教育为主、惩罚为辅"的原则,以及工读教育和其他司法保护的规定。最高人民法院、最高人民检察院、公安部、司法部等还颁布了《关于办理少年刑事案件的若干规定》等规定、通知,对少年法庭的收案范围、审理和教育程序、人民陪审员陪审、公检法司配合协调等作了更为具体、实际操作的规定。从以上内容可以看出,我国对未成年人权益保护已初步形成动员整个社会、全面保护少年儿童与保护社会相结合、多种门类法律法规协调配合的综合性法律保护体系。

三、 中国未成年人权益保护法律体系的构成与特点

(一) 专门法与一般法结合

一般法适用于全体公民,专门为保护未成年人权益而制定的《未成年人保护法》《预防未成年人犯罪法》《义务教育法》,是只适用于少年儿童等未成年人这一特殊群体的特殊法,特殊法对特殊群体适用的效力优先于一般法。我国 20 世纪 90 年代诞生的保护未成年人的专门法更符合未成年人的特点与利益,更具有针对性与可操作性,适应社会进步发展的趋势。但是专门法也有局限性,而一般法对全体公民权益保护的广泛涵盖性,也包含着对未成年人权益的一般保护,因此对一般法已有规定的也无必要作重复规定。专门法与一般法相互补充,专门法与一般法结合,构成我国未成年人权益保护法律体系的主干。

(二) 行政性法规占有重要地位

在我国少年儿童权益保护的法律体系中,行政法规具有重要的地位与意义。未成年人权益保护涉及许多方面,要靠各有关部门在实际工作中去实施、操作,而且现实中有些问题非常具体,不可能在法律上作详细规定,政府各部门及时制定单一的、比较具体的法规,对未成年人权益能起到有力的保护作用。例如《关于劳动教养的规定》《社会治安管理条例》等在预防犯罪、保护社会安全与环境方面就起着不可忽视的作用。上述改善、优化青少年成长环境的规定大量也是行政法规,对构筑未成年人权益保护法律体系来说是不可缺少的。

（三）地方法补充、实施全国法

我国是一个多民族的国家，地域广阔、人口众多，地区间的经济发展与文化社会背景存在许多差别，宪法规定省市人大有地方立法权，地方法也是我国法律体系的有机组成部分。近年来各省市都通过了一些地方性保护未成年人权益的法律、法规，1987 年上海市人大通过的《上海市青少年保护条例》就是我国第一部保护青少年权益的地方法。地方法可以根据本地少年儿童的特殊问题做一些特殊规定，如福建省侨胞多就专门规定了华侨子女就学、就业保护问题，贵州省是少数民族地区就专门规定改善少数民族地区未成年人的办学条件、保护少数民族未成年人就学以及其他权益等，对全国法起了补充、完善的作用。还有一些地方通过地方立法制定贯彻执行全国未成年人保护法的实施办法。

（四）充分发挥未成年人独立主体的自我保护作用

国家要发挥其权威作用保护未成年人的权益，但是单纯依靠外力保护与环境保护是远远不够的，要动员、保障未成年人自己保护自己。《上海市青少年保护条例》专章规定"青少年自我保护"，全国人大颁布的专门保护法都有保障未成年人依靠自己或组织进行检举、控告、诉讼权利的规定，只有社会保护与未成年人自我保护相结合，才能构成完全的、有效的未成年人权益保护体系。我国保护未成年人权益经过几十年的发展，结合实际，学习国外先进理论与经验，不断探索、创新，初步形成具有中国社会主义特色的综合性、全方位的少年儿童权益保护的法律体系，但是终究起步晚，投入的人力、经费、资源不够，欠缺与问题不少，例如专门法很不配套，还没有少年刑法、少年审判法、少年监狱法、非刑事处置法、社会帮教法等，我们期望通过学术交流、相互学习，使未成年人权益保护法律体系更加完善、科学。

青少年素质培养是百年大计[*]

香港回归祖国,党的十五大召开,1997 年的中国在改革、开放、发展的大背景下更令世人瞩目。

国家在发展,社会在进步。回顾历史,我们的祖国在"不仅要有高度的物质文明,而且要有高度的精神文明"的建设有中国特色的社会主义理论指引下,更加繁荣昌盛。党的十四届六中全会总结指出,"社会主义精神文明是社会主义社会的重要特征,是现代化建设的重要目标和重要保证"。因此,1997 年,将是我国继续推进社会主义精神文明建设,物质文明与精神文明齐飞的一年。

"建设社会主义精神文明,最根本的是要使广大人民有共产主义的理想,有道德、有文化、守纪律。"青少年的素质培养是事关我国社会主义事业兴衰的百年大计,跨世纪的时代需要具有跨世纪素质的青少年,青少年的素质培养应该是当今中国社会主义精神文明建设工作的核心内容,应该引起全党、全社会的关注。万事人为本,社会主义建设事业需要一代又一代具有优良素质的青少年继承和发展。如果青少年缺乏良好的科学文化知识素养,没有马克思主义为指导的世界观、人生观。没有正确的伦理道德观念,没有严格的遵纪守法的规范意识,社会主义精神文明建设就会失去依托,社会主义物质文明建设也会失去动力和保障,这也是中国革命和建设数代领导人关心青少年事业的关键所在。

青少年良好的素质不是天赋的,需要我们去教育、培养和塑造,这是一项社会性的系统工程,需要创造良好的社会环境氛围及社会各方面的配合,同时需要一大批热爱青少年事业的人们艰苦的努力。现实表明,在改革开放、构建和培育社会主义市场经济的社会变革背景下,一些消极因素会以更广泛的层面、更复杂的内容、更纷繁的方式对青少年带来严重影响。因此,这一事业需要引起全社会各行各业、众多的人来进一步地思考、研究、关注

* 以"华青"为笔名发表,原载《青少年犯罪问题》1997 年第 1 期。

青少年的素质培养。中共中央关于加强社会主义精神文明建设若干重要问题的决议，总结了历史的与现实的经验，从理论上进行了精辟的概括，在关于精神文明建设总的指导思想要求中，提出了要"以科学的理论武装人，以正确的舆论引导人，以高尚的精神塑造人，以优秀的作品培养人，培养有理想、有道德、有文化、有纪律的社会主义公民，提高全民族的思想道德素质"。特别强调要教育好青年，教育好后代。

青少年素质培养是一个渐进的过程，但一定要上好青少年成长的"第一课"，从小把文化知识教育、道德品质教育、行为规范教育、法制纪律教育结合起来。我国有一句俗语：三岁看老。现代科学研究也证明了这一点，一个人的道德品质从出生起就大意不得，并贯穿于孩子成长的各个阶段。这也是保护青少年健康成长，预防、减少青少年违法犯罪、促进社会治安根本好转、维护社会稳定有序的根本性措施。青少年犯罪研究成果业已证实，青少年如果从小受到良好的教育，能够约束、管理自己，真正懂得怎样做一个符合社会需要的人，就具有了最强、最稳定地抵制不良影响的能力，避免走上违法犯罪道路，这比任何其他犯罪的预防、矫治手段更积极，更有效。

青少年素质培养是全人类共同的课题，跨世纪的时代，青少年素质培养不是凭经验、凭愿望就能达到目的，需要理论与实际的结合，需要组织科学的研究。我国有四亿未成年人，这是中国新的希望所在，从事青少年工作的同志，任重而道远，让我们携起手来，为使这个时代的明天更加辉煌，为使祖国更加欣欣向荣而努力奋斗。

未成年人保护中的自我保护：
功能、定位及立法优化

——基于邯郸初中生被害案的反思*

一、 引言

2024 年 3 月 10 日的邯郸初中生被害案引起了社会的广泛关注，一时间，汹涌的民意秉持朴素的公义，要求严惩凶手。目前，最高人民检察院也已依法对该案中三名未成年犯罪嫌疑人核准追诉，相信依据事实与法律，经过法定程序后，本案中的犯罪嫌疑人必将得到其应有的惩罚。

但是，对于未成年人犯罪问题，尤其是暴力犯罪问题，严肃追惩并非解决的最佳之策，仍需研究系统性的治理方案。可每当社会上出现恶性未成年人犯罪案件时，理论上却基本在围绕如何确保追惩之可能展开探讨，对于如何系统治理未成年人犯罪、保障未成年人合法权益，反倒是缺乏应有的重视。或是即便存在相关研究，在热点案件发生后，寥寥数篇成果仍未意识到，以恶性案件的具体情况为研究对象，有针对性地提炼、归纳未成年人保护经验的重要价值。例如，以邯郸初中生被害案为契机，在《刑法修正案（十一）》已经进行过相关修订的情况下，又有不少学者再次针对最低刑事责任年龄制度进行研讨。①而在未成年人保护方面，当前仅有的成果并未结合本案的具体特点，以本案为参照有针对性地提供相关方案，而只是在进行一般化的比较借鉴。②

因此，就当前的研究现状来看，在热点案件发生后，一方面，学界对于以热点案件为契机，开展系统治理未成年人犯罪、保护未成年人权益研究的重

---

* 与邹宏建研讨合作，由邹宏建撰写完成于 2024 年 6 月。

① 参见姜敏、时雪涵：《最低刑龄制度应对未成年人犯罪的困境与出路——由"邯郸 13 岁男孩被害案"引发的思考》，载《重庆大学学报（社会科学版）》2024 年第 2 期，第 237—251 页；胡江、李康明：《刑事责任年龄新增条款的学理阐释与适用路径》，载《浙江警察学院学报》2024 年第 2 期，第 80—93 页。

② 参见孔维公、张雍锭：《协同治理视域下我国未成年人犯罪治理研究》，载《预防青少年犯罪研究》2024 年第 3 期，第 48—56 页。

视不足。另一方面，相关研究还欠缺对具体恶性案件进行有针对性地分析与研讨的研究意识。基于此，本文将从邯郸初中生被害案的具体情况出发，以未成年人保护为切入点，诠释未成年人自我保护的功能、定位及立法优化方案。

二、邯郸初中生被害案：缺失的自我保护

针对邯郸初中生被害案的具体细节，民众及多数学者基本关注的是犯罪嫌疑人的视角，聚焦于三名未成年犯罪嫌疑人的性格特征，其实施犯罪的过程，犯罪及被捕后的表现。而从被害人的视角出发可以发现，本案极为明显地体现了我国未成年人自我保护不足的现实问题。如果被害人具有一定的自我保护能力，也许能逃过一劫。

首先，自我保护的缺失严重妨碍了家庭保护的实现。《未成年人保护法》第 20 条规定："未成年人的父母或者其他监护人发现未成年人身心健康受到侵害、疑似受到侵害或者其他合法权益受到侵犯的，应当及时了解情况并采取保护措施。"毋庸置疑，父母或者监护人对于未成年人的合法权益具有保证人义务，但义务的履行以履行该义务存在可能性为前提。如果父母或者监护人不了解未成年人受到侵害、疑似受到侵害或者其他合法权益受到侵犯的事实，则难以期待其能够及时、妥当地采取保护措施，保障未成年人的合法权益。而这与未成年人能否意识到危险、是否知晓向父母等监护人求助，以及如何向父母等监护人求助息息相关。就本案而言，根据相关媒体的披露，在案件发生前的半年来，被害人虽然向其家人频繁表达过不愿意去上学的想法。例如，在周末时，被害人偶尔去邻村的亲戚家小住。周日下午回到爷爷奶奶家，准备周一去上学时，被害人就会说，其不想回学校。①但是，这种抱怨没有反映被害人的处境，体现被害人的求助意识，并非合理的求助、沟通方式。②可以预想的是，如果被害人具有一定的自我保护能力，能够借助家庭保护捍卫自己的合法权益，在监护人的干预下，本案中的被害人有极大的可能免受更进一步的侵害。

其次，自我保护的缺位使校园保护的失效。在邯郸初中生被害案中，校

---

①② 参见解放日报：《少年谋杀案后，一场未停下的追问》，https://mp.weixin.qq.com/s/oR23FqGCKN-knYvshOpE6A，2024 年 6 月 30 日访问。

方称,各班级老师平常会通过主题班会、法治安全课和班级微信群等形式,向学生和家长普及防止校园霸凌发生等内容。①而被害人的家人却指出,被害人生前在某某中学上学时,疑似遭受过同学的霸凌。被害人的同班同学也表示,被害人曾被三名未成年犯罪嫌疑人欺负,锁在打扫间不让出来,霸凌者长期组团欺凌,有恃无恐。②这说明学校保护中防止校园霸凌的教育未落到实处。不具有自我保护意识,即便开展再多的防止校园霸凌等宣传活动,被害人也不过是被动的受教客体,很难说,这种活动能够取得多大的实效。不具有自我保护意识,即便欺凌防控工作制度再为周密,等到这一制度被未成年人被动触发,也仍然可能是百密一疏且难以挽救。试想本案中的被害人若是具有一定的自我保护能力,能够妥当吸收、学习学校开展的防止校园霸凌宣传活动的内容,能够识别和应对具体的危险情况,并利用好欺凌防控工作制度,则其可能有机会通过自我保护避免一步一步地走向被杀害的结局。

最后,自我保护能力的缺失使被害人失去了最后的求生机会。从案件的具体细节来看,在案发前的半年内,被害人都有寻求家庭、学校帮助的机会;甚至在案发前的 1 个小时,被害人的爷爷还给被害人打去了电话,询问被害人是否为其留门。③另外,即便难以向家庭和学校求助,如果被害人具有一定的自我保护意识与能力,能够及时识别危险,在被诱骗至荒废的大棚的路上,就有可能在犯罪的预备阶段设法离开。

综上,加强未成年人自我保护迫在眉睫。对此,亟待从理论层面,在未成年人保护的框架下,对于未成年人自我保护的功能、定位及立法优化方案展开更进一步的分析。

三、 未成年人自我保护的基本功能

明确未成年人自我保护的功能,有助于找准其在未成年人保护中的定位,以及有针对性地进行立法优化,将未成年人自我保护落到实处。从《未

---

① 参见央广网:《邯郸被害初中生学校称"未发现校园霸凌",家属不认可!》,https://mp.weixin.qq.com/s/Tx9_KiKrb9X3qS2rJ2slpA,2024 年 7 月 5 日访问。

② 参见澎湃新闻:《实探邯郸初中生遇害案现场,学校否认校园霸凌、家属不认可》,https://mp.weixin.qq.com/s/NwVaU5_cG-CRxGnGNUDQYQ,2024 年 6 月 30 日访问。

③ 参见高途知识伴读:《邯郸初中生被杀害后续:作案细节令人触目惊心,拘留照曝光:一个睡觉,一个跷腿!》,https://mp.weixin.qq.com/s/349x7SUXPmybc-nI62giFA,2024 年 6 月 30 日访问。

成年人保护法》所明文规定的"六大保护"出发，未成年人自我保护具有以下三大功能。

（一）未成年人自我保护的关键保障功能

未成年人自我保护的关键保障功能具有以下两方面的意涵：

其一，未成年人自我保护是保障"六大保护"能够被贯彻落实的关键。就当前的"六大保护"来看，虽然《未成年人保护法》明文规定了特定人员、组织、机构的义务和职责，但是，没有哪一类保护是单向的、被动的。其均需要未成年人的积极参与，并通常建立在各方主体能够与未成年人进行妥当的沟通交流的基础上。例如，《未成年人保护法》第 4 条就规定，处理涉及未成年人事项，应当听取未成年人的意见。第 19 条也规定，未成年人的父母或者其他监护人应当根据未成年人的年龄和智力发展状况，在作出与未成年人权益有关的决定前，听取未成年人的意见，充分考虑其真实意愿。

而未成年人能否与各方主体进行妥当的互动沟通，以及未成年人积极参与各类保护的程度，则与未成年人自我保护的程度休戚相关。一项实证研究就曾指出，受欺凌青少年向父母保持"沉默"，隐瞒被欺凌经历的现象十分普遍，[1]其中的重要原因便是，亲代与子代之间缺乏同伴式关系，子代无法感受到尊重、民主、温暖与爱护，进而不愿意寻求亲代的帮助[2]。因此，家庭保护能否取得良善的效果，在某种程度上便取决于自我保护的实现程度。

其二，未成年人自我保护是在"六大保护"不足时保障未成年人合法权益的关键。

从 1991 年的"四大保护"到现如今的"六大保护"，我国法律规范所构建的未成年人保护体系日趋完善。但是，无论是"四大保护"还是"六大保护"，终归只是在外在的多方面保护方向所进行的努力。需要注意的是，在当今社会中，各种经济成分相互交织，社会结构展现出多层次的特点，价值观趋向多元化，需求也日益多样化。这一系列现象客观上导致了社会的复杂性增加、评价标准的不一致，以及不良影响因素的传播渠道增多。面对这样的形势，未成年人在外在环境与所受影响方面的限制与保护，显现出了较大的

---

① 参见吕鹏、刘芳：《受欺凌青少年的"沉默真相"及其行动逻辑》，载《中国青年研究》2022 年第 3 期，第 63 页。

② 参见万红刚：《积极陪伴：父母不可不知的亲子互动模式》，载《中小学心理健康教育》2014 年第 9 期，第 51 页。

局限性、消极的防御性以及不可靠性。换言之，对于未成年人保护而言，只有外在的多方面保护还是不完整、不安全、不可靠的，难免会存在保护的漏洞与不足。只有通过培育未成年人良好的识别、自控、抵制能力，发挥未成年人自我保护的主动性，尊重、相信未成年人在成长中的体力、智慧、品德、知识、水平及其社会责任感，才能在面对保护的漏洞与不足时，有效防止其受到侵害腐蚀，出淤泥而不染。

（二）未成年人自我保护的主体能动功能

未成年人自我保护的主体能动功能指的是，通过利用未成年人自我教育、自我调节、自我规范、自我控制、自我防范、独立意志、抵制诱惑或不良侵害的能力，充分调动未成年人自己的力量，最大化地实现"六大保护"的效益。

其一，培养与提升未成年人的识别能力是最大化地实现"六大保护"效益的基本前提。一个新降临到世界的个体，在除去与生俱来的本能之外，并不会携带任何关于社会事物或现象的既定是非观、善恶判断或评价经验。缺乏这样的标准，就无从谈起防范与抵制的能力，针对其所构建的其他方面的保护也必将收效甚微。例如，如果未成年人根本无法识别其父母或者监护人对其权益的侵害，难以认识到自己在学校中遭受歧视，抑或是无法辨别侵犯其合法权益的网络出版物、图书、报刊，家庭保护、学校保护、网络保护、社会保护的功效必将难以发挥。因此，通过自我保护，为未成年人树立明确的是非观与善恶标准，引导其逐步积累正确辨识是非善恶的经验，是最大化地实现"六大保护"效益的逻辑前提。

其二，帮助未成年人掌握求助与保护能力是最大化地实现"六大保护"效益的核心要义。一方面，与数量众多的未成年人相比，保护未成年人的组织、机构和相关人员的数量显著不足。另一方面，侵犯未成年人权益的行为往往又具有隐蔽性，不易被发现。因此，对于侵犯未成年人合法权益的行为，若是等到第三人或者相关组织、机构发现并揭露实际的侵害情况，救助被侵犯的未成年人，则往往为时已晚或者收效甚微。正是基于此，我国有学者提出，应当建立儿童保护强制报告制度。[①]但与之相比，通过在未成年人处

---

① 参见徐富海：《中国儿童保护强制报告制度：政策实践与未来选择》，参见《社会保障评论》2021 年第 3 期，第 95 页；肖登辉、张立波《学校视角下侵害未成年人犯罪的治理——以强制报告制度为例》，载《预防青少年犯罪研究》2021 年第 3 期，第 41 页。

于幼弱状态时，帮助其在平时形成、提高求助与自我保护的能力，使其知道在孤立的个人无力抵制违法犯罪的侵犯时，怎么办？依靠什么？向谁求助？以及在出现心理障碍时求助、自我保护的方法，才是最为根本的方案。其能够最大程度地发挥"六大保护"的作用。换言之，借助未成年人的主动求助与自我保护，这一能动的参与不仅大大提前了"六大保护"介入的时间，深化了"六大保护"介入的深度，还扩展了"六大保护"介入的广度，能够在降低"六大保护"成本的同时，提升"六大保护"的收益。

其三，树立、锻炼未成年人的意志力与自我控制能力是最大化地实现"六大保护"效益的重要内容。以学校保护为例，未成年人的意志力与自我控制能力越强，就越能够自觉地遵守学校的规章制度和纪律要求，减少违规行为和安全事故的发生。这有助于维护校园秩序和安全稳定，为其他未成年人的健康成长创造更好的条件，提升学校保护的效益。再如，在家庭保护中，未成年人的意志力与自我控制能力不仅有助于他们在家庭生活、日常生活中更好地保护自己，还能够减轻父母及监护人的负担，降低家庭保护的成本。

（三）未成年人自我保护的统筹协调功能

"六大保护"之间的关联并非固定的、静止的，而是动态的、变化的，完善未成年人保护必须关注保护工作的统筹协调与"六大保护"的内部联结。①而自我保护便是有效统筹协调"六大保护"的动态关系的工具，其使得"六大保护"能够在未成年人成长的不同阶段，根据不同的未成年人群体，以及在未成年人生活交往的不同领域达成有序的协调配合效果，取得协同效应。

首先，随着未成年人的成长和外部环境的变化，"六大保护"之间的关系需要不断进行调整和完善。具言之，在婴幼儿期，家庭保护尤为重要。父母或其他监护人应提供安全、温馨的家庭环境，关注婴幼儿的身心健康发育。同时，社会保护也应发挥作用，如提供婴幼儿照护服务和早期教育服务，确保婴幼儿得到良好的照顾和教育。而在学龄前期，随着孩子进入幼儿园或学前班，学校保护开始发挥作用。学校应提供适宜的教育环境和教育内容，促进孩子身心健康发展。此时，家庭保护仍不可或缺，家长应与学校密切配

---

① 参见刘宇轩：《我国未成年人保护体系的构建分析》，载《青年工作与政策研究》2022 年第 1 期，第 60—70 页。

合,共同关注孩子的成长。到了学龄期至青春期,在这一阶段,未成年人开始更多地接触社会和网络,因此社会保护和网络保护的重要性日益凸显。但学校仍应继续发挥教育主阵地的作用,加强性教育、网络安全教育等。而上述不同阶段以及各个阶段过渡时期"六大保护"之间的关系的调整和完善,便需要通过未成年人自我保护的协调达成。

其次,未成年人的自我保护并非未成年人个人的自我保护,而是某类未成年人群体及代表未成年人利益的组织的自我保护。而只有某类未成年人群体及代表未成年人利益的组织参与到未成年人保护中,才能够确保"六大保护"之间的关系能够针对不同群体的特点和需求得到妥当协调。例如,对于留守儿童,一般而言,家庭保护可能相对较弱,因此社会保护和政府保护应发挥更大作用。政府应加强对留守儿童的关爱和救助,如建立留守儿童关爱服务体系;社会组织和志愿者也应积极参与,为留守儿童提供心理疏导、学业辅导等服务。而对于残疾儿童,其在成长过程中可能面临更多挑战。家庭、学校和社会应共同努力,为他们提供适宜的教育和康复服务。而只有培养留守儿童、残疾儿童的自我保护能力,使得代表留守儿童、残疾儿童利益的组织能够顺利参与到未成年人保护中,体现留守儿童、残疾儿童的认识与意愿,相应群体针对"六大保护"之间的关系需求才能够得到具体的分析与彰显,才能够形成适合留守儿童、残疾儿童等特别群体的"六大保护"之间的互促共进关系。

最后,未成年人的生活交往涉及家庭、学校、社会等多个领域,每个领域都有其特定的保护职责和要求。一般来说,在哪一领域,便意味着"六大保护"的哪一方面应当发挥更为积极的作用。但是,基于未成年人保护的特殊性与复杂性,即便某一方面发挥更为积极的作用,也不意味着其他方面不再发挥作用。甚至,某一方面更为积极的作用的发挥,离不开其他方面的保护的推进。对此,必须考虑在某些场合中,如何协调这一方面与其他方面的保护的关系。例如,在校园欺凌事件中,学校保护应当发挥更为积极的作用,但同时还需要家庭保护、社会保护、网络保护、政府保护和司法保护的协同配合,而只有未成年人自身具备了一定的自我保护能力,其才能根据自身的需求与意愿更好地协调其余的家庭保护、社会保护、网络保护、政府保护和司法保护之间的关系,使其能够被用以共同维护自身的合法权益,取得显著的"六大保护"的内部联结效果。质言之,未成年人的积极参与和自我保护意识的提升是统筹协调各方面保护关系的核心。

四、未成年人自我保护的体系定位

基于未成年人自我保护的功能，应当将未成年人自我保护作为独立于"六大保护"的保护类型：一方面，其作为整个未成年人保护系统的主体方面，与"六大保护"属于不同层次；另一方面，其作为"六大保护"的客体方面，与"六大保护"关系紧密。

（一）未成年人保护系统的主体方面

长期以来，从中国传统的伦理道德到近现代未成年人法律保护的指导思想，其均着眼于外在环境或力量的保护，把未成年人看作消极被动受保护的对象。我国《未成年人保护法》也是如此。其所规定的"六大保护"虽然系统完整、保护网络严密一体，[1]但从整体的未成年人保护体系的视角来看，其实也均为外在的、客观的保护。实际上，科学完整的保护体系必须是外在与主体自身两方面的统一，两者形成一个内外结合、多方面协调的保护体系。而未成年人自我保护便是这一统一的保护体系的主体方面。

作为主体方面的未成年人自我保护主要是指，未成年人提高和运用自己的知识、能力，或通过集体组织的力量，积极参与与自己有关的政治、社会、文化活动，维护自己的合法权益；提高素养，增强社会责任感，拒绝诱惑或抵制不良环境、不良影响；学法知法，加强法治观念，自觉遵纪守法、自觉控制不良行为，防止伤害，避免罪错，健康成长。而从作为未成年人保护系统主体方面的自我保护出发，通过系统梳理可以发现，其对于当下的"六大保护"具有以下重要作用。

第一，对于家庭保护：（1）增强监护人的责任感。未成年人自我保护意识的提升，使监护人等家庭成员更加意识到自身在保护未成年人方面的重要责任，从而更加积极地履行监护职责。（2）促进家庭沟通。自我保护的学习和实践往往需要家庭成员的共同参与，这有助于增进家庭成员之间的沟通和理解，形成良好的家庭氛围。（3）提升家庭教育水平。家庭成员在指导未成年人自我保护的过程中，会不断学习和掌握新的安全知识和技能，从而提升家庭教育的整体水平。

---

① 参见姚建龙：《未来可期：聚焦重大进展》，载《民主与法制周刊》2020年第40期，第11页。

第二,对于学校保护:(1)增强学校安全教育效果。未成年人自我保护意识的提升,使学校安全教育更加有针对性和实效性,学生能够更加主动地学习和掌握安全知识,提高自我保护能力。(2)促进校园安全文化建设。学生自我保护意识的增强,有助于形成校园安全文化的良好氛围,促进学校整体安全环境的改善。(3)深入学生,及时掌握有关信息,使工作落到实处。

第三,对于社会保护:(1)提高未成年人保护的社会关注度。未成年人自我保护意识的提升,能够引起社会各界对未成年人保护问题的更多关注和重视,推动与未成年人自身权益相关的问题的解决。(2)促进社会资源整合。自我保护教育的开展需要社会各界的支持和参与,这有助于整合社会资源,为未成年人提供更加全面和有效的保护。(3)形成良好社会风尚。未成年人自我保护意识的普及和提升,有助于形成尊重和保护未成年人的良好社会风尚。

第四,对于网络保护:(1)降低互联网所带来的风险。未成年人自我保护意识的增强,使其更加警觉于网络信息的真实性和可信度。通过学会辨别网络谣言、虚假广告和不良信息的特征,未成年人减少了其被误导或受骗的可能性,进而降低了其参与网络生活的风险。(2)减少网络违法犯罪行为。自我保护教育有助于提升未成年人的自控能力与抵制不良影响、不良诱惑的能力,使其避免过度沉迷网络,同时也避免参与网络违法犯罪活动。

第五,对于政府保护:(1)推动政策完善。未成年人自我保护意识的提升和需求的反馈,能够推动政府不断完善相关政策和法规,使其更加具有针对性。(2)促进资源投入。政府能够根据未成年人保护的实际需要,加大在教育、医疗、福利等方面的资源投入,为未成年人提供更加优质的服务和保障。(3)强化监管执法。未成年人自我保护意识的提升还有助于政府更加有效地开展监管执法工作。

第六,对于司法保护:(1)加强司法援助。对于受到侵害的未成年人,司法保护会提供必要的法律援助和支持,帮助他们维护自身权益。而未成年人自我保护意识的提升则有助于其更加主动地寻求司法援助和支持。(2)促进司法公正。通过自我保护保障未成年人权利主体地位,有助于利用好差别对等的法律保障体系妥当处理涉未成年人案件,贯彻公平正义的未成年人观。

(二)"六大保护"的客体方面

作为整个未成年人保护系统主体方面的自我保护同时也是"六大保护"

的客体。未成年人自我保护的意识、素养、能力、水平,不会自然形成,而是需要不断学习、精心培养,《未成年人保护法》第 6 条第 2 款便规定,国家、社会、学校和家庭应当教育和帮助未成年人维护自身合法权益,增强自我保护的意识和能力。因此,未成年人自我保护实际上是国家、社会、学校和家庭保护的客体方面。另外,《未成年人保护法》还在网络保护中要求定期开展预防未成年人沉迷网络的宣传教育,在司法保护中要求对未成年人开展法治教育。①故而,完全可以认为,未成年人自我保护其实是"六大保护"的客体方面。就作为客体方面的自我保护而言,"六大保护"分别具有以下特征:

第一,家庭保护是未成年人自我保护的开端与基础。家庭作为未成年人成长的起点和最初的教育环境,其成员的家庭教育及日常习惯对于未成年人自我保护能力的培养举足轻重。②家庭保护不仅关乎物质生活的保障,更重要的是情感支持、价值观引导和行为习惯的培养。一个充满爱与尊重的家庭环境,正确合格的家庭教育观,能够让未成年人学会自尊、自信,形成健康的心理状态,为日后的自我保护打下坚实的基础。

第二,学校保护是未成年人自我保护的核心与关键。学校是未成年人成长的重要场所,对于未成年人自我保护能力的培养起着至关重要的作用。③通过在知识传授中融入了自我保护的内容,学校教育使学生们能够明确自身的权利与义务,了解社会规则与法律边界。例如,《未成年人保护法》第 40 条第 2 款便规定:"学校、幼儿园应当对未成年人开展适合其年龄的性教育,提高未成年人防范性侵害、性骚扰的自我保护意识和能力。"而通过课程设置、主题班会、安全演练等多种形式,学校能够帮助未成年人掌握基本的安全知识和技能。另外,通过设立心理咨询室、配备专业心理辅导老师、开展心理健康教育课程等方式,学校能够帮助未成年人建立积极的心理防御机制,学会在面对压力和困境时如何调整心态、寻求帮助,从而增强他们的心理韧性和自我保护能力。

第三,社会保护是未成年人自我保护的外部保障。未成年人的自我保

---

① 参见刘宇轩:《我国未成年人保护体系的构建分析》,载《青年工作与政策研究》2022 年第 1 期,第 60 页。

② 参见王玉香:《未成年人权利主体地位的缺失与构建》,载《中国青年研究》2013 年第 4 期,第 5 页。

③ 参见何积华:《未成年人保护立法中的系统协同》,载《青少年犯罪问题》2023 年第 2 期,第 144—160 页。

护需要形成确立未成年人权利主体地位的社会意识,营造未成年人权利保障的社会支持系统与社会氛围。[①]一方面,通过弘扬社会主义核心价值观,树立关心、爱护未成年人的良好风尚,社会保护能够对未成年人进行正面引导和教育,确立起未成年人权利主体地位的社会意识,为未成年人自我保护的实现创造条件。另一方面,通过为未成年人提供必要的公共服务,例如,通过设立青少年活动中心、图书馆、科技馆等公共文化设施,以及开展各类有益于未成年人身心健康的文化活动,有助于未成年人树立正确的世界观、人生观和价值观,培养自尊、自信、自强、自律的品格和自我保护的能力。

第四,网络保护是未成年人自我保护的数字化利器。在数字化时代,网络已成为未成年人学习、娱乐和社交的重要平台。然而,网络空间也充斥着各种风险和挑战,对未成年人的身心健康构成潜在威胁。[②]不过,利用好网络空间这一数字化平台,能够有效提升未成年人的自我保护能力。德国于2021年5月1日生效的《青少年保护法第二修正案》便是将利用媒体服务于青少年发展及成长为负责任的和有社会能力的个人的教育作为保护目标之一。[③]我国《未成年人保护法》第65条也规定:"国家鼓励和支持有利于未成年人健康成长的网络内容的创作与传播,鼓励和支持专门以未成年人为服务对象、适合未成年人身心健康特点的网络技术、产品、服务的研发、生产和使用。"据此,利用好网络平台和技术手段,能够为未成年人提供更加个性化的自我保护服务。例如,开发专门针对未成年人的网络安全教育软件或应用,通过游戏化、互动化的方式,让他们在玩中学、学中玩,提升自我保护意识和能力。再如,可以利用网络平台开设免费的在线安全教育课程,邀请网络安全专家、心理学家等为未成年人讲解网络安全知识、心理健康、自我保护技巧等内容。

第五,政府保护是未成年人自我保护的兜底与支撑。一方面,政府通过制定法律法规、执行政策、提供公共服务等方式,为未成年人构建了全方位的保护网,使得在家庭、学校、社会等其他保护机制失效或不足时,其能够及

---

① 参见王玉香:《未成年人权利主体地位的缺失与构建》,载《中国青年研究》2013年第4期,第5页。

② 参见张振锋:《网络不良信息对未成年人犯罪的影响》,载《预防青少年犯罪研究》2017年第1期,第31页。

③ Vgl. Erdemir, Entwurf eines neuen Jugendschutzgesetzes, ZRP 2021, S.53—56.

时承担起保护未成年人的责任。这种兜底作用不仅为未成年人提供了一个稳定的成长环境,也使得他们在遭遇困境时都能够获得最为基本的自我保护能力的培养。另一方面,政府通过投入资金和资源,支持学校、社区等开展未成年人保护工作,提供必要的教育、培训和服务。这些支持措施能够帮助未成年人提升自我保护能力,增强他们的法律意识和风险防范意识,使他们能够更好地应对生活中的各种风险。

第六,司法保护是未成年人自我保护的屏障与防线。其为未成年人保护所提供的坚实法律屏障意味着未成年人的自我保护不会落空,当未成年人基于自我保护寻求法律救济时,司法机关会依法受理他们的申诉和控告,通过明确的法律规定和严厉的惩罚措施,有效保障未成年人的合法权益,维护社会秩序和捍卫公平正义。另外,司法机关在处理涉及未成年人案件时,不仅注重惩罚犯罪者,还注重教育和挽救未成年人。其通过法庭教育、心理辅导等方式,能够有效帮助未成年人认识到自己的权益和责任,提升他们的自我保护意识和能力。

五、 未成年人自我保护的立法优化

即便作为整个未成年人保护系统主体方面的自我保护是未成年人保护的根本,[①]具有关键保障、主体能动与统筹协调三大功能,与"六大保护"紧密相关。但遗憾的是,目前我国对青少年自我保护和自我预防意识的培养大多停留在口头上。在相关法律制度中,自我保护也仅具有象征、指导性意义。例如,《未成年人保护法》仅在总则规定了未成年人的自我保护,并在"六大保护"中涉及了部分自我保护的内容,仍未形成对于未成年人自我保护的体系性规定。再如,《预防未成年人犯罪法》也仅在总则中规定:"未成年人应当遵守法律法规及社会公共道德规范,树立自尊、自律、自强意识,增强辨别是非和自我保护的能力,自觉抵制各种不良行为以及违法犯罪行为的引诱和侵害。"但对于如何具体落实,未予以更进一步的明确。因此,为了使得未成年人自我保护能够落到实处,必须先从《未成年人保护法》出发,制定未成年人自我保护专门一章,与"六大保护"相并列,实现未成年人自我保

---

① 参见王临平、赵露娜:《防止未成年被害人恶逆变》,载《青少年犯罪问题》2001 年第 3 期,第 23—25 页;周月宇:《未成年高危群体犯罪防治研究》,载《犯罪与改造研究》2024 年第 4 期,第 22—27 页。

护之法律规范的体系化、实体化。

制定未成年人自我保护专门一章涉及保护战略、理论,指导思想的完整性、能动性、科学性,关乎许多问题。对此,至少可以考虑以下规定:

1. 未成年人自我保护具有关键保障功能、主体能动功能与统筹协调功能,是未成年人保护的根本。

2. 国家和社会应尊重和承认未成年人为具有自觉能动性的权利主体,视其为国家和社会的未来与希望,以及社会可持续发展的依靠和根本力量。

3. 充分认识并增强未成年人的自我保护意识和社会责任感,是全面贯彻实施国家素质教育战略的必要要求,也是构建全面未成年人保护体系的基本组成部分。

4. 未成年人自我保护内容包括:从小加强法律意识、自我保护意识;积极参与有关自身权益的立法、司法活动;保护或保障未成年人根据自己年龄和认识水平积极参与与自己相关的立法调研、咨询、建议、评议、审议的权利;了解社会动向,组织自我保护学习和自我保护活动的权利;提高和运用自己的知识、能力,或通过集体组织的力量,维护自己的合法权益,呼吁、声援侵害未成年人合法权益的活动的权利;提高素养,拒绝诱惑或抵制不良环境、不良影响;学法知法,加强法制观念,自觉遵纪守法、自觉抵制不良行为,避免罪错,健康成长。

5. 未成年人自我保护形式主要有:参与与未成年人健康成长有关的活动、组织维权、请求援助、自主报告、检举控告、申诉辩护、接受管理指导、开展自我教育活动等。

6. 自我保护能力需经培养并随年龄逐步提高。学校、家长应负责学习和掌握培养未成年人自我保护能力的方法与途径。政府应鼓励、支持未成年人自我保护的积极性与能动性,并采取有效措施提高其保护能力。此为未成年人保护组织、学校、家长及有关部门的重要职责。

7. 未成年人的合法权益若受到侵害,其有权通过适当渠道,并借助必要的帮助力量,向主管部门或相关单位提出援助请求。被请求的部门或单位应当予以接受,并在其责任范围内及时采取相应措施,或提供具体的指导与建议。

8. 任何组织或成年公民,一旦发现未成年人实施严重不良行为,或其人身合法权益受到严重侵害,应当立即采取制止措施,或及时向有关部门进行报告。

9. 总结经验，创造办法，让未成年人自觉学习法律知识，提高法制观念，实践遵纪守法，防止不良行为是重要的自我保护手段。

10. 未成年人应增强社会责任感，做到自律、互律，并遵循以下行为准则：

（1）不吸烟、饮酒；

（2）远离毒品；

（3）不携带管制刀具；

（4）不打架骂人或强索他人财物；

（5）不参与赌博活动；

（6）不逃学逃夜；

（7）不参加封建迷信活动；

（8）不进入法律法规规定未成年人不适宜进入的活动场所；

（9）不携带、不传播、不观看不良的影视读物；

（10）不参加邪教组织、不良团伙及其任何活动；

（11）不做其他危害自身和他人身心健康的事。

11. 共青团、青年联合会、学生联合会、少年先锋队等组织，作为未成年人的代表和朋友，其带领未成年人进行维权活动，是未成年人自我保护机制的有机组成部分。

上述组织应履行以下职责：

（1）代表并指导未成年人维护国家和人民的权益，培养其关心社会、关心他人的意识，同时维护其自身的合法权益，并反映未成年人的合理要求；

（2）经常性地、规律性地组织立法调研、咨询与援助活动，与侵害未成年人的行为进行坚决斗争；

（3）根据未成年人的特点，开展各种形式的自我教育及其他有益活动，旨在促进未成年人的健康成长。

在此基础上，还可以考虑制定《未成年人自我保护指导法（通则）》，并将相关内容有针对性地与《预防未成年人犯罪法》《家庭教育促进法》《未成年人学校保护规定》《未成年人网络保护条例》《未成年人节目管理规定》相协调，并在具体法律条例中予以更进一步地落实、细化。

六、结语

邯郸初中生被害案暴露出我国未成年人自我保护严重不足的现实问题。以该案为契机,在未成年人保护的框架内重新审视未成年人自我保护可以发现,其具有关键保障、主体能动与统筹协调三大功能,是未成年人保护系统的主体方面,与"六大保护"紧密相关,并在整体的未成年人保护系统中发挥根本性作用。而基于未成年人自我保护的功能与体系定位,必须考虑通过立法优化,将未成年人自我保护落到实处,充分地、足够地重视未成年人自我保护的作用,动员、保障未成年人自己保护自己,把自我保护开发、发展成为一个内容丰富、科学的、可操作的基石性保护系统、培育系统。

论青少年犯罪预防中的自我保护与防范[*]

犯罪人是危害社会的犯罪行为的制造者,因此长期以来,国内外犯罪与青少年犯罪预防的研究都把犯罪人看成是需要控制的消极、被动的主体,故把预防的注意力集中于外在力量的制约或外在环境的控制上,这在实践上证明是有效果的,理论上也不是没有根据的。但是,到目前为止,犯罪与青少年犯罪预防效果一直不理想。面对社会的进步与发展,问题与矛盾愈来愈多,这就需要我们在更深层次上与更广阔的视野内探索科学、有效的战略与对策。

一、 青少年犯罪预防中的犯罪人

我国犯罪原因研究中有一个不同于国外的特点,就是普遍关注犯罪人的主观因素,称之为内因。大量的实证资料说明:外因是条件,内因是根据。犯罪人在犯罪之前不是消极、被动的主体,他(她)们具有选择、接受外部信息以及约束、控制自己行为积极、主动的一面。因此把注意力转向能够有效地提高或调动人的正义、主动、积极的一面,使其在犯罪前健康成长,做到"站得稳,坐得正,歪风邪气吹不倒",这种预防犯罪的思路与做法要比围着犯罪人周围环境条件进行的、多少隔着一层的防范办法,可以说是更直接、更接近事物本质的犯罪与青少年犯罪预防战略。

通过研究犯罪原因作用机制,可以进一步看出,青少年走上犯罪道路是一个复杂的过程,外在的不良影响内化为青少年的不当需求爱好、错误思想认识、不良动机等,再外化为不良行为,甚至违法犯罪行为。其中都贯穿着内外因素相互影响、相互渗透、相互作用、相互转换的过程。其中每一步发展、每一次转换,行为主体不仅参与,而且绝不是消极被动的,表现在行为主体都受到原来需求爱好、认识水平、道德素养的评价或干预。只要行为主体在任何一个环节上的评价、干预是正确的、积极的,都会使青少年向犯罪发

---

　　* 原载《青少年犯罪问题》2000 年第 5 期。

展的进程受到阻碍而中断,使这种评价与干预起到预防青少年犯罪的作用。在这里我们可以清楚地发现,外在的影响是消极的、被动的,而主体的预防是积极的、长效的、能动的。

再从社会现实分析,外在因素的制约与控制既有重大作用,同时又有极大的局限性。社会的复杂性是众所周知的,问题、缺陷、不协调是难免的,尤其在当今社会需求、层次、标准多元化的情况下,外部环境净化是不可能的,外部力量控制作用是挂一漏万、十分有限的。因此,从这层意义上说,外在力量的制约与控制不仅是消极被动的预防,而且可以说是防不胜防。只有青少年自身的保护与预防,才能在复杂多变的社会中,对种种不良因素加以识别、抵制,实现最有效的犯罪预防。

"解铃还须系铃人",犯罪行为是犯罪人实施的,预防犯罪的重点也要关注改变犯罪人。真正把更大力量从外在环境、外部力量转向行为主体,这是犯罪与青少年犯罪预防战略格局、指导思想上的大转变,其作用与价值绝不会只是在预防违法犯罪方面,而且关系到人类未来的健康成长,关系到社会的发展与进步。

二、 关注自我保护与自我防范是犯罪预防观念的进步与飞跃

从历史上看,围绕怎样预防人去实施犯罪存在着种种不同的认识,早在我国古代的孟子、荀子到 17 世纪西方的霍布斯、洛克,就有人性善恶之说,这对于预防犯罪的重点与手段措施都有直接的影响。18 世纪,古典犯罪学派的创始人贝卡利亚就已关注对年轻人进行教育、奖励美德在预防犯罪中的作用。1991 年联合国第八届预防犯罪和罪犯待遇大会通过的《联合国预防少年犯罪准则》(利亚得准则)也明确提出:"要成功地预防少年违法犯罪,就需要整个社会进行努力,确保青少年的均衡发展,从其幼童期起尊重和促进其性格的发展。"青少年"对社会采取理性态度和生活观,就可以形成非犯罪型的态度",可以说是已经相当明确指出了青少年健康成长在预防犯罪中的特殊地位。但是,由于缺乏直接研究与实践,内容、操作不具体,以及见效的渐显性,使青少年自我保护与自我防范在犯罪预防中的重要性还没有受到真正的重视和承认。

随着现代自然科学与社会科学的发展,尤其是法学、犯罪学、生物学、心理学的发展,人的价值、权利、能动性作用愈来愈受到重视与尊重,青少年生

理、心理成长规律、特殊权利保护得到了全社会的承认与关注。青少年是活生生的人，预防犯罪即使是对有罪错甚至可能违法犯罪的青少年，也不能只见物不见人，只关注限制、控制而不关注人的权利、成长、自觉抵制、自我改正的积极能动的一面，这是犯罪预防思想的重要进步与发展。

从改善、提高行为主体着手是预防犯罪新模式的思考与探索，走一条与现在许多学者重在关注外在环境预防的相反的路，它强调变换一个新角度，寻找一个新重点，开拓一个新领域。科学史上重要思想的变化常常带来学科发展的新契机，犯罪学从犯罪人转向被害人研究，曾有力推动犯罪学科的发展，预防犯罪观念、视角的新变化一定会给犯罪、青少年犯罪预防带来发现、进步与成果。

三、 自我保护与防范是一项从小培育的系统工程

自我保护与防范的能力与素养不是天生或自然成长的，而是后天培养、塑造、调教而成的，这是一项从小培育的系统工程，需要未成年人家长、学校、社会创造条件和付出劳动。

本人认为这方面的能力与素质主要有如下几个方面：

(一) 培养与提高少年儿童识别的能力

一个新出生、来到这个社会的人，除了本能外，是不会带来任何对这个社会的事物或现象的是非、善恶标准或评价经验的，没有标准就没有坚持、控制、抵制问题，就没有主体的自我保护和预防。因此从小赋予是非、善恶标准，指导其积累正确辨别是非、善恶的经验，是培养、提高行为主体自我预防罪错的基础。

(二) 帮助少年儿童掌握求助与保护能力

犯罪的自我预防不是单枪匹马闯天下，生活在现代社会生活中的个人，自我预防是个人行为与社会行为的结合，依靠社会实现个人预防涉及一系列知识、技能、人际关系、社会规范与社会结构。尤其是在青少年个体处于幼弱状态时，要帮助其在平时储备、提高这方面的能力，知道在孤立的个人无力抵制违法犯罪的进攻时，怎么办？依靠什么？向谁求助？其中包括出现心理障碍时求助、自我保护的方法等。

(三) 树立、锻炼少年儿童的意志力与自我控制能力

人有七情六欲，又不是生活在真空中，不可能不受社会中五光十色的影

响,因而从来没有出现过不良思想、罪错念头的人是不现实的。告诫并让青少年学会在某一些情况下约束与控制自己,自尊、自律、自强,不跨出从罪错思想到罪错行为这关键的一步,是重要的自我保护与自我预防。青少年建立在正确认识与理想追求基础上的意志是约束与控制自己不当需求、冲动、不良行为,预防自己违法犯罪的内在力量,这当然不是一朝一夕形成的。

(四)培养具有抵制不良影响与不良诱惑的能力

不良影响和诱惑是客观存在的,在当今社会可以说无处不在,自我保护要求对不良诱惑有抵抗力、免疫力,抵制各种不良影响和种种违法犯罪的诱惑,这是更高层次、更高水平的综合性素质,它不仅要有认识、责任感、意志,还要有勇气与魄力。在青少年犯罪自我预防中具有最积极、最有效的作用。

青少年犯罪自我保护和自我防范是行为主体的综合素质,是需要精心研究、策划、全社会协作、逐步实现的战略工程,工作艰苦细致,但一旦形成制度、形成传统,其作用、影响、效果必将是持续的、稳定的、显著的、长期的。

四、 以自我保护与防范为重要内容的青少年犯罪预防操作框架

这是一个非常实际的问题,既要有理论研究,更有赖于大量实践经验的总结,从已有的经验出发做好以下工作:

(一)以自我保护与防范为重要内容的青少年犯罪预防要作为青少年素质教育从小抓起

怎样做人,这一素质的培养关系到青少年健康成长或违法犯罪。什么是人,人的本质是什么? 自然形态的人只是人的外在表现,人的思想品德素养、对社会的责任感才是更体现人的本质的内容。一个人不会天生就是英雄、名家,也不会天生就是犯罪人,他(她)们的成长、发展离不开教育培养。如果社会给予的是纵容、没有教养的"自由",从小缺少正确的是非、好坏、美丑、善恶、罪错的标准,又没有正确指导,那么在充满矛盾、危险、丑恶现象的现实社会里,走上违法犯罪道路是完全可能的,甚至是可以预料的。反之,良好的教育指导、清晰的辨别能力、光明的前途追求,就会使他们规范自己、远离罪错、健康成长,这是青少年自我保护与自我防范的重要内容。科学技术发展的今天,人们在重视学识能力培养的同时却忽视了从小对人的全面素质培养,青少年犯罪就是对这种忽视的一种报复。现在应该重新认识科

学规律,把预防犯罪作为重要内容,纳入行为规范教育、处世为人教育、青少年素质教育,与启蒙教育、基础教育结合起来。我国正在进行教育改革,近年来强调全面的素质教育,扭转忽视思想政治教育、品德教育、纪律教育、法制教育的倾向,加强薄弱环节,一定会取得明显的效果。

(二) 加强与完善青少年保护和预防犯罪的立法

未成年人犯罪预防的自我保护与预防要有规范与法律保证。近十年中,我国在这方面颁布了两部法,即 1991 年的《中华人民共和国未成年人保护法》和 1999 年的《中华人民共和国预防未成年人犯罪法》。两部法的宗旨是完全一致的,即从两个不同角度来保护未成年人健康成长,预防未成年人犯罪。从预防未成年人犯罪这一特定领域研究,可以说,前者依靠外在力量的保护或外部环境的改善来预防、控制、减少犯罪,后者依靠改变、提高行为主体的状况来预防、控制、减少犯罪,两者相辅相成,相互补充。例如规定学校将预防犯罪教育"纳入学校教育教学计划""教育行政部门应当将预防未成年人犯罪教育的工作效果作为考核学校工作的一项重要内容""将法律知识和预防犯罪教育纳入职业培训的内容",以及未成年人犯罪自我防范的权利与保障等,标志我国预防未成年人犯罪开始规范化、制度化、法治化。

(三) 普法宣传与专门的法制教育

我国从 1985 年开始制定并贯彻执行向全体公民普及法律常识的五年规划,其目的是提高全民素质,重点是干部与青少年。经过"一五""二五""三五"普法,有目标、有教材、有组织、有考核。近年来同时进行形式多样的针对性更强的专门法制教育,对于提高青少年预防犯罪的自觉性与能力具有重要作用。

(四) 家长学校

从小培养、塑造青少年预防犯罪的能力与素养离不开家长。家长的地位决定其通过关心、保护、管理、教育、培养等多种方式都是比较积极的,而且主要是与塑造健康人格结合进行,在这方面具有举足轻重的特殊作用。提高未成年人素质先要培养家长素质,我国遍及城乡的家长学校是一条成功的、应该坚持再提高的好经验。

(五) 心理咨询与特殊治疗机构

青少年违法犯罪的原因从根本上看是未成年人受社会不良影响综合作用的结果,也与心理与心理疾病、某些精神疾病有关,人的基因破译也许还会有新发现。因此,必须重视青少年儿童在成长的社会化过程中的生理、心理、疾病,解决实际问题。建立心理咨询诊所以及某些特殊的治疗机构,对青少年犯罪自我预防是十分必要的。

(六) 预测预报与早期教育、帮教网络

科学预测是帮助青少年犯罪自我保护和预防的重要手段,预测要与预报、建立教育帮助网络结合起来,犯罪预测同气象预测预报一样,只有与实践结合,与大众见面才有价值和实效。我们的实践证明科学的正确的犯罪预测的效果很好。

(七) 加强理论与实践的研究、探索

青少年犯罪预防中的自我保护与自我防范是一个研究亟待深入与经验不多的课题,组织和吸引一批志士加强研究与探索极为重要,没有研究的实践有盲目性,没有实践的研究也是缺乏生命力的。目前的问题是在这方面的投入太少,离真正的重视还很远。

青少年犯罪是一个复杂的社会问题,惩治与预防是两种基本的对策,从理论上说,预防是公认的上策,是积极的、事半功倍的、没有后遗症的最佳选择。惩治也是必要的、重要的手段,但实践上却又往往把惩处作为第一对策,甚至是唯一对策。究其原因,往往是预防的面广、工作量大、直接针对性小、常常不能立竿见影。尽管如此,犯罪与青少年犯罪预防仍是一个非常有价值、极具有吸引力的课题,是具有重要战略意义的对策,忽视或放弃都是错误的,对社会将带来难以估量的损失。

论未成年人独立主体地位
与保护法的科学性、实践性*

一、 未成年人特殊独立主体地位的承认

我国《未成年人保护法》是一部综合性保护未成年人合法权益的专门法律,颁布实施已经十三年了,对提高认识,推动完善我国未成年人保护实际工作、制度,积累实践经验,深化研究发挥了巨大的历史作用。同时,实践的发展和理论研究的深入,也使我们认识不断进步,发现许多新情况、新问题,以及法律规定尚不完善、难落实的问题和矛盾。随着 2004 年全国人大通过宪法修正案,增加了尊重和保障人权条款,我国《未成年人保护法》也面临进一步完善、提高的时机和条件,努力以科学发展观为指导作出重大修改和新的突破。

《未成年人保护法》的核心是保护,保护未成年人合法权益的专门法律是否承认未成年人特殊独立主体地位,如何体现未成年人特殊独立主体的指导思想,是一个具有根本意义的课题。无论从保护力量还是从被保护对象考虑,未成年人都是具有主观能动性的活生生的社会主人,是权利主体而不是单向的、只能被动接受宽容、怜悯的物体或低级生命体。因此,未成年人在复杂的法律关系调整中的独立主体地位是立法的基点或出发点,承认未成年人是保护体系中的独立主体,而且是积极的、能动的、最重要的特殊独立主体,对制定完善的有创造性有针对性有实效性的法律,构建科学的严密的能动的未成年人保护体系至关重要。

所谓承认未成年人是未成年人保护的独立主体,就是指真正承认而且在法律上保证在《未成年人保护法》及其保护体系中,未成年人是与成年人有平等地位,享有平等权利,受到尊重有主观能动性,有发言权、参与权、决定权的公民,而不是一般的抽象、空泛的作秀,也不是把未成年人视为珍宝、

* 原载《青少年犯罪问题》2005 年第 2 期。

成为消极被保护的接受者承受者,更不是形式上说是独立主体而实际上视为被圈养、被恩赐者。例如,电脑的普及、深入到人类生产、学习、生活,互联网不断升级换代即将把人类带进真正的数字化时代,如果保护法只是想到害怕网上可能会接触到各种各样消极有害的信息,或是千方百计地考虑如何限制、取缔网吧,如何限制、控制未成年人进入网吧,而不是考虑改善管理、增加监控过滤设施、提高网吧的水平,让未成年人能更多更方便更安全更高水平地进入、使用网吧,提高驾驭电脑和互联网的能力与水平,尽管用心良苦,其实质是把未成年人看成独立主体的保护还是把未成年人看成管束对象的"保护"? 最终效果如何? 值得研究与思考。我个人认为真正的保护是发挥未成年人的能动性、发挥其本性特长,是引导,是助长,当然包括消除侵害,但不是限制、抑压。

那么,怎样才算是承认未成年人特殊独立主体呢?

(一) 承认未成年人特殊独立主体就要在有关保护涉及自己权益的重大事、关系未成年人命运的事有符合其年龄认知能力的参与决策权

未成年人是处在发育发展中的权利主体,随着年龄和认知水平提高,未成年人对自己成长命运、利益、责任的理解也愈多、愈深刻、愈理性,其中不同年龄、不同处境的人会对切身相关的问题真实反映不同的利益和要求。承认未成年人独立主体地位,就要在法律上有保证未成年人从立法层次到实际操作层次上,有参与决策自己命运或有重大切身利益事件的权利的规定。例如有作为个人或代表或组织参与讨论、听证、建议、表决的实质性规定与程序性规定,参与的人或量要有一定的广泛性、代表性、程序性、规范性,而不是形式的、点缀做秀的或出于某个人或某一时的政绩、德政的需要。当前许多做法,没有足够时间、足够人数、足够论证、足以保证客观充分反映他们的意见或建议,这样的所谓参与实际上都属形式的、点缀的。

(二) 承认未成年人特殊独立主体就是要把未成年人保护建立在自我保护基础上

《未成年人保护法》规定了政府和司法保护、家庭保护、学校保护、社会保护等,这些都是外在力量、环境对未成年人的保护,这些保护是未成年人健康成长非常不可少的,但是,只规定外在力量、环境的保护,把未成年人仅看成被保护者是消极的、片面的。当今实践和理论研究证明,未成年人成长进程中碰到的各种问题、矛盾,是与社会的复杂性、多元化分不开的,社会

上不良事物与现象常常是闻所未闻、防不胜防，有时是想都想不到的，而且是良莠混杂。因此，必须把未成年人本身也作为积极能动的主体，发挥未成年人自我保护的主动性、积极性、能动性，才能以保持未成年人的良好素质不变应外在不良事物因素的万变，才能变消极保护为积极保护，通过提高未成年人的全面的良好素质、正气，防止无孔不入、不断变化的不良事物的影响、冲击。主客两方面的有机结合，才能够保证未成年人保护形成一个完整的、积极的、科学的保护体系。

（三）承认未成年人特殊独立主体就是要根据未成年人特点给予特殊政策、程序、手段、物质设施、特殊立法、特殊的权益优先

未成年人是在成长过程中的人，是从自然人向社会人前进成熟进程中的人，因此，幼稚、单纯、片面性、冲动、好奇、模仿、陋习、违规、过错、犯罪等，都是与其生理、心理和认知发展发育水平相联系的，其中不少是人生发展长河中的浪花、旋涡、逆流，只要理解、合适工作，短暂一过，东流照旧。因此，不能用成人的思维、理解、工作方法、政策去认识、判断、处置，而需要适合未成年人生理、心理认知特点水平的特殊法、例外法作出特殊的规定，要有特殊的机构、特殊的政策、司法的特殊程序、违法犯罪特殊的处置方法手段，为解决特殊问题要有特殊的规定、特殊的物质设施等。我国1991年通过的《未成年人保护法》第五章司法保护中第三十八条规定"对违法犯罪的未成年人，实行教育、感化、挽救的方针，坚持教育为主、惩罚为辅的原则"就是一条与成年人不同的、有突破性、体现根据未成年人特点给予的特殊法律规定，尽管还有待于更加具体化，其实际意义与指导价值已经得到多方面的体现。但是，现在许多实践中、理论上已经证明非常重要、效果明显的经验、做法，仍停留在个别试点或大同小异各试各的状态下，还远没有通过法律加以肯定、规范、统一、推广，例如未成年人特殊司法机构、特殊审判程序、社区矫正措施、刑罚替代手段等，这就阻碍了我国少年司法制度的建立、发展与完善。

（四）承认未成年人特殊独立主体就一定要为未成年人保护设立专门机构

未成年人是一个非常特殊的群体，非常特殊之一即它是未来的强势群体，因为未来是属于他们的，他们负有民族、国家、社会承袭发展兴旺的责任，他们责任的重要性、天然性、无法代替性是独一无二的，能想象得出还有什么群体具有这样未来的强势吗？可以肯定地说任何其他群体都是不可能

有的。非常特殊的另一面就是,目前未成年人由于生理发展的自然规律,他们又是一个对成人有很大依附性、重要性还没有变成现实社会性、自己的事和利益也还是处于说话不算数、决断无人听的状态下的弱势群体。未来擎天的强势群体与当前又处于生长幼弱、权益极易受到侵害的弱势群体是一对矛盾,是一对必须正确处理好、能够处理好的矛盾,因为他们的健康成长关系到社会的进步发展与子孙后代的健康幸福,必须从理论上到实践上论述并承认未成年人独立主体地位,认真保护并尊重未成年人的权益,才能使他们成为能够胜任未来国家、社会建设发展大业的强势群体。这就是必须承认未成年人独立主体的理论依据,也是《未成年人保护法》立法者、研究者必须研究的理论和具有的理念、远见。为此,世界各国普遍建立国家级和地方各级的少年儿童保护机构,主管这一涉及全局、关系到众多方面协调的未成年人权益保护问题,因为只有建立统一的权威的专门机构才能名正言顺、胜任并做好这项难度大、涉及面广的工作。

机构问题之所以要作为一个重点,单独提出来,是因为有了机构才真正有责任人,才有经费预算的保证,才有专门的职业人才、研究人员、高专业水平的实践、总结或研究成果等。同时有专门机构才能调动和充分发挥福利机构、慈善机构、中介机构等其他机构的作用。

二、 基于未成年人独立主体地位的《未成年人保护法》修改建议

基于此,我国《未成年人保护法》应做一些突破性的修改或规定,尤其是以下这些方面:

(一) 机构规定

我国已有的传统规定是建立未成年人保护委员会,委员会由有关部门、单位作为委员单位参加组成,其成员往往是各部门、各单位主要领导,历史证明,委员会领导、决策、协调的权威性和作用是毋庸置疑的,实践中也发挥重大作用,但是,委员会不是实体机构,也不是常设机构,无法承担日常工作。而未成年人保护是有大量日常工作要做的,只有这种权威而实际工作不能直接去落实的机构是远远不够的,还必须有少年局或未成年人保护局或未成年人委员会办公室这类常设机构具体负起政府职能才有实效、有力度。

　　这个问题一直没有解决,关键还是领导的认识与决心,2004年上海市通过《上海市未成年人保护条例》反而删去原《上海市青少年保护条例》关于青少年(未成年)保护委员会办公室的规定,这绝不是发展或进步。"上海市青少年保护委员会办公室"在其近18年的历史中做了大量工作,其贡献可以载入我国未成年人保护历史史册,我认为未来的实践必将要求在这方面做出补充或制定实施细则来加以弥补。

　　关于机构问题,个人设想可以规定:

　　全国建立未成年人保护委员会,是领导、决策、协调的非常设机构,法律应对其性质、设置、隶属、权限等加以规定;同时委员会设常设机构"办公室"或"未成年人保护中央局",为国家政府行政机关主管、承担、处理日常工作职责的部门。

　　地方上相应成立未成年人保护委员会及其办公室(或未成年人保护局、处、科等),并对其设置、名称、权限、编制、经费等做出基本的规定。

　　政府保护的重要表现之一就是建立机构加强专门工作,未成年人保护委员会、未成年人保护局等就是政府为加强未成年人保护的专职部门。没有这种机构,只原则规定政府应加强保护在相当大程度上是虚的,即使明确规定具体某部门应加强保护,实际上也只能是原则的,原则的规定在法律责任中一般无法设定追究责任的对应责任条款,使法律缺乏可操作性、损害法律的权威性、严肃性。

　　(二) 关于"未成年人自我保护"的规定

　　当今社会多种经济成分,价值观多元化,多层次性、个性化、需求多样化,等等,客观上是社会复杂、需求多样、评价标准不一,不良影响因素渠道增多。在这种形势下,未成年人的外在环境与力量的限制保护具有很大局限性、消极防御性、不可靠性,只有主体本身的识别、自控、抵制才能以不变应万变,防止侵害腐蚀,出淤泥而不染,再结合或辅之以外力以及环境的控制、净化等,才能达到最佳的保护效果。自我保护是基础,具有战略、积极、主动的地位。完整的保护体系是外在与主体自身两方面,缺一不可。主体方面有自我教育、提高认识与识别能力、自我调节、自我规范、自我控制、自我防范、强化意志、抵制诱惑或不良侵害;外在方面的保护的力量有政府、家庭、社会、学校、司法各个方面,形成一个内外结合、多方面协调的科学严密的保护体系。

制定未成年人自我保护专门一章,涉及保护战略、理论、指导思想的完整性、能动性、科学性。这一章涉及许多问题,至少可以考虑以下规定:

1. 全面贯彻实施国家素质教育的战略要求,从小加强法律意识、自我保护意识,积极参与有关自身权益的立法、司法活动。

2. 未成年人自我保护内容包括:未成年人提高和运用自己的知识、能力,或通过集体组织的力量,维护自己的合法权益;提高素养,拒绝诱惑或抵制不良环境、不良影响;学法懂法,加强法制观念,自觉遵纪守法、自觉控制不良行为,避免罪错,健康成长。

3. 未成年人自我保护形式主要有:请求援助、自主报告、检举控告、申诉辩护、接受管理指导、开展自我教育活动。

4. 自我保护能力需要培养和随着年龄逐步提高,学校家长培养未成年人自我保护能力的方法、途径;政府鼓励、支持未成年人自我保护的积极性与能动性,提高未成年人识别、自控、自制、抵制能力。提高和培养未成年人独立的自我保护能力是未成年人保护组织、学校、家长及有关部门的重要职责。

5. 未成年人的合法权益受到侵害,有权向主管部门或有关单位请求援助,被请求部门或单位应当接受并在责任范围内及时采取措施,或提供具体指导与建议。

6. 任何组织和成年公民发现未成年人实施严重不良行为或其人身合法权益受到严重侵害,应当及时制止或向有关部门报告。

7. 未成年人自觉学习提高法制观念,遵纪守法,防止不良行为是重要的自我保护手段。

8. 未成年人应当人人做到:不吸烟、饮酒、吸毒,不携带管制刀具,不打架骂人、强索他人财物,不赌博,不逃学逃夜,不参加封建迷信活动,不进入法律法规规定未成年人不适宜进入的活动场所,不携带、不传播、不观看不良的影视读物,不参加邪教组织、不良团伙及其任何活动,不做其他危害自身和他人身心健康的事。

9. 共青团、青年联合会、学生联合会、少年先锋队是未成年人的代表、朋友,带领未成年人维权是未成年人自我保护的有机组成部分。代表并指导未成年人维护国家和人民的权益,关心社会,关心他人,维护自己的合法权益,反映未成年人合理要求;组织咨询与援助活动,同侵害未成年人的行为作斗争;根据未成年人的特点,开展各种自我教育及其他有益活动,促进未成年人健康成长。

(三) 有关司法保护的特殊规定

司法保护是未成年人保护体系中依靠国家权力保证公正公平、法律保护规定落实实施的最权威、最后的一道防线和保障,在保护中具有非常特殊的地位。当我国目前还没有其他有关司法保护的法律法规的情况下,《未成年人保护法》是唯一有条件、有机会可以作出这方面规定的法律。

目前,我国法院、检察院在机构设置、专门程序、特殊处置方面已经有较成熟的经验、做法,已经形成若干规范性文件,公安虽然在实践发展上稍晚一步但也颁布了有关规定,其中有的经验、做法历时十几年甚至更长,中央早已充分肯定,社会效果与国内外评价均佳,但至今没有上升为国家的法律规定。由于其特殊性,形式上还与国家现行法的有关规定存在一定的不协调,这是与国家法制的严格统一要求不相符的,应尽快通过立法认可,成为我国少年司法的特殊法的法律依据,这对我国未成年人法律保护与少年司法制度的发展完善具有重要里程碑的意义与作用。

另外,还有许多具体好的研究成果、实践经验、试点,如替代措施,扩大未成年人取保候审适用率、合适成年人参与制度、社区社会帮教支持体系、社会救济等也都可以经过研究评价论证,在法律上做出相应规定,这将对我国未成年人保护的理论和实践起到时代性的推动作用。

(四) 家庭保护与家庭教育指导

家庭是社会的细胞,家长是子女的第一任教师,这几乎已是一句常说的老话套话,但是这客观地指出家庭、家长在未成年人成长中的特殊地位和作用,在未成年人保护中也是如此。未成年人从出生来到人世,首先就是家庭、家长的保护,而且时间长达整个未成年人关键成长期,这在目前情况下还是无法由别人代替的,这就是家庭保护对未成年人保护的初始性、基础性、重要性。

家庭保护关键在于家长素质,教育、管理、指导、保护能力水平都不是一个人与生俱来的,要学习、帮助、指导,这方面我国还处于自发、落后的不自觉状态,大有必要在保护法中做出开创性的规定,例如倡导性的规定强调教育者必须首先要受教育,以宣传提高认识也很有必要,还有建立家长学校、家庭教育指导站、家庭保护指导中心等问题可以作具体规定。

其他保护的不同作用、地位、价值,也要明确做出规定。

(五) 保护体系的科学性严密性

如何形成一个科学性严密的保护体系是一个值得研究的课题,怎样才算一个科学的严密的保护体系? 政府、家庭、学校、社会、司法是不是一个科学严密的保护体系? 我认为有问题。

政府主要是专门机关和机关各部门关心尽职尽责,司法是最后的国家保障,家庭、学校、社会是三个屏障,各有各的地位作用价值。重复浪费,扯皮、推诿、不协调衔接,当然也不是一个科学严密的保护体系。

政府保护与司法保护的概念也要科学界定,在我国一般公安、司法行政是政府部门又有一定的司法职能,不科学界定也会出现问题和矛盾。

(六) 可操作性

如何使法律具有很强的可操作性是人们经常议论的一个受人关注的问题,这方面也有许多值得研究的地方。有些问题是不需要、可以不规定的,或者不可能也不应该太具体的,有些是应该具体但在当前还做不到也只能从实际出发的,而有些是必须具体以保证切实可行、可操作性,需要研究、实践和集思广益的。

未成年人权利保护失当与原因分析*

保护未成年人的权利与未成年人的健康成长有着紧密的联系。许多未成年人陷入迷途,违法犯罪,往往出于对未成年人权利侵犯所产生的恶果。特别是有的虽然出于保护的目的,结果却适得其反,保护失当,侵犯了未成年人的权利,"爱"变成了"害",严重地成为未成年人违法犯罪的导因。这是我们在生活中常见的一种悲剧。本文就未成年人权利保护失当及其认识原因和侵害未成年人权利与未成年人违法犯罪的关系作探讨分析。

一、未成年人权利保护失当的现状

对未成年人的权利保护是一项系统工程,不仅有未成年人的自我保护,还涉及家庭、学校以及司法部门等社会的方方面面。现实中存在的违反未成年人权利保护的现象,除了故意侵权外,有许多是"好心"做了蠢事,尤其是父母、教师对未成年人权利的保护最容易产生这种后果,这是值得我们注意的一个问题。当前我国社会上对未成年人权利的保护失当较明显地表现在以下几个方面:

(一) 家庭保护的失当方面

未成年人独立性不强,对父母的依赖性大,需要得到家庭的保护。做父母的疼爱自己的子女,视子女为珍宝,都自觉地尽最大努力承担起保护未成年子女的责任。但是,值得注意的是在我国当今社会里,这种合乎天性、合乎人的成长规律的保护,不少却走向极端,"保护"成了"侵权"。这种家庭保护失当或保护误区有种种表现:

1."为孩子花孩无所谓"

抚养子女是父母的责任。未成年子女的衣食住行,学习、休息、娱乐等各方面都得父母操心,都要父母花钱。父母为未成年子女成长提供物质条

* 以"董方"为笔名发表,原载《青少年犯罪问题》1995 年第 3 期,原题为《论未成年人权利保护失当与认识原因分析》。

件是家庭保护的主要内容。但是,为孩子花钱有一个该花不该花,钱花在哪里,花得是否适度的问题。有的家长为孩子买高档食品、名牌穿着、时尚玩具,花钱大手大脚,孩子要什么就买什么。他们认为孩子吃得好,穿得好就是爱孩子,保护孩子。其实让孩子从小就无节制地花钱,养成了高消费的习惯,迷恋于吃喝玩乐,挥霍享受,吃不起苦,实际上是一种精神腐蚀,害了孩子。恩格斯说"把丑恶的物质享受提到了至高无上的地位,会毁掉了一切精神内容"。

2. 对未成年人的"高期望""严要求"

做父母的都期望子女有一个美好的将来,望子成"龙"、望女成"凤"。对子女要求高些、严些,这本来是对未成年子女的一种爱护,是家庭保护的一个内容。但是,现在不少家长对子女期望值过高,要求过高。例如:每门功课不能低于 95 分;学期结束必须争到第几名;一定要考进重点中学;不顾子女的兴趣爱好是否有特长,硬要子女去学习绘画、钢琴、舞蹈,把孩子的时间排得满满的,没有一点休息娱乐时间。造成子女承担不了超负荷的学习,神经过于紧张,性格压抑、孤僻,严重地与家长发生对立,离家出走、自杀的事例时有发生。江苏省曾发生过一个中学生无法承受这种压力,导致杀死父母以求解脱父母、解脱自己的恶性案件,这难道不值得做父母的吸取教训吗?

3. "见财不见才"

在当前商品经济的大潮下,有的家长文化程度虽然不高,但做生意却发了财,家庭生活条件大为改善。由此就错误认为"才不如财""上大学不如摆小摊"等等,凭自己浅薄的经验认为读不读书不要紧。有的干脆要自己十来岁的孩子去做生意,认为这是在"关心"子女,为了孩子过好日子。在这种思想指导下,家长往往以自己短浅眼光剥夺了未成年人应享有的教育权,使子女缺少必要的文化素养,有的可能葬送子女的真正前途,侵害了未成年人的权利与长远利益。

4. "为了子女好"

有的父母亲认为子女年纪轻,没有社会经验,考虑问题简单,怕子女"出问题""出事"。因此,对子女的行动处处不放心,样样要管。他们"为了子女好"去私看子女的日记,拆子女的信件,不允许子女交异性朋友。有的对子女的行为看不惯,还责骂、殴打子女,信奉"棍棒底下出孝子""不打不骂不成才"的教条。这种不讲究方式方法,甚至违反法律规定直接侵犯子女人身自由权利的行为,其消极后果很严重,轻则养成子女软弱、无主见、依赖父母,或者情绪对抗、代沟加深,逆反心理;严重的学会讲假话,两面三刀,结交不良朋友,走上危险道路。

5."痫痫头儿子自己的好""保护"变成"袒护"

有的父母对自己子女的毛病一味纵容,充耳不闻,视而不见。有的为子女"出头",兴师问"罪",有的走到包庇罪错,纵容犯罪的程度。

(二)学校保护的失当方面

未成年人从小学到中学毕业,时间跨度近十二年。包括暑寒假在内,未成年人与学校的关系都是十分紧密的,学校对未成年人权利的保护在我国未成年人保护体系中占着特别重要的地位。但是,现实生活中学校对未成年人权利的保护也存在着失当和误区。表现在:

1."超负荷训练",学习负担过重

学校是未成年人受教育的主要场所。学生的学习成绩、升学率是教学质量的一个表现。但是,如果把学生的分数,升学率绝对化,片面地追求分数、升学率。不断加重学生的学习负担,对学生进行"超负荷训练",逼得未成年人几乎天天忙于应付课堂作业和考试,被无边无际的题海压得喘不过气,不仅是夺走了孩子的休息、闲暇时间,夺走了孩子的欢快、娱乐,夺走了孩子的天真、活泼。还造成有的学生厌学、逃学,体质下降,等等,严重影响未成年人健康的发展。

2."教育"变成了"教学",忽视了对学生的整体保护

学校应对学生进行全面的教育,开发未成年人的智力,保护未成年人的人身权、卫生健康权,培养学生成为我国社会主义社会的一个合格公民,一个完整的人。但是,不少学校总以"教学"代替"教育",片面追求智育,而忽视学生德、体、美、劳的同步、全面发展,忽视了未成年人素质的全面提高和个性的健康发展。

3.单向保护、他人保护,忽略帮助未成年人学会自我保护

学校和未成年学生之间是教育和受教育,保护和被保护的关系。但是,这不是说未成年人只是被动地受保护,未成年人要学会自我保护,而这个帮助学生学习自我保护的任务许多方面靠学校来承担。因为在信息发达的现时代,社会信息、环境、交往对未成年人有着极大的影响和感染,好

的坏的,积极的消极的都有。只是学校、家庭、社会的单向保护是保不胜保的。因此,学校要加强对未成年人进行合法权利知识的教育和宣传,要指导未成年学生掌握如何保护自己权利的途径和方法,这样才能使未成年人适应当今复杂的社会,而且在多元意识的影响下明辨是非,健康成长。

4.“一俊遮百丑”“一锤定音”

学习好,似乎就样样好,一好替代百好,有缺点、过错也视而不见,甚至帮助解释、遮盖,这种“一俊遮百丑”的保护,在学校保护中确不少见,尤其是对学习尖子,培养、关怀当然必要,但以俊遮丑,不明是非,不知好歹,助长其缺点、错误发展,或者使孩子自以为是,脱离同伴朋友,岂不是坑害或者断送了孩子本该有的美好的前程。还有的学生略有所长,就认定是“苗子”,“一锤定音”定向培养。结果苗拔不起来,又厌之弃之。小孩何辜,受罪匪浅。

(三) 未成年人对权利保护存在的认识误区和失当

随着全国和地方的关于未成年人保护法规的颁布和实施,未成年人的权利意识大大增强了,这是社会的一种进步。但是,未成年人对权利的认识也存在着许多误区:

1. 消极等待保护。有的未成年人依赖父母,长期来缺乏独立的人格意识和权利意识,自己的权利似乎是靠他人赋予的。更不懂得如何保护自身的合法权利。当权利被他人侵犯时,或委屈忍受,束手无策;或用错误手段进行报复。有时有理成了无理,正确变成了错误。

2. 是非不分。有的未成年人不能辨别什么是合法权利,什么是不合法的权利。被主观需要、他人提示、社会影响左右。有的未成年男女居然把为非作歹干违法犯罪的事,振振有词说:我愿意怎样做是我个人的事,这是我的权利。其无知程度实在可悲。

3. 只讲权利不讲责任。有些未成年人心目中只有自己,只知道要享受。他们的意识中是只有权利,没有义务,不承担社会责任的,他们在追求自身价值、独立、自由时,忘记了对他人的价值、独立、自由的尊重和责任。甚至认为一谈责任与义务就是对自己权利的干预、限制。他们不懂得社会是一个整体,任何一种权利都与义务、责任相联系,只享受权利而没有责任与义务是不可能的,未成年人也要有责任心,要懂得并承担应该承担的责任与义务。

二、 未成年人权利保护失当的原因

为什么主观上想保护未成年人的权利,结果却走向反面。究其认识原因来说,是违背了未成年人成长规律,没有根据未成年人权利保护的特点来保护未成年人。

首先,未成年人权利保护的"被保护性"被视为保护未成年人权利的"包办代替"。

由于未成年人处于生理上不成熟的阶段,还不可能取得独立的社会地位和经济地位。因此,未成年人不能像成年人一样完全独立行使其权利,未成年人是社会、学校、家庭保护的对象,具有被保护的特殊性。这种被保护性的特点往往容易给人们一种错误的认识和导向,似乎一切由父母做主,父母、老师理所当然可以包办未成年人的一切权利。

未成年人权利保护被保护性的特点,并不等于说未成年人权利完全由成年人去包办。我国未成年人是我们国家的公民,享有宪法和法律规定的权利。家长、监护人、老师与未成年人的关系是建立在互相平等的基础上。他们应在注意未成年人权利的特点、尊重未成年人独立人格的前提下来实施保护,帮助未成年人正确地维护自己的权利。对未成年人的缺点错误也要在尊重权利的基础上讲究方法、讲究科学,合理、合法。同时,未成年人是在成长的,应促使未成年人权利被保护性的特点逐渐向自主性转化。

其次,对未成年人权利保护的"复杂性"认识不足,实践中被片面地简单化了。

权利问题是一个很复杂的社会现象,不同经济基础下有不同的权利观,不同的经济,文化条件下有不同内容的权利,未成年人的权利则更具有复杂性。有的是内容不同,有的是享有程度不同,有的是权利实现方式的不同。法律上似乎有许多规定与"限制",但这种权利的规定与限制实际上是一种保护,可以免受不良影响的侵害。例如:我国宪法规定年满十八周岁的中华人民共和国的公民,不分民族、种族、性别、职业、家庭出身、宗教信仰、教育程度、财产状况、居住期限,有选举权和被选举权。又如我国未成年人保护法规定:"营业性舞厅等不适宜未成年人活动的场所","不得允许未成年人进入"。再如:"任何组织和个人不得招用未满十六周岁的未成年人"。有的权利只有未成年人才能享有的。我国宪法规定:"父母有抚养教育未成年子女的义务",反过来说,未成年子女有获得父母对自己生活、学习照料的权利,而健康的成年人则没有这种权利。在司法制度方面,未成年人违法犯罪者有着成年罪犯没有的一些特殊权利。如规定,"十四周岁以上不满十六周岁的未成年人犯罪的案件,一律不公开审理。""对未成年人犯罪案件,在判决前,新闻报道、影视节目、公开出版物不得披露该未成年人的姓名、住所、照片及可能推断出该未成年人的资料。"等等。

对未成年人权利的种种规定或限制,或给予未成年人特有的权利等等,目的都在于考虑未成年人的特殊情况,表现了对未成年人权利保护的复杂性,而有的家长、老师却不懂得或忽视了这种复杂性。把对未成年人权利的保护简单化。或者把保护看成是"吃好的""穿好的";或者把保护看成是"考高分""上大学",或者把保护看成只是"限制",或者看成是"庇护""纵容"。其结果当然是事与愿违的。

第三,未成年人权利保护的科学性被误作为保护未成年人权利的随意性。

对未成年人权利保护是一个科学问题,必须按科学规律办事。我国宪法和有关法律对未成年人权利保护都作了较完整的规定。但是,有些同志认识不到保护未成年人权利的科学性、规范性。例如,在关于违法犯罪案件的作品、新闻报道中,有的人为了增强案情的真实性,竟把不该披露的未成年人的姓名、住所、学校等情况披露出来,违背了法律规定。

在现实生活中有些人把保护未成年人的权利看成是微不足道的小事。"什么是科学、权利?"让孩子吃饱穿暖、上学读书就是了,孩子都是这样长大的。

保护未成年人的权利,的确大量体现在日常生活中的,甚至像吃饭穿衣这些小事也不能"完全随意",其他还有一些问题本身就不是一个小问题,例如:未成年人的"隐私权"问题,未成年人到底有哪些隐私权,这也是不能随随便便就能回答的,据报道,新西兰国家一家学校,根据新西兰通过的"隐私权法案"决定:学童的成绩册列入隐私权的内容。这一决定引起了人们的争议。所以,未成年人权利的保护问题,不仅要遵守科学的规范,许多问题还需要进行科学的探讨。不能凭经验、凭习惯、凭自己情绪来管理、教育、保护未成年人。

应该看到,由于对未成年人权利保护失当,不仅仅会造成对未成年人的侵权行为,还隐藏着更大的危险性,成为一些未成年人走上违法犯罪道路的导因。这不是危言耸听,而是许许多多血的教训给我们的启示。

生存权、教育权、人身自由和人格受尊重权以及休息娱乐权等是未成年人特别需要的权利。剥夺或侵犯了这些权利造成未成年人心理创伤、性格歪曲,会把他们推向歧路。正如有位学者说的,"儿童的违法行为与行为不端很可能代表了精神上、生理上对剥削和不公正现象的合法反抗"。①因此,要维护未成年人的权利,就要正确认识和对待未成年人的合法权利,根据未成年人的特点研究哪些权利有利于未成年人的成长,纠正对未成年人权利保护的错误认识,减少促使未成年人违法犯罪的不利因素、消极因素。

---

① ［美］弗兰克·G.戈布尔著:《第三思潮:马斯洛心理学》,吕明、陈红雯译,上海译文出版社1987年版,第76页。

论增强青少年法律意识的必要性

——《青少年依法保护自己手册》序*

　　江泽民同志在党的十五大政治报告中指出："我国经济体制改革的深入和社会主义现代化建设跨越世纪的发展，要求我们在坚持四项基本原则的前提下，继续推进政治体制改革，进一步扩大社会主义法制，依法治国，建设社会主义法制国家。"在日益发展的现代社会，在党和国家提出依法治国、建设社会主义法制国家的今天，培育青少年法律意识显得非常必要。

　　从整体上说，青少年的法律意识很薄弱，也很不完备，这是与青少年身心发展的特点和成长的过程性相联系的。一方面，随着社会的发展，要求每个公民具有很强的法律意识；另一方面，随着青少年年龄的增长，必将更多地参与社会活动，法律将赋予他们更多的权利和义务。同时，他们在越来越广泛的社会活动中，也更容易受到外界的腐蚀和侵害，这时候法律在青少年成长中的作用就显得愈加明显和重要了。青少年在自己的成长过程中，应当深刻认识法律全面、巨大、特殊的作用，不断增强自身的法律意识。

　　《中华人民共和国未成年人保护法》和《上海市青少年保护条例》都非常强调"青少年应当自觉增强自我保护的意识和能力"，这是在强调青少年要在接受家庭、学校、社会、国家等的外界保护的前提下，从尊重青少年的独立人格和调动他们能动作用出发，以加强自我保护，自尊、自爱、自强，努力使自己成为有理想、有道德、有文化、有纪律和身体健康的公民，积极准备投身于社会主义现代化建设事业。之所以要加强青少年的自我保护意识和能力的教育，是因为青少年身心在迅速发育成熟，具有与日俱增的自我保护的意识和能力，尽管这种意识和能力是微弱的，但是极其可贵，是呈现上升趋势的。如果能使强大的社会保护与增长着的青少年的自我保护的主观能动性有机结合起来，就必将极大地提高青少年自我保护的效果。青少年应当将外界保护与自我保护结合起来。坚持外界保护，就是遇到任何矛盾和问题，

---

　　* 原载《青少年犯罪问题》1998 年增刊。

应当相信家长、老师和各级组织，应当相信法律，自己的合法权利是受到国家和法律的保护的。任何时候，我们的党和国家，我们的社会主义制度，我们的各级组织和广大人民群众，都是青少年坚强有力的后盾；坚持自我保护，这是因为社会是错综复杂的，各种不良思想常常会侵入青少年的心灵，如果自己没有一点自我保护的意识和能力，什么都要靠家长、老师等的保护，往往会防不胜防；从长远看，如果我们从现在起不培养自我保护的意识和能力，长大以后又怎么去适应社会生活呢？所以，我国的法律法规在强调外界保护的同时，特别指出青少年要重视和加强自我保护。作为青少年来讲，要真正做到自我保护，就应该培养自己明辨是非的能力，提高自己对真、善、美与假、恶、丑的识别力，按照法律和道德规范来约束自己的行为，抵制不良影响。青少年一旦受到外界的非法侵害时，都可以进行正当的防范，既可以自己起来保护自己，也可以求助于家庭、学校、社会和各级组织，通过法律途径来保护自己。如果青少年都能将外界保护与自我保护有机结合起来，就能够切实保证自己的健康成长。

在依法治国、建立社会主义法制国家的新形势下，我们党和政府十分重视全民普法教育，并且始终将青少年作为普法的重点。毋庸置疑，我国对青少年实施普法教育，已取得举世瞩目的成绩，广大青少年的法律意识有了显著的提高，学法、知法、守法、护法在青少年中蔚然成风；但同时也应该承认，现在许多青少年在学习法律的时候，常常是非常重视学法律的知识和背法律的条文，学校也经常举办一些法律知识竞赛方面的活动，满足于法律知识考试取得的好成绩，但遇到具体问题时，又不知道如何按照法律的要求去做，不知道如何用法律的武器来保护自己。

我们认为，青少年的法制教育是以法律知识教育为基础的，没有一定的法律知识就不能有法律的意识；同时，我们也认为，青少年的法制教育不能仅仅满足于法律知识教育，更重要的还在于法律意识的树立和方法技能的掌握。一个公民的法律意识如何，对于他们遵守和实施法律规范，维护自己的合法利益，维护社会的秩序和国家的利益，都具有重要的作用；而在守法、护法过程中，如果能够运用科学有效的方法技能，就能够取得显著的成效。因此，对于广大青少年来说，是否具备法律意识和掌握方法技能，关键和核心的问题是看青少年对社会赋予自己的法律要求是否明确；看青少年对自己成长过程中的权利义务是否认识，看青少年对有关法律条文在了解的基础上是否能够熟练地运用;看在实际生活中能否灵活、有效地使用科学的方法技能,以维护自己的合法权益和预防青少年违法犯罪。法制教育是应用性很强的教育,正是在这层意义上说,青少年法制教育的内容,应当高度重视和切实加强如何在防罪错、防受害过程中,掌握临场应用的方法和技能的教育内容。这种教育内容具有应用性、操作性强的特点,且教育时常常采用案例教育的方法,深受青少年的欢迎,教育的实际效果自然非常明显。

当前,以青少年为普法对象的学习材料不少,但这些学习材料的内容,主要是法律知识的介绍,很少涉及青少年自我保护,特别是很少涉及方法和技能。针对这种现状,以增加青少年自我保护意识和能力为出发点,从预防受害、预防罪错这一青少年自我保护内涵中最基本、最起码的要求着手,我们联合编写了本专辑,试图通过一些发生在现实生活中和青少年自己身上的案例,来具体地解释、说明青少年如何通过法律来保护自己,从而教给青少年自己保护自己、预防被外界的侵害和预防自己实施罪错行为的方法和技能。这本书主要阅读对象是青少年,同时也可以作为家长、老师和社会有关方面在对青少年实施法制教育时的辅助材料。

由于我们接触和收集到的现实案例的局限性和篇幅的有限性,以及编者自身的知识、经验的局限性,不足和缺陷在所难免,希望包括青少年读者在内的所有关心青少年健康成长的人们,能提出批评和建议。

专题六：少年法学的比较研究

国外青少年法的状况和比较[*]

　　青少年法是十九世纪末诞生的一种新的法律类别,通常以 1899 年美国伊利诺伊州通过的《少年法庭法》作为这种新的法律类别出现的标志。在此以前,历史上的法律中不乏有关青少年的规定,例如距今两千多年前的古罗马第一部成文法典:《十二铜表法》,就有继承与监护的专门规定,距今一千四百多年前的《优斯丁尼安法典》,不仅规定父母对子女教育不尽责任者,就在法律上失去做父母的权利,而且还规定未成年人负刑事责任的最低年龄为男十四岁,女十二岁。近代各国法律中有关青少年的法律规定就更加细微和具体,不必一一列举了。但是,这些规定总的来说是从不同的法律角度对青少年问题所作的零星的、个别问题的规定,是属于其他法律体系中的组成部分,而没有形成独立体系的青少年法。伊利诺伊州的《少年法庭法》,条文并不多,但自成体系,从立法指导思想、组织机构、法律制度、表述形式都提出了与其他法律不同的观念和看法。这些观念和做法,很快从理论上和实践上得到了各国的肯定,从而在法律体系中推出了一个新的领域。为了学习和借鉴国外青少年法的有益经验,以便结合我国实际,促进我国青少年法的理论研究和立法实践更快地发展,了解国外青少年法的状况,并分析比较其特点是非常必要的。

一、 青少年法产生的历史条件

　　19 世纪末,人们为什么要制定青少年法? 为什么美国伊利诺伊州把此旗一举,美国各州以至世界各国竞相效法,纷纷制定青少年法? 这显然不是某些人偶然地倡导、喜爱所决定的,青少年法诞生于 19 世纪末是有一定的社会、历史条件为背景的。

---

　　* 原载《〈上海市青少年保护条例〉立法记实》,上海社会科学院出版社 1987 年版。

第一,青少年犯罪日益增多,社会需要谋求减少、预防、治理青少年犯罪的新的办法。

19世纪后半世纪,由于资产阶级工业革命的影响,依靠剥削、压迫、掠夺、战争发展起来的欧美资本主义各国,一方面是工业发达,城市激增,经济繁荣;另一方面,以美国来说,1940年联邦调查局统计全年发生七种指标犯罪案件十万余起,半个世纪中犯罪数量增加达15倍,其中青少年犯罪的蔓延增加尤为突出。据有关资料介绍,当时伊利诺伊州的芝加哥市,就是一个交通发达、工商业集中,人口急剧增加,阶级矛盾尖锐,青少年犯罪十分严重的典型城市。由于青少年犯罪严重,每年被逮捕判刑的少年竟占少年总数的五分之一,芝加哥的青少年犯罪团伙的活动猖獗,也是在整个美国出名的,正是在这样的情况下,青少年犯罪成为引人注目的社会问题,受到社会各界的重视和关心。1891年,芝加哥律师协会及妇女俱乐部在关心少年儿童和少年儿童是无罪的思想指导下,提出少年儿童犯罪是否应与成年人同样看待的问题,并就此问题组织了调查。他们认为,根据当时生理、心理科学发展的成就,把少年儿童犯罪与成年人同等看待是不科学、不合理的,对少年犯罪采取惩罚措施是不能解决少年犯罪问题的。他们的调查和研讨直接为伊利诺伊州制定青少年法制造了舆论,提供了实际和理论的依据,促进了世界上第一个青少年法在伊利诺伊州诞生,促进了同年在芝加哥市建立了世界上第一个少年法院。

第二,犯罪学和青少年犯罪问题理论研究的发展,为青少年法的诞生提供了科学思想和理论依据,促进了青少年法的诞生。

青少年法不是在原有法律基础上发展,也不是对现成经验的简单汇集性总结,而是一种创新、探索和开拓,这是在一定的思想理论指导下形成的。根据各国介绍的历史资料,其思想渊源:一是出自罗马法认为"儿童非罪人,儿童不能为罪人"的观念,这种观念包含着儿童与成年人的主观责任根本不同的依据;二是17世纪英国法院认定国王经衡平法院对未成年人行使监护权,这一认定后来转化为国家对未成年人具有最高监护权的观念,从而确定了国家有保护青少年的责任。上述观念推动着对少年犯罪惩处例外化的实践和理论的发展,使对青少年犯罪的处置从早期与成年犯同样看待,主导思想是报应惩罚(对青少年犯罪惩处、从宽从轻的规定也是在这一思想指导下,出自"恤幼"的人道主义考虑),逐步转向主要是教育、感化。在立法上认定青少年的特殊性和处置上不同于一般犯罪的例外性,并把对有一般不良行为教育、感化的方法,移植到对待青少年犯罪方面来。

犯罪学和青少年犯罪问题的研究,使青少年犯罪处置例外化问题得到了愈来愈多的科学依据。19 世纪七八十年代,以龙勃罗梭、费利(现多翻译为"菲利")、加诺法罗(现多翻译为加罗法洛)等为先导的意大利学者,首创以近代自然科学的研究方法来探索犯罪原因,创立了犯罪学。他们以生物学、生理学、遗传学、医学、心理学等方面的知识为基础,积累了大量解剖、统计、观察的资料,研究了犯罪人的人身自然因素及其对社会环境的反应等,许多学者具体揭示出青少年犯罪的生理、心理等方面因素的特点,以及社会环境对青少年犯罪的影响,客观上为青少年专门立法提供了理论的、科学的根据。因此,青少年法的诞生是理论研究推动和理论研究转化的直接成果。

犯罪学理论研究对青少年立法的推动还表现在历次国际监狱会议(后扩大为国际监狱及刑法会议)的决议中,有关青少年犯罪方面的规定,例如,1946 年法兰克福会议关于对少年犯不适用附加条件之分房行刑制;1847 年布鲁塞尔会议关于少年犯罪特设监狱,教养保护、实施附条件赦免制度,并于刑期届满后,令其就业;1878 年斯德哥尔摩会议关于少年预防问题;1885 年罗马会议关于少年累犯的父母责任和流浪儿处置问题;1895 年巴黎会议把刑事责任年龄提高到十八岁,以及对不负管教子女责任的父母剥夺其亲权问题等等。这些会议的决议直接体现了理论研究的成果,对青少年法的诞生起着一定的作用。1900 年以后各次国际会议决议则直接影响和推动着各国的青少年法的制定。

二、 青少年法的性质和特点

从刑法和其他法律中有关青少年犯罪以及其他有关青少年的零星规定,逐步独立出来,形成一个新的法律类别——青少年法,具有以下与刑法等其他法律不同的性质。

第一,青少年法是预防性的社会安全法。

现代刑法的理论基本上是建立在罪刑法定、罪刑相符的原则基础上的,通过揭露犯罪、打击犯罪达到一般预防和特殊预防的作用,青少年法与之不同,着眼于如何使犯罪不再发生,或者在犯罪没有完全发生的时候,通过教育、制止、矫正的措施,把犯罪解决在萌发之中。少年法的立法思想认为,由于青少年单纯、无知、不成熟,对社会和客观环境具有极大的依附性等特点,把着眼点放在青少年犯罪之后加以惩处是不恰当的,更不是减少和防止犯罪的根本办法。只有从改造青少年犯罪的社会环境因素着眼,把问题解决在青少年犯罪之前,这才是减少和预防青少年犯罪的根本措施,才是真正科学的、积极的、有效的、人道的办法,这是立法思想的重要变化,是从刑事惩罚观点向社会安全观点的一次重要的认识上的飞跃。

当然,由于社会发展的历史条件和青少年犯罪的复杂性,青少年法还不能完全排除刑事惩罚方法,但只是辅助的、不得已的情况下才使用的方法。

第二,青少年法是保护性的综合法。

青少年是人生成长中的一个重要时期,这一时期青少年既有任何事物成长初期都具有的幼稚、嫩弱、易受感染和摧残的弱点,又有成长发育期带来的认识片面,情感冲动,好奇好动,主观自信,性意识萌发,信念意志不稳等生理心理特点,还面临许多新的现实问题,如就学、工作、友谊、恋爱等等。因此,有人称这是人生的"过渡期""危险期",这是非常需要家长、社会各方面精心关注,加强保护的时期。青少年犯罪从某些方面来说,正反映了社会保护的缺陷,尤其是这一时期青少年社会接触面迅速扩大,社会环境的影响日益增大,俗话说:"近朱者赤,近墨者黑。"因而,保护青少年首先要保护社会环境、改善社会环境。同时还要加强教育,增强青少年自身鉴别力、抗感染力,做到"近墨不黑",出淤泥而不染。所以,对青少年主要是保护而不是惩罚,青少年法是从保护的思想出发来预防、治理青少年犯罪的,这种保护只能是综合性的。

青少年法是保护性的综合法规,"综合"表现在保护、管理对象,不仅是犯罪的青少年,还包括违法的和具有违法犯罪危险的青少年,其中也有没有到达责任年龄的少年。青少年法规还可以从防止青少年违法犯罪出发,要求社会上各行各业承担某种责任或义务。为了保护青少年,青少年法可以规定加强与成年人腐蚀、迫害青少年的行为作斗争。为了挽救已经失足的青少年,综合采取教育、矫正以及必要惩处的办法,青少年法还集实体法、程序法、刑事法、行政法等于一身。可以说,青少年法是综合性法规,它管得宽,管得早(不到责任年龄也可以管),管在前,管得及时,比较能切合实际,解决问题,可以收到较好效果,表现出极大的优越性。

第三,青少年法是具有科学性的特别法。

青少年有一系列不同于成年人的特点,青少年法针对其特点规定了对犯罪青少年在调查、审理、处分、改造等方面的特殊处置要求。为了充分注意和估计到青少年的特点,在青少年犯罪处置的各个程序、各项工作中,要派具有心理学、社会学知识和经验的工作人员,具体研究并充分注意青少年的特点,耐心地、和缓地进行工作,使青少年犯罪的预防、改造工作现代化、科学化,既不损害青少年的心灵、前途,又要达到使犯罪青少年真诚忏悔,从根本上得到改造,回到社会,成为一个正直的、四个现代化的建设者。

青少年法是一部特别法或称例外法。由于其科学性,青少年法的某些思想原则正为刑法和其他法律吸收、沿用,"例外法"的原则成为其他法律共同承认的思想原则。青少年法的上述性质,决定了尽管其主要目的之一仍然是为了预防和减少犯罪,但突破了狭小的目的和视野,同时决定了在青少年犯罪处置方面有许多具体的特点,主要有审理机关专门化,审理程序特殊化,管理对象扩大化,惩处方法特定化。

三、 青少年法的种类与发展趋势

青少年法诞生后,早期仍离不开从刑法脱颖而出的历史影响。立法者从青少年犯罪的特点考虑,特别关注审理程序的简易,量刑程度的轻重,惩处方法的选择,感化教育的侧重,审判人员态度的平和等方面。因此,美国伊利诺伊州的《少年法庭法》开始实行的时候,警察部门和法院部门顾虑很大,有些人极力反对,认为当时青少年犯罪已很严重,如果实行少年法,过于宽大,处分又轻,不仅不能减少、防止犯罪,必然会使青少年犯罪大量增加。但是,实施的结果证明,少年法有良好的社会效果,青少年罪犯再犯率降低,教育、感化方法的科学性取得了实际的验证。

正当青少年犯罪日趋严重,社会公众和政府十分操心的时候,青少年法在理论上的创新和实践方面的验证,便顺利地为各方面所接受而推广,首先是美国的其他州相继仿效,纷纷进行青少年立法,建立少年法庭,以缓解面临的青少年犯罪问题。到 1912 年,美国已有半数的州都有了少年法庭的立法,1938 年联邦政府通过了《少年法院条例》,在美国各州接受伊利诺伊州制定少年法的经验的同时,其他国家也仿效美国的少年司法制度,制定了自己的青少年法,首先是英国自 1905 年开始仿效,并于 1908 年制定儿童法,同年英国制定犯罪预防法规定波尔斯坦制度,规定对成年犯与少年犯之间的青年犯(即十六岁以上未满二十三岁之犯罪者),如果根据其习癖或倾向有拘禁加以矫治必要的,可收容于波尔斯坦院(BrostalInstitution),在严格管理下实行有期限的特殊教育。英国制定的儿童法和犯罪预防法不仅吸收了美国少年法的成果,而且又以自己的创新推进了青少年法,其影响遍及欧洲及英联邦各国。

从 20 世纪开始形成了各国青少年立法的热潮,丹麦、德国、加拿大、瑞士、法国、比利时、匈牙利、泰国、英国、印度、荷兰、日本、瑞典、西班牙相继立法,有的国家经过若干年实践,加以修改后文颁布新的青少年法。到目前为止,青少年法已从北美、欧洲扩展到亚洲、非洲、拉丁美洲、大洋洲,不同社会制度的国家大都按本国的情况和实际需要制定了青少年法。

世界各国先后制定的青少年法,名称、内容都有许多不同,一般按其内容可以分为三种类型。

第一类是专门处理青少年违法犯罪的刑事性质的青少年法。这是早期的,在目前也是数量较多的一类青少年法,世界上第一部青少年法就属于这一类。这类青少年法的名称各国也不完全相同。例如,西德颁布的叫《青少年刑法》,法国 1912 年颁布的名称是《青少年法院及保护观察法》,而 1945 年修改后,改名为《少年犯罪法》,比利时 1912 年制定颁布的叫《儿童保护法》,从名称上看不出法律的刑事性质,实质上是一部有关少年犯罪的审判法。还有一些国家在法律的名称中把法律性质标志得更为具体和明确。例如,意大利的《少年法院法》,美国的《青少年犯教养法》,日本的《少年院法》《少年审判法》等等。这一类法律涉及对青少年犯罪的概念的规定,青少年犯罪案件调查、审理的特殊性,青少年犯罪的惩处的多样化,罪错青少年的教育、感化、矫治,以及犯罪预防等等。

第二类是非刑事性质的青少年专门法规。这是在第一类青少年法的基础上,随着社会进步和青少年犯罪研究逐步深化、逐步发展起来的。大量材料证明,青少年犯罪不是一种孤立的社会现象,单从罪犯本身的审理、矫治等方面去预防和减少青少年犯罪,是不可能取得根本性的效果的。因为,违法犯罪青少年的产生是同整个社会的环境,青少年教育、文化、福利等直接相联系的,从而出现了一些非刑事性质的青少年法规。

这一类法规中大多从某一个方面保护青少年的利益,促进青少年健康成长,具体地又可以分为若干种,例如,英、日等国旨在提高和改善青少年福利设施的《少年福利条例》《儿童福利法》;解决青少年就业、劳动方面的西德《青少年劳动保护法》、美国的《就业法》;为了控制、改善社会环境,日本各州、道、府制定的《保护青少年条例》《为保护培养青少年而净化环境的条例》《健康培养青少年条例》,有加强青少年教育的《学校教育法》《大学法》《中学法》《小学法》,还有针对残疾青少年的保护法、家庭法、收养法等等。

第三类是综合性青少年保护法规。这一类青少年法出现得比较晚,可以说是六七十年代以来青少年法发展出现的新的趋势。综合性青少年保护法规可以分为三种:一种是既有保护内容,又有对青少年违法犯罪处置的综合性法规,如《苏俄未成年人事务委员会条例》,该条例第一条就开宗明义指出:其任务是"组织预防对未成年人的无人照管,预防未成年人的违法行为。安置未成年人和保护其各项权利,并就上述问题协调国家机关和社会组织的关系,以及审理未成年人的违法案件。对内务部所属各机构和专门教养机构中的未成年人的生活条件和教养工作实行监督。"又如,斯里兰卡的儿童与少年法令,既规定对违法少年的审理与处罚,又有对危害儿童或少年的成年人的处罚,以保护儿童、少年健康成长。第二种是既有保护内容,又突出青少年犯罪社会预防的青少年保护法,例如罗马尼亚的《未成年人保护法》,新加坡的儿童与少年法等。

英国的《犯罪预防法》也可划归入这一种类型的综合性保护法。第三种是规定青少年的权利和义务以及国家、社会对青少年的政策与责任的综合性青少年保护法,例如 1972 年《匈牙利青少年法》、1974 年《德意志民主共和国青年法》、1978 年《古巴共和国青少年法典》等。这一种综合性保护法基本上没有处理青少年违法犯罪的条款,而是原则上规定了青少年的方向,国家对青少年的政策、青少年的基本任务,对青少年的各种权利,从参加国家管理、受教育、劳动、休息、体育、娱乐、旅游乃至婚姻、住房等方面都作了规定,形成了一部青少年法典,具有青少年宪法的性质。

上述三类青少年法,第一类通常也称狭义的青少年法,后面两类统称广义的青少年法。青少年法在实践中证明,狭义的青少年法在保护青少年合法权益和教育挽救犯罪青少年方面确实起了重要的作用。但是,狭义的青少年法局限在青少年司法制度的狭小天地里,使直接与青少年违法犯罪发生、变化有关的极其广泛的社会因素排斥在视野之外,得不到管理和改善,因而在预防、减少、治理青少年违法犯罪方面，显得无能为力。因此，广义青少年法的出现就把青少年法向前推进了一步，使青少年法的保护、预防、治理职能能得到更加充分的体现，青少年法的视野也扩大到关注全社会、关注全体青少年。从目前世界各国青少年法的实践和青少年法学理论的发展趋势看，广义的青少年法，尤其是综合性的青少年保护日益受到重视和肯定，是青少年法发展的方向。

四、 青少年法的体系、内容剖析

青少年法的类型不同，决定了青少年法的名称、管辖和保护对象、体系、结构、内容都具有很大的差异性。有极其简单的仅有四个条款的禁止青少年吸烟法、禁止青少年酗酒法，有包括八章一百二十条的古巴青少年保护法典。在青少年的年龄规定方面，有只规定上限的，有上下限均有规定的，有分段规定的，也有不确定的。从上限来看，多数国家青少年法的年龄上限为十八岁左右；也有国家上限规定得高一些，如《德意志民主共和国青年法》规定"本法所称青年是指二十五岁以下的人"；个别国家没有明确的年龄上限，如《匈牙利青少年法》规定"本法所称青少年是指在学习阶段以及其年龄刚参加社会劳动和开始建立独立生活的青少年"，还有在同一法律中的不同章节规定不同的年龄上限的。

各国的青少年法的差异性都与自己国家的历史情况、社会实际和立法目标的不同有关，对此要作科学的比较、剖析是比较困难的。我们在上一节中已经从青少年法的历史发展中，对不同类型的青少年法作了总体分析。下面我们仅对青少年法的某几种具体类型作简要的比较分析：

第一种是着眼于净化社会环境的青少年保护法。这是青少年保护法中的一枝"新秀"，在当今世界各国社会不良影响严重侵蚀青少年的情况下，对于从总体上改善社会环境，预防、减少犯罪，保护青少年健康成长具有十分积极的现实意义。据日本中村泰次的调查分析，到 1980 年 12 月止，日本全国除长野县外所有的 46 个都、道、府、县都制定了青少年条例，长野县的县都——长野市也已制定了青少年条例。这些条例中只有 5 个条例名称是净化（整顿）青少年环境条例。但就其内容来说，净化社会环境都是这些条例的基本内容。以制定比较早的《香山县保护培养青少年条例》为例，共 29 条，其主要内容有：（1）目的"在于防止有可能发生妨害青少年福利的行为，以保护培养青少年健康成长"。(2)条例规定知事每年都必须把有关情况"向县民公布"。(3)推荐优秀演出和图书。(4)限制性条款最多达16条,包括企业者的自我限制,禁止贩卖有害图书,禁止自动售货机收纳有害图书,禁止贩卖有害玩具,限制有害广告品,限制收买旧物,禁止提供和介绍进行不良活动的场所,还有禁止观看有害演出,限制深夜外出,禁止淫行或猥亵行为,禁止文身等。(5)咨询与干涉调查。(6)罚则。(7)其他还有与刑法的关系,免除责任的规定等等。从上述限制条款16条的内容和分量,可见净化环境,防止青少年沾染不良影响在该法所占的重要地位。岩手县关于为青少年净化环境的条例,中心当然更加突出,其目的是"净化有可能妨害青少年健康成长的环境,以便达到健康培养青少年的目的"。该条例除附则外,共六章,31条,其中除总则、杂则、罚则外,内容有三章,第二章为净化环境的自我限制共7条,第三章限制妨害青少年健康成长的行为共10条,第四章为青少年净化环境审议会共6条。日本各地方青少年条例规定限制的面很广泛、很具体,包括书籍、杂志、绘画、照片、新闻、电视、广播、电影、戏剧、曲艺、音乐、舞蹈、魔术、杂耍、照牌、宣传画、广告、揭示牌、霓虹灯、广告气球等方面,可以说,这些条例对环境起了全面控制的作用,对预防、减少青少年犯罪是有效果的。

第二种是保护、处置、预防相结合的综合性青少年法。以苏俄《未成年人事务委员会条例》为例,共三章,第一章未成年人事务委员会的任务及其组织程序,第二章对未成年人的无人照管和违法行为的预防以及对未成年人的安置,其中包括组织、协调有关单位、部门承担教育、安置、改善青少年物质福利;也包括闲暇时间的安排、监督、预防青少年犯罪;还包括对缓刑、提前释放、受过惩处期满等未成年人的登记注册,并协同内务部机关实行监督等。第三章是未成年人事务委员会审理的案件、影响措施及其适用程序。这种综合性法规把保护、预防、治理结合起来,可以避免单纯保护造成纵容青少年不法行为,又可以防止强调惩处而忽视青少年特点的倾向,对预防、减少青少年犯罪,保护青少年健康成长具有积极的意义。但这一类青少年法规目前还不多、很不成熟,涉及问题较多,比较复杂,还有待于在实践中不断探索。

第三种是青少年宪法式的综合法规。这也是70年代以后少数几个社会主义国家制定出来的。这种青少年法比较原则,也具有自己独特的构思和体系。以《德意志民主共和国青年法》为例,共十个篇章,59 条,其各章的标题分别是:青年沿着社会主义方向发展;赞扬劳动青年的首创精神;赞助青年学生的首创精神;青年保卫社会主义的权利和光荣的义务,开展青年的文化生活;发展青年的体育道德;改善青年的劳动和生活条件;青年的假期生活和旅游,国家领导在社会主义青年政策方面的任务。1978 年通过的《古巴共和国青少年法典》也属于这种类型。这种青少年法不直接涉及青少年犯罪的处置、预防等问题,是青少年发展中又一种新的探索。

发展中的中国少年刑事司法[*]

我国对少年违法犯罪采取教育、感化、挽救的方针,坚持教育为主、惩罚为辅的原则。因此,绝大多数的少年违法犯罪都依靠社会上有关部门采用非刑事的处置办法,及早教育、及早告诫,防止其进一步发展堕落下去。据统计,我国18岁以下的未成年人有3亿多,近年来每年发生少年刑事案件超过20万起,但其中进入刑事司法程序处理的只有三万起左右(见附表),约占全部少年刑事案件百分之十几。进入刑事司法程序的少年被告,也只有一部分的犯罪少年由于性质、情节严重,不给予刑事处罚既不利于社会安全,也不利于犯罪少年自身吸取教训、及早改过,才不得不适用刑事处罚方法。即使如此,对这部分犯罪少年,刑罚也仅仅是一种为辅的手段,目的还是为了挽救这一部分犯罪的少年,使他们成为一个有前途、有益于社会的人。

教育为主,惩罚为辅,惩罚与教育相结合,既惩罚犯罪,又挽救犯罪人,惩罚也为了更好地教育其成为新人,这是我国少年刑事司法制度中体现的综合、辩证的独特思想。

一、 有关少年刑事案件定罪量刑的基本规定

(一) 犯罪的概念

《刑法》《刑诉法》是中华人民共和国的基本刑事法规,《刑法》第10条关于犯罪的规定:"一切危害国家主权和领土完整,危害无产阶级专政制度,破坏社会主义革命和社会主义建设,破坏社会秩序,侵犯全民所有的财产或者劳动集体所有的财产,侵犯公民和私人所有的合法财产,侵犯公民的人身权利、民主权利和其他权利,以及其他危害社会的行为,依照法律应当受刑罚处罚的,都是犯罪;但是情节显著轻微危害不大的,不认为是犯罪。"这一规定把轻微危害社会的违法行为与犯罪行为区分开来,这对缩小惩处青少年犯罪的面具有重要意义。因为,对犯罪的调查证明,我国未成年人实施的危

---

* 原载《青少年犯罪问题》1996年第1期。

害社会行为绝大多数属轻微危害社会的行为。例如：小偷小摸，打架殴斗，以大欺小、造成轻微伤害，偶尔跟着别人去车站码头倒卖车船票，骗取或抢夺小量钱财，年幼无知被诱骗参与犯罪，等等。对这些行为一律认为是犯罪，给予刑事处罚是不科学也是不必要的。按照我国刑法第十条规定的犯罪概念，就为未成年人中大量轻微危害社会行为避免进入刑事司法程序提供了法律依据。

（二）量刑的原则

定罪与量刑是法院刑事审判活动中的两个基本环节。人民法院在量刑中除了必须遵守我国刑法的基本原则，如罪刑法定、罪刑相适应，罪责自负、主客观一致、惩罚与教育相结合等原则外，我国《刑法》第57条明确规定了我国对犯罪分子的量刑原则是："对犯罪分子决定刑罚的时候，应当根据犯罪的事实、犯罪的性质、情节和对于社会的危害程度，依照本法的有关规定判处"。这一规定指出我国法院对犯罪分子决定刑罚的时候必须遵循：

第一，以犯罪事实为根据的原则。犯罪的事实是量刑的客观基础，离开了犯罪事实本身既不能确认是否犯罪，也无法评析罪行轻重、危害大小。因此，查明犯罪事实是科学、正确裁量刑罚的客观基础，是正确量刑必须遵循的科学原则。以事实为根据，具体内容包括查清犯罪事实、确定犯罪性质、弄清犯罪情节、和确定犯罪对于社会的危害程度。

第二，以法律为准绳的原则。在确凿查明犯罪事实的基础上，对犯罪分子决定刑罚，必须依据《刑法》的有关规定判处，也就是说，我国《刑法》及全国人大的有关决定中关于刑罚方法、刑事责任，从轻、减轻、从重、加重以及法律中对每一种罪的具体刑种、刑期幅度等的规定是法院量刑依据的唯一的尺度（准绳），不允许违背这些规定、超越法律的规定决定刑罚，也不允许违反规定突破量刑幅度。

（三）关于刑事责任与不适用死刑问题

由于未成年人的特殊性，我国刑法对少年犯罪有若干特殊规定，其中最重要有：

1. 刑事责任年龄问题：《刑法》第14条规定，已满16岁的人的犯罪，应当负刑事责任；已满14岁不满16岁的人，犯杀人、重伤、抢劫、放火、盗窃罪或者其他严重破坏秩序罪，应负刑事责任；已满14岁不满18岁的人犯罪，应当从轻或者减轻处罚。

根据这一规定,不满 14 岁的未成年人不负刑事责任,满 14 岁不满 18 岁的人只对上述几种重罪负刑事责任。但已满 14 岁不满 18 岁的人犯罪,应当从轻或者减轻。这就是说,根据其犯罪的具体情况应当在法定量刑幅度内判处相对较轻的刑种或相对较轻的刑期。减轻处罚则应当在法定最低刑以下判处刑罚。

2. 未成年人不适用死刑。《刑法》第 44 条规定,犯罪的时候不满 18 岁的人不适用死刑。已满 16 岁不满 18 岁的,如果所犯罪行特别严重,可以判处死刑缓期二年执行。

我国与世界上大多数国家一样在刑法上保留死刑。《刑法》规定,死刑只适用于罪大恶极分子,这是因为社会上确有罪犯对人民、对社会造成极大的危害,不杀不足以震慑犯罪,不杀不能消除其对人们生命、社会安全的严重威胁。但是,我国在死刑适用范围与审批程序上均有极严格的控制。而且,我国还创造"死缓"这一死刑执行制度,即对于应当判处死刑的犯罪分子,如果不是必须立即执行的,可以判处死刑同时宣告缓期二年执行,实行劳动改造,以观后效。如果确有悔改或立功表现,二年期满后,原判死刑就不执行,减为无期徒刑或有期徒刑。我国的这一制度就是把罪该处死的罪犯,只要还有一线希望也尽最大努力进行挽救改造。我国多年审判实践证明,这是一个很有成效的制度,绝大多数死缓犯二年后均被减为无期徒刑或有期徒刑。对已满 16 岁不满 18 岁、罪行特别严重的未成年犯,《刑法》规定"可以判处死缓"而不是"应当判处""必须判处",这是为了维持一种法律的威慑,就我个人所知,实践中尚未接触到不满 18 岁的未成年犯被判"死缓"的。

此外,我国司法实践中对少年犯,还根据具体情况尽量适用缓刑或免于刑事处分,以最大限度地教育挽救失足者。

二、 少年刑事审判方面的有关规定

1979 年与《刑法》同时通过的《中华人民共和国刑事诉讼法》对少年刑事审判有若干特殊规定,这就是:

1.《刑诉法》第 10 条规定,对于不满 18 岁的未成年人犯罪的案件,在讯问和宣判时,可以通知被告人的法定代理人到场。

2.《刑诉法》第 27 条规定,被告人是未成年人而没有委托辩护人的,人民法院应当与他指定辩护人。

3.《刑诉法》第 111 条规定,14 岁以上不满 16 岁未成年人犯罪的案件,一律不公开审理。16 岁以上不满 18 岁的未成年人犯罪案件,一般也不公开审理。

1984 年,上海市长宁区人民法院试建了我国第一个审理少年刑事案件的少年法庭。针对未成年人生理、心理特点进行审判活动,在审理过程中,全面调查未成年人犯罪的原因及主客观情况,及时处理,寓教于审,惩教结合,对未成年罪犯的教育、感化、矫治发挥了非常积极的作用,成效显著。针对处理后的未成年人犯罪进行的几年追踪回访证实,重新犯罪的只有 2.2%。1986 年最高人民法院肯定了长宁区少年法庭的经验,在全国推广。1991 年初最高人民法院公布施行《关于办理少年刑事案件的若干规定》,这是我国第一个系统的有关少年刑事司法的专门规定,根据规定:

1. 人民法院应当在刑事审判庭内设立少年法庭,有条件的也可以建立与其他审判庭同等建制的少年刑事审判庭。最高人民法院和高级人民法院应当设立少年法庭指导小组,指导少年法庭的工作,总结和推广少年刑事审判工作的经验。根据这一规定,到目前为止,我国已建立少年法庭近 3000 个,基本上实现了所有未成年人犯罪案件全部由少年法庭审理。

2. 少年法庭受理的案件包括未成年人犯罪案件;共同犯罪中未成年人占一半以上或首要分子是未成年人的案件;其他涉及未成年人案件是否受理由院长或庭长决定。

3. 少年法庭在审理少年犯罪案件时,依法保障未成年人被告的一切诉讼权利,遵循法定代理人参加诉讼原则,不公开审理原则,全面调查原则,及时处理原则,寓教于审、惩教结合原则。寓教于审、惩教结合是我国少年刑事审判制度的创造与特色,它全面贯穿在少年审判的过程中,是我国少年刑事审判制度的核心。

4. 关于少年庭的组成,"规定"指出,审判第一审案件的少年法庭一般由审判员或由审判员和人民陪审员组成。二审的少年法庭由审判员组成,少年法庭的审判长应当由知识面广,政治和业务素质好,熟悉少年特点,善于做失足少年思想教育工作的审判员担任,并且应当保持相对的稳定,有利于积累经验,增长专业知识和才干。少年法庭的审判人员应当有女审判员或者女人民陪审员。

5. 审判程序,根据规定分为开庭前准备、审判、执行三个阶段,其工作程

序是:

(1) 开庭前准备,从公诉人提起公诉开始,少年庭开始进入开庭前准备阶段,其工作流程可分为:

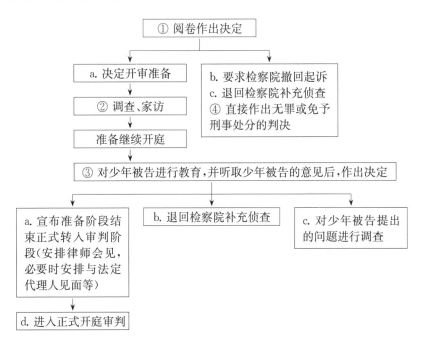

(2) 审判,审判主要有法庭调查与辩论、庭审教育、宣判三个相对独立的程序。作为审判独立程序或必要步骤的庭审教育是少年庭特有的。审判阶段的工作流程可分为:

① 宣布开庭(给被告与代理人设座,对少年被告不用戒具,法警可以不站庭)。

② 法庭调查与辩论。

③ 庭审教育(庭审教育结束,休庭时,法定代理人可会见被告)。

④ 宣判。

⑤ 讲解政策、法律,对有罪判决者作认罪服法,接受改造,悔过自新的教育,讲法律赋予的权利等等。

(3) 执行,少年法庭的工作不是以判决告终,还有司法建议,督促改造,回访等大量工作,这构成中国少年司法制度特有的第三阶段。

这阶段的工作,除把结案登记材料与判决副本送执行机关外,对判管制、拘役宣告缓刑,有期徒刑缓刑的少年犯,要与有关部门一起帮教、回访,还要与少年犯管教所联系,协助教育,进行回访,敦促少年犯父母探监,走访其父母等等。

1991年6月,最高人民法院、最高人民检察院、公安部、司法部《关于办理少年刑事案件建立互相配套工作体系的通知》是又一个推进与完善具有我国特色的少年刑事司法制度的重要文件,该文件要求公安、检察、法院、司法行政各部门加强互相间的联系,并逐步建立办理少年刑事案件的相应机构,使各个环节相互衔接起来,以加强对少年犯罪的治理和防范工作。在这一文件的指导、推动下,近年来我国少年刑事司法制度又有了新的发展,这主要表现在:公安局建立少年犯罪预审科(组),对少年犯实行分管分押;检察院成立少年犯罪起诉科(组),专门审查、受理少年犯罪案件;法院建立少年法庭;律师事务所设专职为少年犯罪案件服务的律师;少年犯管教所在我国建立的时间比较长,各省市都有较完善的组织机构与管理办法,对少年犯的管教、矫治已有不少成功经验,近年来在原有基础上进一步探索分类管理、向前向后延伸等新问题,有许多重要发展。1994年《中华人民共和国监狱法》颁布实施,其中第六章专章规定对未成年犯的教育改造,明确指出"对未成年犯执行刑罚以教育改造为主。未成年犯劳动,应当符合未成年人特点,以学习文化和生产技能为主"。还规定为未成年犯接受义务教育提供必要的条件等等。这样就形成公安、检察、法院、律师、少年犯监管部门等处在不同岗位上共同教育、挽救犯罪少年的新制度,我们通俗称为少年司法保护一条龙。

三、《未成年人保护法》有关司法保护的专门规定

1991年全国人大常委会通过了我国第一部全国性综合保护未成年人的法律——《中华人民共和国未成年人保护法》(下文简称为《保护法》)。《保护法》第五章为"司法保护",对公安机关、人民检察院、人民法院以及其他有关执法机关,办理未成年人犯罪案件,进一步明确规定了处置的方针、原则。该法第38条规定:"对违法犯罪的未成年人,实行教育、感化、挽救的方针,坚持教育为主、惩罚为辅的原则。"这一规定对我们少年司法制度的发展具有重要的指导意义。

第五章司法保护,还对公安、法院、检察院审理少年刑事案件的组织机构、审理特点、保护未成年人合法权益、各方协调、配合等方面也有所规定,

是我国迄今为止这方面最具权威的法律规定。

司法保护还规定："对人民检察院免予起诉、人民法院免除刑事处罚或者宣告缓刑以及被解除收容教养或者服刑期满释放的未成年人，复学、升学、就业不受歧视。"为此近年来，人民检察院、法院为正确、有效地贯彻这一规定，正在积极探索、创造新的经验与办法，使免诉，免予刑事处分，缓刑少年犯以及刑满释放的少年得到有效的保护、健康成长。

司法保护还总结了我国社会帮教配合政法机关教育、挽救违法犯罪青少年的经验，专门规定："家庭和学校及其他有关单位，应当配合违法犯罪未成年人所在的少年犯管教所等单位，共同做好违法犯罪未成年人的教育挽救工作。"在司法保护及其他各章中也贯穿了"保护未成年人，是国家机关、武装力量、政府、社会团体、企业事业组织、城乡基层群众性自治组织、未成年人的监护人和其他成年公民的共同责任"的思想，多年来，我国社会各行各业都十分关心违法犯罪青少年的教育、挽救工作，形成了学校、工厂、社会协作教育、挽救犯罪少年的制度，我们称为"社会帮教一条龙"，这就使少年罪犯在司法机关处理过程中的每一个环节都能得到指导思想完全统一的教育、挽救、改造，同时在受到处置或回到社会后，又能得到家长、学校、社会上有关单位、团体等方面的关心协作，使司法处理与社会关怀、帮助、支持其进一步向好的方面巩固结合起来，取得教育、改造人的最好效果。

在少年罪犯服刑期间，也有了与之相应的一些新的措施，例如试工、试读、减刑，以及管理人员与家庭定期联系制度，管教人员帮助落实出狱，少年今后学习、工作安排，执行机关与社区订立合作协议，以保障少年犯在监内顺利得到改造，出狱后不再重犯等等。

社会帮教违法犯罪少年的制度是我国在实践中创造总结出来的，它是少年刑事司法制度成功的力量所在，并且与少年刑事司法制度相配合，相辅相成，发挥显著作用。当然，在我国社会急剧变革，市场经济迅速发展的情况下，少年刑事司法与社会帮教制度，也不断碰到许多新的问题，有待我们不断探索、努力。

四、 中国少年刑事司法的主要特点

(一) 保护未成年人与保护社会统一

我国少年司法制度充分考虑少年的特点，依法对违法犯罪的未成年人采取比成年罪犯更为温和、关心、轻微的处置方法,但绝不能对犯罪行为及其危害程度采取漠不关心的态度。国外一些国家的经验表明,单纯保护未成年人常常导致纵容犯罪,不仅没有真正起到保护的作用,而且往往使未成年人犯罪愈走愈远,害了未成年人,增加了社会的危害。我国少年法庭从我国实际出发,保护青少年的合法权益,同时对犯罪行为采取严肃认真的、科学积极的态度。在以"事实为根据,法律为准绳"的原则下,查实犯罪事实,危害轻重,分析原因,积极教育,包括必要的处置与惩罚,达到使犯罪者辨明是非,认罪改错,消除社会危害,从而达到保护青少年与保护社会统一。只有这样的少年法庭才是有权威的,人民群众接受、拥护的,起积极作用的法庭,从根本上避免有些国家出现的少年法庭的危机。

(二) 教育为主,惩罚为辅,教育与惩罚相结合

犯罪是一种严重危害社会的行为,根据我国多年积累的经验,为了有效地预防、减少犯罪,教育与惩罚两种手段缺一不可。必须提醒人们并告诫违法犯罪少年:少年犯罪有危害社会应受惩处的一面,同时又常常有不成熟、易受不良影响、值得原谅的一面。因此,我们认为对违法犯罪少年的保护是保护其合法权益,保护其健康成长,保障无罪少年不受刑事追究,不能保护其犯罪,对犯罪行为不能放纵,在这方面没有必要的惩罚和强制是不行的,对青少年犯罪"教育为主"的同时,必须"惩罚为辅",为"辅"不可轻视更不是可有可无。事实上,与犯罪、青少年犯罪作斗争,惩罚是最权威、最有力的后盾,没有惩罚,教育就缺乏力量,失去其与犯罪作斗争的特殊性格。因此,我们少年司法制度与坚持教育职能一样,也坚持和强调刑事惩罚职能。

(三) 科学性与事业心、爱心的结合

我国少年司法战线上有一支司法业务能力强、有经验、充满爱心,热心对少年罪犯的教育、挽救工作,并具备心理学、犯罪学、教育学、社会学方面知识的少年法官队伍,其中有一大批极具事业心、爱心的女法官。她(他)们根据少年犯的生理、心理和社会化成熟的特点,少年法庭在审理中注意疏导、寓教于审、审教结合,在及时查明被指控的事实的同时,注意犯罪原因的调查,帮助少年被告人认识犯罪与犯罪行为的危害性。在程序上,专门规定要进行必要的家访、调查,借助家庭与社会力量对少年被告进行教育和必要的帮助,减少和消除少年被告的思想顾虑、畏惧心理与抵触情绪,通知家长或法定代理人行使维护被告的合法权利等等。在处理中多适用缓刑,在执

行中还特别规定少年庭通过多种形式继续关心、帮助少年犯悔过自新成为有益于社会的新人。体现审理未成年人刑事案件是科学性与事业心、爱心的高度结合。

（四）强化法制原则

我国少年法庭严格控制司法管辖权，既不任意扩大对少年违法犯罪行为的司法干预，也不搞弃权程序推出了之。我国建立少年法庭的目的是针对青少年的特点，提高审判的质量与水平，保护青少年的合法权益，预防与减少青少年犯罪，促进整个青少年健康成长。因此，少年法庭作为人民法院的有机组成部分，必须强化法制原则，增加自己教育、感化的责任。推开不管，不是解决问题的办法，扩大干预包揽一切是办不到的，也是得不到社会公众的支持拥护的。

少年法庭是少年司法体系中的一个环节，少年法庭以审判为中心，把工作向前、向后延伸，与其他环节机构、部门紧密合作，互相支持，互相制约。同时依靠社会各行各业综合治理，使一般违法或轻微犯罪少年尽量不进入司法审判程序，从而大大提高我国少年司法工作的科学性与工作效率。

附表　我国法院判处未成年人犯罪统计表

项目 人数 年份	全国法院判处的年满 14 岁 不满 18 岁的未成年刑事犯	其中严重危害社会治安 未成年刑事犯
1990	42033	24241
1991	33392	19821
1992	33399	21493
1993	32408	22244

资料来源：中国法律年鉴。

国外少年司法制度评析 *

　　1984 年 11 月上海市率先尝试建立我国第一个少年法庭,十余年来,在中央的正确领导下,在公、检、法、司等各方面的关怀、支持下,我国少年法庭健康发展,成果卓著。1991 年 1 月,最高法院制定并颁布了《关于办理未成年人刑事案件的若干规定(试行)》,从指导思想、机构、管辖范围、工作程序等方面都做了明确规定,使我国法院系统建立少年法庭与审理少年刑事案件有了全国性法规依据,因此从一定意义上说,《规定》是我国建立少年司法制度的宣告书,各级法院与检察、公安、司法机关与科研部门都为我国少年司法制度的不断开拓、完善、健康发展做出了贡献。随着我国民主与法制的健康发展,一方面我国刑诉法、刑法相应做出重大修改,相应地对少年司法制度提出了新的要求,另一方面少年司法实践与研究的深化发展,自身也要求进一步提高、完善、有新的创造与突破。为此,根据少年司法制度发展的实际状况及英美法系、大陆法系的不同特点,对国外一些有代表性的国家的少年司法制度作一定的介绍与评析很有必要,不仅可以开阔视野,有所启迪,从中吸取有益的经验与成果,也可以吸取教训,避免一些弯路与错误。

一、 少年司法制度诞生的历史必然性与标志

　　司法制度在英美国家主要是指法院审判制度,世界上最早建立少年司法制度的国家是美国,早在 1899 年 7 月 1 日,美国伊利诺伊州通过世界上第一部《少年法庭法》,同日,芝加哥市建立了少年法庭,尽管在此之前有的国家以及美国的其他州也有过研究与探索,但作为完整意义上的少年司法制度仍公认从伊利诺伊州开始,因为,伊利诺伊州议会通过立法程序针对少年特点制定了法院处置违法犯罪少年的专门法律;依法建立了专门的少年法庭并规定了法庭的组成人员确立法院处置违法犯罪少年的新思想、新原则不是传统的适用于成年人的报应惩罚,而是拯救、管教、治理;相应地规定了

贯彻实施少年司法制度的特殊程序、处置方法等,反而成为少年司法制度诞生的标志。

少年司法制度的诞生不是少数人主观想象的产物,它是社会需要的产物。当时社会出现了严重的青少年犯罪等社会问题,寻找科学、有效解决问题的办法成为社会的迫切需要,成为推动少年司法制度诞生的强大力量。同时,少年司法制度也是科学发展,尤其是生理学、心理学、法学、犯罪学进步与发展的积极成果。正像封建主义社会发展到一定阶段,必然推动资本主义的生产关系的发展与资产阶级共和国诞生一样,资本主义发展引发的青少年犯罪的蔓延与剧增,现代自然科学对少年生理、心理特殊性研究与认识的深化,以及刑法、犯罪学新思想、新观念的确立,必然推动少年法律保护与少年司法制度的探索与产生。

正是这种必然,表现在少年司法制度诞生时期,不仅在美国,而且在德国、加拿大、英国,甚至还有瑞士、日本等国家,都先后有类似的试验与探索,在美国也不仅是伊利诺伊州,还有马萨诸塞州、纽约州、新泽西州等地方,也有一批改革家进行少年刑事审判改革的呼吁与探索。这当然不是偶然的巧合,它说明,少年司法制度具体诞生在1899年、在伊利诺伊州这一特定的时间与地点,是存在特殊性、偶然性的,但这种特殊性、偶然性通过若干资本主义发达的国家与地区都经历着类似的孕育与探索的过程,反映出其产生的必然性与需要的普遍性,它是人类进步、科学发展的产物。但是,少年司法制度在其发展中一直存在分歧、争论、困难与起伏,随着现代文明社会科学技术的进步,少年司法制度也必然需要进一步提高、完善、发展,这是当今社会条件下历史发展的必然要求。

对少年司法制度诞生与发展的必然性认识,将帮助我们在曲折与争论中,认清方向,增加信心,奋力开拓,符合社会发展与科学进步的少年司法制度一定会在不断创新、完善中前进,为人类社会作出贡献。

二、 美国少年司法制度的现状、争论与发展趋势

美国是世界上建立第一个少年法庭的国家,对许多国家包括中国在内的少年司法制度的建立与发展均有影响,了解其发展变化与经验教训是很有价值的。

美国法院有两套相互独立的法院系统,一套是联邦法院体系,有最高法

院、联邦法院、联邦基层法院,另一套是州法院体系,有最高法院、县(市)法院、基层法院。由于美国是联邦制国家,各州都具有相当大独立的立法权、司法权,因此各州的法律与法院系统也是互相独立、各不相同,有时甚至是互相矛盾的,美国的学者也说要讲清楚、讲全美国的司法制度与少年司法制度是很困难的。但是从以下几方面大体可以把握美国少年司法制度的发展与现状。

（一）立法与少年法庭组建情况

从伊利诺伊州议会通过《少年法庭法》与芝加哥建立第一个少年法庭开始,除个别州反应较慢外,最终都相继仿效通过了类似法律并建立少年法庭。由于美国法律的传统比较严格,历史也比较长,少年法的立法精神、少年法庭的组织体系及实施都已形成规范,比较稳定。各州的少年法庭大多建立在县(市)一级法院,但人员配备情况也不统一,组织形式大体有三种:一是独立的少年法庭,有单独的物质设施与财政经费,以及法官、其他人员配备,这种法庭为数不多,全国约 200 个,大多设在人口较多的大中城市;二是附设在普通法院的少年法庭,全国近 3000 个少年法庭绝大多数都是这种类型,均配备有专职与兼职的少年法官,按少年法独立处置其管辖的案件;三是每周几天的少年法庭,这类法庭也有一定数量,他们通常每周固定两天接受并处理少年案件,其他时间少年法官就去处理普通刑事案件或做其他工作。

（二）少年法庭的管辖权

少年法庭的管辖权有地域管辖、年龄管辖、案件管辖:

美国少年法庭的地域管辖与成年人法院不同,州法院系统的成人法院只管辖本州发生的案件,涉及非本州的案件则要由发生案件的所在州法院处理,涉及几个州或涉及联邦法律的案件,就要由联邦法院审理。但是少年法庭不受此限制,他可以受理不是发生在本州地域内的少年违法犯罪案件,甚至可以受理触犯联邦法律的少年犯罪案件,其理由是少年法庭是保护、救治少年的,提供这种保护与救治应该愈快愈及时为好。

少年法庭年龄管辖范围,各州规定差别比较大,上限年龄比较多都规定18 岁,也有规定 16 岁或 21 岁的,下限年龄有的规定 13 岁,有的规定 10 岁,还有规定 7 岁的。个别州对下限年龄没有规定,从法律规定来说,婴幼儿、儿童、少年都可以成为少年法庭审理的对象,由于其出发点是保护而不是追究刑事责任,因此,事实上没有发生对儿童违法犯罪追究刑事责任的案件。

少年法院管辖的案件范围比较广泛,主要的是受理少年一般刑事案件,处理依据是刑法,但少年法官有很大的自由裁量权,根据特殊法优于一般法的原则,不完全受刑法制约,少年法官认为不严重就可以不予追诉,或者采用少年法官认为合适的处置方法;另一类是少年法规定的越轨、违法行为,即通常称作少年"身份罪"的行为,如逃学、逃夜、不良交往、不接受管教等。由于各州规定不同、内容各异,如有的州规定未成年人在晚上十点钟以后不得单独在外面游荡,有的州就没有这种规定;第三类是有关少年权益保护的案件,其中比较多的是少年、少女在家中受到性侵犯、虐待、遗弃以及抚养、教育等问题;第四类是有关收养与终止亲权的案件;还有一类是对无人抚养与被遗弃的少年儿童的管辖根据法律的规定,少年法院对大年龄少年所犯严重罪行无管辖权,必须依法转移给普通法院。

(三) 诉讼程序

少年司法程序的特点是非正规性,与成年人在普通法院的严格程序与证据规则不同,尤其表现在审理少年犯过程中不适用审判成年人所采用的对抗制,其程序主要有:

1. 警察的处置权与提交诉讼申请书。违法犯罪少年的处置一般都是从警察开始的,警察可以在权限范围内处理,如警告、训诫等,或转送社会福利机构,如认为性质严重可以送少年法院处理,并提交诉讼申请书。如果案件由少年犯家长或缓刑官、或社会福利机构、或受害人提出,则诉讼申请书由案件提起人提交。

2. 法院的初审与作出是否由少年法官审理的决定。法院根据诉讼申请书,通知家长并告诉他们及时请律师,经过会见少年与初审作少年法庭是否干预的决定。如果决定不介入该案,可以作出撤销案件、转移管辖、进行非正式处理等。少年法庭的初审一般由指派到法院的缓刑官或社会工作者、律师进行。

3. 审判。经初审决定由少年法庭接受审理的案件,正式由少年法官进行不公开审理,由少年的父母或监护人、律师、缓刑官、证人出席法庭,通过审理确定"申请书"所控告的事实是否成立,怎样处置等。少年法官审理不仅仅是,甚至可以说主要不是定罪量刑,而是弄清犯罪原因、采取适合该少年特点的矫治措施,因此,法庭审理不像审理成年犯那样正规,执行证据规则也不像审理成年犯那样严格,尤其是在处置上,少年法官有很大的自由裁量权。少年法官有权撤销案件,可以决定送福利机构或治疗机构,可以处以警告、罚款、赔偿损失、缓刑等,也可以决定送管教所,还可以通过弃权程序交给普通法院审理。

(四) 美国少年司法制度的一些特殊规定与争论

美国少年司法制度有一些特殊规定是值得研讨的,如扩大司法干预,非正规程序,广泛的自由裁量权,弃权程序,等等。这些规定有其道理,但也存在不少问题,多年来争论很大,甚至带来美国少年法庭的危机。

首先,少年法庭从其建立起,指导思想就是为了挽救与帮助青少年,因此挽救、帮助的少年当然是愈多愈好,其理论渊源来自英国的"国王亲权",其主观愿望也是好的、积极的。但是,法庭毕竟不是慈善机构、福利机构,纳入司法管辖表示国家进行干预,本身就说明问题的严重性与严肃性,如果大到犯罪、小到小孩嬉闹、不服管教都管,结果是大事未抓住,小事抓不了,社会效果很差,群众不满意,公众说,美国的少年法庭是该罚的不罚,该保护的没有保护,不必管的管得太宽,可以说是一针见血。

其次,非正规程序与自由裁量权都是为了使少年法官可以采用灵活的、有针对性的、有效的措施挽救、帮助违法犯罪青少年。但是美国的非正规程序剥夺了少年的聘请律师、进行辩护,甚至上诉的权利。而自由裁量权"自由"到"少年法官就是法律"的地步,尤其是有的法官素养与水平差,严重侵犯少年人权,因而不断有人抨击少年法官的"自由裁量权"严重地破坏法制原则,是违宪的。

再次,美国少年法官如果认为案件性质严重,可以通过"弃权程序"放弃管辖,把案件送交普通法院。实践中不少少年法官把大量少年犯罪案件(约占全部少年案件的二分之一)移送到普通法院按成年人犯罪进行审理,这不仅削弱了少年法庭的权威性,而且使少年法庭的影响、形象受到极大的损害,据此有人认为少年法庭没有作用,引发了少年法庭危机。

美国少年法庭的理论与实践具有明显的矛盾,而且将正确的理论推向极端也成为谬误,上述这些问题的争论已经几十年了,但保护青少年与保护社会、惩罚与教育、灵活性与法制原则、立法与司法等关系都没有科学、辩证地处理好,有的美国学者说,少年司法的理论是科学的,但美国的少年法庭的实践是失败的,放纵了犯罪,公众不满意,侵犯了少年的宪法权利,与少年法庭建立的初衷相悖,有许多教训要研究,这话是有道理的。

1964 年发生了一个影响美国少年司法制度走向的 15 岁少年哥尔特案件,这个案件按照亚利桑那州的刑法,成人犯可判处 5—50 美元或不超过 2 个月的监禁,而少年法庭实际上剥夺哥尔特人身自由 2 年多,整个过程没有逮捕证、没有律师、不通知家长、没有审讯记录,其理由是为了保护、挽救他,符合少年法规定。联邦最高法院撤销了原判决,猛烈抨击少年法庭的这种做法是违宪的,此后美国少年法庭开始向成人正规程序靠近,加强少年的诉讼权的保护。另外,由于社会公众对少年法院放纵犯罪的不满,对少年犯罪也加重了惩罚力度。

三、 英国少年司法制度中的非刑事惩罚方法

英国全称大不列颠与北爱尔兰联合王国,与美国属同一法系,都是判例法国家,美国虽然是通过第一部少年法、建立第一个少年法庭的国家,但少年法的思想理论渊源却直接来自英国衡平法关于国家对青少年具有最高监护权的思想。英国的少年司法制度也是有特色的,对许多国家有很大影响。

（一）英国的法院组织与少年司法制度

英国的法院由于历史的原因,组织很庞杂,有些名称也不好理清,现在我们讲英国的法院组织与司法制度通常是指英格兰与威尔士的情况,因为苏格兰的法院组织制度与英格兰、威尔士不同。当今英国的法院组织基本上分为刑事法院与民事法院两个系统:民事法院有郡法院、高等法院与民事上诉法院、上议院;刑事法院有治安法院(审理刑事案件的基层法院)、皇家刑事法院(既是初审法院,又接受治安法院的上诉案件)、刑事上诉法院、上议院(最高审级)。

在美国少年法的影响下,英国的第一部少年法是带有少年刑法性质的《1908 年儿童法》,据此建立起少年法庭与少年司法制度,1933 年以后英国少年法逐步向福利性质转变,1980 年开始,少年法又向司法模式倾斜,其趋势与美国一样对少年犯罪采取较为严厉的措施。英国的少年法庭同治安法院在一起,是独立的、相当于一个特殊的治安法院。少年法庭有职业法官,但绝大多数是非职业法官,无陪审员。青少年犯罪负刑事责任的年龄为 10—18 岁(不含满 18 岁者),少年法庭无权对 14 岁以下未成年人判处刑罚,不允许把 10 岁以下的少年儿童提交刑事法院审判,14 岁以上、不满 18 岁犯

杀人、抢劫等重罪直接由皇家刑事法院审理。但少年法庭不仅对犯罪少年有管辖权，而且对不满 18 岁以及 14 岁以下甚至 10 岁以下的少年儿童的违法行为及被遗弃儿童等，均具有广泛的管辖权。

少年法庭审理违法犯罪案件与成年人不同，基本思想是让青少年尽量不脱离其原来生活的环境，得到教育与改造，学会服从法律，减少对社会与公众的危害与威胁。少年法庭审理少年案件至少有一名女法官，不公开审理，气氛缓和，不仅有少年的家长或监护人参加，而且有律师、社会工作者参加。对青少年犯罪的处理强调内务部、法院、社区都有责任，因此有关部门加强联系、合作非常重要，少年法庭的法官与缓刑官、检察官、律师、社区工作者，有时还有地方政府官员、卫生部官员一起讨论，并有各方职责、如何联络协作的工作守则，具体过程是：

第一步是警察机关处理，处理青少年犯罪通常是从警察揭露或公众举报开始的，警察机关发现青少年犯罪后，在询问前必须家长与律师在场。律师 24 小时值班，通知即到，为青少年提供法律服务，费用不必由青少年及其家长负担。如果家长不能到场则应有社工人员到场，以保障未成年人的合法权利不受侵犯。

如果警察认为不需向法院起诉，青少年也承认自己的犯罪行为是父母亲也同意处理的，那么警察就有权对青少年罪犯作出训诫或非正式警告或警告这一类非监禁性处置，而不需有进一步的行动。警察认为有事实证实青少年犯罪，情节、危害比较严重，而青少年罪犯不承认自己的犯罪行为，其父母亲又不同意处罚，在这种情况下警察经过司法处咨询可以把案件起诉到法院。如果青少年犯的是严重罪行，警察可以要求"皇家起诉机关"向法院正式起诉。当然警察认为青少年行为尚未触犯刑律，或认为不必处罚，就可以宣布不采取进一步行动，从而结束案件。

第二步，有些案件从警察送到皇家起诉机关，如果皇家起诉机关认为年龄、罪行不符合起诉条件，或者认为起诉不符合公众利益，可以驳回，但无权作出任何处置决定。如果同意向法院起诉，案件就被送到法院进行处理。

第三步，少年法院（少数严重的青少年犯罪直接起诉到皇家法院）接受起诉后，审判前必须由中央或地方政府的社工部服务部向法院提供一份判决前报告，这个报告不仅提供青少年犯罪的个人、家庭、学校学习等情况，而且还有犯罪行为的严重程度及对犯罪行为后果的评估，以及如何处置等，成为法院判决与处置的重要依据。法院可以根据案情作出监禁或非监禁的判决。

最后,判决后执行措施的落实,包括准备释放前的各种安排。

(二) 非刑事处罚方法

法院对青少年罪犯判决的处罚有四种:

1. 无条件与有条件的免予刑事处分

2. 罚金

3. 社区性处罚

4. 徒刑

上述四种处罚方法中最富特色的是社区性处罚,这是非监禁性判决,形式多样,内容丰富,下面我们着重介绍。

(1) 监督令。就是法院通过判决将青少年罪犯置于法庭指定的有关人员监督下的命令,被判处监督令的青少年罪犯必须按规定到某个地方参加一定活动,例如每星期六到警察组织的活动中心去学习技艺,参加一些有组织的活动等,以减少其闲暇时间,避免无人管、无事干而去危害公众安全。

(2) 缓刑监督令。法院判决命令青少年罪犯必须在规定期限内(从 6 个月到 3 年)接受指定的缓刑监督官的监督。缓刑监督官制度在英国已有 90 年历史,主要是通过限制犯罪行为,使罪犯得以康复,减少对社会危害之目的。缓刑由缓刑监督处负责,有详细具体的监护规定,落实到缓刑监督官执行。如果罪犯未完成规定的要求,缓刑监督官有权给法院写报告,重新处理。

(3) 社区服务令。这是重新规范、塑造青少年罪犯人格,并通过劳动弥补罪犯造成的破坏与损失的一种处置方法。法院判决社会服务令,命令青少年罪犯在社区内干其体力、精力能够胜任的、安全的、符合其年龄特点的劳动,如建筑、修房、装饰、修人行道、为老年人服务等,也有一些特殊计划如去帮助装锁等。法律规定受到社区服务令处置的青少年罪犯在社区劳动的时间为 40 小时至 240 小时。为了防止拖着不干或偶尔劳动一次、时间很少,起不了塑造人格与弥补损失的作用,限定被判处的社区服务时间必须在一年内完成,每周至少 5 小时。由于社区服务令具有弥补造成的破坏与损失的特点,这种方法受到公众欢迎,法院判处社会服务令的数量也在增加。1994 年在伦敦判处的社区服务令在社区性处置中占 40%。

（4）结合令。这在英国是 1992 年开始实施的一种新的非监禁性处置方法，就是把缓刑考察与社区劳动结合起来运用，实行以来也受到公众欢迎。结合令要求青少年罪犯在 1—3 年的缓刑考察中，同时应完成 40—100 小时的社区服务劳动，对造成的破坏与损失进行弥补。

（5）宵禁令。判决规定青少年在某些时间不准到什么地方去，例如对足球闹事者判处宵禁令，使其在一定时间内远离闹事区。又如对经常到某些商店里行窃的少年，判处他在一定时期内不准进入某些商店。如果数次违反宵禁令，就可以被送回法院，受到较为严厉的处理。

除上述由法院判决的非监禁性处置外，英国还有一类非法院判决的非监禁性处置，这就是由警察处置的对青少年罪犯适用的非监禁性处置。主要有两种：

（1）训诫。训诫不需法院判决，而是由警察作出的处置。这是青少年犯罪后在警察与父母面前承认了自己的犯罪行为，而犯罪行为比较轻微，大多为初犯，被明确告诫以后不得再实施此类行为的基础上采用的处置方法，训诫后不再采取进一步的措施，就起到了教育与预防犯罪的作用，对 10 至 14 岁的少年犯大多采用训诫处分。

（2）警告。警告分为非正式警告与警告两种。非正式警告是对罪行轻微、不需正式警告，或年龄偏小的少年采取的处置方法，不作记录备案。警告则是对情节、危害稍严重一些，有证据证明其有罪，征得其父母的同意，采用正式警告。警告是对成年人与未成年人均可适用的非监禁性处置，需作记录备案，如果以后再犯罪需送法院时应移交有关警告的记录材料。

（三）接纳受非监禁性处置的违法犯罪青少年的组织机构

与大量非监禁性判决相适应，英国建立了各种接纳违法犯罪青少年并对其进行教育训练的组织机构，如：

1. 青少年犯罪援救中心。这是由内务部与教会支持建立的社会慈善机构，其主要工作是开课、联络、制定计划等。课程有文学、算术、人际交往、工作技能、生活技能、计算机等。其目的是帮助过错少年与青少年罪犯康复重新回归社会，为预防、控制犯罪与社会稳定服务。援救中心接收的人员有法院判决或警察机关处置被强迫送来的犯罪者，也接受其他自愿来学习、改进品德、提高技能的人，年龄从 17 岁到 35 岁。援救中心认为，一般情况下青少年犯罪是由于他们缺乏技能，如果能按其需要进行帮助与训练，提高其工作技能,通过考核发放国家承认的证书,这是一种建设性帮助。在这种帮助下,提高其信心,形成职业专长,达到自我雇佣的水平,他们就会起变化成为能够自立的守法的公民。因此,援救中心不把他们当罪犯对待,而是帮助其找出短处,提出改进意见,使他们能重新融入我们的社会。在援救中心接受教育的时间为 12 周。通过法院判决强制来学习的,援助中心有责任帮助犯罪者,也有责任向法院报告接受教育者接受教育的情况,并接受法院派员检查。如果强制来学习的罪犯不参加学习,表现不好,经劝告不加改进的,就报告法院重新判以较重的处罚。

2. 日间服务中心。这是由内务部与慈善机构合办的矫治性机构,接纳 16 至 20 岁的犯罪者,这些人大多有犯罪历史,或者第一次犯罪但属于重罪。当他们被皇家起诉机关向法院起诉后,缓刑监督处即与日间服务中心联系,由中心派人了解情况,面见青少年罪犯,研究其是否适合到日间服务中心来接受教育与训练。如果中心认为是适合的就可以向法院提出建议。法院如果接受这项建议,就可以判决监督令,命令罪犯到“中心”接受训练与教育。日间服务中心要研究每一个青少年罪犯的犯罪行为,研究怎样使其了解自己罪行的后果,有什么办法控制其犯罪行为,有效地教育、鼓励其做一个对自己行为负责、不越轨的人。中心有专职人员与各种设施,为接受训练的犯罪者提供多种教育、训练、帮助。例如学习金工、木工、工艺美术、摄影,发挥其特长,组织娱乐活动,引起他们对健康有益事物的兴趣,解决酗酒、毒品、性教育等问题,建立生活信心。在服务中心接受教育训练的时间为 10 周,每周 4 天半,分组由监护官管理、考察。考核用评分制,一天 2 分,60 分及格,最高 100 分,不到、迟到都要扣分,扣到零分就要送回法院重新处理。罪犯不合作有获得三次警告的机会,三次警告后再犯就要送回法院重新处理。重新处理意味着可能被判处徒刑去监狱等地方接受监禁性处罚。

3. 青少年服务处。这是卫生部领导的独立的社会服务部门,其工作对象为 10 岁至 18 岁的三种青少年。第一种是被法院判处监督令或社会服务令的;第二种是等待判决可能判处徒刑的;还有一种是被警察抓住而父母又不能对其提供帮助的。对其中第二种青少年,法院在判决前将征询青少年服务处的意见,服务处对有关青少年会不会再犯罪的意见对判决有直接的影响。

青少年服务处把青少年犯组成小组接受摄影、体育以及各种有针对性的教育,如对盗窃汽车者,由于其中不少青少年是出于偷车驾驶寻求刺激,为此,青少年服务处与内务部合作建立一个青少年盗车犯教育中心,组织他们去修复报废的小汽车,加固后,让他们到指定的地方去高速驾驶自己修复的汽车,甚至让他们去碰撞,使他们从中学习技术,满足驾车欲望,又在实践中通过这些活动与方法来教育训练他们,防止青少年犯盗汽车犯罪。青少年服务处还建立青年旅馆帮助解决暂时无住处者,还有职业训练、帮助就业等。受处置的青少年在社区服务是有低额报酬的服务,收入一半给受害者,一半给劳动者自己,使他们体会这是合法得到的报酬。

(四)如何保证非监禁方法对青少年罪犯的震慑力

法院判决的非监禁性处置是否会对犯罪失去震慑作用,导致放纵犯罪?用什么方法继续监督、制约受非监禁性处置的青少年罪犯? 英国的规定与做法是:

1."判决前报告"为法院与社区架设了相互沟通的坚实桥梁。刑事审判法规定,青少年罪犯送法院判决前,应由中央或地方政府管理的社会服务处工作人员提供一份判决前报告。该报告提供青少年罪犯的历史情况、家庭、学校、社会背景材料,犯罪的严重性及其危害,能否纠正,需要解决哪些问题,运用何种处置较合适等。地区缓刑监督官、福利机构与慈善机构的工作人员通常也参加制作判决前报告的活动。判决前报告一方面使法官不仅了解犯罪情况,还全面了解青少年罪犯在犯罪前后的个人、家庭情况与社会反应,以及如何处置较为有利的建议等等。另一方面判决前报告使法院判决时有可能充分考虑实际情况与社区建议,使判决后执行比较落实,能够很快衔接起来。"判决前报告"制度从法律上保证法院与社区的联系与配合,也是可供研究与借鉴的。

2.具有较完善的接受各种非监禁性处置者的配套机构。英国的非监禁性处置有一套相应的可接受安置的机构,其中许多是接受国家有关部门领导、指导、支持的社会服务机构、福利机构、慈善机构。这些机构有独立的组织领导,经费来源,专职与兼职的工作人员,较好的设施与管理制度,按照国家的规定或与有关部门的协议,接纳受某种非监禁性处置的青少年罪犯,这就使每一个受非监禁性处置的人,能落到实处,有地方去,有人管,有人监督、考察,不会自流。使处置与执行互相衔接,形成较严密的系统,保证了非监禁性处置的效果。

3. 各有关部门的合作的规范化、制度化,保证了统一与协调。在英国涉及对青少年罪犯的处置、管理有许多机构,如何合作、协调保证目标一致,取得比较好的教育、感化的效果,他们有两点经验。一是有关部门联系的规范化、制度化,例如有关部门每三个月有一次交流与研究有关情况、问题的工作会议;地方政府有一个联络小组定期召开法院、警察、缓刑官、社工人员的会议,研究如何处理好相互合作的关系;有些部门与工作人员如何联系都有制度、办法规定。二是全国制定统一的合作的共同标准,这就是由内务部、卫生部牵头,制定颁布的《在社区中监督罪犯的国家标准》,该标准对各种非监禁性处置,各方面的职责,如何进行工作,怎样合作、协作等作了十分详细的规定。例如其中第四部分:监督令。就有规定缓刑与社区服务如何合作,联系的次数,有风险的管理与公众防卫,监管计划的内容、方法、时间安排,记录的保存与审阅,执行等。各有关部门都持有此标准,统一按《标准》执行,保证了非监禁性处置的有效执行。

4. 非监禁性处置的强制性与不可违抗性保证。非监禁性处置是宽松与严厉的科学结合,法律对适用非监禁性处置的条件、权限、程序、执行等规定是严格而又确定的,警察机关、起诉机关、法院、律师、社区工作者都必须依法办事,任何人不得违反规定,否则就无效甚至带来麻烦直到被控告。对青少年罪犯来说这些处置是宽容的、教育福利性的,但表现不好,通不过教育训练的课程,法律都规定要被退回法院重新判决,而重新判决就意味着可能失去非监禁性处置的待遇,将受到更为严厉的惩处。这就是说,非监禁性处置仍具有很大的强制性,执行非监禁性处置的机构对犯罪青少年的不合作、不良表现,不是无能为力的,从而使较为宽松的非监禁性处置对青少年罪犯仍具有严厉、震慑的一面,体现出法律的权威与不可违抗性。

四、 德国的少年刑法

德国是大陆法系的国家,即成文法国家,审判只能以法律为依据,判例仅可以参考,不同于英美法系判例法国家,法官可以根据判例判决。因此,德国是一个十分重视法律规定及其体系、结构的国家。

德国 1974 年重新颁布的青少年刑法是一部很有特色、历史较长的法典,早在 1923 年德国就制定了《青少年刑法》,历经 1943 年与 1953 年等多次修改与补充,1974 年修改后重新颁布的现行的《青少年刑法》,集青少年刑事处置的组织法、实体法、程序法、执行法于一体,分五篇 125 条,比较全面、比较严密,从中可以概括了解德国的少年司法制度,并对我们会有所启迪。

（一）德国的少年法庭

德国与美国不同,虽然是联邦制国家,但全国的司法系统是上下统一的,青少年刑法规定:少年法庭包括担任少年刑事法官的刑事法官、少年刑事合议庭、少年刑事法庭。这就是说德国有三种少年法庭,第一种是由一名少年法官仅处理轻微少年犯罪案件的一审少年法庭,即对于可能判处管教措施、训诫手段、少年刑法许可的附加刑和次要的法律后果,或者没收驾驶执照的少年过错案件和检察官提出起诉的少年过错案件,可以由担任少年刑事法官的刑事法官组成独任的少年法庭。少年刑事法官不能判处一年以上或者不定期少年刑罚,也不能将少年犯羁押在精神病院。第二种是由一名少年刑事法官（担任审判长）与两名少年刑事陪审官（有一名女性）组成的少年刑事合议庭,也是一审法庭,可判处管教措施、训诫措施、少年刑罚。第三种是少年刑事法庭,由三名法官（其中一名任审判长）与两名少年刑事陪审官（男女各一名）组成,既是少年重大刑事案件的一审法庭,又是独任少年法庭、少年刑事合议庭的上诉庭。除少年刑事法庭设在地方法院外,其他两种少年法庭均设在区法院。少年法官是经过挑选任命的,法律规定应当是有管教能力的、在少年教育方面有经验的人。

（二）青少年刑法的管辖范围与过错标准

德国青少年刑法从名称就可以看出这是刑事法,但这也是特别法,第一篇规定,少年或未成年人犯有依照一般法规定应当受刑罚处罚的过错,适用本法的规定。

这里有两点值得特别关注:

1. 青少年刑法适用年龄范围为 14—21 岁,分为少年与未成年人两部分,少年是指行为时已满 14 岁不满 18 岁的人,未成年人是指在行为时已满 18 岁不满 21 岁的人。把适用青少年刑法的年龄上限提高到 21 岁,显然考虑到人的成长是渐进的,各人成长成熟的差异性,有些已满 18 岁的人,由于其生理心理及认识水平发展缓慢,行为仍具有 18 岁以下少年的明显特征,从法律真正体现公正、平等与保护青少年出发,这一规定是科学的、很有意义的。

为了真正体现出立法意图,德国青少年刑法在对青少年的年龄作出明确规定的同时,还规定承担刑事责任必须达到道德和智力发展水平成熟的要求。在《少年犯》篇规定,少年只有在行为时其道德和智力发展均已成熟,能明辨行为的非法,才负刑事责任;在《未成年犯》篇规定,未成年人犯有依一般法规定应当受刑罚处罚的行为,如果在考虑到周围环境条件的同时,从作案人个性的全面评价中得出结论:作案人在行为时,按其道德发展和智力发育来看还同少年一样;或按其行为方式、情况或者动机来看,属于少年过错,也可以适用青少年刑法中对少年犯罪适用的管教措施和少年刑罚相结合等有关从宽从轻的规定。可见根据德国青少年刑法规定,青少年刑事责任不是只看年龄,还要了解、判断,甚至鉴定其道德与智力发展水平,从而在承担刑事责任年龄范围内,进一步实现刑事责任个别化。

2. 德国对青少年犯罪的犯罪概念与认定标准是与刑法统一的,是指青少年实施了应当受刑罚处罚的"犯罪"(Crime),而不是包含少年违法、少年身份罪等在内的"青少年犯罪"(Juvenile Delinquency)。这就是说,德国青少年刑法把逃学、逃夜等少年身份罪排除于青少年犯罪之外,少年法庭不受理这类案件(青少年违法及有犯罪危险的少年的干预,主要由福利局或监护法院处理),少年法庭处理的案件基本上限制在"犯罪"案件范围内。但青少年犯了与成年人同样的罪,受理的机构、程序、处置手段却不同于一般刑法、刑事诉讼法,可以适用特别法——青少年刑法,根据特别法优先的原则,得到从宽从轻地处理。

(三) 处置方法

德国青少年刑法根据管教措施与少年刑罚相结合的原则,对青少年罪犯大量适用非监禁性的处置手段,如指令、监护管教等,但十分注重保证这些处置得到严格执行的措施,例如在管教措施中就有"违背指令的后果"规定,该规定指出,少年犯不执行命令,可以处少年禁闭。德国青少年刑法规定对青少年罪犯也可以适用监禁,与英美国家比更为实际,比较严厉。法律规定的处置方法有三类:管教措施,训诫手段,少年刑罚。

1. 管教措施有:

(1) 指令。为了改变少年犯的生活方式,促进和保证对他的教育,法官可以对少年犯作出:遵守关于居住地的指令;在某个家庭里或某个院所里居住;同意在某个学校或工作单位学习或工作;完成工作量;不得同某些人交往或进入旅社和娱乐场所;违反交通规则,必须上交通规则课。指令的期限由法官确定,不得超过 2 年,必要时最长可以延长至 3 年。

（2）监护管教。这是《德国青少年福利法》为了帮助身心发展受到威胁或伤害的未成年人排除威胁或伤害而规定的一种服务措施,由青少年福利局或监护法院决定。青少年刑法把监护管教作为一种轻微的制裁方法适用于青少年罪犯,由少年法庭在审理青少年刑事案件中作出决定。

（3）教养院教养。这是青少年福利法对面临堕落危险或已经堕落的青少年,在其他方法无效时,规定的一种帮教措施,由监护法院根据工作需要或申请作出决定。青少年刑法规定,少年法庭在审理青少年刑事案件时,可以作出教养院教养的决定。

青少年刑法规定,少年法庭决定对青少年罪犯适用监护管教与教养院教养这两种处置时,其前提、条件、实施、终止均依照福利法规定处理,但不必按福利法 56 条或 63 条规定指定管教监护人、提供自愿管教协助。根据福利法规定,监护管教与教养院教养直到成年时终止。

2. 训诫手段分为:

（1）警告。通过警告谴责犯罪行为的非法性,预防其再犯罪。

（2）提出强制性义务。法律规定的内容有:尽力赔偿行为所造成的损失;亲自向被害人赔礼道歉;向公益机构赔款。

（3）少年禁闭。少年禁闭分为业余时间禁闭、短期禁闭、长期禁闭。

业余禁闭是指给少年犯处以 1 周内业余时间里的禁闭,其下限为 1 周内业余时间,其上限为 4 周业余时间。

短期禁闭是短期连续执行禁闭,2 天相当于 1 周的业余时间,总的不得超过 6 天。长期禁闭是训诫手段中最严厉的处置,时间为 1 周以上至 4 周以下,按整天或整周计算。

3. 少年刑罚。

少年刑罚是指在少年监狱执行监禁,期限为 6 个月以上 5 年以下,适用于已造成危害、处以管教或训诫措施不足以达到教育目的,或因罪行严重必须处以刑罚的青少年罪犯,这是不得不用的最后手段。但是,如果按照一般刑法规定可以判处 10 年以上最高刑的犯罪,青少年刑法规定的最高刑为 10 年,一般刑法规定的最高刑限度不适用青少年罪犯。

德国青少年刑法对青少年犯还有不定期刑规定,当犯罪行为已造成危害,必须判处至多 4 年刑罚,但又不能预见需要多长时间才能达到刑罚目的时,少年法庭可以判不定期刑。不定期刑最高刑期为 4 年,最高刑与最低刑之间的差距不得少于 2 年。

(四) 德国青少年刑法关于暂不判决与取消刑事污点的规定

德国青少年刑法除西方国家少年司法制度一般都有的诉讼程序、缓刑规定外,还有一些特有的规定:

1. 暂不判决。这是在不能充分有把握断定少年犯罪是否造成非判不可的危害情况下所作的一种决定,法官给少年犯定罪,在规定的考验期暂不作出判刑的决定。

考验期为1—2年,由法官指定考验期监督人监视与管教,也可以给少年犯规定强制性义务等,根据少年犯在考验期的表现,法官可以在法定范围内缩短或延长考验期,也可以在少年犯表现很坏的情况下判决少年刑罚。

2. 取消刑事污点。这是当少年犯用无可指责的行为证明自己是一个正直的人,法官可以根据犯罪分子的家长、法定代理人或其他有关机构代表的申请,通过判决的方式宣告取消刑事污点,在档案中注销。这项规定只能在服刑期满或者免刑后的两年宣布,但是原判在两年以下的少年犯罪,刑罚或尚未执行完毕的刑罚在缓刑考验后宣告免除,法官就同时宣布免除刑事污点。

重新犯罪,在一定条件下法官依法可以撤回原取消刑事污点的决定。各国少年司法制度,其基本理论、指导思想、原则是比较一致的,但由于其国家的性质、政治制度、法制传统、道德习俗、历史文化背景等差异,具体制度而又各不相同,上述美英与德国可以说是国外少年司法制度中最具有代表性的国家。另外,前苏联,除刑法对少年犯罪案件有特殊规定外,1967 年通过《苏俄未成年人事务委员会条例》,对未成年人违法犯罪处置的原则、程序、实体也有专门的规定。北欧一些国家主要通过福利委员会处理未成年人违法犯罪案件,而不纳入司法程序。当今社会的相互交往、交流是任何时代无法比拟的,虽然法系不同、社会制度不同、处理少年违法犯罪的历史传统与模式不同,但先进的理论研究成果与成功的经验都会被别的国家学习与借鉴,少年司法制度也出现相互学习、借鉴、渗透、融合的趋势。我国少年司法制度的探索起步较晚,尽管发展很快,有自己的特色与创造,但仍存在许多困难与实际问题,尤其是在刑法、刑诉法修改以后,又面临一系列新的矛盾与问题。因此,从实际出发,在调查研究的同时,了解国外的做法与经验,加以比较、借鉴,也许对完善、发展我国少年司法制度有所帮助。

保释与未成年人基本权利保护*

一、 英国的保释权是基本人权

英国的保释是被羁押的人,在诉讼过程中通过担保保证履行一定条件,获得释放的一种诉讼制度,说得具体一些就是"取保释放"。英国的保释是17世纪《英国人身保护法》(1679年)规定的,《保释法案(THE BAIL ACT 1976)》(1976年),《刑事与骚乱法案》(1998年)又作了明确规定。1950年欧洲人权公约和英国1998年人权法对其也有很大影响。它作为被羁押的人的一种基本人权,在诉讼程序中被确定为一个诉讼原则。对所有的被羁押的人普遍适用的。全部刑事诉讼要在被告人可以保释(包括无条件保释与有条件保释)的前提下考虑,无保释整个司法体系就无法运作。它同时保证出庭,确保拘留、监禁保持最低限度。

英国的保释有以下特点:

1. 前提是处在被羁押的情况下,否则就不存在释放问题。

2. 要有某种保证(保证书、人保、财产保等),让犯罪嫌疑人或被告人随传随到接受讯问,或经过一定时间自动归押,以保证诉讼的顺利进行。

3. 作为被羁押的人的普遍人身权利,被羁押的人在被羁押后至判决未生效前的任何一个诉讼阶段都可以提出保释的申请。

4. 可以拒绝保释,如谋杀、强奸等罪行严重;可能继续犯罪;可能干扰收集证据;违反保释规定等等。

二、 中国的取保候审与英国的保释有重大差别

主要有三种情况:

第一种情况,中国被羁押的人也可以保释出来,这就是《刑事诉讼法》第74条规定的"取保候审",即犯罪嫌疑人、被告人被羁押的案件,不能在规定

---

* 原载《青少年犯罪问题》2002年第3期。

的侦查羁押(《刑诉法》第 124 条规定为 2 个月)、审查起诉(《刑诉法》第 138 条规定为 1 个月)、一审、二审期限(《刑诉法》第 168 条与第 196 条,各规定为一个半月内办结),需要继续查证、审查,可以对犯罪嫌疑人、被告人采取取保候审。这一些被羁押的人就可以通过担保,在保证继续接受审查的条件下,获得释放。在中国这种"取保候审",实际上是以一种比较轻的强制措施替换拘留、逮捕等比较重的强制措施,其基本性质是对犯罪人,被告人的权利限制。

第二种情况是,我国《刑事诉讼法》第 51 条规定,人民法院、人民检察院和公安机关对于有下列情形之一的犯罪嫌疑人、被告人,可以取保候审:1.可能判处管制、拘役,或者独立适用附加刑的;2.可能判处有期徒刑以上刑罚,采取取保候审不致发生社会危害性的。

第三种情况,我国《刑事诉讼法》第 60 条还规定,取保候审还适用于应当逮捕的犯罪嫌疑人、被告人,如患有严重疾病,或者是正在怀孕、哺乳自己婴儿的妇女。

此外还有需要逮捕证据不足的,可能出现逃避追查不需逮捕的。

由此可见:

1. 第一种情况最接近英国的保释,但中国的取保候审与拘留、逮捕,都是公安、检察、法院为防止犯罪嫌疑人、被告人逃匿、自杀、毁灭罪证、继续犯罪,保证诉讼顺利进行而依法采取的限制其人身自由的一种强制性措施,可以说是以一种较轻的强制措施(取保候审)代替另一种较重的强制措施(拘役、逮捕)。在被羁押的(拘役、逮捕)人中只有一部分人有这种权利。

2. 对于第二种情况,取保候审不是犯罪嫌疑人、被告人的权利,而是公安、检察、法院为防止犯罪嫌疑人、被告人逃匿、自杀、毁灭罪证、继续犯罪,保证诉讼顺利进行而依法采取的限制其人身自由的一种强制方法,是比拘役、逮捕较轻的一种强制方法。

3. 第三种情况,取保候审是一种人道处遇。

三、 差异的历史分析

为什么有这么大的不同? 这与两国的历史发展、文化传统、法律制度不同直接有关,例如西方国家在资产阶级革命斗争中,早在 18 世纪就在人权观念的确立与人权立法的发展上取得了突破,无罪推定原则,对司法制度都有重大影响。更具体地说还与许多法律规定有关,英国的保释出自人身基本权利保护,故在诉讼程序中被确定为一个对所有的被羁押的人普遍适用的原则,当然也要保证诉讼的顺利进行,但其基本理念是前者第一位的,后者服从前者。根据英国的刑事法律制度,未成年人10岁承担刑事责任,进入司法程序的面比较广,以这次讨论的英方提出的未成年人犯罪案例,只有个别案例如杰瑞米吸食并盗窃毒品案的情况较为严重,其他好几个案件的未成年人有的只有11、12岁,还有一些案件情节很轻,如骂人、打两个耳光,在英国都进入了刑事司法程序,如不能保释就都要被羁押。在我国对这些未成年人来说是完全不需要羁押的,羁押无疑是对他们人身自由权的严重伤害。因此,在英国,保释作为犯罪嫌疑人、被告人的一项普遍适用的基本人身权利,显然十分重要,具有特殊重要意义。

中国资产阶级革命的历史进程比较晚,历史上不重视人权。中华人民共和国成立后,人权状况得到根本的保障,"文化大革命"后又吸取了历史的教训,有所突破,不断发展和完善。就现在研讨的问题看,我们对犯罪嫌疑人、被告人的权利保护是通过不同于英国的方式来保障的。我国法律规定:1.大量轻微犯罪都通过教育的、行政的手段予以解决,不进入刑事司法程序,也就不发生被羁押问题,保障了这些人的人身自由权,例如英方提出的八个案例中,按中国法律,其中1、3、4、5、6、7号案例都不构成犯罪,也不会发生被羁押的问题;2.极少数进入刑事司法程序的犯罪嫌疑人、被告人又有拘传、取保候审、监视居住等比较轻的强制措施,避免被羁押后又保释的问题,8个案例中2号案例就可能属于这种情况,迪尼斯女儿6岁多次偷窃,每次数额都不大,案发时又怀孕,应适用取保候审前面提到的8号案例杰瑞米的情况比较严重,是否要羁押公安或检察院决定;3.被羁押者中依法有条件的,还可以申请取保候审。可见,我国的刑事司法制度是通过一系列规定保证犯罪嫌疑人、被告人的权利的,在此前提下,中国的取保候审是防止犯罪嫌疑人、被告人逃匿、自杀、毁灭罪证、继续犯罪,保证诉讼顺利进行而依法采取的限制其人身自由的一种强制方法,由于取保候审也是对犯罪嫌疑人、被告人人身自由的某种限制,因此我国法律有严格适用的规定,要求依法、合法,不能扩大适用,扩大适用不仅不是"权",而是侵犯公民的人身权利。

四、 保障人身权利、最大限度减少关押的其他途径

英国保释的理念、追求及其做法有许多值得学习的经验,保释作为犯罪嫌疑人、被告人的一项基本人身权利的认识具有非常重要的意义,尤其是对未成年人来说具有更重要的价值,笔者曾接触过这样两个案例,一个是 15 岁的男孩受色情书刊的影响,奸污了一个 11 岁的女孩,未造成伤害和其他严重后果,还有一个是 17 岁的男学生与一个发育较早的 14 周岁还少 1 个月又 10 天的女孩谈恋爱发生了性关系,构成奸淫幼女罪,罪名都是严重的,在我国司法实践中一律不能适用取保候审,这是值得研究的。

我个人认为应该在未成年人犯罪中建立中国式的保释制度。为了提高保释的社会效果,英国近年来创造的青少年犯罪小组(YOT)经验、他们建立的"暂居室",都是保障人身权利、最大限度减少关押的新办法、新途径,我们也应学习、开拓新办法、新途径。

作为比较研究,保障人身权利、最大限度减少关押的其他途径应不断扩大,我国少年司法实践中的不少规定或探索也是很有价值的。例如检察院的"不起诉"规定;有的地方正在吸取国外做法,试探在诉讼过程中采用缓诉、缓判;法院根据法律规定责令家长管教,或吸取英国"监督令"的经验试发"监管令";在判处监禁的罪犯中依法适用保外就医,有的地方试行试工、试农、试读;此外还有劳动教养等行政处罚,以及我国对不进入司法程序的轻微犯罪者适用的工读学校学习、帮教等,其基本思想与保释都是一致的。我们应该从实践的经验来研究、提升我国有社会主义特色的经验与做法。

第三编

少年司法制度研究：革新、实践、启迪

专题七：少年司法制度的理论探索

攀登少年司法制度理论新高地[*]

一、"新论"把少年司法理论提高到一个新的高度

《未成年人构罪论》是研究少年犯罪特殊性、特殊构成、特殊处置、特殊保护、特殊救治、特殊预防的理论，我认之为新论，是少年司法理论和制度的基石，其内容占有核心地位，不仅有确立少年司法制度存在的客观性、科学性价值，对今后发展也具有重要意义。我早在 20 世纪 90 年代就不知深浅地提出并关注这个课题，也在教学和研究中有所探究，但限于个人的学识、水平、时间，难有深化，时间过去，情心牵挂难忘、遗憾无功无存。

一年多前，苗伟明教授向我通报与浙江省检察院合作研究未成年人构罪标准及构想、计划等，我十分高兴和兴奋，有一种志同道合的知音享受，表示赞赏和积极支持，我认为这是少年司法的理论新点、高点、发展点、创新点，迄今为止，还鲜见有人作系统深入的研究，更未有论著公之于世。

我有幸首读这部约 30 万字的《未成年人构罪论》，主题探新、视野广阔、论述严谨、资料丰实、研究务实。

《未成年人构罪论》以翔实材料从未成年人犯罪、法律规定、司法现状，为理论提供现实实践的依据和理由，建立在社会需要的土地上，比较容易理解、可接受、有说服力。

本书作者用很大篇幅着力于从客观基础、理论基础、法律基础等，全面、系统、综合地阐述和论证《未成年人构罪论》，理论与实际结合，有独立思考和研究心得，把本课题的整体水平提高到一个新的高度。

在构建的基本原则、构罪的立法体例、构罪要素、构罪的刑罚设置方面，也提出较为系统的意见和设想，有助于进一步研讨和思考。

---

* 原载《青少年犯罪问题》2017 年第 4 期。

读书如见人，我似乎与思念的朋友见面，相互启迪，十分亲切，颇多得益，乐为序，并介绍给我熟悉和未能谋面的朋友。

二、 新理论支撑少年司法最终告别传统走向科学

少年司法制度从 1899 年其诞生之日始，就是对传统司法的挑战、叛逆和革命。为论证自己存在的科学性、合理性、正义性，少年司法的先行前辈们不断努力，寻找未成年人不同于成人的科学实证根据。现代科学发展，尤其是生理学、心理学、犯罪学、社会学的发展，有力地支持未成年人与成人不是单纯大小的量的差别，在大小形体差别下，未成年人生理、心理、社会化等发展成熟上具有质的独特性、差别性、特殊性。这一结论已经在很大程度上得到一致的认同，未成年人的特殊保护原则，已经成为国际条约、规则的明确内容，并在许多国家通过立法、司法推行并付诸实施。

少年司法从酝酿、呐喊到诞生不过一百多年，始终绕不过犯罪问题。刑法是法学的大学科，历史漫长、历来受重视、传统深远、理论成熟、制度完备。传统刑法都是以正常的成年人犯罪为标准设置的，法律进步发展中才有了些对未成年人的怜悯、体恤、照顾、善待等规定。现代少年司法制度发展不满足、不认同与成年人同等处置下的怜悯、体恤、照顾、善待，要求从根本上研究"未成年人"犯罪成立问题，以及法律上构建与成人不同的科学、独立、公正的处置标准和体系，这对传统深远的刑法是难以接受的。目前认同的未成年人生理、心理、社会化等发展成熟上具有质的独特性、差别性、特殊性理论、说理，也似乎还缺乏点刑法的专业说服力。换句话说，从刑法专业视角中，少年刑法诞生理由还不充分，有点飘忽发虚，没有扎实落地的刑事法学根基。

《未成年人构罪论》基于未成年人生理、心理、社会化等发展成熟上具有质的独特性、差别性、特殊性等一般原理的基础上，筛选国际社会公认或有影响的刑事司法理论、犯罪学理论，扩展引申研究未成年人犯罪，特别是重点用刑法学中占有核心地位的犯罪构成理论，严谨地对未成年人犯罪的主体、主观方面、客体、客观方面作具体、详尽的剖析，理论与实际紧密结合，得出并认定未成年人犯罪构成特殊性的成果。这为少年刑法从泛论中扎实落地，登堂入室成为刑法的特殊组成，提供具有权威性、专业性、说服力认证。它支撑少年司法最终从成人刑法中解脱出来，告别传统成人模式，理

由充足、让人踏实，在走向独立、科学的未成年人模式的路上，具有里程碑的意义。

三、 我国少年刑事司法制度突破和创新的新机遇

在习近平为首的党中央领导下，中国共产党十八届四中全会提出，全面加快建设社会主义法治国家，全面推进依法治国基本方略。习近平同志要求，对法治建设的重大理论问题和实践问题，旗帜鲜明地作出回答，"既充分肯定我国社会主义法治建设的成就和经验，又针对现实问题提出富有改革创新精神的新观点新举措"。我们必须努力实践习近平同志的指示精神，在自己从事的独特领域内关切国家需要、社会需要，抓住当今社会迫切需要解决的实际问题，开展探索和创新，最大限度地为国家法治建设作出贡献。我个人认为，少年保护和犯罪预防就是我们从事的特定领域中的重大理论问题和实践问题，在我国司法改革中也应该占有合适的地位。

未成年人犯罪，是一个令人心痛的沉重课题，又是一个不得不面对的社会问题，国内外皆然。

但是，我国起步晚，30多年毕竟太短，问题、困难还很多，许多空白还没有来得及研究补齐，举两个经常议论的简单又典型案例，如一名15岁中学生赵×，在金店盗窃一件价值昂贵的首饰，社会影响不小，按《刑法》规定：已满十四周岁不满十六周岁的人，犯故意杀人、故意伤害致人重伤或者死亡、强奸、抢劫、贩卖毒品、放火、投放危险物质罪的，应当负刑事责任。赵×不符合负刑事责任的条件。那么，怎么处置赵×才能"教育、保护、挽救"他？怎样保护社会、得到社会认同？立法、司法实践都空缺。又如还差1个月未满14周岁的安×，为报复同学告发他的不良行为，杀害了同学张×，根据《刑法》第17条的规定，不负刑事责任。怎么办？同样存在与上述案例的困境和问题。

尤其是当今社会正处在变革发展的关键时期，矛盾错综复杂，涉少家庭暴力、未成年人遭受性侵害、校园霸凌、未成年人强奸、抢劫、杀人等时有发生，青少年保护和预防青少年犯罪不断出现新情况、新问题，一起案件突发，迅速点传引爆媒体网络热点，对社会的影响、干扰、伤害久久难以抹去，暴露出许多无奈和无法解决的困境。现实一再证实，青少年保护和预防青少年犯罪问题是我国法治建设中的一个小领域，确实又是一个不可忽视、涉及千

家万户幸福与社会安宁秩序的大领域。众多有识之士说过,减少、救回一个罪错未成年人,让他健康成长,焕发阳光青春,会带来几个家庭和谐欢乐,给社会增加一份安宁、进步、发展的保障,这是一件多么重要有意义的民心工程,我们有责任,必须面对回应。

课题组认为,少年刑事司法实体规则的变革是核心问题,这已经成为少年刑事司法理论和实践部门的一种共识。因为,少年刑事实体法是整个少年刑事司法制度建设的根基,如果少年刑事实体法发展缓慢,那么,践行少年刑事实体法的少年刑事司法组织再怎么独立,少年刑事司法的程序再怎么完备,都无法实现少年刑事司法制度的独立化和现代化。他们说,30年多来,我国少年刑事司法制度建设的进展主要表现在少年刑事司法组织建设与程序建设上,而刑事实体法的发展则明显滞后,无论是刑法理论研究,还是刑事立法和司法实践,少年刑事实体法始终没有获得充分的重视,其研究和发展现状明显与我国少年刑事司法制度建设的要求不相适应。因此,当下乃至以后我国少年刑事司法制度的理论研究、实践探索,抑或是改革创新,一定要在落实好刑事诉讼法规定的一系列保护未成年人的特殊制度、程序和要求的基础上,更加注重对涉罪未成年人实体处理上的保护、教育、挽救,以全新的思路、标准、原则,构建未成年人入罪、刑罚、处置等一系列问题,切实有效体现教育和保护优先的原则、综合治理原则。他们研究得出结论,国内外实践充分证明,通过简单的刑事处罚很难,甚至可以说不能有效减少未成年人再次犯罪,而且监狱环境的负面影响以及犯罪标签的污名化,还会严重妨碍犯罪未成年人未来的就学、就业,进而致其难以回归社会。控制并减少未成年人再次犯罪的关键,在于积极且具有针对性地切实解决犯罪未成年人心理失衡、行为失范和情绪控制能力弱等问题,并努力促其继续学习或习得必要的生存技能;少年刑事司法的根本目的不是简单的制裁,而是要尽可能通过发挥少年刑事司法的积极预防功能,有效预防未成年犯罪人再次犯罪,促其健康成长……诸多论断我深表赞同。

在迎接党的十九大召开前夕,我国司法改革也在进入更高要求、更深更实的新时期,少年司法在三十多年积累基础上正在向纵深发展,一些新问题、高难度问题不断被提出并寻求破解路径和方法。我国少年刑事司法制度已经有了顶层设计的空间和突破创新的好机遇,机不可失,时不再来。我们要明确方向、目标、重点,以深化司法体制和工作机制改革为契机,以民为本,以现代未成年人刑事理念、刑事政策为指导,在中国特色社会主义法律体系发展中,按照最有利于未成年人和适合未成年人身心特点的方式,创造性地对未成年人的刑事立法和刑事司法进行突破性研究和探索,推动我国未成年人刑事实体法的制定,创建独立的且有我国特色的少年刑事司法制度,最大限度地保障未成年人的合法权益,促使涉罪未成年人尽早回归社会、健康守法、服务社会。

四、 对我国少年刑事司法制度创新的展望

发展创新是时代强音。一个新起点、新高度总要有勇于冲上去的排头兵、先行者。过去30多年,我国少年司法发展就有一支新的有社会担当的年轻队伍,在党的领导和社会方方面面支持下,有思想、有目标,一路走来,不怕困难挫折,一步一个脚印,勇于创新,探索青少年保护和预防青少年犯罪问题,取得大跨越的成功和进步。

30多年后的当今,全球化、网络化、信息化、大数据改变着未成年人成长环境和思想、行为方式,先行者要不懈学习,提高实力,才能敏锐精准、适变应对,用新理念、新思路、新方法,在破解发展难题中推进司法改革向纵深发展、落实落地,求取实效。

构建未成年人构罪理论和法律标准体系是一个高难度的课题,本书走出很好的开始一步,得来很不容易。下面要提高、深入一步,还会涉及许多我们不了解、不熟悉的领域,我认为进一步的难度会增加十倍百倍,必须有预见和准备。万事开头难嘛,我习研进程中也发现本书有明显的初论期的不足和一些需要斟酌讨论的地方,期望再接再厉、努力研究。

《未成年人构罪论》是华东政法大学青少年犯罪研究所苗伟明教授与几位年轻学者新近组成的团队承担的,据悉最高人民检察院与华东政法大学已决定合作,继续由苗伟明教授领衔、多位年轻学者参加组成的团队,承担这项课题的进一步研究。衷心希望、热切期待课题研究取得新成就,作出新贡献。

发展是永恒的,学习、探索、实践、进步是无止境的。青少年保护与犯罪预防是复杂的系统工程,最忌急功近利,浅尝辄止。老会长黎群同志和漫之同志多次说过,中国很大,有社会主义制度优势,有世界上其他国家难得拥有的丰富实践资源,国际论坛应该有我们的声音,我们有责任对自己国家、

对国际社会有所奉献。事要人为,团结就是力量。首都北京人才聚集,又有信息交流聚集绝对强势,一直在领头前进,共青团中央有懂行的、有胆识、有作为的排头兵、先行者。重庆、浙江、天津、江苏、福建、两广等都有实力强大的专家队伍。众人拾柴火焰高,新机遇需要众多个人奉献,要有更多的领军人物极其出色的团队持续合力,攻坚克难。我国少年司法理论和实践全面创新发展,过去是、现在和将来永远是需要全国众多精英和团队的出力和奉献。发展创新动员大家组建起来,认准目标攻坚克难,有计划地修改完善《中华人民共和国未成年人保护法》《预防未成年人犯罪法》《义务教育法》以及其他有关法,探索创立中国少年刑事与危险行为处置管理法,未成年人保护与司法机构设置与管理法,未成年人福利法,未成年特殊群体救助管理法,家庭教育法……,构建形成中国特色的少年司法体系,实现新的大跨越。

上海是中国少年司法的发源地,又有理论与实际结合优势,要撸起袖子干,勇做先行者。上海有一支国内外少有、在未成年人保护和司法第一线经过 30 多年实践持续历练的、有组织有水平的专家队伍,涵盖法院检察院和政府实际部门、社会团体,受人特别关注和重视;上海有能见证我国少年司法制度诞生发展历史的华东政法大学青少年犯罪研究所,团结坚守 30 多年,一支年轻团队正在成长;特别让人振奋的,上海政法学院以姚建龙教授引领的青少年保护和预防青少年犯罪问题学术团队,近年来,不断出新论、新成果,是国内引人注目的新星。上海法学会少年法研究会、共青团上海市委牵头的预防未成年人犯罪研究会,不断适时提出研讨新问题、热点问题,把大家吸引到党和国家关注、人民关心的理论和现实问题上来出力、献策,期望争做第一,争作贡献!

青少年保护和预防青少年犯罪是一个让人时刻惦记、愿意为之付出全部的事业,蓦然回首,会看见少年清纯灿烂的笑容、灯下老少促膝相处的温馨、街市上行进中轻松和谐有序的男男女女,幸福。

开拓创新　永葆少年司法勃勃生机

——《长大成人：少年司法制度的建构》序 *

少年司法制度是法学皇冠上的一颗明珠，国际社会往往以此作为衡量一个国家法制建设发展水平、完善程度、科学性的标志之一，在我国建设社会主义法治国家的进程中，这是一个具有挑战性的学术领域。值得高兴的是在祖国大陆的社会主义土地上已经研究、实践 20 余年，而且登堂入室、逐步提高，一步步进入理论研究的领域，发表了不少优秀成果，姚建龙新著《少年司法制度研究》又为我们提供了这方面很有价值的新的信息、资料、见解。我个人十分赞赏出版社与出版编辑的眼光与理论远见，使本书很快能与读者见面，因为这是一本值得推荐一读的书。

少年司法在法学领域可以说是别出心裁、独树一帜，有独到见解、独特程序，它向传统的司法理论挑战，向成人司法制度的观念、程序、做法挑战。因此，从一般公认的 1899 年美国建立世界上第一个少年法庭以来，就是在功过是非争论绵延、存废进退跌宕起伏中不断前进发展的，在我国也不例外，其原因至少有：

第一，少年司法保护的直接对象是一个对现实社会没有发言权、很难产生影响干预的弱势群体。未成年人虽然是一个人数不小的群体，但是人小体弱、依赖成人、没有能力、没有地位，尽管未来是属于他们的，但现实社会是成人主宰的社会，现实社会的功利因素历史地注定未成年人总是不受到尊重，维护未成年人的权益不易为成年人接受。他们经常受到不公正的制约甚至受到伤害以及种种不合理的待遇。尤其是面对忽视他们权利、尊严而又承担抚养培育他们义务的亲人更是无能为力。

第二，受到传统理论、传统思想观念的权威阻碍、压抑、非难。现代法律的理论、原则、程序，总体上是按照管理、调整成人事务与关系的要求与模式设计的，尤其是刑事法经过几个世纪的磨炼，已经相当成熟完善，具有极强

　* 原载《长大成人：少年司法制度的建构》，中国人民大学出版社 2003 年版，序一。

的定势与权威性。建立在未成年人生理心理特殊性基础上的少年司法,首要要求就是突破原来建立在成年人基础上的理论观念和程序框架,建立新的指导思想与理念,这在一定程度上比新创造难度更大,因为它要说服或者说是要批判与克服原有的理论定式,这就难被原有的理论、观念所接受。因为理论定式会使有的人认为只有原来成人的一套概念、规定是科学,与此相悖的就是错误的,从而使少年司法制度容易受到非难、排挤。

第三,科学发展的制约。在未成年人生理心理特殊性没有得到充分研究的情况下,独立的未成年人司法制度的提出只是出于一种慈善良好的主观愿望,没有科学根据作支撑。只有现代自然科学和社会科学的诞生与发展,直接的如达尔文进化论、生物学、生理学、心理学,还有哲学、社会科学,如教育学、社会学、刑事法学、犯罪学研究新成果等等,为少年司法提供了科学根据,才赢得了社会公众和学术界的真正支持与认同,并孕育发现许多新理念,其中包括一些具有普遍价值的法学新观念、新思想。

必须指出,少年司法自身的理论研究不系统、不成熟、不完备,没有建立科学成熟、令人信服的独立理论也是一个客观的因素。在我国由于历史短促,理论的底气与储备不足,研究粗浅、低水平重复研究多,也影响实践的力度与创新。

但是少年司法百年发展的历史证明,由于科学在发展,社会在进步,先进思想在鼓励,人类对自身根本长远利益的认识在深化,少年司法还是生机勃勃、发展起来,为法学的进步,为社会健康安全做出许多贡献,如缓刑制度、犯罪原因、非犯罪化、社会防卫、非刑罚处罚等等,都与少年犯罪的研究、与少年司法对传统刑事法律思想的挑战所取得的进步和科学成果分不开的。本书从不同角度反映了这些特点的历史与现状。

我国少年司法的思路和做法是向国外先进的思想、经验学习引进的。中国有 5000 年的文明史,历史上不乏强调对少年儿童宽宥、爱护、教育的思想感情与传统,但由于近代科学发展落后,社会发展迟缓,阻碍了科学的少年司法制度的形成、诞生与传播。迟到的春天是在党的十一届三中全会以后开始的,中国少年司法是学习国外科学思想、先进经验,在我国社会主义土地上结出的新的果实,避免了一些弯路和错误,有自己的新的变异、发展、创新、开拓。

中国大陆少年司法实践丰富,研究活跃,出了大量论文著作,实践富有生气,经常冲在前头。实践基础上的理论创新是社会发展和变革的先导。中国共产党第十六次代表大会的报告指出:"世界在变化,我国改革开放和现代化建设在前进,人民群众的伟大实践在发展,迫切要求我们党以马克思主义的理论勇气,总结实践的新经验,借鉴当代人类文明的有益成果,在理论上不断扩展新视野,作出新概括。"理论不能停滞,更不应落后。少年司法的理论与实践必须相互支撑、相互促进,实践向前发展,理论一定要勇敢地上去,否则都要落后,难以前进发展。当前我国少年司法制度在前进中,特别需要理论、舆论、公众的支持,普法宣传、解答一些问题,零敲碎打的实践都是不行的。一定要有系统的理论研究与探索。

作者姚建龙是一位有思想、勤学、上进的年轻学子,有理论的勇气和智慧,攻读硕士研究生后,更是胸怀理想,谦虚勤奋,三年如一日,终于完成此书。作为老师,三年中我引其入门,不断讨论研究,又成为本书的最早读者、赞赏者。当然正像任何一个刚刚步入科学殿堂的年轻人一样,著作中不可避免地存在一些不严密、不准确的地方,尤其是面对这样一个极其复杂的研究课题,值得商榷的问题肯定不少,但这并不影响本书的可读性,它的价值和启示性,因为本书资料丰富,立论有高度,有些见解的深度,都是近期出版的著作中值得称赞的。为此,我有幸作为中国少年司法制度最早实践开拓研究的参与者、见证人,从未间断实践的参与和理论的研究,十分庆幸长江后浪推前浪,我们年轻人赶上一个有作为的好时代,已经在一个新的高起点上,从实践向理论逐步深化,开始进入一个更高的理论领域。一门新的学科后继有人,开拓创新,前景灿烂。

本书论及少年法院问题,我认为,建立独立的少年专门法院是我国少年司法制度发展上的一个里程碑,理论上、实践上、立法上都有重要的意义和价值,也是我国少年司法当前最新、最受关注、最具现实性的课题。书中独立一章进行论述,增加了本书的前瞻性。独立的少年法院减少在成人与未成年人混合构成的法院中,审理成人案件的程序、制度、时间、人员、工作量指标、成就评价规定等,相互比较与牵制,有更好的条件根据未成年人的生理心理特点,创建、形成符合少年犯罪规律的科学的、有最好社会效果的少年司法的制度与做法;建立少年法院必然使案件集中,接触更多方面、更多类型、更多数量的未成年人案件,加快资料积累,加快规律性研究;建立少年法院加强了领导,形成中心,提高权威性,成为中国少年司法旗舰、带头、示范,成为少年司法开拓的特区,创造总结经验,为中央决策、立法提供有说服力的数据、典型,加快立法进程;建立少年法院吸引人才,集中人才,更有利于实际部门与教学研究部门加强联系、进行研究合作,建立实践基地、试点。我个人期望此书能引起更多的有识之士关注、研究少年法院问题,催生少年法院在祖国大陆成熟、诞生。

总之,这是一部学习实践、总结实践的著作,也是一本勇敢进行新问题探索的著作,严格地说它不是一个人的成果,从字里行间众多的论述引证中可以看出许多学者、实践先行者创造探索付出的劳动和取得的业绩。但是这部书毕竟反映了莘莘学子学习、探索的艰苦历程,字字行行留下他的思考、成果和奋进的足迹,不只是其内容会给读者有所启迪,而且其成长道路和学习研究的方法也有值得学习借鉴的地方。

少年司法是向传统理论的挑战[*]

1899 年 7 月 1 日,美国伊利诺伊州通过了世界上第一部《少年法庭法》,同日芝加哥建立了世界上第一个少年法庭,这被公认是世界少年司法制度的诞生日。今年 7 月 1 日,世界上第一个少年法庭建立已经进入 110 年了,适逢西南政法大学青年学者高维俭博士新译《少年司法的一个世纪》(商务印书馆,2008 年 5 月)一书出版,粗读之后,颇受启发。特结合我国国情撰写本文以资纪念,并激励同仁在科学发展观指导下,回顾历史,展望未来,继续努力,开拓创新,有所建树,有新贡献。

一、 一部充满创新精神的少年司法百年回顾史

少年司法是向传统理论的一场挑战,具有开拓性、独创性,因此发展进程中充满了曲折和不同意见的争论。由玛格丽特·罗森海姆等美国著名人士合编的《少年司法的一个世纪》一书,就是为了纪念少年司法制度诞生 100 周年,一批权威性专家学者聚集在一起总结回顾少年司法发源地——美国少年法院 100 年的历史经验而撰写的专著。这部著作客观生动地论述了少年司法的一些基本理念、概念、制度的孕育、提出、发展的背景和艰辛过程,写得非常实际、非常具体、非常科学、非常深刻,历史地、逻辑地论证少年司法科学发展的必然趋势。这样的译作在国内尚属首部,确实给人启示,引人深思,是关注儿童权益、健康成长和未成年人违法犯罪的社会学界、法学界人士,尤其是关心青少年以及青少年工作者、少年司法的实际工作者和理论工作者值得关注和认真一读的著作。

少年法庭已经是一个世界性的现象,本书分五个部分,包括少年司法的历史考察、少年司法与法学理论、少年司法与社会科学、少年司法与儿童福利、少年司法的比较研究,使读者获得关于少年司法的全面知识,了解少年司法的追求目标以及对重大问题的应对策略,并通过总结少年司法的第一

* 原载《青少年犯罪问题》2008 年第 4 期。

个世纪的经验,发现新的视角,照亮已经开始的少年司法第二个世纪实践的前程。

书中真实地反映了少年司法理念在美国实践和制度化发展中经历的争论、挫折、前进、完善的进程,本书直言"少年法庭(The Juvenile Court)是州立法机构的彻头彻尾的发明""少年法庭力图颠覆素有的法律传统,将儿童(需要政府监护、教养以及不服管教、罪错者)的权益置于法律领域中的首要位置。儿童利益为先是一种对普通法传统的激进背离,这却是美国历史上最为广远且迅速风行的法律改革运动"。正因为如此,少年司法发展中历经争论挫折,虽然少年法庭在1899年建立之初,国内外风靡一时,争相仿效,但到1912年就受到各种指责,州立法机关甚至于已经通过立法要废除该法,由于维护者据理力争,学者研究充分肯定,最后才由州长否决而没有被废除。1967年发生哥尔特案件,又对少年司法造成冲击,引起美国少年司法制度的重大变革。20世纪70年代之后,曾有少年犯认为:"犯罪要趁早,因为现在有法律保护,成年后就要受到严厉惩罚了",于是又出现少年司法"纵容未成年人犯罪"之质疑。还有转处制度使严重案件转交成人法院,少年法院只限于处理轻微案件,少年司法的成人模式特点愈来愈重,成人与未成年人处理界限模糊、不清晰,少年法庭的刑事惩罚的功能被丢弃,少年法庭没有存在必要了,等等。1986年在我国青岛召开的"中美少年司法理论研讨会"上,美国的学者与美国少年法院法官的激烈分歧就带到了研讨会上,有的美国学者直接提出美国少年司法是失败的,同时在场的另外的美国专家却当即针锋相对地强调美国少年司法制度贡献是巨大的,意见大相径庭。

令人深思的是,美国少年司法经历的这一进程在我国惊人相似地重复着。我国少年司法最近二十多年进步发展的历史,也一直是在争论中前进、发展的。早在1981年由共青团中央发起召开的"青少年保护法座谈会"上,就有"保护权"与"处死权"之争,有人认为只要给法官对少年犯有最大限度的判处死刑权就能使少年不敢违法犯罪,但是绝大多数与会代表认为给法官对少年犯有最大限度的判处死刑权绝不可能解决青少年违法犯罪问题,预防减少青少年违法犯罪的根本出路在于综合治理、保护青少年健康成长;1987年在上海建立中国第一个"少年法庭"的试点过程中又有"审判庭"与"慈善庭"之争,有人认为少年法庭是不务正业,法庭不是慈善事业,为此我与上海市长宁法院还合作拍摄了一部电视剧《拯救》,以回答所谓"慈善庭"之责难;中国第一部地方少年法规——《上海市青少年保护条例》制作过程中也有"是否有必要、是否有价值"的质疑,例如国家法律中已有少年违法犯罪的规定如刑事责任年龄等,还有制定少年保护法之必要吗? 有位当时在任的人大领导就在审议《条例》草案时说:我在开始时就怀疑其必要性,经过多次听取讨论意见和论证,现在我才认为制定青少年保护条例很有必要、很有价值,并在人大代表会上极力支持并介绍推荐、呼吁通过提交的《上海市青少年保护条例》草案。

我国少年法庭从 1984 年试建到 1987 年得到肯定推广,至今也还是在争论中曲折发展的。1988 年上海会议时全国有少年法庭 100 多个,1990 年第二次少年刑事审判工作会议已达 862 个,1994 年第三次福州会议全国共 3369 个,这一段可谓顺利发展期,以后由于精简机构和少年法庭自身发展中碰到的困难,出现全国性的发展困惑,有人称之为发展的低谷或危机,1998 年少年法庭就被撤并减少到 2504 个,其中既有消极否定性撤并,也有推进发展性的探索。进入新世纪以来,在实际部门和理论部门的共同努力下,情况有所稳定,但是发展进程中的矛盾仍十分突出,一方面是立法有明显进步和肯定,另一方面有关少年司法机构设置进步不大,仍没有明确规定;一方面是少年法庭的必要性、科学性和社会效益不断为实践所证实、肯定,进一步建立少年法院之呼声不绝,另一方面机构改革调整中撤掉不少少年法庭,案源、收案范围、人员、经费、考核制度都有不少发展中产生的实际问题,有人惊称出现少年法庭"生存危机";一方面未成年人生理心理的特殊性需要特殊保护得到普遍承认,另一方面,未成年人特殊性在立法中被接受认可的难度仍旧非常大,并明显滞后于少年司法实践,使少年司法实践的试点、创新难有突破,法制建设的进步、严格执法在少年司法领域反而成为进一步改革创新的困难和障碍。

历史是一面镜子,历史的经验值得重视。100 多年来,美国少年司法在保护少年儿童,保护社会免遭罪错少年的侵害之间,矛盾、平衡、切换、选择,经历着一个充满曲折的探索、发展过程,了解学习研究少年司法制度在原创地的历史变化、实践经验、理论研究成果,对理解少年司法特殊性的精神实质和把握其精髓,具有特别重要的作用、意义和价值。越是了解少年司法 20 世纪的历史,越会有推进我们所担负的事业需要的勇气与笃信。

二、 发展中的少年司法仍面临着艰巨的任务和挑战

百年来尤其是近 30 年来,少年权益保护和少年司法受到国际范围内的普遍关注,发展进步是非常快的,一些发达国家在实践中不断探索创新,联合国在倡导、推动方面发挥了重要作用,并组织通过多项有关少年儿童权益保护和少年司法的决议、文件,如 1989 年第 44 届联合国大会通过的《儿童权利公约》、1985 年联合国第 96 次全体会议通过《联合国第七届预防犯罪和罪犯待遇大会决议》《联合国少年司法最低限度标准准则》(《北京规则》)、1990 年联合国世界儿童问题首脑会议通过《儿童生存、保护和发展世界宣言》和《执行一九九〇年代儿童生存、保护和发展世界宣言行动计划》、1990 年第 45 届联合国大会核准联合国第八届预防犯罪和罪犯待遇大会通过的《联合国保护被剥夺自由少年规则》、1991 年联合国第八届预防犯罪和罪犯待遇大会通过《联合国预防少年犯罪准则》(《利雅得准则》)等,在许多重要指导思想和原则上已经逐步取得共识。但是,少年司法制度在立法、司法方面总体上还是处在发展和待完善之中,面临着许多值得研究的问题和现实挑战,任务十分艰巨。

少年司法的挑战首先在于,少年司法领域至今仍有许多两难困惑,甚至于还有许多难解之谜,有待理论的研究和阐明,如:科学否定天生犯罪人、实证又屡屡发现从小凶残成性的少年犯罪人;看犯罪材料、行为令人发指,深入调查其生存、生活经历背景,接触其捕后表现、言谈又同情其幼稚天真;以及"儿童在多大程度上是其环境的产物,以及其个人特征在多大程度上导致其行为? 儿童应当在多大程度上对其行为承担责任? 干预的目的是惩罚,还是康复? 对于犯轻罪的少年,宜否适用拘留,有无更为有效、经济的干预方式?""政府的角色如何?",这些问题一直为研究者所关注并困惑。该书的作者坦言:"美国人对其社会化失调而又不能自拔的儿童抱有一种矛盾的情感——既担心孩子,又害怕孩子,两种情绪相互纠结(A fear for children that was bound up with a fear of children)。早在少年法院正式诞生之前的长时间里,这种同情与敌对的矛盾心态便左右着政府对问题少年的应对策略"。这种感受不少国家当局、司法实际工作者和研究工作者都有实际体会,既严不得、关不得、重不得、也宽不得、放不得、轻不得。似乎严不公正,宽也不公正,无所适从。

特别矛盾的是,少年生理、心理的特殊性导致少年犯罪的特殊性,为什么具有犯罪构成特殊性的少年犯罪只能适用为成人犯罪制定的刑法,及其实质上不符合少年犯罪实际的成人刑法犯罪构成。国际社会少年法研究成果累累,为什么至今世界上还没有一部独立完善的少年刑法、特殊少年保护与非刑事处置法、少年诉讼法、少年法院组织法、少年执法法?

历史经验已经揭示,儿童的特殊法律地位是问题的出发点和归宿。要理解如何以及为何将儿童区别于成人进行对待,应从历史的发展中深刻认识和体会将少年犯置于少年法庭而不是刑事法庭进行处理的基本原理。我个人认为:少年司法理念的科学性、特殊性及其在立法、司法上得到突破的程度和速度,决定着少年司法能否较为顺利发展及其发展水平、发展速度。

三、 开拓创新为社会进步发展做出独特贡献

少年犯罪是一个复杂的社会问题,预防少年犯罪、保护少年健康成长,涉及社会各方面关系的协调、平衡,处理稍有疏忽、不当,就会差之毫厘,失之千里,有悖于保护之初衷,既失去承认与支持,还会造成对少年、对社会的危害。一些发达国家早在一、二百年前就已经面临着少年犯罪问题的困扰,做了大量的调查研究,积累了许多经验,值得我们认真学习借鉴。

少年司法是保护少年的最后一个屏障,也是教育挽救、具有关键价值的最后一个环节。未成年人违法犯罪预防战略必须是多道防线的综合防治,司法是最后的防线。少年法庭基于一个坚定的信念:通过对其提供所需要的帮助,罪错少年能够成为社会的有用之才和守法公民。因此,基于未成年人的特殊性,让一切不必要或者通过其他手段可以得到解决、解救的违法犯罪的未成年人不进入刑事司法处置程序是保护挽救未成年人最重要、最值得关注的一个问题。

我国社会主义的理论和建设经验正在成熟,党中央提出科学发展观和建立社会主义和谐社会的目标,十七大进一步提出关注民生、加强法制、关心与保障人权,推进我国各项事业健康发展。随着法制理论研究水平不断提高,实际工作的不断创新和经验积累,我们有信心学习各国的先进的理论和经验,结合我国的实际,创造性地解决好未成年人犯罪这个世界性难题。我国已经有一些受到国际社会关注的经验,如关于保护未成年人与保护社会公众协调统一的理论与实践,解决了困扰不少国家多年的难题和分歧;社

会治安综合治理的理论和实践也是颇受肯定和赞扬的；辩证处置保护与惩罚的关系，认为没有必要的处罚不利于违法犯罪青少年自己，也得不到社会公众的理解和支持。但是，我们必须清醒认识，中国少年法制建设还有很长的路要走，首先是要有理论和立法的提升、突破，才能为实践的开拓创新开门辟路。

中国有十几亿人口，有几亿未成年人，中国又是一个有悠久历史、善于学习借鉴、能够思考、实践经验十分丰富多彩的国家，一旦认识上提升解放，其创造力和能做出的贡献是难以估量的。我们有一支非常优秀的少年司法队伍，正在出现一批有志于少年司法研究的年轻、有作为的学者，中国少年司法将会走到这样一天，那时，世界上会有令人关注、敬佩的中国少年权益保护和少年犯罪预防、少年司法的学术流派，具有中国特色社会主义的经验值得学习借鉴，这颗闪耀光芒的中国少年司法的明珠，将为社会的安全、稳定、进步、发展作出创造性的贡献。

我国少年司法制度的状况与法律规定 *

一、 中国少年司法制度的发展历史

在中国众多的法律古籍中有不少关于少年违法犯罪的规定,但没有专业的少年司法制度。现代意义的少年司法制度诞生于 19 世纪末的美国,20 世纪初影响到英、德、法、日、印度等世界上许多国家。20 世纪 30 年代,中国也有一些学者向国内介绍、宣传西方发达国家的少年刑事政策与少年司法制度,并对中国的现实产生一定的影响,但是由于战争和经济发展等多种因素的制约,在中华人民共和国成立前,中国没有建立起自己的少年司法制度。

中华人民共和国成立后,少年司法制度一直没有被提上议事日程。尽管台湾地区在六七十年代制定、实施《少年事件处理办法》,由于海峡两岸处于军事对峙状态,台湾地区的研究探索无法对全国产生影响。

从全国来说,中国的少年司法制度诞生于 1984 年的上海。这一年初夏,华东政法学院青少年犯罪研究所与上海市长宁区人民法院合作进行青少年犯罪与少年刑事审判调查研究,同年 11 月,在研究总结该院近五年的少年刑事案件的特点、问题的基础上,结合国外的经验,长宁法院依据中华人民共和国法院组织法创建了专门审理少年刑事案件合议庭,这就是中国第一个少年法庭。长宁法院建立少年法庭的经验经过两年多的实践、总结,于 1987 年得到中华人民共和国最高人民法院的肯定,在全国推广。经过 10 年时间,至 1994 年,全国县、市基层法院(其中还有一部分中级人民法院)普遍建立了少年法庭,据统计总数达 3369 个。

与建立少年法庭的组织机构的发展相适应,1991 年 9 月,我们颁布了《中华人民共和国未成年人保护法》,该法第 38 条规定:"对违法犯罪的未成年人,实行教育、感化、挽救的方针,坚持教育为主、惩罚为辅的原则。"第 40

---

* 撰写于 2004 年 3 月,本文最后部分略有删减。

条规定:"公安机关、人民检察院、人民法院办理未成年人犯罪的案件,应当照顾未成年人的身心特点,并可以根据需要设立专门机构或者指定专人办理。"从立法上进一步确立了中国少年司法制度的建立。在1991—1995年间,相继颁布的还有最高人民法院《关于办理少年刑事案件的若干规定(试行)》《关于办理未成年人刑事案件适用法律的若干问题的解释》,最高人民检察院《关于认真开展未成年人犯罪案件检察工作的通知》,公安部《公安机关办理未成年人违法犯罪案件的规定》,最高人民法院、国家教育委员会、共青团中央委员会、中华全国总工会中华全国妇女联合会《关于审理少年刑事案件聘请特邀陪审员的联合通知》,最高人民法院、最高人民检察院、公安部、司法部《关于办理少年刑事案件建立互相配套工作体系的通知》,使中国少年司法制度在组织上、实体上、程序上都有了较为全面的规定,从少年刑事犯罪预防、处置向权益保护发展。

新世纪以来,我国为继续推进、健全、完善少年司法制度,正在做新的改革和探索、研究,如建立少年法院、非刑罚处罚方法、程序特殊化、扩大取保候审、合适成年人参与制度等。

二、 中国少年法体系

我国少年法,受历史、社会、经济发展与法制建设的整体水平的影响,近二十年才有显著的发展与进步,半个世纪来,我国少年法大致经历了三个发展时期:

1. 二十世纪五六十年代是内容单一、规定分散的时期

中华人民共和国建立之初,刚刚从多年战争破坏中走出来的新中国,继承的是一个十分落后的千疮百孔的烂摊子,经济问题、社会问题比比皆是。因此,当时的情况没有条件、也没有能力全面考虑未成年人权益保护问题,只能从实际出发对群众最关心、最迫切要求解决的少年儿童权益问题做出一些规定,其中有的通过人大立法做出规定,大多通过行政法规的形式来规定的。例如1950年《中华人民共和国婚姻法》规定保护非婚生子女,禁止溺婴、残害婴幼儿,禁止继父母虐待子女;1954年公布《中华人民共和国劳动改造条例》,对少年犯管教的组织机构、管理等作了专门规定;1955年全国人大常委会通过《关于处理违法图书杂志的决定》,规定对宣扬凶杀、淫秽及其他犯罪行为的图书杂志进行处置,保护广大人民及广大青少年的身心健康;

1957年最高人民法院、公安部、司法部专门规定,严惩奸淫幼女的犯罪分子,对"唆使或组织少年儿童进行犯罪的分子必须严惩";1960年最高人民法院、最高人民检察院、公安部专门发出《关于对少年儿童一般犯罪不予逮捕判决的联合通知》;1965年公安部、教育部《关于加强少年管教所工作的意见》进一步规定,要对少年犯进行体检、绝对禁止带戒具和打骂虐待等等。这一时期法律保护涉及少年儿童权益的各个方面,但总体上没有统一规划,比较零散,不成体系。

2.七八十年代,是主要法律门类逐步齐全,未成年人权益保护的规定大量出台、发展较快的时期

随着我国经济发展、社会进步,主要法律门类逐步齐全,70年代末,我国法制建设在改革开放的推动下,进入一个新的时期,全国人大制定、颁布了一系列重要法律、法规,十余年时间,使我国社会、经济生活的各主要领域的法律逐步完善,形成初步适应我国社会主义社会现实需要的法律体系。未成年人权益保护也受到重视、得到较全面的体现。例如《中华人民共和国刑法》(1979)、《中华人民共和国刑事诉讼法》(1979)、《中华人民共和国民法通则》(1986)、《中华人民共和国民事诉讼法》(1991),还有《婚姻法》(1980)、《继承法》(1985)、《治安管理处罚条例》(1986)、《义务教育法》(1986)、《妇幼卫生工作条例》(1986)等。在这些法律、法规中,我国少年儿童权益的保护有了较为全面和进一步明确、具体的规定,形成了一定的系统。

3.20世纪90年代是逐步形成以《未成年人保护法》为标志的综合性未成年人权益保护法律体系的时期

80年代酝酿、90年代开始,我国少年儿童权益保护愈来愈受到社会的关注,国家加大了这方面的支持与投入,这一领域的专门法律、法规经过多年的讨论、呼吁,陆续出台,成为当时立法的热点之一。以《中华人民共和国未成年人保护法》(1991)与《上海市青少年保护条例》为标志,全国人大与各省市人大通过一系列专门保护青少年的独立法律、法规,有全国性的《中华人民共和国未成年人保护法》(1991)、《中华人民共和国预防未成年人犯罪法》(1999)、《中华人民共和国义务教育法》(1986)、《学校伤害事故处理办法》等专门法,还有《收养法》(1991)、《教育法》(1995)、《残疾人保障法》(1990)、《母婴保障法》1994,以及《劳动法》(1994)、《妇女权益保障法》(1992)、《监狱法》(1994)中的专门规定。同时各省、市人大也普遍制定、通

过了有关未成年人保护、妇女儿童权益保护、义务教育、预防未成年人犯罪与社会治安综合治理方面的地方法规。形成了主要由全国法、行政法规、地方法组成的综合性的少年儿童权益保护的法律体系。

存在的问题,主要是:少年儿童权益还没有全面得到保护,例如刑法管不上的家庭暴力、体罚、性侵犯、受教育权;法律规定比较原则,缺乏实施细则与操作办法,禁止未成年人吸烟、酗酒,不得向未成年人出售;总体上还是以成人的处理原则、程序、方法处理未成年人,没有充分考虑未成年人特殊性,存在不公正、不合理、不科学的缺陷;还没有专门的少年刑法、程序法等。

三、 少年犯罪的现状

(一) 少年犯罪的数量变化

1. 20 世纪 50 年代大幅度下降,17 年下降 40%;60 年代到 70 年代文化在革命大幅度上升,10 年上升 800%;80—90 年代上升幅度减缓,从文革 10 年上升 8 倍(800%),到 80 年代 10 年上升 200%,到 90 年代 10 年上升 90%。

2. 少年犯罪在刑事犯罪中占的比例从 80 年代占 18%—23%,90 年代下降至 10% 至 13%,新世纪进一步下降至不到 10%。

3. 绝对数上升:

全国统计资料少年犯罪

20 世纪 80 年代 10—20 万起/年

20 世纪 90 年代 20—30 万起/年

2000 年以来 40—60 万起/年

上海:1992 年 1328

1993 年 2204

1994 年 2236

1995 年 2371

1996 年 2362

1997 年 2999

1998 年 2855

1999 年 3518

2000 年 3025

2001 年 3822

4. 全国法院判少年犯上升:

20 世纪 80 年代平均年 25000 起

20 世纪 90 年代平均年 35000 起

新世纪以来一年超过 40000 起

附:表 1　犯罪、治安立案统计(至 2003.12.20)

年　份	公安立案总数(件)
1950	513461
1951	332471
1952	243003
1953	292308
1954	292229
1955	325829
1956	180075
1957	298031
1958	211068
1959	210025
1960	222734
1961	421934
1962	324637
1963	251225
1964	215321
1965	216125
1966—1971	空缺六年数据
1972	402573
1973	535820
1974	516419
1975	475430
1976	488813
1977	548415

年份	刑事立案总数(件)	治安案件(件)	总数(件)
1979	535698	636222	1171920
1980	757104	1097670	1854774
1981	890281	1343158	2233439
1982	748476	1333349	2081825
1983	610478	1024432	1634910
1984	514369	816134	1330506
1985	542005	922275	1464280
1986	547115	1004203	1551318
1987	570439	1125949	1696388
1988	827594	1301277	2128871
1989	1971901	1719110	3691011
1990	2216997	1835779	4052776
1991	2365709	2240648	4606357
1992	1582659	2529604	4112263
1993	1616879	2839164	4456043
1994	1660734	2865754	4580802
1995	1619256	2961546	4718339
1996	1600716	3117623	4718339
1997	1613629	3003799	4617428
1998	1986070	2994282	4980352
1999	2249319	3105940	5355259
2000	3637307	4437417	8074724

表2　全国犯罪部分分类统计(空白处为数据缺失)

年份	立案总数(件)	凶杀(件)	伤害(件)	抢劫(件)	强奸(件)	盗窃(严重盗窃/盗自行车)(件)
1980	757104					
1981	890281	9576	21499	22266	30808	744374(16873/)
1982	748476	9324	20298	16518	35361	609481(15462/)

续表

年份	立案总数 （件）	凶杀 （件）	伤害 （件）	抢劫 （件）	强奸 （件）	盗窃(严重盗窃/ 盗自行车)(件)
1983	610478					
1984	514369	9027	14526	7273	44630	395319(16340/)
1985	542005	10440	15586	8801	37712	431323(34643/)
1986	547115	11510	18364	12124	39121	425845(42192/)
1987	570439	13154	21727	18775	37225	435235(58661/)
1988	827594	15959	26639	36318	34120	658683(122041/66411)
1989	1971901	19590	35931	72881	40999	1673222(277147/453322)
1990	2216997	21214	45200	82361	47782	1860793(295418/550863)
1991	2365709	23199	57496	105132	50331	1922506(329229/607456)
1992	1582659	24132	59901	125092	49829	1142556(251117/147493)
1993	1616879	25381	64595	152102	47033	1122105(301848/103248)
1994	1660734	26553	67864	159253	44118	1133682(355201/116613)
1995	1690407	27356	72259	164478	41823	1132789(412418/98001)
1996	1600716	25411	68992	151147	42820	1043982(404056/72774)
1997	1613629	26070	69071	141514	40699	1058110(448917/55607)
1998	1986068	27670	80862	175116	40967	1296988(603180/54581)
1999	2249319	27426	92772	198607	39435	1447390(659725/49539)
2000	3637307	28429	120778	309818	35819	2373696(入室盗窃案 149728/ 盗机动车案 50377)

表3　犯罪与少年犯罪统计(空白处为数据缺失)

年份	全国立案数 （件）	查获罪犯总数 （人）	查获少年犯数 （人）	少年占总数%
1980	757104		150000	
1981	890281		120000	
1982	748476		135000	
1983	610478		114000	

续表

年份	全国立案数 （件）	查获罪犯总数 （人）	查获少年犯数 （人）	少年占总数％
1984	514369		83000	
1985	542005	471342	112063	23.8
1986	547115	488415	108817	22.3
1987	570439	530254	114667	21.6
1988	827594		151000	
1989	1971901	1075282	205046	19.1
1990	2216997	1176882	192971	16.4
1991	2365709	1424112	189203	13.3
1992	1582659	1166633	142355	12.2
1993	1616879	1340980	162992	12.1
1994	1660734	1449736	162192	11.2
1995	1690407	1450121	152755	10.5
1996	1600716			
1997	1613629			
1998	1986068			
1999	2249319			
2000	3637307		公安部估计 40万—60万	

表 4　法院判决少年罪犯（空白处为数据缺失）

年份	判决少年犯（人）	占全部罪犯比（％）
1985	17506	6.37
1986	27289	8.44
1987	28515	8.8
1988		
1989	42766	8.89
1990	42033	7.24

续表

年份	判决少年犯(人)	占全部罪犯比(%)
1991	33392	6.58
1992	33399	6.75
1993	32408	7.2
1994	38388	7.04
1995	35832	
1996	40220	
1997	30446	
1998	33612	
1999	40014(比上年上升 19.05%) 18—25 岁 181139(上升 36.71%)	
2000	41709(上升 4.24%) 18—25 岁 179272	6.52

(二) 性质与危害严重性大大增加

1. 从类型上频繁出现杀人、抢劫暴力型犯罪,计算机网络、毒品等新类型犯罪,智力型、预谋型犯罪,系列化犯罪等等,案情重大、危害严重。

2. 团伙犯罪严重。

3. 低年龄犯罪增多。

四、 刑事责任年龄和少年刑事处置原则

(一)《中华人民共和国刑法》

第 17 条　已满十六周岁的人犯罪,应当负刑事责任。

已满十四周岁不满十六周岁的人,犯故意杀人、故意伤害致人重伤或者死亡、强奸、抢劫、贩卖毒品、放火、爆炸、投毒罪的,应当负刑事责任。

已满十四周岁不满十八岁的人犯罪,应当从轻或者减轻处罚。

因不满十六周岁不予刑事处罚的,责令他的家长或者监护人加以管教;在必要的时候,也可以由政府收容教养。

第 49 条　犯罪的时候不满十八周岁的人不适用死刑。

(二)《中华人民共和国刑事诉讼法》

第 14 条　对于不满十八岁的未成年人犯罪的案件,在讯问和审判时,可

以通知犯罪嫌疑人、被告人的法定代理人到场。

第34条　被告人是盲、聋、哑或者未成年人而没有委托辩护人的,人民法院应当指定承担法律援助义务的律师为其提供辩护。

第152条　十四岁以上不满十六岁未成年人犯罪的案件,一律不公开审理。十六岁以上不满十八岁未成年人犯罪的案件,一般也不公开审理。

对于不公开审理的案件,应当当庭宣布不公开审理的理由。

(三)《中华人民共和国未成年人保护法》

第38条　对违法犯罪的未成年人,实行教育、感化、挽救的方针,坚持教育为主、惩罚为辅的原则。

第39条　已满十四周岁的未成年人犯罪,因不满十六周岁不予刑事处罚的,责令其家长或者其他监护人加以管教;必要时,也可以由政府收容教养。

第40条　公安机关、人民检察院、人民法院办理未成年人犯罪的案件,应当照顾未成年人的身心特点,并可以根据需要设立专门机构或者指定专人办理。

公安机关、人民检察院、人民法院和少年犯管教所,应当尊重违法犯罪的未成年人的人格尊严,保障他们的合法权益。

第41条　公安机关、人民检察院、人民法院对审前羁押的未成年人,应当与羁押的成年人看管分别。

对经人民法院判决服刑的未成年人,应当与服刑的成年人分别关押、管理。

第42条　十四周岁以上不满十六周岁的未成年人犯罪的案件,一律不公开审理。十六周岁以上不满十八周岁的未成年人犯罪的案件,一般也不公开审理。

对未成年人犯罪案件,在判决前,新闻报道、影视节目、公开出版物不得披露该未成年人的姓名、住所、照片及可能推断出该未成年人的资料。

第43条　家庭和学校及其他有关单位,应当配合违法犯罪未成年人所在的少年犯管教所等单位,共同做好违法犯罪未成年人的教育挽救工作。

第44条　人民检察院免予起诉、人民法院免除刑事处罚或者宣告缓刑以及被解除收容教养或者服刑期满释放的未成年人,复学、升学、就业不受歧视。

第 45 条　人民法院审理继承案件,应当依法保护未成年人的继承权。

人民法院审理离婚案件,离婚双方因抚养未成年子女发生争执,不能达成协议时,应当根据保障子女权益的原则和双方具体情况判决。

五、 公安侦察方面的规定

《公安机关办理未成年人违法犯罪案件的规定》

第 3 条　办理未成年人违法犯罪案件,应当对违法犯罪未成年人进行法制宣传教育,主动向其提供法律咨询和帮助,并明确告知其依法享有的权利和应当承担的义务。

第 5 条　办理未成年人违法犯罪案件,应当保护未成年人的名誉,不得公开披露涉案未成年人的姓名、住所和影像。

第 6 条　公安机关应当设置专门机构或者专职人员承办未成年人违法犯罪案件。办理未成年人违法犯罪案件的人员应当具有心理学、犯罪学、教育学等专业基本知识和有关法律知识,并具有一定的办案经验。

第 7 条　本规定是办理未成年人违法犯罪案件的特别规定。规定中未涉及的事项,适用有关法律、法规的规定。

第 9 条　公安机关对被扭送、检举、控告或者投案自首的违法犯罪未成年人,必须立即审查,依法作出是否立案的决定。

第 10 条　对违法犯罪未成年人的讯问应当采取不同于成年人的方式。讯问前,除掌握案件情况和证据材料外,还应当了解其生活、学习环境、成长经历、性格特点、心理状态及社会交往等情况,有针对性地制作讯问提纲。

第 11 条　讯问违法犯罪的未成年人时,根据调查案件的需要,除有碍侦查或者无法通知的情形外,应当通知其家长或者监护人或者教师到场。

第 12 条　办理未成年人违法犯罪案件,不得少于二人。对违法犯罪未成年人的讯问可以在公安机关进行,也可以到未成年人的住所、单位或者学校进行。

第 13 条　讯问违法犯罪的未成年人时,应当耐心细致地听取其陈述或者辩解,认真审核、查证与案件有关的证据和线索,并针对其思想顾虑、畏惧心理、抵触情绪进行疏导和教育。

第 14 条　讯问应当如实记录。讯问笔录应当交被讯问人核对或者向其宣读。被讯问人对笔录内容有异议的,应当核实清楚,准予更正或者补充。

必要时，可以在文字记录的同时使用录音、录像。

第15条　办理未成年人违法犯罪案件，应当严格限制和尽量减少使用强制措施。

严禁对违法犯罪的未成年人使用收容审查。

第16条　对不符合拘留、逮捕条件，但其自身安全受到严重威胁的违法犯罪未成年人，经征得家长或者监护人同意，可以依法采取必要的人身保护措施。危险消除后，应当立即解除保护措施。

第19条　拘留、逮捕后，应当在二十四小时内，将拘留、逮捕的原因和羁押的处所，通知其家长、监护人或者所在学校、单位。有碍侦查或者无法通知的情形除外。

第20条　办理未成年人违法犯罪案件，对未成年在校学生的调查讯问不得影响其正常学习。

第21条　对于被羁押的未成年人应当与成年人犯分别关押、管理，并根据其生理和心理特点在生活和学习等方面给予照顾。

第22条　办理未成年人犯罪案件原则上不得使用戒具。对确有行凶、逃跑、自杀、自伤、自残等现实危险，必须使用戒具的，应当以避免和防止危害结果的发生为限度，现实危险消除后，应当立即停止使用。

办理未成年人违法案件严禁使用戒具。

第23条　看守所应当充分保障被关押的未成年人与其近亲属通信、会见的权利。对患病的应当及时给予治疗，并通知其家长或者监护人。

第24条　对未成年人违法犯罪案件，应当及时办理。对已采取刑事强制措施的未成年人，应尽量缩短羁押时间和办案时间。超过法定羁押期限不能结案的，对被羁押的被告人应当立即变更或者解除强制措施。

第25条　案件办理终结，应当对案情进行全面的分析，充分考虑未成年人的特点，从有利于教育、挽救未成年被告人出发，依法提出处理意见。

对违法犯罪未成年人的处理，应当比照成年人违法犯罪从轻、减轻或者免除处罚。

第26条　对移送人民检察院审查起诉的未成年人犯罪案件，应当同人民检察院的未成年人犯罪案件检察机构和人民法院的未成年人犯罪案件审判机构加强联系，介绍被告人在侦查阶段的思想变化、悔罪表现等情况，以保证准确适用法律。

第 27 条　对违反治安管理的未成年人,应当尽量避免使用治安拘留处罚。对在校学生,一般不得予以治安拘留。

第 28 条　未成年人违法犯罪需要送劳动教养、收容教养的,应当从严控制,凡是可以由其家长负责管教的,一律不送。

第 30 条　对被管制、缓刑、假释、保外就医、劳动教养所外执行的违法犯罪未成年人员,执行的公安机关应当及时组成由派出所、被执行人所在学校、单位,街道居民委员会、村民委员会、监护人等参加的教育帮助小组,对其依法监督、帮教、考察,文明管理,并将其表现告诉原判决或者决定机关。对表现好的,应当及时提出减刑或者减少教养期限的意见。

第 31 条　执行的公安机关应当针对违法犯罪未成年人员的特点和违法犯罪性质制定监督管理措施,建立监督管理档案,并定期与原判决、决定机关及其所在学校或者单位联系,研究落实对其监督、帮教、考察的具体措施。

第 32 条　对于执行期满,具备就学或者就业条件的未成年人,执行的公安机关应当就其就学、就业等问题向有关部门介绍情况,提供资料,提出建议。

六、 检察起诉方面的规定

(一)《人民检察院办理未成年人刑事案件的规定》

第 2 条　人民检察院办理未成年人刑事案件,必须以事实为根据,以法律为准绳,坚持教育为主、惩罚为辅以及区别对待的原则,贯彻教育、感化、挽救的方针。

第 3 条　人民检察院办理未成年人刑事案件,应当加强同公安机关、人民法院的联系,及时总结、交流经验。坚持分工负责、互相配合、互相制约的原则,注重社会效果,保证执法公正。

第 4 条　人民检察院要加强同政府有关部门、共青团、妇联、工会等人民团体以及学校和未成年人保护组织的联系,共同做好教育、挽救和预防未成年人犯罪工作。

第 5 条　人民检察院办理未成年人刑事案件,应当注意保护涉案未成年人的名誉。不得公开或者传播该未成年人的姓名、住所、照片及可能推断出该未成年人的资料。

人民检察院办理刑事案件,应当注意保护未成年被害人、证人的诉讼权利。

第 6 条　人民检察院应当指定专人办理未成年人刑事案件。

未成年人刑事案件一般由熟悉未成年人特点,善于做未成年人思想教育工作的女检察人员承办。

第 7 条　人民检察院办理未成年人刑事案件,应当考虑未成年人的生理和心理特点,根据其在校表现、家庭情况、犯罪原因、悔罪态度等,实施针对性教育。

第 8 条　未成年人刑事案件的法律文书和内部工作文书,应当注明未成年人的出生年月日。

对未成年犯罪嫌疑人、被告人、未成年犯的有关情况和办案人员开展教育感化工作的情况,应当记录在卷,随案移送。

第 9 条　审查批准逮捕未成年犯罪嫌疑人,应当把是否已满十四、十六周岁的临界年龄,作为重要事实予以查清。对难以判断未成年犯罪嫌疑人实际年龄,影响案件认定的,应当作出不批准逮捕的决定,退回公安机关补充侦查。

第 10 条　审查批准逮捕未成年犯罪嫌疑人,应当注意是否有被胁迫情节,案件中是否存在教唆犯罪、传授犯罪方法犯罪或者利用未成年人实施的犯罪,而应当追究刑事责任的其他犯罪嫌疑人。

第 11 条　人民检察院审查批准逮捕未成年人刑事案件,应当讯问未成年犯罪嫌疑人。

讯问未成年犯罪嫌疑人,应当根据该未成年人的特点和实际,制定详细的讯问提纲,采取最适宜该未成年人的方式进行,讯问用语准确易懂,教育用语生动有效。

讯问未成年犯罪嫌疑人,应当告知其依法享有的诉讼权利,告知其如实交代案件事实及自首、立功、从轻、减轻处罚的法律规定和意义,核实其是否有立功、检举揭发等表现,听取其有罪的供述或者无罪、罪轻的辩解。

讯问未成年犯罪嫌疑人,可以通知其法定代理人到场,告知其依法享有的诉讼权利和应当履行的义务。

讯问女性未成年犯罪嫌疑人应当由女检察人员担任。

第 12 条　讯问未成年犯罪嫌疑人原则上不得使用戒具。对于确有现实危险,必须使用戒具的,在现实危险消除后,应当立即停止使用。

第 13 条　严格掌握审查批准逮捕未成年犯罪嫌疑人的条件,对于罪行

较轻,具备有效监护条件或者社会帮教措施,能够保证诉讼正常进行,并具有下列情形之一的,可以作出不批准逮捕决定:

(1)过失犯罪的;

(2)犯罪预备犯、中止犯、未遂犯,防卫过当、避险过当,共同犯罪中的从犯、胁从犯;

(3)犯罪后自首或者有立功表现的;

(4)犯罪后有明显悔罪表现,能够如实交代罪行,认识自己行为的危害性、违法性,积极退赃,尽力减少和赔偿损失的;

(5)具有其他没有逮捕必要情节的。

第14条　适用本规定第13条,在作出不批准逮捕决定前,应当审查其监护情况,参考其法定代理人、学校、单位、居住地公安派出所及居民委员会、村民委员会的意见。

第15条　人民检察院审查起诉未成年人刑事案件,自受理之日起三日内,应当告知该未成年犯罪嫌疑人及其法定代理人有权委托辩护人,并讲明法律意义。

对本人或者其法定代理人提出聘请律师意向,但因经济困难或者其他原因没有委托辩护人的,应当帮助其申请法律援助。

审查起诉未成年犯罪嫌疑人,应当听取其父母或者其他法定代理人、辩护人、未成年被害人及其法定代理人的意见。可以结合社会调查,通过学校、家庭等有关组织和人员,了解未成年犯罪嫌疑人的成长经历、家庭环境、个性特点、社会活动等情况,为办案提供参考。

第16条　人民检察院审查起诉未成年人刑事案件,应当讯问未成年犯罪嫌疑人。讯问未成年犯罪嫌疑人适用本规定第11条、第12条。

第17条　制作起诉书,应当依法建议人民法院对未成年被告人予以从轻或者减轻处罚。

第18条　对未成年被告人提起公诉,应将有效证明该未成年人年龄的材料作为主要证据复印件之一移送人民法院。

第19条　对提起公诉的未成年人刑事案件,应当认真做好出席法庭的准备工作:

(1)掌握未成年被告人的心理状态,并对其进行接受审判的教育;

(2)可以与未成年被告人的辩护人交换意见,实行证据开示,共同做好教育、感化工作。

第 20 条　人民检察院提起公诉的未成年人与成年人共同犯罪案件,不妨碍案件审理的,应当分开办理。

第 21 条　人民检察院提起公诉的案件,征得未成年人及其法定代理人同意后,一般不提请未成年证人、被害人出庭作证。

第 22 条　公诉人出庭支持公诉,应当充分阐述未成年被告人构成犯罪以及从轻、减轻或免除处罚的情节和法律依据。

对于具有下列情形之一,依法可能判处三年以下有期徒刑、拘役,悔罪态度较好,具备有效帮教条件、适用缓刑确实不致再危害社会的未成年被告人,公诉人应当建议法院适用缓刑:

(1) 犯罪情节较轻,未造成严重后果的;

(2) 主观恶性不深的初犯或者胁从犯、从犯;

(3) 被害人要求和解或者被害方有明显过错,并且请求对被告人免予刑事处罚的。

公诉人在依法指控犯罪的同时,要剖析未成年被告人犯罪的原因、社会危害性,适时进行法制教育及人生观教育。

第 23 条　人民检察院对于符合适用简易程序审理条件,有利于对未成年被告人教育的,应当向人民法院提出适用简易程序的建议。

适用简易程序审理的未成年人刑事案件,人民检察院应当协助人民法院落实法庭教育工作。

第 24 条　人民检察院对于符合《中华人民共和国刑事诉讼法》第 15 条规定情形之一的未成年犯罪嫌疑人,应当作出不起诉决定。

对于犯罪情节轻微,依照刑法规定不需要判处刑罚或者可以免除刑罚处罚的未成年人,可以作出不起诉决定。

对于经补充侦查的未成年人刑事案件,人民检察院仍然认为证据不足,不符合起诉条件的,可以作出不起诉的决定。

第 25 条　不起诉决定书,应当向被不起诉的未成年人及其法定代理人公开宣布,并向未成年人及其法定代理人阐明不起诉的理由和法律依据。

不起诉决定书应当送达被不起诉的未成年人及其法定代理人,并告知被不起诉人及其法定代理人依法享有的申诉等权利。

第 26 条　公安机关违反法律和《公安机关办理未成年人违法犯罪案件

的规定》,对未成年人涉嫌犯罪的案件应当立案侦查而不立案侦查的,人民检察院应当要求公安机关说明不立案的理由。人民检察院认为公安机关不立案理由不能成立的,应当通知公安机关立案。

未成年被害人或其法定代理人认为公安机关对应当立案侦查的案件而不立案侦查,向人民检察院提出的,依照前款规定办理。

第27条 人民检察院对于公安机关不应当立案而立案侦查的未成年人刑事案件,应当向公安机关提出纠正违法意见。

第28条 审查批准逮捕、审查起诉未成年人刑事案件,应当同时审查公安机关的侦查活动是否合法,发现有下列违法行为的,应当提出意见;构成犯罪的,依法追究刑事责任:

(1)违法对未成年犯罪嫌疑人采取强制措施或者采取强制措施不当的;

(2)未依法实行对未成年犯罪嫌疑人与成年犯罪嫌疑人分管、分押的;

(3)对未成年犯罪嫌疑人采取刑事拘留、逮捕措施后,在法定时限内未对其讯问,或者未通知其法定代理人或者近亲属的;

(4)对未成年犯罪嫌疑人威胁、体罚、侮辱人格、游行示众,或者刑讯逼供、指供诱供的;

(5)利用未成年人故意制造冤、假、错案的;

(6)对未成年被害人、证人以诱骗等非法手段收集证据或者侵害未成年被害人、证人的人格尊严及隐私权等合法权益的;

(7)违反羁押和办案期限规定的;

(8)对已作出的不批准逮捕、不起诉决定,公安机关不予执行或延期执行的;

(9)在侦查中有其他侵害未成年人合法权益行为的。

第29条 公诉人出庭支持公诉时,发现法庭审判违反法律规定的诉讼程序,应当在休庭后及时向本院检察长报告,由人民检察院向人民法院提出意见。遇有下列情况,履行职务的检察人员可以及时向法庭提出纠正意见:

(1)依法不应公开审理而宣布公开审理的;

(2)开庭或宣告判决时未通知未成年被告人的法定代理人到庭的;

(3)未成年被告人在审判时没有委托辩护人,而人民法院也未指定承担法律援助义务的律师为其提供辩护的;对未成年被告人及其法定代理人依法律规定拒绝辩护人为其辩护,合议庭未予准许,未宣布延期审理,未另行指定辩护律师的；

（4）法庭未详细告知未成年被告人及其法定代理人依法享有的申请回避、辩护、提出新的证据、申请重新鉴定或者勘验、最后陈述、提出上诉等诉讼权利的。

第 30 条　审查未成年人刑事案件的判决、裁定时，应当注意审查该判决、裁定是否符合法律规定和最高人民法院《关于审理未成年人刑事案件的若干规定》的要求，确有错误的，依法提出抗诉。

第 31 条　人民检察院依法对未成年犯管教所、拘役所中未成年犯执行刑罚和公安机关对监外未成年犯执行刑罚的活动是否合法，实行监督。

第 32 条　人民检察院依法对未成年犯管教所实行驻所检察。在刑罚执行监督中，发现未成年犯管教所收押成年罪犯或关押成年罪犯的监狱收押未成年犯的，应当依法提出纠正。

发现对年满十八周岁后，余刑在二年以上的罪犯没有转送监狱的，或者混押被政府收容教养的未成年人的，应当依法提出纠正。

人民检察院在看守所检察中，发现对余刑不满一年的未成年犯留所服刑的，应当依法提出纠正。

第 33 条　人民检察院发现拘役所对未成年犯没有与成年罪犯分押分管的，或者违反规定混押被判处徒刑的未成年犯的，应当依法提出纠正。

第 34 条　人民检察院加强对关押未成年犯场所的安全防范、卫生防疫、生活环境等狱务的监督，确保监管改造秩序和教学、劳动、生活秩序。

人民检察院配合执行机关加强对未成年犯的政治、法律、文化教育和技术培训，促进依法、科学、文明监管。

人民检察院发现执行机关对未成年犯体罚虐待、侮辱人格、刑讯逼供、违规强迫劳动、违法使用戒具、禁闭不当、刑期届满未按时释放等问题，应当依法及时纠正；构成犯罪的，依法追究刑事责任。

对于未成年犯在服刑期间又犯罪的案件和未成年犯提出的刑事申诉、控告、检举案件，应指定专人及时办理。

第 35 条　人民检察院依法对未成年犯的减刑、假释、暂予监外执行、收监执行实行监督。对符合减刑、假释法定条件的，应当建议执行机关向审批机关呈报；发现呈报或裁定不当的，应当依法提出纠正；对徇私舞弊减刑、假释、暂予监外执行等构成犯罪的，依法追究刑事责任。

人民检察院发现公安机关对管制、缓刑、假释等未成年犯脱管、漏管或者没有落实帮教措施的,应当依法提出纠正。

第36条　人民检察院依法受理未成年人及其法定代理人提出的刑事申诉案件。

复查未成年人刑事申诉案件和刑事赔偿案件,指派检察人员及时办理。

第37条　人民检察院复查未成年人刑事申诉案件,应当直接听取未成年人及其法定代理人的陈述或辩解,认真审核、查证与案件有关的证据和线索,查清事实。

(二)《最高人民检察院关于认真开展未成年人犯罪案件检察工作的通知》

第一,各级刑检部门要认真组织干警学习《未成年人保护法》,提高对执行《未成年人保护法》以及开展未成年人犯罪检察工作的重要性的认识,增强责任感和自觉性。对未成年人犯坚持教育为主、惩罚为辅的原则,立足于教育、感化、挽救。各地刑事检察部门应在保证工作重点的同时,加强领导,把这项工作认真开展起来。

第二,有计划地逐步建立办理未成年人犯罪案件的专门机构。《未成年人保护法》中对办理未成年人犯罪案件建立专门机构提出了要求。今、明两年,各地应在刑检部门内,建立和健全办理未成年人犯罪案件的专门机构或指定专人负责。

第三,加强调查研究,完善工作制度。未成年人犯罪检察工作刚刚起步,实践中遇到的问题很多,各地要认真深入地开展调查研究,及时总结推广经验。要进一步解放思想,积极探索、大胆创新,逐步完善有中国特色的办理未成年人犯罪案件的检察制度。

第四,正确掌握法律、政策界限,坚持区别对待。在办理未成年人犯罪案件中,一是要注意正确运用法律、政策,划清罪与非罪的界限,坚持可捕可不捕的不捕,可诉可不诉的不诉的方针;二是要坚持教育为主,惩罚为辅的原则,有针对性地做好教育、感化、挽救工作,促使未成年人犯悔罪服法;三是对于犯罪情节较轻的初犯、偶犯以及对被教唆而犯罪的未成年人犯,可以依法免除处罚。对于犯罪情节较重,但确有悔改表现的,也应依法从轻处理,可以提请人民法院减轻或免除处罚;四是对未成年人犯要坚持给出路的政策,对于免予起诉的未成年人犯,应在帮教的同时,注意配合有关部门帮助他们解决实际困难,使他们在复学、升学、就业等方面不受歧视,以利于他们改过自新。

第五,加强侦查和审判活动监督,保障未成年人的合法权利。各地在办理未成年人犯罪案件中,不仅要查清事实,查明证据,做耐心细致的教育、感化、挽救工作,而且要认真履行法律监督职责,对公安、法院的侦查、审判活动是否合法实行监督,充分保护未成年人犯的各项诉讼权利。

七、 少年审判方面的规定

(一)《最高人民法院关于审理未成年人刑事案件的若干规定》

第 3 条　审判未成年人刑事案件,必须以事实为根据,以法律为准绳,坚持教育为主、惩罚为辅的原则,执行教育、感化、挽救的方针,积极参与社会治安综合治理。

第 4 条　人民法院应当加强同公安机关、人民检察院的联系,坚持分工负责、互相配合、互相制约的原则,以保证公正、及时地审理未成年人刑事案件。

第 5 条　人民法院要加强同政府有关部门、共青团、妇联、工会等人民团体以及未成年人保护组织等有关社会团体的联系,共同做好未成年罪犯的教育和挽救工作。

第 6 条　中级人民法院和基层人民法院可以建立未成年人刑事审判庭。条件尚不具备的地方,应当在刑事审判庭内设立未成年人刑事案件合议庭或者由专人负责办理未成年人刑事案件。高级人民法院可以在刑事审判庭内设立未成年人刑事案件合议庭。

未成年人刑事审判庭和未成年人刑事案件合议庭统称少年法庭。

最高人民法院和高级人民法院设立少年法庭指导小组,指导少年法庭的工作,总结和推广未成年人刑事审判工作的经验。少年法庭指导小组应当有专人或者设立办公室负责具体指导工作。

第 7 条　审判第一审未成年人刑事案件的合议庭,可以由审判员或者由审判员与人民陪审员组成。依照法律规定适用简易程序的案件除外。

第 8 条　审判未成年人刑事案件合议庭的审判长,应当由熟悉未成年人特点、善于做未成年人思想教育工作的审判员担任,并且应当保持其工作的相对稳定性。

审判未成年人刑事案件的人民陪审员,一般由熟悉未成年人特点,热心于教育、挽救失足未成年人工作,并经过必要培训的共青团、妇联、工会、学校的干部、教师或者离退休人员、未成年人保护组织的工作人员等担任。

第9条　审判未成年人刑事案件,应当注意掌握未成年被告人的生理和心理特点,依法准确、及时地查明起诉指控的案件事实;对于构成犯罪的未成年人,应当帮助其认识犯罪原因和犯罪行为的社会危害性,做到寓教于审,惩教结合。

第10条　少年法庭受理案件的范围:

(1) 被告人在实施被指控的犯罪时不满十八周岁的案件;

(2) 被告人在实施被指控的犯罪时不满十八周岁,并被指控为首要分子或者主犯的共同犯罪案件。

其他共同犯罪案件有未成年被告人的,或者其他涉及未成年人的刑事案件是否由少年法庭审理,由人民法院院长根据少年法庭工作的实际情况决定。

第11条　对在开庭审理时不满十六周岁的未成年人刑事案件,一律不公开审理。

对在开庭审理时不满十八周岁的未成年人刑事案件,一般也不公开审理。如果有必要公开审理的,必须经过本院院长批准,并且应适当限制旁听人数和范围。

第12条　未成年人刑事案件的证人是未成年人的,除法律规定外,经人民法院准许,可以不出庭。

第13条　未成年人刑事案件判决前,审判人员不得向外界披露该未成年人的姓名、住所、照片及可能推断出该未成年人的资料。

未成年人刑事案件的诉讼案卷材料,除依法查阅、摘抄、复制以外,未经本院院长批准,不得查询和摘录,并不得公开和传播。

第14条　未成年被告人的法定代理人在诉讼中享有申请回避、辩护、发问、提出新的证据、要求重新鉴定或者勘验、提出上诉等诉讼权利。在未成年被告人最后陈述后,经审判长许可,法定代理人可以发表意见。

第15条　人民法院应当依法保证未成年被告人获得辩护。

开庭审理时不满十八周岁的未成年被告人没有委托辩护人的,人民法院应当指定承担法律援助义务的律师为其提供辩护。

在审判过程中,未成年被告人及其法定代理人可以拒绝辩护人为他辩护。

第16条 对于人民检察院提起公诉的未成年人刑事案件,人民法院除依照《解释》的有关规定进行审查外,还应当查明是否附有被告人年龄的有效证明材料。对于没有附送被告人年龄的有效证明材料的,应当通知人民检察院在三日内补送。

第17条 人民法院向未成年被告人送达起诉书副本时,应当向其讲明被指控的罪行和有关法律条款;并告知诉讼的程序及有关的诉讼权利、义务,消除未成年被告人的紧张情绪。

第18条 人民法院在向未成年被告人的法定代理人送达起诉书副本时,应当告知其诉讼权利、义务和在开庭审判中应当注意的有关事项。

第19条 开庭审理前,应当通知未成年被告人的法定代理人出庭。法定代理人无法出庭或者确实不适宜出庭的,应另行通知其他监护人或者其他成年近亲属出庭。经通知,其他监护人或者成年近亲属不到庭的,人民法院应当记录在卷。

第20条 开庭审理前,审判未成年人刑事案件的审判长认为有必要的,可以安排法定代理人或者其他成年近亲属、教师等人员与未成年被告人会见。

第21条 开庭审理前,控辩双方可以分别就未成年被告人性格特点、家庭情况、社会交往、成长经历以及实施被指控的犯罪前后的表现等情况进行调查,并制作书面材料提交合议庭。必要时,人民法院也可以委托有关社会团体组织就上述情况进行调查或者自行进行调查。

第22条 人民法院应当为辩护律师查阅、摘抄、复制所指控的犯罪事实的材料,以及同在押未成年被告人会见和通信提供便利条件。经人民法院许可,其他辩护人也可以查阅、摘抄、复制上述材料,同在押的未成年被告人会见和通信。

第23条 少年法庭应当将开庭前的准备工作和活动记录存卷。

第24条 人民法院应当在辩护台靠近旁听区一侧为未成年被告人的法定代理人设置席位。

第 25 条　在法庭上不得对未成年被告人使用戒具。未成年被告人在法庭上可以坐着接受法庭调查、询问,在回答审判人员的提问、宣判时应当起立。

第 26 条　未成年被告人或者其法定代理人当庭拒绝委托的辩护人进行辩护,要求另行委托或者人民法院为其另行指定辩护人、辩护律师的,合议庭应当同意并宣布延期审理。

未成年被告人或者其法定代理人当庭拒绝由人民法院指定的辩护律师进行辩护,要求另行委托辩护人的,合议庭应当同意并宣布延期审理。未成年被告人或者其法定代理人当庭拒绝人民法院指定的辩护律师为其辩护,如确有正当理由,合议庭应当同意并宣布延期审理,人民法院应当为未成年被告人另行指定辩护律师。

重新开庭后,未成年被告人或者其法定代理人再次当庭拒绝重新委托的辩护人或者由人民法院指定的辩护律师进行辩护的,一般不予准许。如果重新开庭时被告人已满十八周岁的,应当准许,但不得再行委托或者由人民法院再行指定辩护人、辩护律师。上述情况应当记录在卷。

第 27 条　法庭审理时,审判人员应当注意未成年被告人的智力发育程度和心理状态,要态度严肃、和蔼,用语准确、通俗易懂。发现有对未成年被告人诱供、训斥、讽刺或者威胁的情形时,应当及时制止。

第 28 条　法庭调查时,审判人员应当核实未成年被告人在实施被指控的行为时的年龄。同时还应当查明未成年被告人实施被指控的行为时的主观和客观原因。

第 29 条　法庭审理时,控辩双方向法庭提出从轻判处未成年被告人管制、拘役宣告缓刑或者有期徒刑宣告缓刑、免予刑事处罚等适用刑罚建议的,应当提供有关未成年被告人能够获得监护、帮教的书面材料。

第 30 条　休庭时,可以允许法定代理人或者其他成年近亲属、教师等人员会见被告人。

第 31 条　对未成年人刑事案件宣告判决应当公开进行,但不得采取召开大会等形式。

第 32 条　定期宣告判决的,合议庭应当通知公诉人、未成年被告人的法定代理人及其他诉讼参与人到庭。

法定代理人不到庭或者确实无法到庭的,也可以通知其他成年近亲属到庭,并在宣判后向其送达判决书副本。

第 33 条　人民法院判决未成年被告人有罪的,宣判后,由合议庭组织到庭的诉讼参与人对未成年被告人进行教育。如果未成年被告人的法定代理人以外的其他成年近亲属或者教师、公诉人等参加有利于教育、感化未成年被告人的,合议庭可以邀请其参加宣判后的教育。

对未成年被告人的教育可以围绕下列内容进行:

(1) 犯罪行为对社会的危害和应当受刑罚处罚的必要性;

(2) 导致犯罪行为发生的主观、客观原因及应当吸取的教训;

(3) 正确对待人民法院的裁判。

第 34 条　开庭审理的上诉和抗诉案件,参照上述规定进行。

第 35 条　少年法庭应当根据刑事诉讼法第 174 条及《解释》的有关规定,确定未成年人刑事案件是否适用简易程序。

第 36 条　适用简易程序审理的案件,应当通知未成年被告人的法定代理人、辩护人出庭。

第 37 条　适用简易程序审理的案件,对未成年被告人进行法庭教育适用本《规定》第三十三条的规定。

第 38 条　对于判决、裁定已经发生法律效力并应当收监服刑的未成年罪犯,少年法庭应当填写结案登记表并附送有关未成年罪犯的调查材料及其在案件审理中的表现材料,连同起诉书副本、判决书或者裁定书副本、执行通知书,一并送达执行机关。

第 39 条　少年法庭可以通过多种形式与未成年犯管教所等未成年罪犯服刑场所建立联系,了解未成年罪犯的改造情况,协助做好帮教、改造工作;并可以对正在服刑的未成年罪犯进行回访考察。

第 40 条　少年法庭认为有必要时,可以敦促被收监服刑的未成年罪犯的父母或者其他监护人及时探视,以使未成年罪犯获得家庭和社会的关怀,增强改造的信心。

第 41 条　对于判处管制、拘役宣告缓刑或者有期徒刑宣告缓刑、免予刑事处罚等的未成年罪犯,少年法庭可以协助公安机关同其所在学校、单位、街道、居民委员会、村民委员会、监护人等制定帮教措施。

第 42 条　少年法庭可以适时走访被判处管制、拘役宣告缓刑或者有期徒刑宣告缓刑、免予刑事处罚等的未成年罪犯及其家庭,了解对未成年罪犯的管理和教育情况,以引导未成年罪犯的家庭正确地承担管教责任,为未成年罪犯改过自新创造良好的环境。

第43条 对于判处管制、拘役宣告缓刑或者有期徒刑宣告缓刑、免予刑事处罚等的未成年罪犯具备就学就业条件的,人民法院可以就其安置问题向有关部门提出司法建议,并且附送必要的材料。

第44条 对于执行机关依法提出给未成年罪犯减刑或者假释的书面意见,人民法院应当及时予以审核、裁定。

(二)《最高人民法院 国家教育委员会 共青团中央委员会 中华全国总工会中华全国妇女联合会关于审理少年刑事案件聘请特邀陪审员的联合通知》

各省、自治区、直辖市高级人民法院、教委(厅、局)、团委、总工会、妇联:

近几年来,少年犯罪呈上升趋势,已成为全社会十分担忧和关注的问题。少年是由未成年向成年过渡的一个特殊群体,有其特殊的生理和心理。他们年纪小,法制观念薄弱,自控能力较差,实施各种行为比较轻率。他们犯罪,有的往往出于好奇、模仿、顽劣。一般说,少年涉世不深,主观恶性较小,具有很大的可塑性和可改造性。如果加强教育、改造,有可能使他们改邪归正,成为有用之才。根据少年人的自身特点,在审判工作中,应依法保障少年人的合法权利,认真执行教育、感化、挽救的方针;在以事实为根据、以法律为准绳的原则指导下,注重疏导,寓教于审、惩教结合;在适用刑罚时,应当依法比照成年人从轻或者减轻处罚。

教育、挽救失足少年不仅是人民法院的职责,更是全社会的任务,是社会治安综合治理的重要组成部分。专门机关与群众路线相结合,这是司法工作的优良传统。为了依靠社会力量审理好少年刑事案件,各级人民法院可以从当地聘请教育机构的教育工作者,共青团、妇联、工会干部为特邀陪审员。陪审制度是人民群众参政、当家作主的一种体现。一方面,可以充分发挥这些同志熟悉和教育青少年的特长,强化对少年被告人的教育作用;另一方面,通过陪审工作使特邀陪审员了解社会和本系统少年违法犯罪的情况和规律,有利于进一步做好本职工作,积极参加社会治安综合治理工作。

各级人民法院、教委(厅、局)、团委、工会、妇联的领导都要提高对做好这项工作重要意义的认识,完成推荐和选聘少年法庭特邀陪审员的工作。为此,特作如下规定:

第一,特邀陪审员的基本条件是了解少年生理、心理特点,热心从事教育、挽救失足少年的工作,作风正派,责任心强,有一定工作能力,具有基本法律知识的人员。

第二,人民法院聘请的特邀陪审员,可以在一定时期内保持相对稳定,也可以只参加某一个案件的审判。

第三,特邀陪审员在人民法院执行职务期间,是少年法庭的组成人员,同审判员有同等权利。

第四,特邀陪审员在任职期间,有案时参加陪审工作,无案时结合本职工作,对青少年进行法制宣传教育。

少年法庭的审判员和陪审员对判处管制、拘役宣告缓刑,有期徒刑宣告缓刑的少年犯,要协助公安机关和有关单位落实帮教措施,进行必要的回访、考察工作。

第五,特邀陪审员所在单位的领导应支持其参加法院的审判工作,并提供工作方便。

特邀陪审员在执行职务期间,由原单位照发工资并享受原单位的一切福利待遇。人民法院也可以适当给予补贴。

特邀陪审员参加陪审、开展法制宣传或者进行回访考察等工作,都应按本单位有关规定计算工作量。

对教育、挽救违法犯罪少年工作成绩突出的,由人民法院和其所在单位给予表彰或者物质奖励。

对有违法违纪行为的,应视其情节轻重,由人民法院和其所在单位决定是否撤销其陪审员的资格。

第六,各级人民法院应当充分发挥特邀陪审员的作用,尊重并注意听取特邀陪审员的意见和建议。

第七,各级人民法院、教育委员会(厅、局)、团委、工会、妇联应积极创造条件,共同对少年法庭的特邀陪审员进行短期培训,提高他们的政治和业务水平,以适应少年法庭工作的需要。

第八,注意总结少年刑事审判工作,包括特邀陪审员如何开展工作的经验,以利于不断提高审判工作的水平和质量。

第九,各级人民法院聘请少年法庭的特邀陪审员,应当发聘请书。聘请书由各省、自治区、直辖市高级人民法院统一印制。

第十,为了进一步做好少年刑事审判工作,人民法院应加强对社会各界的宣传。在党委的统一领导下,在人大常委会的监督和政府的支持下,人民法院与社会各有关部门协作配合,齐抓共管,为惩治犯罪,确保社会治安稳定而共同努力。

以上通知,望认真执行。

(三)《最高人民法院　最高人民检察院　公安部　司法部关于办理少年刑事案件建立互相配套工作体系的通知》

各省、自治区、直辖市高级人民法院、人民检察院、公安厅(局)、司法厅(局):

近年来,少年犯罪日益严重,已引起全社会的关注,也引起各级司法机关的普遍重视。一些地区针对少年犯罪的特点,在办理少年刑事案件方面进行了积极的探索和大胆的实践,总结出不少好的经验。目前,有些地方的公安、检察、法院和司法行政机关密切配合,初步形成办理少年刑事案件和管教少年罪犯配套的工作体系,产生了很好的社会效果,对于促进社会治安的综合治理,预防和减少犯罪,保障社会稳定,发挥了积极的作用。

为了进一步贯彻对违法犯罪少年教育、感化、挽救的方针,完善具有我国特色的少年司法制度,公安、检察、法院、司法行政各部门应加强互相间的联系,并逐步建立办理少年刑事案件的相应机构,使各个环节相互衔接起来,以加强对少年犯罪的治理和防范工作。为此,特作如下规定:

第一,看守所应严格执行《看守所条例》,对于羁押的少年人犯应当与成年人犯分押分管;暂不具备条件的,也应当尽量避免把他们与屡教不改的惯犯、累犯和恶习很深的人犯关押在一起。

对少年人犯案件的侦查、预审工作,公安机关应确定专门办案人员或者侧重办理少年人犯刑事案件的人员,有条件的地方,也可设立专门机构。对少年人犯的讯问要采取不同于成年人的审讯方式、方法,在讯问中应进行耐心细致的教育、疏导工作;了解少年人犯作案的动机和成因,并记录在卷,以便积累资料,总结经验,改进工作。

公安机关依照法律规定,对被判处管制和被判处拘役宣告缓刑、三年以下有期徒刑宣告缓刑的少年罪犯,应加强考察的组织和实施工作。

第二,人民检察院应根据办理少年刑事案件的特点和需要,逐步建立专门机构。目前,设立专门机构条件不成熟的,应指定专人负责办理此类案件。

在办理少年刑事案件中,检察机关同有关部门要加强联系,通过办案耐心细致地做好对少年被告人的教育、感化、挽救工作。

人民检察院要加强对侦查活动、审判活动和少年监所的监督，保证准确执行法律，同时注意保障少年被告人的合法权益。

第三，人民法院办理少年刑事案件，要严格执行刑法、刑事诉讼法和最高人民法院《关于办理少年刑事案件的若干规定（试行）》。人民法院应当设立少年法庭或者指定专人负责办理少年刑事案件。在审判过程中，应根据少年被告人的生理和心理特点，采取不同于成年被告人的方式、方法，注重疏导，寓教于审，惩教结合，准确、合法、及时地查明犯罪事实、核实证据，并且帮助少年被告人认识犯罪原因和犯罪行为的社会危害性。少年法庭要注意发挥法定代理人或者其他监护人的作用，争取他们配合做少年被告人的教育、感化工作。对判决后的少年罪犯，少年法庭可以通过各种方式，采取不同形式，做好回访、考察和帮教工作。

人民法院审结少年刑事案件后，应认真详细地填写结案登记表，连同生效的判决书副本、执行通知书一并送达少年管教所。

第四，司法行政机关要加强法制宣传工作，为教育少年遵纪守法、预防和减少少年犯罪做好工作。

少年刑事案件必须有律师参加辩护。有条件的律师事务所应有专人承担少年被告人的辩护。律师在辩护过程中，要多做少年被告人的教育、感化工作。

少年管教所要认真贯彻执行"以教育改造为主，轻微劳动为辅"的方针，坚持半天学习、半天劳动制度。要尽可能地做到对不同类型的少年罪犯实行分管分押。要设专职人员对少年罪犯进行文化、法制、劳动技能教育，为他们回到社会就业创造条件。要加强与少年法庭的联系与协作，为少年法庭提供少年罪犯改造的情况。

第五，对于具备减刑、假释条件的少年罪犯，执行机关应当及时提出书面意见报请人民法院审核裁定。少年罪犯改造与成年罪犯不同，可塑性大，变化快，人民法院对少年罪犯的减刑、假释，在掌握标准上可以比照成年罪犯依法适度放宽。

对于在押的少年罪犯及其家属提出的申诉，人民法院或者人民检察院应当指定专人及时办理。对于少管所转递的申诉，人民法院应将办理结果尽快答复少管所。

第六，办理少年刑事案件，建立互相配套的工作体系，公安、检察、法院和司法行政部门要认真做好这项工作，确定一名负责同志分管此项工作。

各部门要充分发挥各自的职能作用,从不同方面对少年罪犯进行教育、改造,发挥政法部门整体工作优势,以取得矫治、改造少年罪犯的最佳效果。必要时,政法四机关可以建立联席会议制度。

各部门应当为抓紧落实以上各项要求努力创造条件。遇有问题,及时向有关上级部门报告,以便统筹解决。

八、 矫治方面的规定

(一)《中华人民共和国未成年人保护法》

第40条　公安机关、人民检察院、人民法院和少年犯管教所,应当尊重违法犯罪的未成年人的人格尊严,保障他们的合法权益。

第41条　公安机关、人民检察院、人民法院对审前羁押的未成年人,应当与羁押的成年人分别看管。

对经人民法院判决服刑的未成年人,应当与服刑的成年人分别关押、管理。

(二)《中华人民共和国监狱法》

第39条　监狱对成年男犯、女犯和未成年犯实行分开关押和管理,对未成年犯和女犯的改造,应当照顾其生理、心理特点。

监狱根据罪犯的犯罪类型、刑罚种类、刑期、改造表现等情况,对罪犯实行分别关押,采取不同方式管理。

第74条　对未成年犯应当在未成年犯管教所执行刑罚。

第75条　对未成年犯执行刑罚应当以教育改造为主。未成年犯的劳动,应当符合未成年人的特点,以学习文化和生产技能为主。

监狱应当配合国家、社会、学校等教育机构,为未成年犯接受义务教育提供必要的条件。

第76条　未成年犯年满十八周岁时,剩余刑期不超过二年的,仍可以留在未成年犯管教所执行剩余刑期。

少年司法制度发展中一面与时俱进的旗帜

——纪念长宁法院少年法庭成立 18 周年*

中国少年司法制度发展、进步的历史上，上海市长宁区人民法院的贡献是载入史册、功不可没的。长宁法院做出的贡献不仅仅是从这里诞生了中国第一个少年法庭，更重要的是她在 18 年的成长过程中，开拓了一条中国少年法庭前进、发展之路，逐步培育了与时俱进的精神与传统，创造并形成有中国社会主义特色的研究型法院。

中国社会主义特色的研究型法院是我从长宁法院 18 年的历史奋斗的事实中概括出来的。18 年来，我作为与之共处 18 年、学习 18 年、研究 18 年的朋友，从长宁法院 1984 年开始探索创建少年法庭的时期；1987 年在得到最高法院的肯定与支持后，开始推动程序规范化、制度化和扩展探索实体法适用等迅速发展的时期；1997 年，为适应刑法、刑诉法修改后出现的新情况、新问题，不得不处于适应、调整、巩固时期；世纪之交，进入到深化思考、开拓视野与国外进行比较研究的新一轮探索的时期，例如试行暂缓判决、探索非刑罚处置方法、一卡制等更有力的参与综合治理等。深感其中包含着我国少年法庭发展中具有普遍意义的宝贵经验，这就是具有显著特点或标志的研究型法院或法庭。我国现在正在形成一批研究型法院、法庭或司法机构，长宁法院就是他们当中的一朵奇葩，他们有一些值得我们关注的共同特点与标志性经验：

一、 立足本职，作好少年案审判工作

法院是国家的审判机关，本职工作就是要审理案件，离开了审判工作就失去了自己的专业性和社会分工的责任。研究型法庭要立足少年审判，而且标准要高，工作要做得比一般法庭要好。最重要的就是不仅要公正、合法，而且要体现未成年人法律法规的立法精神，寓教于审，创造性地在审判

---

* 撰写于 2002 年 12 月。

实践中教育挽救感化违法犯罪的未成年人。

长宁法院少年法庭从创建之初就一直紧紧围绕做好少年刑事案件审判工作,开创探索的 3 年审结 27 件少年案件计 45 人,重犯率从前几年的 6.6％下降到 2.2％。1988—1990 年,审理 40 件少年刑事案件 46 人,全部认罪服判,无一上诉,经追踪回访,没有发现重新犯罪。1993 年开始试行暂缓判决至 2001 年底,暂缓判决共 21 件计 29 人,其中就业 21 人就学 4 人,没有人重新犯罪。这些数据说明了研究型少年法庭创造性地审判实践,教育、挽救、感化违法犯罪的未成年人取得了显著的社会效果。

二、 结合实际,不断提出、研究、探索新问题

世界在发展,实践没有止境。我国少年司法在改革开放的时代背景下,在前进发展中不断碰到困难与问题是必然的,停滞没有出路,回避也是不可能的。正像江泽民同志在党的十六大报告中所指出的"关键在坚持与时俱进",不断在实践中探索前进,永不自满,永不懈怠。

中国的少年法庭的发展道路确实是很艰难的,历史短、根基浅、理论准备不足,立法的支持与舆论支持又欠缺,阻力与伤害都是很难免的。长宁区人民法院少年法庭诞生于 1984 年,18 年来其在领导和各方面的支持下,不断根据人民的利益、社会的需要,从中国特色的社会主义社会实际出发,吸取营养,面对困难与问题,绝不退缩,顽强拼搏,探索创新。尤其是在少年法庭萎缩、低落、立法上暂时得不到强有力的支持时,努力开拓视野,不断从学习中、实践中寻找课题,起到发现、解决现实迫切问题的领头作用,坚持开展研究,推进工作,充满着生命力。这从 18 年来他们不断提出、研究的课题,尤其是近年来提出的符合国际社会发展趋势的新课题中可以充分反映出来。这几年,法院每年都要独立或合作召开研讨会,年年不断,有时一年要召开 2—3 次,经常参加地区性或全国性学术讨论会并多次得奖,其中包括 10 周年、20 周年均获得中国青少年犯罪研究会每 10 年颁发一次的全国先进集体奖,都是最好的说明。

三、 确立制度机制保障　确保核心群体参与

研究型法院或法庭是一种综合理论素养、高层次工作水平、能适应新时期新挑战的表现。这种能力与水平,冷冷热热、断断续续,突击抓一下,或少

数人关注都无法达到或实现的。长宁法院是在长时间的自觉实践中培育起来的,形成法院的一种传统、特色、风气,成为全体法官的一种精神,理论联系实际,勤于研究探索。18 年中,领导与少年法官们几经更替,这个集体的共同理念与追求却坚持着、发展着,从开创领导李成仁副院长,经曹加雄、丁年保,到现任院长丁寿兴,从第一任合议庭负责人胡惠乾,经左燕、孙洪娣,到现任庭长陈建明,从退休多年的研究室主任张正富、现在分管院长张竞模,到少年法庭法官们,可以强烈感受到他们身上的责任感、创新感、奉献感、危机感,这是他们集体的共同理念与追求,一种难得、可贵又极其重要的精神。

少年庭法官人人参加研究,人人都有文章,一批担任着繁重审判任务的法官们,精心敬业尽职,每年还要把自己的工作加以研究提升为理论写出文章,有的人一年要发表几篇论文或文章,这都不是一般实际工作者能做到的。一批研究型法院或法庭的出现和形成,具有重要的意义与价值,他们不仅有助于全面提高法官的素质、水平与能力,而且将以"三个代表"思想推动法院改革,增加法制建设的力度,而且会大大提升我国法制建设的水平,丰富司法实践的内涵与外延,在理论上与实践上对我国社会主义事业和法制建设都会做出重要贡献。

党的十六次代表大会提出"全面建设小康社会,开创中国特色社会主义事业新局面",在政治建设和政治体制改革中,明确"推进司法体制改革""维护社会稳定"的任务,法院与其他司法机构都肩负重责,少年司法也是司法体制改革中的组成部分,在纪念长宁少年法庭成立 18 周年的时候,我们有理由相信长宁法院将与同行们一起,吸收世界先进的经验与做法,创造、充实、完善有中国特色的少年司法制度。

以人为本　不断创新

——纪念长宁区人民检察院未检工作 18 周年 *

中国少年司法制度在诞生、发展进程中,检察系统有一批卓有贡献的先行者,长宁区人民检察院就是我国少年司法制度最早开拓者之一。早在 1986 年 8 月,我国第一个少年法庭试点的经验刚刚披露,长宁区人民检察院就率先建立了我国检察系统第一个少年刑事案件起诉组,开中国少年检察之先河,与诞生不久的长宁区少年法庭一起构筑了中国少年司法的最基本体系,这是中国少年司法制度发展历史上具有里程碑意义的创新。此后,长宁区人民检察院少年刑事案件起诉组又在原有基础上提升为未成年人刑事检察科,并随着法制建设的进步不断探索创新。十八年来,在领导和各方面的支持、配合下,这颗少年检察的新星,星光璀璨、与时俱进、不断创新,为中国少年司法制度的诞生、发展、完善做出了贡献。他们的业绩得到社会的承认,先后获得全国青少年犯罪研究先进集体,全国优秀青少年维权岗,上海市劳动模范集体,上海市三八红旗集体,上海市爱心工程集体等等荣誉就是明证。

十八年来,我们华东政法学院青少年犯罪研究所与长宁区人民检察院密切合作,共同选题进行项目研究,一起召开学术讨论会,研讨理论上或实际工作中的热点问题或难点问题,相互学习,相互支持,不断从他们的丰富实践中得到理论的启迪。

我们深切感受到的是长宁检察院未检科的以人为本、无私奉献的精神。老一辈革命家多次指出,中国的社会主义建设和改革能不能做好,关键在人。工作靠人民,工作为人民,人民是我国社会主义事业兴旺发达的依靠,也是我们建设社会主义现代化的目的和落脚点。因此,人权问题随着我国现代化建设的发展和改革开放的深入,愈来愈受到党和国家的重视,提到了重要的议事日程。从 1982 年宪法调整体系、增加条文加强保护公民基本权

---

* 撰写于 2004 年 8 月。

利的规定,到今年3月《中华人民共和国宪法修正案》正式把"国家尊重和保障人权"写入了宪法,充分体现以人为本的精神逐步得到认识和提升的进程。长宁未检从成立的第一天起,就从未成年人是生理上、心理上、学识和经验上都不成熟的弱势群体需要特殊保护出发,立足于法律监督机构的职能,与法院一起,依据现行法律和立法精神,对未成年人刑事检察进行了一系列的探索与创新,如社会调查制度、心理测试制度、辩护人提前介入制度、诉讼权利义务告知制度、法定代理人参与制度、庭审教育制度、简约审理制度、量刑建议制度、教育防范基地制度、回访慰问制度等,贯穿着对涉嫌未成年人的尊重、保护和关怀、公正,体现以人为本的精神。在未成年人这一特定的司法领域,在少年司法的机构、程序、实体的方方面面,促进了我国少年法制的完善、公正、进步。

　　回顾历史,我国少年司法制度是在20世纪70年代末80年代初青少年犯罪大幅度上升的时代背景下,从预防、减少、控制青少年犯罪的实际需要受重视的,因此在其创建之时起,重在少年刑事犯罪的处理和预防。但是,随着社会的进步和我国法制建设的同步发展,保障未成年人不受侵害成为大家十分关注的问题,经常成为舆论呼吁、讨论的热点。未成年人维权也愈来愈成为我国少年司法关注的重点,这是检察机关根本职能所要求的,长宁检察院是早先意识到自觉维护未成年人合法权益重要性的实际部门之一。他们有强烈的社会责任感和对未成年人的维权意识,立足于本职工作,在预防青少年犯罪、维护未成年人权益方面、综合治理、保障社会总体安全稳定方面,创造了多种多样的形式维护了未成年人的权益,保障了社会的安全和谐,例如动员社会力量减少司法干预;严格掌握拘留逮捕的条件;最大限度地减少或避免羁押;创立诉前考察和未成年人犯罪案件诉前听证制度;与社会上的一些部门合作建立多种形式的教育基地和特殊青少年教育基地;建立亲情热线等等,成为全国首批命名的优秀维权岗,切实维护了未成年人权益,也得到社会广泛肯定和支持。

　　正如上面已经指出,事靠人做,前面列举的每一项制度的研究、探索和建立、实施,都不是轻易能够实现并取得预想结果的,例如庭审教育是我国少年司法最早创建的具有中国特色的审理程序之一,得到国内外的一致肯定,但是,庭审教育设在什么阶段? 怎样与法律规定的原则一致? 检察官的教育词与其他人员的教育有何不同? 法、情、理怎样统一、结合? 怎样找到认识、情感的突破口,收到教育挽救的良好效果,每一次庭审、每一篇教育词凝聚着检察官多少心血,我从检察官教育词的写作、交流、评比中,亲身感受到他(她)们的辛勤劳动和无私奉献。这些进步与取得的成果绝不是偶然的,是与拥有丁永龄、秦双顺、顾晓军、杜颖、李雅华、朱小玲等一批具有勇于探索,极具创业精神又有法律素养和爱心精神的实践先行者分不开的,也离不开重视理论,具有先进法律理念,而又思想敏锐、视野开阔、具有开拓精神的领导支持。他们以行动实践着以人为本的精神和理念,推动着我国少年司法制度的发展与完善。

长宁检察院以理论为先导,不断开拓的传统精神也是非常值得我们学习的。在中国少年司法制度的建设发展中,一批具有中国社会主义特色、处在司法第一线的研究型的基层司法机构起着十分重要的开拓、推动作用,长宁区人民检察院也是他们当中的一朵奇葩。众所周知,一个基层检察院的工作是多方面的、十分具体的,未检只是检察工作中一个小的业务科室,可是长宁检察院的这样一个人员不多的实战部门——未检科,锻炼出一批重视理论、虚心好学的理论尖兵和办案能手。他们从实际出发,借鉴国外好的经验,提出、研究、思考许多具有全局性的问题,例如少年刑事政策、检察机关在未成年人保护中地位职能、机构体制改革、未成年人刑事犯罪案件实体法适用等等,都是既有重要实际意义又有理论的高度与深度。十八年中,长宁检察院积极参与了国内外的有关问题研讨;发表不少有独立见解的论文或文章;有的研究成果受到有关领导决策部门的重视或采纳;近几年在领导支持下协办、合办,甚至独立筹办多次专题研讨会;还两次受发达国家邀请出国进行少年司法的专题考察访问,这实在是难能可贵的。这不仅反映了他们的工作业绩和院领导的远见卓识、培养支持,而且体现了他们的视野广阔、理论思维和素养水平。中国少年司法制度总的发展是短暂的、不成熟的,无论从理论上还是实践上都存在许多问题有待进一步研究和思考,我个人认为,我国少年司法制度发展中确实需要更多的这样重视理论,立足点高,紧密结合实际,不断开拓创新作出贡献的基层实际部门,需要更多有理论素养、又有爱心和奉献开拓精神的警官、检察官、法官。

我们衷心祝贺长宁区人民检察院未检工作18年来所取得的进步与成就,并一如既往地向贵方学习,加强多方面合作,为中国少年司法制度科学、完善、进步作出更多的贡献。

少年司法改革就是要不断推陈出新*

中国少年司法改革自从 1984 年建立第一个少年法庭算起,已经 25 年了。少年司法制度在我国建立、发展受到全国公众的普遍关注,党中央发文要求各级党和政府关注,建议全国人大立法,是一项参与和影响的广度和深度非同一般的改革活动。公检法司工青妇众多系统和部门推动少年司法的改革发展和完善,法院检察院是推进我国少年司法的核心动力,前期法院冲锋陷阵,近若干年检察后来居上、不断推进改革和深化改革。

上海作为中国少年司法发源地,在最高人民法院、最高人民检察院的支持、倡导、推动下,在实践开拓创新、理论探索研究上快、稳,与国际社会的先进司法理念协调,又与中国国情和中国特色社会主义法制实际紧密结合。上海检察机关经过十余年形成未成年人刑事检察捕诉防一体化经验,吸收了国内外成功经验,又具有中国特色的未成年人刑事检察制度,集中体现在一系列特殊程序的规定上,如:

审核、查实年龄的特别程序。这是未成年人刑事司法的基础,从理论上说界定成年与未成年人的最科学的依据是个别化的鉴定个体发育成熟和认知水平的真实情况,但实际上这是不可能的。当今世界各国的做法都是法律统一规定一个年龄来划分成年与未成年人,并据以确定是否可以适用有利于未成年人的政策保护,是否承担、是否从轻的刚性依据。这个问题规定起来简单,做起来有时会非常复杂,由于各种各样的原因故意把年龄报大报小的,记录或记忆不清的,不肯提供真实年龄材料的,等等,因此这就成为保护未成年人权益和严肃法治的第一项特殊程序,确立年龄审查的严格要求;规范年龄证据的种类、性质;调查收集年龄证据办法和措施;建立年龄审查的证据规则;科学判断和使用"骨龄鉴定"和其他鉴定;年龄疑问颇大,一时无法确定情况下的处置原则等等,从而使这一特殊程序规范化,并趋于科学、完善、具有可操作性。

---

* 整理自于 2009 年 6 月 13、14 日举办的"宽严相济轻罪前科消灭研讨会"上的发言。

侦查讯问、审查批捕、审讯未成年嫌疑人通知法定代理人与合适成年人在场的特殊程序。2004年人权入宪，尊重和保障人权成为人们的关注，以人为本是科学发展观的核心，今年二、三月份接连发生几起在全国引起轰动的严重侵害人权的案件事件，云南"躲猫猫"事件、陕西省丹凤县高中学生涉嫌受警方审讯离奇死亡的事件、湖南省未成年犯管教所未成年人犯死亡事件、江西九江看守所"做梦死"的事件，在社会引起轰动，其中有的就是直接侵害未成年人权益的。事实证明，未成年人生理、心理尚不成熟，认知水平低，缺乏自我保护能力，在进入刑事司法程序的特殊情景下，特别易受伤害，法定代理人与合适成年人在场对保护未成年人合法权益，防止逼、诱、骗供，保证司法公正和证据口供的真实性，保障司法人员清白，沟通关系，这是未成年人刑事诉讼中需要建立的特殊的具有特殊意义的规定。

社会调查特殊程序。这是各国少年司法制度中普遍建立的与成年人不同的特殊规定，也是我国少年司法改革中最早确立的特殊程序和规定之一，社会调查为教育挽救感化和正确处置违法犯罪未成年人提供重要历史、社会背景资料。随着实践和理论研究的深化，上海未成年人刑事检察中心对社会调查特殊程序的实施、规定和研究更加细致具体、深入，有规范或规定统一的社会调查表、调查报告的内容格式等，还展开了更多方面的思考和探索，社会调查的地位、调查主体、调查人员及其诉讼、调查方式、调查形成文件的规范化标准、如何运用、证据效力等，有的如品格证据的探索则具有理论的开拓性。

违法犯罪未成年人危险性的风险评估特殊程序。少年制度的特殊性提出许多有利于未成年人的特殊规定、要求、程序，如不诉免诉、尽量不用监禁措施(不得已才适用，缓捕、诉、判)用非羁押措施、监禁替代措施，扩大取保候审适用率，扩大缓刑适用率等。这必然带来一个很现实的问题是社会安全稳定问题，中国社会主义法治不能凭主观愿望、不能只讲空道理，保护未成年人是国家利益，但是违法犯罪未成年人危害社会的一面不能被轻视，保护不能没有必须的惩罚，犯罪要有受惩罚的不可逃避性，才有法律的严肃性、公正性。保护、宽恕要有社会安全保证，要有对罪错的认识改过保证，这就不能盲目、要有科学依据，违法犯罪未成年人危险性的风险评估特殊程序就必不可少、非常重要。什么情况下要提出风险评估，程序规则，规范的评估表，评估材料和评估结论，根据评估结论采取教育防范支持体系、配套措施等非常重要。

1. 审核、查实年龄的特别规定程序

2. 检察阶段法律援助特别程序

3. 社会调查特殊程序

4. 诉前考察

5. 侦查讯问、审查批捕、审讯未成年嫌疑人通知法定代理人与合适成年人在场的特殊程序

6. 不诉帮教

7. 心理测试

8. 批捕、起诉中的权利义务告诉特殊程序

9. 检察官在法庭审理中法庭教育特殊程序规定

10. 违法犯罪未成年人危险性的风险评估特殊规定、程序

11. 少年司法特殊程序的内外部支持配套体系

12. 现在正在研究中的轻罪前科消灭或记录限制特殊程序

13. 内部特殊监督考核制度

我国现行立法与司法解释均未正面规定前科制度,但法律法规实质规定和实践中的前科影响是非常严厉的。前科是一种刑罚执行后的警告、提醒,(脸上刺印一样)也是社会防范措施。但是,不分性质、轻重、情况、时效,就永无"放下包袱",永无出头之日,就会物极必反,走向另一面,消极、无望、仇恨、不满、结伙、破摔。对有些偶尔犯罪、一时糊涂、轻罪改过等就不近人情不符合尊重人权、尊重人性。现在各国前科消灭是一种趋势。

从科学说,有规定前科,就要有如何消除,我国也应该研究做出新的法律规定,在目前尚未研究成熟前,在未成年刑事案件中先试行是最有条件,得人心,容易通过,相对而言简单些。

条件:根据1.犯罪性质(少年常规犯罪、轻罪);2.作用大小(从犯胁从受骗上当、罪行轻重);3.判刑;4.年龄特小;5.情节(一时冲动、好奇、跟风);6.认识悔过表现;7.时间长短;8.其他

办法:立即消灭

年限到消灭

申请

立功消灭

过渡限制消灭

危险评估、社会支持体系、前科恢复

不诉、不捕、免诉、

分类:封存、限制、消灭

通过检察监督推动公法监所前科消灭,作为保护

组建预防和社会安全保障人权组,确定专门检察官

构建前科及其消灭制度

扩大取保候审适用率是我国新一轮
少年司法改革的关键[*]

中国少年司法是在改革开放和我国司法改革的大背景下开创发展起来的,近 20 年来从建立少年法庭、试行少年刑事案件的特殊程序,逐步扩展到实体法应用、新的处置方法探索等诸多方面,取得了国内外公认的进步和发展。但是近年来,我国少年司法制度仍旧处在发展的初级阶段,理论界与实际部门的专家学者不断提出新问题,开展研究或试点,不断有开拓创新,可是总体上进展不大,有时甚至出现徘徊、彷徨和困惑。在国内外的学术交流推动下,尤其是这几年中英、中欧有关少年司法的多角度学术探讨的启示下,我认为在少年司法中扩大取保候审的适用率,学习国外保释制度的科学经验,可能是我国少年司法新一轮提升、发展的起点和突破口,具有很重要的研究和推广价值,我们应该抓住这个关键和契机。

一、 保释权利具有重大的理论与诉讼意义

保释制度在英国有长久的历史,对其他国家具有广泛的积极影响。在英国进行学术考察、交流期间,英国学者、教授一致反复介绍和论述的就是,保释是被羁押者一项普遍人身权利,一项基本的人权。它在诉讼中被确认为一个重要的诉讼原则,全部刑事诉讼必须在被告人可以保释的前提下考虑,否则就无法运作。因此,保释在英国对犯罪嫌疑人具有普遍的适用性,法律认为"拒绝保释"或"不予保释"是一种"例外情况",为此法律详细规定了可以例外的特殊情况或条件。保释是一种权利,而且是普遍的、基本的人权,它基于人身自由的不可侵犯性和无罪推定的原则。确实,人身自由都不能受到严格的法律保护和尊重,"皮之不存,毛将焉附",哪里还有民主、民权、民意以及其他个人利益,失去自由一切都无从谈起。因此,保释是一种权利的法律思想和法律规定,具有重要的理论价值和社会意义,是人类文明

* 原载《青少年犯罪问题》2004 年第 1 期。

进步的重要标志。羁押或监禁是国家具有的最严厉的权力，保释权就是给可能受到这种权力伤害的人以相应的权利平衡、保护的保证，可以说是法治的基础。

另外，从国内外刑事司法实践经验来评价，都有一个羁押的高司法成本问题，成为纳税人的沉重负担，可以说没有一个国家的羁押场所认为是经费充足、能完全满足需要的。还有许多国家的羁押场所人满为患。保释可以在获得司法正常运作保证的条件下，取得社会得到保护、财政负担减轻、人权获得保障的效果。

二、 中国的保释制度需要改革和完善

我国的取保候审是司法机关为保证诉讼顺利进行而采取的一种强制措施，它第一位是司法机关的权力（司法保证权），对于犯罪嫌疑人来说，只有一部分人可以在极小范围内选择一种失去自由较少的强制措施。可见，这不是犯罪嫌疑人普遍享有的权利，也不能认为这是一项基本的人权。

我国取保候审制度的产生是有其历史的条件和根据的，它对保证我国刑事诉讼的有效运行和保障国家的安全、稳定和广大人民群众的生命财产安全起了极其重要的作用。正由于我国的取保候审是司法机关为保证诉讼顺利进行而采取的一种强制措施，是对人身自由的一种限制，所以严格控制其适用范围也是从保护广大人民群众人身自由出发的。我国的取保候审制度与任何事物一样，都必须放在历史的坐标上考察和评价才能得出客观、科学的结论。

我把取保候审称之为中国的保释，一方面是因为尽管两者在性质、特点上有很大程度上不同，但是在形式和内容方面还有不少共同点，可以相提并论。首先，我国取保候审的规定虽然是一种强制措施，但是它体现我们长期来一向主张和贯彻实施的"可捕可不捕就不捕"的指导思想，它作为嫌疑人的一项特殊权利也是基于保护嫌疑人的人身自由权利不受伤害；其次，保释与取保候审都有"保"的要求，其目的就是保证诉讼顺利进行，所谓"无条件保释"实际上也是有条件，只不过条件宽到只要承诺或口头保证就可以不进行关押，如果违反了还是会带来后果的；第三，有一部分嫌疑人保的条件几乎相同，结果也是一样，都是让嫌疑人在一定条件下从羁押中解脱出来，从关押状态变为非关押状态。

另一方面,笔者认为应该吸取英国保释的理念和经验,改革完善我国的取保候审制度。我们如果站在当今社会发展的水平上比较两者,人权、人身自由权的普遍理念要比司法机关司法权具有更高的层次和重要性,它更符合人类进步的需要和社会发展的要求,而且人权、人身自由权才能更好保证司法机关司法权。我们已经发现尽管采用取保候审或限制取保候审,在不同角度上都是在考虑保护人身权利和人身自由,但是实践中限制和适用是矛盾而且难以统一,在总体上,取保候审不能全面有效地保护广大人民群众的人身自由权。比较明显的例子就是已经拘押或批准逮捕的嫌犯,如果取保候审,在很大程度上就等于是承认前面采取的措施是"错误",对任何人来说自己对自己否定都是痛苦的、不情愿的,何况还有奖惩问题,不改有奖,改了可能受罚。相反,由于取保候审的条件规定得比较原则,有时却为讲人情、司法腐败开了方便之门。

可见,我国取保候审的理念和做法需要改变,以人为本、以民为本,应该成为以法治国的理论根基、司法改革的指导原则。

三、 扩大未成年人取保候审的适用率是一个起点和突破口

改革和完善我国取保候审制度是有难度的,目前最有条件、可行的是扩大未成年人取保候审的适用率。从少年司法实践开拓到作出有利于扩大未成年人取保候审适用率的司法解释、制定少年特殊法律法规,进一步影响取保候审制度。扩大未成年人取保候审的适用率会大大加快我国少年司法的改革力度和进程。

把扩大未成年人取保候审的适用率作为一个起点和突破口,现在是一个机遇。"三个代表""以人为本"为扩大未成年人取保候审的适用率提供了党的理论和指导思想,在大背景上为我们前进、开拓铺平了道路;中国签署联合国《儿童权利公约》、作为东道国制定了《联合国少年司法最低限度标准准则》(《北京规则》),《中华人民共和国未成年人保护法》第 38 条规定"对违法犯罪的未成年人,实行教育、感化、挽救的方针,坚持教育为主、惩罚为辅的原则",为扩大未成年人取保候审的适用率提供了国际社会和国内现行的法律依据;我国少年司法改革也正处于新一轮开阔思路、创新开拓的新时期,尤其是对一些研究开拓型的公安部门、未成年人检察机关与少年法庭也十分重视和关注。这是一个难得的好时机、好机遇。

　　扩大未成年人取保候审的适用率，理论上和法律上的难度较小，容易上下认同。

　　第一，未成年人违法犯罪绝大多数是初犯、偶犯、比较轻微的犯罪。请先看以下数字：1985年至1995年，全国公安查获的14—18岁的未成年人作案成员，平均每年14万3千名（其中缺1988年的数字），而同期法院判处的少年犯平均每年为3万3千余名（其中缺1988年的数字）。1992年至此2000年4月，全国法院审结的未成年人作案成员292000余人，其中判五年以下、拘役、管制的224000余人，占76.5%，缓刑6000余名，免予刑事处分5100余名，宣告无罪的320名。

　　比较全国公安查获的未成年人作案成员与法院判处的少年犯统计可以看出，77%的未成年人作案成员均因行为轻微而未进到法院审理，在进入到法院审理的未成年人作案成员中，78.5%的人受到比较轻的刑罚处理。这些数据总体上说明由于未成年人的生理、心理的特殊性决定了其犯罪总体上是轻微的，这为扩大未成年人取保候审的适用率提供了切实可行的客观依据。

　　第二，我国《刑法》规定，已满14周岁不满18周岁的人犯罪，应当从轻或者减轻处罚。我国对未成年人犯罪的刑事政策历来要求，要像父母对待孩子、老师对待学生、医生对待病人那样，贯彻执行"教育、感化、挽救"的方针。这些内容已经被明确规定在《中华人民共和国未成年人保护法》及其他多项法律法规中。这为扩大未成年人取保候审的适用率提供了法律依据。

　　第三，国内外犯罪与青少年犯罪大量研究成果都证实，羁押或监禁不是最好的刑罚方法，尤其是对未成年人来说更是如此。羁押或监禁容易造成未成年人犯在羁押或监禁场所交叉感染，越变越坏；还会使其失去学习、深造、就业的机会，心理、情感、性格受到不良影响，造成回归社会困难。从我国羁押场所的条件和情况看，物质保障不足，与成年人分管分押困难也不小。因此，国内外理论界为此不断提出呼吁，联合国《儿童权利公约》《联合国少年司法最低限度标准准则》（《北京规则》），都明确要求对未成年人尽量不用或少用羁押或监禁。因此扩大未成年人取保候审的适用率，完全符合未成年人生理、心理的特点和健康发展的要求，也符合合理使用有限的司法资源与我国少年司法实践的需要。

　　近年来，我国少年司法制度正在创建二十年所取得成就的基础上，孕育、探索新一轮的改革发展,局部的试验如缓捕、缓诉、缓判、扩大缓刑、监管令、服务令、合适成年人参与制度等等,全局的如建立少年法院、修改未成年人保护法、提出制定少年刑法、建立非刑罚处罚新体系等研究,成绩效果显著,形势令人鼓舞。但是,局部的创新毕竟对少年司法全局的影响、推动不大,而全局的探索难度很大,进展很慢,使人感到缺少力度和进展。我认为,扩大未成年人取保候审的适用率,从最基本的保障未成年人人身自由权开始,使未成年人尽量不跨进拘留所。实现这一步就一步跨上了少年司法改革的快车道,落实了多年来难以体现落实的少捕不捕、教育为主、分开关押、从轻减轻等问题。而且可以把许多局部的创新探索结合起来,如分流、合适成年人参与制度、教育性处置方法,为推动更多新尝试开拓广阔的新空间,大大加快我国少年司法的改革力度和进程,成为我国少年司法制度新一轮提升、发展的起点。

四、 扩大未成年人取保候审的适用率必须解决的问题或困难

理论往往会加上某些理想的成分,实践要现实和困难得多。扩大未成年人取保候审的适用率必须面对不少问题或困难,主要有:

(一) 确立好未成年人权益保护观念,尤其是人权、人身自由权观念

未成年人这个群体人数不小,代表着未来,世界归根到底是他们的,因此,从发展、重要性、未来看,他们是强势群体。但是,现实社会是成人说了算、成人主宰的社会。未成年人是弱势群体,他们非常容易受到不公正的待遇,甚至受到伤害以及被强加种种不合理的要求。尤其是在刑事司法面前,一方是处在审判者居高临下的位置上、有国家赋予的特殊权力包括可以行使强制力、受过专门训练的警官、检察官、法官等,在年龄上又是实现了社会化、具有知识和生活经验的成年人;另一方却是处于受审查的状态,没有抗衡力量,由于年龄小,生理、心理、社会化发育均不成熟,认知能力和生活经验十分欠缺的未成年人。这种差距是巨大的,在审判对峙的双方中,对未成年人来说实际上是很不平等的。在这种情况下,警官、检察官、法官们如果缺乏保护未成年人权益的强烈意识,就会有意、无意地运用一些手段损害未成年人的权益,其中最关键的就是侵犯未成年人的人身自由权,未成年人是很难靠个人能力维护自己这种权利的,扩大未成年人取保候审的适用率就是通过法律制度的改进保证未成年人的人身自由权。警官、检察官、法官只

有接受并具有这种观念,才能在实践中真正扩大未成年人取保候审的适用率。

(二) 认识与处理好未成年人取保候审风险与权益保护、社会安全的关系

未成年人取保候审后,必然有可能出现不遵守有关规定,影响司法进程,甚至在外又发生危害社会的行为,这就是司法机关可能承担的风险。我们为了保护未成年人的基本权益,必须面对这种风险,这可以说是小原则服从大原则。同时,只要正确制定运用取保候审的条件,可以把这种风险降到最低限度,有效保障社会的安全与稳定。

(三) 解决好取保候审的支持问题

扩大未成年人取保候审的适用率,绝不只是政法机关的事,没有社会的支持、保障,就无法降低和避免未成年人取保候审的风险,也将使警官、检察官、法官失去扩大未成年人取保候审的适用率的信心,不愿或不敢适用取保候审。因此建立取保候审的社会支持系统,是扩大未成年人取保候审的适用率的一项前序性工作,也是保证司法秩序和社会安全的不可少的一环。

五、 提升未成年人取保候审适用率的实施纲要

1. 对未成年人"不致发生社会危害性"作出恰当、具体的司法解释。刑事诉讼法对适用"取保候审"的规定中,"社会性危害性"是一个比较难掌握的法律问题,常常用罪行严重、较重等言词,说明不符合"不致发生社会危害性"而拒绝取保候审,这成为扩大未成年人取保候审适用率的最难的一道坎,必须加以研究并通过权威的司法解释予以确认后发布执行。

2. 着手未成年人取保候审程序特殊性研究,制定扩大与不适用未成年人取保候审适用的特殊规定。一面规定扩大未成年人取保候审适用率,一面明确规定不适用未成年人取保候审的犯罪类型或情况、条件,这样才能使未成年人取保候审在一定程度上成为未成年人的一项人身自由权。

3. 警察、检察官、法官就如何支持未成年人取保候审要制定特殊程序和工作细则。

4. 律师努力支持未成年人取保候审。在扩大未成年人取保候审适用率的改革中,律师的特殊地位具有重要的作用。律师应该学习有关法律法规、依法为维护未成年人取保候审权据法据理力争。

5. 建立严格的违反取保候审的惩处办法。对出现在外危害社会、逃跑等情况，一定要及时发现、处理。

6. 社会工作者与社区工作者等有关方面，需要创建取保候审安全保障的支持环境和条件，使各项工作相互接连、配合、协调，包括户口不在本地的未成年人管理等等，保证取保候审的良好社会效果。

7. 建立复议制度，有错要纠正，情节恶劣、后果严重的要处罚。

8. 总结经验、宣传。

9. 经验成熟后应该对有关法律、法规进行修改。

专题八：少年司法制度的实践探索与总结

专题前言：中国40年少年司法的实践是严格守法，又勇于开拓创新，大量案例生动感人、丰富多彩，但理论和立法虽也不断进步和发展，力度和速度却是不够、不相称的。例如1991年《保护法》40条关于机构的规定，当时还是符合实际的，适应发展的。可是后来未进反退，反而是删除了。三十年后重新恢复，仍在原地，令人伤感。值得振奋的是我国未检在最高检的高度战略眼光指导下，在近十几年依法作出独特、有魄力的贡献。我认为，40年前长宁法院根据合议庭条款，能成功创建中国第一个少年法庭，现在有《保护法》101条之规定，完全有根据可以放手大胆建立符合时代发展和科学进步的公检法有关机构，把中国少年司法在新时代推上一个新的里程碑。

改革的尝试　有益的探索 [*]

未成年人犯罪增多是新时期社会治安中的一个突出问题，对未成年人犯罪案件的审理效果如何，不仅与未成年犯有关，而且直接关系到能否为改革和建设创造一个良好的社会环境。上海市长宁区法院在刑事审判实践中，根据未成年犯的特点，专门设置了"少年犯合议庭"，集中审理未成年人犯罪案件，取得了一定成绩。最近，最高人民法院负责同志在批示和谈话中，对"少年犯合议庭"的设置作了肯定，认为这是一个新事物，是改革的尝试，要根据政策的精神，进一步作些调查研究，从名称到做法提出系统的意见。本刊在去年第二期曾对"少年犯合议庭"作了报道，这期刊登的《试探"少年犯合议庭"的设立和审判》一文，试图从理论和实践的结合上对"少年犯合议庭"作些初步探讨。

"少年犯合议庭"的设置和工作是在不违背现行法律的基础上，法院根据目前刑事犯罪低龄化趋势和未成年犯的特殊性，从审判机构的设置、审判的指导思想、审判的方法、形式和内容，以及审判人员的素质等诸方面进行

　＊ 原载《青少年犯罪问题》1986年第5期。

了探索,这具有重要的现实意义:一是针对未成年犯的生理心理特点,实行区别对待方针,采用了适合未成年犯特点的审判方法和内容等,有利于未成年犯的认罪服法;二是通过相对集中的审理未成年犯罪案件,便于审判人员正确适用刑法,统一量刑标准,避免对未成年人犯定罪量刑中的畸重畸轻现象的发生;三是在审理案件过程中,努力揭示未成年人犯罪的原因和规律等,为家庭、学校和社会防范和减少未成年人犯罪提供科学依据;四是通过"少年犯合议庭"积累经验,逐步建立和完善我国独特的未成年人审判制度。

当然,"少年犯合议庭"本身有一个在实践中不断总结经验,逐步发展完善的过程,人们对它也有一个认识的过程,如何从法律上、制度上以及具体的方法、内容等众多方面认真思考,做出相应的改革,建立起我国未成年人司法制度,已经提到议事日程上来了,期望理论部门和实践部门的同志在未成年人犯的审理中大胆改革,不断探索,为预防和减少未成年人犯罪作出贡献。

我国少年法庭的成就和进一步探索[*]

一、我国少年法庭的工作成就

80 年代开始,我国法院系统为了更好地发挥审判机关在教育、挽救失足青少年,预防和减少未成年人犯罪方面的重要作用,借鉴国外少年司法的成功经验,结合我国刑事司法实践,成立少年法庭,专门审理未成年人刑事案件。10 年来,少年法庭工作健康发展,取得了重大成就,主要表现在:

(一) 组织机构发展快,形成了相对独立的少年审判组织体系

1984 年,上海市长宁区人民法院创立了我国第一个专门审理未成年人刑事案件的合议庭(即少年法庭),针对未成年人生理、心理特点与未成年人犯罪形成原因的特殊性,改革创新,开展审判活动,取得了显著成绩,最高人民法院及时加以总结、推广。在最高人民法院的支持指导下,我国少年法庭组织建设发展很快,1988 年 5 月,全国就有少年法庭 100 多个,1990 年 6 月增至 862 个,到 1992 年 6 月,已达 2763 个。其数量和普及面已大体上与最早建立少年法庭的美国相近。

在组织形式方面,长宁法院初创时是在刑庭中建立专门审理少年刑事案件的合议庭,后来发展成审判庭一级的独立的少年刑事案件审判庭。1991 年 8 月江苏省常州市天宁区人民法院首建综合性少年法庭进行了新探索。现在各地根据不同的情况与条件,从实际出发组建了多种审理少年案件的组织形式,大体上有:专门审理少年刑事案件的合议庭,独立的少年刑事案件审判庭,审理少年刑事、民事、保护等类案件的综合性少年法庭,也有一些地区少年案件较少、审判人员不足的基层法院,确定专人处理少年刑事案件等。多种组织形式的存在,至少在近期是有其存在的客观根据的,即既能适应我国地域广阔、经济文化发展水平不同、情况差异很大等复杂的情况,又能进行多途径、多层次的探讨,对完善、丰富我国少年司法制度不断作

---

  * 原载《青少年犯罪问题》1995 年第 5 期。

出贡献。

为了进一步完善少年刑事审判组织体系，我国不少地方的高级人民法院、中级人民法院也建立了相应组织，1994年最高人民法院建立了少年法庭指导小组，至此我国少年刑事审判组织已形成从最高人民法院到基层人民法院的少年审判组织体系。

（二）法院、检察、公安、司法等各司其职、相互制约、又交流合作、共同探索，推动了少年司法各个环节的协调、配套

未成年人犯罪是一个涉及面很广的社会问题，不仅涉及政法各个部门，还涉及家庭、学校、社会等众多方面。少年法庭的改革成果受到了社会各方面的关注与支持，推动了有关机构的研究与创新。现在，一些地方的人民检察院建立未成年人起诉组、少年刑事案件检察科等等，根据检察机关的性质、职能，探索、创造了不少新的经验。最高人民检察院也建立少年刑事检察处，研究、指导、推动全国的少年检察工作，正在培养、建立起一支有热情、有专长的少年检察官队伍。公安机关将未成年人犯与成年人犯分管、分押，采用不同于成年在押犯的管理、教育方法，有些地区还建立少年案件预审组（科），取得了良好的成绩。我国建立少年犯管教所的时间较长，对少年犯的管教、矫治已有多年的经验，近年来也在原有的基础上分类管理，向前、向后延伸，有许多重大发展。有的律师事务所设立未成年人刑事案件小组，维护未成年人的合法权益与应该享有的诉讼权利。我国少年司法的各个环节互相制约、互相补充，已逐步连接、完善起来，形成了预防、矫治未成年人犯罪的科学、有效、富有生气的"一条龙"。

在少年司法"一条龙"的基础上，家庭、学校、社区等对违法犯罪青少年的帮教一条龙也在积极地探索，创造新的经验，使我国预防、矫治违法犯罪青少年的工作颇具特色，富有创造性。

（三）涌现一批有事业心、认真负责、吃苦耐劳、很有水平的少年法庭法官，成为推动少年司法工作不断前进的骨干力量

我国现在已有一支近二万人的专职审理少年刑事案件的审判人员与特邀陪审员队伍，其中相当一部分同志是各地少年法庭的开创者。各地遵照最高人民法院的指示精神，根据工作的特点与需要，选派了司法业务能力强、有经验、热心青少年教育、挽救工作，并具备心理学、犯罪学、教育学、社会学等方面知识的同志担任少年法庭法官，其中有一大批女性。

我国少年法庭工作获得的巨大成就,凝结着他们的智慧、心血与劳苦。我接触过数以百计的少年法官,主持这方面工作的庭长、院长,她(他)们确实为预防、挽救违法犯罪少年付出了巨大的艰辛劳动,作出了无私的奉献。有的法官为了弄清少年犯罪的原因,找准教育、挽救少年犯的感化点,带着病弱的身体长年累月,骑着自行车,冬天冒着风雪严寒,夏天顶着酷暑烈日,找少年犯的家长、亲友、教师、同学、邻里、朋友调查询问;有的少年法官为了让改过自新的违法犯罪少年回归社会,能够在学习、工作方面获得重新做人的较好条件,四处奔走,宣传法律政策,有的同志家有年迈的老母,幼小的子女,情愿自己克服种种困难,把业余时间、节假日献给了需要更多关怀、教育的失足青少年,有的同志为了正确地把握政策法律精神,寻求科学有效的处理方法,反复调查案情、勤奋学习理论,拜师求教,十分感人。他们办好一件少年案件,可能要花办一件普通成人案件 5 倍、10 倍的时间与精力,还要加上真诚与爱心。因此,当我们听到一个少年犯悔恨的哭泣声,看到一封向法官阿姨寄来的汇报信,目睹失足青少年走上健康发展之路,家长对法官流出感激之泪时,我们能充分掂量到这些成果后面包含着这支成长、壮大起来的少年法官队伍的素质、贡献与功勋,这是少年法庭发展的重要成就,他们让人民法院增添了光辉。

(四) 形成初步的规范、制度

我国法律保护未成年人的健康与权益是有传统的,中华人民共和国成立以后,宪法与许多重要的法律、法规中,有了更多方面的规定。但是制定专门有关青少年保护与少年诉讼的法律、法规则起步较晚。关于少年犯罪的矫治方面,1954 年颁布的《中华人民共和国劳动改造条件》里有一些特殊规定,在机构设置中专节规定"设少年犯管教所"。1979 年 7 月 1 日全国人大通过的《中华人民共和国刑法》与《中华人民共和国刑事诉讼法》,对未成年人违法犯罪的刑事责任、定罪量刑原则、诉讼程序等作出基本的规定,为法院等办理少年刑事案件提供了法律依据。但均未形成专门审理少年刑事案件的组织与制度。

1984 年以来,随着我国第一个少年法庭的诞生,少年司法实践在最高人民法院的指导、推动下,进行了大量的探索与科学总结,创造并积累了许多成功的经验。1987 年 6 月上海市人大通过的我国第一个保护青少年的地方法规——《上海市青少年保护条例》首先规定,"公安机关、检察院和法院要分别组织专门的预审组、起诉组、合议庭,采取适合青少年特点的方式方法讯问、审查和审理青少年违法犯罪案件",此后,许多省(市)通过的有关条例对此也作出了明确规定。

1991 年 1 月最高人民法院制定的《关于办理少年刑事案件的若干规定(试行)》是第一个比较系统、有我国特色的有关少年司法制度建设的全国性法律规范;同年 4 月,最高人民法院、国家教委、共青团中央、中华全国总工会、中华全国妇联"关于审理少年刑事案件聘请特约陪审员的联合通知";6 月,最高人民法院、最高人民检察院、公安部、司法部"关于办理少年刑事案件建立互相配套工作体系的通知"。这些规定在我国少年司法制度建设历史上具有划时代的意义。

1991 年全国人大常委会通过了我国第一部全国性综合保护未成年人的法律——《中华人民共和国未成年人保护法》,专章对公安机关、人民检察院、人民法院办理未成年人犯罪案件又提出了一系列要求,明确处置的方针、原则,在组织机构、审理特点、保护未成年人合法权益、各方协调、配合方面也有所规定,是我国迄今为止这方面最具有权威的法律规定。

二、 我国少年法庭发展的创造性与特色

十年来,我国少年法庭发展速度很快,取得了巨大成就。在少年审判制度方面,我们避免了国外少年法庭发展方面存在的困难与问题,在指导思想与具体制度上,已经初步显现出从我国实际出发具有的创造性与特色:

第一,保护青少年与保护社会统一,我国少年法庭充分考虑青少年的特点,依法对违法犯罪的未成年人采取温和、关心、轻微的处置方法,但绝不是对犯罪行为及其危害程度采取轻描淡写的态度。国外一些国家的经验表明,单纯保护未成年人常常导致纵容犯罪,不仅没有真正起到保护的作用,而且往往使未成年人犯罪愈走愈远,害了未成年人,增加了社会的危害。我国少年法庭从我国实际出发,保护青少年的合法权益,同时对犯罪行为采取严肃认真的、科学积极的态度,审教结合,寓教于审。在以"事实为根据,法律为准绳"的原则下,查实犯罪事实,危害轻重,分析原因,积极教育,包括必要的处置与惩罚,达到使犯罪者辨明是非,认罪改错,消除社会危害,从而达到保护青少年与保护社会统一,从根本上避免有些国家出现的少年法庭的危机。

第二,教育为主,惩罚为辅,教育与惩罚相结合。犯罪是一种严重危害社会的行为,根据我国多年积累的经验,为了有效地预防、减少犯罪,教育与惩罚两种手段缺一不可。对青少年犯罪"教育为主"的同时,必须"惩罚为辅",为"辅"不可轻视,更不是可有可无。事实上,与犯罪、青少年犯罪作斗争,惩罚是最权威、最有力的后盾,没有惩罚,教育就缺乏力量,失去其与犯罪作斗争的特殊性质。因此,我国少年法庭与坚持教育职能一样,也坚持和强调刑事职能。

第三,我国少年法庭严格控制司法管辖权,既不任意扩大对少年违法犯罪行为的司法干预,也不搞弃权程序推出了之。我国建立少年法庭的目的是针对青少年的特点,提高审判的质量与水平,保护青少年的合法权益,预防与减少青少年犯罪,促进整个青少年健康成长。因此,少年法庭作为人民法院的有机组成部分,必须强化法制原则,增加自己教育、感化的责任。推开不管,不是解决问题的办法,扩大干预、包揽一切是办不到的,也得不到社会公众的支持拥护。

第四,少年法庭是少年司法体系中的一个环节,少年法庭以审判为中心,把工作向前,向后延伸,与其他环节、机构、部门紧密合作,互相支持,互相制约。同时依靠社会各行各业综合治理,使一般违法或轻微犯罪少年尽量不进入司法审判程序,从而大大提高我国少年司法工作的科学性与工作效率。

三、 发展完善我国少年法庭尚需调查研究的课题

当然,我国少年法庭毕竟起步较晚,历史不长,经验比较单一,理论研究的基础薄弱,存在的困难、问题也很多,因而,我国面临不少新的重大课题,需要进一步拓宽视野与思路,开展调查研究,进行大胆的实践,同时,还要进一步密切加强理论界与实际部门的配合合作,加大投入,选择重要课题,作深入研究,现简要提出十个课题供思考。

1. 少年法庭的组织形式如何与不同经济发展的水平、青少年犯罪的状况相适应? 我国是否需要确定几种组织形式,其工作范围、工作程序、职责应有何不同规定?

2. 少年法庭的合理布局问题,大城市或某些特定地区是否需要建立独立的少年法院,其职责任务是什么? 少年法庭的组织体系?

3. 少年法庭的收案范围的研究与论证。

4. 减少司法干预与扩大司法保护的最佳统一问题。

5. 未成年人犯罪的犯罪构成的特殊性调查剖析，是否存在未成年人的犯罪构成不规范或不充分的特殊情况？若干类型少年犯罪的犯罪要件研究，少年刑法的必要性与特殊内容规定的探索。

6. 青少年犯罪的非刑事化与非刑事处置方法、体系。

7. "二条龙"的实践研究、制度建设。

8. 具有中国特色的少年司法制度的标志，指导思想、指导原则、特色研究。

9. 少年审判制度的立法问题，需要立哪些法，少年司法法律体系问题。

10. 国外少年法庭的专题研究与比较评析。

论我国建立少年法院的条件和必要性[*]

一般而言,我国的少年司法制度是从 1984 年上海市长宁区人民法院建立第一个少年法庭开始形成的。[①]十几年来,从法院扩展到检察院、公安机关,从程序法扩展到实体法,在广度与深度上都有重大的进步与发展。少年法庭的组织形式已经从最初的合议庭发展到独立的刑事审判庭、综合审判庭,还有指定专人审理、指定管辖等等,[②]近年来实践部门与理论界都在专题探讨建立少年法院的问题,这是涉及我国少年司法制度巩固、发展、完善的一个重要问题。

一、 建立少年法院是我国少年司法制度全面法治化的关键

我国少年司法制度的实践已经走过了 17 年,在国内外已经产生良好的、积极的影响,但是严格地说,还是处在试验探索的阶段,没有形成或没有正式建立少年司法制度。这是因为,司法制度是重要的国家制度,是由法律严格规定的,迄今为止我国现行法律对少年司法制度的规定仍然是十分不确定的。1991 年我国第一部综合性少年法《中华人民共和国未成年人保护法》第 53 条规定:"公安机关、人民检察院、人民法院办理未成年人犯罪的案件,应当照顾未成年人的身心特点,并可以根据需要设立专门机构或者指定专人办理。"这是我国法律中首次有关少年司法机构的规定,这一规定显然是原则的、简单的。1999 年《预防未成年人犯罪法》第 45 条有了进一步的明确规定,"人民法院审判未成年人犯罪的刑事案件,应当由熟悉未成年人身心特点的审判员或者审判员和人民陪审员依法组成少年法庭进行"。但这些规定与 1899 年世界上公认的第一个少年法庭法规定的标志性要求仍然相差

* 原载《青少年犯罪问题》2001 年第 4 期。

① 参见林准:《中国审理未成年人刑事案件的司法制度》,载《中国法律年鉴》1993 年第 1 期,第 78 页。

② 参见华青:《最高人民法院邵文虹同志在上海召开的五省市少年审判工作研讨会上作重要讲话(节录)》,载《青少年犯罪问题》2001 年第 4 期,第 8 页。

甚远,名称、设置、人员、权限、管辖、物质保障等没有明确,我国少年司法机构仍处在没有法律保证和十分不确定的状态。现在这种框架已经难以容纳进一步的发展开拓,建立少年法院是一种对新的法律框架的追求和成人司法模式的突破,这也已经不是在原有少年庭框架内的发展而是在原有框架的基础上的重要飞跃,是少年司法制度发展中一个新的阶段的开始。它的诞生意味着一个独立的、不依附于成人法院、不同于成人司法制度的真正开始。

这种突破是由我国少年司法实践的需要推动的,是由少年司法实践中产生的矛盾推动的。矛盾主要表现在:原有合议庭、少年刑事庭、少年综合庭都不具有少年司法制度的独立性,少年犯罪、少年权益在成人犯罪和成人权益保护框架内,用主要为成人制定的法律来进行处理、调整,是不可能充分体现保护少年身心的特殊性、少年犯罪与少年权益的特殊性,也可以说是不公正、不合理、不科学的;在原有体制内,必然受到成人案件审理的程序、案件数量、办案时间、工作量指标、评比条件等方面的相互制约;案源不足;指定管辖的法律依据不充分,通过指定管辖移送到指定法院处理的案件又不是全部少年案件,造成每一个区域内的少年案件实际上都不同程度地分在两个法院处理,一头加强,一头削弱,产生许多新的矛盾与不平衡。①建立少年法院在实践上能为科学解决这些问题创造基础条件,提供机构、规范和经验,也是从立法上、理论上有效加快实现少年司法制度的法治化、科学化的重要实践步骤。只有这样,具有中国社会主义特色的我国少年司法制度,才能巩固、推进、发展,否则,将可能在不断遇到的矛盾和阻力面前停滞不前、被削弱,甚至难以存在。

二、 建立少年法院的法律依据问题

依法治国是建立我国社会主义现代化强国的国策、方针,在我国社会主义法制建设不断进步和完善的今天,少年司法发展的每一步都要有法有据,同时少年司法制度在我国毕竟尚处在开创、试验的时期,面对一个新的领域、一种新的对象、一项新的工作,需要有新的思想、设计、规则。已有的法

① 参见万秀华:《未成年人刑事案件指定管辖后新情况的思考》,载《青少年犯罪问题》2000年第5期,第35—38页;周晓娟:《浅析少年案件指定管辖之利弊》,载《青少年犯罪问题》1999年第4期,第20—21页。

律法规不可能早有具体、完善的规定，需要填补、创新、开拓与突破。如何正确理解、掌握两者关系是当前建立少年法院的一个重要现实法律问题。

回顾历史，1984 年一个基层法院试探建立第一个少年法庭时，面临的最大课题也是法律依据，反复查阅研究只有 1983 年全国人大常委会修改通过的《中华人民共和国法院组织法》规定，"人民法院审判案件，实行合议制"，"合议庭由院长或者庭长指定审判员一人担任审判长"。以此为根据，在"解放思想""实践是检验真理的唯一标准"的思想指导下，实际工作者与理论工作者紧密结合认真研究现实中的少年犯罪的新情况、新问题，走出了创建"审理少年刑事案件合议庭"的重要一步。1988 年建立独立建制少年刑事审判庭时，尽管《法院组织法》没有设立少年刑事犯罪审判庭的规定，但《法院组织法》只规定"基层人民法院可以设刑事审判庭和民事审判庭，庭设庭长、副庭长"，并没有规定不允许设立少年庭，因此法律规定没有成为建立少年庭的障碍，实践中独立建制的少年刑事审判庭也为法律和社会认可并接受。时过 17 年才有所增加。1983 年全国人大常委会修改通过的《中华人民共和国法院组织法》第 2 条有"军事法院等专门人民法院"的规定；1991 年全国人大常委会通过、公布施行的《中华人民共和国未成年人保护法》第 40 条规定，人民法院办理未成年人犯罪案件"可以根据需要设立专门机构"；在我国首都北京修改制定、联合国大会通过的《联合国少年司法最低限度标准规则》（《北京规则》）第 1 条"基本观点"，与第 2 条"规则的范围和采用的定义"中，也有"建立少年司法机构"以及"制定专门适用于少年犯的法律、规则和规定"的规定，这是我国承认并对我国少年司法工作有一定指导和约束的国际规则。显然，建立专门办理少年案件的少年法院是符合《组织法》和《保护法》以及《北京规则》的上述规定的。

但是另一方面不能否认，在我国建立少年法院的法律依据还不是很充分的，而法律总是滞后的。任何一个新的法律措施刚产生时，它的活动规则的法律依据往往是不充分的，要通过其创新实践总结上升为新的法律法规，使开始不充分的法律甚至空缺的法律充实、完善起来。少年法院的建立顺应国际社会少年司法制度发展的潮流，适应少年犯罪处置与少年权益保护的社会需要，有法律依据，符合宪法原则，也不与国家现行法违背抵触。因此进行有领导的、慎重的试验，也是我国少年司法制度走上法治化的必经道路和重要步骤。

三、 建立少年法院的条件

并不是任何地方、任何时间都需要、都有条件建立少年法院的,需不需要建立,条件是否成熟,至少要考虑以下五点:

首先是要考虑案件数量。一般说案件多少主要决定于人口和发案率,世界上第一个独立的少年法庭法规定人口超过 50 万的县设专门的"少年法庭"。①借鉴这个数据假设 50 万人口中,三分之一为未成年人,未成年人犯罪率为 10‰—20‰,则该地区每年发生少年犯罪案件约 1000 件左右。其中10％进入正式少年司法程序,少年法庭每年需处理约 100 起案件,这样的地区有一个法官人数不多的少年法庭就足够了,不一定要建立少年法院。但是一个有 500 万—1000 万人口的地区,每年可能有一二千起少年犯罪案件,这样的工作量,力量薄弱的少年法庭就难以担当,如果考虑到国际社会需要适当扩大收案范围的趋势,就有建立一个具有一定规模、独立的少年法院的实际需要,这是建立少年法院必须具备的第一个条件。

其次,区域范围与交通条件。少年法院是一审基层专门法院,要直接受理案件,当事人要来法院打官司,其设置必须考虑公众的方便。因此,辖区的大小、地理环境、交通也是必须考虑的条件。一般说大中城市地域不大,居住集中,交通方便,像上海这样特大城市,东西 100 公里,南北 120 公里,除崇明外,无论东南西北,上高架或地铁,一小时左右可以到达市内任何地方,就为公众提供了方便。②如果在一个地域广大、居住分散、交通不便的区域只有一个独立的少年法院,少年案件无论远近必须到少年法院,大人、小孩从区域内某个边远地区来,几个小时甚至一天还到不了,这样的少年法院设置就是不合理、不合适的。

再次,经济发展与领导条件。独立的少年法院要有相当的经济投入,不能不综合考虑该城市或地区的经济发展水平与人均生产总值的水平。只有比较高的经济发展水平才能有承担少年法院的经济基础,而且还要领导重视、支持少年司法与儿童权益保护工作,才能为少年法院建立、运作创造良好条件,单靠主观热情或良好愿望是不现实的。

---

① 参见《美国伊利诺伊州少年法庭法》。

② 参见上海市统计局著:《2000 年上海统计年鉴》,中国统计出版社 2000 年版,第 28 页。

还有队伍素质与经验条件。《北京规则》规定,要求少年司法人员"具有最低限度的法律、社会学、心理学、犯罪学和行为科学知识",《北京规则》指出"专业资格是确保公正有效地执行少年司法的一个重要因素"。一些国家的有关法律中,有的规定"少年法官、检察官要擅长教育学""了解教育学、心理学、精神病学",有的国家规定不具备儿童心理学和关于儿童福利的特别知识,"不能任命为少年法院成员",①我国有关法律法规中也规定知识面广、熟悉未成年人特点、善于做未成年人思想工作等要求。建立少年法院是一项新的有重要开拓创新意义的工作,没有一支相当数量的、稳定的、知识素养较高、富有少年司法实践经验和开创精神的少年司法工作者队伍是不可能的。

最后是社会文化背景与公众法律意识。建立少年法院还需要整个社会的综合条件,社会的文化水平、法制水平、研究水平等,尤其是社会公众对少年司法制度、儿童权益保护的理解、重视、尊重和接受程度,这是民主与法治化程度的一个检测指标,也是建立少年法院的不能不考虑的条件。

综上分析,我国少年法院应在全面具有上述条件的城市或地区开始试建,以京、津、沪或福建、江苏、河南等少年法庭工作开展基础较好的地区中认真选定为好。

四、 建立少年法院的展望

我国是一个幅员广大、地区差别悬殊的国家,有些地区经济发达、人口集中、发案率高,有些地区地域广阔、人口稀少、少年犯罪案件很少,因此少年司法机构的组织形式必须有所不同,这样才能适应经济文化发展水平不同、案件多少、条件差异很大等复杂情况。根据 17 年来司法实践积累的经验,确定专人处理、少年刑事案件合议庭或审判庭、综合审判庭、少年法院并存是合理的、科学的。少年法院只是多种组织形式中能够更快积累经验、加强研究、显著提高工作效率与社会效果、集中体现我国少年司法制度特色和优越性的一种形式,它将在推动和完善我国少年司法制度中起中坚骨干作用,但它不是唯一形式,不应刻意追求,更不能强行推行。

----

① 参见《奥地利共和国少年法院法》《德意志联邦共和国青少年刑法》《新加坡儿童与少年法》等。

　　少年法院的建立必将突破单一审理少年刑事案件的格局,以《未成年人保护法》为根据,设立专门庭把少年保护案件纳入自己的工作范围。根据某些国家和某些地区的做法,少年法院应该建立若干专门庭和部、处、室,例如刑事庭、保护庭、涉及成年的混合庭,以及缓刑监督处、延伸教育指导室等。少年法院的建立在继承、学习原有诉讼原理程序的同时,将为审理少年案件摆脱成人模式的束缚创造条件,加速积累经验,促使少年刑法、学校伤害事件预防、处理法、少年案件诉讼法、少年法庭(院)组织法等少年立法、司法制度的诞生与完善,使少年案件调查、家长律师提前介入、教育程序、简易程序、少年司法一条龙与社会帮教一条龙、少年违法犯罪综合治理等富有中国特色创造的少年司法经验规范化、程序化、法治化,体现出真正具有中国社会主义特色的少年司法制度的特点与个性。

　　中国的少年司法制度将在发展中巩固、完善,为中国的经济发展、社会稳定、民族兴旺作出贡献,为国际社会作出贡献。

社会服务令[*]

社会服务令是中国少年司法制度改革完善的一项有价值的探索,延伸一点可以说,对整个刑事司法制度的改革完善也有促进的意义。

未成年人实施危害社会的犯罪行为,常规做法就是适用于刑罚,刑罚当然是必要的,在当今社会对未成年人犯罪也是不可少的。可是传统上未成年人适用成年人一套刑事处置方法,不符合未成年人的生理心理特点,不符合未成年人犯罪的规律,不符合对少年犯罪执行教育为主、惩罚为辅的方针与教育、感化、挽救的原则。

最重要一点就是因为现行我国刑事处置方法本身就是非常单一的,主刑五种:管、拘、有期、无期、死。附加刑三种:罚金、剥夺政治权利、没收财产。无、死、三附(罚金、剥夺政治权利、没收财产)不适用或在很大程度上不适用于未成年人,管制实践中用得很少,剩下几乎只有有期徒刑是唯一选择。但是,大家都知道,把罪犯关起来尤其是把未成年犯罪人关起来不是最好的办法(与社会隔离、交叉感染、思想感情的对立、司法资源的浪费等等),《联合国少年司法最低限度标准准则》(《北京规则》)规定,监禁对未成年人只是万不得已的手段,这是参与制定的各国专家学者的共识,也是所有签字国一致肯定、认同的。因此,探索一种或多种适合未成年人犯罪的处置办法,是社会安全稳定的要求、青少年健康成长的要求、科学的现代少年司法制度的要求。

什么样的办法是适合未成年人犯罪的处置办法? 一要有强制性处罚性,二要有符合未成年人特点的人性化的教育挽救性,三要有积极帮助其认识罪错有效性。

长宁法院试行社会服务令,是国外行之有效的适合未成年人犯罪的处置办法,借鉴国外经验又结合中国的情况,进行了理论的论证和规范性的总结。根据长宁的做法,从理论上说,充分考虑到未成年人犯罪具有幼稚不成

---

* 撰写于 2003 年 7 月。

熟性；明显受外在不良影响的侵害或伤害；初犯偶犯恶习不深，可教、可改、可塑等特点；从实践上说，动员、依靠社会各方面的力量加强正面的管理、指导，提高法制观念和是非对错辨别能力，启发爱心善心正义感。

这符合我国法律规定的对少年犯罪人适用"教育为主、惩罚为辅"的方针与"教育、感化、挽救"的原则，符合未成年人的生理心理特点，符合帮教、挽救违法犯罪少年的规律。可以改变对轻微犯罪、小年龄犯罪，徒刑用不上，其他办法没有，只能放任自流甚至放纵其继续在犯罪道路上越走越远。

过去我们在程序上已取得许多进展和成果，在组织机构、实体法适用上也有不少研究与实践探索，社会服务令是在处置方法多样化科学化上又一项成果，这是我国司法实践对少年犯罪从成人司法模式向现代科学的少年司法模式又走了很有意义的一步。

长宁法院探索未成年人犯罪记录限制公开制度*

一、 未成年人犯罪记录限制公开的现实考虑

长宁法院少年法庭探索未成年人犯罪记录限制公开的做法,作为前科消灭制度的过渡,其实验的构想是非常积极的,对推进和完善我国少年司法制度也有一定价值。

第一,从犯罪记录制度的存在必要性的理论基础(理论依据)考虑。犯罪记录是控制、侦破再犯罪的一种信息资料手段,同时对罪犯是一种预先警示警告,让他们知道犯罪可能带来的严重后果,从而理解、认识、恐惧、控制自己的行为,达到预防犯罪的目的。

未成年人由于其认知水平的不成熟、幼稚与对自己行为的盲目、冲动性,一般不能意识、理解、接受这种警告;不会去想到今后这么远的后果;也不会感到恐惧、进而控制自己的行为。因此达不到前科制度所期望的预防犯罪或再犯罪的目的。

第二,从未成年人犯罪的合法权益保护的角度(特殊人权保护依据)考虑。联合国《儿童权利公约》规定,关于儿童的一切行为,均应以儿童的最大利益为首要考虑(儿童最大利益原则)。《北京规则》也在"审判和处理"指导原则这一部分中关于限制自由要保持在最低限度这一条规定的说明中指出,在少年案件中必须"一贯维护少年的福利和他们未来的前途"。(今年人权入宪)

未成年人由于年幼无知、一时冲动或受不良影响,偶一失足,仅按我国当前的法律规定(还不谈社会舆论、偏见、歧视),他们要承受的后果就是极其严重的、是与他们主体特殊性以及主观恶性不相称的。《刑法》第 100 条入伍、就业报告规定;众多行政法规因此不能取得合格资格的规定;限制入学升学的规定;等等,就使其终身贴上犯罪的标签,背负犯罪的包袱,永世不得

---

* 撰写于 2004 年 12 月。

翻身。这是与联合国《儿童权利公约》《北京规则》的上述规定原则不相符的。

第三,从我国《未成年人保护法》等有关法律规定(法律依据)考虑。法律明确规定:对未成年人犯罪实行教育、感化、挽救的方针。现有的犯罪记录制度不利于未成年人犯罪转变后的生活工作学习环境,不利于得到尊重和平等权利,不利于他们更好地再社会化,不利于他们顺利地融入社会,这是公认和实际证明的。换句话说,这不利于调动未成年人自觉能动性,不符合教育、感化、挽救的方针。

二、 未成年人犯罪记录限制公开的具体构想

关于具体构想,我个人认为:

(一) 适用对象与条件还要斟酌研究

不同年龄是否不同? 14—16 是否要宽一些,18—25?

取保候审、假释?

未成年人犯罪,现已成年?

是否可以先宣布限制公开多少年?

(二) 程序

从中国实际出发,申请作为一种愿意得到改过自新、保护的表示,同时是否看作是一种权利更积极一些。作为一种愿意得到改过自新、保护的表示,可以写保证书、个人学习工作规划等。

"申请—评定—裁定(决定)"模式还是"申请—评定—建议"模式? 性质、作用不同,前者是一种强制性、司法性模式,后者是非强制性、非司法模式。

裁定模式又不作裁定,就不是裁定模式。我个人意见作裁定探索(用"裁定书",或与撤销决定书一致用"决定书"),通过研讨、沟通,得到相关单位或部门及其上级领导部门的认同、支持。有关部门不讲,本人可以依法不讲。

建议模式,其他部门没有同意、执行的责任或义务。而且建议前要求有关部门评定,作出建议又送这些单位或部门一起执行,何必要这么复杂,只要经过讨论研究认识一致,法院直接用司法建议更直接简单明确。

评定应含少管所材料。

"回转"改为"撤销限制公开"比较好，与决定书一致。

（三）支持、保证与效果反馈、评估

哪些程序与环节可能有些什么记录？

"未成年人犯罪记录限制公开"是有风险的，由法院来承担，法院要有根据或基础。

1. 可设保证书、今后努力的规划或协议。是否要有个协议之类的约定或要求，或一个生活指导或建议，如改进个人行为的方法、条件、措施等。

2. 作原因、情况分析，保证良好效果需要提供什么支持。要为其正常生活和抵御诱惑创造条件，特别是初期时间空闲、诱惑、困难等。

3. 要搞一个效果考察回访反馈制度（包括兄弟部门、学校、家长、未成年人本人等），供评估、撤销以及工作或制度改进研究。

（四）通过案例向高院请示

用特殊法优先等原则（未成年人保护法规定六字方针、八字原则是限制公开的法律依据，未成年人保护法是特殊法优于刑法；预防未成年人犯罪法公布于刑法后，先颁布的服从后颁布的），讲理论、讲效果，提出意见、建议，向高院、最高院请示，得到批示或司法解释、立法解释的支持，这就为少年法和少年司法实现重大突破。刑法就不再成为少年案件无法突破的障碍。

我个人认为，本探索的理论价值与舆论影响可能大于实际效果。因为未成年人更重在眼前、现实、感性的东西，对未来的考虑不同于成人比较理性、考虑得长远一些。因此要讲理论，要宣传，要积累效果统计资料、实例等。

生机勃勃的上海未检工作 20 年[*]

上海未检工作从 1986 年长宁区人民检察院创建"少年刑事案件起诉组",与长宁区人民法院建立的"少年刑事案件合议庭"配套开始,已经整整走过了二十个年头。这是学习探索的二十年,科学实践的二十年,也是生机勃勃、开拓创新的二十年。

我是上海"未检"工作之友,也是上海"未检"工作的支持者、呐喊者、研究者。二十年来,上海"未检"工作在不断探索一条具有中国社会主义特色、符合现代先进法制理念和中国社会实际的未成年人检察工作道路与模式的路上,取得了令人鼓舞的进展与成就。

第一,上海"未检"工作已走过个别试点的阶段,通过不断总结、推广科学试点的成功经验,率先在全市建立了全覆盖的未成年人检察工作的专门组织机构和工作体系。现在,区县均有独立建制的未成年人检察科(浦东新区设未成年人检察处),检察分院与市检察院均有领导分工,具体由侦察监督处或有关处室负责,并配备一位处室领导专职负责。完备的组织机构和工作体系保证了上海"未检"工作的领导、业务指导、正常运转和持续探索,保证了"未检"队伍的稳定、培养、提高,也保证了上海"未检"工作二十年来的进步和发展。

第二,上海"未检"工作从初始时期的试点实践、配合法院审判,逐步走上积极开展研究,尤其是立足于检察工作特殊性的"未检"工作独立研究的道路,探索独立创新的"未检"理论和"未检"工作机制体系。由于法律赋予中国检察机关的独特地位,与国外检察机关比可以说是独领风骚,上海检察机关依托与国内外学术交往较多,信息资源丰富的优势,学习国外先进法学理念和经验,结合中国的检察实际和上海情况,研究并致力于在实践中探索"未检"如何在中国少年司法工作中全面发挥保护未成年人权益的独特作用。

---

* 撰写于 2006 年 10 月。

　　二十年来,上海"未检"工作初步探索并形成自己的未检理论、组织体系,并在实践中创造了符合中国实情、特有的、具有良好社会效果的工作机制、工作制度。这就是以检察机关的法律监督职能为法律依据,维权、公诉、预防,全方位维护未成年人合法权益,从我国未成年人司法历史和当前实践出发,以未成年人刑事检察为重点逐步展开与深化。我个人认为刑事司法既是与犯罪作斗争的前沿,又是尊重和保护人权(尤其是公开保护未成年人权益)的前沿,国际社会在未成年人保护方面,最早、最为关注的也是少年刑事司法领域,如减少对未成年人违法犯罪的司法干预,取保候审,适用缓刑,少用或不用监禁刑,未成年犯罪嫌疑人诉讼权利与其他合法权益保护,未成年受害人保护,等等。上海检察机关经过多年的实践和理论研究,提出集未成年人刑事案件的审查逮捕、审查起诉、出庭公诉以及预防犯罪为一体的"捕、诉、防"未成年人检察工作理论与实践,其中还包括许多具体的制度与程序、方法,如社会调查报告、合适成年人参与制度、风险评估体系与测定、心理测试、社会与社区考察、帮教支持体系等,并与其他司法机关相互监督、相互配套、相互协调。

　　实践要有法律的依据和理论的指导,新的法律的制定和理论的创新也要有实践的支撑、验证。1991 年,全国人大常务委员会通过了《中华人民共和国未成年人保护法》,1999 年,全国人大常务委员会又通过了《中华人民共和国预防未成年人犯罪法》,上述"两法"在国家既有法律的基础上,对司法机关维护未成年人合法权益、预防和处理未成年人犯罪又提供了专门法的依据。与此同时,最高人民检察院、最高人民法院以及公安部相继制定了有关办理未成年人刑事案件的《规定》。上海检察机关在现有法律框架内,对未成年人维权、起诉、预防未成年人违法犯罪,进行了持续的开拓创新探索,在贯彻落实上述法律法规的操作上、制度化、规范化上做了有成效的研究,长宁检察院的未成年人刑事政策研究,虹口检察院的维权提示研究——"检察官对你说",市、区检察院出版的《未成年人刑事检察理论研究》《教育词精粹》《未成年人特殊保护的实践和理论》等,还有较系统的操作性程序性制度、规定、办法以及示范性文书、表格设计,都是实践探索和理论研究成果的重要体现,具有现实意义,产生了重要影响。

　　第三,二十年来,上海检察机关有了一支与工作发展大体相适应的相对稳定的"未检"专业队伍,分布在市、区县检察机关,经过多年的培养、锻炼、选拔,已涌现出为数不少的有生气、有爱心、能战斗、有理论、有实践、有事业心的未成年人刑事检察官骨干力量。我有幸参加过几次未成年人刑事检察官"教育词"评比,她(他)们当场表现出来的法律素养、案件分析能力、文字组织和口头表述能力,都相当出色。

上海未成年人刑事检察官队伍更是一支勤于学习、认真调查研究的队伍。她(他)们勤奋学习国家法律和中央有关的政策文件,关注并学习国外的有关理论、经验,在市检察院的组织领导和指导下,理论联系实际,开展调查研究,每个区县检察院都不断有新的论文发表,市检察院每年至少组织一二次不同规模的研讨会为他们提供交流研讨的平台,他们还与大学、科研院所紧密合作承担课题,进行专题研究,在国内外的有关学术研讨和学术交流中成为一支活跃的学术力量,被称为专家型"未检"人才。

新世纪以来,上海未检工作无论是在理论方面还是实践方面均十分活跃,理念在不断地提升与更新。但是,未成年人检察工作开拓创新的空间很大,经验积累还是很不够的,尤其是从维权的扩展来看,还存在不少需要填补或进一步研究的空白、缺陷,如检察机关保护的法律监督如何从保护未成年人健康成长环境着手,从打击侵害未成年人权益入手,从大量民事侵权入手? 法律监督在未成年人法律保护中能起到哪些作用? 怎样发挥作用? 检察机关在建立保护未成年人与预防未成年人违法犯罪的社会支持体系方面的作用? 监督法律保护的落实、贯彻实施等。

少年司法制度是法学皇冠上的一颗明珠,中国少年司法制度有机组成部分的"未检"工作有大量法律问题、实际问题需要在开拓创新中来探索寻求解决的途径和办法,任重而道远,上海"未检"工作一定能不负国家重托、人民的期望,兢兢业业为中国少年司法制度的进步完善增添光辉,为和谐社会贡献力量。

涉罪未成年人观护工作 25 周年[*]

未成年人保护是与旧社会、罪错社会恶习思想争夺青少年的斗争,是党和国家治国理政的重要内容。

一、 25 年扩展回顾 32 年的创新贡献

上海未检创新涉罪未成年人观护工作 25 年值得回顾纪念,不过在未检和少年司法制度创新发展中,这毕竟只是一个很有价值和意义的小课题。回顾上海未检工作,从 1986 年长宁区检察院在起诉科建立全国第一个少年刑事案件起诉组,到今天 32 年,大的从起诉组到未检科到完整的未检组织机构体系;捕诉监防一体化工作模式;未成年人社会保护体系。具体的如社会调查;合适成年人与合适保证人制度;未成年人法律援助;未成年人被害人救助;心理测试和心理辅导;未成年人刑事责任年龄认定;相对不起诉;分类起诉;未成年人犯罪记录封存;未成年人刑事案件中的和解程序;刑罚执行监督;社区矫正的检察监督;社会观护制度和基地建设;等等,全面涉及少年司法和少年保护的方方面面。

二、 上海未检工作二个发展飞跃的黄金时期和展望

从一个独立的专业层面说,未成年人保护法是我国少年司法制度的基础。上海未检工作 32 年证明,没有理念信仰就没有创新发展,没有上海未检人就没有今天的未检工作大局面。

(一)上海未检工作第一个发展高峰期

1984 年长宁区法院建立全国第一个专门审理少年刑事案件合议庭。

1986 年,在少年法庭的启示、带动下,长宁区检察院在起诉科建立全国第一个少年刑事案件起诉组,丁永龄任组长。

1987 年 6 月上海市人大通过实施《上海市青少年保护条例》。

---

* 撰写于 2018 年 9 月。

1991年上海召开少年犯起诉业务座谈会。

1991年全国人大通过《中华人民共和国未成年人保护法》,少年司法入法。

1991年最高检召开全国刑事检察工作会议,转发上海召开未检工作经验。

长宁区检察院少年刑事案件起诉组升格为少年刑事案件起诉科,丁永龄任首任科长。

1992年8月,虹口区检察院成立集批捕、起诉、监检于一体的独立建制的未成年人刑事案件检察科(未检科由此确立),周小萍任科长。

1993年,长宁检察院探索、建立观护员制度。

市检察院成立未检处,通过竞聘,樊荣庆出任处长。

市区联动,理论部门与实际部门有共同的信念和事业,追中国特色社会主义少年司法制度之梦想,共享信息,紧密合作,实践研讨并进(亲如兄弟姐妹,一呼百应,合作追梦),建立健全全市未检机构,探索有上海特色的未检工作体系,形成近十年的上海未检工作第一个发展高峰期。

(二)上海未检工作第二个发展高峰期

上海未检工作第二个发展高峰期,特点是立足检察独立创新发展,推进少年法进步与完善,大体从新世纪第一个十年末开始至今十年。主要标志:

市区未检机构完善。

几十项具体未检制度、措施、程序大都在这一时期取得较理想成果,形成规范。

中国特色社会主义的捕诉监防一体化形成一定的理论高度和体系、组织形式。2015年《中华人民共和国刑事诉讼法》未成年人刑事案件特别诉讼程序规定,给上海未检提供了法律支持和贯彻落实。

2016年最高检成立"未成年人检察工作办公室",《未成年人检察》创刊,国内外公开发行,为上海未检提供新动力。

(三)当前期望与追求

十九大习近平中国特色社会主义理论为少年司法、未检工作提出新要求。

现在,在习近平治国理政的思想理论指引下,论相适应相配,创新探索有中国特色的未检理论和组织体系。

立足检察法律监督机构定位、职能,从保护出发,人民检察院为人民,为国家、民族的未来,让每一位未成年人都受到法律的充分保护,不受伤害,不让任何一位未成年人走上违法犯罪的道路,保障未成年人健康成长。

三、 观护制度

观护制度就是给违法犯罪者一个观察、考验、试验期,尽量不经过刑事处罚得到教育矫正,成为对社会无害、有用的人。

未成年人社会观护制度,从历史最早可追溯到公元 10—14 世纪,如 10 世纪盎格鲁-撒克逊国王艾塞斯坦对未满 15 岁的少年实行"附保证条件的处分";13 世纪,英国衡平法"暂停刑之执行";14 世纪,英国法院对行状善良具结出狱者"受履行特定行为之拘束处分",都是最早的渊源。现代意义上的少年社会观护制度则是近 200 年的事,1841 年美国皮匠自愿作为观护人担保一个醉酒少年不受刑罚处罚,前后十八年共观护近 2000 人,重新犯罪仅 10 人。1907 年,英国《人犯保护观察法案》第一次上法。

这是一个国际社会探讨争议多少年的课题,在我国也一直不少人关注。2010 年最高法加强少年法庭工作意见,要求大胆探索实践社会观护。

观护人:家长、老师、社会工作者、志愿者、干部、工厂企业工作人员。

观护人数:一人、多人、交替、轮换接。

观护地点:机构,家庭、学校、工厂、单位、社会机构。

观护限制:不限、可以限、很少限、较严限。

观护时间:几小时几天几周几个月,不能太长。

观护介入:发现危险,违法犯罪发现、审判前、中、后。

观护:观,手段;护是出发点、本意;减少和预防犯罪,保障社会安宁、家庭和谐,青少年健康成长是目的。

未成年人检察工作 35 周年纪念会有感*

　　好几年没有到实际一线学习，只是关心少年法学和少年司法的心不改，不肯放弃今天向大家学习的好机会。

　　先简单回顾一下过去，从建立第一个未成年刑事起诉组，到多区县建组，从组到建制科，再到完整的三级未检工作体系，到新时代，在最高检创新改革带领下，中国特色的未检事业跨越式发展，上海根据地方实际形成与最高检机构衔接一致的集中统一的综合未检业务的检察部。

　　上海未检工作的站位、作用、工作内容，更是不断创新、开拓、提升，起始时期基本上是配合法院审理未成年人刑事案件，发展中国特色就是参与社会治安综合治理。35 年的创新发展，形成刑事、民事、行政、公益诉讼全方位，保护未成年人健康成长、预防青少年违法犯罪构建和谐社会、刑事捕诉监防、服务社会公益全覆盖，在立法、司法、宣传、教育、社会治理、救助、管理监督中发挥检察机关的特殊作用，在新时代依法治国战略中占有重要地位。

　　上海未成年人检察工作 35 年，组织体系提高完善，队伍壮大，素质水平显著提升，工作站位多级跨越新台阶。成果累累，成绩卓越，令人瞩目，值得庆贺。

　　我是这段历史的亲历者、见证人。回顾历史，我立马会想到许多人，樊永庆、吴燕、丁永龄、周小平、顾晓军、杜颖等名字和身影，发展到今天看到英才满座，上海这一代未检人的创造智慧和艰苦付出令人尊敬、值得学习。

　　新时代开启中国特色社会主义的新征程。十九届六中全会胜利结束，通过《中共中央关于党的百年奋斗重大成就和历史经验的决议》。决议号召我们"新时代新征程有新气象新作为"。我们要认真学习、思考，新时代是什么概念，新时代是什么形势，新时代未检工作怎样发展、更上一层楼有什么新目标、新课题，新时代对未检干部要求有怎样素质、修养、视野、工作能力？

　　我认为中国的未检事业离形成有中国特色、成熟的、科学有实效的未检

＊ 撰写于 2021 年 11 月。

理论、学说、立法、制度、体系……,还有很长、很难、很艰巨的实践探索和科学理论研究的路要走。涉及我国检察理论研究、论证阐述,一些理论性很强的少年保护、少年司法的重大问题如未检组织机构问题,降低刑事责任年龄问题,儿童最大利益原则问题,未成年人保护和法治教育中的自我保护的地位、作用的理论和实务问题,宪法对检察机关的定位赋予未检工作的最大可能平台,大龄未成年人与小龄成年人的生理、心理差异与法律个别化问题、网络时代的未成年人健康发展、少年法体系等等,都还有待探究。未检工作任重道远,要有劈波斩浪,一往无前的革命精神再前进。

《决议》最后有一段很重要的话,"必须抓好后继有人这个根本大计"。未检事业要有战略远见,培养人才后继有人才行,上海有这个有利条件,多少年来,上海检察机关与华政等大学、社科院法学所等有长期合作交流、资源共享的历史传统,华政青少所在进入新世纪时就有实际部门的十位一线专家受聘担任华政青少所的兼职教授、研究员。我建议华政与检察等实际部门合作建立未成年人保护、少年司法、社会发展研究院,研究解决类似上面提出的各种问题,创办少年司法、未检学等专业的本科、硕士、博士专业,培养未成年人保护、少年司法、社会治理、未检等方面高端人才,培养提高在职专业人员的能力水平,为新时代未检的理论和实践的创新,理论提升,实践发展,适应长三角合作、一带一路走出去(学习、交流、宣传、合作),为全人类共同体新目标作贡献。

我国青少年司法管理工作的若干原则和经验*

青少年犯罪对于众多国家来说,已经成为一个值得关注的社会问题。我们认为青少年司法管理工作的目的在于更有效地运用法律手段,包括运用刑罚手段来预防和控制刑事犯罪,教育、挽救和矫正青少年罪犯。

青少年犯罪是一个复杂的社会现象。预防和控制青少年犯罪不仅要处置已经违法犯罪的少年,更重要的是要从保护全部青少年着眼,综合治理,消除产生青少年犯罪的土壤、条件和各种因素。

我国司法工作的实践证明,青少年司法管理工作要把照顾违法犯罪青少年的需要、维护其应有权益,与保护整个社会的安全和广大人民的权益统一起来,法律要坚决保证其不能继续危害社会、危害人民。否则,青少年司法管理工作必将违背广大人民群众的意愿,得不到社会的同情、赞助和支持。

在上述思想指导下,我国青少年司法管理工作的主要经验和遵循的原则有:

一、青少年违法犯罪是一个具有宽容度的非精确概念,它包括几种不同性质行为的青少年对象:犯罪的青少年、违法的青少年、有犯罪危险的青少年。从司法管理工作的角度来说,这三种对象应该严格区别和不同对待。进入青少年刑事司法工作范围内的只能是符合标准的犯罪青少年。

二、按照年龄把青少年犯罪和成年人犯罪划分开来是各国刑法较为通行的做法,但在规定为青少年范围内的违法犯罪分子,不同年龄级的差别还是比较大的,似应按各个国家青少年发育程度及其行为责任能力作具体的分段责任规定。我国现行法律中对不满十四周岁、已满十四周岁而不满十六周岁、已满十六周岁而不满十八周岁、十八周岁以上的犯罪就有不同的处理原则和要求。我们认为违法犯罪青少年按年龄分段规定不同的处理是合理的、可取的。

---

* 以"研究室"之名发表,原载《青少年犯罪问题》1985 年第 1 期。

三、对有一般违法行为或有轻微犯罪行为的青少年，从其自身特点和对其要关心、保护的要求出发，我们党和政府历来主张以教育、感化、挽救为主，既有效地帮助其改正错误或不良表现，又要尽量以不进入刑事司法程序对他们进行处理好。我国根据自己的经验和历史传统，创造出多种形式的非刑事司法性质的教育、感化手段和形式，例如社会帮教、工读学校、劳动教养等等。

四、对青少年犯罪的侦查、审理，不应仅以摘清犯罪事实是否存在为限，还应对其犯罪的具体原因、主客观条件，以及有关的重要因素作全面的、细致的调查了解，充分考虑犯罪青少年的责任大小，可教育程度，并为社会提供预防青少年犯罪的建议和设想。

五、刑事司法工作对青少年罪犯中的少数严重犯罪分子，不能软弱无力，包庇纵容。尤其是对青少年犯罪团伙的组织者、指挥者、教唆者，罪习很深的累犯、惯犯，手段恶劣、精心策划的罪犯等，从社会安全，犯罪青少年自身的真正前途和防止对其他更多的青少年的污染、腐蚀考虑，必须采取果断措施，依法从重、从快加以严肃惩处。姑息养奸，是对人民、对社会的失职，也将使犯罪青少年在犯罪道路上越陷越深。

六、对青少年犯罪的处罚规定，应尽量考虑有利其改正错误，有利其身心健康发展，有利其今后的前途和进步。对于未成年人犯罪的处理总的应依法从轻、减轻。未成年犯不适用死刑。

七、对判处短期徒刑的青少年犯罪分子，有条件缓刑的尽可能宣告缓刑。让他们不脱离正常社会生活，在原单位工作或劳动、学习，接受考验、考察，而工资待遇同工同酬，生活上一视同仁。缓刑考验期满，没有再犯新罪，证明其已经认识错误，不再重犯，原判刑罚就不再执行。这对其本人，对家庭，对社会都是有利的。但缓刑期间需要有组织地考察、监督和教育，否则，缓刑的效果将会受到极大的损害。对于缓刑期间不接受教训，再犯新罪的，应撤销缓刑，前后罪一并处理。

八、对判处拘役或徒刑的青少年犯，与成年犯分开关押，并尽可能创造条件，把重罪犯与犯一般罪行的青少年罪犯分开来，努力防止监管场所的交叉感染或相互传授犯罪技术和恶习。

九、在严格管教的前提下，要像父母对待子女、医生对待病人、老师对待学生那样，教育、感化、挽救、改造违法犯罪青少年，关心和照顾青少年的特殊营养需要，文化学习需要，文娱体育活动的需要。努力改善监管场所的环境卫生和医疗条件，保证有病能得到及时的治疗。特别要加强违法犯罪青少年职业技能训练和劳动习惯的训练，通过适当的、对身体发育无不良影响的集体劳动克服好逸恶劳、自私自利的恶习，懂得社会劳动的意义，逐步适应社会集体生活，成为能够自食其力，并对社会有用的新人。

十、建立与社会各有关方面合作来感化、挽救、改造违法犯罪青少年的体制，其中包括从家长、亲友、学校教师、原工作单位的领导，到工会、共青团、妇联等社会群众团体、国家机关的代表或工作人员等等，大家参与规劝勉励、节日探望、组织参观司法回访等等，使被改造的犯罪青少年相信社会主义的优越性，体会广大人民群众对他们的期望和要求，并保持对社会的信赖和希望。

十一、犯罪青少年刑满释放后，刑事司法机关、劳动就业部门以及有关单位、人士，努力为弃恶从善的青少年就业、工作、学习提供帮助，要给出路。这是巩固教育、感化、改造效果的物质基础，同时也是使社会教育与强制教育衔接起来的重要措施。在巩固其原有进步和帮助其继续前进的进程中，青少年司法管理机关要满腔热情、认真负责地"再送一程路"，最大限度地降低重犯率。

十二、对未成年罪犯要保护其在侦查、审判以及在接受教育改造过程中的正当权益，其中包括陈述、辩护、申诉、控告，以及让父母或监护人在不妨碍侦查工作正常进行的情况下，有在场的权利。在任何情况下，工作人员必须根据青少年特点，耐心、细致地听取他们的陈述和辩解。对未成年人案件不公开审理，并不得公布其姓名。

十三、在我国十分强调依法保护女青年的特殊权利和利益，不允许把涉及女青年性关系的错误和问题向无关人员透露，更不允许作公开的渲染或报道。

十四、确认青少年犯罪行为涉及生理缺陷，或病理上的问题，应提供医疗和必要的保护。

十五、对教唆、引诱、腐蚀青少年走上犯罪道路，以及危害青少年身心健康的成年罪犯，必须从严惩处。

十六、加强和改革青少年司法管理工作的关键在于综合治理，即针对青少年违法犯罪的现状及其产生的原因和有关因素，在各级政府的领导下，依靠和动员全社会的力量,组织各部门、各单位在各自管辖范围内,分工协作,各尽其责,通过思想的、文化的、道德的、政治的、经济的、教育的、行政的、法律的……各方面的工作,逐步消除犯罪因素和条件,预防和减少犯罪,使受刑事惩处的青少年减少到最低的程度。

十七、党和国家十分关心并督促各个方面提供物质保证,使青少年有健康、充实的文化精神生活,高尚的道德情操,以及投放精力、施展才能的广阔天地,并努力创造促使青少年健康成长的良好社会环境和社会风气。

十八、加强专业人员的科学培训,提高专业人员自身的文化、道德素养,充分运用现代科学成就,例如生理学、心理学、教育学、伦理学、法学以及现代管理科学的成就,提高青少年司法管理工作的科学水平,提高教育、矫正犯罪青少年的科学性、成功率。

十九、建立专门研究机构,制定研究计划,加强青少年犯罪原因、青少年司法政策、青少年犯罪对策、违法犯罪青少年的教育改造、青少年犯罪预防战略等重大课题的研究。国家机关还为科学研究提供必要的资料、数据和有关条件。

二十、国家编制预算为青少年司法管理工作的正常开展和发展研究提供必要的经费,地方和各有关方面也从财政和物质上大力支持青少年司法管理工作。我国青少年司法管理工作得到党和国家的重视、人民的支持、财政的保证,这是我们的事业能够前进、发展的根本条件和原因。

专题九：为人民、靠群众——司法机关与群众相结合的中国特色治安之路

开拓创新　加强研究　面对新世纪的挑战
——纪念《关于加强社会治安综合治理决定》颁布十周年*

时值中共中央、国务院与全国人大常务委员会分别颁布、通过的《关于加强社会治安综合治理的决定》（下文简称为《决定》）十周年之际，我们高兴地看到以马克思主义为指导，科学总结中国的实践经验，具有中国社会主义特色的解决犯罪、青少年犯罪以及其他社会治安问题的综合治理理论和经验，在预防、控制犯罪，维护社会的安全稳定，保障经济健康发展方面发挥了极其巨大的作用。

《决定》是我国社会治安综合治理走上法治轨道的里程碑，是我国治理治安问题的总章程。保护青少年健康成长、预防未成年人犯罪也必须贯彻综合治理的根本方针。1991 年与 1999 年制定的《中华人民共和国未成年人保护法》《中华人民共和国预防未成年人犯罪法》均以明文规定的形式确立了综合治理在本领域中的法律地位，这是综合治理法治化的新深入和新突破。

在充满欢乐与希望的新世纪起始之年，我国社会治安方面形势的严峻性仍然不能低估，犯罪、青少年犯罪数量可能还会增加，更危险的变化趋势是性质结构、类型手段更趋严重，频频发生抢劫银行或金融机构、抢劫出租车、电脑犯罪、劫持人质、杀人绑架、爆炸、贩卖毒品、黑社会活动、邪教组织等重大恶性案件就是挑战性的信号。为此，综合治理需要有所预见，开拓创新，加强研究，迎战新挑战：

一要系统总结综合治理的成功经验。我们要珍惜具体的点滴成功经

---

* 原载《青少年犯罪问题》2001 年第 2 期。

验,更要主动总结有理论深度的系统性经验。《决定》颁布已经十年了,从1979年算起已经超过二十年,我们确实有大量好的成功的经验,以上海来说,安全小区建设、青少年保护与犯罪预防网络、家长学校、流浪儿教育感化中心、再犯预防的爱心教育基地、综合治理结合部、综合化解群体性矛盾、以现代技防为主的要害处所的综合防范、主动出击重拳打击恶性犯罪等等,需要加紧进行科学总结、分析、评价、筛选,好的要上升为规范、制度、法律法规。一项成功的综合治理经验上升为法律就能长期、稳定、有效地解决一个方面的众多问题与矛盾,这是总结成功经验的重要形式。

二要综合治理工作规范化、制度化、法治化。没有规范、制度就没有标准、没有约束,就可能因人而立、因人而废。综合治理机构及运作规程,综合治理各有关部门在处理问题时的分工、责任、协调,责任制的目标、检查、评价、治安信息的汇集、储存、分析、预报、利用,都是急需要规范化、制度化的重要问题。

三要加大开拓、研究的力度。创新才有活力,社会治安毕竟是一个复杂问题,只有二十几年的经验积累和研究是远远不够的,而且我们二十年来忙于实际工作,对研究的重视和投入非常不够,这样面临新世纪的新问题,矛盾、差距就更大。社会治安问题不能凭主观愿望,各种恶性问题不断发生、无法避免,就必须进行针对性的、专题的综合预防和治理研究,拿出新手段、新措施、新对策、新方法、新的实验行动计划等等,否则就会被动、吃亏。

发挥社会主义法制在综合治理中的革命权威作用

——学习《邓小平文选》的一点体会*

六届人大常委会第二次会议提出严惩严重危害社会治安的犯罪分子和迅速审判严重社会治安的犯罪分子的程序问题,这是发挥社会主义法制的革命权威作用,进行综合治理的重大措施。这一措施体现了广大人民群众的愿望,反映了四化建设的迫切要求,对尽早达成党中央提出的实现社会治安的根本好转,保障人民生命财产安全,保障四个现代化建设顺利进行这一战略目标,具有重要意义,也是在马克思主义指导下,我国社会治安"综合治理"实践的重大发展。

对严重危害社会秩序的犯罪分子必须实行专政、坚决打击,决不能心慈手软。这是小平同志在近几年来有关健全社会主义法制、整顿社会治安方面多次强调的一个基本思想。小平同志说:"我们在坚定不移地把发展社会主义民主的工作继续做下去的同时,要求全党同志和全国人民高度警惕和坚决打击各种反党反社会主义活动和刑事犯罪活动。这是因为,如果不对这类活动进行打击,不但经济调整很难进行,而且人民的民主权利甚至生存权利,都要遭受到危害。"①

近几年来,为数极少的杀人、抢劫、强奸、流氓、盗窃等犯罪分子,严重地危害了社会治安,对人民生命财产,对社会主义物质文明和精神文明建设造成了巨大的危害和威胁。不少犯罪分子胆大妄为,无法无天,手段残酷,一犯再犯,已经到了使广大人民群众忍无可忍,深恶痛绝的程度。因此,如何从本质上看清楚这样一些严重危害社会的犯罪分子是四个现代化建设的破坏者,我们与这些严重刑事犯罪分子的斗争是政治领域内的一场敌我斗争,是采取正确对策的基础和前提。毛泽东同志说过,对人民内部的民主方面和对反动派的专政方面的互相结合,就是人民民主专政。小平同志依据马

---

* 以"华青"为笔名发表,撰写于1983年。

① 邓小平著:《邓小平文选——一九七五—一九八二年》,人民出版社1983年版,第332页。

克思主义的基本原理,总结了我国革命、建设的实际经验指出:"从中华人民共和国成立,直到最近这几年,除了十年动乱不算以外,我们一直坚持对各种敌对势力、反革命分子、严重危害社会秩序的刑事犯罪分子实行专政……"①。认真领会小平同志所指示的严重危害社会秩序的刑事犯罪分子的阶级本质,对正确贯彻执行我国社会主义法制,发挥法制的革命权威作用具有重要的指导意义。列宁、斯大林在十月革命胜利以后,也曾多次把盗窃犯、投机倒把分子、奸商、流氓等犯罪分子与反革命、齐细并列,称之为"革命的敌人""苏维埃政权的死敌"。我国大量实际案例也证明,有的严重的刑事犯罪分子结伙抢劫、强奸妇女,连续作案几十起,造成个别地区一时之间人心惶惶,妇女晚上不敢出门,工厂生产受到影响;有的团伙内外勾结,大量盗窃集体、国家的财产,甚至形成盗窃、运输接应、原材料加工、销赃等黑社会性的分工,使企业亏损,财产损失数以万计。这些刑事犯罪分子已经堕落到与党、与人民、与社会主义完全敌对的方面去了。这不是很明显吗?况且有的严重刑事犯罪分子,本身就是敌对分子。它们以社会主义法制对绝大多数犯罪分子强调教育、改造为可欺,公开向国家、法制的权威挑战。对于这样一些严重的刑事犯罪分子,一犯再犯、屡教不改分子,我们绝不能再受林彪、"四人帮"的"血统论"思想影响,单纯从出身劳动人民、年纪轻等表面现象来考虑,即使他们犯了再严重的罪行也称之为"人民内部矛盾"而加以放纵和容忍,从而使人民、社会、国家的利益经常处在这样的犯罪分子的威胁、危害之中。认真学习《邓小平文选》,将有力地帮助我们提高认识,从根本上克服对严重刑事犯罪分子打击不力,放纵不管的错误倾向。

加强人民民主专政的国家机器,加强社会主义法制,坚决打击和防范制止各种刑事犯罪分子的活动,这是我们对付刑事犯罪分子的最重要、最直接、最有效的方法。小平同志在中央工作会议上强调指出:"马克思主义理论和实际生活反复教育我们,只有绝大多数人享有高度的民主,才能够对极少数敌人实行有效的专政;只有对极少数敌人实行专政,才能够充分保障绝大多数人民的民主权利。所以,在当前条件下,使用国家的镇压力量,来打击和瓦解各种反革命破坏分子,各种反党反社会主义分子、各种严重刑事犯罪分子,以便维护社会安定,是完全符合人民群众的要求的,是完全符合社

---

① 邓小平著:《邓小平文选——一九七五——一九八二年》,人民出版社 1983 年版,第 331 页。

会主义现代化建设的要求的。"①小平同志一再提醒我们对各种反革命分子、反党反社会主义分子,刑事犯罪分子的活动"不能放纵他们,不能听任他们胡作非为",对他们决不能"心慈手软",要"严重警惕""坚决打击"。这些讲话强调的思想是马克思主义国家学说的一条重要原理,即必须用铁的手腕与犯罪现象作斗争。恩格斯有一句众所周知的名言:"革命无疑是天下最权威的东西,革命就是一部分人用枪杆、刺刀、大炮,即用非常权威的手段强迫另一部分人接受自己的意志。"这种权威包括用非常权威的手段与各种刑事犯罪作斗争。我国的人民民主专政即无产阶级专政,按照革命导师的说法,它是铁一般的政权,是有革命勇气的和果敢的政权,是对各种犯罪分子作斗争,绝不是只凭愿望,只靠宣传和鼓动,而且还必须采取强迫手段,实行"无情镇压"的政权。列宁曾经严峻地指出过:必须全力侦察和捉拿这些强盗,"把他们从一切掩蔽所里揭发出来,无情地惩治他们""逮捕一切胆敢危害人民事业的分子,交付人民革命法庭审判",不使任何一个应受惩罚的犯罪分子脱逃漏网。革命历史的经验都证明,无产阶级国家和社会主义制度,如果不依靠这样具有革命权威的铁的手段,而让刑事犯罪分子到处破坏,制造混乱,危害人民,甚至造成各种破坏力量的蔓延、纠集、汇合,那么,就可能出大乱子,少数人可以破坏了我们的大事业,造成不少的动乱和难以弥补的损失,对此绝不可掉以轻心。尤其是在革命和建设事业的转折关头,在刑事犯罪分子活动猖獗的时候更是如此,万万不能放松斗争。一个真正的马克思主义者必须是承认并在实践中坚持这一条原则和原理的人。

发挥革命法制的权威作用,坚决打击严重危害社会治安的刑事犯罪分子,当然不是不要教育、改造,也不排斥其他各种必要的手段,更不是不分情况的一刀切。小平同志指出,"对于各种破坏安定团结的人,都要分别情况,严肃对待"②"对于绝大多数破坏社会秩序的人应该采取教育的办法,凡能教育的都要教育,但是教育无效的时候,就应该对各种犯罪分子坚决采取法律措施,不能手软"③。这里突出了一个极为重要的思想,即我们与犯罪分子作斗争中需要多种手段和对策,但采取法律措施,强有力地行使专政职能,依

---

① 邓小平著:《邓小平文选——一九七五——一九八二年》,人民出版社 1983 年版,第 333 页。

② 邓小平著:《邓小平文选——一九七五——一九八二年》,人民出版社 1983 年版,第 219 页。

③ 邓小平著:《邓小平文选——一九七五——一九八二年》,人民出版社 1983 年版,第 217 页。

法从重从快惩处那些严重的刑事犯罪分子,在各种手段、措施中具有特殊的作用和地位,是综合治理中重要的有机组成部分。当前,我们在严厉打击严重刑事犯罪分子的同时,仍需对有轻微犯罪行为的一般刑事犯罪分子,尤其是有轻微违法犯罪行为的青少年孩子执行教育、感化、挽救、改造的方针。

大家都知道,对社会治安进行"综合治理"是我们党在社会主义条件下提出来的预防和减少犯罪的战略方针和根本措施,它要求在各级党组织的统一领导下,运用各种手段有效地来与犯罪现象作斗争。社会主义法制在综合治理中的特殊作用和地位主要表现在:

第一,在与刑事犯罪作斗争的各种手段、措施中,以国家权力作保证的社会主义法制具有最大的权威性、强制性,这是任何其他手段措施所不能代替的力量,构成了其他各种手段措施实施的后盾。事实很清楚,法律措施,首先是刑事法律可以用最严厉的手段,其中包括限制人身自由、剥夺人的生命这样权威的手段,以此对付用其他手段无法对付的犯罪分子。如果没有这种手段对付严重的刑事犯罪分子,那么其他手段也将失去力量,成为空话了。只有运用这种强制的权威手段,才能在严惩其罪行的同时,消除或剥夺犯罪分子继续实施犯罪的可能性,立即解除犯罪分子对人民群众和国家利益的现实威胁,直接减少或挽回可以减少或挽回的损失,而且也只有这种手段才能使其他教育、改造的手段和措施真正有实施的可能。

第二,只有坚决打击刑事犯罪活动,才能对那些蠢蠢欲动,妄图以身试法的坏人起震慑作用,并为广大青少年和人民群众树立罪错、是非、道德标准,从而起到一般的教育和预防作用。正如小平同志说的,"从严了才可以教育过来一批青年"[1],严肃处理这样一批人"不但对绝大多数犯罪分子是一种教育,对全党、全国人民也是一种教育"[2]。

第三,社会主义法制在综合治理中还具有总体设计、指导、协调、监督、保证的作用,保证各行各业,各个方面严格按照中央的统一部署,有效地与刑事犯罪作斗争,并真正做到挽救、改造其中的绝大多数,孤立、打击其中少数严重的犯罪分子。可见,综合治理绝不是减轻了专政机关的责任,也不是削弱专政机关的职能,而是在新的情况下向专政机关提出了更高的要求,并

---

① 邓小平著:《邓小平文选——一九七五——一九八二年》,人民出版社 1983 年版,第 218 页。
② 邓小平著:《邓小平文选——一九七五——一九八二年》,人民出版社 1983 年版,第 218—219 页。

发挥更大的、更积极的作用。

在我国，与刑事犯罪的斗争仍将是长期的、复杂的，为了取得斗争的胜利，保障我国社会主义四个现代化建设事业健康、顺利地发展，加强社会主义法制，严厉打击严重危害社会的刑事犯罪分子，争取尽快实现社会治安的根本好转，我们一定要像小平同志指出的那样，这场斗争"一定要在法律范围内进行，要有声势，但准备必须充分，步骤必须稳妥，分寸必须适当。对一些严重的破坏活动，不仅要打击一次，而且要打击多次"①，使我国社会治安尽快恢复到新中国成立后的最好状况。

①　邓小平著：《邓小平文选——一九七五——一九八二年》，人民出版社 1983 年版，第 330—331 页。

为五年内显著减少刑事犯罪事件而奋斗

——一个科学的可以实现的战斗目标*

十二大提出,要在五年内使我国刑事犯罪事件显著减少,这是一个有科学依据的战斗目标,是一个经过我们努力可以实现的目标。

现在着重从青少年犯罪这个角度来分析,因为我国当前青少年犯罪在整个刑事犯罪中占绝大多数,青少年犯罪能否降下来,在很大程度上决定我国社会治安的好坏和刑事案件的增减。

首先,我们运用因素分析的方法来看,因为因素分析为我们提供比较直接、较易判断的事实依据。下面把因素分为三类来研究。

第一类是社会政治、社会经济、社会人口等基础因素。十一届三中全会以来,全国人民在党的正确领导下,经过艰苦努力,在各条战线上取得了拨乱反正的重大胜利,实现了历史性的伟大转变。我们不仅在经济上已经度过了最困难的时期,走上了稳定发展的健康轨道,而且在政治上实现了新中国成立以来少有的安定团结、生动活泼的局面。这从根本上为发挥社会主义制度的优越性,减少青少年犯罪创造了长期有利的条件。今后 5 年内,随着经济的稳步发展,人民生活水平和思想觉悟的提高,必然会对青少年的精神面貌愈来愈明显地起积极的促进作用。至于人口因素,由于我国犯罪率比较高的年龄大约在 20 岁左右,因此这一年龄段人口的多少对犯罪的数量多少有一定影响,而今后 5 年内,这一年龄段的人口呈明显下降的趋势。据有的地方统计,要减少 30%—50%。因为新中国成立以来出现的 3 次人口出生高峰,其中 50 年代和 60 年代中期两个高峰出生的人,在今后 5 年内都已超越了这个年龄,而 1975 年高峰期出生的人尚处在儿童期,对这一批人我们还有足够的时间从小开始教育和培养,因此人口也是一个有利的基础因素。在有利的人口因素的基础上,发挥出社会主义政治、经济的优越性,犯罪率有所降低,就能出现刑事犯罪事件显著减少的新局面。

---

* 原载《青少年犯罪问题》1983 年第 2 期。

　　第二类是原因因素。原因因素是比较复杂的,但对刑事增减的影响是很直接的。从当前实际出发,除农村青少年犯罪有所增多外,对今后五年刑事犯罪的下降会发生比较大的影响的因素有:

　　一、学校教育走上正轨,消灭学生犯罪的"接茬"现象。文化大革命以来我国青少年犯罪增加,与学校教育受到破坏关系很大。现在学校中的混乱状况已经结束,错误的思潮受到了应有的批判,学校的思想教育和纪律教育正在不断加强,教学秩序已经恢复,学习风气也已逐步形成,从而使学生犯罪大幅度减少。上海的统计资料说明,学生犯罪已从占整个刑事犯罪总数的百分之三十几下降到不到百分之十,不少学校已经消灭了学生犯罪一茬接一茬的现象。学校具有完善的机构,并有一支数量可观、有专业素养的干部和教师队伍,今后的继续稳定和下降是会有保证的。

　　二、工厂加强管理教育,是今后五年内显著减少青少年犯罪最主要的方向。在青少年犯罪中,学生与青工艺徒常常各占三分之一左右,学生犯罪数已经明显下降,而青工艺徒下降不多,不少地方还有上升。因此,今后五年中采取有效措施保证青工艺徒犯罪下降是一个关键性问题。现在这个问题已经开始引起各方面的重视和研究,我们认为要从进厂教育、平时管理、关心生活、堵塞漏洞、重点帮教等方面形成完整的制度和措施。根据学校的经验,认真抓起来大约三年左右可见成效。因此,现在抓起来时机很好,为时不晚,五年后将为显著减少刑事犯罪作出贡献。

　　三、加强对国外影响、腐蚀、渗透的抵制与斗争。近几年来国外资产阶级的生活方式和腐朽的思想意识对我们青少年的腐蚀、影响是非常明显的,有的直接导致青少年犯罪。根据中央所确定的对外开放政策,今后对外的口子可能还会开得更大一些。国外反动势力不仅可能利用我们对外开放的机会进行破坏和渗透,甚至还可以把犯罪组织(集团、机构)的黑手伸到我国国内来,这是一个新问题。近几年的实际斗争使我们积累了不少经验,一方面认识了这个问题的重要性,开始较为自觉、同时在斗争中逐步适应了这场特殊的斗争,使去年以来收到一定效果。今后五年要发展这方面的经验和战果,使反腐蚀、反渗透的措施更扎实、更有计划,以控制、消除、抵制国外不良影响,提高斗争效率,缩小和抵消国外不良影响的范围。

　　四、法制工作的进一步健全和完善。遭受林彪、"四人帮"严重摧残的政法机构和社会主义法制,在党中央的关怀下已经恢复、加强和完善起来。党风的转变有力地维护了法制的权威性和严肃性;依法从重从快打击严重刑事犯罪分子,在实践中取得很大的效果;对危险人员和社会不良环境的监督、控制正在加强;重视处理人民内部矛盾(纠纷),防止矛盾激化的工作,也提上了法制建设的议事日程,所有这些在今后五年的工作中将发挥重要作用。

五、十二大把努力建设高度的社会主义精神文明作为党在新的历史时期总任务的组成部分。这对于社会主义精神文明建设、党风的转变,对于推动文艺、宣传各条战线坚持社会主义四项基本原则,消除大量犯罪诱惑因素和其他不良因素方面将起着根本性作用。

从这些直接原因因素的分析中可以看出:显著减少青少年犯罪,关键是控制农村青少年犯罪,巩固学校减少学生犯罪的成果,重点解决青工犯罪问题,大力抵制国外的腐蚀影响。如果这些分析认识是科学的,那么团结战斗,继续发展已经取得的成绩,实现十二大提出的目标是有根据、有信心的。

第三类是补偿性因素,其中最突出的问题是罪后改造效果。在社会主义条件下,消灭犯罪是不可能的,但是对犯罪者的教育、改造质量如何,将关系到这些人重新回到社会以后是否重新犯罪的问题。中央对"传习所"问题,逃跑问题,释放后重新犯罪率高等问题极为重视,从方针、机构编制、人员培养、科学管理等方面作了一系列规定,提高了教育改造的效果,使重犯率下降,但今后这方面还有大量工作要做,才能保证五年战斗目标的实现。

除因素分析以外,还可以研究一下我国历史上的经验。新中国成立初,我们使刑事犯罪从 50 余万起下降到 24 万多起,用了约 3 年时间。粉碎"四人帮"以后,1978 年开始出现我国历史上少有的青少年犯罪上升的现象,从上升到得到控制,进一步取得今年初步下降的成绩,这中间大约花了 4 年时间。历史经验分析方法向我们提供了一个重要的证据,只要充分发挥社会主义制度的优越性,经过 5 年的努力工作,取得刑事犯罪事件的显著下降是可能的,也有先例可以证明。5 年的时间不长,历史将证明,党所提出的任务是一定会实现的。

前言：枫桥是浙江省诸暨市的一个镇。该镇派出所在上个世纪 60 年代创造了"依靠群众，矛盾不上交，实现捕人少，治安好"的经验，广受广大群众和社会好评。公安部部长向毛主席汇报后，毛主席指示，要各地仿效，经过试点，推广去做。这个经验在实践中不断创新发展，是全国政法战线的一面红旗。2003 年 11 月、2013 年，习近平两次批示再接再厉，坚持和发展好新时代的"枫桥经验""要充分珍惜，大力推广，不断创新，坚持好，发展好"。浙江省公安厅办公室主任、浙江省青少年犯罪研究会主持工作的副会长、中国青少年犯罪研究会副会长周长康（高龄老人已退休），早在 1963 年就随领导在枫桥搞试点，总结"枫桥经验"。几十年来，在不同发展时期，坚持参与推进、发展、不断总结、从理论上提升，从未间断，为总结、宣传、推广"枫桥经验"作出贡献。我曾受周长康邀请数次去枫桥学习、调研，并参与"枫桥经验"35 周年、40 周年纪念的学术研讨会，探讨"枫桥经验"的中国特色和理论品格、社会治理体系。

探索具有社会主义特色的治安之路 *

"枫桥经验"历经 35 年的风雨与考验，把我国公安工作的光荣传统、成功经验，在新的历史条件下，与社会主义市场经济、与建设与发展社会主义新农村、与现代社会及科学技术的发展变化、与现代科学化的治安管理思想结合起来，不断开拓、探索，创造出保持社会治安持续稳定、促进经济快速发展、保障人民群众生活安康的新业绩，不愧是我国政法战线上一面迎风招展的鲜艳红旗。

通过回顾、总结、交流，以及实地参观、访谈、了解，我认为这是创造、继承、发展"枫桥经验"的几代人，在党的领导下，团结一心，集警民的智慧才能，努力奋斗、实践、奉献的成果。他们继承、发扬传统，又勇于探索、创新，创造符合我国国情，具有现代科学水平的、保障社会治安稳定的新经验，正在探索开拓一条具有中国社会主义特色的社会治安之路。其经验与做法十

---

* 原载《走向 21 世纪的"枫桥经验"——预防犯罪实证研究》，群众出版社 2000 年版。

分珍贵，值得进一步总结、推广。有些经验的意义与价值，甚至远远超过公安工作这一狭小的专业领域，具有更为普遍的借鉴、启迪的意义与价值。

依靠群众是我国社会治安的根基。回顾历史，毛泽东同志当年充分肯定并要求各地仿效的"枫桥经验"，最核心的经验是什么？概括地说就是四个字：依靠群众。依靠群众，解决矛盾，搞好社会治安，这是行之有效、经得起实践检验的成功经验，是具有中国社会主义特色的社会治安之路的根基。

现在有的人可能看不起甚至丢掉了我国公安工作的优良传统与经验，他们认为依靠群众是老生常谈，过时黄花，没有什么新意，几乎成了套话、空话。但是了解我国革命历史、关心理论、尊重实际的人知道，这是马克思主义历史唯物主义的基本观点，是我党我国革命与建设取得胜利成功的法宝，是毛泽东思想、邓小平理论中贯穿始终的鲜明红线。把依靠群众变成套话、空话，是不忠实于或践踏依靠群众观点与经验的人，甚至是以依靠群众招摇撞骗，谋取个人私利的人，并不是依靠群众理论、经验本身过时，或者缺陷。"枫桥经验"证明了这一点。

35 年的时间，使枫桥人有时间展示自己的政治水平、智慧与才能，把依靠群众变为针对不同时期、不同性质的问题发展出解决矛盾的不同工作方式和方法。60 年代，政治斗争十分激烈，巩固人民民主专政的政权，维护国家的安全稳定是头等大事。枫桥人创造了依靠群众矛盾不上交，就地解决的经验，抵制了一些极左的做法，贯彻党中央、毛泽东同志少杀少捕的指示精神，做到少捕人，治安好，既有利于打击最危险的犯罪分子，又有利于挽救大多数人，减少矛盾，预防矛盾激化，把矛盾消除在群众性的教育、管理中，有利于国家的安全、稳定和发展。"四人帮"粉碎以后，恢复了实践是检验真理的标准的马克思主义原则。枫桥人敢作敢为，依靠群众率先对"四类分子"评审摘帽，拨乱反正，对纠正、消除"极左"路线带来的各种多年积累的矛盾与问题作出了贡献。在改革开放、实行社会主义市场经济的新时期，又针对发展经济与社会治安中出现的新情况、新问题，创造出新时期依靠群众，预防、减少犯罪，维护社会稳定的新经验、新方法。这是枫桥用自己的努力、创造，坚持依靠群众，演绎出内容丰富、生动感人、不断发展的科学经验的历史。

"枫桥经验"的成功、成熟，还在于依靠群众维护社会治安，紧紧与发展经济、提高人民生活、全心全意为人民服务的根本目标、根本宗旨结合在一起,从而表现得丰富多彩,实在高效。广大人民群众能够真实地感受到,枫桥依靠群众发展经济的成绩就是令人十分振奋的。有 7.4 万人口的枫桥,1997 年实现工业产值 25.6 亿元,比五年前增长 10 倍以上,农民人均收入达到 5120 元。这是怎样实现的呢? 不是靠国家投资、拨款,也不是靠国外财团,而是靠数以万计、遍布枫桥千家万户的轻纺织机,形成了枫桥衬衫轻纺支柱产业,吸纳了 4.5 万农村富余劳动力,使生机勃勃的农村经济发展起来,农民收入大幅度提高,展示出依靠群众奔小康的社会主义新农村的亮丽景色。经济繁荣,有工作做,农民富裕,从根本上减少、防止、消除了在其他有些地方常见的大量矛盾,对社会治安所起的良好作用是不言自明的。枫桥依靠群众做好外来人口管理也是令人感动难忘的。众所周知,在市场经济迅速发展的情况下,外来人口违法犯罪在违法犯罪人员中占的比例大幅度上升,且居高不下,成为社会治安中的一大难题。而枫桥外来人口违法犯罪受处理的平均每年不到 1%。他们的办法与众不同,是主动关心服务,帮助解决困难,保护合法权益,加强教育管理。例如逢年过节接送外来人口回家;外来人刚来住处有困难,村民腾出空房让外地人住;帮助适龄儿童到村校读书;举办培训班帮助外地青工学文化、学法律、学习计划生育的政策及有关知识等等,种种做法体贴感人,使外来人口主动配合管理,自我约束,积极为本地区经济发展服务。他们依靠群众,包括外地区的群众,为外来人口服务,同时也弥补了枫桥经济发展后劳动力不足的困难,又使社会秩序安全得到保障。由此可见,"枫桥经验"依靠群众的内容多么丰富、多么实在。难怪在一次辖区民众对公安派出所工作满意程度的无记名的问卷调查中,辖区民众的赞誉、好评是普遍的,总的评价及对各方面工作的满意和基本满意率能够达到 99.5%。

社会治安问题,违法犯罪问题,归根结底是社会矛盾的表现。社会矛盾无时不在、无处不在,有个人的、地区的、全国的、全球的;从性质分,有政治的、经济的、文化的、教育的、管理的……没有矛盾就没有世界,没有矛盾就不能推进社会进步。可是,社会矛盾解决不好也会出现各种各样的问题。当前在我国市场经济急剧发展的情况下,分配不公、失业失学、官僚腐败、有问题无人管、无处说、得不到公正合理解决……都是群众常常议论的话题。至于家庭矛盾、邻里纠纷、商品买卖中的质量、价格、数量问题,人们交往中言语碰撞冲突等等,更是比比皆是。处置不当,任其发展,小问题、小纠葛、小矛盾,就可能扩大、激化、转变成大问题、大矛盾,出现各种危险因素、破坏因素,包括违法犯罪,就会给社会带来严重的不安全因素,甚至造成破坏性后果。为此,必须有一种与矛盾、问题无时不在、无处不在相匹配的监督制约、控制、化解的力量。从预防违法犯罪、保证及时发现与处置社会治安问题的角度上讲,有什么力量能够无时不在、无处不在地起作用呢?国内外传统的认识都是靠警察、政法机关。当然公安、政法机关有不可推卸的职责,但实际上起不到真正全天候、全方位、全进程的作用。从我国来说,公安机关有百万大军,队伍不能说不大,但分散在全国各地,十几亿人口当中,就可能不那么全天候、全方位了,更不可能是无时不在、无处不在。因此,无论从理论上还是实际上说,真正能起到上述作用的只能是人民群众。只有人民群众可以说是无处不在、无时不在的,只有依靠群众这支强大的社会治安力量,才能与矛盾的普遍性、长期性配合。群众如果起来与公安机关一条心,与党和政府一条心,共同关心治安问题、违法犯罪问题,那么这些问题、矛盾不仅能及时发现,而且也比较容易解决,比较容易消化,从而强有力地保障社会治安的良好情势。

依靠群众化解矛盾,搞好社会治安,这是"枫桥经验"揭示出社会治安工作具有普遍性战略性的哲学基础,是我国社会治安的根基与社会主义特色。"枫桥经验"已经把哲学理论问题转化为社会治安的实践:我国是人民民主专政的国家,一方面工人农民是基础,工人农民是最基本的、最广大的人民群众,是人民群众的主体,必须依靠工人农民群众,维护自己的根本利益、长远利益。另一方面,社会矛盾、问题也大量集中在工人、农民之中,如工人下岗待业,农民负担过重,这些问题都是与工人、农民的切身利益紧密相关,有时矛盾十分尖锐、复杂。尽管改革开放以来,我国经济发展、人民生活改善是有目共睹,人人均可亲身感受的,但矛盾、问题确实也大量存在,尤其是农村中存在大量矛盾,具体复杂。如果不重视处理好农村矛盾,矛盾与问题多了,积累起来,发展激化,就会出现大量治安问题、违法犯罪问题,危害国家和社会。"枫桥经验"把二者统一起来,依靠工农群众自己,解决与化解存在于工人农民中的大量社会矛盾与问题,维护工人农民的根本利益,这不仅对农村,而且对整个社会治安提供了一个重要的经验与正确的思路。

传统经验走向现代科学化水平才有强大的生命力。好的经验的强大生命力在于发展、开拓、创新。枫桥依靠群众搞好社会治安的经验,就是根据社会发展、科学技术的进步,不断充实大量新的科学的现代化内容,开拓创造出一整套新的科学的依靠群众、化解矛盾的组织机构、工作程序、方式、方法、手段措施,扬弃了在实践中证明不符合时代要求、效果不好,甚至有明显负面效应的手段方法与措施,从而使我国公安工作的优良传统的历史经验得到继承、发展、弘扬,又与具有现代科学水平的治安管理的思想、手段、方法密切结合起来,使依靠群众立足点高、理论性强,又切实可行,具有现代科学水平。"枫桥经验"的现代化水平主要体现在三个方面:

1. 建立社会治安的系统网络

"枫桥经验"的新发展中多次介绍到,在党的统一领导下,构建覆盖整个辖区、渗透到社会每个角落,整块有效的群防群治网络体系:有治安保障网络、调解网络、信息网络;有行政村、居委会的,有部门的,有企业的;有特殊场所、特殊地区的,如集贸市场、流动人口聚集地;有经济民警、保安、联防等带有明显专业性的,也有老年协会、禁赌协会等群众性的;还有专门针对跨行业、跨地区以及不同层次、级别的。用他们的话来说:构成"组织联合、矛盾联防、纠纷联调、问题联解""横向到边,纵向到底,上下衔接,左右协调"的责任体系。这是一个覆盖全面、统一联动的社会治安系统网络,有现代科学特征与重要的理论、实践意义。

我们认为系统化、网络化是现代治安依靠群众的科学支柱。社会治安问题是以整个社会的进步与科学技术发展带来的变化为背景的,以信息技术为标志的现代科学技术的发展,交通工具、通讯设施的不断进步,使世界的空间距离大为缩小,经济全球化的趋势虽加强了相互的联系、制约,亚洲金融危机给全球经济带来的影响、冲击至今尚未过去,就是最好的例证。当今社会治安与违法犯罪问题同样也具有全球化、突发性、蔓延性、相互影响渗透等现代特点,绝不是一个孤立的现象。犯罪分子大量流窜、结伙作案,甚至跨国犯罪;单一的问题可能会发生想象不到的连锁反应,引发一连串的问题与矛盾,使人防不胜防;一个局部性的社会问题、社会矛盾稍有疏忽可能扩大,蔓延、激化成多个地区甚至全局性的社会治安问题,一点火星会酿成一场严重的大火。

与此相适应,依靠群众单打独斗、发生一个问题再来处理一个问题的方法,无法适应社会治安问题现代化、复杂化、全局化的形势。据此,依靠群众也要赋予现代化的内容,提高科学水平,具有新的形式,这就是科学、严密的社会治安系统网络。系统网络是预防、控制、处置社会治安问题、违法犯罪问题的物质载体，它不是一般的组织机构，而是以系统论、控制论、信息论等现代科学理论为指导，构建起来的统一的、具有能动调节功能的网络性组织。它使发现、监控、协调、处置社会治安问题、违法犯罪问题，有组织、有渠道、有人员、有目标、有措施，使依靠群众真正能落到实处，成为具体的可操作、可检查、可测评的活动，发挥理想的效益。

特别需要指出的是，把社会治安防控的系统网络扩展到工厂、企业、经济部门、经济活动中去，尤其是扩展到私人工厂、集贸市场中去，是值得肯定的开拓创新。政法工作要为经济服务，把社会治安渗透到工厂、企业，把社会治安与发展经济、增加效益结合起来，变成一个完整的系统网络。这样的思路、经验、做法极为难能可贵。枫桥有一个私营企业，他们把解决治安问题、工人的培养问题纳入企业管理的内容。企业家不是把治安问题看作额外的工作，而是看作企业工作的组成部分，他们认为要出好的产品，就要有好的基石。私营工厂把两个任务变成一个任务，为了出好的产品，所以要解决工人的素质问题，解决外来民工的困难，使他们稳定。他们从实践中感觉到安全问题是前提，没有这个前提生产就没有保障，把两个问题联系、统一起来，不是两张皮而是合二为一，变为一个东西，而且在组织机构上也统一起来了。这是自觉建立起来的，有认识基础的社会治安系统网络，是我们现代化发展中值得进一步发展的经验。

2. 广泛且及时的信息汇集手段与措施

现代信息传递、转换技术是 20 世纪给人类社会带来最大变化的科学技术成果，电话、移动电话全球通、无线电、电视、卫星、计算机网络……使传统社会的观念发生巨大的变化，信息成为一个影响社会进步、影响经济发展的产业，信息就是金钱、财富，信息就是力量，就是胜利。做任何事情，没有掌握足够信息，就不了解情况，像瞎子走路一样可能到处碰壁。如果信息是片面的、错误的，下的决心也是片面或错误的，其后果也就可想而知。从社会治安角度来说，大量事实揭示，当今我国违法犯罪分子利用现代科学技术手段，利用现代信息技术、通讯设备、交通工具实施各种危害社会、危害人民行为的情况非常突出，这已经成为国内外学者一致公认的趋势。我们与犯罪作斗争，处置各种治安问题，在一定程度上就是与他们比科学技术，比信息、比速度、比反应。早一步掌握问题、事故、违法犯罪的第一手情况信息，迅速作出反应、决策,问题就可能解决在萌芽、酝酿、准备、发展的过程中,原本可能激化、爆发的问题、矛盾或违法犯罪就可能得到防止。迟缓一步或者情况、信息错误,矛盾就可能激化、爆发,犯罪就可能得逞,对社会造成严重危害。可见,广泛、及时掌握社会治安信息是做好社会治安工作的条件与保证。

现代化的社会治安对策离不开现代化的信息技术与手段,依靠群众就要与全面、及时正确掌握情况、信息,以及科学的信息集中、传递、反馈系统结合起来。枫桥依靠群众的经验包含了大量具有现代科学水平的、卓有成效的社会治安信息发掘、汇集、反馈等方面的工作方式、方法,具体说如领导接待来访,直接了解民情;建立专门的治安信息员;定期隐患排查;联席会议通报新情况,分析社会治安问题、不安定因素以及矛盾纠纷的特定规律;不同季节、不同工作可能出现哪些问题的预测等等。事实证明,社会治安信息,违法犯罪的征兆,都是活的、变化的,与群众生产、工作、交往、生活交织在一起的,单靠呆板的、常规的渠道、办法或手段都是不行的,还必须靠无时不在、无处不在的有能动性的人;枫桥能把社会治安信息神经的末梢渗透到每个自然村、车间班组、要害部位,没有群众是办不到的。只有靠活生生的群众,公安工作的信息触角才能延伸到每一个可能出现问题、矛盾、隐患的地方。

从枫桥的上述经验中还可以看出,信息本身不是目的,它是为社会治安服务的,我们要充分利用信息,把它转化成社会治安的实际战斗力。为此,信息要通过现代计算机及网络系统等,做到储存易查,传递畅通,有专人研究、评价、筛选,从中发现问题、动向,为领导或实战部门筹划工作、作出决策、采取行动提供可靠依据,使信息真正成为财富,成为力量,取得社会效益。

3. 程序化、制度化、规范化

可以断言,在新的形势下,依靠群众创造出社会治安的新局面,其中每一项成功经验中肯定都客观地反映社会治安某一方面的实际情况体现一定的规律性。不能让这些成功的经验停留在一时、一事、一项具体的工作中,局限于个别人的认识中,要通过总结概括上升为程序、制度与规范,变为一种共同的科学要求与规定,成为大家的共识与行动准则。这是保证社会治安工作的方方面面进行得比较顺利,取得成功的重要手段。

依靠群众消化矛盾,搞好社会治安,预防控制违法犯罪必须制度化、规范化,这是由几个特殊因素决定的:

首先,社会治安是一个复杂的、长期的任务,依靠群众做好治安工作需要方方面面坚持不懈、长期积累。个别人、少数人的努力也会有成绩、有效果,但作用有限,三天打鱼两天晒网往往会前功尽弃。只有通过把成功经验转化成制度、规范,通过一定的权威,保证其有一定的强制要求才能不受个人情绪、认识、态度的影响,保证工作的全面、统一、稳定、持续。例如纠纷、隐患的排查,一人、一时、一地排查的作用效果不一定很明显,但如果是每年定期几次,年年进行,前后衔接,认真分析,就可以做到心中有数,主动出击,防患于未然,把各种事故、纠纷、矛盾、隐患,消除、化解在露头之时,这对于社会的长期稳定具有很重要的意义。这项工作讲讲容易,但要长期认真坚持,不受人员变动、领导是否督促检查、某些人的说三道四等的冲击、影响,就一定要有制度保证,要有一定的强制与规范。

其次,社会治安问题,政策性强,关系到每个人的自由、权益、生活质量。如处理治安事件或刑事案件,就涉及事实、证据、处置是否合法与正确,当事人的权利、利益,会出现不服、申辩等等。这当中既要依靠群众,又要依法办事,保护每个人的合法权益。程序、制度、规范,经过研究、总结、论证,考虑比较周密、完备,能防止各种片面、差错。它规定哪些事处理要有两人办,哪些事要注意性别,谈话要有笔录,笔录要请当事人阅后签字,处理要写决定或处理经过,材料要立卷归档等等,以保证处理每件事都要合乎党和国家的政策、法律,维护有关人员的合法权益,同时这也是保护工作人员,使他们办好事情,不犯、少犯错误。

再次,程序、制度、规范是一种规格和准绳,可以防止随意性、主观性,有助于确定不同人、不同部门、不同程序的职责、任务,他们之间的关系及如何配合协调等等。有了规范、标准,监督、检查、考评也就有了客观依据。如枫桥派出所根据农村治安的实际,规定民警下责任区不得少于15天,每月走访群众不得少于30户,第一年辖区群众熟悉率必须达到30%,三年达到80%。这是数量标准,此外还有程序标准、质量标准等等。通过这些制度的规定,使依靠群众具有可操作性,不是瞎忽悠、讲空话。有了程序、制度、规范,使我们培训工作人员也有了具体的内容。

综上所述,提高社会治安的现代科学水平,必须把程序化、制度化、规范化建设放在极为重要的位置上,通过实践不断充实完善形成一整套具有我国特色的、可操作的、体现现代科学水平的社会治安工作制度、规范体系。到了这个时候,我国的社会治安面貌必然会有根本的变化。

建立社会治安的系统网络,具有广泛、及时汇知社会治安信息的手段与能力,形成依靠群众搞好社会治安的科学的制度与规范体系,这三个方面是"枫桥经验"现代化的体现,是创新的具有普遍意义的经验。它把依靠群众这一传统经验中蕴藏的巨大能量调动出来,成为预防犯罪、消化矛盾、解决社会治安问题、保障社会稳定、经济发展的物质力量。

全面提高人的素质,以人为本,全面提高人的素质,这是我国社会治安中的根本战略问题。我们党在把工作转移到经济建设为中心的轨道上以后,就反复强调两手抓:一手抓物质文明建设,一手抓精神文明建设。物质文明建设的成就愈大,速度愈快,精神文明建设也更显重要,力度也要加强。小平同志早就讲过:"不加强精神文明建设,物质文明建设也要受破坏,走弯路。"精神文明建设就是以提高人的素质为根本。领导有素质问题,警察有素质问题,群众也有素质问题。人人都要提高素质,以适应我国社会的进步与发展。江泽民同志多次强调提高全民族素质的战略意义。《中共中央关于加强社会主义精神文明建设若干重要问题的决议》中指出,素质有三个主要方面:思想道德修养,科学教育水平,民主法制观念。把民主法制观念作为提高人的素质的主要内容,对我们探索具有中国社会主义特色的社会治安之路,具有重要的指导意义。领导、民警、群众有了这一条,高效、稳定的社会治安就有了扎实的基础;没有这一条,实施"枫桥经验"是很难的,这与一个文盲充斥的国家难以实现现代化是同一道理。

根据枫桥成功地依靠群众搞好社会治安的经验,要全面提高人的素质,首先是领导要努力学习领会中央的文件、指示精神,学习科学技术,提高民主法制观念,真正树立以人为本的思想,自觉地实践依靠群众维护治安。"枫桥经验"中党政第一把手总负责,各级领导、各方领导"齐抓共管、常备不懈",正是领导素质的表现。领导没有这样的素质、水平与认识,就不会有自觉、主动、开拓、创新的实践活动,甚至会自觉不自觉成为阻力或干扰因素。

其次,当然是民警素质。枫桥有一批阳光普照式的无私奉献、廉洁公正的优秀民警。他们有依靠群众的认识与责任心,有依靠群众的制度、规范,还有依靠群众搞好社会治安、消化矛盾的业务能力与方法,这些方面缺一不可。依靠群众不是形式主义，不是花架子，不是雇佣式的被动工作，而是民警综合素质的表现，是严格要求、管理、培训的结果，是一种创造性的劳动。

第三，提高社会治安积极分子、工作骨干的素质。他们是群众中的中坚分子、先进分子、有影响分子，是政府、公安机关与广大群众的纽带、联系中介。关心他们、支持他们，提高他们的民主法制观念、认识水平以及工作能力、活动能力，帮助他们掌握灵活具体的工作方法，宣传他们的先进思想、先进经验等等，对推动工作，获得社会治安的良好成绩，也有举足轻重的作用。"枫桥经验"中为数众多的调解员、治安员、信息员……就是十分重要、不可轻视的群众力量。

最后，还要提高广大人民群众的整体素质。可以采取创造文明单位，文明小区；开展普法教育；订立乡规民约；发扬民主，吸引广大群众参加管理、参加监督；搞好宣传等等形式。任何地方只要有广大群众的主动积极参与，这个地方的社会治安就有了最强有力的支柱和最雄厚的基础。

提高人的素质，从根本上有助于预防减少违法犯罪，防止社会治安问题的发生。可是，全面提高人的素质是一项涉及整个社会、国家的综合性的战略大课题、大任务，需要几代人的努力，付出艰辛的劳动。从社会治安的角度来说，是不可能广泛承担这项任务的。从指导思想、视野上说，思路要宽阔，但工作目标、要求、设计一定要从社会治安这一特定要求出发。上述分析就是想勾画出社会治安工作中提高人的素质的具体方面与特殊内容。

扎根在我国江南农村，融汇着枫桥几代民警、群众的智慧才能的"枫桥经验"，是科学的、有成效的。我从"枫桥经验"的理论根基、实际操作经验中具有现代科学水平的主要体现，以及人的素质培养三个方面，作了粗浅的研究与思考。小平同志说："走自己的路，建设有中国特色的社会主义，中国才有希望。"我从"枫桥经验"中感受到一种极具特色、富有强大生命力的中国社会治安模式。这是中国社会主义特色的治安之路。

我祝愿"枫桥经验"在领导与群众、理论与实际、个别与一般等多方面结合的研究、促进下，进一步开拓、完善，为我国农村社会治安，为国家的稳定、发展作出新的贡献。

论"枫桥经验"的理论品格 *

"枫桥经验"经过四十年历程,具有非常鲜明的实践品格和时代特征,是一颗具有中国社会主义特色的社会治安综合治理的明珠。但它的光辉还没完全发挥出来,它应该更闪亮,在诸暨闪亮,在绍兴市闪亮,在浙江省闪亮,在全国闪亮,甚至应该在世界上闪亮,这就是"枫桥经验"的理论品格,是需要进一步发掘、总结具有更高层次、更普遍指导意义和借鉴价值的"经验"。

"枫桥经验"是在一个特定时期、地点创造性的社会实践中诞生的,又在几十年的社会实践变革中发展、丰富、完善。国际社会上有很多经验,经过科学实验,逐步上升为学派或理论,受到关注和尊重,发挥了普遍的指导作用。我个人认为,"枫桥经验"历时四十年,它无论在时间跨度上还是在空间跨度上、理论价值上和社会效益上,与国外的一些实验、计划相比,都是有过之而无不及,但不足在于,我们还缺少在这方面的认真的理论发掘和提升,没有把它具有普遍意义的理论品格的东西提炼出来。召开"枫桥经验"理论研讨会的目的和任务,就应该在这方面下功夫,把在特定时间、特定地方创造的经验上升为理论,再指导实践,实践—认识—再实践—再认识,充实起来、完美起来,形成一套完整的理论,再加上一套数据和严密的论证,充实"枫桥经验"具有普遍意义的理论品格,具有普遍意义、普遍价值的东西,就能使这颗明珠光芒射得更远、覆盖面更广。

一时一事、一点一滴的经验,也是很宝贵的、有效益、可借鉴的,但局限性是很明显的,不可能受到普遍的重视。在国际学术会议上,外国有的学者曾说过,中国经验多,理论少。还是有一定道理甚至可以说是很切中要害的。提升"枫桥经验"具有普遍意义的理论品格,是我们的责任和义务。

作为讨论,我想探讨"枫桥经验"具有普遍意义的理论品格,至少有以下几点:

---

* 撰写于 2004 年。

一、"以人为本"的综合治理理念

"枫桥经验"是与时俱进的，随着时代的变革不断发展、丰富，但是有一个具有普遍价值的理念贯彻始终，这就是"以人为本"的治理理念。其中自觉地从革命人道主义提升到"以人为本"是一个重要的发展、飞跃。

马克思主义是尊重人的，但在我国特定历史条件下，"左"的思想影响十分严重，革命家对"人"的认识、理解有局限性。"枫桥经验"开始时的"以人为本"思想，比较多的体现是革命人道主义的思想。毛主席是伟大的，他有很多非常杰出的革命人道主义思想的论断，如在解放战争时期提出解放军优待俘虏，这在当时来说是有重大意义的思想。坏事变好事，变消极因素为积极因素。在肃反政策上，可捕可不捕的不捕，可杀可不杀的不杀，特别是毛主席还提到"犯人也是人"等等。所有这些，都贯穿了革命人道主义思想。革命人道主义尊重人、保护人的尊严，当然是正确的、进步的，但实践中在一定程度上是一种"施舍"，是一种"给予"，因此可以说是不彻底、不够进步和光辉的。现在在"三个代表"的重要思想指引下，直接、鲜明提出"以人为本""执政为民"，从"施舍""给予"到承认权利主体，真正回到为人民服务，是人权理念在革命人道主义的基础上的一次飞跃。"以人为本"承认人的基本权利、权益，是作为一个人应该享受的东西，这是一个新的价值标准和取向。按照这种价值标准和取向，人的生存、发展、人格、尊严及生活质量的提高都是作为"人"应该享受的东西，这些都是人的权利，无论是公安工作还是政府工作，维护好人的权利，是尽职责的事，而不是你"施舍"给人民什么，"给予"什么优惠、待遇，这是人的权利。联合国近期文件不断提到，就业也是一个人的权利，而且要"体面就业"，所谓"体面就业"是指什么？不是给人一个工作岗位就好了，工作岗位要有工作条件，一个人不能在没有人格尊严、没有劳动保障等条件下就业，那种"就业"是很苦的就业，不是体面的就业，这就是联合国"以人为本"的新的就业理念。新的理念认为，不体面的就业，就是给他就业也不是尊重他的权利，体面就业才是尊重他的权利。我认为这是就业理念的进步、质的飞跃，从革命人道主义向"以人为本"思想的飞跃。

"枫桥经验"在实现以人为本的思想中，在两个方面体现出这种自觉转换的创造性：一是外来人口管理，二是归正人员帮助。因为"以人为本"在强势群体或一般情况下是不明显的，只有在弱者面前才能凸显出来。外来人口群体是目前我国普遍存在的真正的弱势群体,他们背井离乡在外面打工,无亲无靠,没有经济力量,没有工作,没有房子、没有耕地,在市场经济条件下,他们是弱势群体,容易受歧视、受欺,被看作"另类"人口。外来人口的种种不利因素,又加重了外来人口的困难、不平,有时不满、无奈、越轨也多,反过来又成为被看作"另类"的实证依据,这几乎是一种公认的偏见。但是枫桥与众不同,他们认为外来人口为当地建设做贡献,他们是人,应该有尊严,有权利,尽管他们在本地没有户口,跟本地人在文化、习俗上有很大差异,但他们仍应该受到尊重、保护。枫桥为他们考虑了很多问题,考虑得很周到、很有情,譬如在外来务工人员集中的单位、部门建立工会,建立党组织、团组织,这些都是政治方面的;另外专门为他们解决住房、子女入学及举办职业培训班,建立维权热线等等,从资料上看,这些措施不是一点点,而是一系列,涉及政治、经济、文化等各方面的关怀,所有的规定、措施都是作为"我们的居民"来考虑,作为自己的利益一样来考虑的,它不是作为"另类"人口来考虑,在这点上,我觉得"枫桥经验"的做法与有些地方强制、压抑的思路根本不同,体现了一种人文关怀,体现了它是"以人为本"的,管理、教育、维权、服务等多举并重,形成一种外来人口管理新模式,这个新模式的核心就是"以人为本""执政为民",可以肯定地说,没有指导思想的飞跃,是做不到这一点的。

归正人员也是一个弱势群体。他们是真正犯过错误的,对社会有过危害的,但依法受过惩罚后,重新走上社会,应该如何对待他们? 他们的历史造成人们对他有不同看法,对他不放心,这都是很正常的。但是,他们现在要回归社会做一个正常的人,那么如何关怀他?"枫桥经验"从一开始就没有忘记这个特殊的角落,在监狱里就开始关怀他,建立了帮教、帮扶、帮富。"帮富"这两个字多么有人情、现实、想得多长远,这两个字具有多丰富的理论内涵,值得全世界的犯罪学家研究。枫桥对归正人员的工作延伸到监狱、延伸到家庭、延伸到他以后的工作生活,把他当作人看,是"以人为本"思想很闪亮的一点。

我列举这两方面论证"枫桥经验"的理论品格和实践的开拓创新。如果道理能够成立,确实是具有普遍价值的理论品格,那么回过头来,我们更自觉地用"以人为本""执政为民"这样的思想去指导我们枫桥的工作,指导我们诸暨或者更大范围的工作,全面贯彻这个经验或者理论,特别研究与实践在哪些环节上、在哪些方面，对特定的领域，对特定的工作对象，"以人为本"怎样认识、怎么样体现、怎么样实践实施。"以人为本"是一个很大的哲学课题，是一个哲学理论，这个话到处都可以用的。我们要在具体的环境工作，譬如在预防犯罪等司法体系中，在违法犯罪未成年人的教育挽救工作中，"以人为本"应具体表现在哪些方面、哪些环节上，应该具有怎样的程序、具有怎样的规范、具体措施，在理论的指导下形成一个比较严密的实践活动，理论价值、推广意义就体现出来并且大大提高了，品位也就不同了。

二、 推进经济发展、社会进步、安全稳定的社会整合系统

"枫桥经验"有一个很大的特点是"公安推动"，这就是"枫桥经验"最早的开拓来源的地方。但是，"一枝独秀""一花独放"的意义总是有限，要把一枝"独放的花"推广到其他方面，成为繁花齐放，这样才能出现真正的风光。我这次在枫桥的短暂学习了解，觉得40年的开拓发展有了新体现，原来的经验很大程度上局限在公安，这一次，有很重大的突破与发展。体现在党的领导下，首先是发展经济，这是基础的问题，没有经济基础，"枫桥经验"上不来的。以保障经济建设为中心，"枫桥经验"也不能局限在公安派出所领域。这次很高兴看到"枫桥经验"从公安扩展到有法院的、有检察院的、有司法调解的、有社区的，形成多方面的、比较完整的、推动经济发展、推动社区进步、保障社会稳定安全体系或系统。体系或系统的概念就不再是点点滴滴、单一方面的思考，而是具有理论概括的思考。这次我们专门去参观了具有推动经济发展、推动社会进步、保障社会稳定安全体系特点、功能的"新农村"，我问当地居民，"新农村"是不是刚刚建立的，我以为它是赶潮流新命的名，居民回答说：名称早就是这个名称，但是现在的这些好制度、规定、做法、措施是逐步形成的。我感受到这就是把一枝花慢慢变成一个社会系统、一个比较严密的社会系统的实证（例）进程，这就是"枫桥经验"，它发挥了积极作用，具有普遍理论品格的价值。

我研究少年犯罪、少年司法等问题的时间较多，从我国少年司法制度角度来考察，从上海市长宁区建立第一个少年法庭开始，我国少年司法制度发展确实是很快的，公、检、法、司一条龙服务，中央有关机关、部门联合制定规章、发文，整体上法院走得最快、最规范，检察也不错，公安是最慢的。在少年司法制度的发展进程中，大量的创造在检察、法院，检察现在在探索缓捕、

缓诉,法院建立少年法庭后,有调查程序、教育程序、简易程序等一系列创造,还有缓刑、缓判,还有各种非刑事、非监禁的措施,如现在很受人关注的监管令、社会服务令等,不少是结合我国情况从国外引进的。这些就是在构成体系,体系在推进少年司法制度中是非常重要的。"枫桥经验"与少年司法制度、青少年保护理念是完全一致的,但发展上与国内其他地方有些不同,走得最快、最好、最成熟的是公安,"以人为本"的思想在公安机关有了大量的创造,在前司法程序中化解矛盾就是分流,这就是对人的保护、对人权的维护。譬如说调解解决了大量矛盾,实际上保护了很大的一批青少年,也防止了一批矛盾激化,对于服务经济、服务安全都是举足轻重的。但是谁去解决矛盾? 怎样解决矛盾? 靠单一司法部门、单一方法去做是一种效果,靠一个体系、多种渠道去运作将得到大大优于前者的效果。"枫桥经验"中总结的"靠富裕群众减少矛盾,靠服务群众减少矛盾",靠组织群众减少矛盾这显然是一个主次责任明确、各方协调、有极强整合力的工作体系,才会有成效地想办法在问题激化前把矛盾解决掉,而不是把处于各种矛盾纠纷中的青少年推到司法程序、甚至于刑事司法程序中去。

枫桥的帮教已形成规范化制度,这个也是很重要的分流,苗头问题早消化,重点对象早转化,不仅是对少年司法制度,而且对国家整个刑事司法制度都会有很大的贡献。这个工作做好了,对推进我国司法改革有重要意义。当然,这里我们还看到包括很多具体措施,如及时发现事故苗子加以制止、发布治安信息预先警示或提醒、公开案件办理情况等等,这些做法都有一定组织形式的保证。昨天参观的警务区,其警务室、司法室旁还设调解室,据介绍调解室不是一个机构,而是一个场所,这是初级形式,但是它体现了一个体系的构建。所以,从公安推动,最终形成一个体系,一个具有小城镇特点、科学的、有效率的社会治安综合治理的社会系统,这是"枫桥经验"中具有普遍价值的又一项理论品格的财富。

三、 依靠群众与依靠现代科学技术相结合

在"枫桥经验"40 年实践当中,尤其是改革开放的近十几年,创造了经济上去了,治安、刑事案件发案数下来的业绩,提供的数据是 12‰,这个数据比全国的治安、刑事案件数发案数比例低得很多。能够实现这样的目标是我们中国人的一种追求,是中国人想实现的一种突破。从国际社会和我国大

多数地区的发展来看，一旦经济发展，刑事、治安案件就会大量上升。当然，有些国家也会出现浮动、波动、下降，例如最近若干年美国的青少年犯罪下降，我就非常感兴趣，有机会就向美国同行请教，得到的解释是：一是未成年人口减少了，二是对未成年人违法犯罪采取比过去较为严厉的政策。前者是人口效应在我国也同样存在，后者是针对美国存在对少年犯罪姑息纵容、公众不满的情况而采取的对策。而一般的浮动、波动都不是他们工作有特殊创造或成功的结果。枫桥为什么能突破国际社会和国内一般地区的常规，除了前述经验外，依靠群众与现代科学技术相结合也是具有普遍意义的经验。

依靠群众是中国特色的东西，而且是社会主义制度的优势，因为社会主义制度从根本上说就是代表人民、代表群众，这是中国革命的三大法宝之一，现在仍然是我们的法宝，党在新的历史条件下提出"三个代表"的重要思想对历史的经验作了新的提升和论述，问题是我们在这条特殊的工作领域不能把"依靠群众"像过去那些简单化的做法，打人海战术，不计成本，甚至是运动群众，依靠群众要和科学严密的管理结合起来，这样才是依靠群众、代表群众。新农村的一些做法，体现了真正代表群众，特别是党员分工的"四个环"，自报承担，义务公布，党员在群众当中接受群众监督与群众一起维护群众的利益和安全。这个做法真正是依靠群众，体现群众的力量。这些党员他们本身是农民，许多还有自己的副业，有的有工厂，有的甚至有自己的企业，他们是群众中的一员，有共产党信念、有公益精神的群众，但他又在社区当中与更广泛的群众一起，承担起社会治安综合治理的一定责任，又公布于众，能得到群众的监督和评价，形成一个非常好的科学严密的能够在日常生活中化解矛盾、处理问题、维护安全的群众自治组织。我以前曾经论述过，无处不在、无时不在的群众，他们是全方位、全进程、全天候，他们的能力与智慧、办法发挥出来，这比增加几个派出所和多少警察更重要、更有力、更有效。

现代科学技术极大地提高和扩展了人的智慧和能力。在现代科学技术急剧发展的今天，要充分自觉地认识现代科学技术的重要性，在财力、技术可能的条件下，引进与运用有关的科学技术，使群众能更好发挥作用。我们在枫桥镇上看到的那个街面治安监控体系就是明证，17个探头把重点部位看得很清楚，发现问题马上出警，把问题解决在第一时间，依靠群众就有了科学手段，政府服务经济、预防违法犯罪、维护一方平安也更有力量了。

枫桥是我国南方的一个小城镇，小城镇的治安对于稳定农村、保证全国安全都具有战略意义。小城镇是农村的经济、文化中心,它能带动、促进周边广大农村的进步与发展,而且能吸纳大量的农村人口,对于缩小城乡差别、提高农民生活质量和文化素质都具有非常重要的意义和价值。著名社会学家费孝通教授对小城镇建设非常关注,有很多重要的研究成果,他的研究证明,小城镇是纽结,它架起大中城市和农村之间的桥梁,是大中城市与农村之间的调节器。如果把小城镇的社会治安搞好,促进小城镇的经济发展,它一方面把大城市发达的先进的经济、文化、科学技术、管理经验等带到广大农村,促进农村的经济发展,广大农民群众生活富裕,生活质量提高。另一方面,广大农村人民安居乐业,这是社会稳定、社会进步、治安良好的基础,对于保障大城市的经济发展和人口的合理流动,保证全国的稳定和经济发展都具有非常重要的战略意义。所以,把"枫桥经验"上升到理论,并在全国推广,出现几十个、几百个、几千个遍地开花的"枫桥式"城镇,那么广大的农村稳定,城市有了依靠、有了稳定大后方作为保证,我国的刑事案件就会真正出现稳定下降的趋势,社会治安问题肯定会大大减少,我国的社会治安的新时代才会出现。所以,我认为"枫桥经验"的价值、核心不在于枫桥的具体做法,具体做法也不一定都适合其他任何地方,更不一定能适合大城市借鉴,但理论的战略意义、战略价值,小城镇的战略意义、战略价值,就在全国具有非常重要的意义和价值,值得研究、重视和借鉴。

加强法治教育　提升全民法治意识 *

十八届四中全会是中国共产党领导全国人民建设中国特色社会主义强大国家的又一个新的里程碑，从此活力四射的中国踏上一个又一个历史发展的新时期。

依法治国，要确立法律的权威，权威来自人民对法律的内心拥护和真诚信仰，不能只靠外在的约束，更需要每个人内在的自觉去遵行。我们要在党的领导下，坚持人民主体地位，让法治精神、法治观念、法治意识深入人心。这就要求人们认真学习贯彻《决定》，加强和推进全民法治教育，提升全民法治意识，让崇尚法律、敬畏法律、自觉守法、遇事找法、解决问题依法的法治精神深入每一个人的心，"形成守法光荣、违法可耻的社会氛围，使全体人民都成为社会主义法治的忠实崇尚者、自觉遵守者、坚定捍卫者"。只有这样，我们伟大的祖国才能成为一个公平公正、稳定和谐、强大富裕、美满幸福的社会主义法治国家，屹立于世界的东方。

一、法治教育要立法先行

《决定》要求把全民普法和守法作为依法治国的长期基础性工作。明确提出，全社会普遍开展宪法教育；领导干部带头学法、模范守法；完善国家工作人员学法用法制度；把宪法法律列入党委（党组）中心组学习内容，列为党校、行政学院、干部学院、社会主义学院必修课；把法治教育纳入国民教育体系；建立公民和组织守法信用记录等等。

面向全社会的法治教育我们已经取得了一些经验。梳理一下，从上海到全国已经有许多行之有效的经验和创造，如中央和地方各级领导的法治讲座和法律专题学习制度；中小学法治教育副校长负责制度；中小学校法治课和教材建设；公检法少年司法"二条龙"以及向前和向后延伸制度；家庭教育与创办形式多样的家长学校；颇受欢迎的法制宣传讲师团和咨询援助；媒

---

* 撰写于 2014 年。

体的特色创造如以案说法、释法、案件聚焦、检察风云;网络法制教育课程化、常态化等等。30 年来普法规划的经验,现在应该进一步上升为法律。不能再停留在规划和经验、探索的初级阶段。要用法律的形式提出全民法治教育的要求、标准、制度、载体、机制、方法,使其规范化、标准化、系统化。成为公民、学生、教师、公务员和领导者的立身门槛或立身之本。

二、 法治教育要先从各级政府和领导自身做起

提高人民群众的法治精神、法治观念,先要提高各级政府和领导的依法治国、依法行政的观念,严格依照宪法法律行使权力和权利,而不能使权大于法,或以权代法。

"人民权益要靠法律保障,法律权威要靠人民维护",相辅相成。一般说,政府总是处在强势、主导的一方,老百姓眼睛看着政府和领导,也寄希望于政府和领导,不仅要看各级政府和领导严以律己、遵纪守法、身体力行、做出榜样,更要看各级政府和领导在治国理政上,是否忠诚维护宪法的绝对权威,依照宪法法律办事理政,特别要在与人民生活关切的热点问题处置上,公开透明,依照宪法法律行使权力和权利,取信于民。各级政府和领导依法治国的榜样,就是最好的法治教育,比多少次说教更有效。各级政府和领导依法治国的榜样,就能取信于民,使老百姓相信政府,崇尚法律,敬畏法律。

各级政府和领导还要把提高全民法治意识工作,作为依法治国的基础工作,制度化、规范化,从上到下落到实处。从根本上改变法治教育可有可无、时有时无的状况,使法治教育工作成为政府机关常抓不懈的重要工作。

三、 把法治教育纳入全民教育体系

没有全民法治意识就没有秩序和稳定、没有社会主义民主、没有现代文明和现代化。法治精神、法治意识,不仅是知识、观念,更在于行为习惯的养成;不能只依赖于外部的约束控制,更在于内心时刻铭记、自觉遵行;这不是靠一朝一夕、突击活动所能改变的,而是更长期坚持、细雨浸润。学校是教育人的部门,在人生成长发育进程中,从自然人向社会人转化的起点开始。从一生中最具有可塑性、最能打下人生正确价值观基础的时期,从影响一生决定一生的最佳时期,就种下社会主义法治意识的种子。

把法治教育纳入全民教育体系,在中小学设立法治课,开展全方位、多

渠道、持续的法治教育，使法治教育融入文化、融入教育全过程、全部课程，成为素质教育的重要组成部分。用立法的形式把法治教育纳入全民教育体系，体现法治教育从青少年抓起，符合认识发展规律，符合人生成长自然规律，这是最有远见卓识的科学战略决定。

家庭是社会的细胞，具有特殊作用和职能，是进行亲情教育、塑造影响的最小独立单位，是其他任何组织机构所无法替代的。法治精神、法治观念、法治意识熔铸到人们的头脑之中，体现于日常行为之中，就要从家庭生活中开始。家庭是孩子的第一所学校，是任何人都离不开的特殊的教育基地。法治教育进家庭，关键是父母亲和长辈一代人自身的法律素养，他们是影响、决定未成年人、下一代的引领人。

教育者首先要受教育，所以法治教育是家长学习的终身课程。法治教育进家庭，就是要在生活工作的方方面面服务家庭，让家长认识法律与个人、法律与家庭、法律与生活的关系，法律与道德、权力与责任、权利与义务、法律与权益保护的关系，从内心感到接受法治教育和法律服务的需要。家长要活到老学到老，家长法治教育的内容应该包括法律知识和法治素养。社会提供职工学校、职业培训、家长学校、网络学校、老年学校要满足家长和家庭成员的需要。法治中国需要全民法治意识，"中国式过马路"应该成为历史，家庭对改变旧习、建立法治精神有重要作用，是有实效、有影响的非常重要的一环。

《决定》在增强全民法治观念，推进法治社会建设上，还有许多值得认真学习和研究的新课题，如多层次多领域依法治理，完备法律服务体系，依法维权和化解纠纷机制等等。提升全民法治意识是法治中国的基础，只有全民法治意识的提高，才有稳定、兴旺、和谐、强大的社会主义法治中国。

未成年人犯罪动向与矫治*

社会是很复杂的矛盾体。我国改革开放二十年来，一方面是经济高速发展，社会长足进步，人民生活水平显著提高，另一方面却是社会矛盾增加，不良诱惑遍布，犯罪持续上升。据公安部公布的立案统计，1979 年全国刑事犯罪立案总数为 535698 起，1989 年为 1971901 起，1999 年为 2249319 起，2002 年为 4337000 起，2003 年为 4397624 起（2004 年尚未见公布的统计数据）。法院公布的全国判决的少年罪犯统计是 1985 年开始的，该年全国法院判决少年罪犯 17506 人，2002 年公布的全国法院判决少年罪犯为 58870 人。分段比较一下，1985 年至 1989 年，平均每年判决少年罪犯约 29000 人（缺1988 年数据），1990 年至 1999 年平均每年判决少年罪犯约 36000 人，2000 年至 2002 年平均每年判决少年罪犯约 50000 人。上述统计表明，近 20 年来我国犯罪与未成年人犯罪均呈持续上升的基本发展态势。

一、 上海未成年人犯罪的当前状况与特点

上海是全国的上海，社会发展的大背景是一致的，犯罪与未成年人犯罪的总体情况与全国也大体相同。由于上海是我国最大的国际化城市，正向国际经济、金融、贸易、航运中心发展，因此有些发展的趋势特点更明显、更具有趋前研究借鉴的价值。从上海市近十几年未成年人犯罪的发展变化分析，总体上呈现以下三方面特点：

（一）升多降少，总体上持续上升

根据公安部门 18 年的统计数据，从 1987 年至 2004 年，18 年中 12 年上升（上升 100 以下 1 年，100—200 的有 3 年，200—500 有 2 年，500—1000 有 3 年，1000 以上有 1 年），6 年下降（100—200 有 4 年，200—500 有 1 年，1000 以上有 1 年），比较中还可以看出上升大都是年增 200 人以上，而降大部分是年减 200 人以下，从而表现为总体持续上升态势，2004 年的绝对数为 1987

---

* 整理自于 2005 年 3 月给上海市少管所干警的报告提纲，略有删减。

年的 4 倍左右。这还没有考虑 1992 年立案标准提高和 1997 年刑法修改影响统计数据减少、下降的因素。

（二）严重性、危害性增加比数量增加更值得关注

从盗窃自行车到盗窃轿车。

频发抢劫、放火、投毒、走私。

贩毒 92 年前没有，90 年代末 74 起。

屡有发生绑架、麻醉、撕票。

杀人，过去几乎没有，现在未成年人杀人年年发生，多的一年七八起，有的手段残酷，如一次杀二人，还挖眼睛。

出现利用计算机侵入银行系统，实施网络诈骗的案件。

建立色情网站组织卖淫、组织淫秽表演。

组织团伙。钻法律空子（法律保护妇女、孕妇、未成年人的规定），成人利用未成年人结伙公开割包、扒窃、抢包，大白天在长宁区政府门口众目睽睽下作案。

（三）从发展趋势看，数量与严重性还会增加

因为，激发犯罪的因素继续增加，社会矛盾更加复杂，金融财物集中于上海令犯罪瞩目、眼红、垂涎，管理漏洞增加。具体来说有以下几点：

1. 经济高速发展，物质财富增加，商品琳琅满目的条件下，物质欲望不断膨胀，金钱需求增加，供求矛盾激化。轿车、住房超前消费、攀比；思想：用明天的钱享受今天；收入增加追不上无限的消费，挣的钱永远不够花。据有关调查研究报告指出，上海经济持续快速发展，人均 GDP 达到 5000 美元以上，生活必需吃穿用必需品消费占总消费比例从 1997 年 50.5％，降至 2001 年 43.1％下降至 2004 年 40％并继续下降，而玩乐享受或发展消费上升至 40％左右并继续上升；需求、水平、层次拉开。

2. 贫富矛盾增加，差距拉大。上海市向国际经济、金融、贸易、航运中心发展，推动资金、人员、物资汇集流入上海，进一步扩大差距，今年公布全国人均 GDP 达到 1000 美元，上海人均 GDP 达到 5000 美元，相差 4000 美元。到 2010 年，全国人均 GDP 达到 1500 美元，上海人均 GDP 将达到 7500 美元，差距可能扩大到 6500 美元。上海可能成为各种各样犯罪者冒险的"天堂"。也就是经济发展低水平伴随低水平的矛盾和传统、常规、低水平的犯罪，经济发展达到 5000 美元以上将伴随出现危险性更大、智能型、高科技水

平的犯罪。

3. 客观上金钱物欲诱惑、不良文化诱惑、疏忽漏洞百出、法律盲点(14 岁以下违法犯罪怎么办?)和非法渠道畅通。

4. 外来人口增加,矛盾增加、利益冲突复杂、管理水平跟不上。上海自然人口十余年负增长,而户籍人口近十年却增加 300 多万,公安部门统计,外来流动人口 1988 年为 108 万,2000 年已达 387 万。

(四) 少管所可能出现新发展趋势、新动向

少年重罪频发。

不良影响深,社会化行为规范差。

权利意识扭曲严重。

未成年人犯罪率持续上升,居高不下,严重性、危害性增加,暴力、预谋、团伙、高科技趋势性特点愈益显现,低龄犯罪的趋势值得严重关注。

重罪才进监狱,思想行为规范差,对权利意识的不当理解,使监狱中的少年犯的恶习深度、罪行严重程度、教育改造难度、品格扭曲程度、受社会不良影响的程度都会有所增加,在强调权益保护的情况下的自以为是、狱内违法违规、过分权益要求也可能出现。

二、 未成年人立法动向与联合国《儿童权利公约》

重视和加强未成年人的权益保护是未成年人立法的基本动向、发展趋势。首先,"三个代表"已体现在党的纲领上,以人为本,最终是为了最广大人民的利益,这是人民的权利。二是尊重与保障人权"入宪"标志在国家根本法中确立了人权在政治生活和法律上的地位。三是我国已签署联合国《儿童权利公约》,其确定的原则得到绝大多数国家地区认可,是人类社会进步发展的总趋势。

联合国《儿童权利公约》规定关于儿童的一切行为⋯⋯均应以儿童的最大利益为一种首要考虑(儿童的最大或最高利益原则)。如何理解?无条件限制的儿童优先还是有关儿童的问题优先,还是考虑其最根本的利益还是儿童想什么就什么、要什么就给什么;不歧视原则;生命、生存、发展权原则;儿童参与权原则;18 岁以下普遍适用原则等。

2004 年 9 月北京第十七届国际刑法大会,强调保护教育是基本手段。

儿童权利保护、预防减少未成年人犯罪也是和谐社会和科学发展观的

必然要求。没有未成年人的健康发展就没有和谐家庭和谐社会，也没有国家社会发展的基础。

少年司法是儿童权利保护中具有特殊重要性的组成部分，是司法公正、人权保护的最后、最权威保证。要提高有关司法人员包括我们在座人员的素质、水平、能力，这是党的执政能力的重要组成与体现。提高未成年人犯服刑过程中的执法意识和能力，维权意识和能力，化解与转化矛盾能力，驾驭和谐能力，开拓创新能力，这是新形势下对我们的新要求、新挑战。

犯罪人是人，少年犯需要特殊保护，是有享受保护权利保护的特殊主体、特殊的群体，受尊重保护教育。

犯罪受到惩罚是正义需要、公正需要、权益需要、和谐需要，对犯罪的、社会上任何人都一样。

三、 教育改造是一场艰苦、细致、激烈、残酷的斗争

刑罚是强制的。没有一个未成年人真正是心甘情愿地来服刑的，而且，从自由到失去自由，客观上也有一个极不适应的过程。

服刑的角色转变是痛苦的，人在内（客观现实），心在外（强迫的、不能自主的、短时间改变的）、心在乱（困惑或悲观）、心在怨（有许多他们自认非常不错的不服的道理、理由，父母不要我、老师看不起、别人有过错，我运气不好，比我坏得多得很，家庭条件不好否则不会这样，某事情事出有因，某某人说法不客观等，模糊、淡化是非、好坏、罪错）。只照顾、保护是不行的，必须有认识的提升、行为的规范、得失的比较、评估。

经过"服"，这是基础（服法，服过程。刑罚的严厉性，对权利、自由的极大限制伤害，故法律保证公正、正义有一整套严格程序，保证实体的公正正义公平，从怀疑揭露、证实逮捕、起诉判决、上诉驳回……正确地走过来，无矛盾无出入，就应该自己做到或心悦诚服）、认（认罪，认识危害：个人不能只讲好还要损失自由、影响前途发展、可能受歧视、前科包袱等，家庭受害，还要讲被害人、社会受害、和谐破坏等）、析（要剖析具体原因，包括商业广告，有钱到处做，请专家做，设计得漂亮、吸引人，一定要你上当，做不到理性消费，吸取教训：问题出在哪里，怎么会陷落进去的，以后怎么办，改进什么等，得失：一时痛快满足得失）、远（离、辨别、控制、免疫、抵制）。

这是一场没有硝烟的战争。预防保护不是口头说的，比水平、智慧耐

心。压住是表面和谐，出去就本性暴露。从根本上提高认识，解决思想、实际问题、矛盾，成为健康的人、有用的人、有益的人、快乐的人、有奉献的人。这是真正的和谐能远离犯罪、控制犯罪、抵制犯罪。

方法：管教令、监督令、服务令、赔偿、义工到指定场所服务。

调查心理测试、法律援助、权利告知、分案审理、诉前教育亲情、会见合适成年人、风险评估。

成本：悬赏印通缉令、勘察侦察追踪、交通、审判、司法管教拘留、受害者赔偿安抚、监狱法院建设人员开支。

青少年赌博的思想、心理剖析 *

近几年来,青少年赌博在我国城乡有发展蔓延的趋势,对社会治安和青少年的腐蚀毒害相当严重。这是研究青少年违法犯罪不可忽视的一个现实问题。

赌博是旧社会留下来的恶习,是青少年思想品德的腐蚀剂,是青少年通向堕落犯罪的桥梁。各地调查的材料揭示出,由赌博引起的偷盗、哄骗、抢劫、殴斗,以及家庭破裂、年轻夫妻离婚的事件为数甚多。某省 1980 年统计,因赌博直接引起的大盗窃案 22 起,抢劫案 16 起,凶杀案 8 起。还有一些青年因赌博输得走投无路而自杀。赌博的危害如此之大,为什么赌博在一部分青年中难以禁止,甚至教而不改、执迷不悟呢?这除了需要调查分析青少年赌博的社会历史原因和现实条件外,从主观上剖析青少年赌博的思想、心理,了解赌博造成青少年的心理损害也是十分重要的。

其一曰找刺激,由小到大。刚开始赌博的青年往往是闲得无聊,无事可做,从"白相相""找刺激"开始。上海某工厂有几个青年业余无事可做,几个人凑在一起打牌"解厌气"。为了寻求刺激,就拿点东西赌输赢。他们从一粒糖、一支烟开始,有时食堂供应面包,于是面包也成了赌本。由于有了"刺激",劲头大增。后来逐渐感到东西少了不过瘾,用钱代烟糖,终于发展成一个赌博团伙,参与人数涉及厂内外几十名青工和学生。

赌博就像鸦片等毒品一样,对人所起的是一种危险的病态的精神刺激。在资本主义社会,赌场、妓院、毒品都被用来作为麻醉人们意志的一种手段。在社会主义条件下,这种病态的不正常的疯狂性的感官刺激带来的"满足",不仅不可能真正解决"空虚"和"无聊",而且是用"麻痹"和有害的无聊活动消耗了青少年时代宝贵的光阴和精力。由于迷恋于赌博,这些青年必然很少考虑自己的前途、理想,他们对业余学习失去兴趣,对生产漫不经心,更谈不上有什么事业心。久而久之,与健康有生气的社会生活愈离愈远,轻则整

---

* 撰写于 1980 年,发表于《文汇报》并获奖。

天萎靡不振,重则逐步走上犯罪道路。

"白相相""找刺激"是相当一部分青少年自身开始陷入赌博泥坑的主观原因,这是青少年工作学习安排不当,精力过剩,在思想心理上产生矛盾、不协调的一种表现。解决这种思想,心理矛盾和不协调的办法有两条途径,一是通过提高认识,加强自制能力,充实学习、生活的内容,克服"找刺激"的错误思想,修复、协调思想、心理矛盾,另一条道路就是顺着"找刺激"的错误心理往下滑,继续扩大原有的心理矛盾和失调,追求单纯的感官刺激,使身心健康受到愈发严重的损害,甚至造成生理、心理的变态,背离社会道德观念和法制要求,走向自我毁灭的道路。我们要充分看到"找刺激"心理对青少年的自我残害性。

其二曰碰运气,侥幸发财。这是赌博心理进一步发展的表现。

侥幸投机,无偿占有他人钱财,是赌博者最直接、最普遍、最明显的心理状态,是赌博过程中直接培养和强化起来的动机和不良心理。谁都明白,赌博的基础是钱财的输赢。一部分青少年受社会不良影响,追求吃喝玩乐,对金钱产生了迫切、大量的需要。由于青少年自身的特点,有的还没有工作,有的经济尚未完全独立,有的是已工作但工龄短,工资低,从而产生了物质享受高要求与经济收入较低的尖锐矛盾。在这种情况下,赌博对这些青少年具有极大的吸引力和诱惑力。他们常常期望在赌场上得到他们在正常劳动工作中得不到的大量钱财,以满足其享受的需要。

参加赌博的人看问题有一种特殊的病态选择性,这是赌博者特有的认识现实的方法,就是只见赢,不见输。即使这一次输了,也把希望寄托在下一次赢上。有一个青年在交代中说,他第一次被带到赌博的地方看人家赌,第一个感觉就是钱多得很,赢钱很容易。开始他站在旁边暗中猜输赢,几乎每次都猜得准,于是确信有本事能赢钱,心痒手痒,就下水了。

赌博者只愿意看到自己有利的情况,而不愿意也看不到对自己不利的事实,这就强化了他们的侥幸心理。由于侥幸心理的作祟,就是在输得分文全无的残酷现实面前,还是相信自己的"手气"和"额角头"会好的,只要千方百计再找到赌本,似乎下一局财神爷一定会帮助他把本翻回来,结果许多赌徒常常是以想赢钱开始,以输得精光而告终,其中执迷不悟者就可能走上犯罪的绝路。浙江有一个青年,为了结婚讲排场,想到赌场去碰"额角头",开始赢了一些,很兴奋,相信自己的"运道好",想多赢一点。但是,接踵而来的是一个月的工资全输光，为了翻本，狠心取出准备结婚的存款再赌，越输越急，最后挪用了公款几百元，手表、呢上装全赔上，走上了违法犯罪的道路。有的青年也许会说，赌博有赢有输，如果大家都输，钱到哪里去了呢？根据我们了解的情况，做一点分析，也许能有助于某些人克服侥幸发财的错误心理。

首先，赌博是不生产财富的，它只是通过赌博公开夺取别人的财产。但是，赌博的过程是要消耗钱财的，买赌具、抽烟、吃喝的开销，场地的费用、抽头、把场、放哨、跑腿人员的开支等等，一厘一文都必须由赌的人通过各种形式来承担。第二，社会上确有极少数赌头、惯赌，他们以赌为业，研究赌博技术，有的在赌具上做手脚，或勾结作弊等等。赌博只有对这些人来说，才是"财源""财路"。然而这种邪门歪道的"财源"，到头来也不会有好结果。第三，赢来的钱不长肉，来得快，去得快。输掉的钱，一是一，二是二，赌债胜过催命符，一分一角不能少。

可见，侥幸发财心理是一种危险的心理。它是赌徒鬼魅手中的套索，具有套上脖子甩不掉的魔力。当赢了一点尝到甜头时，侥幸发财心理使人觉得"手顺""运好"，想再多赢一些。当输掉一点的时候，侥幸心理使赌博者寄希望于下一次可能翻本，反正赢也赌，输也赌，这是赌博者难以违背的心理规律。实际上，赢一点就心满意足地离开，输一点就吸取教训赶快脱离的情况是不多见的。所谓"财迷心窍"就是这个意思，它表现为赌博的成瘾性、顽固性。

其三曰贪婪、掠夺，越陷越深，不能自拔。

赌博中的输与赢是建立在赌博双方钱财利益直接冲突之上的，赢者的得益、发财、满足建立在输者的损失、破产、痛苦的基础上。而参加赌博的人总是想赢不想输的，于是为了赢，尔虞我诈，钩心斗角，损人利己，不择手段。什么友爱、同情、道德、伦理都被丢到了一边，一切的一切就是为了金钱进行赤裸裸的搏斗。赌场上这种人与人的关系，使人变得极度贪婪，导致人们铤而走险，进而犯罪。有一个青年农民在赌博中输掉了钢笔、手表、自行车和全部现金，最后把身上御寒的棉衣做赌注也输掉了。虽然是严冬腊月，赢钱的人仍然不肯放过这件穿在身上的棉衣，逼着输的人脱下来。更突出的是某县有一个赌徒输了一千多元，一天有个债主向他催讨赌债一百多元，这个赌徒说："我现在有两个办法：一个是自杀，一个就是抢。"他要求对方合作，经过两个人密谋策划,杀人抢劫近万元的现金,其凶残程度令人发指。赌场是一个藏污纳垢的地方。在赌场上公开声明钱是偷来的,抢台面,相互伤害,玩弄女性,更是屡见不鲜。

　　人的心理是客观现实在人脑中的反映。赌博的环境、赌博的活动在参加赌博的人员中引发、形成、加强一系列心理活动。这种非正常心理的形成过程,实际上是不良环境对青少年身心健康的腐蚀、损害过程;是正常的道德观念、是非观念被破坏,错误的是非道德观念形成的过程。这种形成起来的非正常心理具有倾向性、能动性,又反过来促使、推动其赌博行为继续发展,成为青少年赌博者难以自拔、走向堕落犯罪的内在驱使力量。因此,研究、剖析青少年赌博的危害及其心理,对于广大青少年认清赌博之危害,提高自控能力,坚决杜绝恶习,立志向上会有所裨益的;同时对于我们掌握青少年赌博的特点和规律,制定综合防治的措施也是极为重要的。

"非典"与青少年心理健康 *

　　近几个月来,一种传染性极强的新的疾病——非典型肺炎,在我国一些地区流行,这是一种对人的生命健康危害性极大、目前科学还没有认识清楚因而没有特效药的疫病。人类与传染病斗争的历史早已证明,科学终将征服任何疫病,而且随着科学的进步,征服的力量越强、征服的速度愈快。在我国,科研人员、医务人员在控制"非典"、战胜"非典"的斗争中已经作出了重要贡献,一批英雄的献身精神与令人崇敬的品德催人泪下。在中央统一领导下,人民大众的团结一心、守望相助精神也得到空前发扬,成为战胜"非典"的保证力量。

　　但是,在这场没有硝烟的战争中,也暴露出我国青少年心理素质方面一些值得关注的问题,"非典恐惧综合征""急性焦虑反应"等心理障碍的出现就是例证。华东师范大学徐光兴教授指出,"非典恐惧综合征"是指青少年学生中因害怕传染上"非典",引起的过度恐惧心理和回避行为,而导致的心理障碍和精神病理现象。其表现为:听信谣言,忧心忡忡,情绪恐慌,思想负担沉重;神经过敏,疑神疑鬼,动不动就把自己和"非典"联系起来;不敢出门,不敢接触物体,总觉得病毒无处不在;心理压力过高,睡不好、吃不下等等。有的大学发现"非典"病人,学校采取一定的保护观察措施时,这本来是很正常的,有的学生恐慌害怕,不是科学地、负责任地对待疾病和危险,而是有意违反规定,不负责任地离开学校,给有效控制疾病的蔓延带来困难。报刊还披露,有人被怀疑为"疑似非典病人",需要接受确诊,竟为了个人"方便",不顾社会后果,逃之夭夭,或出现一些与"非典"相似的症状,本该报告却隐瞒不报,拒绝诊断等等。

　　这些情况向我们再次敲起警钟:提高青少年心理素质是一项长期任务。前不久,中国心理学会科普委员会主任吴世煌教授指出,心理咨询中一些中小学生轻生念头、报复心理,反映出这些孩子在心理上存在障碍或潜伏着心

* 以"华青"为笔名发表,原载《青少年犯罪问题》2003 年第 3 期。

理和行为的偏差状态,他称之为青少年心理亚健康。吴教授说,青少年内心矛盾冲突本来就非常强烈,其理性相对较差,感情、行为冲动较多,对某一事情的误解往往导致行为上的偏差,有时甚至于做出不顾一切地伤害别人、损害社会的极端举动。近年来,"北大一学生洒硫酸伤熊案""徐力杀母案"等一系列案件,一再证明:重视心理素质,全面关心青少年身心健康是一个事关全社会的大问题。

与"非典"斗争是一个大课堂。客观地说,在"非典"这种人们尚未掌握的危险疫病突如其来的情况下,产生恐怖、紧张情绪是正常的、完全可以理解的,但是让恐慌情绪主导自己的行为,不能自拔,就成为值得关注的心理素质的缺陷、障碍,甚至于成为心理疾病了。应该结合实际,通过科学、多种多样的形式教育提高青少年心理素质,让青少年认识到在突发的灾难面前,冷静、沉着、理智等心理素质在战胜疫病中具有不可低估的作用。心理素质的缺陷、障碍、疾病,不良的情绪、态度,会降低个人的免疫功能,影响机体抵抗力,导致更容易受到感染"非典"或其他疾病。中外传染病学的医学专家教授不断指出,面对非典疫情应警惕、冷静,而不是马虎大意,更没有理由恐慌,非典危害不应被夸大;沉重的心理压力反倒降低免疫力……人们对此要有充分准备,科学对待,加强自身防范,保持良好的精神状态,这是增强机体抵抗力的一个重要方面。我们相信通过这场与非典的斗争,一定会取得对这种严重疫病斗争的胜利,取得青少年心理素质锻炼提高的大丰收、大胜利。

"富二代"犯罪的法律思考*

"富二代"犯罪是当前颇受关注的热点问题,值得我们认真思考和研究。我个人有以下几点看法与大家交流、探讨。

第一,"富二代"犯罪问题具有显著的时代特征,是在当前这一特定时代背景下产生的新问题。我国改革开放三十年中,社会进步、经济飞速发展,社会主义的中国造就出一批千万、亿万的富翁,成为快速发起来的新富代。他们的下一代,大的已过而立之年,小的也许还是未成年人,由于其父母急剧致富的特殊背景,他们的第二代也特别受到关注,成为一个备受社会瞩目的特殊社会群体,被称为"富二代",其违法犯罪行为更是引起人们普遍关心和议论。"富二代"犯罪历来存在,我国历史上和资本主义的财富积累进程中也出现同样问题,只是由于其发迹的人数和经历的时间没有我国当今这样集中和影响大。我国当今人们热议的"富二代"犯罪是中国改革开放取得经济上举世瞩目成就中派生的一个特殊群体的子女教育、培养、塑造问题,也是青少年教育大课题中的一个具有时代特征的特殊课题,值得我们认真思考和研究。

第二,新发起来的"富一代"还没有培养下一代的成熟经验。我国的新富代是在较短的时期内形成的,很"年轻",如何对他们的下一代进行教育管理,如何培养成功的接班人,还缺乏清晰的认识和认真的对待。这种状况的形成主要是由我国富一代的特征所决定的。因为我国的富一代是在较短时间内富起来的,在某种情况下是在市场经济秩序不完善的情况下富起来的,其中还有各种特殊机遇条件下发起来的暴发户,他们当中相当多的人的教育程度、素养先天不足,在发展进程中全部精力又都投入致富上。这也导致人们对富一代本身存在看法,更对其下一代炫富赛富、不良行为、纨绔殃民反感强烈,因此,研究"富二代"犯罪不能就事论事,"富二代"犯罪表现在年轻人身上,根子却往往在新富代身上,往深处考虑还不能不研究和思考社会教育、法律完备等因素。

---

* 原载《青少年犯罪问题》2009 年第 6 期。

第三,"富二代"是一个特殊而复杂的群体,要有客观具体分析,不能一以概之。"富二代"的共性是新富代的后代,但由于家长、学校、周边环境等主客观因素的不同,成长发展的差别很大,可分为各种不同类型:一、有小部分富起来的新一代很有远见,十分关心下一代培养,以其雄厚的经济力量创造最好的条件培养教育下一代,成就出有学识、有教养、有能力、能干大事的"富二代"。二、富一代全部精力一直关注于致富上面,让下一代错过了教育培养的最好年华,平庸无为,享受父母成果过日子。三、溺爱下一代,唯恐子女受委屈,为子女提供不符合其年龄身份的生活物质条件,结果把子女"培养"成为享受、挥霍、奢侈,挥金如土的败家子。四、富二代沾染不良行为,新富代不加阻止管教,甚至于凭自己"金钱万能"的错误经验,用钱来掩盖、摆平问题或矛盾,被纵容的富二代走在危险的边缘,极可能越走越远。五、违法犯罪的富二代。就我个人的接触和了解,享乐、炫富、欺贫、霸道等表现中下的占大多数,富二代犯罪还是极少数的,但危害很大、影响很坏。

第四,富二代问题给我们深层次警示的大问题是下一代教育、保护问题。从预防犯罪的角度讲,富二代问题值得关注,但我认为其重大意义和价值不仅仅限于富二代犯罪问题的讨论,我们显然可以把问题延伸到其他二代的违法犯罪问题,如独生子女二代、民工二代等。事实上,从更广的意义上讲,这里面需要思考的是如何针对不同的未成年人在成长进程中的特殊性,培养、教育、关心、保护下一代,让整个下一代健康成长。富一代本身如何提高自己?在富二代出现各种教育不到位、不衔接,以及子女出现不良表现、不良行为,感到困惑、无奈时,如何引导、控制、处置、挽救?未成年人的社会责任教育,家长如何正确对待法律制裁的必要性等等,也是其他二代成长中会碰到的问题,这是具有更普遍意义、更重要的问题。当然,除家庭之外,还有学校、社会方面的问题需要调查研究。

第五,要对富二代犯罪问题多做实证调查,在充分调查研究的基础上,进行有针对的法律思考。我们可以在立法上研究如何弥补法律规定和体系中的缺陷,如家庭教育管理失职、包庇纵容、以钱买罪等是否要有法律上的责任与制裁规定?未成年人是否应该具有与其年龄相符的法律责任意识和违法犯罪的具体法律责任规定?在司法实践中加强未成年人维权和刑事判例指导,构建违法犯罪综合防控体系和扩展法制教育的宣传教育,以法保障从小重视综合素质和社会主义价值体系的基础建设等。

我国女子犯罪近期变化的剖析与论证*

近十年来,我国的女子犯罪问题开始引人注目,有关调查研究的材料反映,女性杀人案件增多,出现年轻姑娘拦路抢劫,妇女拐卖人口、诈婚、骗婚以及卖淫、搞淫乱活动等等。有的妇女独自一人把即将结婚的丈夫捆绑起来,用石块活活砸死;有的妇女杀人分尸,其手段之凶狠、残忍,为一般男性罪犯也难以实施。上述女子犯罪的情况变化,引起了理论工作者与实际工作者的关切、重视。

犯罪变化研讨中,数量变化历来是犯罪学理论和实践关心的首要问题。在我国,女子犯罪今后是增加还是减少? 增加或减少的幅度大或小? 这不仅是一个受到普遍重视的实际问题,而且是实践发展必然要受到检验的科学问题。我们认为在今后若干年内,我国女子犯罪将有所增加,其中某些类型的犯罪可能有较大幅度的上升,但就女子犯罪的总体来看,不会出现急剧增加或大幅度上升的趋势。

首先,我们预计女性犯罪将会增多,这是从对我国当前社会影响女性犯罪率上升的因素分析得出的。其余比较重要而且在若干年内会稳定发挥助长作用的因素有:

一、 金钱诱惑,物欲膨胀

我国社会主义初级阶段,商品经济正在以新中国成立以来历史上少有的速度扩大和发展,金钱的观念,商品的诱惑,物欲的膨胀,对任何人都可能是一种危险的腐蚀剂,人们将在它面前受到严峻的考验,不管什么人都要碰到这个问题,回答这个问题。据若干地方对工人、学生、违法犯罪青少年的抽样调查资料显示,当前轻视政治思想,赤裸裸地表露金钱至上、物欲追求的倾向是很密切的。上海对大学生所发五千余份问卷的统计,把"高官厚禄"和"富裕生活"作为理想追求的占55.1%。有的学生竟然写着:"我的理

* 原载《青少年犯罪问题》1989 年第 4 期。

想就是金钱、美女、地位。"有的学生回答是:"一幢别墅,一辆小车,全套家用电器。"在违法犯罪女青少年中,把金钱、物欲看作最重要的人所占的比例更高,安徽等地调查资料指出,把"吃、穿、玩"作为生活第一需要的人竟占全部违法犯罪女青少年的 70%,她们的信念是:"有钱就有一切",爱的是钱,追求钱,不择手段就是为了获取钱。这种追求钱财、物欲的思想无疑是对当今社会的人们会形成一种冲击,而对犯罪其中包括对女性的犯罪是一种助长增多的力量。

女性犯罪的调查研究还证明,女性犯罪者对金钱、物欲的追求有时表现得比男性更强烈、更普遍,更超出个人的现实可能。从主观方面分析,这些女性特别爱虚荣、爱攀比,图享受、怕艰苦,从客观方面分析,现代社会的商品中专门为妇女提供的商品门类、品种、花样,诱惑力远远超过男性,女性具有更多的装饰性、消费性需要,形成对女性的极大吸引力。尤其是在衣着、装饰品、化妆、健美、饮食、享乐等方面,质量不断提高,品种不断增加,花样不断翻新,其速度之快简直可以说是"一日三变",金钱愈多得到的感官享受也愈多,几乎没有限度,使有些女性为追求钱财、享受而不顾一切。商品信息、商品广告是一个促进金钱物欲的又一重要因素,只要我们稍微留心一下就会发现,电台、电视、广播、报刊、橱窗、街上、车辆……无处没有商品广告,而且都是以极为渲染的形式和语言介绍着各种商品,这在从闭塞向开放转化时期,特别强烈地激起和挑逗着一些女性产生不断增多、不达目的心不甘的欲求,扩大了女性主观要求与客观可能的矛盾。我在浙江某农村调查,姑娘们天天从电视中观察广州、上海姑娘们的服饰、发饰的变化,"白天看,晚上做,第二天就能赶着潮流上街头。"她们说,我们过去是学上海,现在是跟广州。这个事例可以说明现代化信息工具和商品广告对女性物欲的促进作用。

女性的性别带来的生理条件为其以犯罪形式满足物欲创造了某些特殊途径,有些女性当金钱诱惑、物质膨胀激发起来的欲望得不到满足而又强烈要求满足时,她们有一种比男性较易实现目的的办法,就是用自己生理条件为资本或手段,实施某些犯罪,从而形成近几年卖淫、骗婚、色情勾引进行敲诈勒索、女性拐卖人口等等具有典型女性犯罪特征的女性犯罪增加。

二、 婚恋草率,纠纷增多

婚姻恋爱是男女青年必经的大事,当前我国非法婚恋、草率结婚造成的矛盾,纠纷逐年增多。这种婚恋关系常常造成女方身心方面受到摧残,在一定条件下就会引发某些女性犯罪的增加。据有关部门统计,从 1979 年到现在,我国由法院处理的离婚案件已由每年 21 万起增加到 40 余万起,原因剖析中指出最重要的两条就是草率结婚与第三者插足,二者造成的离婚案约占整个离婚案中的 60%。哈尔滨市统计,近三年离婚平均每年上升 9.6%,在全部离婚案中,由于草率结婚造成的占 21.5%,由于第三者插足的占 10%。上海徐汇区对 5 年来全部判决离婚的 513 对夫妇调查,其中竟有 179 对登记后未组成家庭就离婚,占全部离婚案件 38.9%。太原市 1985 年全部离婚案件中,因第三者插足造成离婚的达 49%。婚恋纠葛当然给男女双方都可能带来不幸和痛苦,但在我国社会历史条件下,通常给女性带来的打击和痛苦远比男性要大,要强烈,不少女性严重犯罪直接就是不幸婚姻造成的,矛盾在很大程度上是被婚姻带来的不幸激化的。安徽省灵璧县发生一起妻子杀死丈夫的恶性案件。但是,对这样一个杀人犯,人民却来信、来电纷纷求情,该女家乡的妇女不仅联名写信而且带着干粮到县城呼吁"留她一命",省、地、县三级妇联也支持群众的要求。为什么这么多的妇女群众都会同情一个杀人犯呢? 因为该女是不幸婚姻的受害者,她是在被丈夫百般虐待,残酷折磨,走投无路的情况下杀害丈夫的。这个妇女杀人案不仅重大、有影响,而且在我们研究当前女性犯罪趋势时具有一定的典型性,反映出当前婚恋纠纷增多潜伏着引发妇女犯罪增加的现实性。据有些地方调查统计证实,女性杀人罪中由于婚恋纠葛引发的占总数 70% 以上,其中仅第三者插足引起凶杀、伤害犯罪的分别占凶杀案件总数的 40%、伤害案件总数的 35%。近年来一些省市的调查进一步说明,在商品经济进一步发展的情况下,人们讲究实惠,看重物质利益,在婚恋问题上真正强调人品、理想、爱情、事业的毕竟只是少部分人,而从个人利害得失,物质经济生活,家庭靠山等因素出发,婚恋草率、纠葛增多的趋势在近期中还在增多,在农村、小集镇,以及文化层次低的工人中表现得更明显。根据已有的资料和经验估计,每年增加大量婚姻纠葛,其中大约有 1% 将引发女性犯罪,这是我们剖析女性犯罪数量变化趋势不可忽视的因素。

三、 女性参与经济、社会活动的广度、深度增加

"妇女半边天",是我们常常用来说明妇女在生产劳动和其他各项工作

中具有重大作用的一句话。但是,实际上在商品经济很不发达的我国,一般的妇女参加政治、经济社会活动的范围是极有限的,尤其在广大农村一辈子连县城都未到过,只能在生产队的田地和家庭中的小天地里转的妇女绝不是少数,赶个集都像过节差不多。改革开放以来,经济活动的开拓、活跃带动着人们其他各种活动,进城做工、跑码头做买卖、采购物资、兜售产品,使妇女广泛进入到各种社会经济活动领域,活动空间大大扩展,出现了一些女劳力市场、女生意人、女企业家。温州女青年说,过去是"蹲田头、拿锄头、坐灶头",现在是"跑码头、走街头、看市头",形象地说明妇女参与社会生活的深度和广度都在发生很大的变化。不仅如此,农村经济发展也提高了农村妇女的消费水平,促进农村女性的消费变化,例如出现了妈妈旅游团、奶奶旅游团等等。总之,更多的女性参加到更为广泛、深入的经济活动、社会活动中去,必然使女性有了更多的人际交往,接触到生产、交换、分配等各个环节,不得不涉及各种性质的矛盾和问题,从而不可避免地卷入或产生纠纷,引发意识、情感上的一些问题,其中包括可能被人侮辱、引诱、利用,以及在一定条件下罪错意识得到发展、爆发,实施违法犯罪行为。山西某市调查第三者插足案件,其中有相当一部分是由于开放搞活以来男女交往接触频繁,从好感发展为不正当性爱关系,这是近几年才反映出来的新情况。某省有大批年轻妇女出省到大城市做保姆,有人看到东家钱财管理松怠,乘机盗窃,有人为诈骗钱财进行色情勾引,还有为了见世面,经常跑茶座、舞厅堕落为暗娼的。从这些事例中可以看出,当前我国女性社会经济活动和社会交往的广泛性,在一定的思想、条件下,例如文化水平低、道德与法制素养差、周围环境不良等等,就可能对女性犯罪的增多产生影响。

以上我们从我国社会所处的特定阶段和当前实行的政策出发,通过几个因素的定性分析作出女性犯罪增加的趋势剖析和论证,虽然由于缺乏更多的数据和研究,还难以作出全面定量的精确分析,但仅就数量变化来说,这几个因素对女性犯罪增多的重大影响是可以肯定的。

但是,我们从女性人口因素、犯罪控制措施、历史数据资料的进一步研究推导中认为:女性犯罪不会大幅度急剧增加,这是与当前有些人的估计不相同的。

从人口来说,我国实行计划生育以来,人口增减是有控制的,尽管大力推行"一对夫妻只生一个孩子"的政策,但是我国人口数量大,人口年龄构成轻,近二十年内人口增长趋势是肯定的,这是影响犯罪增多的因素。但是,我国现在对人口问题的严重性和人口问题的政策失误已有较明确的认识。措施也是比较落实的。尽管最近几年来青少年人口仍有较多增加,但其中女性人口比例已经多年来一直低于男性人口,这就排除了由于女性人口激增带来女性犯罪大幅度上升的可能性。

从女性犯罪率分析,近几年的实际发展情况说明增长不大,我国改革已经十年,有些助长女性犯罪的因素已有若干年的历史,可能造成的增长幅度大致已可从实践中得到验证。我国有关资料证实,近五年来我国犯罪发生数是稳中在升,而女性犯罪一直为犯罪总数的 5%左右,没有出现女性犯罪比男性犯罪更大的急剧增加或大幅度上升的情况。有同志提出严打后女性犯罪比严打前增加 1.3 倍,这是政策措施变化比前后若干年的比较数据,既不能反映每年的增长变化,也没有反映政策变化和统计口径变化的因素。

从我国历史资料来看,解放前若干年我国女性犯罪约占整个刑事犯罪总数的 10%左右。新中国成立后,我国治安情况良好,女性犯罪减少到占整个刑事犯罪 3%左右,近年来女性犯罪虽然在整个刑事犯罪中的比例上升为5%左右,与发达国家妇女犯罪数占 12.5%—20%相比还是比较低的。根据我国经济的发展,这种有限的逐年上升完全属于一般性的增加,尤其是近 5年来是改革开放带来社会波动较大的几年,我国女性犯罪在相对稳定的犯罪总数中仍较稳定保持在 5%左右,这说明我国社会承受各种社会变动影响的能力,预防和控制犯罪的能力已经受到综合的考验和检验。综合上述分析,我国女性犯罪的数量变化,在没有新的重大促变因素影响下,将继续沿着原有的发展曲线延伸,要增加但不会出现新的急剧上升的局面。

我国女子犯罪在数量变化的同时,作案手段与作案形式的变化更明显一些,一般学者们的研究认为,犯罪手段与形式随着社会的发展和科学技术的进步而趋于复杂、狡猾。在我国,近年内也有不少同志对女性犯罪的手段变化做了大量的调查研究,已经提出了一些趋势性的变化,例如女性犯罪从附属型趋向独立型,从被胁迫型趋向自主型,从隐蔽型趋向公开型,从非暴力型趋向暴力型,从单个犯罪趋向团伙犯罪,从单一性犯罪趋向多种犯罪交错等等。我们认为,女性犯罪与男性犯罪一样,犯罪手段形式的变化是离不开社会变化的时代特点的,不可能脱离每一时代的经济条件、科学文化技术发展状况和发展水平。当前我国社会经历的巨大、深刻的变革,不仅影响到每一个人的思想、情感、价值观念、知识范围、科技水平、行为活动,而且必然反映到犯罪的手段、特点、形式等方面来,其中包括女性犯罪的手段,形式的变化。上述我国学者提出的关于女性犯罪手段、形式的变化趋向,正是我国当前社会变革和科学技术文化的时代特点的部分反映。但是,我国几千年传统对女性带来的心理、性格的影响,女性的生理特点,是不可能短时期内改变的。因此,上述的趋势变化的一些动向似乎还没有足够的论据可以认为是我国女性犯罪普遍性的发展变化的大趋势。在相当长的时期内,我国女性犯罪从总体上说似乎仍然具有附属性,被胁迫性、非暴力财产型等犯罪特点,独立、公开、暴力性犯罪估计不能成为女性犯罪的主要趋向。

值得警惕的是,由于社会经济、科学文化、交往关系的扩大,女性犯罪涉及的活动范围和方面肯定也会扩大,女性犯罪不再限于传统的犯罪类型而将涉及男性犯罪可能涉及的全部范围,而在手段和形式方面,也将有愈来愈多的女性犯罪突破传统的界限。表现为暴力性犯罪、独立实施犯罪、参与重大财产、经济犯罪等等。

我们之所以作出这一判断,是考虑到现代科学提供的资料证明,女性体力条件的弱点不是绝对的,尤其在科学技术迅速发展的今天,妇女广泛参加社会经济科学文化的各个方面活动,她们体力的弱点完全可能通过文化、智力、技术、科学知识的提高而得到弥补和改变。在人们的日常观念中,总认为女性是弱者。其实女性并不是每一个人在体力上都是弱者,更不是在生理的所有方面都比男性弱。现代科学证明,女性生理的某些功能超过男性,在认识改变和科学训练、营养条件下,妇女的体力也是可以改变来适应过去认为只有男性才能适应的活动,这在体育方面已有许多实例。例如。足球、举重、摔跤等运动在最近的年代还是只有男性参加的项目,现在这种界限已经被打破了。女性自己也随着社会的发展愈来愈自觉意识到生理的、体力的弱点不是绝对的、不可突破的,尤其是在女性社会交往增加,文化素养、科学技术水平不断提高,信息手段现代化的情况下,女性的行为活动,其中包括实施犯罪,不仅可以借用,组织别的力量来实现自己的目的,而且还可以通过智力因素来弥补生理或体力等某些方面的不足,这就使在当前女性世界,尤其是在女青少年犯罪中,表现比过去更大胆、粗野、不受限制、男性化,从而干出更加狡猾、凶残、危害性大的犯罪案件,犯罪的范围也将扩大涉及所有的犯罪领域,甚至直接组织参与强奸妇女的犯罪,这种发展趋势的社会历史原因看来与世界上其他国家具有很多的共同性。

从我国女性犯罪的现状看，女性犯罪的手段和形式已经突破或还将继续突破一些界限，主要有：

一、由于妇女的独立个性发展，女性的文化科学素养提高，女性接触社会的广度和深度增加，女性的物欲、自主和决断能力将明显提高，实施个人意愿的机遇也会增多，必将在女性犯罪手段方面出现不再限于威胁性较小的常规的手段，而不断会出现暴力的、冒险性、危险性大的犯罪手段，以及具有技术、知识性特点的诈骗犯罪手段。

二、随着商品经济和私人资本在我国的发展，妇女独立参与各种社会活动和一般经济活动的机会大大增加，所起的作用也愈来愈大，愈来愈活跃，这必然使妇女犯罪也会扩展到妇女进入活动的全部领域，并突破传统的小偷小摸、轻微伤害、一般财产性欺诈范围，开始涉及广泛的经济领域犯罪，特别是参与重大盗窃案件、重大贪污案件、重大经济诈骗，以及其他各种严重的刑事犯罪案件。

三、为了增加犯罪的力量，提高安全感，取得各种协助，以适应实施危害严重、更大程度地满足个人物欲或其他欲望的犯罪，女性犯罪当然不能只限于单个人犯罪，其中有些女性自己积累经验或学习其他犯罪的经验，学会组织力量，形成女性犯罪团伙，有男性参加、由妇女控制的团伙，以及男女混杂而女性起到重大作用的团伙，这是应该预计必然会出现的情况。

总之，犯罪是人类社会的罪恶，女性犯罪更是人类社会的不幸。但是，这种罪恶现象的存在、出现是不以人们意志为转移的，在我国社会主义发展的进程中，我们可以肯定地说这还是一个长期存在、时有变动的问题。我们对它的某些方面虽然已可以作出一些解释和推断，但还有许多方面现在尚不能作出完全科学定量的说明和论证，需要继续研究和探索。

动员起来禁毒防艾是关系民族素质
和国家兴亡的大事*

　　毒品、艾滋病是国际社会公认的社会公害。作为病症，艾滋病治疗难度在当前甚至超过癌症，可谓绝症，毒品作为社会公害，其危险性更超过癌症。这不是耸人听闻而是客观事实。20世纪80年代以来，在国际毒枭、贩毒集团的策划下，毒品大量从我国边境地区偷运过境，毒品犯罪大幅度上升，吸毒人数急剧增加，毒品在我国呈蔓延、泛滥之势，艾滋病紧跟其后，疫情蔓延，目前已经处于由高危人群向普通人群大面积扩散的临界点。在这样的形势下，本书出版真是急党和国家之所急，想人民群众之所想，时间及时，社会急需。

　　本书首先让我们通过数据、案例、理论分析认识到，对毒品、艾滋病危害的认识绝不能仅仅限于对个人钱财、躯体的损失、伤害，必须提高到事关国家兴衰、社会进步、民族存亡的高度来认识。170年前禁烟英雄林则徐曾痛诉鸦片之危害，并警示说：如任其泛滥"中原几无可以御敌之兵，且无可以充饷之银"，现代毒品品种数量之多、影响危害之严重，均大大超过鸦片，几乎成为世界上任何国家都难以幸免的社会公害，有人称之为"人类公敌""人类生存危机"。毒品还与艾滋病有特殊的关联性，共用注射器静脉吸毒、女性吸毒为筹毒资卖淫、吸毒引发的性乱交等，沟通并涵盖了艾滋病病毒传播的三条途径，使毒品和艾滋病成为连体毒瘤。大量事实还证明，毒品引发多种多样的青少年违法犯罪，正如本书序言所说："毒品、艾滋病、犯罪就像三个紧密交织在一起的顽疾"，本书充分关注、揭示了这种关联性，令人信服地让读者认识到禁毒防艾的重大意义和迫切性，对读者有深刻的教育作用。

　　《读本》另一个值得推荐的理由就是科学性。作者以科学简洁通俗的文字介绍了毒品和艾滋病的基本知识，就我个人所知，当前我国还有相当多的青少年对毒品和艾滋病的危害、基本常识知之甚少，甚至空白，如对艾滋病

---

　　* 撰写于2007年，原载《禁毒防艾人民战争青少年读本》，中共中央党校出版社2007年版，序。

人的恐惧，对毒品的危害、对艾滋病的传播风险知识等等，均相当无知。近年来新型毒品流行，冰毒、摇头丸、K粉有后来者居上的趋势，而许多青少年对其却极少认识，更无抵制或戒备，不少吸用者认为新毒品不会形成依赖性（成瘾），他们公然把吸用新毒品看成是一种比较时髦的娱乐方式，在吸后性行为要求强烈时，恣意性乱交，普遍认为都是熟人无所谓，还有人认为冰毒有杀菌作用可以不用安全套，从而使这部分人沦为艾滋病风险高危人群，并对普通人群形成威胁。可见消除无知和愚昧，宣传毒品和艾滋病的危害和科学常识在禁毒防艾工作中的重要性。从影响地区经济社会发展、影响人民群众身心健康、影响民族团结社会稳定、影响全面建设小康社会"四个影响"的高度，具体揭示毒品和艾滋病的严重危害性，也是科学性的重要表现，该部分浓缩了大量常人难以接触到的情况、材料、数据、专业知识，使我们对毒品、艾滋病危害有终生难忘的印象，而且还让读者增加许多很具体很实用的防毒防艾的科学知识，认真一读，定有得益。

云南是毒品、艾滋病的重灾区，也是我国禁毒防艾的前哨，在禁毒防艾工作中创造出许多成功的经验，受到国内外的关注和肯定，《读本》对策篇论述的"抓教育、抓防戒、抓打击、抓管理、抓法制"（五抓），直接体现中央治理毒品、艾滋病的战略，也系统总结提升了云南在与毒品、艾滋病多年斗争中取得的成功经验，以人为本，宽严相济，科学求实，对云南今后的工作、对其他地区工作都有指导、借鉴的意义，值得认真学习研究。

《禁毒防艾人民战争青少年读本》写作指导思想明确，内容全面丰富，科学通俗易懂，材料具体，可读性强，是一部值得推荐的精品力作。

对改革开放以来我国刑事犯罪增减变化的评析*

　　犯罪是动态变化的社会现象,其情况特点、动向、趋势均处于不断改变之中。不断调查研究,并科学、准确地分析其发展变化及其趋势,是犯罪研究与实施对策中需要不断进行探索的重要课题,改革开放以来,我国社会转轨、经济快速繁荣发展,刑事犯罪大起大伏,动荡很大。加之在一个有十亿以上人口、地域广阔发展极不平衡的国度里,其变化的复杂性、严峻性、独特性是历史上少见的。犯罪是危害社会、危害人民的丑恶现象,为了与之作有效斗争,就需要重视研究我国社会不断出现的复杂多变的犯罪现实材料,这是科学研究的重要素材基础和依据。我国犯罪研究要为建设有中国特色的社会主义服务,一定要根据自己的历史传统、社会文化背景与现代科学方法相结合,尤其不能忽视对这一时期犯罪增减独特变化进行系统深入的科学评析的价值。革命导师十分重视以统计着手来分析社会各种现象。列宁认为社会统计是认识社会的"最有力的武器之一"[①]。伟大的意大利科学家伽利略也高度评价数量分析的重要意义,他说:"如果没有数学,一个人尽管经验很多,也不能在科学上作出发现,不能从理论上获得成果。"[②]他认为:没有数学,就像"人在一个黑暗的迷宫里劳而无功地游荡着"[③]。

　　改革开放以来,我国刑事犯罪跌宕起伏,变化很大,剧增猛降,其幅度都是历史上未曾有过的。但总发展趋势是呈明显上升的趋势。表 1 是我国从 1977 年至 1993 年公安部的刑事犯罪立案统计。尽管立案统计可能受到众多的主客观因素影响,不一定能完全客观反映我国犯罪发生情况,但不能否认这仍是我们当今研究犯罪发展变化较权威的资料依据。

---

　　* 以"董方"为笔名发表,原载《青少年犯罪问题》1995 年第 2 期。

　　① 〔前苏联〕弗拉基米尔·伊里奇·列宁著:《列宁全集》(第 16 卷),中共中央马克思恩格斯列宁斯大林著作编译局编译,人民出版社 1988 年版,第 431 页。

　　② 中国科学院自然科学史研究所近现代科学史研究室著:《二十世纪科学技术简史》,科学出版社 1985 年版,第 72 页。

　　③ 〔美〕莫里斯·克莱因著:《古今数学思想》(第 2 册),北京大学数学系数学史翻译组译,上海科学技术出版社 1979 年版,第 33 页。

表 1　1977—1993 年公安部刑事犯罪立案统计表

年份	1977 年	1978 年	1979 年	1980 年	1981 年	1982 年
立案数(件)	548415	535695	636222	757104	890281	748476
年份	1983 年	1984 年	1985 年	1986 年	1987 年	1988 年
立案数(件)	610478	514369	542005	547115	570439	827594
年份	1989 年	1990 年	1991 年	1992 年	1993 年	
立案数(件)	1971901	2216997	2365709	1582659	161 万多	

从表 1 可以看出,从 1979 年到 1993 年大体上可以分为二段,第一段 1977 年至 1984 年,我国刑事犯罪呈"Λ"形发展,前期呈急剧上升态势,1981 年全国公安机关立案近 90 万起,创历史上立案最高数,此后几年呈逐年下降态势,1984 年全国立案仅 51 万余起,创粉碎"四人帮"以来立案最低水平。第二段 1985 年至 1993 年出现第二个"Λ"形发展,从 1985 年开始立案逐年增加,1989 年立案数猛升,突破 100 万起,已超过历史上最高立案数的 1981 年,1991 年全国立案达 236 万余起,创迄今为止历史上最高的立案数,为前一个历史最高立案数的 2.657 倍。1992 年立案数突然下降到 158 余万起,1993 年成为 161 万余起。上述数据表示出粉碎"四人帮"至今,我国犯罪变化的曲线为"M"形。后一段起伏大大高于前一个起伏。总的情况 1993 年比 1977 年增加约 1.94 倍。

我们进一步分析这一曲线形成的实际过程与主要因素,将会看到这一曲线所不能完全反映出的更深刻、更严峻的犯罪变化动态。

一、 对 1982 年出现的连续三年下降趋势的分析

众所周知,1979 年开始,我国出现刑事犯罪的大幅度上升的形势,从公安系统立案统计看,1979 年比 1978 年上升 18.9%,1980 年比 1979 年又上升 19.03%,1981 年比 1980 年再上升 17.57%,社会公众对此反映强烈,几乎成为人人关注议论的社会热点问题。党和国家觉察到犯罪问题的严重态势,1979 年 6 月 19 日中宣部等八个单位向中央送交《关于提请全党重视解决青少年违法犯罪问题的报告》,报告指出:"青少年违法犯罪的情况仍相当严重,成为影响社会安定的一个突出的问题。"报告强调要全党动手,依靠各条战线的基层组织与全社会的力量,初步形成了综合治理的思想。8 月 17

日中央在转发这一报告的"通知"中,充分肯定了这个报告并强调提出"从现在起,各级党委都要把加强对青少年的教育,包括解决其中极少数人的违法犯罪的问题,放到重要议事日程上来。主要领导同志要亲自过问……"中央针对青少年违法犯罪问题发出通知,如此强调并提出严格的要求,这在历史上是少有的。1981年中央批转中央政法委员会召开的京、津、沪、穗、汉五大城市治安座谈会纪要和彭真、彭冲同志在座谈会上的讲话,再次指出,目前犯罪活动猖獗,社会治安不稳定,群众对治安情况已经不满,对凶杀、强奸、抢劫、放火、爆炸和其他严重破坏社会秩序的现行刑事犯,教唆犯、主犯,必须依法从重从快惩处,又一次强调要全党动手认真落实"综合治理"。1982年1月13日中央又发出关于加强政法工作的指示。1983年中央进一步作出严厉打击严重刑事犯罪分子,加强社会治安综合治理的一系列决定、指示、部署。正是这一系列指示、决定贯彻落实,相应地我国刑事犯罪出现了预期的下降,尤其明显的是1983年"严打",刑事犯罪立案数比上一年下降15.9%,比最高的1981年下降42.25%。

上述事实,一方面说明中央集中关注社会治安与严厉打击严重刑事犯罪活动所采取的一系列重大措施,是1982年与1984年刑事犯罪逐年下降的最重要因素。以"严打"的巨大声势,取得明显下降的效果,这一时期可以说已经尽了极大的努力,调动了方方面面的力量与积极性。但是,另一方面,如果用我们投放的精力、物力与预期的目标来衡量一下,则效果又是不能尽如人意的。第一,1982年比1981年下降16%,1983年比1982年又下降18.45%,1984年比1983年再下降15.9%,三年下降总幅度为42.25%,而1979—1981年三年上升幅度分别为18.8%、19%、17.6%,三年上升总幅度为66.36%,也就是说无论分年度或三年总的比率上升都比下降幅度大。这说明社会上诱发与促使犯罪上升的因素与情况是极为严重的。第二,从1979年提出综合治理,贯彻落实五年,"严打"进行三年,而犯罪下降的态势未能保持下来,更令人不安的是在"严打"三年期内,刑事犯罪在1985年就开始回升。这对许多同志包括许多领导在内都是估计不足的。第三,1982—1984年刑案总数虽然下降,但各地均发生一些历史上少见的重大恶性案件,危害与影响非一般案件可比。第四,重大刑事案件是对社会安全影响最大的,统计上相对也是较正确的,这一时期重大刑事立案统计为我们提供了值得重视的材料。从表2提供的1978—1988年重大刑事案件立案数据来看,除 1982 年与 1984 年曾出现比上一年下降外,其余年份均上升,以年立案数下降最多的 1984 年来说,也比 1978 年增加 50％,如果以 1983 年或 1985 年来比,均比 1978 年增加一倍左右,也就是说如此声势的"综合治理"与"严打"基本上未能控制重大刑事案件的上升态势。

表 2　1978—1988 年重大刑事案件立案数

年份		1978 年	1979 年	1980 年	1981 年	1982 年
立案数(件)		40015	42870	50935	67438	63573
年份	1983 年	1984 年	1985 年	1986 年	1987 年	1988 年
立案数(件)	81665	62056	80665	93212	114857	190101

综上分析,"综合治理"与"严打"的作用与效果是巨大的、明显的,出现了 1977—1984 年刑事案件从升到降的变化曲线,但深层次的分析却表明:刑事犯罪的上升趋势很猛,综合各种情况与重大刑事案件的发展。1982 年至 1984 年的下降不具有趋势性意义,它反映我们工作的成果,如果没有上述得力措施,1982 年至 1984 年可能出现更为急剧上升的恶化发展态势。

二、 对 1992 年出现的下降趋势的分析

前已叙及,我国刑事犯罪数量在"严打"期间曾明显下降。从 1985 年开始就出现回升,1985、1986、1987 三年中上升幅度与 80 年代初几年比还是小的。1988 年开始,上升幅度增大,1989 年比 1988 年上升一倍多,但是 1992 年却突然出现极大幅度下降,从事专业研究或熟悉情况的人都会知道,上述立案统计中的极大幅度上升与下降都不能反映我国犯罪的真实变化。统计是靠人做的,世界各国的犯罪统计,各有各的标准,各有各的规定,一个国家中不同部门作出的统计相差甚远的情况也是常见的。在我国统计不实,手段落后、资料不全、人为干预等等情况极为复杂。因此,评析刑事犯罪增减变化既要看数字统计,更要着眼于实际,必须辩证地对待数字统计,作出客观科学的分析,防止数字的片面性、表面性,甚至虚假性。关于 1989 年立案数的陡然大幅度上升,《中国法律年鉴》在公布有关数据时就有一个说明:指出公安机关长期存在报案不实问题,1989 年纠正这个问题的工作取得了进展,漏报、不报的案件大量减少,从而出现了这一年立案数上升一倍多的情况。实际上该年案件增加没有这么严重,该年与上年比上升约 30％—

40%。我们在一些地区的典型调查结论与这一说明完全吻合,有些地区还低于这个上升幅度。关于 1992 年立案数与上一年比下降了 3%,实际上是由于修改了立案标准,主要是把盗窃犯罪的立案金额大大提高后,统计口径变化造成的,实际上据我进行的调查材料综合其他材料估测,1992 年发生的刑事案件不仅没有大幅度下降而是继续增多,提供的几类严重刑事案件的立案统计数据,其增长率不会低于 3%—5%,至于严重刑事案件,表 3 更能说明问题。

表 3　1989—1992 年重大刑事案件的立案数

立案数(件)　犯罪类型 年　份	凶杀	伤害	抢劫	强奸	严重盗窃
1989	19590	35931	72881	40999	27714
1990	21214	45200	82361	47782	295418
1991	23199	57498	105132	50331	1922505
1992	24132	59901	125092	49829	1142556

表 3 中所列的严重刑事犯罪,除盗窃外,受立案标准变动影响较小,统计较可靠,比较接近实际发案数。统计显示:凶杀、伤害、抢劫、强奸几类犯罪,除强奸在 1990 年比 1991 年下降不到 1% 外,均呈逐年上升态势,其中抢劫罪升幅最大,1992 年比 1989 年增加 71.6%,强奸罪 1992 年虽比 1991 年略有下降,也比 1989 年上升了 21.5%。而严重盗窃犯罪,1992 年比 1991 年下降 40.57%,显然与立案标准修改直接有关,即使如此,1992 年立案数仍比立案标准未修改前的 1989 年立案数增加了三倍,可见,1985 年至今,刑事犯罪实际上不存在 1992 年后的下降趋势,相反,这一时期仍持续上升,其上升幅度比 70 年代末、80 年代初更大一些。

三、 对近十几年我国刑事犯罪平均年增长率较高的分析

犯罪是不同社会制度与处于不同发展水平国家存在的具有普遍性的一个社会问题,增长趋势也具有普遍性。1980 年 4 月底,联合国秘书处收到 46 个国家的犯罪问题的报告,绝大多数国家的犯罪率都在上升,只有 10 个国家报告他们的犯罪率有所下降,但少年犯罪仍在增加。1992 年 2 月联合国预

防犯罪和罪犯待遇委员会提供的一项报告中指出:"过去10年中全世界的犯罪数以每年5%的速度增长、超过了人口增长的速度、也超过了许多国家抑制犯罪的能力""犯罪问题正在质量与数量上变得愈益严重。"

我国在五六十年代一直是世界上少数犯罪率很低的国家之一,犯罪发生数多年来呈下降的稳定态势。"文化大革命"的破坏,打破了刑事犯罪长期下降的发展历史。粉碎"四人帮"以后,我国进入一个新的历史时期,改革开放有力地促进了我国的繁荣与发展,"文革"破坏带来的后遗症及随着改革开放、市场经济发展不可避免地在社会生活、人们的生活方式、思想观念等方面带来的某些消极影响、矛盾等等,犯罪再次出现起伏增加的不稳定形势。我们在一二两节中已作了较详细的分析。如果我们有根据地可以确断1983年、1992年与1989年的大幅度升降是由某些非常规的特定因素造成的,它不能反映我国刑事犯罪变化的趋势,那么,比较科学、客观地反映我国近17年来刑事犯罪变化的走向,就是大起伏中持续增加的趋势,根据上述材料算,平均年增长率大约在7%—11%之间,按人口计算的犯罪率则从1977年的5‰,上升到1990年的19.5‰,这样的增长幅度与速度,是新中国成立以来所没有的,纵观80年代,我国十年间犯罪率大约增加150%,而据联合国的调查,同时期内发达国家犯罪率增长约为40%,发展中国家约为20%。可以看出我国近年来的犯罪增长率与联合国公布的大多数国家的犯罪增长率比也是高的。至于犯罪的手段变化与社会危害严重程度的增加也是令人担忧的,例如抢劫案件,涉枪案件,杀人案件的增加速度,造成的死伤人数等均较突出,还有数量增多,危害严重的新类型案件,如毒品犯罪、国际黑社会犯罪、跨国犯罪、走私、劫机、劫船等重大暴力犯罪,以及各种手段不断翻新、造成巨大损失的经济案件,数量与严重性也均在发展,有资料说明,像杀人、抢劫案件按人口比,我国目前已超过日本。对此,我们必须要有科学、客观的认识,在此基础上建立与发展我们科学、实用、有效的战略思想与对策、措施。

我国近十几年刑事犯罪持续增长的态势是一种客观存在的动态现实,这一动态变化的现实的另一方面则显示出我国具有强有力的干预、控制这种动态变化的能力。1982年至1984年的下降非常有力地证明了这一点。还有一点也是必须看到的,尽管近十几年来犯罪持续较大幅度增长,但在我国这样一个有近12亿人口的国家,处在改革开放、建立社会主义市场经济的大变革时期,犯罪的数量、按人口计算的犯罪率、犯罪危害的严重程度仍然是大大低于一些发达的资本主义国家,(见表4)即使是考虑到报案不实、标准差异等因素,也不至于会改变这一基本估价。这说明我们有能力控制、制约犯罪严重化的发展速度与进程,我们完全有根据说,如果没有我国多年来形成、并在实践中不断发展、开拓的一系列正确的、行之有效的方针、政策、手段、措施,则犯罪发展的严重化趋势可能要比现在严重很多倍。

表 4　按人口计算犯罪率比较表①

国别	中国	日本	美国	联邦德国	英国	前苏联
犯罪率(万分比)	20.95②	133.7	547	711.4	700	65.7

刑事犯罪的数量变化,历来是社会治安中一个令人注目的问题。按照辩证唯物主义观点,简单事物可能从单一的简单的量的增减中不断变化。但是,复杂事物则有复杂的数量变化关系。犯罪现象是变化因素复杂的社会现象,在评判其变化中必须注意有关的多种量的变化及各种数量变化之间的关系,充分地、客观地反映其实在的变化。而且,数量变化总是与事物的性质紧密联系的,数量增减到一定程度本身就影响犯罪的严重性的等级,而犯罪性质手段的变化又带来新的数量变化关系,其中复杂性是不能人为简单化的。因此,我们应该正视现实,认真研究,实干苦干,不断根据新的情况,开拓、创新,树立信心,打开新的局面,创造新的成绩,逐步改变刑事犯罪严重化的趋势。

---

① 均以报警案件统计,除美英外,均为 1988 年统计。
② 包括刑事立案与治安案件统计。

第四编

未成年人保护立法实践与发展探索

专题十:未成年人保护法的立法实践

调查研究——科学立法、群众立法的道路

——迎接《上海市青少年保护条例》的诞生*

　　新的一年即将来临,在回顾将要过去的 1986 年时,我们极其高兴地看到在祖国繁荣兴旺的事业中,作为现代文明标志之一的法制建设和法学科学,在我国也处在日新月异之中。即将诞生的《上海市青少年保护条例》,就是我国青少年法制建设和青少年法学科学实践中一枝引人注目、富有生气的鲜花。据了解,北京等若干省、市也都在起草或着手准备起草有关青少年教育保护的专门法规。我们预计,1987 年将是我国青少年法制建设发展历史上有所突破、有所建树的一年。

　　《上海市青少年保护条例》是今年(1986 年)1 月份,由上海市人大法制委员会根据中央(85)20 号文件和市人民代表的多次提议,邀请市委宣传部、市府教卫办、市公、检、法、司、民政局、劳改局、劳动局、工、青、妇,以及华东政法学院、上海社会科学院法学所和青少所、复旦大学法律系共 16 个单位发起组织起草的,起草工作具体由有关单位抽调的人员组成《上海市青少年保护条例》起草办公室负责。起草办公室在市人大法制委员会直接领导下,依靠各有关单位的大力支持,在全市城乡开展了广泛的调查研究。先后访问了有关部门区领导同志和一些著名的法学家,召开了各种类型的调查会、座谈会几十次,还有 65 个单位、部门的同志承担了各种调查研究的专题,历时三四个月,共写出调查研究报告 76 份,二十余万字。各行各业的同志从各个方面调查研究写成的这些材料,为起草一个具有中国特色的、符合上海实际情况的,适应对外开放、对内搞活经济需要的青少年保护法规,提供了大量第一手资料,决定了《上海市青少年保护条例》立法构思和立法内容的基础。我们在 1987 年新春奉献给读者的这一期杂志上刊登的全部文章、调查报告,

---

　　* 以"华青"为笔名发表,原载《青少年犯罪问题》1987 年第 1 期。

就是从《上海市青少年保护条例》起草办公室组织完成的大量调查研究报告中精选的一部分。这里有上海市公安局有关同志进行的青少年罪错年龄及其种类变化的调查,有上海市妇联等单位进行的万户家庭结构的调查,有上海市工读学校的调查,有起草办同志直接进行的关于社会环境、社会风气中不良因素对青少年影响的调查,还有一些材料充实、很有时代特点的专题调查,如中学生弃学、吸烟、早恋,以及女青少年卖淫的调查等等,上海市工读研究会有关同志在调查研究和实际工作基础上写出的个体近期预测和早期预防一文,也是一篇值得一读、可供借鉴的调查研究报告。我们希望由这一组论文、报告组成的专辑,能受到大家的欢迎和重视,能为推进正在兴起的青少年法制建设作出一点贡献。

马克思早就说过"立法者应该把自己看作一个自然科学家,他不是在制造法律,不是发明法律,而仅仅是在表述法律"。[①] 为了正确地表述法律,就必须对法律所要调整的社会关系有全面、实际的了解。起草一个为保障青少年的合法权益,防止资本主义、封建主义腐朽思想的引诱和腐蚀,保护青少年健康成长的《上海市青少年保护条例》系统地调查了解在上海这样一个经济文化发达、国际交往频繁的大城市,青少年的状况如何? 青少年所处的社会环境状况怎样? 建设一个开放型、多功能、产业结构合理、科学技术先进、具有高度文明的社会主义现代化的新上海对青少年有什么要求? 家庭、学校、企事业单位在教育保护青少年方面有什么好的经验和存在什么主要问题? 青少年违法犯罪有什么特点,其原因、发展变化趋势如何? 等等。就成为青少年立法必不可少的基础工作。从而使立法者的主观任意性降到最小的程度,真正做到像一个自然科学家那样在"表述法律"。可见,调查研究是立法科学性的要求,也是立法科学性的表现。我们专辑发表这一批文章就是对立法者科学态度的赞赏,是对广大参与立法调查者表示的一种敬意。也说明这本身就是一些非常有意义、有价值的、独立的研究项目。

大量有质量的调查研究报告还证明,群众的智慧和力量是巨大的。青少年立法是一项涉及面广、问题极其复杂、解决和处理问题又十分困难的工作,数量不多的专业工作者只有与各行各业的专家结合起来,与广大群众结

---

①　[德]卡尔·马克思、[德]弗里德里希·恩格斯:《马克思恩格斯全集》(第1卷),中共中央马克思恩格斯列宁斯大林著作编译局译,人民出版社1956年版,第183页。

合起来,才能找到问题的症结所在和解决问题的较好办法。这是一条群众立法与科学立法统一的道路。《上海市青少年保护条例》起草办公室从一开始就是在这一思想明确指导下开展调查研究的。我们从发表的调查报告中可以看出,参加调查研究的有学者、教师,有国家机关干部,有政法部门、工读战线上的专业工作者,有工、青、妇等群众工作的专家,有在工、商、农、科技等方面工作的广大群众,这么广泛的群众代表参加立法的调查研究、提供立法的构思和建议,是《上海市青少年保护条例》立法起草工作的特色之一,也是这次立法工作能得到广大群众拥护、支持,进展较快、较为顺利的原因之一。

青少年是祖国的未来和希望,保护青少年健康成长是关系到民族兴衰和我国社会主义事业后继有人的大问题。共青团中央早在 1979 年就根据当时的情况提出青少年立法的建议,并于 1980 年初召开了《全国青少年保护法座谈会》,当即得到中央领导同志和许多著名法学家的支持,推动了我国青少年法的研究和立法工作。时过 6 年,我们即将看到在众多的人耕耘的这块土地上结出了第一个坚实的果实,尽管这个果实可能还有许多缺点或不足。但是代表了人们的希望,时代的潮流,社会前进的方向,科学进步的成果。我们挚诚和热情地发表此调查研究专辑,祝贺并迎接《上海市青少年保护条例》的诞生。

我国青少年法法制建设发展中的一座里程碑[*]

《上海市青少年保护条例》(以下简称《条例》)颁布实施已经 10 周年了,这是我国第一部地方性保护青少年的专门法规,填补了我国青少年法的空白,在我国青少年法的法制建设史上,标志着一个新时期的开始,是我国青少年法发展的里程碑,具有重要的理论意义与实际意义。

一、《条例》成为我国青少年法成功立法的开端,我国青少年保护地方立法的热潮是上海《条例》推动的。众所周知,青少年法的研究与立法实践在我国起步较晚,70 年代末、80 年代初,由于改革开放,我国的经济、政治、文化、社会面貌都发生了重大变化,民主与法制也走上了健全发展的道路。在社会主义事业蒸蒸日上的同时,也出现了一些必须重视的新情况、新问题,青少年违法犯罪与青少年保护就是当时人们关注的一大热点。针对上述情况,从我国的实际情况出发,参考国外的经验,不少有识之士提出保护青少年健康成长,预防青少年犯罪,保障社会稳定与发展的立法建议,党和国家也正式把青少年保护提上了重要的议事日程,明确要求立法机关"加紧制定保护青少年的有关法律,用法律手段来保障青少年的合法权益不受侵犯,防止资本主义、封建主义腐朽思想对青少年的引诱和腐蚀,保护青少年健康成长。"上海由于国际大都市的特殊地位与国内外的广泛联系,在经济发展、社会变革中首当其冲,敏锐地感受到改善青少年成长环境、保护青少年合法权益、培养青少年成为德智体美劳全面发展的一代新人,预防与减少青少年犯罪,是一个具有极其重要战略意义的问题,迫切需要制定有关青少年的法规。1985 年上海市人大在各方面的呼吁与支持下,正式成立了青少年保护法起草办公室,经过一年半的调查研究,十易其稿,最后经人大代表热烈讨论、认真审查,正式通过并颁布实施了《条例》。虽然这是一部地方性法规,但它毕竟是我国第一部青少年法,因此它的诞生立即引起众多兄弟省市的极大关注,发挥了巨大的推动青少年地方立法的作用,许多同志纷纷来上海

---

* 原载《青少年犯罪问题》1998 年第 1 期。

学习、交流有关的做法与经验，积极开展青少年法的调查研究与立法工作，两年多时间相继有福建、湖南、北京、辽宁、贵州、河南、广东、山西、内蒙古、山东、黑龙江、浙江、天津、河北、宁夏、四川等十七个省市通过并颁布实施了青少年法，形成许多省市短时期集中颁布青少年法的热潮，这在国际青少年法发展史上都是绝无仅有的。

二、《条例》推动了全国未成年人保护法加快出台，为全国立法提供了具体经验。由《条例》颁布实施开始的地方青少年保护法立法热潮，推动与加速了全国青少年法的立法进程，也为全国立法积累了具体经验，尤其是上海制订第一部青少年法的实践，不仅为全国青少年法的制定提供了较为全面的有关青少年保护法立法思路、立法框架、起草工作、理论研讨等多方面的经验，而且结合实际工作尤其是实施中的体会，积极向全国立法提出具体意见与建议，为全国立法开拓了道路、作出了奉献。《中华人民共和国未成年人保护法》基本采用了《条例》的立法框架，又综合了各地的经验，经过反复研究与提升，形成了第一部具有我国特色的全国青少年保护法，把我国青少年法制建设提高到一个新的阶段。

三、《条例》的立法实践与创造的特色，在国际学术交流中得到有关学者、专家的肯定与赞赏，使国际青少年法的理论与实践的大舞台上，开始有我国青少年法的理论与实践的反映。早在《条例》颁布实施不久，我们在专业国际学术会上，第一次介绍并阐述了《条例》及其特色，就引起了世界上第一部青少年法的诞生国——美国有关学者、教授的关注与兴趣，他们认为《条例》关于青少年保护必须与社会保护统一、协调的思想是十分正确与科学的，具有非常重要的意义，它避免了美国青少年法单纯保护青少年的片面性与消极影响，值得美国学习、借鉴。《人民日报》海外版专门介绍了上海制订青少年保护条例及其具有的特点。此外，《条例》关于保护青少年一定要把社会保护、改善青少年成长环境与青少年自我保护结合起来，提高青少年素质，发挥青少年主人翁精神与主观能动性的思想；保护青少年是全社会共同责任，一定要发挥社会各方面的力量，相互配合，形成一个完整的保护体系的思想；关于少年司法"一条龙"的思想，都是上海市青少年保护条例的特色与创造，为世界青少年法的实践增添了新经验，并以新的认识、观点丰富了青少年法的理论，这些思想随着时代的发展会愈来愈显示其科学性、理论深度及实际价值。

十年来,上海市青少年保护工作有极其巨大的进步与发展,组织上已形成多方位、多层次的体系、网络,人员上形成一支有经验并有专业素养的专业与社会工作者相结合的队伍,工作上已形成一套行之有效的制度。但是,十年来,上海与全国的变化也是极其巨大、举世瞩目的。小平同志南方谈话发挥出巨大的物质力量,上海一年一个样,三年大变样,正在向"一个龙头,三个中心"迅速发展,这些变化给青少年保护工作带来许多新的课题。全国未成年人保护法通过以后,也向上海青少年保护工作提出了新的、更高的要求。为了迎接 21 世纪的到来,上海青少年保护工作必须针对 21 世纪上海发展的新形势,预测可能出现的新问题,研究与选定开拓点、创新点,建立更为广泛、更加规范的青少年保护社会工作者队伍与青少年素质培训基地,探索与创建对青少年进行素质教育的新形式、新办法,进一步制定与青少年保护条例配套的法规、实施办法,提出跨世纪的要求与奋斗目标,才能把青少年法律保护工作全面推上一个新的水平。

上海市青少年教育保护暂行条例(送审初稿)[*]

前言:这是我国青少年保护法的第一次立法研究性尝试。1980年,华东政法学院(现华东政法大学)最初将此作为一个课题进行研究,该课题在曹漫之的支持和领导下启动。当时,这个领域几乎是一片空白。我们从社会调查入手,搜集资料,并着手组织起草《上海青少年保护法》。在此过程中,我们汇聚了政法界、教育界、各类社团以及青年工作者等多方力量,共同为地方立法贡献力量,最终促成《上海市青少年保护条例》的出炉。在这个过程中,我们反复推敲、多次修改草案,逐步明确了指导思想和基本内容,并提出了相关原则,构建了完整的法规体系。这一成果为后来的《青少年教育保护法》和《青少年保护条例》的制定提供了宝贵的资料和经验。当时,宋日昌副市长兼政协副主席建议在《文汇报》上征求意见,以便进一步修改并向人大提交建议。在此之前,我们先进行了内部讨论并吸取了各方意见,这一过程为后续工作提供了重要的资料和经验参考。

第一章 总 则

第一条 本条例根据《中华人民共和国宪法》关于"国家特别关怀青少年的健康成长"的规定。结合上海市的具体情况制定之。

第二条 本条例要求家庭、学校、社会各界共同负责,保护广大青少年的健康成长,把他们培养成为有理想、有道德、有文化科学知识、有健全体魄和遵纪守法的社会主义建设者。

第三条 本条例所称青少年,系指十一岁至十八岁的未成年人。

第二章 家庭、学校、社会在教育管理青少年中的责任

第一节 家庭教育与父母的责任

第四条 父母(包括养父母、监护人,下同)有教育保护青少年子女健康

成长的责任,父母的工作单位应将他(她)们教育子女的情况列为对职工进行考核的一项内容。

第五条　国家干部,尤其是领导干部,不得利用职权和其他任何方式,为子女谋求政策和法律规定以外的特殊利益。违者,除子女要取消其特殊利益外,对父母应追究其经济责任,或予以行政纪律处分。

第六条　父母对学习成绩差的、表现不够好的、或有失足行为的子女,不宜采取简单粗暴的方式进行管教,也不得歧视,应该耐心教育,促其转变。故意放任不管,或者采取体罚、凌辱、饥饿、赶出家门等错误做法,直接导致子女走上违法犯罪道路者,父母应受到警告、罚金、记过或其他纪律处分。

第七条　父母应教育子女遵守社会主义公德和国家法纪,不得以任何方式纵容、包庇或引诱、迫使、教唆子女进行违法犯罪活动。违者,责令其具结悔过、警告、罚金或给以行政纪律处分。构成犯罪者,依法追究刑事责任。

第八条　设立各级家庭教育指导站,组织具有一定专业知识的人员对新婚夫妇和在家庭教育中有困难的家长,进行正确教育、管理子女的业务指导或提供帮助。

第二节　学校教育与教师的责任

第九条　学校应当根据青少年的特点,培养德育、智育、体育诸方面全面发展的人才。为了提高年轻一代的共产主义道德修养和社会主义法制观念,在小学增设道德课,中学增设法制课。

第十条　国家尊重和保障教师培养、教育学生的权利。青少年学生对教师和学校工作人员,应尊重其所负之职责,从小养成遵纪守法的习惯。对于妨碍教师教育学生的正常活动,以及故意破坏教学秩序,侮辱、殴打教师或学校工作人员的任何人。都应根据其情节轻重受到行政的或法律的制裁。

青少年学生对教师或学校工作人员,有正当意见可当面提出,或向校长乃至上级领导部门反映,请求解决。有关人员不得非难或进行打击报复,违者从严处理。

第十一条　学校对于学习成绩差的、后进的学生要进行热情、耐心的教育和帮助,鼓励上进,不得歧视和放任不管。由于故意歧视或放任不管,致使学生在校外游荡而染上不良习气,或走上违法犯罪道路者,对于负有直接责任的教师,应给予批评、警告,情节严重者由主管部门给予停职反省或记过等行政处分。

第十二条　学校对于有违法和轻微犯罪行为的学生,要坚持以正面教育为主,积极做好转化工作,不得冷遇、歧视、打骂或变相体罚。对个别屡教不改的学生,须经有关部门批准,方可送工读学校。但经过工读改正错误后,符合条件者应允许其返回原校完成学业。

第三节　社会教育与公民的责任

第十三条　社会各界要为树立良好的社会风气,促进青少年健康成长承担义务和贡献力量。各行各业,包括工厂、企业、机关、学校、街道、里弄都要为青少年健康成长创造条件,提供力所能及的学习和文体活动的场所。原有的青少年活动场所和设施,任何单位不得占用。如已占用的,必须及时归还,更不容许无理拖延和故意刁难。

有关部门应增建少年儿童影剧院。一般影剧院应增设学生、少年和儿童专场。公园、动物园、博物馆等,应对少年、儿童减费、免费开放,要加强电影院、公园和各种娱乐场所的管理,树立社会主义新风尚,抵制不良风气对青少年、儿童的侵蚀。

第十四条　文学、艺术等有关单位要特别关注作品对青少年的影响,倡导创作对青少年健康成长有益的作品,防止、避免作品对青少年产生不良影响。有关部门应设立青少年电影、戏剧、文学、艺术鉴赏审评委员会,积极推荐适合青少年收看和阅读的电影、作品和各种书刊并给予指导;对不适宜青少年收看的电影和书籍,及时提出禁止或控制放映、阅读的建议。

第十五条　各行各业要经常组织对青少年进行社会主义的文明、礼貌和法制教育。各级领导、成年人应带头讲究文明,遵纪守法,每个公民对低级、下流的行为和作风,都应加以抵制。凡发现道德败坏、有伤风化的不正当活动,有义务劝告、制止,并向有关部门报告、反映。若报告人因此而受到打击报复者,应视其当事人行为的情节轻重,给予记过、罚款,直至依法追究刑事责任。

第十六条　任何人不得制作、出售、出租、贩卖、交换、传递、传阅反动、淫秽、荒诞的书刊、画册、图片、连环画、录音带、歌片、歌本等。违者,除没收有关物品外,应追究来源,并对有关人员给予警告、罚金或其他行政纪律处分,幕后策划、大量制作等情节严重者,应依法追究刑事责任。

第十七条　任何人不得给青少年提供观赏色情、凶杀电影、电视,内参片的条件或机会,违者,应给予批评、警告;如果因此中毒而直接导致青少年违法犯罪者,其直接责任人员应从重处理。

第十八条　任何人在经营商业（包括理发、摄影、服装制作、手工艺品……）和文化体育活动中，因管理不善，或单纯图利，对青少年起了腐蚀作用或给青少年进行违法犯罪活动造成机会而又明知不改者，其直接责任人员应受到罚金、警告或其他行政纪律处分。

第三章　社会对青少年中几种人的重点保护

第一节　对有严重生理缺陷和家庭缺陷的青少年的保护

第十九条　对父母双亡，或失去父母而又无人扶养的青少年，应由民政部门委托监护人收养，并给以经济补助；也可以送其他社会福利部门收养。

第二十条　对有严重生理缺陷，需要特殊照料，家庭又无力照料的青少年，应由有关部门收容或酌情予以救济；如家庭有经济能力，而管理有困难者，可商请民政部门给予收容，费用自理。

第二十一条　家庭成员中多人犯罪，环境恶劣，严重危害青少年的身心健康，且又无法改变这种家庭条件的，为了保护青少年健康成长，民政部门或其他社会福利单位有必要使该青少年离开其家庭，而给予直接收养，或委托监护人收养。

第二节　对女青少年的教育和保护

第二十二条　女青少年的健康成长直接关系到本身和对下一代的教育。因此，家庭、学校、社会应特别重视与加强对女青少年的教育和保护。应把晚恋、晚婚、性爱道德和生理卫生的教育放在重要地位，以提高女青少年抵制社会上不良行为引诱的能力。

第二十三条　凡成年男子对14—18岁的女青少年进行猥亵，或与之发生两性关系者，均应受到行政纪律、降职降薪或短期劳役等处分。情节严重者，依法追究刑事责任；对于利用职权或教养、师生、师徒等关系与14—18岁的女青少年发生两性关系者，从重处罚。

第二十四条　凡男女青少年间发生不正当两性关系，或相互传带、卖弄色情勾搭异性以及为发生不正当性行为提供条件者，应视其情节轻重，予以批评、警告或责令悔过。对其中情节恶劣而又教育不改者，应给以行政拘留或送劳动教养。

第二十五条　法律保护受害女青少年的名誉，严禁传扬女青少年失足、受骗、堕落等情况。对于随意传扬而造成严重影响者，应给予批评、警告或其他行政处分。

第三节　对处于危险状态的青少年的保护

第二十六条　对不服从家庭、学校、单位的正当教育,并且有加害于教育者之迹象的青少年,为防止其犯罪的突然实施,避免酿成伤害、凶杀之悲剧,家庭、学校及有关单位应对该青少年采取有效的防止性措施,必要时,公安机关应果断地予以预防性拘留或临时收容教养。

第二十七条　对受到团伙或坏人的引诱、胁迫,有可能走上违法犯罪道路的青少年,为防止其失足堕落,家庭、有关单位和公安部门,应及时采取保护性措施,如将其寄居学校等。

第二十八条　对于揭发违法犯罪同伙的青少年,若有被遭到报复的迹象者,有关部门和公安机关应及时采取保护性措施,以保障其本人和家庭的安全。

第四节　对有精神反常现象的青少年的保护

第二十九条　对因生理、心理原因,而不能适应集体生活,或有不良行为、习惯的青少年。家长、教师和知情者应及时报告有关部门,以便尽早矫正和治理。

第三十条　对有反常性爱心理的青少年,应及时发现、正确引导和抓紧治理,必要时应采取专门的保护医疗措施。

第三十一条　市、区设立心理卫生保护站,负责指导家庭和学校对少年儿童心理卫生的保护工作。

第四章　青少年自觉与违法犯罪行为作斗争的教育保护

第一节　对青少年不良习惯的教育和禁戒

第三十二条　青少年不准吸烟。违者,予以批评教育,屡教不改,情节严重者,予以警告。

第三十三条　青少年不准酗酒。违者,予以批评教育,屡教不改,情节严重者,予以警告或行政拘留。

第三十四条　严禁青少年赌博。违者,没收赌具、赌资、并给予批评教育,屡教不改、情节严重者,予以警告或行政拘留。

第三十五条　学生不宜谈恋爱,更不应发生性关系。违者,应视其情节轻重,予以警告或记过等处分。

第三十六条　青少年不得逃夜、逃学或结伙游荡、强索财物。违者,应视其情节轻重,予以适当之处分。屡教不改者,送工读学校矫正之。

第二节　对青少年与违法犯罪行为作斗争的奖励

第三十七条　倡导青少年自觉改正错误,互相帮助,并与青少年自身中的违法犯罪现象作斗争。对帮助青少年同伴改正错误成绩显著者,予以表扬、记功和物质奖励。

第三十八条　对已经悔悟觉醒过来的失足青少年,勇敢检举、揭发尚不觉悟的违法犯罪的同伙的行动,有关部门应该给予充分的肯定,并且根据表现的实际情况,给予表扬、记功和物质奖励。对帮助或揭发检举人进行报复者,应受到处分,情节严重的,追究法律责任。

第五章　违法犯罪青少年的感化和矫正

第一节　处　理

第三十九条　对违法犯罪青少年应贯彻教育、挽救为主,预防为主的方针。但对极少数教唆犯、犯罪团伙的为首者,恶性案件制造者等,应依法严惩,绝不能忽视教育保护的这一特殊手段。

第四十条　对有比较严重违法行为的青少年,屡教不改,影响他人,家庭又无法管教者,经有关部门批准,可送工读学校。工读学校是为挽救失足青少年学生而设立的带有强制性的教育机构。在工读中,表现特别好者,可以提前毕业;表现极差者,应留级继续工读,对有比较严重违法行为的社会青少年,也可经有关部门批准后,送收容所进行管教。

第四十一条　对有轻微的犯罪行为(尚不构成受刑法处罚的犯罪者)的青少年,应送少年犯管教所管教。

第四十二条　对于已构成犯罪的青少年,应依法惩处。公、检、法部门,对青少年犯罪条件,在侦查、预审、起诉、审讯、判决以及拘留、收监、改造中,应充分考虑青少年的特点,以区别于成年犯,特别是对青少年犯的关押和服刑,应与成年犯分开,其劳动改造和教育的内容应有所区别,生活待遇亦应照顾青少年成长的需要适当提高之。

第二节　出　路

第四十三条　凡属经过工读学校、少教所的教育或其他矫正部门处理过,确系转变好了的青少年,有关部门对他们的升学、就业、参军均应一视同仁,社会对他们亦不应歧视。

第四十四条　工读学校在有条件的情况下,应力争办成职业学校,以利于部分工读学生的安置就业。

第四十五条　凡属违法,犯罪青少年,在服法期满后,公安部门、原所在单位和街道,都应积极落实他们的安置措施,以利于他们继续进步。

第三节　巩固进步成果

第四十六条　对违法犯罪青少年的感化、矫正工作要环环扣紧,相互衔接,不使中断,以利于稳定、巩固和发展其进步成果,尽量减少和避免反复。各教育管教单位必须做好教育管理的交接班工作,并相互保持联系。互相推诿,或撒手不管造成后果者应查明责任,对有关人员给予必要的处理。

第四十七条　对曾经处理过的青少年,回到原校、原单位或安排到新的单位后,所在单位应了解情况,加强关心和帮助,以巩固已经取得的进步成果,防止重新犯罪,使他们成为身心健康的四个现代化的建设者。

上级部门应对这项工作进行督促、检查,有不负责任者,应给予批评教育。

第六章　违反本条例的案件的受理程序和处置方法

第四十八条　公安、检察部门设立青少年教育保护科,法院设立青少年教育保护法庭,其主要任务:

(1)受理追究家庭、学校和社会违反教育保护条例规定的责任性案件;

(2)受理青少年犯罪的案件。

第四十九条　各类案件的办理程序为:

(1)追究责任案件和犯罪青少年案件,必须经公安局、检察院青少年教育保护科查办、起诉,再经法院青少年教育保护法庭审理;

(2)青少年各种违法行为的处理,根据不同情况,分别由所在街道、学校、单位,会向区青少年教育保护委员会和公安分局青少年教育保护科酌处之。但其中处罚款和行政拘留者,必须由分局青少年教育保护科执行。无工资收入的青少年而被处罚款者,应由父母或监护人交付;

(3)送工读学校的学生,必须经过区以上的教育部门和公安机关的青少年教育保护科联合审批。

第五十条　处置方法：

（一）成年人违反本条例的处置方法：

（1）批评；（2）罚款；（3）纪律处分；（4）降职降薪；（5）行政拘留；（6）短期劳役；（7）劳动教养等。

（二）青少年违反本条例的处置方法：

（1）批评；（2）警告；（3）具结悔过；（4）记过；（5）罚款；（6）纪律处分；（7）送工读学校；（8）收容教育；（9）行政拘留；（10）劳动教养；（11）送少年犯管教所等。

第七章　加强青少年问题的科学研究

第五十一条　建立青少年犯罪问题研究机构，开展系统的调查研究，介绍国外青少年违法犯罪的情况及其与青少年违法犯罪作斗争的经验，研究我国青少年心理及犯罪心理，探索青少年违法犯罪的特点、规律、趋势，以保证青少年一代的教育保护工作建立在可靠的科学的基础上。

第五十二条　有条件的大学设立有关系科、专业或课程，为公、检、法部门培养必要的专门受理青少年犯罪案件的干部，和其他部门的具有一定专业知识的青少年工作干部。

第八章　青少年教育保护委员会与青少年教育保护办公室

第五十三条　市人大常委会下设市青少年教育保护委员会，在市、区政府机构中，设青少年教育保护办公室。委员会主任由副市长兼任。办公室主任由市政府办公厅副主任兼任。

第五十四条　青少年教育保护委员会的主要任务是：

（1）贯彻执行国家有关教育、保护青少年的方针、政策、法律和法令；

（2）检查青少年教育保护条例贯彻执行的情况，提出工作开展的原则意见。

第五十五条　青少年教育保护办公室的主要任务是：

（1）贯彻教育保护委员会的工作意见，组织经验交流，表彰贯彻执行条例有显著成绩的先进单位和先进个人；

（2）领导和具体指导家庭教育指导站、心理卫生保护站、青少年读物审评委员会等下属组织工作的开展；

（3）与公、检、法有关部门保持联系,研究和协调有关工作。

第九章　经　费

第五十六条　经费的来源:国家预算、个人捐款、社会福利组织捐款。

第五十七条　经费主要用于支持青少年教育保护事业,筹办有关刊物、科学研究和培训业务干部。以及对先进单位和先进个人的物质奖励等等。

第十章　附　则

第五十八条　凡《治安管理处罚条例》《刑法》和《刑事诉讼法》《婚姻法》等法中已有规定者,本条例不再重复列入。但在处理时,可以结合适用。

第五十九条　本条例所列《家庭教育指导站》《心理卫生保护站》等组织,其实施条例另定。

第六十条　本条例适用于上海市,自公布之日起生效。

一九八〇年十二月四日

我国青少年法立法历史概述[*]

我们的党和国家一向重视对青少年的教育保护工作,具有革命人道主义的历史传统。早在国内革命战争时期,中华苏维埃共和国和革命根据地政府制定的法律、法令中,就有大量关于青少年教育、保护的规定,其内容随着革命事业的发展,逐步充实起来,涉及青少年生活的各个方面。例如,明确提出"小孩是新社会的主人""小孩看护有特别的规定""保障青年劳动者的一切权利"等等。在一些具体法律中还有"保护流亡学生和失学青年"的规定,不准未满十八岁的人"从事特别笨重或有害工人健康工作"的规定,"严禁对学徒虐待或任意打骂"的规定,"婚姻自由"的规定,对违法犯罪青少年"施以感化教育"的规定等。新中国成立以后,我国社会主义法制有了新的发展,青少年教育保护问题在宪法和一些基本法中都作了一些重要的规定。但是,由于马克思主义法学当时面临许多新的迫切需要解决的问题,因此,对当时现实需要还不十分迫切的青少年法,就没有提上当时的法制建设的议事日程,加之法制建设的历史曲折,使我国至今还没有全国性的青少年法。

一、 青少年保护法座谈会

粉碎"四人帮"以后,主要是党的十一届三中全会以后,在拨乱反正的基础上,我国法学界出现了欣欣向荣的振兴局面。同时,青少年犯罪的现实情况也显示出青少年法的必要性和迫切性。在社会舆论和全国人大代表的呼吁下,共青团中央牵头于 1980 年 3 月 20 日至 25 日,在北京召开了"青少年保护法座谈会"。这是新中国成立以来第一次专门研讨青少年法的盛会,参加会议的有全国人大法制委员会、最高人民法院、最高人民检察院、公安部、司法部、教育部、文化部、全国总工会、全国妇联、中国社会科学院法学所、北京大学、人民大学、北师大、华东政法学院、上海社会科学院社会学所、复旦大学分校,以及京津沪的共青团、公检法部门的部门负责人。与会同志多方

＊ 原载《〈上海市青少年保护条例〉立法记实》,上海社会科学院出版社 1987 年版。

面地研讨了我国青少年犯罪的现状和原因,比较了我国历史上不同时期的青少年犯罪发展变化,认为主客观的情况表明,起草一部具有中国社会主义特点的青少年法不仅具有必要性、迫切性,而且也具有现实可能性。全国人大法制委员会副主任、著名法学家陶希晋同志在会上指出,现在是到了应该制订一部青少年法的时候了。

这次会议集中讨论和估计了我国青少年犯罪的状况,大量数据证明,我国青少年的主流是好的。但青少年犯罪的情况当时是相当突出和严重的,呈逐年上升的趋势,严重地破坏社会治安,威胁广大人民的人身和财产安全,影响安定团结的大好局面。从新中国成立以来的历史发展来分析,25岁以下的青少年犯罪占整个刑事犯罪的比例已从50年代的百分之十几,上升到百分之六七十,个别地区的比例还要高。与会同志普遍认为,青少年犯罪问题已成为当时社会治安的主要问题,会上还讨论了在新的历史情况下,青少年犯罪能否控制到50年代较低水平,以及青少年犯罪得到基本控制和治理的标准问题。

在广泛交流情况的基础上,参加座谈会的同志从各个方面剖析了青少年犯罪的原因,提出了一系列需要通过立法来加以调整和解决的问题。与会同志提供了大量材料分析论证了林彪、"四人帮"的破坏直接导致我国青少年犯罪的增加,这种破坏的不良影响在相当长一段时期内决不能低估和放松对其警惕。同时,代表们从犯罪的原因因素的分析中,认为有以下问题亟待加以管理和作必要的新规定:

一、不健康的电影、录音带等的管理问题。当时大量外国电影公开或内部放映,港台录音带经过合法或非法渠道在国内大量传播,这些电影、录音带中有相当一部分格调低下、内容不够健康,其中有些是黄色、淫秽、宣传暴力的。会上列举出许多事例、数据说明这些不健康的电影、录音给青少年带来的消极、不良影响,有的直接影响了青少年犯罪。因此,会上强烈反映必须规定对其进行审查、限制,以及组织评论、欣赏等。

二、家庭教育问题。会上反映出不良家庭教育对青少年违法犯罪的影响很大。问题主要集中在"打骂""溺爱""不管"三个倾向上。因此,如何加强父母教育子女的责任? 如何提高家庭教育的科学水平? 如何保证父母有教育子女的必要时间和精力等等,就成为青少年法必须考虑的问题。

三、教育体制单一,不能适应社会多层次的需要,使一部分初中生不能升高中,相当多的高中生不能升大学,造成这部分青少年有一段时间既无书可读,又无工作可做,出现了管理和时间上的"空白地带",无所事事,无人管,飘浮在社会上极易受不良影响而走上邪路。据此,会上提出教育体制改革,多渠道地培养青少年,以适应社会发展的需要。

四、学校教育重智育、轻德育的问题。会上认为高考的分数指挥棒左右了中学教育的走向。快慢班的划分,使有经验的高年资教师集中于快班,慢班学生的师资力量和管理力量得不到重视和加强。快慢班的分开还造成差生集中,互相传播不良影响,使有些学生从只是学习差变为学习、品行双差,有的学生编入差班以后就自暴自弃,走向邪路。这些问题也有待于作出新的规定加以改进。

五、劳动就业方向的问题。如就业路子比较窄,许多地区仍有一批待业青年等待国家"包"下来。还有顶替制度的缺陷,一些家长往往把文化、品德不好、素质差的子女通过顶替安排到工厂、企业工作。

六、商品宣传和广告中,在形式和内容方面的某些缺陷,给青少年带来的不良影响和诱惑。

七、青少年活动场所少。许多过去青少年活动的场所被其他单位、部门占用或移作他用的情况比较严重,不少同志建议要通过立法加以保护,来制止和纠正这种情况,并不断增加新的青少年活动场所和为青少年服务的设施,为青少年健康的成长创造必要的活动环境。

八、对青少年从小进行道德教育、纪律教育和守法教育问题。由于"文化大革命"的破坏,我国优良的儿童早期传统教育受到了破坏。有些同志提出要在新形势下从头建立我国少年儿童早期的道德教育和纪律、守法教育制度,例如从中小学开始设立有关课程等等。

九、对严重的犯罪分子,教唆青少年犯罪的分子打击不力的问题。

十、如何改进和提高劳改、劳教质量的问题。会上普遍反映劳改、劳教工作不能适应新的工作对象。对青少年违法犯罪人员的教育、改造工作缺乏科学、有效的管理。劳改劳教场所中的交叉感染情况比较严重,有的改造场所成了"黑染缸""传习所"。因此,不少同志呼吁要尽快解决这些问题。

会上介绍了国外青少年法的情况,专门探讨了我国青少年法的制定问题。讨论认为,我国青少年法的立法指导思想应该是:在马列主义、毛泽东思想指导下,从我国的实际情况出发,总结已有的成功经验,预防青少年违法犯罪,教育、挽救失足青少年,保护青少年一代健康成长。关于青少年法的内容,除上面提出的一些需要加以规定的方面外,与会同志一致认为,条文要明确,切合实际,提倡什么反对什么要清楚,特别应体现综合治理的精神。关于步骤上有的同志提出先制定单项法规,如禁止青少年吸烟法,禁止青少年酗酒法等等,逐步形成较全面的综合性法规。会议最后通过了"关于建立青少年保护法起草小组的建议",建议由团中央与人大常委会法制委员会、司法部等部门共同筹备,抽调人员组成起草小组,起草我国青少年保护法,作为草案提交给全国人大有关部门审议。

这次会议起到了我国青少年立法的组织和动员、宣传的作用。

二、 起草全国青少年法的尝试

1980 年的青少年保护法座谈会以后,在各有关方面支持下,团中央牵头组织了起草小组,经过半年多的努力,五易其稿,形成了我国历史上第一个《中华人民共和国青少年保护法(讨论稿)》(以下简称《讨论稿》)。这个《讨论稿》计八章,42 条,约 5000 字。体例如下:

第一章　总则

第二章　对青少年的基本要求

第三章　家庭保护

第四章　学校保护

第五章　社会保护

第六章　违法犯罪的处理

第七章　组织机构、经费

第八章　附则

《讨论稿》由于多方面的原因没有正式进入立法议程,但是,《讨论稿》不仅以自己的研究和起草工作推动了我国青少年法的研究和实践,发挥了重要的宣传作用,进一步引起了各方面的关心和重视,而且在实践中积累了许多经验和资料,聚集了一批热情为青少年立法奔波、工作的理论工作者和实际工作者,为我国制订具有中国社会主义特点的青少年法走出了非常实在的和有成效的一步。

这个稿子在起草过程中广泛听取了各方面的意见。特别是第三稿写了两个不同的方案,最高人民法院、最高人民检察院、司法部、公安部、民政部、文化部、教育部、国家劳动总局、全国总工会、全国妇联都派人参加过讨论并提出各种不同的修改意见。参加讨论并提出修改意见的还有北京、天津、上海、广州、常州等地方的实际工作者和研究工作者。参加讨论的同志认真负责,有的同志逐章逐条地修改,写出了书面修改意见,讨论的问题和意见主要集中在下列十个问题:

一、名称。主要有四种意见,第一种意见是用"中华人民共和国青少年保护法"的名称;第二种意见,认为为了慎重起见,把"法"改为"条例",待实践一段时间以后,进行修改,成熟以后再用"法"的名称;第三种意见提出在"保护"前加"教育"两个字,即称"青少年教育保护法"。理由是保护只是消极的措施,教育才是积极的引导,对青少年来说,教育比保护更重要;第四种意见是用"未成年人保护法"的名称。

二、制订一部什么性质的青少年法,多数人主张制订一部综合性的青少年法。因为青少年问题(包括青少年违法犯罪)是一系列社会矛盾和社会问题的反映,单纯惩办、处罚不能根本解决问题。因此,必须立足于教育、疏导、综合治理。国外青少年法的发展也出现这样的趋势。这些同志还着重指出,综合性法规可以逐步完善,先抓家庭、学校、社会环境等几个主要方面。社会福利、就业等方面的问题目前条件不具备的,可以暂不规定,以后根据条件逐步补充、完善。还有一种意见则主张搞刑事性质(狭义的)的青少年法,主要是预防和处理青少年违法犯罪。其理由是:目前青少年犯罪的问题很突出,处理改造急需有一些新的法律规定,预防也迫切要有一些切实可行的、比较集中的措施。而涉及青少年的其他方面的许多社会问题,目前难以解决,规定了也没有用。

三、保护对象的年龄问题。主要有两种意见,一种主张 25 岁以下,一种主张 18 岁以下。个别的还有主张 30 岁以下,21 岁以下,12 岁到 18 岁以及把 12 岁到 16 岁,同 17 岁到 25 岁的人分段规定,不同对待的。

四、立法指导原则。有些同志提出青少年法立法原则有:教育为主原则、预防原则、综合治理原则、科学性原则,也有同志认为还要增加保护原则、民主原则、法制原则、实事求是原则等。

五、如何处理青少年法与其他法律法规的关系。一种意见是主张"避旧立新",即其他法有规定的不必重复。他们明确提出,青少年法具有补充其他法律法规的性质。另一种意见认为,青少年法有专门的工作对象,有自己独立的任务和目的、要求，有特定的工作程序和处置方法，因此，需要形成独立完整的法律规范和法律体系，不是其他法律、法规的"补充规定"。因此，某些重复是必要的、不可避免的，但应避免简单重复其他法的规定。

六、体例，繁简问题。多数同志同意分章规定，条文不要太多，但太少、太简单也不行，尽可能不要超过 60 条到 100 条，做到结构紧凑，比较清晰、条文简练，较易为大家接受和理解。少数同志建议不分章，开宗明义，直接用条文顺下来，条文尽可能少（例如 20 条左右），便于宣传和群众（包括青少年）记忆、执行。

七、内容问题。分歧比较多的是对青少年的道德规范要求、一般政治要求、方向性的号召等，是否需要在青少年法中加以规定。有的同志认为这些内容比较虚，宪法总的都有规定，青少年法再具体规定实际上是重复，违反也不能追究责任，因此，不需要写入这些内容。但不少同志认为，这些内容虽然比较原则，也很难规定违反了要给某种惩罚，但这是给青少年指明方向，表明法律的是非态度、道德标准，从小告诉青少年做人的基本道理，因此，很有必要加以规定，而且最好是在总则后面专章列出，引人注目，显示其重要。

内容方面还提出："色情""淫秽"的标准问题，能否作出具体规定。少年法庭等是否要作规定，目前我国条件能否办到，等等。

八、惩处问题。这方面提的意见和问题也比较多，例如：青少年法规定惩处，其锋芒主要对违法犯罪的青少年，还是对危害青少年的成年人？对违法犯罪青少年的惩处是否可以规定一些新的方法，这与刑法是否抵触？惩处与保护法的宗旨是否矛盾？对青少年能否处罚金等等。

九、机构。绝大多数人在讨论中都认为需要专门建立一个比较权威的保护委员会作为青少年法执行、落实的组织保证。否则，青少年法就难以真正实施。也有同志提出，能设立专门权威机构当然好，但目前新设机构的要求很难为有关领导部门接受，因此，还是委托"团中央主管"这方面的工作比较现实。还有同志认为，政府要建立一个非常设机构的保护委员会加强领导和监督，工作责成各部门、各方面去做。

十、发展问题。现实需要引起人们关注青少年法的今后发展。有些同志认为，我国是一个人口众多的国家，青少年的健康成长是一个关系重大的问题。随着社会的发展，青少年法的必要性和重要意义将更加显示出来，现在能够制订一个青少年保护法是很大的进步，但不可能解决所有问题。因此，他们设想今后青少年法应形成一个系列，例如，家庭法、大学法、中学法、业余教育法、青少年社会福利法、青少年犯罪预防法、未成年人审判法、少年法院法、少年犯管教条例等等。

这次全国青少年法起草和讨论，由于理论准备不足，社会各方面的条件也不成熟，因此，各种意见没有充分展开，更没有形成统一的立法意见，以后就基本停下来了。但是，这是全国青少年立法的一次重要的实践，是一次很有价值的尝试。尤其是上述意见和讨论，对我国青少年法的研究和立法实践起了积极推进的作用。

三、 地方青少年法起草的探索

1980 年开始，上海在曹漫之教授倡导下，以华东政法学院为主，在公、检、法、司等实际部门、共青团上海市委、上海社会科学院青少所和法学所的协作、支持下，在社会调查的基础上，研究起草《上海市青少年保护条例》。以后多次修改，一度在有关领导的建议下，改为《上海市青少年教育保护倡议书》，直到 1983 年的送审稿，改名为《上海市青少年教育保护暂行条例》。

《条例》分为十章，共 60 条，约 7000 字。体例如下：

第一章　总则

第二章　家庭、学校、社会在教育管理青少年中的责任

第三章　社会对几种青少年的特殊保护

第四章　青少年自觉与违法犯罪行为作斗争的教育保护

第五章　违法犯罪青少年的教育、感化、挽救

第六章　违反本条例的案件受理程序和处置方法

第七章　加强青少年问题的科学研究

第八章　青少年教育保护委员会与青少年教育保护办公室

第九章　经费

第十章　附则

华东政法学院在研究起草《上海市青少年教育保护条例》过程中，依靠各方面的支持，组织师生进行了多次社会调查，与实际部门协作，听取了各方面的意见。先后形成四本稿子。这些稿子在修改、讨论中碰到的问题，有相当一部分是与全国青少年法讨论的意见类似的，例如，保护对象年龄问题

就争论颇烈，最后《送审稿》确定为 11 岁至 18 岁的未成年人，是从现实可行性考虑的。也有一些新的问题讨论得很热烈。例如如何提高父母的家庭教育科学水平问题；加强教师责任与教师的地位、待遇问题；未成年男女间的性罪错的性质和处理问题；青少年罪犯在侦查、预审、起诉、审讯、判决、改造过程中的特殊程序和处置办法问题；违法犯罪青少年处置后重新回到社会后的妥善安置与择优录用的关系，以及《条例》实施的现实性问题；等等。

这个《条例》在内容、体例方面有几个新的特点值得注意：

一、突出和加重了父母、教师、社会各行各业在青少年教育管理中的责任，规定建立家庭教育的指导站，以便从战略上来改善和提高家庭教育水平。

二、专章规定了对几种青少年的特殊保护，明确列出对缺陷家庭的子女、女青少年、处于危险状态的青少年的保护。

三、强调青少年自觉与违法犯罪现象作斗争，自己保护自己。

四、《条例》特别关注对违法犯罪青少年进行预防和教育、改造过程中，各个环节的配合、协调。例如：关于违法犯罪青少年的出路和巩固改造成果的规定等。

《上海市青少年教育保护暂行条例》的送审稿，也与全国青少年保护法送审稿一样，没有正式进入市人大的立法议程，仅仅作为学术研究和立法探讨，对上海市的青少年法的宣传、立法工作起了一定的作用。

在上海研讨起草地方性青少年法规的同时，其他一些省市的理论工作者与实际工作者也进行着青少年法的研究和立法、宣传、探讨工作。北京、武汉等地都做了不少工作。

台湾由于情况比较特殊，他们从 50 年代开始，较早地就探索青少年法的起草工作。1955 年由台湾的司法行政部着手组织起草，同年写成"少年法草案"送交行政院。1958 年行政院提送立法院审议，立法院审议中将"少年法"改名为"少年事件处理法"，并对其中内容作了许多修改，例如将适用该法的少年的年龄的下限从 7 岁提高到 12 岁，把原来单独设置少年法院的规定改为在普通法院下设立少年法庭等等。经过修改后的《少年事件处理法》直到 1962 年才正式通过公布。

台湾公布的上述处理法，侧重于少年刑事事件的处理，也包含行政事件的处理，但不是综合性青少年法规。该法共五章 87 条，体例如下：

第一章　总则
第二章　少年法庭之组织
第三章　少年管训事件
第四章　少年刑事事件
第五章　附则

台湾的《少年事件处理法》于1962年公布后，没有立即生效实施。学者们的解释是因为该法的实施还需要做许多准备工作，其中有机构组织的筹建工作，人员培训的准备，还要制订一些辅助法规和办法，例如《少年事件处理法施行细则》《少年管训事件审理细则》《少年管训事件执行办法》《地方法院少年法庭处务规程》《少年法庭与司法警察机关处理少年事件联系办法》等等，因此，直到1970年在完成补充性的附属法规和有关准备工作的基础上，才通过命令正式实施。

台湾《少年事件处理法》实施后的实际效果不理想，对青少年违法犯罪的预防、控制作用不大，故于1976年又作了重大修改，修改条文占全部条文三分之一。修改后的《少年事件处理法》扩大了虞犯青少年的范围，扩大了青少年法庭的权力等等。修改后的新少年法的效果如何，有待于实际的检验。

青少年法是法学的一个新的部门，在我国更是初创时期。我们一方面必须吸收国外好的经验，更重要的是要从我国的实际情况出发，总结我国社会主义立法的经验，分析我们已经走过的道路，从中吸取历史上有益的东西。这将有助于更快、更好地制订符合我国国情的、有社会主义特色的、科学的青少年法。

论我国保护青少年立法的新发展

——介绍《上海市青少年保护条例》*

　　青少年是国家的未来和希望。我国法律具有保护青少年健康成长的历史传统,早在 1931 年中华苏维埃共和国制定的《暂行婚姻条例》就对小孩的看护有特别的规定,1934 年《中华苏维埃宪法大纲》又规定:"保障青年劳动者的一切权利"。后来,随着革命事业的发展,法律、法令中有关保护青少年的内容逐步充实起来,涉及青少年的法律地位和基本利权、劳动保护、受教育权利、婚姻家庭保护,以及其他社会保护等许多方面。中华人民共和国成立以后,《宪法》和一些基本法中对保护青少年有了更加明确、重要的规定,其中包括对未成年人违法犯罪的特殊处置和处置程序等等,体现了我们党和政府对青少年的关怀。但是,由于历史的原因,直到 70 年代末 80 年代初,我国尚未制订一部独立的、具有中国社会主义特点的青少年法。

　　粉碎"四人帮",我国结束了长达十年的"内乱",经过党的十一届三中全会拨乱反正,经济建设成为党和国家的中心任务。在新的历史条件下,社会主义法制建设是保证国家安宁,保护国家和人民生命、财产安全,保障社会主义经济建设发展的必要条件。因此,保护青少年的立法问题也提上了建设现代化的社会主义社会的重要议事日程。在党中央的领导、关怀下,共青团中央于 1979 年依据当时的情况呼吁研究和制订青少年保护法,并于 1980年初在北京召开了《全国青少年保护法座谈会》,推动了研讨和制订青少年保护法的工作。1987 年 4 月 29 日,上海市人大八届六次全体会议原则通过、即将正式公布的《上海市青少年保护条例》,正是党的十一届三中全会以来,我国保护青少年立法工作在新形势下的新发展。我国第一部综合性的青少年保护法——《上海市青少年保护条例》(以下简称《条例》)的诞生,是我国青少年立法的新成果,预示着我国青少年法制建设开始走上了一个新

　　* 原载 1987 年 6 月的《中美学者青少年犯罪问题学术讨论会论文集》,后发表于《法学》1987 年第 9 期,发表时有删减。

的阶段。现在,北京、天津、江西、江苏、陕西等省、市,都已经着手或开始着手制订青少年保护法(或未成年人保护法),在不久的将来,我国就会有若干部各具特点的地方性青少年保护法出现,这将在理论上和实践上有力地促进我国青少年法制建设进一步完善和发展。

一、《条例》的制定是我国现时代社会的需要

青少年法是一门科学,世界上一些先行国家在青少年立法的理论和实践方面已经有不少经验和创造。《条例》制定过程中,从学习、研究国外青少年法的资料中吸取了不少有益的东西。但是,法律是统治阶级意志的表现,由于各国政治制度、经济发展、文化道德传统、社会结构、发展需要不同,某一个国家什么时候需要制定青少年法,要制定什么性质的青少年法,首先是要由这个国家的社会需要所决定的。只有当现实社会的某些关系必须用法律来加以规定、保护和调整时,相应的立法必然将提上国家各级权力机关的议事日程,1899 年美国伊利诺伊州制订世界上第一个青少年法——《少年法庭法》的历史经验和我国革命、建设中长期的立法实践都证明了这一点。《上海市青少年保护条例》正是遵循上述立法的客观规律,根据上海对外开放、对内搞活经济的形势下建设社会主义的需要,为调整、解决上海青少年的现实问题制定的。

社会需要是立法的根本根据,也是青少年立法的推动力量。上海现有 6 岁至不满 18 周岁的青少年 165 万人,这是上海进入 21 世纪以后的主要建设力量,这一代青少年的健康成长是 21 世纪上海的前途和希望。现代科学证明,6 至 18 岁这个年龄段是青少年社会化过程的关键时期,这时期的青少年具有不成熟、可塑性强、易受不良影响侵蚀、出现挫折等特点。因此,在新的形势要求下,如何在关键年龄时期教育、培养、保护好社会主义一代新人,就成为建设一个开放型、多功能、产业结构合理、科学技术先进,具有高度文明的社会主义现代化的新上海的迫切而又具有战略意义的要求。这是时代的需要,上海前进、发展的需要,成为上海青少年立法最重要的推动力量。

从特定的方面看,青少年保护法的立法需要也与现实中保护青少年工作存在一些亟待关注的问题分不开的。这主要表现在:

1. 青少年的有些人身权利得不到有效的保护,家长或教师打、骂、体罚青少年的情况时有发生,有的直接导致青少年流失街头,违法犯罪,甚至

自杀;

2. 党的教育方针在不少学校没有全面贯彻,重智育、轻德育的情况十分普遍,学生超负荷的学习和精神负担,影响青少年身心健康;

3. 青少年活动场所不够,条件较差,有些单位或部门挪用、占用青少年活动场所的情况仍然存在;

4. 在开放、搞活的新条件下,资本主义、封建主义的腐朽思想乘机扩大影响,对青少年进行腐蚀、渗透、毒害,其中内容不健康的影视、录像、书报对青少年的危害十分突出,使青少年犯罪有所增加。据有关部门统计,未成年人犯罪近年来在起伏中有所上升,约占同龄人的 2‰—3‰。上海进行的若干典型调查证明,青少年犯罪原因中有 60% 以上的人是受黄色、淫秽、凶杀、暴力的影视、录像、书报、手抄本影响的。上述不良影响根据预测在今后一段时期内还有进一步发展的可能;

5. 社会上一些不良分子教唆青少年犯罪以及直接侵害、危害青少年,其中包括强奸幼女,侮辱、猥亵未成年的女青少年等等。基于上述的社会需要,上海市广大人民群众、各界人士、人民代表从本市青少年的实际情况出发,尤其是考虑到上海所处的地理交通环境,在全国经济、文化、科学技术等方面具有的战略地位,以及今后发展的要求,认为教育、保护青少年健康成长,预防和减少青少年违法犯罪,是一项具有长远战略意义的重要工作。因此,从 1980 年以来,通过报刊、电视、广播、人民代表建议、学术研讨报告等形式,不断呼吁或建议制定青少年保护法规,教育行政领导部门、法学教育、科研单位、群众团体都倡导并组织过青少年保护法规的立法调查。1983 年全国人大通过了关于严惩严重危害社会治安犯罪分子的决定,上海市与全国一样,严厉打击了犯罪分子的嚣张气焰,对保护青少年、挽救一些偶尔失足的青少年发挥了巨大的作用,为青少年健康成长创造了一个更为安全、良好的社会环境。为了巩固已经取得的成果,全面持久地贯彻社会治安综合治理的方针,保证社会的长期稳定,要求保护青少年立法的呼声更高了,充分反映出上海人民要求制定青少年保护法的心愿。

中央多次强调新形势下要做好教育、保护青少年工作,并于 1985 年明确提出要求抓紧制定保护青少年的法律,这也是上海制订《条例》的重要依据和动力之一。中央指出:"目前,保护青少年的有关法律还不完备,建议立法机关会同有关部门,根据宪法的精神,加紧制定保护青少年的有关法律,用法律手段来保障青少年的合法权利不受侵犯,防止资本主义、封建主义腐朽思想对青少年的引诱和腐蚀,保护青少年的健康成长。"因此,上海市人大根据我国宪法和其他有关法律的规定,结合上海的情况,制订、颁布《上海市青少年保护条例》,绝不是少数人主观上想出来的,而是社会有需要,群众有呼声,中央有要求,立法有根据。有人说这是党心所指,民心所向,父母之心所盼。可以说《条例》的诞生合乎时代的要求,科学的发展,社会的进步,是顺应时代,水到渠成的必然成果。

二、《条例》的性质和指导思想

青少年保护是一个涉及千家万户、各行各业的复杂的社会系统工程,不仅要与直接危害青少年的行为作斗争,还要改善和优化青少年生活、学习、工作的环境,而且从青少年自身来说,也包括需要保护的若干特殊方面,例如青少年的权益和福利,对青少年的教育和自身要求,青少年失足的处置与挽救等等。因此,根据我们的研究和实际的经验,《上海市青少年保护条例》是一部综合性的保护青少年的行政法规,这部法规主要不是对青少年违法犯罪后的惩罚性规定,而是一个保护青少年,预防青少年违法犯罪的非刑事性质的地方法规。《条例》在坚持四项基本原则的基础上,在社会主义物质文明建设的同时,强调了社会主义精神文明的建设,体现出一些新的立法指导思想:

（一）积极保护,保护青少年与保护整个社会相统一

世界上不少青少年法把青少年看作消极被保护的对象,竭尽全力改善和提高青少年的福利,为青少年净化社会环境,不让青少年接触不良影响,对青少年违法犯罪一律宽容、减轻处罚或不予处罚等等。这样的保护是消极的、不够的,我们认为对青少年应采取积极保护的措施。首先要充分调动青少年作为正在社会化的人本身所具有的自我教育、自我约束、自我保护的能动性。众所周知,社会环境和社会现象十分复杂,在现代科学技术和信息工具现代化的情况下,绝对的控制社会不良影响或净化社会环境,实际上是不可能的,各种预防手段也是有限度的。因此,要把青少年放在"保险箱"里保护起来,显得不合时代,很不现实。我们说积极保护就是要在改善客观环境调动别人来保护青少年的同时,把提高青少年自身辨别是非、抵制不良影响的能力,自己保护自己,作为整个保护的重要组成部分之一,这样才能收

到良好保护的效果。其次,积极保护还表现在保护青少年(包括保护违法犯罪青少年的合法权益),绝不能让犯有罪错的青少年对自己的罪错熟视无睹,更不能纵容青少年违法犯罪。保护青少年是保护其人身合法权益。保护青少年健康成长,不是保护青少年罪错。对青少年犯有罪错只有给予合乎法律,近乎情理的教育、批评、警告,直至必要的惩罚,才能阻止其继续犯错误,把青少年从罪错中挽救过来,保护其不在危险的道路上愈走愈远。这是一种保护与惩处统一结合的特殊的保护,通过惩处不让其进一步危害社会,既保护了社会,也保护了犯错误的青少年本人。积极保护,把调动社会与调动被保护人结合起来,把保护青少年的利益与保护整个社会的安全和广大人民的权益统一起来,保证任何人不得危害社会、危害人民,这才能得到社会和广大人民群众的同情、赞成和支持。

(二)分工负责,部门负责与社会整体负责相统一

青少年健康成长中,社会关联的多方面性,决定了保护青少年必须动员、依靠全社会、全体公民的力量,才能做好这项工作。少数人或少数单位、部门是不可能承担保护青少年的全部责任的。但是,如果每一个具体的单位、部门或个人都没有负起责任,那么,国家、社会的保护也就成为一句空话。

因此,责成各行各业、各个部门或单位分工负责就成为实现全社会都来保护青少年健康成长,预防、减少青少年违法犯罪的真正基础。《条例》根据各个部门的性质、特点和职能,分别规定了他们在保护青少年工作中应该承担的责任,使保护落到实处。

分工负责强调各行各业、各个部门都要认真负责履行自己承担的青少年保护任务,但是,青少年保护必须具有社会整体性才有效,零碎的、各自为政的工作必然造成许多保护的漏洞和空隙。怎样使每一部分的保护都成为整体保护的有机组成部分,产生整体效应,并在整体上形成保护的体系?《条例》从系统保护的全局出发,把青少年保护看作是一个总系统,这个总系统由五个子系统组成,即国家保护、家庭保护、学校保护、社会保护、青少年自我保护。每一个子系统又由许多更小的子系统或要素组成。这样,有领导、有组织、有计划、有目的地向各行各业提出分工负责要求,实质上是各自负责与社会负责的统一,保证分工负责在青少年保护中能做到责任明确,针对性强,减少空隙,协调一致。

（三）综合治理，治标与治本，预防与治理相统一

综合治理是我国保证社会治安稳定，预防、减少违法犯罪的科学理论和指导实践的战略方针。现阶段在我国社会中，预防、减少青少年违法犯罪，对保护青少年健康成长具有重要的意义。因为青少年犯罪不仅仅是这一小部分青少年自身的堕落问题，这些人还将污染、毒化社会风气，甚至直接腐蚀、带坏、影响周围青少年，造成社会问题。因此，综合治理的直接作用首先体现在预防、减少犯罪，特别是青少年犯罪上。如果进一步考察，我们就会发现综合治理的意义和价值还要广泛得多，综合治理消除社会精神污染，从根本上加强社会的管理和稳定，改善了社会环境，堵塞了青少年通向违法犯罪的渠道和漏洞，提高青少年辨别是非的能力，提高整个社会抵制不良影响的能力，成为保护青少年最有力、最重要的措施。《条例》正是在上述研究和认识的基础上，贯穿综合治理的科学指导思想。从一定意义上说，青少年保护法就是一部综合治理法，这构成了《条例》的一个特色。综合治理强调"综合"，是完整实现青少年保护的更高层次的要求。社会是一个整体，可以分解为几个基本方面，直到具体的工厂、企业、商店、学校等等。分工负责明确每个单位、每个部门的责任。但是，分工不能代替整体，因为部分简单相加，不等于整体，尽管分工负责具有整体思想的指导，但分工负责解决的毕竟是局部保护责任问题，部门与部门，单位与单位之间的联系、协调、合作及其程度、方式，多种力量、多种手段的配合、结构、层次，每一部门在整体保护中的作用、地位、功能，以及整体保护效果研究（强化、互补、促进、抵消、削弱，等等），信息动向分析，都必须从全局综合考虑。分工负责不能代替综合治理、综合保护，分工负责是社会整体保护的基础，综合治理是实现社会整体保护的最终目标。《条例》规定成立各级青少年保护委员会就是在党的领导下体现统一领导、综合治理的权力机构。《条例》在综合治理思想指导下，根据青少年的特点，以培养教育、启发引导为主，同时积极预防和治理青少年违法犯罪，对需要特殊保护的青少年实行特殊保护，对危害青少年健康成长者，坚持教育与处罚相结合的原则，使治本与治标，预防与治理，整体保护与特殊保护统一起来。

三、《条例》的体系结构与基本内容

《条例》根据立法的惯例，先规定立法目的、立法根据等基本条款后规定

保护责任等具体条款，先作实体规定后作程序规定，把青少年保护涉及的各主要方面依序排列，形成一个章节清晰，具有内在逻辑联系的完整体系。全文分十章共58条，包括以下五个部分：

第一部分总则，即第一章，共5条，规定了条例制定的目的、指导思想、立法根据、保护责任、保护对象的范围、保护机构等，是对《条例》具有全局性的基本规定。《条例》第4条规定保护的青少年对象是指居住、进入上海市的6周岁至不满18周岁的未成年人。《条例》第5条规定市、区（县）、乡（镇）人民政府设立青少年保护委员会。城市街道也应设立青少年保护委员会。

第二部分是关于保护的基本力量和基本内容的规定，共五章26条。青少年依靠谁来保护？首先是国家机关，这是青少年保护体系的后盾。《条例》第二章国家机关保护，规定国家机关要充分运用宪法和法律赋予的行政、财政和司法权，保护青少年，其中包括为青少年健康成长提供必要的物质条件，加强对视、听、读物的管理，优化社会环境，对已违法犯罪的青少年进行教育和矫治，对侵害青少年的不法行为作严肃的处理等等。

其次，家庭、学校、社会是保护青少年的基本力量，《条例》第三章家庭保护，第四章学校保护，第五章社会保护。家庭保护方面规定父母或其他监护人对子女的监护责任，必须履行教育、保护和法律规定的其他义务，其中包括保证子女必要的物质生活和医疗保健条件，保护子女受教育的权利，以及必须以健康的思想，良好的言行和正确的方法教育、影响和管束青少年子女或被监护人。学校保护方面规定学校应当全面贯彻国家的教育方针，使青少年德、智、体全面发展。学校和教师应教书育人，既是学生的师长，又是学生的保护人。学校保护中特别规定教师对学生应全面负责，为人师表，教师应尊重学生的人格，维护学生的合法权利；对后进的学生应耐心教育帮助，不得歧视或放任不管；对在校学生中孤儿、离婚家庭子女、再婚家庭子女、非婚生子女以及残疾学生采取保护性措施等等。社会保护方面规定了各自有关行业应该承担的保护青少年的责任，特别规定了影视、文化、出版等行业以及公园、娱乐、体育等活动场所应为青少年提供健康的服务和承担优化社会环境的义务，社会保护这一章中还规定了工会、共青团、妇联加强青少年保护工作以及居民委员会、村民委员会在保护青少年方面应该承担的工作。

最后是关于青少年自我保护的规定，独立形成颇具特色的第六章。青少年是《条例》保护的对象，但作为社会主义事业接班人的青少年，也是具有自觉能动性和自我保护能力的人。因此,在第六章中青少年又成为具有特殊身份的自我保护主体,参加到社会主义的青少年保护体系中。青少年自我保护这一章规定了青少年应自觉增强自我保护的意识和能力,向青少年提出了自尊、自律、自强的具体要求;还规定了青少年对侵犯自己合法权益的行为,有依法提出检举、控告和申诉的权利;特别规定了青少年的组织应维护青少年的合法权益,反映他们合理要求,同侵害青少年的行为作斗争。

上海是一个社会主义大城市,作为一个开放的多功能的大城市,它与世界上许多大城市一样面临人口的集中,关系复杂,管理的漏洞与空隙多,不良信息对青少年的冲击大等问题。但是,上海是一个社会主义的大城市,人们具有根本利益的一致性,《条例》根据这种必要性和可能性作出上述规定,形成一个真正统一的、严密的教育保护体系。

第三部分是特殊保护,包括第七、第八两章,共 17 条。第七章规定对女青少年、对有生理缺陷的青少年、对有其他特殊情况的青少年的保护。第八章规定对违法犯罪青少年的教育、矫治与安置,这是在特定意义上的保护,也是一种特殊的保护。

第四部分是控告、检举与违反本条例的处理办法,即《条例》第九章,其中包括处罚和处理程序,共八条。在处罚中规定了道义的、物质的、教育管理性的、行政性的和刑事性、非刑事性的惩罚手段及其适用问题。

第五部分附则,共 2 条,是对法律解释权和生效问题所作的规定。《条例》从上海的实际出发,在我国丰富的实践经验和调查研究掌握大量第一手资料的基础上,组织各方面人士反复讨论,经过多次修改制定的,具有科学性和可行性。这是一部明显反映中国社会主义特点的青少年法。这些特点可以概括如下:1.保护对象的多层次性;2.保护力量的真正社会性(青少年不仅是被保护者,而且也是保护的主体);3.保护青少年与保护社会的统一性;4.以分工负责为基础的综合治理性;5.帮教、矫治违法犯罪青少年手段系列性。

《条例》的制定与公布,是我国青少年立法工作的一次成功的实践探索。这是在马列主义思想指导下,坚持立法、科研、宣传三结合,坚持领导、群众与专业工作者三结合所取得的成果。它必将在今后的实施中得到进一步的充实、完善和发展。我们期望其能在预防、减少青少年违法犯罪,保护青少年健康成长中发挥有效的作用。

中国特色青少年保护第一法

——《上海市青少年保护条例》忆往开来[*]

　　30 年前上海通过实施《上海市青少年保护条例》，成为我国少年法的起始之年。30 年历史上弹指一挥间，从上海开中国社会主义特色青少年保护法制建设之先河始，九州大地迅速开花结果，一个新领域，新理念、新名词、新事物不断涌现，中国青少年保护与预防青少年犯罪进入跨越式发展的新时期。1991 年 9 月 4 日第七届全国人民代表大会常务委员会第二十一次会议通过《中华人民共和国未成年人保护法》。1999 年 6 月 28 日第九届全国人民代表大会常务委员会第十次会议通过《中华人民共和国预防未成年人犯罪法》。2012 年 3 月 14 日第十一届全国人民代表大会第五次会议《关于修改〈中华人民共和国刑事诉讼法〉的决定》增加"未成年人刑事案件诉讼程序"专章。最高人民法院、最高人民检察院、公安部、司法部等还先后作出相关"决定"或发出有关"通知"。我国少年立法、司法取得高速度、跨越式的重大进步、发展和成就，已经形成自己显著的特点，数据显示预防、减少、控制青少年犯罪，保护未成年人健康成长的实效显著，成果丰硕，有目共睹，实实在在地为社会稳定、和谐、发展作出了贡献。

　　历史是重要的财富，30 年来，理论研讨、实践探索在持续进行，在司法改革向纵深发展、创新发展是时代要求的形势下，《上海市青少年保护条例》迎来制定实施 30 年的回顾，历史已经过去，有些经历和事件蕴藏着值得铭记的精神，忆往开来，有助于承续创新，常学常新。

一、 面对社会关切　求实扎根创新

　　《上海市青少年保护条例》是急党和国家之所急，应社会公众关切之所需，开出的理论之花、实践之果。《条例》出在上海，孕育是社会的国家的，七年孕育、起创、准备首先是全国的，上海起特定作用，历史回忆证实也给我们

---

　　* 原载《预防青少年犯罪研究》2017 年第 3 期。

有价值的新启示。

当时时代背景是：十一届三中全会拨乱反正，民心振奋，中国社会主义建设事业重启征程，建设伟业需要稳定和谐秩序，安定团结人所共求，青少年违法犯罪首当其冲，成为社会、家庭、老百姓日常直接感受、最为关切的社会问题之一，成为党和国家从当前长远战略都必须解决的社会问题。中共中央 1979 年 8 月 17 日 58 号文转发中央宣传部、教育部、文化部、公安部、国家劳动总局、全国总工会、共青团中央、全国妇联八单位"关于提请全党重视解决青少年违法犯罪问题的报告"。中央向全国指出："青少年……不仅关系到安定团结政治局面的长期巩固，关系到社会主义现代化建设的加速发展，而且直接影响着新的一代人的成长，关系到我们党和国家的前途，关系到我们民族的兴衰。"中央要求"从现在起，各级党委都要把加强对青少年的培养教育，包括解决其中极少数人的违法犯罪问题，放到重要议事日程上来。……齐心协力，有计划有目的地进行调查研究，及时交流情况，总结经验，按照各自的职责范围，努力做好工作，切切实实抓出成效来。"站高望远，精湛绵密，非心系国家安危，胸怀战略远见的国策担当者，难有如此精全难忘的概括。这是中国少年法出台的社会需要和时代背景，不是哪个人或组织能左右的。当然这也是《上海市青少年保护条例》出台的时代背景。中央正确果断决策开启了一个新领域新事业的新科学的探索之路。

《上海市青少年保护条例》立法七年准备也从这里开始，本文只罗列特别重要的六件。虽然不是全部，我认为没有这六件就没有《上海市青少年保护条例》，不研究它就无法理解《上海市青少年保护条例》，也不能全面知道我国少年司法制度发展历史。

（一）"全国青少年保护法座谈会"

共青团是"关于提请全党重视解决青少年违法犯罪问题的报告"的八单位之一，报告经中共中央批转全国，团中央就积极准备，在 1980 年 8 月 20 日，在北京召开"全国青少年保护法座谈会"。这是中国少年法起始的历史性会议，是我国历史上第一次向国人明确提出"青少年保护法"项目的大会。当时国内在这个领域处于空白，不仅是没有专业队伍，可以说连专业人才也没有。上海应邀出席三（四）位代表为团市委宣传部长钱关麟、《青年一代》杂志编辑陈惠玉、我（当时是华政刑侦教研室的青年教师），还有一位复旦大学社会学老师（不久过世了，时间长记不准确）。会议通过学习交流讨论，历时六天,受益匪浅,至今难忘。会上尖锐研讨,有人直截了当地说,解决青少年犯罪只要给我"开杀戒"就能解决,引起许多人反对,认为这是根本没有调查研究青少年犯罪原因。通过实证材料分析论证、经验介绍、国内外有关理论借鉴等,会议最后大家一致认同要综合治理,消除诱发青少年犯罪原因,制定青少年保护法,才是治本之道。会议不仅热议我国青少年保护法的性质、特点、指导思想、立法原则等方向性问题,还具体到保护对象年龄、机构建立、保护与禁止的内容、起草队伍、起草步骤等许多非常实在的问题。与会是次难得的学习机会,我从方向、认知、视野、动力、人脉等得到多方面扩展和提升。现在回过头来体会,这次会也是落实中共中央 58 号文件精神走向法治的启蒙、导向会,是一次首创先行的青少年保护法学习、交流、组织、动员的准备大会。会后,还组织起草了我国历史上第一个八章 12 条约 5000字的《中华人民共和国青少年保护法》讨论稿,至今仍珍藏。这次会议影响深远,值得永远铭记。

还要铭记历时 6 天的会议组织筹办的先行者们的贡献。他们工作之难、工作量之大是现在难以想得到的,工作人员小唐找到我时说了一件事,至今印象深刻。他说,开会要有人,请有关部门比较容易办,找专业人员就没有方向,连开介绍信都不知道"抬头"写什么部门或单位。小唐到上海是"找"代表,好几天就是打听谁在关心、研究青少年犯罪问题,有什么文章、成果?最先在团市委访谈钱关麟同志、后来找到《青年一代》陈惠玉等,再经过法学会、社会科学院转个圈,最后是上海大学法学院一位领导、老干部王文升同志(是我参加工作第一位直接领导)介绍推荐到华政约请我谈话的,其中重要线索是我在期刊上发表过一篇受到关注的有关青少年犯罪的论文,才有幸参加这次难得的会议。后来才得知,这次会议代表主要来自中央有关部门和在京名校,外地只有上海、天津的极少数几个代表,确实机遇难得,确实为我进入这个圈子,打开了学习、工作的厅堂。

(二)青少年犯罪问题调查

立法是国家权力机关制定以强制力保证其实施的规矩(行为规范),必须科学,符合实际,有针对性,全面准确了解有关情况是基础和前提条件。中央 58 号文件要求"齐心协力……有计划有目的地进行调查研究"。此后,青少年犯罪调查研究备受重视,蔚然成风。1980 年暑假,华东政法学院组织师生进行青少年犯罪问题和防范等调查研究启动最早最快,领导有方,即出成果。这些调查是在中央58号文件精神指引下,目标明确、有计划地进行的。学校领导、资历传奇的革命先辈曹漫之同志在调研动员会上说:"调查研究是基本功""青少年问题要成为一门科学来搞,青少年犯罪要成为国家法制的一个专门问题,摆到国家的议事日程上来。华东政法学院……要形成调查研究传统,与公安局一起搞理论探讨,为实际服务,获得更大的科学价值",华政"要成为全国青少年犯罪问题研究中心,成立研究所,接受中央任务"。这种认识和设计在当时是绝少有人能说得出来的。

能说敢做就是曹漫之同志的风格,经过校领导集体研究决定,华东政法学院(即今华东政法大学)在1980年暑假就率先组织师生200余人,到全市各区县的最基层公安派出所、里弄居委调查研究青少年犯罪现状、原因、教育、预防等问题,掌握第一手材料,为实际部门教育、预防青少年犯罪和理论研究服务。1981年初,师生再次在寒假进行了有组织有计划的调查研究,增加广度和提高深度,有力推动了上海的青少年犯罪问题研究和以后的青少年立法实践。1981年4月23日,华政正式成立全国第一个专门研究青少年犯罪问题的研究机构——青少年犯罪研究室,在上海组建一支专业队伍,培养专门人才,在国内形成实体的中心,青少年保护法就是新成立的研究室的重要课题。此后多年持续调查研究,了解情况、动向,联系实际总结经验,收集国内外资料,开展理论研究,引起社会关注。《解放日报》当时公开报道了研究室成立及活动情况。

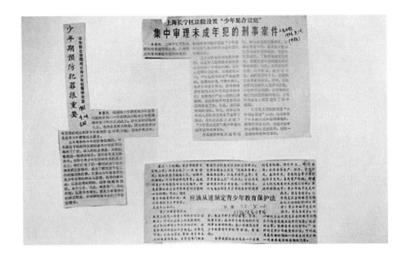

华政持续多年在上海开展青少年犯罪问题调查研究，形成积累系列调查报告和研究成果，出版书和文章，在国内基本没有实证资料的情况下，出版发行国内第一本青少年犯罪问题杂志，作为国内沟通交流平台，出版发行国内第一部《青少年犯罪学》，最早在本科开设专门课程，与公检法、政府部门、社会团体、大中小学、科研机构建立了友好常态的合作交往联系，填补了这方面许多空白，制定上海《条例》准备了条件，形成一定优势。

（三）成立全国青少年犯罪研究学会与制定全国规划

经中共中央宣传部批准，1982 年 6 月中国青少年犯罪研究会在广西南宁召开成立大会，中国社会科学院青少年研究所所长张黎群、华东政法学院副院长曹漫之两位经历丰富的革命老前辈,众望所归,当选为正副会长。这是关心、支持、热心从事青少年犯罪问题理论研究和实际工作者的一次组织起来的盛大聚会,从此一支包括理论和实践方面的年轻队伍,形成并积极展开有影响的工作。成立大会同时举行学术研讨,对我国青少年犯罪原因的探讨集中、热烈并具有突破性,上海多位代表在大会发言中对加强研究、制定青少年保护法提出意见和建议,得到与会代表的肯定和鼓励,会议还讨论综合治理、预防犯罪以及学会工作。这次大会推动全国也激励上海,增加上海的信心,促进上海同仁在立法司法上创新。

在全国学会成立前,中国社会科学院青少年研究所组织领导了一项对我国青少年犯罪研究、青少年保护法研究有重要影响的工作,就是制订历史上从未有过的全国青少年犯罪研究规划。这一规划由华东政法学院徐建负责起草,经1981年3月杭州会议到8月青岛会议,请北政、人大法学院、北大法学院、华政部分同志参加讨论修改定稿。《全国青少年犯罪问题研究规划》第四部分提出四个方面着重研究的内容,青少年立法就是其中之一。后来应许多同志的要求、建议,徐建又撰写了100个研究课题,后来由中国社会科学院青少年研究所作为附件与全国规划一起公开发表,把四个方面内容更加具体化,让更多人在制定青少年保护法方面贡献了智慧和力量。1981年12月编辑发行的四册140万字的青少年犯罪研究资料汇集,也是规划定的,是由中国社会科学院青少年研究所、北政、华政、北大、人大等集中筛选提供的,经过华政、北政等有关同志按规划会议和全国规划计划编辑整理发行的。在当时学科刚起步、资料奇缺的情况下,对青少年犯罪研究、青少年保护法的理论和实践工作者都有很大帮助和推进作用。

(四)《上海市青少年教育保护条例》起草

上海一直是一个有国内外复杂联系的大城市,人口众多,经济繁荣,社会问题反应敏感,往往成为某些现象和社会问题的晴雨表、温度计。遭受"文化大革命"劫难之后,经济受到严重破坏,大批待业青年、上山下乡回城知青无法安排,闲散苦闷,生活无着,青少年犯罪问题就很突出,1979年全市25岁以下青少年犯罪为1965年的22倍,创历史新高。团伙犯罪、学生犯罪情况严重,9月份控江路事件、淮海路事件震惊全国,引起刚复校的华政老师的极大关注。校领导也敏锐看到这是一个必须关注支持研究的问题,中央1979年58号文件下发后,我们能够迅速作出回应,开展很大力度的调查研究。

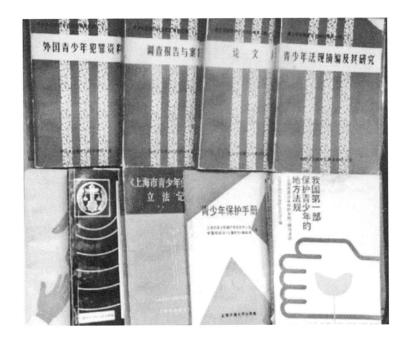

"全国青少年保护法座谈会"促使我们得到启示,加大关注、收集、研究少年法有关问题的力度。1980年8月2日曹漫之在组织调查研究的会上说,"这是上海这门科学的开始,要深入到实际中去,通过调查研究""请你们讨论讨论,搞一个青少年保护条例""预审、侦查要考虑一点青少年特点,法院要搞青少年法庭,法院(现在)未重视,得有点水平,准备一个方案""中国外国的材料也要(收集)……"。上海市人大也有代表提出建议。

据此,上海开始第一次制订"青少年保护条例"的尝试,也是一次实实在在的实战演练。华政联络一些部门经历调查研究、收集资料、与实际部门沟通协作、听取各方面意见、确定指导思想、基本原则、框架结构,到每个条款的拟写、草成初稿等全过程。名称开始就是《上海市青少年保护条例》,后改为《上海市青少年教育保护条例》。打印成稿后,1980年9月10日召开会议,邀请公检法司、教育、有关科研单位、大专院校有关同志征求意见。修改后《条例》经曹漫之院长(上海市政协常委兼法制委员会副主任)送给时任市政协副主席(曾任副市长12年)兼法制委员会主任宋日昌审阅,他肯定并支持,建议改为《上海市青少年教育保护倡议书》,联系文汇报登载听取意见和反映,后因有不同意见没有做到。1983年改为《上海市青少年教育保护暂行条例》,送人大最后也没有结果。在这个过程中,有关人专业成长,获得的经验、成果,都变成了宝贵的储备,是迎接正式任务的全面综合准备。

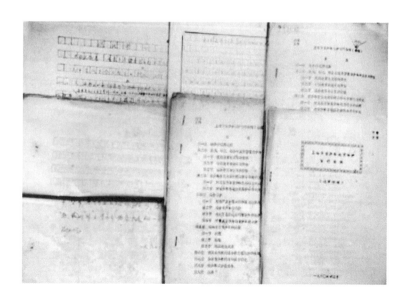

（五）审理未成年人刑事案件合议法庭

犯罪对一个人的人生发展、对他人和社会的危害都是最严重的、负面的、否定的，国家有最严厉手段给予惩罚。我个人逐渐认识到，从人性、人权、公平、公正任何方面考量，未成年人犯罪审判是未成年人保护无处再退避的最后一关，非常重要，少年司法在其诞生期争论焦点、突破点也一直集中在少年犯罪审判科学性、合理性、正义性上。探讨制定青少年保护法同时要在实践中创新少年审判，1980 年 8 月曹漫之同志就提出"法院要搞青少年法庭"在当时绝对是一般人想不到、不敢说的。1984 年初我带领一个调研组在上海长宁区人民法院合作调研，经批准阅研了该院所有未成年人犯罪案材料，实证未成年人犯罪特殊审判的必要性，形成书面材料（汇报并通过内部送中央），得到时任副院长李成仁赞同，多次讨论能否在长宁法院试试，最后在法律规定权限内，内部成立、对外保密、人员相对稳定、专门审理未成年人犯罪案件的"合议庭"，经过两年多试验，审判效果和社会效果十分显著，再犯率从 6.6％下降到 2.2％，家长反映也特别好。对试点进行全面总结后先在《青少年犯罪问题》杂志发表，接着又在《法制日报》登出简要信息，最高人民法院院长郑天翔发现并经过详细了解，充分肯定并加以推广，后在最高人民法院分管副院长林准的推广中正式定名为中国的"少年法庭"。为青少年保护法提供权威认可的实践可行的组织机构形式和制度等。

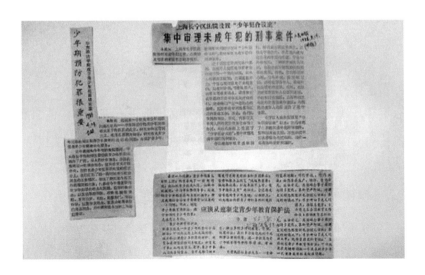

（六）国内理论和实践在扩展和深化中的其他成果

其中最重要的最丰富的是综合治理的理论和实践。综合治理这个词的历史较久长,作为中国社会治安的决策和方针,是从 20 世纪 70 年代末,在预防治理青少年犯罪的实践探索中提炼形成的。"文化大革命"后的 1978 年、1979 年,我国青少年犯罪出现特大幅度增长的态势,成为社会治安的最大的热点问题,公安首当其冲、全力以赴。最早见于 1978 年陕西宝鸡公安的一篇调查报道(后来有同志告诉我浙江最早提出),接着河南、江西等地同志也明确提出青少年犯罪是综合性的社会"病症",要动员全社会各方面力量"综合治理",实践中受到社会肯定,影响扩展开来。1979 年 58 号文件虽然还没有"综合治理"的文字,但"综合治理"的思路已经十分具体全面体现,1980 年中共中央书记处对北京工作的指示中出现"综合治理",指示第一条是"要根本上解决治安问题,需要全党和社会各个方面共同努力,综合治理,才能做好。"此后"综合治理"在全国普遍到认同和重视,中共中央、全国人大先后作出决定,各地在落实中采取各种手段措施,不断创新,成效显著。青少年保护和预防青少年犯罪在综合治理实践中也创造许多成功经验,为青少年保护法提供立法的丰富资源。

此外,1984 年 5 月联合国在北京讨论审定、1985 年联合国第七届预防犯罪和犯罪处遇大会上通过的《联合国少年司法最低限度标准准则》(《北京规则》),在北京修改审定时,东道主中国有 2 名正式代表、10 名观察员出席(上海有 1 名正式代表为华政教授时任联合国预防犯罪和犯罪处遇委员会委员武汉,1 名观察员为华政副教授徐建),《北京规则》对我国制定《青少年保护法》和推进少年司法实践工作也有很大的影响。

全国各省市的理论研究、实践探索、翻译国外资料等等,尤其是北京、上海、四川、吉林的贡献,不一一细述。

七年准备,历史是丰富多彩、充满争论和研讨,也有许多感人的事和人,人们不会忘记,个人的一篇文字有限的文章不可能都遍及,挂一漏万,有待补正,但精神和惦记永在心中。

二、 权衡利弊民为本　上下求索追精准

从 1980 年团中央召开"全国青少年保护法座谈会"开始,制定青少年保护法的呼声和活动在北京、在国内许多省市都在不同程度地进行,但没有一

个能提上立法议程。中共中央 1985(20)号文件明确要求"加强制定保护青少年的有关法律。用法律手段来保障青少年的合法权益不受侵犯,防止资本主义、封建主义腐朽思想对青少年的引诱和腐蚀,保护青少年健康成长。"中央有令,社会需要,立马激发上海制定青少年保护地方法的积极性,12 月24 日,上海市人大法制委员会召集 15 个单位研究起草制定上海市青少年保护法规的问题,这天离 1987 年元旦只有 1 个星期。不到 1 个月《上海市青少年教育保护条例》办公室就正式成立,办公室正副主任同时确定。雷厉风行,可见一斑。

《上海市青少年保护条例》是一部地方法,必须符合上海地方实际、具有地方特点、遵行地方立法权限,上海先行先试中的一些做法是成功首创的。

(一) 起草办组建的突破和创新

上海组建起草班子是很特殊的,团市委副书记任主任,副主任来自市人大法制办、团市委、华东政法学院,成员除来自人大、团市委、华政外,还有市委宣传部、市政府教卫办、大学、工读学校、社会科学院、剧团、杂志社、法院、检察院、公安、律师、少管所等十五个部门或单位,共 22 人。人员都是与群众存在自然联系、熟悉实际情况、有专业特长和一定文化理论基础的一线工作者,为了一个共同的目标会聚在团市委专用的办公室(著名的陕西南路 30 号原马勒公寓),基本上不脱离本职工作分散进行,日常少数人值守,需要时随时集中。市人大法制办主持日常工作的副主任陆明是实际领导并直接参加起草,在关键时点出主意作决策的,一年多时间自始至终同大家在一起。这样一个起草班子不代表政府的哪一个部门或哪一个团体或机关,也不会被某个与所立新法律法规有利益关系、影响其今后权力大小的部门左右,也不会出现法院、检察院、公安等执法机关"自己立法、自己执法、自己解释"的违背宪法原则的问题,显然具有广泛的代表性、客观性、公正性,能得到公众信赖和认可。

组建起草班子当然是经过研究和统筹协调的,我想可能也有当时历史因素和机遇、偶然条件的影响,现在回顾,似乎有一些当时还未自觉认识却有特殊值得借鉴的新意。例如,我国诸多法律法规立法时往往直接委托给直接有关的部门或单位,认为他们主管这方面工作,熟悉情况、有经验、组织人员方便、落实任务快、出成果好等等,事实上也确实就这样制定出许多好的法律法规。但是严格地说这是不符合科学的立法理论原则的,甚至于会有滋生腐败，引起社会不满的危险。现在已经发现，委托有关部门负责或直接操作立法，实际上就是给予其机会，有可能利用其"专长"为自己或特定部门、单位、人员谋取利益、扩大自己权限、图方便省事、推脱某些应当承担的责任和风险等等，而避开立法部门和不具有专门知识的广大人员的审查、监督。法律一经通过，就成为强制力保证其为人人必须遵守的行为规范，由此带来矛盾、不便或缺陷、不当，必将引发其他部门单位或群众不满，认为法律不是体现人民意志、意愿，而是为某些部门或政府官员服务的工具，大大损害法的公信度和权威。

有客观公正立场的起草机构或团队，《上海市青少年保护条例》立法起草就体现客观、民主，处处为保护青少年权益着想，不可能产生上述机制性问题。《条例》总则规定国家机关责任，人民团体、企事业单位、学校、家庭以及公民的共同责任。规定市、区、县、乡、镇人民政府设立青少年保护委员会，等等。在当时条件下这些规定都是尽了最大努力的开创性突破，得到代表和广大群众拥护、赞赏，确实增加了政府责任和压力，改善和增加未成年人安全感，保护家庭和社会稳定和谐，让青少年实实在在得益。

（二）全市人民共同的智慧和心血

这是陆明和黄跃金同志在《立法纪实》一书序中的话，真实反映全市各方面和广大群众参与《条例》制定的程度。尽管前面写道七年准备的基础，但是要保证起草的《条例》有针对性、符合上海实际、有上海特点、能解决上海问题，那是绝对不够的，从一定意义上调查研究全要从头做起。一年多时间里遍及全市各区县、各系统、各部门，分层次组织的和自主进行的调查座谈，不计其数，经过汇报汇总次数确实难以统计，涉及青少年的各个方面，许多问题是我们过去根本想不到的。一个"社会各界要求立法时需要考虑和解决的 103 个问题"资料，就有 60 个单位承担课题，起草办人员直接走访十余位知名人士，专题座谈会开了 14 次；"全市万户（实有 9961 户，其中市区5769 户）家庭结构和家庭教育方法"调查是市妇联、起草办、市家庭教育研究会在各区、县妇联的支持配合下完成的，调查访谈遍及全市；看法分歧又受到社会、家长关注的"中学生早恋调查"就选了 8 所不同类型中学进行；"小学生学习负担情况"调查了 19 所不同类型小学如此等等形成文字、打印成稿参考供研究的就有几十篇，确实集中了全市人民群众的意志和智慧。

值得专门提到的还有未成年人中学生座谈会，他们是《条例》制定中没有争议被列入保护对象的未成年人,不因为他(她)们年龄小,有的还是不具有完全民事责任年龄的人,起草办郑重地邀请他(她)们开座谈会,认真听取他(她)们的意见和建议。这是根据全国人大批准加入的联合国《儿童权利公约》规定的儿童拥有的基本权利——参与权组织的。联合国《儿童权利公约》规定未成年人"应按照其年龄和成熟程度",有"对影响到其本人的一切事项自由发表自己的意见"的权利。这在我国立法起草中是首次组织进行的,尊重和保护他(她)们的参与权。他(她)们积极认真的态度和提出的意见是我们预先想不到的,如家长未经同意看他(她)们的书信、日记是侵犯隐私权,老师未经同意发表他(她)们的创新成果侵犯知识产权等等,非常实在又有创意,对我们也是学习和受到一次教育。

法学界人士都会深刻铭记,我国制定第一部《宪法》全民讨论的传统。上海制定《上海市青少年保护条例》是牢记、承续优良传统,结合实际身体力行的。制定的过程就是集中上海人民意志的过程,也是全民动员、学习、交流的过程,也为以后的贯彻执行打下群众基础。可以认为树立法律的权威实际上从立法就开始了。

(三) 十易其稿力求科学、合法、精准

《条例》七年准备,起草为时一年三个月。"十易其稿"不是一个简单的数字,体现出为人民立法、集中人民意志、求新求实求好求精的精神。我们在总结说"十易其稿"的十不是精准数,是取一个好记的整数。实际上不断调查、听取意见,讨论、研究、修改、争论,甚至出现争得面红耳赤、想不通、流泪痛哭的局面,不断研讨不断修改,究竟多少稿说不准,我们用过很多名字以资区别,如草坯稿、分工稿、草稿、初稿、讨论稿、修改稿、一稿、二稿、三稿、四稿、送审初稿、送审稿,还有进入后期比较正规的"草案"等等。

30 年前的条件是现在无法想象的,没有电脑,打字机也不是什么部门都有的(要配专业打字员,一天也就能打万把字),查核点资料坐公共汽车拥挤得要靠后面的人把你推进去,整理材料、修改绝大部分是靠手一字一字写,需要几份就用现在见都见不到的复写纸,打印就要有一定批准手续,一般是不行的,在反复审定进入会议审议等正式程序后送到当时称"铅印",现在很少有的铅字排版印刷。说"十易其稿"这些具体琐碎事,讲的就是一种追求和信念,认真不怕苦,就是实现一个目的,要在社会急需又国内空白的情况下,制定出一个能在上海创造健康良好社会环境和全新保护制度,预防、减

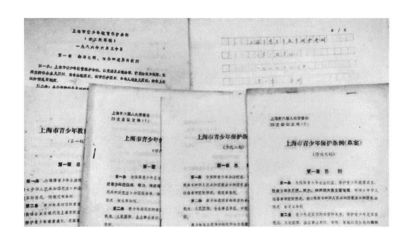

少青少年犯罪,保障青少年幸福健康的成长,为国家和社会作出贡献的新法规。

"十易其稿"的实质内容就是体现当今世界少年权益保护的先进理念,切合上海实际情况、解决现实问题。法律规定要有突破创新又与现行法保持一致、不能抵触,这要大智慧、还要有极大付出,例如规定保护对象指"居住、进入本市的……未成年人",文字绝不含糊就把外来人员子女纳入保护范围,理念先进符合国际规则,30 年前困难很大,规定下来现在就一步步做到了。又如市、区、县、乡、镇人民政府设立青少年保护委员会,机构问题已经规定明确全面。但是市区里大量工作落实在街道,青少年保护不能到街道就无法真正落实,可是街道不是一级政府,怎么办? 特加独立一款,街道办事处"应设立青少年保护委员会",用字是"应"而不是"可",大不一样,就是十分确定街道不能不设,一字之差就是经过争论研讨定死的。再如,《条例》规定"公安机关、检察院和法院要分别组织专门的预审组、起诉组、合议庭,采取适合青少年特点的方式方法审问、审查和审理青少年违法犯罪案件。"实际上,上海长宁法院 1984 年试点"审理未成年人刑事犯罪案件的合议庭",2 年总结获得最高法院肯定是我国第一个少年法庭。《条例》用以上方式表述就是把实践成功经验提升到法的高度,体现突破创新又与现行法保持一致,并留有进一步发展提升的空间。法律是权威的稳定的,立法权限也绝对严格,任何人都无权变动,但是法律在社会发展中也常常出现滞后的尴尬,这是司法改革实践中难免会碰到的难题,我们为此曾在陆明同志带领下赴京求解。

（四）理论与实际结合，勇于改革创新

习近平总书记说：唯改革者进，唯创新者强，唯改革创新者胜。这是时代需要的新人素质，是改革开放、国家寻求发展的制胜法宝。制定《青少年保护法》在我国是立法上是一个新课题，有太多的第一次尝试，从法律名称开始到每个条文几乎都有不同意见甚至对立和尖锐争论，勇于改革，开拓创新特别重要。以名称为例就不知道怎么定更科学更好，《青少年保护条例》《青少年教育保护条例》《未成年人保护条例》《少年保护条例》等等，名称不同，当然对象会有变化，《条例》结构、体系、内容都会不一样。青少年（未成年人、少年），具体所指是到 18 岁还是 20 岁、21 岁、25 岁、35 岁甚至更大些。下限，要规定还是不要，要规定那么规定几岁合适，都是问题。《条例》十章五十八条，每章每条都有争议，这是其他法规罕有的。其中简述几点重要的值得一提的创新尝试，或许有些值得常思。

其一，构建保护体系。

青少年犯罪的原因是复杂、多变的，当时众多的调查报告中都已向我们指明，保护青少年和预防青少年犯罪不是某个或几个单位部门能解决的，预防犯罪也不仅是抑制、控制少数几个因素就能完全达到目的的。构建青少年保护体系和青少年犯罪预防体系才是标本兼治的科学思路，也是落实我国独创的"综合治理"的系统工程。《联合国儿童权利公约》除序言外分三个部分 54 条，其中第一部分就有 41 条，占全部条文四分之三，从国际社会的视野详细列出少年儿童的基本权利，就是一个体系，一般归纳为生存权、受保护权、发展权、参与权，也给我们以保护体系的启示。

科学认识指导，《条例》从我国实际出发结合上海实际，首次探索在法律法规中怎样构建一个保护体系，一个科学的严密的保护体系？初期的体系较繁杂，经过归并梳理，集中为政府保护、家庭保护、学校保护、社会保护和作为最后的国家保障的司法保护等方面，把这些保护力量结合形成各有职责、相互协调的体系。后来研讨发现此事都是外部的，只有外在各种保护力量的结合还是被动的，必须加上青少年自我保护才能构成科学严密完整的保护体系。

实践证明体系思想是重要的，对《条例》的逻辑结构和具体内容有重要影响，在理论和实践上都有很大价值。

其二，青少年自我保护的独立规定。

青少年自我保护是《条例》很有创意的规定。青少年是成长发展中的独立主体，从小到大是外在环境、条件、因素等与个人生理、认知、心理、思想等内外因素相互影响、相互渗透、相互作用、相互转换的过程。人是能动的主体，在成长过程中永远不是镜子式、机器式的消极被动接受的反映，其能动性在成长中会从很无力向逐步增大增强发展，这是毋庸置疑的。从保护体系考虑，外在因素是重要的、有时是决定性的，同时又是局限的、有消极被动的一面，社会的复杂性、条件的限制等等，单纯的外部保护再严密也是不现实，社会保险箱是不存在的，客观上是防不胜防，保不胜保。充分看到这一点，必须尊重、重视青少年独立主体的能动性，从小培养、塑造、调教，提高其自我保护能力，储备自我保护的技巧和方法，把青少年自我保护与外在保护结合起来，主客观两方面统一起来，才是科学、严密、完整的保护体系，能在复杂多变的社会更好地保护青少年健康成长，预防青少年犯罪，保障社会和谐与进步。

《条例》作出这一独立规定，经过时间考验，越来越得到认可和肯定。

其三，规定家长要"以健康的思想、良好的言行和正确的方法教育、影响和管束青少年子女或被监护人"，家长有"学习教育青少年的科学方法"的义务。

国人重视家庭教育确实是优良历史传统。三岁表现看到老，可见我国家长早就知道"不要输在起跑线上"了。但是我国家长绝少有学习科学教育子女的思想和要求，似乎能生子女也就有资格有权力、当然也"自然"有水平教育子女了。英国衡平法早在公元 13 世纪就有"国家是少年儿童的最高监护人"理论，比较先进，得到各国普遍认同，成为许多国家有关立法依据。中国漫长的封建社会却一直把孩子当私有财产，认为法律干预就是侵犯私权，观念落后几百年。

国内青少年犯罪调查原因 60％都与家庭关系种种问题和家庭教育不当有关，高的达到 90％以上，不少人民代表、有识之士呼吁制定家庭教育法加以管理引导，至今没有成功。上海制定《条例》也是意见不一，最后作出规定，要求家长"以健康的思想、良好的言行和正确的方法教育"未成年子女，特别是规定家长有"学习教育青少年的科学方法"的义务，可以说是一个破例的亮点，让父母知道"家庭教育"是一门科学，学习"家庭教育"写入法律，成为一种需要必须履行的义务。尽管具体落实、具体措施手段没有到位，路总是要一步一步走的。

　　未成年人从出生来到人世,首先就是家庭、家长的保护,而且时间长达整个未成年人关键成长期,这在目前情况下还是无法由别人代替的,这就是家庭保护在未成年人保护的初始性、基础性、重要性,小平同志在好些方面都说过"从娃娃抓起",我认为应该包括家庭教育。家庭教育是一个需要国家花大力气开拓的领域,首先要在理论上、立法上有突破、创新,要破除家庭教育涉及私人领域是国家不可干预的观念,要科学解决哪些方面国家必须干预、怎样干预、介入或干预的程度等问题。上海市妇联、上海市家庭教育研究会于 2001 年至 2003 年开展的"上海市家庭教育立法研究"课题曾完整提出《上海市家庭教育条例(建议稿)》,只是现在还在路上……

　　其四,特殊类型青少年的特殊保护。

　　当时《条例》立法过程中曾经规定了盲、聋、哑、残、弱智等生理缺陷的青少年、孤儿,有某些不良行为的青少年,还有女青少年的特殊保护。这些后来都有许多改变、取舍,但是特殊类型的未成年人特殊保护不是一个可有可无的课题。近几年来曾一度爆出高达 6100 万的留守儿童(已经解决绝大部分),国家花大力气决心解决的 1300 万黑户口中相当部分是未成年人(有材料说 90%),有报告称七十几万孤儿和 57 万人称之为"事实孤儿",还有流浪儿童、服刑人员未成年子女、外来流动人口中未成年人、有严重不良行为的违法少年儿童,包括媒体和网络频频热传的校园霸凌事件……都反映出正确处置这些问题对保护青少年、维护社会安全、和谐、发展的重要性。国外许多国家已有不少专门法律法规和值得借鉴的经验,《条例》提出是值得肯定和进一步研究的。

　　其五,其他。

　　如保护青少年与保护社会的权衡,防止放纵青少年违法犯罪;未保机构、少年法庭、未检机构设置;规定公民有义务劝阻、制止、报告青少年不良行为的义务,违反《条例》的后果和处罚等等,许多新问题只能稍有涉及,无能也无法深入和作出更清晰的说明或规定,不过触及、思考就是进步发展的开始,我想今后还是不能不考虑的。

三、 宣传法理广深细　践行落实得民心

　　上海通过《青少年保护条例》,各地也在加快地方立法进度,约三年时

间,全国就有 18 个省市根据本地情况制定通过近似名称、同一性质的法规,为全国制定统一的《青少年保护法》奠定了基础。

《上海市青少年保护条例》值得回顾和认真总结的经验,最后是要评析通过后在贯彻实施中的发展和落实成绩、效果。

在《上海市青少年保护条例》实施前后九、十月份,市、区组织面广集中、不同层次、形式多样、通俗易懂的《条例》的宣传、学习活动。编写、印发《上海市青少年保护条例宣传提纲》,保证宣传内容的科学、准确;印发《上海市青少年保护条例》及图解 250 万份,工厂发到班组,中小学师生人手一份,保证广度,扩大影响;举办《上海市青少年保护》展、讲座、专题文娱节目、电影月,形式多样活泼;编写出版《上海市青少年保护条例》辅导讲话、《上海市青少年保护条例》立法纪实、《青少年保护手册》等等,提高宣传的理论高度与深度。全局考虑,精心策划,踏踏实实,做到家喻户晓,从不知到知,从知到做。有一个案例很生动,某村委把一个学生乒乓球活动室出租增加收入,学生没有活动场地,拿着《上海市青少年保护条例》到村委提意见。开始村长不同意,认为乒乓球活动室出租是增加收入提高村民福利,学生把《条例》有关条文读给村长听,村长不相信,亲自看《条例》规定条文后,承认自己不知道,不久就开会纠正,村长还表扬了学生。学生乒乓球活动室又回来了,学生特别高兴,说《上海市青少年保护条例》是保护我们的一面锦旗。法律法规是要大家遵行,前提就要知晓、认同,进而入心去做。

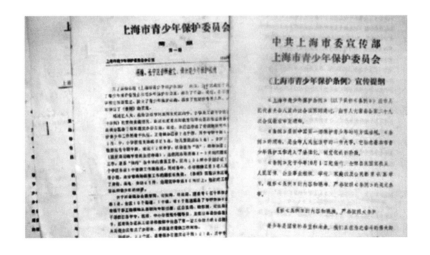

上海市人大每年组织人大代表到各区县检查《上海市青少年保护条例》贯彻落实情况,形成制度,引起领导重视,对有关部门起到重要的督察作用。

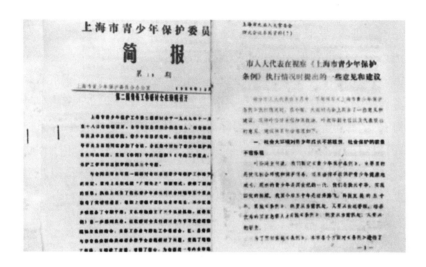

上海市青少年保护委员会有一个办公室,简称"青保办",是委托市教委代管的独立市政府机构,是副市长为主任的上海市青少年保护委员会领导下的实体工作机构,这也是上海特色构建的。"青保办"从建立之时起,多年来一直得到全市各方支持合作,办实事、真办事,根据社会实情有计划抓重点,完善、健全机构,组建和扩大保护队伍,形成合作联动机制,制定处理解决的制度、程序,保护工作逐步走上规范化、制度化。没有"青保办"这样的实体工作机构,《条例》就会成一纸空文。

制度是实际工作探索的经验的总结,是保证工作落实实现稳定、规范、有依据、可检查,并在检查后实现科学评估、奖处,鼓励先进,处置失职与违规造成不良影响或损害者。上海青少年保护不断工作,就持续总结提升制定工作制度,制度建设是全方位的,从内部管理到社会各个方面以及横向协调,探索的成果非常丰富,如市区各级青保工作机构内部的工作职责、人员培训考核奖惩、会议联络、信访、监督检察制度;社会文化市场、游戏机房、网吧、有害出版物等社会管理制度;增建与优化青少年活动场所、优化环境、服务热线等福利服务制度;宣传教育制度;志愿者管理与工作规范制度;少年司法协调研讨制度;特殊救济制度;工读与社会帮教制度等等。制度建立要有法可依,程序规范,内容具体,操作性强,落实到有权执行的具体部门,《条例》规定的内容才能真正落到实处。制度是《条例》贯彻落实之利器,是值得研究挖掘的宝库。

上海"青保办"坚持理论研究和实践探索相结合,定期、不定期的理论研讨会是不断进步、发展创新的法宝之一,上海聚本地区理论、实务专家在一起交流总结探讨是青保工作的传统,有条件时还邀请国内外专家一起来研讨,1996 年,上海市青保委、上海市对外文化交流协会、上海市浦东新区青少年事务署主办,上海社科院青少所、华东政法学院青少年犯罪研究所协办,在上海召开"跨世纪青少年保护国际研讨会",就跨世纪的青少年保护保护战略、跨世纪的青少年保护社会化实践探索、社会发展与青少年生理心理健康、青少年司法保护、社会环境与青少年保护等课题,开拓视野,以跨世纪战略角度,开展国际交流,介绍我国和上海的理论成果和实践经验,就是一例。其他专题研讨,如学校学生伤害事故、工读教育、网吧管理都有具体成果,而且都上升或纳入体现在现行法律法规中。

立法起草实施落实进程中要有先见地历练出一支有素养的队伍十分重要。事要人干,上海青保队伍包含专业的、兼职的、社工、志愿者,其中必须包括相当数量的女性,其道理无须细述。"青保办"制定制度,有计划有目的地组织相关人员学习、培训,提高政治素养、业务水平,锻炼实际能力。几代下来,"青保办"坚持开拓创新,不停步,不满足,成就一支有理论素养、富创新意识、有实干精神、能担当敢负责的班子,起着策划、牵头、聚集、协调、落实的作用,不断把上海青保水平提升,适应立法和实际工作发展,跟上形势和社会发展变化的需要。

四、 任重道远前进　发展的路还很长

《上海市青少年保护条例》毕竟是首开新试,在起草通过时,就没有认为是完满的,相反限于当时法治环境、社会发展程度和经济水平、思想认识理念、起草的准备和起草人的能力水平等局限,《条例》有很多矛盾、局限、缺陷和无奈,如有的问题回避,有的规定十分原则、操作性差等等,通过之日就想着发展修改完善了。1997 年修改一次。全国《未成年人保护法》出台后,市人大根据积累的经验和实际情况,并与全国法保持一致和衔接,作了全面修改,名称也改为《上海市未成年人保护条例》。2013 年根据 2006 年全国人大修订的《中华人民共和国未成年人保护法》,上海《条例》又结合本市未保工

作面临的新情况和需要解决的新问题进行了修改。

2011年,吴邦国委员长代表全国人大宣布,中国特色社会主义法律体系已经形成,成为我国法治国家发展的里程碑,我国少年法治建设的进步也是有目共睹。但是未成年人法在我国还是一块短板,至今,只有未成年人保护法、预防未成年人犯罪法、义务教育法,加上刑诉法修改后的"专章",从内容、数量、满足社会需要、整体构成、协调统一等方面来评量,作为国家法律大厦的一个分支领域还不能说形成体系。客观地说,现有法律法规也存在不少问题,如定位不明确、内容不完整、操作性差、不能满足社会需要等,要求修改的呼声很高。

在迎接党的十九大召开前夕,我国司法改革也在进入更高要求、更深、更实的新时期,少年司法在三十多年积累基础上正在向纵深发展,一些新问题、难问题不断被提出并寻求破解路径和解决办法。党和国家要求我们对法治建设的重大理论问题和实践问题,旗帜鲜明地作出回答。我们要清醒认识,当今社会科学技术高速发展,经济全球化、网络化、信息化、大数据改变着未成年人成长环境和思想、行为方式,我们也唯有不懈学习,提高实力,才能敏锐精准、适变应对,用新理念、新思路、新方法,在破解发展难题中推进未成年人保护和预防未成年人犯罪的研究和实践出成果,满足国家需要、社会需要,最大限度地为国家法治建设作出贡献。

《中华人民共和国未成年人保护法》修改意见[*]

一、 尚需解决的难题

每部法律都不可能包罗万象,而只能调整一定的法律关系,未成年人保护法制定修改过程中正确定位特别要正确解决以下问题。

1. 我国少年法尚未形成完整的体系,全国现有二部专门为未成年人制定的法律,即《中华人民共和国未成年人保护法》《中华人民共和国预防未成年人犯罪法》,从国际社会少年法的立法趋势和我国有关理论、实践的最新发展看,少年法还有许多空缺需要填补,这需要时间,不可能期望一部法解决现存的全部问题。《中华人民共和国未成年人保护法》是我国第一部综合性的少年法,目前修改时很有必要考虑保护法在少年法中的定位。我个人认为,从历史发展和实际的作用研究,我国《未成年人保护法》具有少年宪法的性质,对我国其他少年法有导向、指导的"母法"作用。因此,保护法可以不完全是操作性的,重点要确立少年法的目的、任务、指导思想、科学的保护体系、机构、独特的工作原则、机制等等。在目前其他配套法不完全的情况下,尽量兼顾补缺、填空,规定目前现实迫切需要而又没有规定的问题。一部法容量有限,不可能满足各种人的要求,想解决所有问题也是不可能的,只能留出空间准备条件,让其他有关法来调整,形成较完善的少年法体系。

2. 我国地方大,情况复杂,各省市对少年问题也十分关注,地方立法在少年法中也占有重要地位。在目前少年法还不完备的情况下,全国法要解决对未成年人保护具有全局性、推动全国工作及地方立法进展具有最重要价值的重点、热点、关键问题,尤其是非全国法修改难以解决的难题,如机构、政策、司法制度、刑罚替代措施等。因为这些规定是全国性的,是只有中央或全国人大才能解决的难题,地方或基层是无能为力的。全国法有了规定,下位法就有开拓发展的余地,实践有了创新、探索、实验的空间。

---

* 撰写于 2006 年。

3. 少年法与其他现行法律法规的关系。在上述二点认识的基础上,珍惜一部法的有限的法律资源,尽量减去与其他法律法规的重复规定,也不需要把有关规定都包容进去。我国法制建设发展很快,不少问题不断在实践发展中有法律法规作出很明确的规定,如网吧问题有关行政法规已有规定,少年法如暂时难有更好的规定,只要"有法可依"就可以了,不必再重复规定。有些问题《未成年人保护法》是难以全面准确作出规定的,只能留待刑法、刑事诉讼法、民法、民诉法修改时去解决。还有几条法律条文中均有"构成犯罪的,依法追究刑事责任"的规定,也完全是文字浪费,毫无意义。

二、 具体修改方案

(一) 第一章　总则

1. 原文:

第四条　保护未成年人的工作,应当遵循下列原则:

(一)保障未成年人的合法权益;

(二)尊重未成年人的人格尊严;

(三)适应未成年人身心发展的特点;

(四)教育与保护相结合。

修改意见:

第四条　保护未成年人的工作应当遵循下列原则:

(一)凡涉及未成年人的事务应优先从未成年人的最大利益出发考虑;

(二)对未成年人实施特殊的保护规定和措施,特殊规定优于一般规定;

(三)未成年人有作为独立的权利主体参与与自己有关并与其年龄和认识能力相称的参与权;

(四)科学性与社会性相结合。

理由:

保护未成年人的工作应当遵循下列原则不能是本法内容的重复或重点,而是对全局有指导意义的规定,还要与国际社会公认的理念一致,儿童优先(或儿童最大利益)原则和参与原则是联合国《儿童权利公约》所规定的基本原则,是科学的符合人类社会根本利益的重要原则,全国人大 1991 年通过批准的。特殊保护原则就是要求对未成年人实施不同于成年人社会的特殊政策、实体与程序规定,建立独立机构,采取各种保障未成年人健康成长的特殊措施等。科学性与社会性就是尊重未成年人身心的特殊性,依靠全社会共同参与。

2. 原文:

第五条　国家保障未成年人的人身、财产和其他合法权益不受侵犯。

保护未成年人,是国家机关、武装力量、政党、社会团体,企业事业组织、城乡基层群众性自治组织、未成年人的监护人和其他成年公民的共同责任。

对侵犯未成年人合法权益的行为,任何组织和个人都有权予以劝阻、制止或者向有关部门提出检举或者控告。

国家、社会、学校和家庭应当教育和帮助未成年人运用法律手段,维护自己的合法权益。

修改意见:

第五条　国家保障未成年人的人身、财产和其他合法权益不受侵犯。

保护未成年人,是国家机关、武装力量、政党、社会团体,企业事业组织、城乡基层群众性自治组织、未成年人的监护人和其他成年公民的共同责任。

各级政府应当将家庭教育列为未成年人保护的重要工作之一,教育行政部门是承担家庭教育管理、指导的重要责任部门,其他有关部门与妇联等群众团体应当按照各自的职责采取措施,保证有专门部门或专兼职人员负责家庭教育工作。

对侵犯未成年人合法权益的行为,任何组织和个人都有权予以劝阻、制止或者向有关部门提出检举或者控告。

国家、社会、学校和家庭应当教育和帮助未成年人运用法律手段,维护自己的合法权益。

理由:

未成年人从出生来到人世,首先就是家庭、家长的保护,而且时间长达整个未成年人关键成长期,这在目前情况下还是无法由别人代替的。家庭保护关键在于家庭教育的水平和家长素质,家长教育、管理、指导、保护未成年子女的能力水平都不是一个人与生俱来的,政府有责任帮助家长学习,给予帮助、指导,这方面我国法律上几乎还是空白,大有必要在保护法中作出开创性的规定,强调教育者必须首先受教育,建立家长学校、家庭教育指导站、家庭保护指导中心等。

3. 原文:

第六条　中央和地方各级国家机关应当在各自的职责范围内做好未成

年人保护工作。

国务院和省、自治区、直辖市的人民政府根据需要,采取组织措施,协调有关部门做好未成年人保护工作。

共产主义青年团、妇女联合会、工会、青年联合会、学生联合会、少年先锋队及其他有关的社会团体,协助各级人民政府做好未成年人保护工作,维护未成年人的合法权益。

修改意见:

第六条　中央和地方各级国家机关应当在各自的职责范围内做好未成年人保护工作。

国务院和省、自治区、直辖市的人民政府根据需要,建立未成年人委员会及其常设办公机构,主管并有权协调有关部门做好未成年人保护工作。

共产主义青年团、妇女联合会、工会、青年联合会、学生联合会、少年先锋队及其他有关的社会团体,协助各级人民政府做好未成年人保护工作,维护未成年人的合法权益。

理由:

未成年人是一个非常特殊的群体,一方面它是未来的强势群体,因为未来是属于他们的,他们负有民族、国家、社会承袭发展兴旺的责任,他们责任的重要性、天然性、无法代替性是独一无二的;另一方面,未成年人由于生理发展的自然规律,目前又是一个对成人有很大依附性、重要性还没有变成现实社会性、自己的事和利益也还是处于说话不算数、决断无人听的状态下的弱势群体。未来擎天的强势群体而当前处于生长幼弱、权益极易受到侵害、又不能有力主张自己的权利的弱势群体的现实,就必须建立国家级和地方各级的少年儿童保护机构,主管这一涉及全局、关系到众多方面协调的未成年人权益保护问题,因为只有建立统一的权威的专门机构才能替不能充分主张自己权利的未成年人说话、办事、主张权利,名正言顺,胜任并做好这项难度大、涉及面广的工作。有了机构才真正有责任人,才有经费预算的保证,才有与时俱进的专业人才、职业人才、研究人员,才有高专业水平的实践、总结或研究成果。同时有专门机构才能调动和充分发挥福利机构、慈善机构、中介机构等其他机构的作用。

未成年人的健康成长关系到社会的进步发展与子孙后代的健康幸福,必须从理论上到实践上认真保护并尊重未成年人的权益,才能使他们成为能够胜任未来国家、社会建设发展大业的强势群体。

全国建立未成年人保护委员会，可以从妇儿委独立出来，是领导、决策、协调的常设或非常设机构，委员会的常设机构可以是"未保委办公室"或"未成年人保护中央局"等，作为国家政府行政机关主管、承担、处理日常工作职责的部门。

地方上相应成立未成年人保护委员会及其办公室（或局、处、科等），并对其设置、名称、权限、编制、经费等作出基本的规定。

（二）第二章　家庭保护

原文：

第十条　父母或者其他监护人应当以健康的思想、品行和适当的方法教育未成年人，引导未成年人进行有益身心健康的活动，预防和制止未成年人吸烟、酗酒、流浪以及聚赌、吸毒、卖淫。

修改意见：

第十条　父母或者其他监护人应当学习怎样做合格的父母和科学家庭教育知识，接受家庭教育指导。

父母或者其他监护人应当以健康的思想、品行和适当的方法教育未成年人，引导未成年人进行有益身心健康的活动，预防和制止未成年人吸烟、酗酒、流浪以及聚赌、吸毒、卖淫。

理由：

与第5条第3款规定相应的在家庭保护、学校保护中也要有相应的具体规定。

（三）第三章　学校保护

原文：

第十三条　学校应当全面贯彻国家的教育方针，对未成年学生进行德育、智育、体育、美育、劳动教育以及社会生活指导和青春期教育。

学校应当关心、爱护学生；对品行有缺点、学习有困难的学生，应当耐心教育、帮助、不得歧视。

修改意见：

第十三条　学校应当全面贯彻国家的教育方针，对未成年学生进行德育、智育、体育、美育、劳动教育以及社会生活指导和青春期教育。

学校应当关心、爱护学生；对品行有缺点、学习有困难的学生，应当耐心教育、帮助、不得歧视。

学校应加强与学生家长的联系,建立家庭教育指导组,提供家庭教育指导与咨询。

理由:

与第 5 条第 3 款规定相应的在家庭保护、学校保护中也要有相应的具体规定。

(四) 第四章　社会保护

增加一条:

建立各级家庭教育指导委员会与家庭教育指导网络,负责规划、协调家庭教育指导及管理工作,培训、配备专职或兼职人员,加强家庭教育研究和教材编写工作。

理由:

与第 5 条第 3 款规定相应的在家庭保护、学校保护中也要有相应的具体规定。

(五) 第五章　司法保护

1. 原文:

第四十条　公安机关、人民检察院、人民法院办理未成年人犯罪的案件,应当照顾未成年人的身心特点,并可以根据需要设立专门机构或者指定专人办理。

公安机关、人民检察院、人民法院和少年犯管教所,应当尊重违法犯罪的未成年人的人格尊严,保障他们的合法权益。

修改意见:

第四十条　公安机关、人民检察院、人民法院办理未成年人犯罪的案件,应当根据未成年人的身心特点,从实际出发设立专门法庭、(法院)、专门的检察、公安及有关机构,或者指定专人办理有关案件。

办理未成年人犯罪的案件实行不同于成年人案件的特殊程序。

公安机关、人民检察院、人民法院和少年犯管教所,应当尊重违法犯罪的未成年人的人格尊严,保障他们的合法权益。

理由:

我国法院、检察院在机构设置、专门程序、特殊处置方面已经有较成熟的经验、做法,已经形成若干规范性文件,公安虽然在实践发展上稍晚一步但也颁布了有关规定,其中有的经验、做法历时十几年甚至更长,中央早已充分肯定,社会效果与国内外评价均佳,但至今没有上升为国家的法律规定。由于其特殊性,形式上还与国家现行法的有关规定存在一定的不协调,这是与国家法制的严格统一要求不相符的,应尽快通过《未成年人保护法》修改加以明确规定,成为我国少年司法的特殊法的法律依据,这对我国未成年人法律保护与少年司法制度的发展完善具有重要里程碑的意义与作用。

2. 原文:

第四十一条　公安机关、人民检察院、人民法院对审前羁押的未成年人,应当与羁押的成年人分别看管。

对经人民法院判决服刑的未成年人,应当与服刑的成年人分别关押、管理。

修改意见:

第四十一条　对未成年人犯罪嫌疑人一般不采取审前羁押或刑事拘留等强制措施,必要时尽量采用取保候审,审前羁押或刑事拘留仅作为例外而严加控制。

公安机关、人民检察院、人民法院对审前羁押的未成年人,应当与羁押的成年人分别看管。

对经人民法院判决服刑的未成年人,应当与服刑的成年人分别关押、管理。

理由:

对未成年人适用剥夺自由处置,弊端甚多,联合国《儿童权利公约》《少年司法最低限度标准准则》(《北京规则》)等均明确指出,逮捕、拘留、监禁应符合法律规定并作为最后手段。随着人权入宪,在我国"取保候审"作为一般原则,驳回"取保候审"申请作为例外,已势在必行。在少年司法中率先规定有必要性和可行性。

(六) 第六章　法律责任

在本章第52条后或"司法保护"章适当位置增加一条:对未成年人犯罪人一般不适用无期徒刑,适用剥夺自由刑也要严加控制。经人大批准可探索对未成年人适用的非监禁处置或刑罚替代措施。

理由:

对未成年人适用剥夺自由处置,弊端甚多,联合国《儿童权利公约》《少年司法最低限度标准准则》《《北京规则》)等均明确指出,监禁等剥夺自由刑应作为不得已的最后手段使用。我国少年司法实践中也已创出一些社会效果很好的非监禁刑或刑罚替代措施,目前由于缺乏法律依据而阻碍了我国少年司法的进一步发展、完善,增加这一条规定具有非常重要的意义,而且是"国家尊重与保障人权"在少年司法中的具体体现。

(七) 第七章　附则

建议在五与六章之间增加一章未成年人自我保护:

第一条　未成年人不断加强提高自身全面素质的意识和自觉性,配合并积极参与政府或各方面提供的教育、实践活动,从小加强法律意识,自我保护意识,积极参与有关自身权益的立法、司法活动。

第二条　未成年人自我保护是指:未成年人提高和运用自己的知识、能力,或通过集体组织的力量,维护自己的合法权益;提高素养,拒绝诱惑或抵制不良环境、不良影响;学法知法,加强法制观念,自觉遵纪守法、自觉控制不良行为,避免罪错,健康成长。

第三条　未成年人自我保护形式主要有:组织学习讨论、参与维权活动、请求援助、自主报告、检举控告、申诉辩护、接受管理指导、开展自我教育活动等。

第四条　提高和培养未成年人独立的自我保护能力是未成年人保护组织、学校、家长及有关部门的重要职责。

第五条　未成年人的合法权益受到侵害,有权向主管部门或有关单位请求援助,被请求部门或单位应当接受并在责任范围及法定时间内,采取措施或提供具体指导与建议。

第六条　任何组织和成年公民发现未成年人实施严重不良行为或其人身合法权益受到严重侵害,应当及时制止或向有关部门报告。

第七条　未成年人自觉学习法律知识,提高法制观念,遵纪守法,防止不良行为是重要的自我保护手段。

第八条　未成年人应当人人做到:不吸烟、饮酒、吸毒,不携带管制刀具,不打架骂人、强索他人财物,不赌博,不逃学逃夜,不参加封建迷信活动,不进入法律法规规定未成年人不适宜进入的活动场所,不携带、不传送、不观看不良的影视读物,不参加邪教组织、不良团伙及其任何活动,不做其他危害自身和他人身心健康的事。

第九条 共青团、青年联合会、学生联合会、少年先锋队是未成年人的代表、朋友,带领未成年人维权是未成年人自我保护的有机组成部分。代表并指导未成年人维护国家和人民的权益,关心社会,关心他人,维护自己的合法权益,反映未成年人合理要求;组织咨询与援助活动,同侵害未成年人的行为作斗争;根据未成年人的特点,开展各种自我教育及其他有益活动,促进未成年人健康成长。

理由:

未成年人保护法规定了家庭保护、学校保护、社会保护、司法保护等,这些都是外在力量或环境对未成年人的保护,这些保护是未成年人健康成长非常必要的、不可少的保护,但是,只规定外在力量、环境的保护,把未成年人仅看成是单纯的被保护者是消极的、片面的。

当今社会多种经济成分,价值观多元化,多层次性、个性化、需求多样化,等等,客观上表现为社会复杂、需求多样、评价标准不一,不良影响因素渠道增多。在这种形势下,未成年人的外在环境与力量的限制保护具有很大局限性、消极防御性、不可靠性,只有主体本身的识别、自控、抵制才能以不变应万变,防止侵害腐蚀,出淤泥而不染,再结合或辅之以外力以及环境的控制、净化等,才能达到最佳的保护效果。

自我保护是基础,具有战略、积极、主动的地位。完整的保护体系是外在与主体自身两方面,缺一不可。主体方面有自我教育、提高认识与识别能力、自我调节、自我规范、自我控制、自我防范、强化意志、抵制诱惑或不良侵害;外在方面的保护的力量有政府、家庭、社会、学校、司法各个方面改善环境、条件的工作。二者统一形成一个内外结合、多方面协调的科学、全面、严密、积极的保护体系。

对未来动向的展望当今实践和理论研究证明,未成年人成长进程中碰到的各种问题、矛盾,是与社会的复杂性、多元化分不开的,社会上不良事物与现象常常是闻所未闻、防不胜防。24 小时不间断的影视、媒体、信息网,既有丰富的科学文化知识,也有害人匪浅的暴力色情内容;丰富多彩、遍布角落、诱惑力极强的广告和商品,既丰富美化生活,又煽起贪婪淫欲;无处不在、无时不在的疏忽、矛盾、摩擦、纠纷、不满,还有人为了私利而昧着良心做有害未成年人的事情,有时是怎么想、怎么防都想不到、防不到的。如此种种,家长、学校、社会、司法机关能看得到、管得住吗? 而且有时是良莠混杂或隐患尚藏而未露或有意隐藏。因此，只有外在的多方面保护还是不完整、不安全、不可靠的，只有在承认未成年人是权利主体前提下，把未成年人本身也作为积极能动的主体，发挥未成年人自我保护的主动性、积极性、能动性，才能以培养、保持、提高未成年人的良好素质"不变"来应对外在不良事物因素的"万变"，才能变消极保护为积极保护，变片面（部分）保护为全面保护。通过提高未成年人的全面的良好素质、正气，防止无孔不入、不断变化的不良事物的影响、冲击，主客两方面的有机结合，才能够保证未成年人保护形成一个完整的、积极的、科学的保护体系。

另外，还有许多具体好的研究成果、实践经验、试点，如替代措施（工读、监管令、矫正令、服务令、试工、试农、试学、缓处、缓捕、缓诉、缓判等），扩大未成年人取保候审适用率、合适成年人参与制度、社区社会帮教支持体系、社会救济等也都可以经过研究评价论证，在法律上作出相应规定，这将对我国未成年人保护的理论和实践起到时代性的推动作用。

中国未成年人法律保护的新发展

——解读修改后的《未成年人保护法》*

通过并实施了 15 年的《中华人民共和国未成年人保护法》,经过数年的调查研究,广泛收集资料和听取意见,先后修改十余稿,经人大常委会修订正式通过,并于今年 6 月 1 日起施行。修订后的《中华人民共和国未成年人保护法》(以下简称《保护法》)从原来的 56 条增加到 72 条,原有条文大多也有所修改。这些修改反映了我国未成年人保护立法理念和保护实践的巨大发展和进步,其中有几点特别令人鼓舞和关注,值得反复认真学习和深入解读。

一、 未成年人权利和特殊、优先保护

《保护法》总则第 3 条是本次修改中在总则中新增加的重要条款,国内立法首次规定:未成年人不分性别、民族、种族、家庭财产状况、宗教信仰等,依法平等地享有生存权、发展权、受保护权、参与权以及受教育等权利,该条文中还规定"国家根据未成年人身心发展特点给予特殊、优先保护,保障未成年人的合法权益不受侵犯"。

我个人认为,这是本次修改中最具影响、有里程碑意义的规定,有宪章性普遍指导的意义。这一规定是对联合国《儿童权利公约》等一系列国际公约、文件的法律应答和响应,是国际法国内化的实实在在的重要一步,是我国尊重和保障人权"入宪"后在具体法上的重要体现,可以被称为是我国近 15 年来未成年人法律保护最大的成就和发展成果之一。

《保护法》第 1 条开门见山指出,本法立法目的是为了保护未成年人的身心健康,保障未成年人合法权益。未成年人有什么权利? 是全社会或者说是全部有保护责任的人和机关,尤其是国家行政机关、司法机关、学校、家长等需要特别关注而且是必须首先明确的问题,当然也是未成年人自己需要知晓的问题。由全国人大常委会批准加入的联合国《儿童权利公约》,在第

---

* 原载《青少年犯罪问题》2007 年第 5 期。

一部分共 41 个条文中基本上都是规定需要尊重和保护的未成年人权利，从最根本的生命权到具体的如与父母一起生活、休息、游戏的权利，以及某些特殊未成年人（残疾人）、处在战争、灾害等特殊情况下的未成年人的权利等，内容相当全面、丰富。社会现实中未成年人权利更是十分具体、多样、复杂，有的专家学者分类列出二三十种甚至更多，《保护法》第 3 条第 1 款规定未成年人享有生存权、发展权、受保护权、参与权等权利，这一规定非常全面、概括、准确，符合未成年人的生理、心理发展特点，与联合国《儿童权利公约》的规定完全一致。同条第 2 款又独立规定未成年人享有受教育权，更体现未成年人成长中的特殊权利，对未成年人具有特殊意义。

生存权的规定内涵极其丰富。未成年人生存权首先是生命权，生命是自然界发展的成果，人的生命更是自然界的最伟大创造，未成年人如果生命不存在了，其他任何权利都无从谈起。生命权对未成年人来说是与其自身幼弱、无力自卫分不开的。未成年人完全不同于成年人，因为他们的生命、存活在很大程度上是完全控制在父母或有关成年人手中的。有时他们在危险面前连呼喊呼救的能力和可能都没有。父母或有关成年人由于自身的情感、矛盾、自私、困难……都可以成为扼杀小生命的"理由"，无奈、疏忽、无知也会剥夺许多未成年人存活的权利，不当的英雄教育、道德宣传、法律规定也会使一些天真的未成年人失去生命。因此必须重视未成年人的生命权保护。生命权是生存权的根本，也是生存权、受保护权第一位需要受到关注的，这方面还未引起关注、需要研究解决的问题非常多，例如溺婴、弃婴、自杀、意外死亡、交通事故等。仅就我国来看，平均每天有近 150 名儿童因意外伤害而失去生命，其中溺水死亡占一半以上，幼儿中有三成是由于家长看护不够造成的，①可见生命权保护的重要性和迫切性。生存权还包括与父母一起生活、抚养、食品供给、疾病治疗，以及摧残、虐待、遗弃、伤害、贩卖儿童等违法犯罪活动，我国还有太多的保护工作要做，尤其是在农村、边缘地区。

发展权是由未成年人是处在成长、培育过程中的这一特殊性所决定的，在发展权中受教育权居特殊地位。现代社会中教育在很大程度上决定着未成年人的前途和命运，这在我国各级学校升学中的激烈竞争和家长关注中充分体现，当然这还不仅是小孩个人发展问题，而且是国家、社会进步发展

---

① 参见陈平：《儿童意外死亡溺水占六成》，载《青年报》2007 年 6 月 5 日版。

的大问题。发展权还包括受到良好生活照料,获得健康成长需要的物质营养、精神财富、信息资料、技能学习、友谊、和谐环境、不受不良信息的毒害以及不受到毒品的毒害等。

受保护权。因为未成年人是易受到侵犯和伤害的弱势群体,他们的生命、生存、健康、生活、隐私、财产、知识产权等可以完全不为人们所重视、所尊重,这方面会涉及个人或社会的各个方面。受保护首先是体现在国家法律的保护,应该受到家庭、学校、社会的保护,最后的保障是国家机关的法律保护。其他生存、发展、参与权都是应该受到法律保护的合法权利。还有一些特殊保护,如犯过错时需要关心、教育、挽救,违法犯罪也要教育为主、惩罚为辅、从轻从宽等等。

参与权。这只有真正把未成年人作为独立、有自主能动性的主体,平等尊重,让其参与与其发育水平、身份、认知能力相适应的学习、文化艺术、社会生活、包括与其自身利益有关的各种活动,发表意见,批评建议,创作,维护自己个人、他人或未成年人集体以及社会、国家的权利、利益。从我国已有的实践经验,提升未成年人参与有关未成年人法的立法活动是未成年人参与权的高层次体现,值得认真总结推广。

贯彻执行《保护法》不仅要明确强调上述权利,更要强调特殊、优先保护的原则。特殊保护与优先保护是国际社会公认的准则,是非常必要、不可忽视的原则,它基于未成年人是成长中人,生理心理不成熟的人的科学论据之上,建立在未成年人认知水平和能力还比较低,幼稚弱小易受欺骗伤害的科学理论基础之上。由于未成年人群体的特殊地位、易受伤害的特殊弱势,党和国家重视和肯定未成年人权益特殊保护与优先保护原则,认为是保护未成年人健康成长、保障社会稳定发展的重大原则问题,也是我国实践证明正确、受到公众支持的社会政策,现在通过立法成为保护法的基本理念与指导思想。这一原则在联合国《儿童权利公约》第3条中表述为:不论公私社会福利机构、法院、行政当局或立法机构执行,均应以儿童的最大利益为一种首要考虑,这被国际社会称之为儿童最大利益原则。我国修订后的《保护法》有关特殊保护与优先保护的规定是与联合国《儿童权利公约》第3条的上述规定完全一致的。

特殊保护规定先于、重于一般保护,一般保护规定服从特殊保护规定。特殊保护特殊在优先考虑保护法对于未成年人保护的法律规定,在法律阙如的情况下,就可以遵照特殊保护与优先保护的规定精神,依法作出决定或提出意见、建议向主管部门或领导报告请示。

二、 司法机关扩大收办权益保护案件

《保护法》第 55 条规定:"公安机关、人民检察院、人民法院办理未成年人犯罪案件和涉及未成年人权益保护案件,应当照顾未成年人身心发展特点,尊重他们的人格尊严,保障他们的合法权益,并根据需要设立专门机构或者指定专人办理。"这一条修改中有两点值得特别关注,一是在公安机关、人民检察院、人民法院办理的案件中增加了涉及未成年人权益保护案件,二是在"应当照顾未成年人身心发展特点"之后,增加了当然也说是特别强调了"尊重他们的人格尊严,保障他们的合法权益"。

首先,要充分评价这一条修改的重要价值和意义。《保护法》总则明确了未成年人的特殊权利要特殊保护,具体的要在有关保护的具体各章节条款中落实,司法保护无疑具有特殊的意义和作用:(1)司法保护是其他保护不可少的配套和延续;(2)司法保护是以国家的强制力为其他保护提供保障和最后保证;(3)司法保护还对进入司法程序的特殊对象具有特殊意义的保护。从一定意义上说,没有司法保护就不能全面、有效、持续落实其他保护。司法保护是不同于其他保护的独立的、特殊的保护,具有其他保护无法代替的作用和地位。

但是,修改前司法机关只接受刑事犯罪案件,保护实际上局限于未成年犯罪嫌疑人或涉及刑事案件进入司法程序的未成年人,而多数未成年被害人以及大量其他非刑事的权益受损案件,都不在少年法庭、未成年人检察机关的工作范围之内,在实际工作中存在许多问题和矛盾。这一次修改中明确赋予司法机关对涉及未成年人权益保护案件有直接干预的权力,而且同条款中突出强调了"尊重他们的人格尊严,保障他们的合法权益",使《保护法》从指导思想、指导原则到具体司法保护实施中全面体现、始终贯彻落实。这条规定是我国实践中成功经验的总结,也有力地推动着我国少年司法制度和司法实践的开拓发展,如法院试建综合性少年法庭,接受未成年人权益保护等案件,有的地方检察院在检察机关内部探讨未成年人检察机关与民事检察机关的协调合作机制等就是很重要的开拓性实践活动。

为了与此条规定相配套,一方面是在司法保护的其他条文中相应有许

多新规定,如第 50 条中规定,"公安机关、人民检察院、人民法院以及司法行政部门,应当依法履行职责,在司法活动中保护未成年人的合法权益";第 51 条规定,"未成年人的合法权益受到侵害,依法向人民法院提起诉讼的,人民法院应当依法及时审理,并适应未成年人生理、心理特点和健康成长的需要,保障未成年人的合法权益""在司法活动中对需要法律援助或者司法救助的未成年人,法律援助机构或者人民法院应当给予帮助,依法为其提供法律援助或者司法救助";第 52 条规定,"人民法院审理继承案件,应当依法保护未成年人的继承权和受遗赠权""人民法院审理离婚案件,涉及未成年子女抚养问题的,应当听取有表达意愿能力的未成年子女的意见,根据保障子女权益的原则和双方具体情况依法处理等"。另一方面是增加了许多具体的保护条款,使司法保护具体化具有了可操作性,如:第 14、16、19、20、22、24、33、34、35、36、37、56、57 条,等等。

三、 未成年人自我保护

《保护法》总则第 6 条第 3 款在"国家、社会、学校和家庭应当教育和帮助未成年人维护自己的合法权益"后面,增加"增强自我保护的意识和能力,增强社会责任感"的规定,是建立在未成年人是成长中的独立主体和未成年人具有自觉能动性的科学理论基础上,是吸纳我国理论研究和地方立法的原创性成果,[①]总结、提升丰富的实践经验形成的创造性规定,不仅对构建我国完整有效的未成年人法律保护体系具有重要意义,而且丰富充实了联合国《儿童权利公约》关于参与权的概念,为儿童参与权增添极其重要的内容,并更加具体化、科学化。

长期以来,从中国传统的伦理道德到近现代的儿童法律保护的指导思想和关注点、着眼点,都是关注外在环境或力量的保护,把未成年人看成消极被动受保护的对象。这在历史发展上是巨大的进步,但认识上并非完美而是有缺陷的,我在保护法修改的过程中,多次通过论文或讨论论述过未成年人是必须受到尊重的具有自觉能动性的权利主体,[②]旨在建立外在保护与

[①]　参见上海市青少年保护委员会著:《我国第一部保护青少年的地方法规》,上海人民出版社 1987 年版,第 15—20 页。

[②]　参见徐建:《论未成年人独立主体地位与保护法的科学性、实践性》,载《青少年犯罪问题》2005 年第 2 期,第 4—8 页。

自我保护协调、结合的完整保护体系。修改前的《保护法》虽然规定了家庭保护、学校保护、社会保护、司法保护等,这些都是外在力量的保护,是改善外在环境对未成年人实施的保护,这些保护是未成年人健康成长非常必要的、不可少的,但是,只规定外在力量、外在环境的保护,把未成年人仅看成被保护者是消极的、片面的,要充分地、足够重视未成年人自我保护的作用,把自我保护开发、发展成为一个内容丰富、科学的、可操作的基石性保护系统、培育系统。

当今实践和理论研究证明,未成年人成长进程中碰到的各种问题、矛盾,是与社会进步发展所展现的复杂性、多元化分不开的,我国近二十余年来改革开放的实践,这一点看得愈来愈清楚,社会进步发展带来生机勃勃、多姿多彩的生活的同时,社会上不良事物与现象也是常常是闻所未闻、防不胜防。24小时不间断的影视、媒体、信息网,既有丰富的科学文化知识,也有引人堕落的暴力、色情、灰色、颓废、诱惑等腐蚀毒害的内容;丰富多彩、遍布角落、诱惑力极强的广告和商品,既丰富美化生活,又煽起贪婪淫欲;无处不在、无时不在的疏忽、矛盾、摩擦、纠纷、不满,有时是家长、老师、有关人员怎么想、怎么防都想不全、防不了的。如此种种,家长、学校、行政机关、司法机关能全都看得到、管得住吗?因此,只有外在的多方面保护还是不完整、不安全、不可靠的,只有在承认未成年人是独立能动的权利主体前提下,尊重、相信未成年人在成长中的体力、智慧、品德、知识、水平及其社会责任感,发挥未成年人自我保护的主动性、积极性、能动性,才能以保持未成年人的良好素质"不变"来应对外在不良事物因素的"万变",才能变消极保护为积极保护,变单一保护为全面保护。通过提高未成年人的全面的良好素质、正气、能力,与其他保护相配合、协调,可有效、有力地防止无孔不入、不断变化的不良事物的影响、冲击。主客两方面的有机结合,才能够保证未成年人保护形成一个全面完整的、积极有效的、先进科学的、有法律依据的保护体系。

自我保护要与增强社会责任感相结合,相辅相成,社会责任感在一定意义上也是成长成熟、自我完善、自我保护的重要品质和体现。完整的保护体系是外在保护与主体自身保护两方面的有机结合,需要主体方面积极参与,特别需要未成年人自我教育,提高认识、识别能力,提高社会责任感;培育自我调节、自我规范、自我控制、自我防范、强化意志、抵制诱惑或不良侵害能力,使社会责任感成为自我保护和社会保护的人格力量。这样,与外在方面有政府、家庭、社会、学校、司法各个方面的保护力量改善环境、条件相结合，形成多方面协调的科学严密的保护体系，具有保障未成年人健康成长、预防未成年人违法犯罪的战略作用和地位。

早在 1987 年上海市人大通过实施的我国第一部保护青少年的地方法规《上海市青少年保护条例》中，"自我保护"曾专门规定一章，具体规定"增强自我保护的意识和能力"，2004 年通过的《上海市未成年人保护条例》中仍旧充分肯定并保留"自我保护"这一章，尽管在内容、手段、可操作性等方面还有许多不尽如人意，但是其科学性、必要性是值得进一步研究和发扬、借鉴的。

为了让这一修改在实践中真正能发展成内容丰富、科学的、可操作的基石性保护系统、培育系统，在涉及保护战略、理论、指导思想的完整性、能动性、科学性还有待进一步研究论证，更需要在内容、制度、手段、办法等许多方面实践探索，仅提出以下十个问题性纲要和个人设想、意见，促进共同考虑：

1. 未成年人自我保护是指：未成年人提高和运用自己的知识、能力，或通过集体组织的力量，积极参与与自己有关的政治、社会、文化活动，维护自己的合法权益；提高素养，增强社会责任感，拒绝诱惑或抵制不良环境、不良影响；学法知法，加强法制观念，自觉遵纪守法、自觉控制不良行为，防止伤害，避免罪错，健康成长。

2. 尊重和承认未成年人是具有自觉能动性的权利主体，是国家和社会的未来和希望，是社会可持续发展的依靠和根本力量。充分认识增加未成年人自我保护意识和社会责任感是全面贯彻实施国家素质教育的战略要求，是形成全面的未成年人保护体系的基本构成。

3. 未成年人自我保护内容包括：从小加强法律意识、自我保护意识；积极参与有关自身权益的立法、司法活动；保护或保障未成年人根据自己年龄和认识水平积极参与与自己相关的立法调研、咨询、建议、评议、审议的权利；了解社会动向，组织自我保护学习和自我保护活动的权利；提高和运用自己的知识、能力，或通过集体组织的力量，维护自己的合法权益，呼吁、声援侵害未成年人合法权益的活动的权利；提高素养，拒绝诱惑或抵制不良环境、不良影响；学法知法，加强法制观念，自觉遵纪守法、自觉抵制不良行为，避免罪错，健康成长。

4.未成年人自我保护形式主要有：参与与未成年人健康成长有关的活动、组织维权、请求援助、自主报告、检举控告、申诉辩护、接受管理指导、开展自我教育活动等。

5.自我保护能力需要培养和随着年龄逐步提高，学校、家长要学习和掌握培养未成年人自我保护能力的方法、途径；政府鼓励、支持未成年人自我保护的积极性与能动性，要有措施提高保护能力是未成年人保护组织、学校、家长及有关部门的重要职责。

6.未成年人的合法权益受到侵害，有权、有渠道、有帮助力量实现向主管部门或有关单位请求援助，被请求部门或单位应当接受并在责任范围内及时采取措施，或提供具体指导与建议。

7.做到任何组织和成年公民发现未成年人实施严重不良行为或其人身合法权益受到严重侵害，应当及时制止或向有关部门报告。

8.总结经验，创造办法，让未成年人自觉学习法律知识，提高法制观念，实践遵纪守法，防止不良行为是重要的自我保护手段。

9.未成年人增强社会责任感，自律、互律。做到：不吸烟、饮酒；远离毒品；不携带管制刀具；不打架骂人或强索他人财物；不赌博；不逃学逃夜；不参加封建迷信活动；不进入法律法规规定未成年人不适宜进入的活动场所；不携带、不传送、不观看不良的影视读物；不参加邪教组织、不良团伙及其任何活动；不做其他危害自身和他人身心健康的事，这是自我保护和具有社会责任感的具体表现。

10.共青团、青年联合会、学生联合会、少年先锋队是未成年人的代表、朋友，带领未成年人维权是未成年人自我保护的有机组成部分。自己如何代表并指导未成年人维护国家和人民的权益，关心社会，关心他人，维护自己的合法权益，反映未成年人合理要求；如何经常性正常组织立法调研、咨询与援助活动，同侵害未成年人的行为作斗争；如何根据未成年人的特点，开展各种自我教育及其他有益活动，促进未成年人健康成长。

随着我国自我保护实践的发展、创造，理论研究的深化，内容、程序的日益丰富、完善、具体化，我建议专门研究制定一部未成年人自我保护法。

四、家庭教育

家庭是未成年人保护中一个特殊重要的领域，《保护法》在总则后紧接着就是第二章家庭保护,其中第 12 条增加规定,"父母或者其他监护人应当学习家庭教育知识,正确履行监护职责,扶养教育未成年人",还规定"有关国家机关和社会组织应当为未成年人的父母或者其他监护人提供家庭教育指导"。这也是在我国立法上首次规定、值得深入解读的新内容,具有深远的、极其重要的意义,在贯彻实施中有许多工作急切需要在实践中开拓、探索。

未成年人保护从家庭开始,其基础将追溯及未成年人出生前的父母甚至更早,总体上说父母对子女的关爱、保护是天性的、无私的、全面的,但是悲剧在于未成年人受到侵犯、伤害,最早、最严重、最无情、最无奈也大量是来自父母及家庭。家庭、家长在未成年人成长中的特殊地位和作用,使其在未成年人保护中如此重要和特殊,在未成年人伤害中也是如此。未成年人从出生来到人世,生命、生存、健康、教育、发展、成长,首先就是家庭、家长的保护,而且时间长达整个未成年人关键成长期,这在目前情况下还是无法由别人代替的,这就是家庭保护在未成年人保护的初始性、基础性、重要性,小平同志在好些方面都说过"从娃娃抓起",我理解是包括强调家庭教育。

家庭教育有教有育,涉及做人行事、待人接物的方方面面,是一个需要国家花大力气开拓的领域,良好的家庭教育无论是物质的、精神的,指导的、管理的,支持的、限制的,正确的、科学的,从一定意义上讲都是对未成年人的保护,非科学的、错误的都是有损的、侵害的。我国家庭教育千百年来靠父子传袭、社会道德习俗影响,长期处在自发性、经验性的状态下。由于经济文化发展落后,尤其是广大农村十分封闭、现代化进程缓慢,现代科学教育的发展似乎对家庭教育的影响、改变不大。长期封建家长专制统治主义的传统,把子女当作个人财产的观念根深蒂固,"棍棒底下出孝子"是许多家长教育子女的信条和原则,而家长似乎个个结婚生子后就由上天赋予了教育子女的权力与能力,实际上是父母们基本上克隆自己父母怎样对待自己的那些方法,按自己个人的感觉、情绪、认识水平、道德标准走。新中国成立以后,封建专制的家庭习俗受到批判和改变,新的社会主义的科学的家庭教育理念、原则、方法没有真正建立起来,"文化大革命"的破坏更是雪上加霜。当今我国面临社会转型的巨大变化,科学技术急剧发展,社会竞争空前激烈,独生子女成为我国未成年人独有的特点,使我国家庭教育存在重大误区和许多问题,如经济发展,生活提高,独生子女的背景下,普遍存在的过分呵护、疼爱,以爱代教,甚至溺爱、纵容;社会转型、科学发展、竞争激烈,家长对子女期望不符合实际,不断增加学习压力,压抑未成年人个性发展,损害未成年人身心健康;请人代管代教,或者交给学校,以他人、学校教育代替家庭家长自己的关心和教育;以钱代教、以学代教、以罚代教。棍棒教育仍有相当的影响和市场,体罚在有些家长心目中仍是教育孩子的唯一手段或认为是最有效、最后的法宝。凭经验、凭主观愿望、凭社会风向,自以为是放任自流,不负责任,甚至以自己的不良行为为子女做出不好的、消极的、负面的榜样。

这些问题怎么办? 出路何在? 靠什么办法来解决? 科学的办法只有一个:就是提高家长素质,加强和改善家庭教育。家庭教育、家庭保护的关键,说到底都在于家长,在于家长的素质、品德、能力、水平,提高家长的素质、教育水平、能力、沟通方法是保护的关键之关键,这方面我国立法还是空白。有人甚至于认为家庭教育是家庭、个人的私人领地,法律不能干预。其实笼统绝对的不能干预的认识是不正确的,早已为立法、司法实践所否定,我曾建议先要在理论上、立法上有突破、创新,要破除家庭教育涉及私人领域是国家不可干预的观念,要科学解决哪些方面国家必须干预、怎样干预、介入或干预的程度等问题。①《保护法》在这一条上的修改又是一个突破,具体落实这项规定有大量实实在在的工作要做:

首先要宣传,让父母或者其他监护人理解一个人的教育、管理、指导、保护能力水平都不是与生俱来的,要学习、帮助、指导,这方面我国还处于自发、落后的不自觉状态,因此,要做合格的父母或监护人,就要自觉主动学习家庭教育知识,掌握科学家庭教育知识。当出现问题时,主动接受家庭教育指导,才能正确履行监护职责,扶养教育未成年人,有关国家机关和社会组织也应当为未成年人的父母或者其他监护人提供家庭教育指导。

其次,家庭教育是一门科学,要有专门的独立的研究开拓,界定科学的家庭教育的基本内容,个人认为至少应有以下内容:

1. 家庭教育的目标定位、指导思想。主要是以品德行为为主的综合素质教育,从出生开始就有习惯、爱好、行为规范、做人的认知标准、待人处世原则方法、社会责任等的启蒙、塑造、养成、认识、理解,要与社会道德、法律

---

① 参见上海市家庭教育条例研究课题组:《上海市家庭教育条例立法研究报告》2004 年 10 月版。

协调吻合统一。教育者首先要受教育,上述内容先要成为家长的认识和行动准则。

2. 有关家庭教育的现代科学知识。现代社会的复杂性,良好的家庭教育不是文盲、半文盲能够胜任的。虽然家庭教育的知识结构,不可能像教师那样具有专业性,但需要学习掌握一些必要的社会学、少年儿童生理心理学、教育学、其他综合基础科学知识。如对子女独立主体、独立性的认识;对子女成长规律性的认识,尤其是对子女成长中生理、心理不同时期变化特点的认识与行为表现的理解;家庭教育特殊方法的学习、掌握、运用;现代科学文化的基础等等。

3. 家长的自身素质与日常行为榜样。家庭教育不是说教,不是特定时间教育,也不是单纯讲理或知识文化教育,而是全天候教育,榜样教育,真情实感教育,滋润渗透性教育。把教育融合在每时每刻、一言一行、喜怒哀乐、处世待人之中。因此,教育子女先要正己律己。

4. 亲职教育的特殊方法与实践训练。教育方法的亲情、求实、针对性、创造性,不拘一格,讲究有效等。

再次,各级政府要组织、建立、推进、管理教育指导工作实体,提供物质条件等,把家庭教育列为未成年人保护的重要实事工作之一。教育行政部门是承担家庭教育管理、指导的重要责任部门,需要具体策划建立各级家庭教育指导委员会与家庭教育指导网络,负责规划、协调家庭教育指导及管理工作,培训、配备专职或兼职人员,加强家庭教育研究和教材编写工作。

第四,推动其他有关部门与妇联等群众团体按照各自的职责采取措施,保证有专门部门或专、兼职人员负责家庭教育工作。如建立家庭教育指导专门学校、家庭教育指导站、家庭保护指导中心等。

最后,家庭教育指导工作,学校有特殊的优势,学校应承担有关责任,加强与学生家长的联系,建立家庭教育指导组,提供家庭教育指导与咨询等。

有必要为此制定地方法规或其他规范性文件、操作规程,这样才能配套,否则《保护法》的这一条规定是会落空、难以实际实施的。

此外,修改后的《保护法》还有许多值得仔细学习、深入研究、认真贯彻的重要内容,本文文字有限未加详细论述,如政府领导纳入规划和财政预算的规定,重点追究国家机关的责任的规定,都值得全面关注,不下大力气研究吃透,就不能真正理解,也谈不上贯彻落实。

全国《未成年人保护法》修订内容与儿童保护*

《中华人民共和国未成年人保护法》(以下简称《保护法》)经第十届全国人大常委会第二十五次会议修订于今年 6 月 1 日起开始施行。这次修订反映了我国未成年人保护立法理念和未成年人保护实践的巨大发展和进步,必将成为全面推进我国未成年人权益保护事业、促进未成年人健康成长、实现科学发展与社会和谐的新的里程碑。

一、"修订"是与时俱进的创造性研究成果

由于改革开放带来我国社会的急剧变化和进步,修订《保护法》的呼声,早在上个世纪就不断提出来了。2003 年,顺应时代发展的要求,修订《保护法》正式列入全国人大常委会立法规划。

《保护法》怎样改? 解决什么问题? 方方面面提出的意见要求很多。因此,"修订"是一个调查研究、总结经验、不断听取各方面意见的过程,大致经历了三个阶段:2004 年 7 月—2005 年 1 月,共青团中央组织调研起草,形成草案建议稿;2005 年 3 月—2006 年 8 月,全国人大内司委在团中央形成草案建议稿的基础上,成立领导小组和起草工作组,调查座谈、出国考察、形成新一稿,进一步征求意见、反复修改,至十一稿,内司委于 2006 年 7 月讨论通过报送全国人大常委会审议的《中华人民共和国未成年人保护法(修订草案)的议案》;2006 年 8 月—12 月全国人大常委会经三审三改,形成三审稿,于 2006 年 12 月 29 日正式通过《中华人民共和国未成年人保护法(修订草案)》,同日,胡锦涛主席以中华人民共和国第 60 号主席令公布施行。

这次《保护法》是"修订",从法律修改的概念界定上说,这就不是一般的修改,可以说是仅低于重新立一部新法的大修改。比较一下修改前后的《保护法》可以看出,新法从原来的 52 条增加到 72 条,增加新条文 25 条,超过全

---

* 撰写于 2007 年 7 月。

部条文的三分之一,除删除的条文外,只有4条保留原条文未作任何修改,其余43条都作了修改,而且大都是有实质内容的修改,有的还是重大突破性的修改。毫不夸张地说,新《保护法》是面向世界、放眼未来,一次系统总结提升我国近二十多年来未成年人权益保护成功经验,体现以人为本、科学发展、社会和谐的新成果。

二、"修订"中最为显著、最具价值的内容

《保护法》第1条开门见山指出,为了保护未成年人的身心健康,保障未成年人合法权益。那么,未成年人有什么权利? 是全社会尤其是国家行政机关、司法机关、学校、家长等需要特别关注而且是必须首先明确的问题,当然也是未成年人自己需要知晓的问题。联合国《儿童权利公约》,在第一部分共41个条文中基本上都是规定需要尊重和保护的未成年人权利,从最根本的生命权到具体的如与父母一起生活的权利、休息、游戏的权利,以及某些特殊未成年人(残疾人)、处在战争、灾害等某种特殊情况下的未成年人的权利等,内容相当全面、丰富。新《保护法》规定未成年人四大权:生存权、发展权、受保护权、参与权。这一规定非常全面、概括、准确,符合未成年人的生理心理发展特点,与联合国《儿童权利公约》的规定完全一致。《保护法》还独立规定受教育权,更体现未成年人成长中的特殊权利,对未成年人具有特殊意义。

生存权的规定内涵极其丰富。未成年人生存权首先是生命权,还包括父母扶养、与父母一起生活、获得食品供给、疾病治疗、保障健康以及不受摧残、虐待、遗弃、伤害等。

发展权是由未成年人是处在成长、培育过程中的这一特殊性所决定的,发展权中受教育权居特殊地位,还包括受到良好生活照料,获得身心全面健康发展所需要的物质营养、精神财富、信息资料、技能学习,友谊,和谐生活环境条件,不受不良信息的毒害,不受到毒品的毒害等。

受保护权。因为未成年人是易受到侵犯和伤害的弱势群体,他们的权益容易不为人们所重视、所尊重,甚至还会受歧视、虐待、忽视,故应受到家庭、学校、社会等各方面的保护,最后的保障是国家机关的法律保护。

参与权。要求真正把未成年人作为独立、有自主能动性的主体,平等尊重,让其参与与其发育水平、身份、认知能力相适应的学习、文化艺术、社会

生活、包括与其自身利益有关的各种活动，发表意见，批评建议，创作，维护自己个人、他人或未成年人集体以及社会、国家的权利、利益。

特殊保护与优先保护是国际社会公认的准则，是非常必要、不可忽视的原则，它基于未成年人是成长中人，生理心理不成熟的人的科学论据之上，建立在未成年人认知水平和能力还比较低，幼稚弱小易受欺骗伤害的科学理论基础之上。现在通过立法成为《保护法》的基本理念与指导思想。这一原则在联合国《儿童权利公约》第3条中表述为："不论公私社会福利机构、法院、行政当局或立法机构执行，均应以儿童的最大利益为一种首要考虑，这被国际社会称之为儿童最大利益原则。"特殊保护规定先于、重于一般保护，一般保护规定服从特殊保护规定。特殊保护就特殊在优先考虑《保护法》对未成年人保护的法律规定，在法律阙如的情况下，就可以遵照特殊保护与优先保护的规定精神依法作出决定或提出意见、建议，向主管部门或领导报告请示，得到支持或指导。

三、 司法机关扩大收办权益保护案件之规定的重大意义

《保护法》规定："公安机关、人民检察院、人民法院办理未成年人犯罪案件和涉及未成年人权益保护案件，应当照顾未成年人身心发展特点，尊重他们的人格尊严，保障他们的合法权益，并根据需要设立专门机构或者指定专人办理。"

司法保护是不同于其他保护的独立的、特殊的保护，具有其他保护无法代替的作用和地位。修改前司法机关只接受刑事犯罪案件，保护实际上局限于未成年人犯罪嫌疑人或涉及刑事案件进入司法程序的未成年人，而多数未成年人被害人以及大量其他非刑事的权益受损案件，都不在少年法庭、未成年人检察机关的工作范围之内，在实际工作中存在许多问题和矛盾。这一次修改中明确赋予司法机关对涉及未成年人权益保护案件有直接干预的权力，而且同条款中突出强调了"尊重他们的人格尊严，保障他们的合法权益"，使《保护法》从指导思想、指导原则到具体司法保护实施中，真正实现从单一刑事司法保护到全面保护的进步和突破。这条规定是我国实践中成功经验的总结，也有力地推动着我国少年司法制度和司法实践的开拓发展。为了与此条规定相配套，在司法保护的其他条文中相应还有许多新规定。

四、 对未成年人自我保护之规定仍需实践研究开拓

《保护法》总则第 6 条在"国家、社会、学校和家庭应当教育和帮助未成年人维护自己的合法权益"后面,增加"增强自我保护的意识和能力,增强社会责任感"的规定,是建立在未成年人是成长中的独立主体和未成年人具有自觉能动性的科学理论基础上,是吸纳我国理论研究和地方立法的原创性成果,总结、提升丰富的实践经验形成的创造性规定,不仅对构建我国完整有效的未成年人法律保护体系具有重要意义,而且丰富充实了联合国《儿童权利公约》关于参与权的概念与具体内容。

长期以来,从中国传统的伦理道德到近代现代的儿童法律保护的指导思想和关注点、着眼点,都是关注外在环境或力量的保护,把未成年人看成消极被动受保护的对象。修改前的《保护法》规定的家庭保护、学校保护、社会保护、司法保护等,都是外在力量的保护,是改善外在环境对未成年人实施的保护,这些保护是未成年人健康成长非常必要的、不可少的,但是,只规定外在力量、外在环境的保护,把未成年人仅看成被保护者是消极的、片面的,要充分地、足够重视未成年人自我保护的作用,把自我保护开发、发展成为一个内容丰富、科学的、可操作的基石性保护系统、培育系统。

未成年人成长进程中碰到的各种问题、矛盾,是与社会进步发展所展现的复杂性、多元化分不开的,社会上不良事物与现象也是常常是闻所未闻、防不胜防。家长、学校、行政机关、司法机关能全都看得到、管得住吗? 而且有时是良莠混杂或隐患尚藏而未露或有意隐藏未露。因此,只有外在的多方面保护还是不完整、不安全、不可靠的,只有在承认未成年人是独立能动的权利主体前提下,尊重、相信未成年人在成长中的体力、智慧、品德、知识、水平及其社会责任感,发挥未成年人自我保护的主动性、积极性、能动性,才能以保持未成年人的良好素质"不变"来应对外在不良事物因素的"万变",才能变消极保护为积极保护,变单一保护为全面保护。

自我保护要与增强社会责任感相结合,相辅相成,社会责任感在一定意义上也是成长成熟、自我完善、自我保护的重要品质和体现。完整的保护体系是外在保护与主体自身保护两方面有机结合,需要主体方面积极参与,特别需要未成年人自我教育,提高认识、识别能力,提高社会责任感;培育自我调节、自我规范、自我控制、自我防范、强化意志、抵制诱惑或不良侵害能力,

使社会责任感成为自我保护和社会保护的人格力量。这样，与外在方面有政府、家庭、社会、学校、司法各个方面的保护力量改善环境、条件相结合，形成多方面协调的科学严密有效的保护体系，具有保障未成年人健康成长、预防未成年人违法犯罪的战略作用和地位。

五、 家庭教育指导之规定的战略价值

家庭是未成年人保护中一个特殊重要的领域，《保护法》规定，"父母或者其他监护人应当学习家庭教育知识，正确履行监护职责，扶养教育未成年人"，还规定"有关国家机关和社会组织应当为未成年人的父母或者其他监护人提供家庭教育指导"。这也是在我国立法上首次规定、值得深入解读的新内容，具有深远的、极其重要的意义，在贯彻实施中有许多工作急切需要在实践中开拓、探索。

未成年人保护从家庭开始，其基础将追溯及未成年人出生前的父母甚至更早，总体上说父母对子女的关爱、保护是天性的、无私的、全面的，但是悲剧在于未成年人受到侵犯、伤害，最早、最严重、最无情、最无奈也大量是来自父母及家庭。

家庭教育有教有育，涉及做人行事、待人接物的方方面面，是一个需要国家花大力气开拓的领域，良好的家庭教育无论是物质的、精神的、指导的、管理的，支持的、限制的，正确的、科学的，从一定意义上讲都是对未成年人的保护，非科学的、错误的都是有损的、侵害的。我国家庭教育千百年来靠父子传袭、社会道德习俗影响，长期处在自发性、经验性的状态下。由于经济文化发展落后，尤其是广大农村十分封闭、现代化进程缓慢，现代科学教育的发展似乎对家庭教育的影响、改变不大。长期封建家长专制统治主义的传统，把子女当作个人财产的观念根深蒂固，"棍棒底下出孝子"是许多家长教育子女的信条和原则，而家长似乎个个结婚生子后就由上天赋予了教育子女的权力与能力，实际上是父母们基本上克隆自己父母怎样对待自己的那些方法，凭自己个人的感觉、情绪、认识水平、道德标准走。当今我国面临社会转型的巨大变化，科学技术急剧发展，社会竞争空前激烈，独生子女成为我国未成年人独有的特点，使我国家庭教育存在重大的误区和许多问题。

出路何在？靠什么办法来解决？科学的办法只有一个：就是提高家长

素质,加强和改善家庭教育。家庭教育、家庭保护的关键说到底都在于家长,在于家长的素质、品德、能力、水平,提高家长的素质、教育水平、能力、沟通方法是保护的关键之关键,这方面我国立法还是空白。《保护法》在这个一条上的修改又是一个亮点,但是具体落实这项规定有大量实实在在的工作要做。

六、"修订"对于可操作性的提升意义

《保护法》将未成年人保护工作纳入国民经济和社会发展规划及年度计划,相关经费纳入本级政府预算的规定,是具有重大实际意义的修订内容。对群众关注的大众传媒、网络、校园周边环境、图书馆与科技馆等免费或优惠问题都作出较具体规定。特别是在法律责任这一章中,增加的条文,重点都在强化国家机关、各级行政部门、有关工作机构、工作人员不履行职责、违法、侵权的责任,对儿童保护的内容更加全面、充实、有力,大大提高了可操作性。

专题十一:预防未成年人犯罪法的立法实践

论《预防未成年人犯罪法》总纲[*]

预防犯罪在理论上是一个极富有吸引力、社会价值很大的课题,因为任何一个国家都存在犯罪问题,从历史发展的进程看,犯罪对社会的安全与经济发展的威胁与危害愈来愈严重,如能预防或控制,其意义与价值要比犯罪发生后侦查、破案、审判、处罚要大得多,更为积极、进步、文明、科学。但是,预防犯罪在实践上又是一个很复杂、很困难、很不容易实现期望目标的难题。当今世界法学界、犯罪学界都把注意力开始转向预防犯罪这个令人关注的课题,实践的探索、理论的研究可以说持续不断,不过通过国家一级立法制定比较全面的预防未成年人犯罪法尚未见闻。

我国全国人大从七届人大开始提出制定青少年犯罪预防法开始,历经八届、九届人大的努力,把我国预防未成年人犯罪的经验与理论研究成果,通过立法上升为全国性的专门法,运用国家的权威付诸实施,在世界上可以说是第一个,这是我国少年法制建设中一个新的、创造性的突破,是走自己的路,符合国际潮流,在新点、难点、空白点上敢于赶超世界先进水平的成果。这部法的颁布与实施,对预防未成年人犯罪,保护青少年健康成长,推进社会的进步与发展,必将起到积极、显著的作用,对推进国际社会预防犯罪对策的研究与实践也是一个很大的贡献。

我国《预防未成年人犯罪法》采用分章逐条规定的法律结构,这是考虑到预防未成年人犯罪是一个比较复杂的问题,涉及的方面、内容、问题比较多,是第一次制定,在当前经验与理论研究都不十分充分、成熟的情况下,也不宜将篇、章、节等,规定得太庞杂,脱离实际可能地追求过细与具体,而只能是从需要、国情、实际出发,两者兼顾。

《预防未成年人犯罪法》分八章,章下面直接规定条款,第一章总则有 5

---

* 原载《青少年犯罪问题》1999 年第 5 期。

个条款;第二章预防未成年人犯罪的教育,8个条款;第三章对未成年人不良行为的预防,20个条款;第四章对未成年人严重不良行为的矫治,6个条款;第五章未成年人对犯罪的自我防范,4个条款;第六章(原文为条)对未成年人重新犯罪的预防,5个条款;第七章法律责任,8个条款;最后第八章(原文为条)附则只有一个条款,总共八章57条,约6000字。其中第一章总则是本法的总纲,是统管全法、贯穿全法、指导全法的最重要的规定,如立法宗旨、基本原则等等,这是本法的灵魂,体现预防未成年人犯罪法的性质、中国社会主义预防犯罪法的特色和科学性。因此学习、贯彻《预防未成年人犯罪法》,首先要认真学习、把握总则的规定及其总精神、总原则。

　　总则一共5条,分别规定立法宗旨、预防未成年人犯罪的指导原则、综合治理战略方针、政府职责、加强预防未成年人犯罪研究。

一、"保障""培养""预防"的立法宗旨

　　《预防未成年人犯罪法》第1条规定:"为了保护未成年人身心健康,培养未成年人良好品行,有效地预防未成年人犯罪,制定本法。"简明直接、开门见山提出了立法宗旨,或者通俗地说是立法目的,也确定了本法的基本性质。保障未成年人身心健康,培养未成年人良好品行,预防未成年人犯罪,这三句话,把保障、培养提到了首位。这说明预防未成年人犯罪法不是简单惩处、消极限制的法,而是一部着眼于保护、培养、塑造青少年健康成长的专门法,是一部从特定角度出发制定的未成年人保护法。《预防未成年人犯罪法》与《未成年人保护法》具有保护青少年健康成长,预防未成年人犯罪的共同目标,但前者重点从预防犯罪考虑,后者主要从教育保护考虑,相辅相成,是保护未成年人的姐妹法。学习、贯彻《预防未成年人犯罪法》首先就要认真理解,实实在在把握这一条规定的宗旨与精神实质,不把握好这一点就不能正确完整地理解这部法,也不可能执行好这部法。对这一条规定理解深了,贯彻落实好了,预防未成年人犯罪的工作就会主动积极、具有生命力,预防未成年人犯罪的目标也就有了实现的基础与保证。

　　必须指出,保护未成年人身心健康,培养未成年人良好品行,不仅是预防未成年人犯罪最重要的组成部分,是预防犯罪最积极、主动、有效的对策,更重要的是未成年人素质问题。《中华人民共和国教育法》明确规定:"发展教育事业,提高全民族的素质",小平同志、江总书记在不同场合多次强调,

法制教育是素质教育的重要组成部分。未成年人身心健康，具有良好品德，知法守法、依法办事、维护法律的权威，这是青少年适应现代法制社会，迎接21世纪，建设具有中国社会主义特色的现代化国家的最基本、最重要的素质之一。不具有这方面的素质，德智体的德就没有基础，失去了标准与依托，智体就失去了统率、指挥、控制的方向，德智体的完整系统及其正确发挥积极作用的机制均将被破坏，其结果必将给自己、家庭、社会带来危险的后果。可见这三句话、六个字规定是站得高、含义深、有理论的深度与执法指导的力度。

二、 立足教育保护，从小抓起、及时预防的指导思想

《预防未成年人犯罪法》第2条规定："预防未成年人犯罪，立足于教育和保护，从小抓起，对未成年人的不良行为及时进行预防和矫治。"

立足于教育和保护，这是立法宗旨的更进一步明确、具体的规定。从这个立足点出发，从小抓起，对不良行为及时防治，这是建立在国内外长期实践与理论研究总结概括的，未成年人违法犯罪发生规律基础上确立的预防未成年人犯罪的科学指导思想、指导原则。马克思主义关于犯罪与青少年犯罪研究的理论不承认天生的犯罪人，因为那是缺乏实证科学依据的错误理论，这种理论随历史的发展已为国内外的实践与理论所摒弃，理论与实践的大量成果证明，未成年人犯罪都是后天外在因素影响的结果，病理的、精神的、遗传的，说到底基本上也是一种特殊的外在因素影响。

未成年人成长有一个较长的学习、训练、塑造、培养的社会化过程，未成年人像一张白纸，从无知、幼稚、不知好坏是非、不了解自己的角色和社会责任，经过培养与塑造逐步成熟起来，增加了知识，明辨是非善恶，了解事物的发展规律，具有明确的社会责任感，完成了社会化，成为一个健全发展的人。未成年人的这个过程是在复杂的、充满矛盾的、是非善恶的交错影响中进行的，未成年人犯罪往往是在自身幼稚不成熟的情况下受不良影响，包括各种邪恶诱惑、腐蚀后发生的，因此预防未成年人犯罪必须立足于教育，尤其是对刚刚受不良影响出现不良行为时，要帮助其明辨是非，扶正去邪，健康成长，这是建立在未成年人犯罪发生发展规律基础上的唯一科学、有效地预防犯罪的指导思想、指导原则。

立足教育保护，坚持从小抓起，及时预防这两个原则，还有一个时机与

效果问题,未成年人越小可塑性越大,对以后成长的导向与影响时间也越长。从小抓起,从刚刚出现不良行为的苗子抓起,这是事半功倍最佳时机。我国有句古话:"三岁看老""从小抓起""及时预防",把问题解决在萌芽之中,好的思想、品德、行为习惯建立了,积极的、好的导向作用与影响,一辈子会伴随未成年人成长,促其成才。反之,犯罪学研究的权威成果证明,少年违法犯罪继续发展,将给社会带来长期的危害与威胁,其恶果也包括最终毁掉他们自己。因此,这一条规定的重要性、必要性是需要认真体会,绝不能掉以轻心的。

三、 预防未成年人犯罪必须在各级政府倡导下实行综合治理

《预防未成年人犯罪法》第3条有两款,是关于犯罪预防战略方针的规定。预防未成年人犯罪为什么必须在各级政府领导下综合治理?众所周知,未成年人犯罪、社会治安,都是社会综合性的问题,其诱发因素、原因、条件涉及整个社会的各行各业、各个方面、各种不同的人。因此,要预防、控制住这些问题,靠少数单位、一部分人、某一个或几个地区行业,尽管在某一点上会有作用和效果,但总体上要有效解决问题是绝对不可能的。综合性问题只有综合治理,这是我们党的群众路线在新的历史时期解决未成年人犯罪、社会治安问题的创造与发展。

综合治理一定要有权威的组织领导。综合治理是一项复杂的社会系统工作,要把职责分工不同,具有不同特点与利益关系及各种差异的各部分、各单位、各行业、各层次的力量统一起来,没有组织领导是不行的。而且这个领导要有权威和驾驭全局的能力,否则各行其是,事倍功半,甚至互相抗消力量与效果,使治理成为一句空话。在我国,中国共产党是唯一具有这种权威与组织领导能力的执政党,从国家政权与行政领导来说,《预防未成年人犯罪法》规定,"在各级人民政府领导下,实行综合治理",这是预防未成年人犯罪的组织保证,也是我国改革开放二十年创造的具有中国社会主义特色的犯罪预防经验。国外学者一致肯定并赞赏我国综合治理未成年人犯罪的理论与经验,但有的学者也清醒地分析到在资本主义条件下,没有一个像中国共产党这样有权威、有力量统率全局的力量,在他们国家要全面学习、实施综合治理是不可能的。

综合治理要动员一切可以动员的力量,共同为保障未成年人身心健康、

培养未成年人良好品行、预防未成年人犯罪的总目标服务,其成功、效果的基础就是全社会方方面面的参与,第三条第二款突出规定政府有关部门、司法机关、人民团体、有关社会团体、学校、家庭、城市居委会、农村村民委员会等各方面共同参与,就是要使预防未成年人犯罪的工作,从上到下,从家庭、学校到社会,落实到最基层的单元,落实到每一个角落,减少漏洞,消灭空白,把工作做细做实,把预防的网络构建得严密无隙,取得实在的、长期的效果。

现代社会分工很细,每个部门、每个单位在整个社会运作中都有自己的定位与职责,离开了本职工作的特殊职能,一哄而上,缺乏规范,劳民伤财,也难持久。因此,各方面共同参与必须是在本职工作的基础上,按照其特殊职能、社会定位和在预防青少年犯罪方面应当承担的责任,各负其责,协调配合,形成整体运作的机制,产生良好的效果。

综上所述,总则第 3 条预防未成年人犯罪的综合预防战略方针,可以概括为十六个字:政府领导,共同参与,各负其责,综合治理。

四、 政府在预防未成年人犯罪工作中的职责

《预防未成年人犯罪法》第 4 条明确规定各级人民政府在预防未成年人犯罪方面的职责是:

1. 制定预防未成年人犯罪工作的规划;

2. 组织、协调公安、教育、文化、新闻出版、广播电影电视、工商、民政、司法行政等政府有关部门和其他社会组织进行预防未成年人犯罪工作;

3. 对本法实施的情况和工作规划的执行情况进行检查;

4. 总结、推广预防未成年人犯罪工作的经验,树立、表彰先进典型。

根据上述规定,各级人民政府必须把预防未成年人犯罪的工作提上自己的日常工作议事日程。这是一项需要长期坚持、要有部门、人员负责的专门工作,法律没有具体规定政府哪一个部门的职责,可以理解为这是一项各级政府范围内的工作,要由各级政府的负责人直接负责来抓。但是怎样来抓,是留给各级政府相当的自主灵活的余地,我个人理解可以由各级政府直接抓,也可以建立专门的组织机构抓,例如成立预防未成年人犯罪委员会、领导小组、办公室等等,也可以确定由一个职责比较接近的政府某个部门负责抓,例如未成年人保护委员会办公室(上海是青少年保护委员会办公室)、

综合治理委员会办公室、公安局、司法局等等。无论具体的哪个部门负责抓，根据第 3、4 条的规定，都是一级政府的工作职责，各级政府的负责人责无旁贷，具体人员也必须明确、落实，各级人大在审议各级政府工作时，是可以依法检查各级政府在贯彻落实本法的情况的。

政府职责的四项规定，给政府在预防未成年人犯罪工作中的位置作了极为重要的定位，这就是组织领导，要有计划、有制度、有规范地常抓不懈，但又不能去代替、包办各行各业、各部门的本职工作，为此要紧紧扣住组织领导这个关键，要依法行政，依法管理，首先要从实际出发制定规划。其次就是日常的组织协调工作，条文中特别明确指出在预防未成年人犯罪工作中，需要组织协调的若干重要机关或部门。再次就是检查预防未成年人犯罪法实施以及制定的规划执行情况。最后还要总结推广先进经验与树立表彰先进典型。认真履行上述职责，就能保证预防未成年人犯罪工作经常化、规范化、制度化、科学化。

五、 针对未成年人特点，加强预防未成年人犯罪的对策研究

总则最后在第 5 条中规定，"预防未成年人犯罪，应当结合未成年人不同年龄的生理、心理特点，加强青春期教育，心理矫治和预防犯罪对策的研究"。法律中专门规定加强研究，这在一般法律中是极少见的，我个人体会这一系列规定有特色、有针对性、有重要的实际指导意义，反映立法者的求实精神与科学风范。

未成年人是一个特殊的群体，从其自然成长规律方面看，一是生理、心理的特殊性，二是成长中的变异。未成年人犯罪与成年人有许多不同，最重要的就是未成年人生理、心理的幼稚，不成熟性特征对其违法犯罪活动有直接影响，例如兴奋、抑制的不平衡，易引发未成年人冲动、莽撞、实施某些暴力行为；青春期性生理的急剧变化，引发的性冲动、性渴求、性犯罪；未成年人独立意识的发展与认知水平较低的冲突，可能导致其不分好坏，结交不良朋友，抵制成人的指导，参加违法犯罪团伙等等。而且未成年人是人生当中生理、心理发展变化十分急剧的时期，尤其是在 3 岁左右，11、12 岁左右的生长发育高峰期，几天不见就会变个样，因此保护未成年人健康成长，预防未成年人犯罪是一个极为复杂的科学问题，这方面的研究还很浅薄，人类在这一领域的认识空白、盲点还很多，我们一方面不能等，要当机立断把已有

的成功经验与研究成果上升为法律，积极为当今社会的稳定、繁荣、发展服务，另一方面一定要实事求是，讲科学，加强研究，鼓励探索，不断提高与完善我国预防未成年人犯罪的理论与法律体系，因此加强研究的规定是有战略远见的科学规定，构成我国预防未成年人犯罪法总纲统率全局的基本规定的一个组成部分。

第5条要求注意未成年人中不同年龄的生理、心理特点。明确规定加强青春期教育、心理矫治、预防犯罪对策三方面的研究，也为理论与实际部门的研究、探索、创新指出了重点与方向，规定了课题与任务。

总则是《预防未成年人犯罪法》的纲，纲举目张，这个纲规定的五条是非常重要的，需要实际工作者、法制宣传者、理论研究者认真学习、体会，当然一部创新制定的新法，总纲中是否还有一些需要规定的重要原则与内容，有待在执法实践与进一步的理论研究中再作思考。

论我国未成年人犯罪预防体系 *

《中华人民共和国预防未成年人犯罪法》第二章至第六章,依次规定预防未成年人犯罪的教育,对未成年人不良行为的预防,对未成年人严重不良行为的矫治,未成年人对犯罪的自我防范,对未成年人重新犯罪的预防。这五章根据未成年人犯罪发展过程的阶段性规律及其主客观作用,规定了预防未成年人犯罪的五个方面,形成一个体系,具有我国社会主义特色,总的反映在完整的体系结构之中,更突出反映在预防犯罪的教育与未成年人对犯罪的自我防范这二章中。

一、 预防犯罪教育是预防未成年人犯罪的基础与前提

本法第二章预防未成年人犯罪的教育,这实际上包含两个层次,一个层次是面向全体未成年人的,还有一个层次是针对有犯罪危险与倾向的未成年人。预防未成年人犯罪的教育是全面提高未成年人素质的有机组成部分,集中体现总则立法宗旨中关于保障未成年人身心健康,培养未成年人良好品行的精神,这是预防未成年人犯罪的基础与前提,具有中国社会主义的特色,在理论与实践上都有十分特殊的意义。这一章共有 8 个条文。

(一)预防犯罪教育的内容与目的

预防未成年人犯罪教育要全面、系统地进行,第 6 条规定:"对未成年人应当加强理想、道德、法制和爱国主义、集体主义、社会主义教育。对于达到义务教育年龄的未成年人,在进行上述教育的同时,应当进行预防犯罪的教育。"本法从预防犯罪的特定角度考虑,规定对所有未成年人加强理想、道德、法制和爱国主义、集体主义、社会主义教育是有理论依据和针对性的,理想是一种追求、一种内在的动力与鞭策力量,正确的、符合社会需要的理想是抵制不良影响、预防犯罪的根本力量;道德与法律是是非善恶的标准,是人的行为基本准则,都是制约犯罪的重要力量;爱国主义、集体主义、社会主

---

* 原载《青少年犯罪问题》1999 年第 6 期。

义是社会主义精神文明与人的素质的基础性要求。上述这些教育不是直接预防犯罪的教育,但是都是怎样做人的教育,是人的素质教育的重要组成部分,对抵制消极不良影响,预防犯罪具有极其重要的作用。考虑到犯罪人的主观因素,法律规定直接的预防犯罪教育从达到义务教育年龄开始。

预防犯罪教育的内容是由其目的决定的,第6条第2款规定的目的是增强法制观念;懂得违法犯罪行为对个人、家庭、社会的危害;违法犯罪行为应当承担的法律责任;树立遵纪守法和防范违法犯罪的意识。教育内容要根据目的在实践中不断探索、创新,使内容逐步具体化、规范化,有的内容在本法的后面条文中还有规定。

(二) 学校是贯彻、实施预防犯罪教育的主力与基地

从本法所作的规定分析,学校在预防未成年人犯罪教育中承担主要责任,这一章8个条文中至少有5个条文直接关系到学校,可见学校在预防犯罪教育中的重要地位。这一方面是由于预防犯罪教育是从达到义务教育年龄开始,另一方面也是由学校的性质与教育优势所决定的。学校承担预防犯罪教育的主要责任使预防犯罪教育的贯彻落实有基本的保证。具体规定有以下方面:

1. 纳入教学计划

第7条规定,学校应当将预防犯罪的教育作为法制教育的内容纳入学校教育教学计划,这是预防犯罪教育正规化、规范化,并能长期坚持的保证。

2. 教育的内容与形式

在本法第7、8两条中,对预防犯罪教育的内容与形式作了基本的规定,这就是"结合常见多发的未成年人犯罪,对不同年龄的未成年人进行有针对性的预防犯罪教育"。根据有关统计,90年代以来多发的未成年人犯罪依次为:盗窃、抢劫、性犯罪、伤害、诈骗。由于犯罪的动态变化,对正在发展并具有巨大危险的犯罪类型也必须给予足够的重视。考虑到不同年龄的理解、接受能力与面临的问题有重大差异,教育的内容与重点也应该不同。

学校的预防犯罪教育不能限于课堂教学,还要结合实际举办多种多样的活动,如展览会、参观、案例评析、模拟审判等。

3. 学校考核

第8条规定,教育行政部门应当将预防未成年人犯罪教育的工作效果作为考核学校工作的一项重要内容。

4. 聘请外援

预防未成年人犯罪教育具有一定的专业性,为了提高实际效果、加强学校实力,学校可以在教学、科研以及实际部门聘请有关教师。第 9 条规定学校应当聘请从事法制教育的专职或者兼职教师。学校根据条件还可以聘请校外法律辅导员。

5. 主动与家长等配合

为了取得父母的支持与配合,预防犯罪法专门规定学校有责任在对学生进行预防犯罪教育时,应当将教育计划告知未成年人的父母或者其他监护人。

此外第 12 条还有 1 条与职校、有关单位有关的规定,这就是对于已满十六岁不满十八岁准备就业的未成年人,职业教育机构、用人单位应当将法律知识和预防犯罪教育纳入职业培训的内容。

（三）父母及有关方面要承担配合进行预防犯罪教育的责任

学校承担预防犯罪教育的主要责任,但是并不是其他方面就可以不管,根据第 7、8、10、11、13 条规定,首先是"未成年人的父母或其他监护人对未成年人负有直接责任",他们应当结合学校预防犯罪教育的计划,针对未成年人的具体情况进行教育。其次,教育行政部门有实施、考核预防犯罪教育的责任,司法与教育行政部门、共青团、少先队"应当结合实际,组织、举办展览会、报告会、演讲会等多种形式的预防未成年人犯罪的法制宣传活动"。再次"少年宫、青少年活动中心等校外活动场所应当把预防未成年人犯罪的教育作为一项重要的工作内容,开展多种形式的宣传教育活动"。

最后在这一章还规定"城市居民委员会、农村村民委员会应当积极开展有针对性的预防未成年人犯罪的法制宣传活动。"

二、 对未成年人不良行为的预防与对严重不良行为的矫治

这是预防未成年人犯罪的中心内容、关键部分,仅从条文的数量看,第三章对未成年人犯罪的预防规定就有二十条,几乎相当于一、二、五、六章条文总数,如果加上第四章对严重不良行为的矫治规定的六条,两章的条文占整部法律的五分之二以上。

（一）本法对不良行为与严重不良行为的界定

第 14 条规定的不良行为有:

1. 旷课、夜不归宿;

2. 携带管制刀具；

3. 打架斗殴，辱骂他人；

4. 强行向他人索要财物；

5. 偷窃，故意毁坏财物；

6. 参与赌博或者变相赌博；

7. 观看、收听色情、淫秽的音像制品、读物等；

8. 进入法律、法规规定未成年人不适宜进入的营业性歌舞厅等场所；

9. 其他严重违背社会公德的不良行为。

从上面规定的9种不良行为看，不良行为是一种严重违背社会公德的行为，有的还违反行政、治安法规，具有一定的社会危害性的轻微违法犯罪行为。

严重不良行为是比不良行为的社会危险性更严重的、但尚不够刑事处罚的违法行为，这些行为有三类：一类是违反行政、治安法规；一类是轻微犯罪，如偷窃、结伙滋事等；还有一类是犯罪由于年龄小不承担刑事责任的行为，如盗窃、传播淫秽制品等。本法第四章第34条规定以下九种严重不良行为：

1. 纠集他人结伙滋事，扰乱治安；

2. 携带管制刀具，屡教不改；

3. 多次拦截殴打他人或者强行索要他人财物；

4. 传播淫秽的读物或者音像制品等；

5. 进行淫乱或者色情、卖淫活动；

6. 多次偷窃；

7. 参与赌博，屡教不改；

8. 吸食、注射毒品；

9. 其他严重危害社会的行为。

从上述不良行为与严重不良行为比较中可以看出，除不良行为中的第一种与严重不良行为中的第八种比较特殊外，严重不良行为都是不良行为进一步发展的严重表现形态。

（二）对未成年人不良行为预防的关键意义及理论剖析

未成年人走上犯罪道路一般都有一个逐步发展的过程，从接受不良影响，到思想、需要、交友偏离、进一步产生偏差行为、不良行为，最后走上违法犯罪。在这当中，从不良意识与需要、交友偏离发展到不良行为，是未成年人走向犯罪进程中的关键的飞跃,这是一个重要环节,通过这一关未成年人行为的危害性就加速向犯罪发展,到了严重不良行为的程度就离犯罪只有半步之遥了。因此从理论上分析,把住这一关在预防犯罪上具有极其重要的意义。

　　大量未成年人犯罪证明,不良行为与严重不良行为是违法犯罪行为的开始或违法犯罪行为发展过程中的一个阶段,从《刑法》的规定中可以看到不良行为与严重不良行为的影子,例如《刑法》第五章侵犯财产罪中第263条抢劫罪,第264条盗窃罪,第267条抢夺罪,第268条聚众哄抢罪,第275条故意毁坏财物罪,第六章妨害社会管理秩序罪第一节扰乱公共秩序罪中第290条第1款聚众扰乱社会秩序罪,第291条聚众扰乱公共场所秩序、交通秩序罪,第292条第1款聚众斗殴罪,第293条寻衅滋事罪,第297条非法携带管制刀具参加集会、游行、示威罪,第301条聚众淫乱罪,与同一章第九节中第364条第1款传播淫秽物品罪等等,都包含着不良行为与严重不良行为的某些重要构成特征。所以预防不良行为与矫治严重不良行为不是消极的针对犯罪,而是积极的保护社会、保护青少年,包括具有不良行为与严重不良行为的未成年人自己。

　　预防不良行为在犯罪预防中的重要意义还在于,行为与思想、需要、交友比,具有显露性和可操作性的标准,使人们在未成年人犯罪还处在萌芽状态时及时观察、评价与发觉,并采取有效的针对性措施,这就等于切断了犯罪发展的这根链条,能达到预防犯罪、保护未成年人之目的,取得事半功倍的效果。

　　(三) 预防未成年人不良行为的对策

　　不良行为,根据其性质与危害程度,《预防未成年人犯罪法》规定的主要对策是教育管理,可以分解为以下几个方面,法律特别关注加强家庭在教育管理中的责任。

　　1. 父母或其他监护人方面

　　法律十分关注父母与其他监护人在预防未成年人犯罪中的特殊作用,第三章共20条至少有9条是规定父母责任的,可见在预防未成年人不良行为方面,父母比其他方面负有更多责任,具体说有:

　　(1) 教育责任。第14、15条规定父母或其他监护人应当教育未成年人不得有本法规定的九种不良行为以及不得吸烟、酗酒;第21、22条规定父母离异或继父母、养父母对子女都有教育的义务和预防犯罪方面的职责。

（2）监护责任。第19、20条规定不得让不满十六周岁的未成年人脱离监护单独居住，不得放任不管或迫使其离家出走，放弃监护职责。

（3）查找、请求帮助。第16、20条规定未成年人擅自外出夜不归宿或离家出走的，其父母或其他监护人应当及时查找，或者向公安机关请求帮助。

（4）制止与报告。第17条规定发现未成年人组织或者参加实施不良行为的团伙的，父母或其他监护人应当及时予以制止，发现该团伙有违法犯罪行为的，应当向公安机关报告。第18条还规定发现有人教唆、胁迫、引诱未成年人违法犯罪的，也应当向公安机关报告。

2. 学校方面

（1）教育责任。根据第14、15条规定与家长一起承担教育责任。第23条规定对有不良行为的未成年人应当加强教育、管理，不得歧视。

（2）查找与请求帮助。第16条规定中小学生旷课的，学校应当及时与其父母或其他监护人取得联系，寄宿制学校未成年学生擅自外出夜不归宿的，应当及时查找或向公安机关请求帮助。

（3）制止与报告。根据第17、18条规定，学校与父母一样，发现未成年人组织或参加实施不良行为的团伙，应当及时予以制止，发现该团伙有违法犯罪行为的，或发现有人教唆、胁迫、引诱未成年人违法犯罪的，应当向公安机关报告。第16条还规定收留夜不归宿的未成年人应当征得其父母同意或者在24小时内通知其父母、学校或及时向公安机关报告。

（4）指导教师与家长。第24条规定学校应当举办各种形式的讲座、座谈、培训等活动，针对未成年人不同时期的生理、心理特点，介绍良好有效的教育方法，指导教师、未成年人的父母和其他监护人有效地防止、矫治未成年人的不良行为。

（5）解聘或辞退。第25条规定，对于教唆、胁迫、引诱未成年人实施不良行为或者品行不良，影响恶劣，不适宜在学校工作的教职员工，学校应当予以解聘或者辞退；构成犯罪的，依法追究刑事责任。

3. 公安方面

对未成年人不良行为的预防这一章中涉及公安方面有6条，其中有3条是接受请求或报告。还有3条，第18条规定接到报告后，应当及时依法查寻,未成年人人身安全受到威胁的,应当及时采取有效措施,保护其人身安全。第27、28条规定公安机关应当加强中小学校周围环境的治安管理,及时制止、处理中小学校发生的违法犯罪行为,公安派出所应当掌握本辖区内暂住人口中未成年人的就学、就业情况。对于暂住人口中未成年人实施不良行为的,应当督促其父母或者其他监护人进行有效的教育制止。

4. 教育行政、文化出版、广播影视、工商等其他方面

第24、25条规定教育行政部门与学校一起有指导教师、家长以及解聘不宜在学校工作的教职员工的责任。

第27、28条规定城市居民委员会、农村村民委员会应当协助或者与公安机关一起维护中小学周围的治安,掌握辖区内暂住人口中未成年人就学就业情况,督促有关家长教育、制止其子女实施不良行为。

第26、33条规定禁止在中小学校附近开办营业性歌舞厅、营业性电子游戏场所以及其他未成年人不适宜进入的场所,上述场所应当设置明显的未成年人禁止进入标志,不得允许未成年人进入(营业性电子游戏机场所在国家法定节假日除外)。对于难以判明是否已成年的,可以要求其出示身份证件。

第30、31、32条规定以未成年人为对象的出版物以及广播、电影、电视、戏剧节目,都不得含有诱发犯罪或有渲染暴力、色情、赌博、恐怖活动等危害未成年人身心健康的内容,有关行政部门必须加强对广播、电影、电视、戏剧节目以及各类演播场所的管理。任何单位和个人不得向未成年人出售、出租含有上述内容的读物、音像制品或者电子出版物,也不得利用通讯、计算机网络等方式提供上述内容及其信息。

本章第29条还特别强调规定任何人不得教唆、胁迫、引诱未成年人实施本法规定的不良行为,或者为未成年人实施不良行为提供条件。

(四) 对严重不良行为矫治的手段、措施

本法第四章除明确规定九种严重不良行为外,在第35至39条还规定了处置严重不良行为的办法,主要有:

1. 及时制止,严加管教。对未成年人实施本法规定的严重不良行为的,应当及时予以制止,其父母或其他监护人和学校应当相互配合,采取措施严加管教。因不满16周岁不予刑事处罚的,责令其父母或其他监护人严加管教。

2. 工读教育。对有严重不良行为的未成年人可以送工读学校进行矫治接受教育。送工读学校应当由其父母或其他监护人，或原所在学校提出申请，经教育行政部门批准。工读学校应当严加管理和教育，除按照义务教育法的要求，在课程设置上与普通学校相同外，应当加强法制教育的内容，针对未成年人严重不良行为产生的原因及其心理特点，开展矫治工作。家庭、学校应当关心、爱护在工读学校就读的学生，尊重他们的人格尊严，不得体罚、虐待和歧视。毕业后在升学就业等方面，同普通学校毕业有同等的权利，任何单位和个人不得歧视。

3. 治安处罚。未成年人实施违反治安管理的严重不良行为，由公安机关依法予以治安处罚。因不满 14 周岁或情节特别轻微免予处罚的可以予以训诫。

4. 收容教养。因不满 16 周岁不予刑事处罚的，在必要的时候可以由政府依法收容教养。收容教养期，执行机关应当保证其继续接受文化知识、法律知识或者职业技术教育；对没有完成义务教育的未成年人，应当保证其继续接受义务教育。解除收容教养、劳动教养的未成年人，在复学、升学、就业等方面与其他未成年人享有同等权利，任何单位和个人不得歧视。

三、 未成年人对犯罪的自我防范是具有我国特色的独创规定

犯罪预防是国际社会共同关注的问题，国外通常着眼于环境、条件方面的预防，缺乏对未成年人本身的关注，他们往往把未成年人看成是被动消极的被保护主体，没有充分考虑未成年人的独立性、能动性、创造性，因此预防未成年人犯罪不注意发挥未成年人自身在预防方面的主观能动性，其结果是外在的方方面面花大量人力、物力加大保护，反而使有不良行为的未成年人放松自己、有恃无恐、缺乏责任心，保护成了纵容，甚至加剧了未成年人的游离情绪、逆反心理，增加了未成年人与社会的隔阂、对立。马克思主义理论与社会主义制度的特点，尊重未成年人的独立性、主动性，认为这个特殊的群体是能动的主体，他们的能动性、创造性是必须尊重的，其能量也是不可估量的，随着年龄的增长，社会阅历的丰富，这种独立性、创造性、能动性的水平与作用、影响将越来越大，我国预防未成年人犯罪重视而且充分考虑未成年人的自身的能动性，专门规定一章是具有我国社会主义特色的创新。

未成年人犯罪的主要原因通常是与外在因素的腐蚀、诱惑、影响分不开

的,但是也与未成年人的思想、认识、情感、需要、意志等主观方面的因素有密切联系,刑法上主观方面的故意或过失就是犯罪构成必不可少的要件。因此,从原因上考虑预防未成年人犯罪只考虑外在条件、因素也是不全面的。

未成年人对犯罪的自我预防这一章规定有 4 条。主要内容有:

(一)自我防范的含义与内容

第 40 条规定实际上确定了自我防范的范围与内容,包括三个方面:

1. 明辨是非,遵纪守法。正确认识是正确行为的前提,没有明确的是非、好坏、对错的认识与标准,在复杂的社会生活与交往中,是非常危险的。因此对未成年人必须加强学习与教育,提高其认识能力。未成年人只有明辨是非,学法懂法,才能自觉地遵守法律、法规及社会公共道德规范,避免和预防各种罪错。

2. 自尊自律,自我保护。自尊、自律、自强都是一种自身品质素养的要求,是约束自己、防止不良行为的一种内在力量,"三自"当中自律在预防未成年人犯罪中尤其重要,具有直接防止、减少不良行为与违法犯罪的作用。有条件、有分寸的、符合社会规范、社会进步与人际良好交往的自尊、自强都是未成年人的良好品质,反之,过分的自尊也会走向反面,成为不良的品质素养。自我保护作为未成年人对犯罪自我防范的内容,是指防止未成年人受外在因素的腐蚀、侵害、欺骗、逼迫等而走上违法犯罪道路的重要意识与能力,例如未成年人生活无着,在外流浪,进行偷窃;被迫辍学,接触外在不良影响或受人欺骗,实施违法犯罪行为;受人胁迫,实施危害行为等。未成年人在明辨是非、自尊自律的基础上,学习与掌握依靠自己或家长、学校、政府、有关部门,依法采取合适的、有效的办法、手段、措施,保护自己的合法权益,避免受害,预防不良行为的发生。这是未成年人对犯罪的自我防范的不可轻视的重要组成部分。

3. 自觉抵制,防止受害。自觉抵制各种不良影响以及违法犯罪的种种诱惑,是未成年人对犯罪的自我防范的高层次、高要求,是未成年人认识、觉悟、意志成熟的表现。在当今社会生活极其复杂的情况下,净化社会或把未成年人与社会的不良影响、丑恶事物完全隔绝都是不现实,也是不可能的,而识别不良影响与各种丑恶事物,具有自觉抵制不良影响、丑恶事物与各种诱惑的能力,是未成年人最积极、最根本、最有效的自我防范。

自我防范是我国《预防未成年人犯罪法》有所创新、有所突破的规定，重点在于有针对性地提高未成年人自身对犯罪与预防犯罪方面的认识、素养、能力、技巧等综合素质，这一章与第二章预防未成年人犯罪的教育相结合，能充分调动未成年人自身的积极性与能动性，使我国犯罪预防体系具有主动积极、全面进攻的特色。

（二）未成年人对犯罪自我防范的三项权利与相应的三项保障

本法规定未成年人为了实现自我防范，在碰到问题与危险时，有请求保护权、自主报告权、不受报复权，相应的法律还规定有关部门为保障这些权利必须提供保证，这是国家为未成年人实现对犯罪的自我防范提供的有力保障，使自我防范与国家权力保障结合起来，具有最佳效果。

请求权的规定是，被父母或其他监护人遗弃、虐待的未成年人，有权向公安机关、民政部门、共青团、妇联、未成年人保护组织或学校、城市居委会、农村村委会请求保护。同时规定被请求的上述部门和组织都应当接受，根据情况需要采取救助措施的，应当先采取救助措施。

自主报告权的规定是，未成年人发现任何人对自己或者对其他未成年人实施本法第三章规定不得实施的行为或者犯罪行为，可以通过学校、父母或其他监护人，也可以自己向公安机关或者政府有关主管部门报告。同时规定受理报告的机关应当及时依法查处。

不受报复权的规定是，对同犯罪行为作斗争以及举报犯罪行为的未成年人，司法机关、学校、社会应当加强保护。

四、 对未成年人重新犯罪的预防

预防重新犯罪在预防未成年人犯罪中具有特殊意义，因为未成年人第一次犯罪通常是由于年轻、社会阅历浅，偶尔失足、恶习不深，比较容易矫治改造。国内外许多研究证明，未成年人第一次犯罪被发现后，及时矫治容易取得良好效果，改造好了是浪子回头金不换，在我国这方面的数据和实例都是很有说服力的，这样做显然对社会的长期安全稳定也是十分有利的。相反，第一次没有处理教育好，二进宫、三进宫后越变越坏，改造好这些人难度就很大，一旦重新回到社会大量作案、作大案，甚至成为累犯惯犯，对社会带来长期的威胁与危害，由此可见预防重新犯罪的重要性。

重新犯罪的预防是以未成年人已经犯罪被揭露为前提的，故其预防就集中在审判、处置其犯罪以及其回归社会的过程中进行教育、挽救、感化,使其认罪悔过,认识危害,剖析原因,接受教训,真正洗心革面,不再去犯罪,这是一项专业性强、复杂细致的工作。本法第六章一共有五条规定,具有严格的程序性。

首先是在第44条,重申对犯罪的未成年人追究刑事责任,实行教育、感化、挽救方针,坚持教育为主、惩罚为辅的原则,这是根据未成年人犯罪的特殊性,规定了与处理成年人完全不同的方针、原则,从总的方面体现了预防为主的指导思想。在第二款规定司法机关办理未成年人案件,应当保护诉讼权利,得到法律帮助的权利,要根据未成年人的生理、心理特点和犯罪,有针对性地进行法律教育。

我国刑事诉讼法规定"未经人民法院依法判决,对任何人都不得确定有罪",但是有的学校只要未成年人受到刑事强制措施,就取消其学籍,这是侵害未成年人权利的,在第44条第3款针对现在不少学校对罪错学生往往在法院尚未判决有罪之前就取消学籍的错误做法作了专门的规定。

其次对人民法院审理未成年人犯罪案件贯彻上述方针原则,与已公布的有关法律一致作了少年法庭审理等特殊的规定,其中对不得披露涉及未成年人个人的有关资料的规定没有限定只是在法院判决前,这比其他现有法律或以前的同类法律又进了一步。

再次对被拘留、逮捕和执行刑罚的未成年人贯彻教育预防作了具体规定,特别明确规定对没有完成义务教育的未成年犯,执行机关应保证其继续接受义务教育。

最后对不满18周岁而不予刑事处罚、免予刑事处罚、判处非监禁刑罚、判处刑罚宣告缓刑、假释以及刑罚执行完毕的未成年人,规定有关方面应当采取有效帮教措施,做好教育、挽救工作,而后在复学、升学、就业等方面与其他未成年人享有同等权利,任何单位和个人不得歧视。

论《预防未成年人犯罪法》的法律责任 *

　　法律的强制性是法律的重要特征之一,国家通过一定的程序制定法律,规定了人们在各种不同情况或条件下享有的权利和应当履行的义务,例如规定人们允许做什么,必须做什么,禁止做什么等等,也就是说明确是非、规范行为,要求人们严格执行法律规定的要求。如果有人没有履行法律规定必须尽的义务或者做了法律禁止的行为,这就构成违法,法律规定违法者要承担法律责任,受到法律的制裁。法律的这种强制性是法律规范实施的重要保证。

　　法律责任是多种多样的,可以是教育的,可以是经济的,也可以是民事的、行政的,甚至是刑事的,一般说不同性质的法律有与之相应的不同性质的法律责任或强制手段。《预防未成年人犯罪法》的法律责任规定也是与本法的性质、特点分不开的,它具有一定的特殊性,是学习研究与贯彻本法必须认真关注的重要问题。

一、《预防未成年人犯罪法》法律责任的特殊性

　　《预防未成年人犯罪法》不是对未成年人不良行为的处罚法,正如前文已指出的从本质上说是一部特殊的未成年人保护法,它明确界定未成年人不良行为、严重不良行为,但对未成年人来说主要是教育、警示、指导,而对家长、学校、社会、国家机关有关部门则是具体规定了加强教育、管理、保护未成年人,预防其违法犯罪的责任。显然这些法律责任主要都是对未成年人的要求与约束,自觉遵守与执行这些法律规范就是国家的希望,否则国家就以其特有的权力对抗拒、违背、破坏的行为加以制裁,保证法律规范得到实施。

　　其次,预防法的特点决定了法律期望把犯罪控制在发生之前,这种要求建立在对犯罪的发生、变化规律的科学研究上,建立在犯罪结果发生的可能

---

　　* 原载《青少年犯罪问题》2000 年第 1 期。

性上,因此法律责任不可能像行为结果确定的情况下那样划一、确定、刚性,加上预防犯罪法作为一个新的领域在理论研究和实践经验方面都还不够丰富与成熟,要求作出理想化的地位过于具体、可以全部对号入座的规定是不可能也是不科学的,例如未成年人不良行为与家长的教育不当或放任肯定有关,第14条规定家长应当教育子女不得有不良行为,但是教育多少? 是否得当? 是否出现违法犯罪的实际后果? 有的情况比较复杂;有的要看发展;有的一时难以准确判定;有些是不发生后果不会发现的;也有一些后果是一时半会看不出来的,因此很难就此简单地作出法律责任规定,需要在实践中不断研究,积累经验,逐步充实完善或通过实施细则加以具体化。超出现实可能作出不成熟、不科学的法律责任规定可能使有些人的合法权益受到不应有的侵害,因为未成年人犯罪是一个原因、因素十分复杂的现象,实际上有的家长充分尽到了教育子女的责任,但是子女在社会不良影响下走上了犯罪道路,父母的一切努力白费,既痛苦又无奈,如果简单规定只要子女犯罪就要父母承担法律责任,既不科学也不公正,实际上就侵犯了父母的合法权益,这是社会主义法治所不允许的。

法律规定有多种功能,在一部法律、一个条文中,不可能体现全部功能,有的只提出原则,有的只提供标准,有的只是一种警告,有的对某一种行为明确禁止等。有关法律责任的规定,有的由本法直接规定,也有由相关法作规定,也有借用其他法处理,即使由本法直接规定的,也要根据每个条文的具体规定内容作出或不必要作出相应责任规定。

二、《预防未成年人犯罪法》法律责任的多种规定形式

《预防未成年人犯罪法》法律责任的规定具有多种形式,大体有以下几种情况:

1. 在作出行为规定的同时已有处置或责任的规定。例如第25条规定,对于教唆、胁迫、引诱未成年人实施不良行为或者品行不良,影响恶劣,不适宜在学校工作的教职员工,教育行政部门、学校应当予以解聘或者辞退;构成犯罪的,依法追究刑事责任。这一规定对违法行为的构成作了明确的规定,违法者应当承担什么责任,受到什么处罚,由哪个部门执法,规定得清清楚楚。显然在其他地方不需要再重复规定。

2. 法律条文规定的内容决定了不需要作承担违法责任的规定,这在本

法中有多种情况，例如在未成年人犯罪的自我防范这一章中，有的条文是给未成年人提出自我防范、自我保护的要求与内容，没有强制未成年人承担具体义务的要求，相应的也不必有承担法律责任的规定；有的条文是法律保障未成年人实现自我防范赋予未成年人的权利，未成年人可以根据情况与需要决定使用或不使用这些权利、怎样使用权利，因此对未成年人不存在规定法律责任问题；还有像第9条的情况，条文后一部分规定"学校根据条件可以聘请校外法律辅导员"，法律规定本身就不是强制性的，当然也没有必要规定法律责任。

3. 针对本法的一个条文规定，在法律责任这一章中相应的也有一个条文作出违反前一条规定应当承担的法律责任，例如第七章法律责任这一章中，第50条、第51条、第52条、第53条就是分别针对违反第18条、第19条、第30条、第31条应当承担法律责任、受到什么惩处的规定。

4. 在法律责任这一章中，不是针对前面一个条文而是就一个方面规定了违法者应当承担的法律责任，只要违反了前面有关这方面的规定均按此条文规定处置，例如第49条规定了父母违反本法应当承担的法律责任就是这种形式。

5. 本法有限制、禁止或必须实施某些行为的明确规定，但违法时依据有关法处置，例如有的条文规定"构成犯罪的，依法追究刑事责任"，这就是说有的行为已不是预防犯罪而是犯罪的问题，就应当按照刑法处理；还有在本法中没有明确指出依据什么法承担违法的法律责任的，例如规定对于已满14周岁不满18周岁未成年人犯罪案件一律不分开审理；对未成年人犯罪案件，公开出版物不得披露该未成年人姓名等；对于被采取刑事强制措施的未成年学生，在人民法院的判决生效前，不得取消其学籍，等等，实际上也是需要依据其他有关法律法规来进行处理的。

当然由于我国少年法尚不完备，本法还有一些规定的法律责任确有空白，例如收留夜不归宿的未成年人，向未成年人出售烟酒等的法律责任，还需要逐步具体、充实完善。

可见对《预防未成年人犯罪法》法律责任的理解不能过于简单、机械，不能把法律责任等同于或归结为刑事法律责任，也不能仅从本法甚至只从本法的"法律责任"这一章中来理解或解决本法的法律责任问题，而是要过细地学习，要对有关法律作多方面的了解与研究。

三、《预防未成年人犯罪法》关于法律责任的专门规定

《预防未成年人犯罪法》第七章有"法律责任"的专章规定,共有八个条文,可以归纳为四方面的内容:

1. 父母或其他监护人违反本法规定,应该承担的责任。

这方面的规定有两条,一条是第49条规定父母或其他监护人违反本法,不履行监护职责或放任未成年人有不良行为或严重不良行为的,这涉及预防犯罪教育、对不良行为和严重不良行为预防等章中规定有关父母或其他监护人责任的许多条文,另一条是第50条规定父母或其他监护人违反本法第19条规定,让不满16周岁的未成年人脱离监护单独居住的,前者由公安机关对未成年人的父母或其他监护人予以训诫,责令其严加管教,后者由公安机关对未成年人的父母或其他监护人予以训诫,责令其立即改正。训诫是我国刑法规定对犯罪情节轻微不需要判处刑罚的人所采取的非刑罚处罚方法,是国家对该行为的一种具有教育性的谴责,根据本法的规定在谴责的同时要责令其严加管教或立即改正。

根据上述两条规定,(1)构成违法行为的条件:前者是未成年人的父母或其他监护人不履行监护职责或放任未成年人,产生了未成年人实施不良行为或严重不良行为的后果;后者是只要存在父母或其他监护人让不满16周岁的未成年人脱离监护单独居住的事实,不论未成年人是否有违法犯罪行为。(2)具有处置权力的部门是公安机关。(3)处置权限或违法者承担的法律后果只有两种,一种是对未成年人的父母或其他监护人予以训诫,责令其严加管教,另一种是对未成年人的父母或其他监护人予以训诫,责令其立即改正。

2. 公安机关违反本法应该承担的责任。

这方面只有一条,即第51条规定,公安机关工作人员违反本法第18条之规定,接到报告后,不及时查处或者采取有效措施,严重不负责任的,予以行政处分;造成严重后果,构成犯罪的,依法追究刑事责任。本法有不少涉及公安职责的条文,例如第16至18条、第20条有关发现问题向公安机关报告或向公安机关请求帮助的规定,第27、28条有关公安机关应当加强中小学生周围环境的治安管理及掌握暂住人口中未成年人就学就业情况的规定等,但大多没有直接的违法责任的规定,而依靠公安部门自身或其他有关部

门的管理、监督来保证。其中只有违反第 18 条有违法责任的专门规定，即第 51 条规定。

　　根据规定构成这一违法行为的条件是：(1)主体只能是公安机关的工作人员。(2)公安机关工作人员在接到未成年人的父母或其他监护人和学校发现有人教唆、胁迫、引诱未成年人违法犯罪的情况报告后，应当及时查处而没有及时查处，对未成年人人身安全受到威胁的应当及时采取有效措施而没有及时采取有效措施保护未成年人人身安全的，就构成违反本法第 18 条之行为，用法律术语说就是玩忽职守，行为主要是不作为。(3)应当承担的法律责任有两种情况，一种是不及时查找或采取有效措施，严重不负责任的，这种情况主要强调严重不负责而没有强调实际后果，给予的处置是行政处分。行政处分有警告、记过、记大过、降级、降职、撤职、留用察看、开除。另一种情况就是造成严重后果，构成《刑法》第 397 条玩忽职守罪。目前本法还没有对严重后果作出界定，根据《刑法》第 397 条结合本法第 18 条规定的内容看，造成未成年人实施重大犯罪或未成年人死亡、多人重伤等应该属于严重后果。玩忽职守罪的量刑幅度是三年以下有期徒刑或拘役；情节特别严重的是三年以上七年以下有期徒刑。

　　3. 其他有关部门、场所、人员违反本法的法律责任。

　　(1) 第 52 条有关违反不得出版含有诱发未成年人违法犯罪以及渲染暴力、色情、赌博、恐怖活动等危害未成年人身心健康内容出版物的规定(本法第 30 条)的法律责任。这一条有两款，第一款规定，如果违法出版了含有上述内容的出版物，由出版行政部门没收出版物和违法所得，并处违法所得的三倍以上十倍以下罚款；情节严重的，没收出版物和非法所得，并责令停业整顿或者吊销许可证。对直接负责的主管人员和其他直接责任人员处以罚款。这里必须指出构成本违法行为的主体可以是单位、部门，也可以是个人，对于单位违反本款规定的行为实行"双罚制"，即既处罚单位又处罚直接负责的主管人员和其他直接责任人员。关于暴力、色情以及情节严重的标准、对有关责任人员罚款的金额可参照有关法律、法规。第二款规定，制作、复制宣扬淫秽内容的未成年人出版物，或者向未成年人出售、出租、传播宣扬淫秽内容的出版物的，依法予以治安处罚；构成犯罪的，依法追究刑事责任。《中华人民共和国治安管理处罚条例》规定治安处罚有三种：警告、罚款、拘留。

（2）第53条有关违反本法第31条规定应当承担的法律责任。本条内容也有两款，第一款规定，向未成年人出售、出租诱发未成年人违法犯罪以及渲染暴力、色情、赌博、恐怖活动等危害未成年人身心健康内容的读物、音像制品、电子出版物的，或者利用通信、计算机网络等方式提供上述危害未成年人身心健康内容及其信息的，没收读物、音像制品、电子出版物和违法所得，由政府有关主管部门处以罚款。第二款规定单位有前款行为的，没收读物、音像制品、电子出版物和违法所得，处以罚款，并对直接负责的主管人员和其他直接责任人员处以罚款。这里只有一点需要说明，就是对违法者的处罚规定中没收物品、没收违法所得、罚款是三者同时一起用，执法者无权只选用其中一、二种。

（3）第54条关于放映或者演出渲染暴力、色情、赌博、恐怖活动等危害未成年人身心健康的节目的法律责任。本条规定，影剧院、录像厅等各类演播场所，放映或者演出渲染暴力、色情、赌博、恐怖活动等危害未成年人身心健康的节目的，由政府有关主管部门没收违法播放的音像制品和违法所得，处以罚款，并对直接负责的主管人员和其他直接责任人员处以罚款；情节严重的，责令停业整顿或者由工商行政部门吊销营业执照。

（4）第55条有关违反本法第33条的法律责任。第55条规定，营业性歌舞厅以及未成年人不适宜进入的场所、营业性电子游戏场所，违反本法第33条的规定，不设置明显的未成年人禁止进入标志，或者允许未成年人进入的，由文化行政部门责令改正、给予警告、责令停业整顿、没收违法所得，处以罚款，并对直接负责的主管人员和其他直接责任人员处以罚款；情节严重的，由工商行政部门吊销营业执照。按照这一规定，只要查明有不设置明显的未成年人禁止进入标志，或者允许未成年人进入的事实，不需要发生后果就构成违反本条规定的违法行为，对没有达到"情节严重"的一般违法单位、部门，也是适用"双罚制"；对违法单位或部门可以由文化行政部门根据情况选用责令改正、给予警告、责令停业整顿、没收违法所得等处罚，同时处以罚款。

4. 教唆、胁迫、引诱未成年人实施本法第14条、第34条规定之行为或为其提供条件者应该承担的法律责任。

本法第56条专门规定，教唆、胁迫、引诱未成年人实施本法规定的不良行为、严重不良行为，或者为未成年人实施不良行为、严重不良行为提供条件,构成违反治安管理行为的,由公安机关依法予以治安处罚;构成犯罪的,依法追究刑事责任。

四、 未成年人违反本法的法律责任

《预防未成年人犯罪法》是一部特殊的未成年人保护法,因此本法没有规定未成年人违反本法的法律责任,但是这并不意味着未成年人可以违反本法,而不承担任何后果。本法的宗旨是教育、保护未成年人健康成长,主动、积极地预防未成年人违法犯罪,可是未成年人违反本法,实施了不良行为和严重不良行为,甚至犯罪行为,怎么办? 可以适用其进行处置,我国还有其他多种多样的法律法规,如民法、治安行政法规、刑法等可以调整、处置这些行为,我国法律是一个统一、完整的体系。为了未成年人健康成长,为了社会的进步与发展,在已经迎来新千年曙光的今天,未成年人自身也要认真学习《预防未成年人犯罪法》,全面提高自己的素质、素养,包括法律素质与法制观念,才能为二十一世纪建设有中国社会主义特色的伟大、富强的祖国作出应有的贡献。

论《预防未成年人犯罪法》转化为
有效的预防实际活动*

1999 年 6 月 28 日全国人大通过并由国家主席公布了《中华人民共和国预防未成年人犯罪法》(以下简称《预防法》),比较全面、科学地对有关问题作出规定。现在《预防法》已经实施一周年了,上海市近期还在研究根据国家新颁布的法律及新情况、新问题修改《上海市青少年保护条例》,或开拓、创新制定新《条例》。法律法规只有为群众掌握、为群众实践,才能实现价值、产生结果。因此,怎样贯彻实施《预防法》,把《预防法》转化为政府有关部门、社会各行各业、广大群众协调的、规范的、可操作的实际预防活动,产生实际有效的预防效果,对社会安全稳定和经济发展、青少年健康成长真正起到保障、促进作用,应该成为我们首先关注的重要课题。

一、 应重点关注未成年人犯罪结构、手段、新类型的变化

20 年来,我们一直关注与强调未成年人犯罪的严重性、长期性,因为人们常常非常好心地,而实际上是表面地把一时一地犯罪的波动起伏中的下落,误认为未成年人犯罪已经出现稳定、好转、下降的转折或趋势,而没有仔细剖析其中种种因素、情况,从而冲淡了对 20 年我国未成年人犯罪总体数量呈持续上升的态势的认识。我个人预测这种趋势短期内还难以改变。这只要从法院审理未成年人刑事案件数的变化就可证明,尽管少年司法制度建立、刑事犯罪立案标准提高、刑法修改规定满 14 周岁不满 16 周岁的未成年人只对 8 种罪承担刑事责任,但是 80 年代每年平均审理未成年人刑事案件 2.5 万起到 90 年代每年平均已上升到 3.5 万起。

与上述数量增加相比,更重要、更危险的变化趋势是结构、手段变化的严重性,还不断出现犯罪新类型、新形态,这主要指:未成年人抢劫、杀人等严重犯罪数量大幅度增加,在未成年人刑事犯罪中占的比例提高;在盗窃犯

---

* 撰写于 2000 年。

罪中大要案数量和占的比例均大大提高；少女与小年龄罪犯增加；未成年人的预谋、团伙、智力型犯罪增加；未成年人绑架、弑父杀母、组织卖淫、抢出租车、计算机犯罪、贩卖毒品等未成年人犯罪新类型不断出现。

只有客观评断未成年人犯罪现状、变化趋势严重态势，才能认识颁布《预防法》的意义和价值，肯花力气、下功夫把《预防法》转化成预防犯罪的实际社会行动。

二、 应结合《预防法》与预防活动（行为）、法律预防与社会预防

未成年人犯罪是成因复杂、变化多端、涉及面广、很难预测的社会现象，因此，预防未成年人犯罪是一项非常困难的工作，理论与实践相结合制定一部专门法是非常必要、非常有价值的，在我国具有开拓创新的意义。但是认为有了法就能解决一切问题，或者希望法规定得十全十美、十分具体，我们一切照办就可以了。这都是不切实际的或者说是不可能的。法的作用要通过法的实施、法的意识深入人心、法对人们行为活动的指导约束、社会为实施执行法提供条件支持保证、人们实现法的目的所采取的实际步骤活动等实现的。《预防法》作为一部特殊的未成年人保护法，它有严厉禁止处置的刚性一面，还有大量需要社会预防实际活动支持、补充的一面。

事实上任何一部法不可能十全十美、天衣无缝，详细得什么问题、什么事都可以简单地对号入座。以"法无明文规定者不为罪"的刑法来说，刑法的理论与实践相对是比较成熟的，我国刑法的准备、研究、制定历时比较长，但是1997年大改后不久就发现新问题，对不上号，入不了座，1999年全国人大又通过修正案，因为1997年《刑法》虽然比较详尽，毕竟也只有452条413（4）个罪名。这说明，即使今天规定得很详细、很全面、很具体，但是犯罪现象在不断变化，明天出现了犯罪新情况、新手段、新类型，原来的规定又会有遗憾或不足。所以把话说到底，《预防法》的约束、控制、制裁作用不能转化为社会的有效预防活动，其作用是表面的、有限的，它只有与多种多样、具体的、有针对性的预防实际活动、手段、措施、方案、办法结合起来，才能收到预期的效果。

三、 实现可操作性预防实际活动的指导方针或原则

《预防法》在总则中规定，预防未成年人犯罪要政府领导、各方参与、各

负其责、综合治理，这是保证《预防法》转化为实际步骤并取得效果的关键。

要在理论上和认识上确立，把法律规定变为在实践中能够切实运转的周密有效地预防未成年人犯罪的社会活动，必须贯彻《预防法》规定的政府领导、综合治理的方针，把"政府领导、各方参与、各负其责、综合治理"这十六个字具体化，落到实处，具体说：

首先，要在转化为社会实际预防活动的每个环节上落实"政府领导"。政府是执行国家职能的庞大机器，有众多的机构、部门和领导、工作人员，贯彻落实《预防未成年人犯罪法》只是一项预防犯罪活动的实际操作，因此，政府领导必须落实到有具体、确定的机构部门，什么人领导负责，层层落实。否则只能是口头上、名义上的领导，实际上的空话、扯皮、推诿。领导不落实，法律转化为预防犯罪的实际活动也成为空话。

其次，落实"共同参与、各负其责"。国内外的经验证明，一个单位的事好做、好检查；多个机构联合行动、共同实施的事，由于认识、职能、利益、权力、物力、财力、考虑问题的角度等不同，问题就多，就难办。怎么解决这个问题，可行的办法就是针对所要解决的问题，确定需要参加的部门、单位，越实在越好，不给挂虚名，由于预防未成年人犯罪工作的长期性，每个部门、单位确定的专职或兼职人员都力求稳定或相对稳定，以便培训和保持对工作的熟悉、连贯、衔接；规定每个部门在特定预防活动中的角色定位，责任、权限，一定要解决承担预防未成年人犯罪的职责与承担本部门职责的结合、统一；制定联系、协调、转移、交接的制度，发生困难、矛盾、问题时，碰到哪类问题由什么部门、什么人作主负责，尽可能地有所预见作出规定；依法实现不同问题、不同情况下预防未成年人犯罪的共同参与、各负其责，是很复杂、很实际的社会系统工程，需要从实际出发研究、探索、创新、总结，有的部门已作为专门课题进行研究是非常有必要的。

最后，关于实现预防未成年人犯罪的综合治理，至少要做到以下几点。一是在科学评估未成年人犯罪的历史变化、现状、预测的基础上，提出综合治理的任务和目标；二是分解目标并据以建立较易构筑的具体的可以操作、能够实现的未成年人犯罪预防次级系统；三是制定分工、协作、检查的规范、制度，并保障人财物到位；四是九九归一，把所有子系统统一纳入总系统，实现综合治理、预防未成年人犯罪的总目标。

四、构筑、完善以预防不良和严重不良行为为中心的未成年人犯罪预防体系

《预防法》在第二—六章中,规定了教育预防、不良行为预防、严重不良行为矫治、自我预防、重犯预防,这五方面的预防构成一个比较严密的预防未成年人犯罪的体系。怎样按照"政府领导、各方参与、各负其责、综合治理"的精神,在社会实践中构筑并实现这个体系,就是防止未成年人犯罪的坚实屏障和有效防线。

怎样具体建立未成年人犯罪的预防体系,我们可以把它分解为三个层次,设想构筑三个预防未成年人犯罪的次级系统:

第一个层次是教育和自我防范系统,面向全体未成年人,是未成年人犯罪预防的基础,可以称之为未成年人犯罪预防第一次级系统。第一次级系统由政府的某一部门领导;明确以学校为主实施《预防法》第二章和第五章之规定;专题研究与实践探索创新相结合,形成一个有学校、家庭、社会有机结合、统一机制的未成年人预防犯罪教育系统;成为未成年人启蒙教育、法制教育、素质教育的重要组成部分。科学地确定未成年人犯罪预防教育的内容和要解决的问题。方法上要有重大改革创新,正面教育、时时处处、多种多样,国内外成功经验要总结、培训、推广,如参与式、家庭学校、电视社会公益广告,寓教于乐。

第二个层次是不良行为和严重不良行为的预防系统,面向危险青少年,是最直接、最见实效的预防未成年人犯罪的关键,可以称之为第二次级系统。

大量未成年人犯罪证明,不良行为与严重不良行为是违法犯罪行为的开始或违法犯罪行为发展过程中的一个阶段。未成年人走上犯罪道路一般都有一个逐步发展的过程,从接受不良影响,到思想、需要、交友偏离、进一步产生偏差行为、不良行为,最后走上违法犯罪。这当中,从不良意识与需要、交友偏离发展到不良行为,是未成年人走向犯罪进程中的关键的飞跃,这是一个重要关节,通过这一关,未成年人行为的危害性就加速向犯罪发展,到了严重不良行为的程度就离犯罪只有半步之遥了。从《刑法》的规定中可以看到不良行为与严重不良行为的影子,《刑法》规定中不少条款都包含着不良行为与严重不良行为的某些重要构成特征。因此,把住这一关在

预防犯罪、保护青少年、保障社会安全上都具有极其重要的意义。

预防不良行为在犯罪预防中的关键作用还在于,行为与思想、需要、交友比,具有显露性和可操作性的标准,使人们在未成年人犯罪还处在萌芽状态时能及时观察、鉴别与发觉,并采取有效的针对性措施,这就有利于切断犯罪发展的链条,达到预防犯罪、保护未成年人之目的,效率高,遗憾少,取得事半功倍的效果。

第二次级系统以公安部门或社会治安综合治理办公室或青保办领导,以社区为主建立预防未成年人不良行为专门工作小组,实施《预防法》第三章和第四章之规定。一发现有九种不良行为和九种严重不良行为的未成年人,就根据《预防法》有关规定及时有序地分别纳入有关部门和有关人员的工作视野、工作范围、工作计划,一项预防未成年人违法犯罪的活动就正常运作起来了。必须形成完整的运作规范、运作程序、运作内容与运作要求,也就是说每个环节什么人负责、怎样工作、效果记录、环节或方法的变更与转换、工作结束,都是一步一个脚印,分工明确、操作规范的。为此要组织一支经过培训的社会志愿工作者队伍。这个系统的预防措施、手段都是管理、保护性的,要保护未成年人的合法权益,尤其是要保护未成年人的隐私、人格尊严、前途发展。

第三个层次是重新犯罪的预防系统,它针对已经违法犯罪的青少年,防止他们重新犯罪,这个系统可称之第三次级系统。这个系统由监狱管理局领导,实施《预防法》第六章之规定。已有的慈善基金会及其建立的基地值得进一步总结、规范。

这三个亚系统能够操作运转,落到实处,未成年人犯罪预防的大系统就能实实在在地产生实效。

专题十二：未成年人保护制度的立法探索

应确立未成年人在法律上的
特殊独立权利主体地位[*]

一、 未成年人特殊的独立权利主体是保护立法的基点和出发点

《中华人民共和国未成年人保护法》是中国第一部综合性保护未成年人合法权益的专门法律，颁布实施已经 13 年了，对提高认识，推动我国未成年人保护工作，完善制度，积累实践经验，深化研究，发挥了巨大的历史作用。这 13 年是中国社会急剧发展、变化的 13 年，实践的开拓和理论研究的深入，也使我们认识不断进步，发现许多新情况、新问题，以及法律规定上不完善、难落实的问题和矛盾。随着 2004 年全国人大通过宪法修正案，增加了"尊重和保障人权"条款，全国人大又将《未成年人保护法》修订工作列入近期立法规划，我国《未成年人保护法》面临进一步完善、提高的时机和条件。根据联合国《儿童权利公约》和我国宪法修正案，对我国《未成年人保护法》作出符合时代要求的修改和取得创新与突破，是完善、健全我国社会主义法制的重要组成部分，对进一步改善和提高儿童权益保障有十分重要的意义。

未成年人保护法的核心、特点、关键是保护，这一点法律名称表述得非常清楚。但是，我国未成年人保护法是在上世纪 70 年代末开始启动的，早在 1979 年 6 月，中共中央宣传部、教育部、文化部、公安部、国家劳动总局、全国总工会、共青团中央、全国妇联等八单位在广泛调查了解情况的基础上，进行专门讨论研究，认为青少年违法犯罪"成为影响社会安全的一个突出问题"，为此向中央写了《关于提请全党重视解决青少年违法犯罪问题的报告》，同年 8 月中共中央就转发了这个报告并发出"从现在起，各级党委都要

---

[*] 撰写于 2005 年 4 月。

把加强对青少年的培养教育,包括解决其中极少数人的违法犯罪问题,放在重要议事日程上来"的通知。正是在这样的大背景下,国内也有一批学者、研究人员、实际工作者十分关注青少年问题,开展调查研究,撰写了不少有见地的论文,1980 年 3 月,共青团中央在北京主持召开"全国青少年保护法座谈会",旗帜鲜明地提出要研究与制定青少年保护法。与会代表热烈讨论我国青少年犯罪的现状和大幅度增加的原因和条件,认为制定青少年保护法规应着眼于保护广大青少年健康成长,教育、挽救、改造违法犯罪的青少年,以便把我国广大青少年培养成为社会主义的一代新人。但是当时我国刚刚从"四人帮"的阴影中解放出来,改革开放的形势还未出现,由于历史条件和传统刑法理论的影响和限制,我国《未成年人保护法》制定过程中在大的方向上已经比较明确,但是侧重于从未成年人违法犯罪的预防、控制、治理的角度思考保护的痕迹比较明显。因此,权益保护的指导思想、原则贯彻体现不全面、不彻底,影响了《未成年人保护法》的科学性、针对性、实践的可操作性。

我个人认为,《未成年人保护法》修改时在这方面要总结经验、进行反思,首先在理论认识上、法理上有进展与突破。理论认识上没有进展、创新、突破,未成年人保护法的修改也难有重大的进展,更说不上创新、突破,只能是就事论事的修改,科学创新、可操作性、实践效果都难有重大的进步或改善。现在已经看得清楚:保护未成年人合法权益的专门法律是否承认未成年人特殊独立的权利主体地位是一个关键,如何在法律上确立和体现未成年人特殊独立的权利主体地位,是最主要的指导思想问题,是一个具有理论指导、根本意义的课题。

确立未成年人保护法中未成年人特殊独立主体地位,就是真正承认未成年人是特殊的权利主体,其一,基于无论从保护力量还是从被保护对象考虑,未成年人都是有权利需要特殊保护又是具有主观能动性的活生生的社会主人;其二,基于未成年人既是独立的权利主体又存在自身主张权力不足的特殊性。这就是说,未成年人保护的理论依据不是建立在宽容照顾、怜悯同情或慈善救助对象上,也不把未成年人看成是单向地、只能被动接受保护的消极的物体或低级生命体。未成年人在复杂的法律关系调整中的特殊独立权利主体地位才是《未成年人保护法》立法的基点或出发点,承认未成年人是保护体系中的独立权利主体,而且是积极的能动的最重要的特殊的独立的权利主体,对制定完善的有创造性有针对性有实效性的法律,构建科学的严密的能动的未成年人保护体系至关重要。

二、 承认未成年人特殊的独立的权利主体地位的标志

承认未成年人是未成年人保护的特殊独立的权利主体,就是从未成年人尚未成熟不能像成年人那样有足够能力主张权利的特殊性出发,认识到而且要在法律上保障在未成年人保护法及其保护体系中,未成年人是与成年人有平等地位,享有平等权利,受到尊重有主观能动性,有发言权、参与权、符合其认知水平的决定权的公民,而不是把未成年人视为珍宝,成为消极被保护的接受者承受者,更不是形式上说是独立主体而实际上视为被圈养、被恩赐者。例如电脑的普及、深入到人类生产、学习、生活,互联网不断升级换代即将把人类带进真正的数字化时代,如果保护法只是考虑到害怕未成年人在网上可能会接触到各种各样消极有害的信息,于是片面地只考虑如何限制、取缔网吧,如何限制、控制未成年人进入网吧,而不是积极的更多地考虑如何改善管理、增加监控过滤设施、提高网吧的水平,提高网上内容的科学性和健康水平,提高未成年人的认知水平和自觉抵制力,让未成年人能更多更方便更安全更高水平地进入、使用网吧,提高驾驭电脑和互联网的能力与水平,那么,尽管出于保护而且用心良苦,其实质究竟是把未成年人看成独立主体的保护?还是把未成年人看成管束对象的"保护"?最终效果如何,值得研究与思考。

世界上万事万物都有两面性,人参大补元气,剂量过大或连续服用也会引起不良反应,甚至于中毒。美味人人喜爱,多吃也会伤胃,甚至带来各种疾病。什么事有负面影响就限制或禁止,未必都可称保护,更难说是唯一或最好的保护。我认为未成年人保护也一样,是未成年人的权利,真正的保护是针对其不能像成年人那样有足够能力主张权利的特殊性,充分发挥未成年人的能动性,发挥其本性、特长,其中有引导、帮助,当然包括消除侵害、辅以一定的限制等,但主要不是限制、抑压。

那么,怎样才算是承认未成年人特殊独立主体呢?

1. 承认未成年人特殊独立权利主体就一定要为未成年人保护设立专门机构。

未成年人是一个非常特殊的群体,非常特殊之一它是未来的强势群体,

因为未来是属于他(她)们的,他(她)们负有民族、国家、社会承袭发展兴旺的责任,他(她)们责任的重要性、天然性、无法代替性是独一无二的,能想象得出还有什么群体具有这样未来的强势吗? 可以肯定地说任何其他群体都是不可能有的。非常特殊的另一面就是,目前未成年人由于生理发展的自然规律,他(她)们又是一个对成人有很大依附性、重要性还没有变成现实社会性、自己的事和利益也还是处于说话不算数、决断无人听的状态下的弱势群体。未来擎天的强势群体而当前又处于生长幼弱、权益极易受到侵害的弱势群体是一对矛盾,是一对必须正确处理好、能够处理好的矛盾。因为他(她)们的健康成长关系到社会的进步发展与子孙后代的健康幸福,必须从理论上到实践上论述并承认未成年人特殊独立权利主体地位,认真保护并尊重未成年人的权益,才能使他(她)们成为能够胜任未来国家、社会建设发展大业的强势群体。

这就是必须承认未成年人特殊独立主体的理论依据,也是未成年人保护法立法者、研究者必须研究的理论和具有的理念、远见。为此,世界各国普遍建立多种形式的国家级和地方各级的少年儿童保护机构,主管这一涉及全局、关系到众多方面协调的未成年人权益保护问题,因为只有建立统一的权威的专门机构才能替不能充分主张自己权利的未成年人说话、办事、主张权利,名正言顺,胜任并做好这项难度大、涉及面广的工作。

机构问题之所以要作为一个重点单独提出来,是因为有了机构才真正有责任人,才有经费预算的保证,才有与时俱进的专业人才、职业人才、研究人员,才有高专业水平的实践、总结或研究成果。同时有专门机构才能调动和充分发挥福利机构、慈善机构、中介机构等其他机构的作用。

2. 承认未成年人特殊独立权利主体就要根据未成年人特点规定特殊政策、司法程序、处置手段、物质设施、特殊立法,以及特殊的权益优先规定。

特殊主体的特殊性就是未成年。承认未成年人的特殊权益不能只在口头上,而应该有法律的、物质的、具体措施的实际保证。未成年人是在成长过程中的人,是从自然人向社会人前进成熟进程中的人,因此,幼稚、单纯、片面性、冲动、好奇、模仿、陋习、违规、过错、犯罪等,都有与其生理、心理和认知发展发育水平相联系的因素、规律,尤其是过错从某种意义上说是难免的,就像小孩学走路总是在跌倒、站起的进程中成长起来一样,其中不少是人生发展长河中的浪花、旋涡、逆流,只要理解、合适工作,短暂经过,东流照旧。实践中常常会碰到这样的现象，一个未成年人听英雄事迹感动得流泪，同一个人在另一种场合受到不良影响却不顾后果实施不良行为甚至犯罪。经过调查研究证实，他受感动确实是他的真情实感，毫不虚伪，不顾后果实施不良行为也确实是他自己冲动情感支配下去干的，二者如此矛盾却都是真实地统一在未成年人的不成熟身上。因此，不能用成人的思维、理解、工作方法、政策去认识、判断、处置未成年人问题，而需要适合未成年人生理、心理、认知特点水平的特殊法、例外法作出特殊的规定，要有特殊的机构、特殊的政策、司法的特殊程序、违法犯罪处置的特殊方法手段，为解决特殊问题要有特殊的规定、特殊的物质设施等。我国 1991 年通过的《未成年人保护法》第五章司法保护中第三十八条规定"对违法犯罪的未成年人，实行教育、感化、挽救的方针，坚持教育为主、惩罚为辅的原则"，就是一条与成年人不同的、有突破性、体现根据未成年人特点给予的特殊法律规定，尽管还有待于更加具体化，其实际意义与指导价值已经得到多方面的体现。

但是，现在许多实践中、理论上已经证明非常重要、效果明显的经验、做法，例如未成年人特殊司法机构、特殊审判程序、社区矫正措施、刑罚替代手段等，仍停留在个别试点或大同小异、各试各的状态下，至今没有通过法律加以肯定、规范、统一、推广，从而阻碍了我国少年司法制度的建立、发展与完善。

3. 承认未成年人特殊独立权利主体就要把未成年人保护建立在自我保护基础上，具体规定"自我保护"的内容，确立"自我保护"在保护体系中的重要地位。

我国《未成年人保护法》规定了政府和司法保护、家庭保护、学校保护、社会保护等，这些都是外在力量、环境对未成年人的保护，这些保护是未成年人健康成长非常必要的、不可少的，但是，只规定外在力量、环境的保护，把未成年人仅看成被保护者是消极的、片面的。

当今实践和理论研究证明，未成年人成长进程中碰到的各种问题、矛盾，是与社会的复杂性、多元化分不开的，社会上不良事物与现象常常是闻所未闻、防不胜防，24 小时不间断的影视媒体信息网，既有丰富的科学文化知识，也有害人匪浅的暴力色情内容；丰富多彩、遍布角落、诱惑力极强的广告和商品，既丰富美化生活，又煽起贪婪淫欲；无处不在、无时不在的疏忽、矛盾、摩擦、纠纷、不满，有时是怎么想怎么防都想不到、防不到的。如此种种,家长、学校、司法机关能时时处处看得到、管得住吗? 而且还有良莠混杂或隐患尚藏而未露或有意隐藏的情况。因此,只有外在的多方面保护还是不完整、不安全、不可靠的,只有在承认未成年人是权利主体的前提下,把未成年人本身也作为积极能动的主体,发挥未成年人的参与能力、自我保护的主动性、积极性、能动性,才能以保持未成年人的良好素质"不变"来应对外在不良事物因素的"万变",才能变消极保护为积极保护。通过提高未成年人的全面的良好素质、正气,防止无孔不入、不断变化的不良事物的影响、冲击。主客两方面的有机结合,才能够保证未成年人保护形成一个完整的、积极的、科学的保护体系。

4. 承认未成年人特殊权利独立主体就要在有关保护涉及自己权益、关系未成年人命运的重大事件有符合其年龄认知能力的参与决策权。

未成年人是处在发育发展中的权利主体,随着年龄和认知水平提高,未成年人对自己成长命运、利益、责任的理解也愈多、愈深刻、愈理性,其中不同年龄、不同处境的人会对切身相关的问题真实反映不同的利益和要求。承认未成年人独立主体地位,就要在法律上有保证未成年人从立法层次到实际操作层次上,有参与决策自己命运或有重大切身利益事件的权利的规定。例如,有作为个人或代表或组织(由于未成年人生理、心理、知识等方面的局限性,一定要包括了解或研究不同类型、不同层次情况的专业代表、组织、团体等)参与讨论、听证、建议、表决的实质性规定与程序性规定,参与的人或量要有一定的广泛性、代表性、程序性、规范性,而不是形式的、点缀作秀的、或出于某个人或某一时的政绩、德政的需要。当前许多做法,没有足够时间、足够人数、足够论证、足以保证客观充分反映他们的意见或建议,这样的所谓参与实际上都属形式的、点缀的。

三、 几个重要、关键问题的立法思考

我国未成年人保护法应在坚持未成年人特殊独立权利主体的思想指导下,作出突破性的规定或修改。这种规定或修改是创新、探索,不能限于就事论事增减一些具体问题的规定,下面就几个重要、关键问题提出我个人的建议:

(一) 定位问题

每部法律都不可能包罗万象,而只能调整一定的法律关系,这就需要对

所要制定的法律定位,确定其立法承担的目的任务。在未成年人保护法制定修改过程中特别要正确解决以下问题。

1. 未成年人保护法与其他有关少年法的关系。全国现有两部专门为未成年人制定的法律,即《中华人民共和国未成年人保护法》《中华人民共和国预防未成年人犯罪法》,从国际社会少年法的立法趋势和我国有关理论、实践的最新发展看,少年法还有许多空缺需要填补。《中华人民共和国未成年人保护法》是我国第一部综合性的少年法,目前修改时很有必要考虑保护法在少年法中的定位。我个人认为,从历史发展和实际的作用研究,我国《未成年人保护法》具有少年宪法的性质,对我国其他少年法有导向、指导的"母法"作用。因此,保护法可以不完全是操作性的,重点要确立少年法的目的、任务、指导思想、科学的保护体系、机构、独特的工作原则、机制等等。在目前其他配套法不完全的情况下,尽量兼顾补缺、填空,规定目前现实迫切需要而又没有规定的问题。一部法有限的容量,不可能满足各种人的要求,想解决所有问题也是不可能的,只能留出空间、准备条件,让其他有关法来调整,形成较完善的少年法体系。

2. 全国法与地方法的关系。在目前少年法还没有在我国法律体系中占有重要地位,也不大受到承认、重视的情况下,全国法要解决对未成年人保护具有全局性、推动全国工作进展具有最重要价值的重点、热点、关键问题,尤其是非全国法修改难以解决的难题,如机构、政策、司法制度、刑罚替代措施等。因为这些规定是全国性的,是只有全国人大或中央才能解决的难题,地方或基层是无能为力的。全国法有了规定,下位法就有开拓发展的余地,实践也有了创新、探索、实验的空间。

3. 少年法与其他现行法的关系。在上述两点认识的基础上,珍惜一部法的有限的法律资源,尽量减去与其他法的重复规定。我国法制建设发展很快,不少问题不断在实践发展中有法律作出很明确的规定,少年法如暂时难有更好的规定,只要"有法可依"就可以了,不必要再重复规定。如哪些人可以承担监护职责、民事案件管辖权等,民法、民诉法已有明确规定,保护法又没有新的特殊措施就不必重复规定。还有几条法律条文中均有"构成犯罪的,依法追究刑事责任"的规定,也完全是文字浪费,毫无意义。

(二) 机构规定

我国已有的传统规定是建立未成年人保护委员会,委员会由有关部门、单位作为委员单位参加组成,其成员往往是各部门、各单位主要领导,历史证明,委员会领导、决策、协调的权威性和作用是毋庸置疑的,实践中也发挥重大作用,但是,委员会不是实体机构,也不是常设机构,无法承担日常工作。而未成年人保护是有大量日常工作要做的,只有这种权威而实际工作不能直接去落实的机构是远远不够的,还必须有少年局或未成年人保护局或未成年人委员会办公室这类常设机构具体负起政府职能才有实效、有力度。

这个问题一直没有解决,关键还是领导认识与决心,原《上海市青少年保护条例》有设立青少年保护委员会办公室的规定,有编制、有经费,在其近18年的历史中做了大量工作,其贡献可以载入我国未成年人保护历史史册,我认为这一经验一定要加以肯定并上升为法律。

关于机构问题,我个人设想可以规定:

全国建立未成年人保护委员会,是领导、决策、协调的非常设机构,法律应对其性质、设置、隶属、权限等加以规定;同时委员会设常设机构"办公室"或"未成年人保护中央局"等,作为国家政府行政机关主管、承担、处理日常未成年人保护工作职责的部门。

地方上相应成立未成年人保护委员会及其办公室(或局、处、科等),并对其设置、名称、权限、编制、经费等作出基本的规定。

政府保护的重要表现之一就是建立机构加强专门工作,未成年人保护委员会、未成年人保护委员会办公室或保护局等等,就是政府为加强未成年人保护的专职部门。没有这种机构,只原则规定政府应加强保护在相当大程度上是虚的,即使明确规定具体某部门应加强保护,实际上也只能是原则的,原则的规定在法律责任中一般无法设定追究责任的对应责任条款,使法律缺乏可操作性、损害法律的权威性、严肃性。

(三) 关于"未成年人自我保护"的规定

当今社会多种经济成分,价值观多元化,多层次性、个性化、需求多样化,等等,客观上表现为社会复杂、需求多样、评价标准不一,不良影响因素渠道增多。在这种形势下,未成年人的外在环境与力量的限制保护具有很大局限性、消极防御性、不可靠性,只有主体本身良好的识别、自控、抵制能力才能以不变应万变,防止侵害腐蚀,出淤泥而不染,再结合或辅之以外力以及环境的控制、净化等,才能达到最佳的保护效果。

自我保护是基础,具有战略、积极、主动的地位。完整的保护体系是外在与主体自身两方面,缺一不可。主体方面有自我教育、提高认识与识别能力、自我调节、自我规范、自我控制、自我防范、强化意志、抵制诱惑或不良侵害;外在方面的保护的力量有政府、家庭、社会、学校、司法各个方面改善环境、条件的工作。两者统一形成一个内外结合、多方面协调的科学严密的保护体系。

制定未成年人自我保护专门一章,涉及保护战略、理论、指导思想的完整性、能动性、科学性。这一章涉及许多问题,至少可以考虑以下规定:

1. 全面贯彻实施国家素质教育的战略要求,从小加强法律意识,自我保护意识,积极参与有关自身权益的立法、司法活动。

2. 未成年人自我保护内容包括:未成年人提高和运用自己的知识、能力,或通过集体组织的力量,维护自己的合法权益;提高素养,拒绝诱惑或抵制不良环境、不良影响;学法知法,加强法制观念,自觉遵纪守法、自觉控制不良行为,避免罪错,健康成长。

3. 未成年人自我保护形式主要有:请求援助、自主报告、检举控告、申诉辩护、接受管理指导、开展自我教育活动。

4. 自我保护能力需要培养和随着年龄逐步提高,学校家长培养未成年人自我保护能力的方法、途径;政府鼓励、支持未成年人自我保护的积极性与能动性,提高未成年人识别、自控、自制、抵制能力。提高和培养未成年人独立的自我保护能力是未成年人保护组织、学校、家长及有关部门的重要职责。

5. 未成年人的合法权益受到侵害,有权向主管部门或有关单位请求援助,被请求部门或单位应当接受并在责任范围内及时采取措施,或提供具体指导与建议。

6. 任何组织和成年公民发现未成年人实施严重不良行为或其人身合法权益受到严重侵害,应当及时制止或向有关部门报告。

7. 未成年人自觉学习法律知识,提高法制观念,遵纪守法,防止不良行为是重要的自我保护手段。

8. 未成年人应当人人做到:不吸烟、饮酒,吸毒,不携带管制刀具,不打架骂人、强索他人财物,不赌博,不逃学逃夜,不参加封建迷信活动,不进入法律法规规定未成年人不适宜进入的活动场所,不携带、不传送、不观看不良的影视读物,不参加邪教组织、不良团伙及其任何活动,不做其他危害自身和他人身心健康的事。

9. 共青团、青年联合会、学生联合会、少年先锋队是未成年人的代表、朋友,带领未成年人维权是未成年人自我保护的有机组成部分。代表并指导未成年人维护国家和人民的权益,关心社会,关心他人,维护自己的合法权益,反映未成年人合理要求;组织咨询与援助活动,同侵害未成年人的行为作斗争;根据未成年人的特点,开展各种自我教育及其他有益活动,促进未成年人健康成长。

（四）有关司法保护的特殊规定

司法保护是未成年人保护体系中依靠国家权力保证公正公平、法律保护规定落实实施的最权威、最后的一道防线和保障,在保护中具有非常特殊的地位。司法权必须遵循国家法制统一的原则,这方面必须明确、具体才具有可操作性,例如"根据需要采取组织措施""可以根据需要建立专门机构""复学、升学、就业不受歧视"等等规定,原则性很强,操作中就没有标准。在我国目前还没有其他有关司法保护的专门法律、法规的情况下,《未成年人保护法》是唯一有条件、有机会可以作出这方面的机构、制度、程序等规定的法律。

目前,我国法院、检察院在机构设置、专门程序、特殊处置方面已经有较成熟的经验、做法,已经形成若干规范性文件,公安虽然在实践发展上稍晚一步但也颁布了有关规定,其中有的经验、做法历时十几年甚至更长,中央早已充分肯定,社会效果与国内外评价均佳,但至今没有上升为国家的法律规定。由于其特殊性,形式上还与国家现行法的有关规定存在一定的不协调,这是与国家法制的严格统一要求不相符的,应尽快通过立法认可,成为我国少年司法的特殊法的法律依据,这对我国未成年人法律保护与少年司法制度的发展完善具有重要里程碑的意义与作用。

另外,还有许多具体的、好的研究成果、实践经验、试点,如替代措施,提高或扩大未成年人取保候审适用率、合适成年人参与制度、社区社会帮教支持体系、社会救济等也都可以经过研究评价论证,在法律上作出相应规定,这将对我国未成年人保护的理论和实践起到时代性的推动作用。

（五）家庭保护与家庭教育指导

家庭是社会的细胞,家长是子女的第一任教师,这几乎已是一句常说的老话套话,但是这客观地指出家庭、家长在未成年人成长中的特殊地位和作用,在未成年人保护中也是如此。未成年人从出生来到人世,首先就是家庭、家长的保护,而且时间长达整个未成年人关键成长期,这在目前情况下还是无法由别人代替的,这就是家庭保护在未成年人保护的初始性、基础性、重要性,未成年人保护、教育要"从娃娃抓起",我认为应该包括家庭教育。

家庭教育是一个需要国家花大力气开拓的领域,首先要在理论上、立法上有突破、创新,要破除家庭教育涉及私人领域是国家不可干预的观念,要科学解决哪些方面国家必须干预、怎样干预、介入或干预的程度等问题。

家庭保护关键在于家长素质,教育、管理、指导、保护能力水平都不是一个人与生俱来的,要学习、帮助、指导,这方面我国还处于自发、落后的不自觉状态,大有必要在保护法中作出开创性的规定,例如创造性地规定强调教育者必须首先要受教育,以宣传提高认识也很有必要,还有建立家长学校、家庭教育指导站、家庭保护指导中心等问题必须有规范、有具体规定。

其他保护的不同作用、地位、价值,也要明确作出规定。

（六）保护体系的科学性严密性

保护体系是保护法的一个重要的理论课题,我们现行法主要是着眼于保护力量形成保护体系,一般需要从主客观两方面考虑才比较完整。另外,是否也可以从受保护主体的类型、特点、需要、薄弱环节等出发,作出科学的规定,构建我国新的保护法的保护体系。

需要研究如何形成一个科学严密的保护体系,我们缺乏这方面的研究或论述。怎样才算一个科学的严密的保护体系? 现在规定的政府保护、家庭保护、学校保护、社会保护、司法保护是不是一个科学严密的保护体系? 我认为有问题,值得讨论研究。例如政府保护与司法保护的概念就要作科学的界定,在我国公安、司法行政是政府部门又有一定的司法职能,属政府保护还是属司法保护? 不进行科学界定也会出现问题和矛盾。再如政府、司法、家庭、学校、社会五大保护的相互关系、衔接,政府保护主要是专门机关和机关各部门关心尽职尽责,司法保护是最后的国家保障,家庭、学校、社会是三道屏障,相互独立,各有各的地位与作用价值。但是相互重复浪费、扯皮、推诿、不协调衔接,当然也不能被认为是一个科学严密的保护体系。

科学性与可操作性是统一的。法律需要明确具体,才有可操作性,而规定笼统、原则、弹性很大,操作性就差;但是,也有一些规定要有灵活性,才有可操作性,反之就不好操作,如少年法庭形式,我国幅员广阔、经济发展水平不一、人口、交通、人文背景、司法资源差异也很大,规定一种形式反而不能从实际出发,缺少可操作性;还有的是不能作硬性规定或只能作原则规定,否则就行不通,上海市新近通过的《未成年人保护条例》在征求意见稿中有"九不"规定,其中就有这种情况,如规定"不得在课程标准以外擅自提高教学要求""不得在课程计划以外擅自增加教学时数""不得随意设置测验、考试"等,就可能使教师教学的创造性、能动性能难以发挥;还有的是目前不规定比规定好;当然也有一些问题是要通过制定较为详细的细则来解决可操作性问题,本法无法作出很详尽的规定,等等。

如何使法律具有很强的可操作性,是人们经常议论的一个受人关注的问题,这方面许多值得专门研究。总之,从实际出发是一个大原则,具体问题具体解决,科学性、严密性、可操作性统一,需要不断研究、实践和集思广益。

因势利导促生我国儿童福利法

——试论流浪儿童的教育保护救助*

一、流浪儿童是一个社会问题

流浪儿童是一个世界各国普遍存在的社会问题,在我国由来已久、长期存在。治理流浪儿童问题不能就事论事,从我国实际情况出发,要在认识上解决三个问题。

第一,治理流浪儿童问题从我国管理体制上离不开民政、公安部门,但是这个问题不是民政、公安一两个部门能解决的,这是一个需要全社会关注、许多部门共同负责,才能取得较理想的预想效果的社会问题。

第二,流浪儿童关系到经济、文化教育、价值观、习俗传统等,法律也只是治理的一个方面,许多问题不是制定法律能够全部解决的。

第三,治理流浪儿童需要强制手段,处理、打击也是不可少的手段,但家庭保护、社会福利更具有积极、治本的战略意义。

因为从原因上来分析,大量事实证明,造成流浪儿童或流浪乞讨儿童的原因有城乡、地区、行业、贫富差距问题,有家庭破损、不和、管理问题,有不愿上学读书,摆脱学校约束问题,有贫困、疾病问题,有物质诱惑、发财心理,地理环境、历史、家族影响等。其中经济因素是第一位的,具体的例如教育、学费、书、文具、学习场所、教师、环境、生活、贫困、医疗、技能、前途、出路等。如果,国家、社会不能妥善解决这方面问题,流浪或流浪乞讨儿童是禁止不了的,简单采取限制或强制措施也是不能解决问题的。

流浪乞讨:在社会救济和社会保障不完善、不到位、得不到保证、又借贷无门的情况下,也是牺牲人格尊严无奈的自救、求助的办法。在不危害他人和社会的限度内,历来为社会、人们接受,其得到人们同情具有一定合理性。在我国社会主义初级阶段,我个人认为还无人敢做出,儿童的困难、福利、救

---

* 系在市律协、青保办、高院、高检研讨会发言提要,略有删减。

济在全国任何地方、碰到任何情况下,都可以得到解决的保证。

因此,我们要研究通过福利法给我国儿童提供符合我国实情的最基本的福利、救济保障;同时对流浪乞讨儿童作出救济和加强父母及监护人责任的规定;从严打击拐卖儿童、摧残儿童、谋取钱财的成年犯罪分子,以及组织、教唆少年儿童违法犯罪的幕后组织者、教唆者。要查实、严惩"杂技团老板"这类人。

二、 加大执法力度和完善现有法律规定或法律解释

我国《刑法》对拐卖儿童;非法剥夺、限制其人身自由或者有伤害、侮辱等犯罪行为;拐骗不满十四周岁的未成年人,脱离家庭或者监护人;以暴力、胁迫手段组织不满十四周岁的未成年人乞讨;组织未成年人进行盗窃、诈骗、抢夺、敲诈勒索等违反治安管理活动,都有明文规定。但有些问题值得研究,建议有关部门尽快作出立法、司法解释,有些问题也可进行法理解释以供参考:

如:怎样看待儿童自愿流浪和流浪乞讨? 考虑到未成年人生理心理的不成熟特点,以欺骗而非暴力、胁迫手段组织未成年人以各种形式乞讨的;利用监护权漠视未成年人受教育权、伤害未成年人合法权益造成未成年人和社会危害的;是否可以参照强奸幼女罪立法精神,明确规定,都以刑法胁迫论处,而不考虑其是否为"儿童自愿"。

暴力、胁迫手段组织未成年人流浪乞讨的危害性研究,从侵犯客体上看,能否认为这种行为不只是侵害特定儿童的人身自由和权益,还侵害国家保障儿童健康成长管理秩序和国家未来发展利益? 如果成立的话,其惩治力度要提高,原规定不满14周岁的年龄规定也要提高到不满18周岁的未成年人。

民法方面:训诫、警告、教育、批评、保证等没有用、不够用。最重要的是要解决国家监护权问题。要有明确规定如何变更监护权,剥夺监护权,指定监护权,以及有关程序和执行问题,还可以研究短期剥夺或设定观察期、考察期等;不能以监护权做危害被监护人利益的事、又不负责任或承担责任、义务……

义务教育法:如何责令? 有物质条件可责可罚,可操作、有威胁力。无条件怎么做出有作用的处罚? 福利也得跟上去。

治安条例：训诫、警告、教育、批评、保证等不够用；要增加对未成年人保护措施和对家长成年人的有作用的处罚方法……

三、 以此为契机促生未成年人福利法或救助法

我国已有保护法、犯罪预防法，司法方面实践已经形成比较符合我国实际的少年检察、审判制度，公检法的最高机关都有规定。目前少年儿童法律体系中缺少一大块，就是儿童福利法、救助法。当前正是促生儿童福利法、救助法的好时机，从未成年人教育、保护视角来看流浪乞讨儿童问题，儿童的社会保障、福利救济是一个必须重视加强的课题。

地方立法可以在权限范围内作出规定，上海市有率先制定和实施的条件。保护和福利法规相对于有关人身自由、人权制裁性法规而言，福利法地方有很大的立法权限和空间。还可以报全国人大授权试点。

（一）界定流浪儿童

从防治对策和法律层面研究，流浪儿童；乞讨儿童；拐卖儿童；组织教唆儿童犯罪；违法犯罪儿童；等等，在性质、对策上是不同的。职业流浪儿童，以乞讨为业的儿童，与短暂、临时困难的乞讨儿童、父母带领下的短时乞讨儿童也不一样。要有分别，作不同的研究和探讨。

20世纪80年代，一些发达国家关注流浪儿童问题，把流浪儿童界定为：以公共街头为主要生活栖息地与生活来源，无负责任的成年人保护、监护、指导的儿童。流迹街头、无负责任的监护人监护成为认定流浪的重要标志。

我国有关文件对流浪儿童的表述是：长期流浪，无家可归，失去正常生活、学习条件和安全保障的少年儿童。也有人根据民政部文件规定比较具体界定为：18岁以下，脱离（失去）家庭或监护人，连续超过24小时，无可靠生活保障的少年儿童。值得研究。

（二）指导思想

我国对流浪乞讨儿童的指导思想，历史上比较侧重于从社会治安、秩序、安全着眼，有时甚至于是为了某一特殊或重大事件政绩工程、面子、作秀（领导检查、外国元首或国家领导人来、开世博会等），近十余年有重大进步，正处在从单纯社会治安、安全秩序向重在保护流浪乞讨未成年人人身安全和合法权益的过渡与转变之中，路还很长，这与我国人权入宪有关，是我国社会的进步发展的体现。

（三）机构设置或调整

单一民政机关或其他单一职能部门都是难办的。要设置专门的综合性权力机构，有条件组织协调司法、教育、劳动、卫生、安置、社会机构、志愿者综合参加治理。根据国外成功经验，引入慈善、民间机构、志愿者力量具有非常重要的意义和价值。

（四）经费

（五）创新、发展多种援助形式、措施、手段

临时救助 10 天，强制收容、遣返（送）、采集 DNA 等都不是根本措施，要创新和总结我们的成功经验，要有心理、品德、教育、职业、工作、监护等治本措施、手段和形式。

（六）制定发现报告、登记、接待、调查、安置等程序规定制度，完善援助、福利制度和强制保护等规定

可以借鉴青保的一些成功做法，依靠社区和有关部门合作，制定及时发现及时报告，发现一个报告一个的制度，接下来有一系列后续规定和责任制度，落到实处，从根本上解决问题。

（七）探索建立流出、流入地文明共建、对口协作联办

在全国没有统一的法律规定之前，可以通过协议、联建等，建立流浪儿童或流浪乞讨儿童流出、流入地文明共建、对口协作或有偿联办等，探讨有效地从源头解决问题的办法。

（八）研究有关法律法规中的一些规定

从家庭入手预防青少年失足 *

青少年违法是一个关系社会安全、家庭和睦的大问题,一个小孩失足,好几个家庭寝食不安,一批亲戚朋友为之奔波。

目前青少年违法犯罪在我国有增无减、居高不下、危害加重。上海情况与全国基本相同,每年都要发生好几起未成年人杀人案,为争看电视杀祖母,因为被批评几句杀同学外婆,浦东仅因为其父母常去打麻将,一下杀两人。

怎么力?解决问题的最好办法是预防。预防是主动、积极、最少后遗症的办法,是对青少年的重要关心和保护。

一、 预防青少年失足为什么要强调从家庭入手

家庭预防是极其重要的一个环节,是社会预防犯罪体系的重要组成部分。这是与家庭教育在未成年人健康成长中的特殊作用、地位分不开的。

1. 家庭教育的特殊性。与学校教育、社会教育相比,家庭教育是以血缘亲情(爱)为基础,具有无可比拟的信赖性、启蒙(最早的老师)性、父母的一句话可能就是一生的信条,好坏都会影响一辈子。

2. 家庭教育的不可代替性。是与抚养、生活连为一体的,从小到大、24小时全天候,潜移默化,渗透在吃喝拉撒睡、一言一行中,其了解和关心的深度、全面性与延续性、个别化程度,无可代替。

3. 现代社会发展中家庭教育的新地位。科学技术现代化、社会生活复杂化、价值观念多元化,现代化、人性化要求使学校教育、社会教育面临困难,甚至于有些方面陷入了困境(学校统一的教学计划、教材、进度无法考虑到每个学生的不同情况、需要,网络远程教育与多媒体教材可以使学生得到最好的教师指导,信息量多、面广、快,老师一个人,尤其是思想品德素质的培育有许多方面是学校达不到的。)家庭教育取得了新的地位,受到国际社

---

* 撰写于 2004 年。

会各国学者的重视,正在发展成为一门新的科学,形成独立的教育体系,与学校教育、社会教育相互补充。

家庭教育如果出问题,而且常常出问题(也有弱点),如溺爱、棍棒、无能或不能、钱、不管、自身不正,就有失足、违法犯罪的危险。

二、 青少年失足的一般规律性过程与主要原因

青少年失足的一般规律性过程:

青少年失足一般都有一个过程,从接受外在不良影响开始,影响或内化为未成年人的认识(世界观、人生观、是非观、价值观、恋爱观等)、情感、爱好、习惯、需求等,再外化为不良行为,逐步发展,就实施违法犯罪行为。

失足就说明,违法犯罪是后天的。人不会生出来就是犯罪的。

不良影响可以是直接的:可能是人、物质环境,也可能是思想意识形态,也可以是间接的,如管教不当、家庭失和、环境变动(家庭、经济、地域)等,可能是有意识的,也可能是无意识的。

内化就是:淡化、抵消、歪曲尚不稳定的正面的、积极的、符合社会公德要求的认识情感,形成错误的认识(世界观、人生观、是非观、价值观、恋爱观等)、情感、爱好、习惯、需求等。

外化就是:错误的认识(世界观、人生观、是非观、价值观、恋爱观等)、情感、爱好、习惯、需求等,指导行动,违法犯罪。

导致青少年失足的原因主要在:(一)家庭环境与家庭教育;(二)朋友交往(同学、邻居、朋友、结伙);(三)大众传媒(书刊、影视、广告、网络、游戏);(四)物质因素(贫富不均、贫困、消费或享受诱惑);(五)黄赌毒等丑恶现象的蔓延;(六)改革开放中的问题矛盾,教育产业化市场化科学技术改变了社会,信息的渠道之多、速度之快、数量之大,前所未有。一方面使人见多识广,聪明能干,另一方面也使人观念多元、价值取向不一,有时弄得是非难辨,好坏不清,还有毒品、色情、偷盗、奸诈、凶杀、暴力等等无孔不入,防不胜防,腐蚀、坑害年轻人。家庭教育如何适应新的情况,提高子女的辨别力、抵制力,又是前所未有的难题。

还有离婚率增加,单亲家庭增多,对独生子女的娇宠与期望,也是我国当今社会中家庭教育面临的新课题。

家庭教育,面对社会的变革与急剧发展,科学技术的飞速进步,家庭结

构的变化与信息潮、媒体潮的冲击等的挑战。

家庭环境与家庭教育对未成年人健康成长具有特殊的影响，一定意义上说具有决定性影响。成也家庭，败也家庭。

三、家庭怎样预防青少年失足

家庭教育的素质和能力不是天生的，靠经验和愿望也是不行的。传统的家庭教育基本上是经验的、自发的，缺乏现代教育科学的支撑与系统性。许多家长仅仅是血统上、生理上的家长，他们教育子女的理念、模式，大部分的人是从自己父母、师长、长辈那里直观学习积累的，其中包括如何正确对待和教育孩子的知识、方法；当然也有层次高的人是从学习或从古训、格言、传统文化的体验中有所借鉴或提升；可是还有一部分人连健康的经验体验都没有，就因为结婚生育了子女就自然成为家长，同时也就有了教训子女的责任与权力，他们的"教育"有很大的独断任意性，有时可能是要打引号的。这样的家庭教育，总体上是无法适应改革开放、尽快地把我国建设成为伟大社会主义现代化国家的要求的。一是传统的经验性教育方法无法适应当今社会的复杂影响。现代社会无论从社会的可持续发展的要求，或从国家的长治久安的要求上，只有少数精英绝对是不行的，而是需要一代又一代的德智体美全面发展的人才，这只有在科学的家庭教育中，才能从小塑造具有良好性格、习惯、品德、素养，身体健康，智力发育良好，有接受现代科学知识的文化知识基础的一代又一代的好苗苗。教育者必须受教育，教育子女的家长自己首先要接受系统的现代教育科学的洗礼，家长要从血缘家长走向素质亲情的现代文明家长，而这个进程靠自发的、个人摸索是太慢、损失太大，要有自觉推进的法律力量。两个从"小"关注。从小抓行为、习惯、好坏、是非；从小问题抓劳动、礼貌等诚实是基础。

三种情况三种对策：平时正常情况（关心信赖、以身作则、平等知心、无障碍经常沟通、表扬引导为主、建立是非好坏标准）；发现不良苗子（冷静分析、及时性对症下药、耐心不可能一下解决、有关方面合作协作）；实施违法犯罪行为（弄清情况事实、分析性质严重程度、咨询最佳对策、教育说理、不简单打骂、不庇护、依法办事、靠社会或政府）。

传统的家庭教育是单向的不平等的，不适应当今社会进步发展的需要。文明社会的标志之一就是对人的权利、尊严的尊重和爱护，我国长期封建的家长制使家庭教育具有专制统治的特点,是父母管教子女的权力,是我说你服从的不平等的,是单向说教式灌输式的。这种模式与当今社会的潮流格格不入,青少年在社会进步观念影响下,独立意识越来越强烈,就无法接受这种教育方法,有时甚至由于过时的方法也抵制、否定了正确的教育内容。缺乏沟通的教育也是没有针对性、简单化、没有深度、效果最差的教育。愈不平等愈逆反,直到暴力反抗,发生流血事件。

注意四个征兆:不良思想;不良需求;不良交友;不良行为。

几项预防要点提示:

1. 注意环境与人际交往。近朱者赤;孟母三迁。

2. 言教身教。平时的言(劳动),不经意的行(闯红灯,一面急冲一面说没有警察没有关系,不被发现就可做坏事也不要紧),自己的品德行为。

3. 了解沟通(对子女、与学校等),全面了解子女,及时发现问题,不要不愿听坏反映。

4. 处理好第一次问题(旷课、逃学,不公正待遇、处理,困难、引诱,要解决问题,要分析讲道理,批评、监督等)。冷静分析,作针对性处理,要有耐心和时间。

5. 善于求助(援)。找老师、青保、团组织、心理咨询、法律咨询。依靠社会,依靠政府,不护短,受处理不一定是坏事。

6. 不护短,不庇护。护短、庇护可能是更严重罪错的开始。受处理不一定是坏事。

7. 关注未成年人情绪心理变化。现代小孩经不起挫折、自尊心特强、攀比虚荣心严重普遍。

加强家庭教育科学性指导
为全面提高未成年人素质服务*

我国有近四亿未成年人,是国家的未来、希望,也是党和国家至为关切的问题之一。未成年人成长好坏,也时时刻刻揪着每一位家长的心,其中最严重的问题莫过于未成年人违法犯罪。据全国法院历年公布的统计,法院审理的未成年人犯罪案件从 1985 年的 17506 人,呈逐年上升的基本态势,2003 年已达 69780 人,①其上升幅度是令人担忧的。多年的调查研究资料证明,其中 60％以上与家庭结构或家庭教育缺陷、问题有关,有的调查数据达到 80％甚至 90％以上,②我们有充足理由认为:加强家庭教育科学性指导,为全面提高未成年人素质服务,已经是建立和谐社会、保障国家经济持续发展的一个刻不容缓的重大课题。

一、 家庭教育的历史贡献与当代发展

家庭教育曾经是教育未成年人成人成才的主要渠道与形式。工业化为集中的学校教育提出了迫切要求,自然科学为学校教育提供了必然的基础。学校教育迅速发展代替了传统的家庭教育,成为一般的未成年人成长教育的主要形式和渠道,并形成一个独立的体系,这是资本主义工业化和自然科学发展进步的成果,是社会的重大进步。

社会生活的复杂多样化,科学换代性的新发展,学校教育走上了新的困境,遇上了新的矛盾、问题。

大量研究论证了家庭在未成年人成长中的特殊影响、作用、地位,家庭教育在未成年人成长过程中具有不可替代性。家庭教育成了一门新的科

　＊ 撰写于 2004 年。

　① 中国法律年鉴社编著:《中国法律年鉴》,中国法律年鉴出版社 2004 年版,第 1054 页。

　② 具体数据参见江晨清著:《中国工读教育》,上海教育出版社 1992 年,第 151 页;匿名:《青少年犯罪的家庭因素和方法对策探析》,载《青少年犯罪问题》2003 年第 3 期,以及其他各年发表的调查报告和论文(如《青少年犯罪问题》2000 年第 2 期第 16 页,2000 年第 3 期第 48 页,2001 年第 6 期第 10 页,2002 年第 4 期第 43 页,2004 年第 4 期第 23—24、42—43 页等)。

学,应该培育成为一个独立的教育体系,它应该与学校教育、社会教育并列,成为未成年人成长中教育的三大支柱,形成三个相互支持、相互补充的独立系统,重新被提上重要的教育议事日程上来。

二、 我国家庭教育存在的误区与出路

当今我国面临社会转型的巨大变化,科学技术急剧发展,社会竞争空前激烈,多元化的价值观与负面传媒影响,独生子女等特点,使我国家庭教育存在重大的误区和许多问题,主要是没有把未成年人子女看成是应受尊重、有能动性、有合法权利、需要保护的特殊独立的权利主体,突出的问题如:过分呵护、溺爱,以爱代教,甚至溺爱、纵容;家长对子女期望不符合实际,不断增加学习压力,压抑未成年人个性发展,损害未成年人身心健康;以钱代教、以学代教、以罚代教,棍棒教育仍有相当的影响和市场;放任自流,不负责任,甚至以自己的不良行为为子女做出不好的、消极的、负面的榜样……出路只有一个:就是学校教育、家庭教育、社会教育一起抓,目前家庭教育是最大的软肋,提高家长素质,加强和改善家庭教育是当务之急。

三、 家庭教育是一门科学,要加大研究与建设力度

家庭教育的能力、水平不是天生的,不是生来或自然成长就会具有的。家庭教育与学校教育有许多相通的要求与方面,家庭教育特殊的环境、条件又有与学校教育十分不同的特质、要求、方法。家庭教育是一门特殊的教育学,在指导思想、组织、结构、培养指导、规划计划、活动方式等许多方面也无法沿用学校教育那一套。

马克思说,教育者必须受教育。父母作为子女的第一任老师、启蒙导师、全责引路人,必须先学习有关知识,提高自己教育指导自己子女的能力、水平,受家庭教育的科学教育,得到自己需要的帮助、指导。

科学的家庭教育至少有以下内容:

第一,家庭教育的目标定位、指导思想。

第二,有关家庭教育的现代科学知识。

第三,家长的自身素质与行为榜样。

第四,亲职教育的特殊方法与实践训练。

四、 加强法律的调整干预，推进新时期我国家庭教育的改革

家庭教育常常被看成是家庭内部的事，是一个纯属私人的领域，其实古今中外又都知道这是一个关系到社会进步发展、国家前途的重要问题，不完全是个人想怎样就怎样的私人领域，一旦关系到他人、国家、社会的利益、安全、发展，家庭教育就突破私人领域成为道德、国家甚至于法律必须干预的问题。

我国建设有中国特色的社会主义，必须以三个代表和科学发展观指导，为了可持续性发展，现实问题、客观需要、经验积累、战略预见，都显示出家庭教育已经到了必须创造性立法干预的时候了。家庭教育需要与时俱进的改革创新，科学及时的家庭教育立法可以成为家庭教育改革进步创新的推动者、倡导人、实践家，为建立独立的、有中国社会主义特色的家庭教育理论体系、机制和方法，为培养合格社会主义接班人，为我国社会经济的可持续发展，立下历史的功勋。

家庭教育立法的思考*

我国有重视家庭教育的优良传统。在历史上,家庭教育在巩固社会秩序稳定、推动社会发展进步、培育未成年人健康成长等方面均发挥了重大而且积极的作用。新中国成立后,尤其是改革开放二十余年来,重视家庭教育的优良传统得以按照时代的需求进一步得到发扬。实践中,家庭教育的内涵与科学性得到发展和提升,创造了不少新的经验。理论上,家庭教育向学科化方向发展,家庭教育成为一门新的科学。但是一个我们不得不正视的现实是,新中国成立以来我国在家庭教育立法上的进展长期滞后。迄今为止,尽管《宪法》等法律法规中亦有部分涉及家庭教育方面的法律规定,但是总体上说来,家庭教育方面的立法仍然很不完备,尤其缺乏家庭教育专门性立法。这种状况已经难以适应现代社会家庭教育发展的需要,已经成为阻碍我国家庭教育向规范化、科学化方向发展的重要因素。为此,我们建议地方先进行家庭教育立法,制定地方性家庭教育条例(以下简称《条例》)。

一、 家庭教育立法的必要性与迫切性

(一)家庭教育是教育体制的支柱之一,其地位迫切需要立法确认

从法律上讲,教育权可分为三类:家庭教育权、国家教育权、社会教育权,后两种教育权都属于公共教育权。家庭教育权起源于家庭的产生,只要有家庭关系存在,就有家庭教育。国家教育权起源于阶级和国家的产生。国家掌握教育大权,其目的是维护统治阶级的自身利益。另一方面,也是为了缓解社会矛盾,满足纳税人的教育需求,维持社会稳定和发展。所以国家教育权,既具有阶级性,又具有社会性。社会教育权与国家教育权几乎同时产生,它是社会中一部分占有教育资源的团体或个人自发开展公共教育教学活动,从而被国家和社会认可的一种权益。中国历来注重民

---

　　* 与姚建龙合作,原载《当代青年研究》2004 年第 5 期。

间办学,在春秋末期,有"官学衰微,学在四夷"之说,在宋元明清,民间书院也一直走红。①根据教育权的法律分类,一个国家的教育体制也可以相应地划分为家庭教育、国家教育(即公办教育)、社会教育(即民办教育)三大部分,显然,家庭教育应当是一个国家教育体制的重要组成部分和三大支柱之一。

如果从教育实施主体的角度划分一个国家的教育体制,我们可以把教育分为家庭教育、学校教育和社会教育三部分,家庭教育同样也是不可缺少的重要支柱。从历史上看,学校教育是随着资本主义发展和自然科学的进步才成为主要的独立的教学形式,在此之前,人类历史上未成年子女成长过程中家庭教育是主要的,由于家庭教育的分散性、经验性、个别化特点,不可能形成独立的体系,也没有专门的教育思想和方法。但是,家庭教育的特点在现代科学技术急剧发展、社会生活复杂化、多样化的情况下,却成为有利于人性化教育、青少年全面素质培育、塑造未来社会需要的人才以及社会安全发展的优点、优势,因而受到人们的广泛关注,重新被提上独立教育体系的重要地位,成为一门新的教育学科。法律应该提升、转变人们的原有认识,全面完善家庭教育机构组织、管理体系、物质条件,为家庭教育真正发挥独立教育体系的作用打好基础。

在我国目前的教育体制中,国家教育(学校教育)最为完善。从立法上看,我国已经颁布了《教育法》《义务教育法》《教师法》《职业教育法》《高等教育法》等法律法规,确立了国家教育的法律地位,对国家教育行为进行了较为完备的规范。民办教育曾经一度在我国历史上非常发达。改革开放以来,民办教育在我国重新起步并迅速发展。1997年国务院颁布了《社会力量办学条例》,2002年12月28日九届全国人民代表大会常务委员会第三十一次会议又通过了《民办教育促进法》,民办教育在我国教育体制中的地位正式得以确立。然而,尽管社会各界对于家庭教育的关注程度毫不逊色于国家教育和民办教育,重视家庭教育也是我国的优良传统,但是迄今为止我国并没有关于家庭教育的立法,家庭教育基本上仍然只是被视为学校教育的附庸,其在国家教育体制中的应有地位远没有得到确立。1992年国务院颁

---

① 参见王海明:《人性是什么》,载《上海师范大学学报(哲学社会科学版)》2003年第5期,第29—35页。

布实施的《九十年代中国儿童发展规划纲要》中提出加强了家庭教育立法的要求,因此,加快家庭教育立法,赋予家庭教育应有的法律地位,是完善我国教育体制的迫切要求。

(二) 制定《条例》是培育青少年健康成长与成才的需要

英国教育家洛克有一句名言:"家庭教育,给孩子深入骨髓的影响,是任何学校教育和社会教育永远代替不了的"。家庭教育对于培育青少年健康成长与成才,起着特殊重要的作用。犯罪学研究证明:家庭教育的失误是青少年走上违法犯罪道路的重要原因。据工读学校和少年管教所对未成年人犯罪的原因调查,其中 87% 的人是由于家庭结构不当或家庭教育缺陷造成的。家庭教育、学校教育、社会教育的有机结合是青少年健康成长与成才的必要条件。在这"三育一体"的构架中,学校教育是"批量化"教育,社会教育是学校教育的继续和发展,而家庭教育则是"个别化"教育,是学校教育和社会教育的基础,决定着学校教育和社会教育的成效。因此,以立法的形式规范和引导家庭教育,提升家庭教育的科学性,不但是预防青少年违法犯罪的需要,也是青少年身心健康成长、成才的需要。从宏观上说,也是关系到国家、民族的未来的重大问题。正如前苏联著名教育家安东·谢苗诺维奇·马卡连柯所言:"现今的父母教育子女,就是缔造我国未来的历史,因而也是缔造世界的历史。[①]"

(三) 制定《条例》是广大家长的心愿与呼声

据调查,为了孩子将来能拥有一个美好的前程,上海约有 99% 的家长,掏尽自己所能,把希望、精力、经费全部投入孩子的教育。但是,约有 95% 的家长常常处于烦恼和焦虑之中,觉得自己的付出不能如愿以偿。更有 30% 左右的家长坦言自己是个"失败的父母"。绝大多数家长都表达出了提高家庭教育质量与科学性的迫切愿望。例如市场上一些关于家庭教育的书籍,如《哈佛女孩刘亦婷》《不要管孩子》《我平庸我快乐》等受到家长的热烈关注,创下惊人的销售量。再如,截至 2002 年 12 月 31 日,上海家长参与家庭教育指导率达 96.90%,相比 1995 年时的家长受教育率 50%(1995 年前家庭教育没有统计数据)大幅提高了 46.90 个百分点。

---

① [前苏联]谢·马卡连柯:"父母必读",《马卡连柯全集》第 4 卷,人民教育出版社 1957 年版,第 5 页。

（四）立法欠缺已经成为阻碍家庭教育向规范化、科学化方向发展的重要因素

由于缺乏家庭教育立法，家庭教育的法律地位长期得不到确认，家庭教育工作人员的选任与管理、家庭教育市场的发展与培育、家庭教育工作经费的投入与保障、家庭教育理论研究的深入等都受到很大影响，这些都阻碍了家庭教育向规范化、科学化方向发展。立法欠缺，已经成为制约家庭教育工作持续发展的瓶颈。

二、　制定地方性家庭教育条例的法律政策依据

（一）家庭教育并非不可立法干预的纯私人领域

许多同志提出家庭教育属于私人领域，不宜立法进行干预。这种观点有其合理性一面，但总的说来是片面的。家庭教育的确属于较为典型的"私人"领域。法治国家的重要特征之一就是对"私人"领域的尊重和保护。但是，在现代社会绝不存在不受任何法律干预的纯私人领域，即便是立法保护，也是干预的一种形式。某一领域是否需要立法干预，主要取决于该领域的重要性程度，尤其取决于该领域的公共利益性。如果该领域对于国家社会利益至关重要，即可视为获得了进行立法干预的必要性。现代社会中，家庭教育已远非"私人"问题，而是与国家、民族、社会利益息息相关。另一方面，我们在调研中发现，广大家长和青少年子女都在不同程度上表达了希望对家庭教育进行立法的愿望。如果把进行家庭教育视为一种自然获得的权利，家长和青少年子女对家庭教育立法的强烈呼唤，也可认为是对权利的某种程度上的放弃。因而，对家庭教育进行立法干预也获得了合法性与合理性。

世界各国不乏对家庭等代表性私人领域进行立法干预的法律，如家庭暴力、婚姻、生育等方面的立法。有些国家甚至把家庭教育上升到宪法的高度进行规定，例如，《德意志联邦共和国基本法》（1949 年）第 6 条第 2 款规定："抚养和教育儿童是父母应尽的首要职责，国家有权监督其履行情况。"我国也不乏这方面立法的成例，如《婚姻法》、《计划生育条例》、《全民健身法》等。在我国历史上，亦有对家庭教育立法的传统，如早在清朝末年就颁布了《蒙养院及家庭教育法》（1903 年），民国时期又颁布了《推行家庭教育办法》（1940 年）。2003 年初，我国台湾地区又正式颁布了《家庭教育法》。

事实上,关键的问题并非在于应否对家庭教育进行立法干预,而在于如何把握好立法干预的"度"。如果干预度把握得好,其积极效果是显然的,但是如果干预过度则容易导致公共利益与私人利益两受其害(这正是反对家庭教育立法的最主要原因)。以谨慎、科学和理性的态度对家庭教育进行立法,能够把握好干预度。因此,对干预过度的担心并不能成为反对家庭教育立法的理由。

(二)制定家庭教育条例要有充足的法律和政策依据

《宪法》在公民的基本权利和义务中规定,父母有抚养教育未成年子女的义务。1991年全国人大通过《未成年人保护法》,其中第三章规定了家庭保护的相关内容,要求父母或者其他监护人应当以健康的思想品行和适当的方法教育未成年人。1999年通过实施的《预防未成年人犯罪法》,在多章、多项条文中规定了家庭教育的责任与要求。国务院在1992年制订公布的《九十年代中国儿童发展规划纲要》中已提出,要"建立起学校教育、社会教育、家庭教育相结合的育人机制""制定、完善有关保护儿童权益的专项法律,如优生保健法、家庭教育法、儿童健康管理条例、中国母乳代用品销售守则等"。宪法与其他有关法律法规、政策为家庭教育法提供了立法依据。

三、 对家庭教育条例的建议

(一)《条例》的框架结构宜采用章、条制

条例的框架结构主要有四种模式可供选择:(1)篇、章、节、条制;(2)章、节、条制;(3)不分章,而直接设条制;(4)章、条制。考虑到《条例》是一个单一性的地方法规,所调整的法律关系比较单一,内容不宜过细过繁,因此,宜采用章、条模式,使《条例》主题突出、简洁明了、群众容易了解掌握。

(二)《条例》所调整的法律关系包括三类家庭教育法律关系

合理确定干预度,是关系到家庭教育立法成败的关键性问题。如果把《条例》所调整的法律关系规定得过于宽泛,则很可能会造成对私人权益的侵犯。如果规定得过于狭窄,又不利于家庭教育的法治化、规范化与科学化,不利于家庭教育的推行与管理,不利于对未成年子女权益的保护,也不符合家庭教育工作发展的实际需要。

我们认为《条例》应主要调整三大法律关系:家庭教育实施(狭义的家庭教育)法律关系、家庭教育指导法律关系、家庭教育指导管理法律关系。可以在《条例》中规定:"本条例所称家庭教育包括家庭中家长和家庭有关成员与未成年儿童间进行的多种双向互动的生活、教育过程(狭义的家庭教育);有关组织和机构为培养、提高家长及有关成员家庭教育素质、能力与水平开展的各种指导活动(家庭教育指导);政府及有关部门对组织、指导家庭教育工作的管理(家庭教育指导的组织管理)。"《条例》的篇章结构应基本围绕这三大法律关系展开。

(三)《条例》不应刻意追求强制性条款,可以规定一定的倡导性条款与原则性条款

有人可能会提出《条例》作为"法"应当具有强制性与可操作性的特征,不宜出现倡导性和不具实践操作性的条款。这种观点不无道理。但是《条例》所调整的是家庭教育法律关系,具有很强的私人行为的特殊性。它决定了《条例》不可能(也不宜)设定过于强制性的条款。如果刻意追求强制性,反而会大大降低制定《条例》的积极意义,并且很可能构成对私人权益的过度侵犯。因此,《条例》必然类似于《全民健身法》《遗体捐献法》《未成年人保护法》等,会出现较多的倡导性条款,原则性较强。这是由《条例》调整的法律关系的特殊性决定的。从《全民健身法》《遗体捐献法》《未成年人保护法》等的实践效果来看,这一类立法的积极意义十分明显。因此,《条例》可以出现一定数量的倡导性条款与原则性条款。

(四)《条例》可以率先确定家庭教育的地位与性质

我国现有法律中并未明确规定家庭教育的法律地位与性质。《条例》可以进行这方面的开拓性探索。但是考虑到《条例》属于地方性法规,立法层级较低,它在确定家庭教育的地位与性质,不能采用越权式规定。因此建议稿中采用了"家庭教育是具有终身影响的教育,是现代教育中需要关注、扶持、研究、发展的新的专门教育领域。家庭教育是与学校教育、社会教育紧密结合、不可分割的重要组成部分,是未成年人健康成长过程中必须列入重点、精心组织指导的科学教育活动"这种弹性的提法。

(五)家庭教育应遵循六项基本原则

我们在调研中发现,实践中家长的家庭教育行为存在着诸多误区。主要表现在言行不一、不符合子女身心健康发展的需要、忽视子女权益、歧视、重智育轻德育等方面。针对这些误区,我们有针对性地提出了家庭教育应当遵循的六项基本原则,以通过基本原则的形式来约束、指导和规范家庭教

育行为。这六项基本原则是：（1）言传身教原则；（2）科学性原则；（3）人权保障原则；（4）非歧视性原则；（5）全面发展原则；（6）协同性原则。

（六）不宜要求家长也要有"上岗证"

在调研中，有的专家主张也应像其他职业一样，要求家长获得"上岗证"方可对子女进行家庭教育。大多数人认为，不宜要求家长也要有"上岗证"。因为对于家庭这种极为私人的领域，国家权力不宜介入过多、干涉过多，要求做父母也要"上岗证"会产生适得其反的效果。这个问题可以通过规定家长接受家庭教育指导、学习家教知识、提高自身素质的方式解决，没必要强行规定要先获取"上岗证"。《条例》中可以规定婚前必须进行家庭教育培训，这是可行的。

（七）不宜明确赋予家长"惩戒权"

对于家长与子女的权利与义务关系，有的专家主张应该明确赋予家长对未成年子女的管教权和必要的惩戒权，子女有配合家庭教育和对家长合法惩戒的容忍义务。由于家长惩戒权在理论上还是一个很有争议的问题，实践中的尺度也难以把握，再考虑到我国传统教育中棍棒教育的流毒很深，在《条例》中规定"惩戒权"是利少弊多，很可能使该项权利被滥用，因此我们认为《条例》不宜赋予家长"惩戒权"。

（八）《条例》应当明确界定家庭教育有关主体的职责范围

家庭教育工作应当成为各级政府部门与相关群众团体的职责之一。只有把家庭教育工作明确规定为政府及相关群众团体的职责，才能保障家庭教育工作的长效性。在我国，家庭教育工作长期是由妇联实际负责，考虑到家庭教育的性质，借鉴我国台湾地区的做法，我们认为应将家庭教育工作的主管机构明确为教育行政部门。同时，家庭教育工作是一个复杂的系统工程，仅仅依靠教育行政部门是不够的，它还需要卫生、文化行政部门、媒体以及妇联、工会、共青团等群众团体的广泛参与。为了保证家庭教育工作的效率性，防止互相推诿，家庭教育工作应实行"条块结合，分工合作，各负其责"的原则。

父母或监护人是家庭教育的主要承担者、实施者，对他们规定一定的职责，如要求他们不断学习、掌握有关家庭教育的知识，形成科学育儿的理念，增强家庭教育的责任感，提高家庭教育的能力等，是必须的，也是可行的。家庭教育是双向互动的过程，如果没有子女的支持与主动配合，家庭教育不可能顺利开展。因此,也有必要要求子女在家庭教育中承担一定的义务。考虑到家庭教育的特殊性,对于家长和子女的义务性要求,宜采用倡导性规定。

(九) 家庭教育指导是《条例》的核心内容

由于家庭教育立法所涉及领域的特殊性,家庭教育立法要想达到"提高家长教育素质与家庭教育的科学水平,培养有理想、有道德、有文化、有纪律的社会主义接班人"的目的,不可能对家长及子女做出直接、系统和强制性的规定。但是,通过规范家庭教育指导行为,提高家庭教育指导的科学性与质量,以达到影响和引导家庭教育向规范化、科学化、法治化、颂扬好皇帝、大清官,或精心塑造忠臣奴才,或刻意渲染潜规则、厚黑学,与现代化法治文明反弹琵琶,从而使青少年疏离了人文理性,淡化了公民意识,这些负面影响也应引起各界的警觉与重视。

当代德国著名哲学家、精神病理学家雅斯贝尔斯在他的教育学名著《什么是教育》中指出,对教育的理解必须基于对人的理解,正是通过教育,真正的人性得以激发、培养成长与创造。[1]笔者认为真正的以人为本的教育或文化传承就是以提升人的理性为宗旨的养成教育。我们呼唤理性的养成教育,呼唤真正的教育理念与教育者。这也应是社会各界有识之士的无可推卸的职责与义务,更是我们落实科学发展观的当务之急。

---

[1]　参见[德]雅斯贝尔斯著:《什么是教育》,邹进译,三联书店1991年版,第4—5页。

建立家庭教育指导站很有必要*

　　1980 年，我们曾提出一个《上海市青少年教育保护暂行条例》的建议，其中专门规定了家庭教育与父母责任，并明确提出"设立各级家庭教育指导站"。当时，仅仅是一个设想，虽得到不少同志的赞同，但没有实践。现在上海市普陀区胶州街道的同志们，在实践中作了探索，他们创造了新的经验，一个值得推广的好经验。上海市虹口区唐山路派出所的经验更早一些，他们对失足青少年的家长的指导工作，也取得明显的效果。

　　家庭是人生的第一个学校，父母是人生的第一启蒙教师。子女从出生到有了思维能力，都直接受着父母的影响。即使入学的儿童、在校的青少年、就业的青工艺徒，也仍然从家庭的潜移默化中，汲取着形成性格、成熟思想的大量"原材料"。子女道德观念的陶冶、生活态度的养成、行为方式的示范，家庭起着塑造心灵的重要模具作用。家庭教养和子女们的健康成长是密切相关的。为人父母者，无不希望自己的子女有为成材，但更应深思家长对子女的教育责任，对社会的义务。

　　现实生活证明，家庭关系和谐融洽、家庭内部交往正常、家庭教育正常完善，可以促进青少年健康成长，可以防止和减少青少年违法犯罪的产生。即使失足青少年的家长，能尽责尽力配合学校和社会，做好"浪子回头"的教育工作，正确地教育子女，也还是能变病树成材的。青少年违法犯罪的原因虽然复杂，家庭因素却是一个不可忽视的因素。调查资料表明，家长中养儿不教，教而不严者有之；溺爱、娇宠和歧视、粗暴、教育不当者有之；更有极少数纵容、包庇或引诱、迫使、教唆子女者。对极少数不法家长理应严肃处理，以至依法追究刑事责任。而对那些在家庭教育中确有困难的家长，则应进行教育、管理子女的业务指导或提供具体的帮助，促使他们履行义不容辞的教育责任。

　　预防和减少青少年违法犯罪，重视和搞好家庭教育，也是综合治理的一

　　＊　原载《青少年犯罪问题》1982 年第 1 期。

个重要方面。面对有些孩子在家庭中得不到应有的关怀、抚爱和教育，在心灵上留下创伤，容易接受社会上的不良影响，甚至走上邪道的现实，应强调宣传教育，使广大家长明确认识到，进一步提高、抓好家庭教育的重要性和必要性；重视和抓紧、抓好对子女的思想教育，是父母和家庭中的每个成员的光荣义务和责任。

家庭教育也是一门学问，要当合格、称职的家长，就必须学习和提高自己如何教育子女的素养的能力，要重视对家庭教育的研究。

对罪犯未成年人子女救助案例的点评*

  罪犯未成年人子女的司法救助是一个新课题。本书通过对罪犯未成年人子女救助的三个实例，在实践中大胆探索开拓，并注意总结经验加以提升，这对保护未成年人合法权益、预防犯罪、构建和谐社会具有非常现实的意义，在理论上也很有价值。

  罪犯未成年人子女是一个特殊的弱势群体，实例探索对维护特殊未成年人弱势群体合法权益、体现司法公正有实质性的突破。罪犯未成年人子女是多重弱势群体。从实例中可以看出，生活无着、辍学、失去家庭欢乐与温暖、家庭突变对身心造成冲击或伤害等等，他们失去这种年龄本来应该享受到的阳光和蓝天，彷徨、痛苦、无奈。他（她）们是无辜的、无罪的、处境是不公正的，他们不应该承受父母犯罪带给他们的痛苦、歧视以及对其生活和人生发展的众多悲苦影响。司法的崇高权威在处理其罪犯父母中维护了正义、公正、平等的同时，也应该了解罪犯处理会直接导致其未成年人子女的不公正、不平等困境，并给予补救，实现更高层次更大范围内的公平、公正，促进社会稳定和谐。如皋人民检察院在批捕、巡回接访中发现问题，主动采取救助措施，看起来是小事，其实是为了解决群众困难，帮助弱势群体，还他们以平等、幸福和光明的大事、实事，起到补偿、协调、平衡作用。使犯罪人、其父母、子女、社会公众真切体会到社会的温馨和正义，弘扬了国家司法的权威、尊严、公正、无私，解决了司法惩罚或一般社会救济无法解决的问题。

  案例对司法救助的主体、对象、规范与制度等具体司法工作环节的救助作了开拓性探索。目前我国法院和律师有关的规定极不完整，无法救弱势群体于危机、困难、无奈之中，起到公平公正的司法平衡作用。如实例中探索检察环节对罪犯未成年人救助就是填补了一个司法环节的空白，有助于推动每一个司法部门都要在自己工作环节上建立健全司法救助机制，形成统一救助体系，共同负责；又如司法救助的形式也应该扩展更加多样化，捐

---

  * 对如皋人民检察院"司法救助"课题成果的点评。

助、经济补偿、心理疏导、法律援助、人生指导、回访、解决学习转学等，都是行之有效的作为公平的补救、解决矛盾、促进和谐的好办法，值得肯定和进一步总结论证；再如救助对象有刑事案件未成年间接受害人，也有刑事案件处置后导致困境的未成年人，甚至有起诉判决执行几年后罪犯未成年人及其家属向司法部门求救的人，根据宪法和有关保护未成年人、预防未成年人犯罪和社会治安综合治理的规定，实施救助也是积极的、值得重视的实践探索。

在中央不断强调建设和谐社会的背景下，要充分估计罪犯未成年人子女的司法救助对社会和谐、稳定健康发展的战略意义。"罪二代"是国际社会共同关注的问题，罪犯未成年人子女受到共同生活的犯罪父母的言谈身教和家庭环境的不良影响是不可避免的，社会如果不关心和教育帮助其摆脱不良影响，就存在不良发展的潜在危险，如果其父母受处罚后一旦跌入困境，就增加其对社会的不满，甚至于产生强烈的报复社会的心理，从而从不良隐患发展成有实际危险行为的危险群体。司法救助在帮助解决实际问题的同时也是帮助提高教育罪犯子女，改变其对社会的看法和人生发展方向的最好时机，救助价值不仅是助他摆脱困境，更是帮其脱离可能发生的险境，对社会来说可防止危险群体的产生，消除社会隐患，体现人性光辉。实例还显示，救助对其犯罪父母也是教育，提高其改造的自觉性，把消极因素转化为积极因素，为罪犯矫正增加助力。

司法救济是很复杂的问题。司法机关要确立各自环节的职能定位，规范制定相互沟通合作协调的制度，政法机关还要与政府其他有关部门如教育、未保、综合治理等分工配合救助等。实例的探索作为个案有局限性，探索结果也要有更科学全局的评价，上升到立法层面上还要有理论的研究论证和更多的经验积累，任重道远，还有许多工作要做。

第五编

铭记与回忆

专题十三:铭记前辈革命精神

专题前言:历史是激励的力量。我虽年过九十,回望过去,舞象之年在复旦接受陈望道、周谷城、胡曲园、王造时等先辈学术大师直接的引领教育,转入华政郑文卿、曹漫之等领导的长期教育、培养,往事历历在目,终生难忘。今天我们的点滴成果和幸福晚年,不能忘记先辈的付出和精心指引,还有多少同仁、朋友的帮助、支持,一起奋斗。铭记先辈,生命不息,奋进不止,不负期望。

创新中国社会主义高等法学教育的探索者

——追忆郑文卿老院长等开创者前辈功绩*

郑文卿同志,1910年生,1930年在河北大学读书时投身革命,加入中国共产党,成为一位职业革命家,曾领导震惊全国的保定二师学潮、任河南地下省委组织部长、中共全国总工会白区执行局组织部长,历经国内革命战争、抗日战争、解放战争的艰苦战斗,新中国成立后担任中共山东分局社会部部长、山东军区保卫部部长等职,1952年调到上海,受命建立华东政法学院,走上创新社会主义高等法学教育的领导岗位。

创新我国社会主义高等法学教育是一件复杂困难的工程,除苏联的经验和当时持批判否定较多的西方高等教育制度外,我们自己可以说基本上是空白。华东政法学院从1952年初筹办到1958年并入上海社会科学院,七年时间中(1957年反右,1958年被合并),走了一条不平常的路,郑文卿同志从任日常主持工作的副院长、党组书记,到院长党委书记约五年,这是在学习苏联结合中国实际情况的总方向下,第一次在上海全方位、综合地探索创新中国特色高等法学教育的中国路径的五年,是华政1979年复校前历史上最富朝气、兴旺创新、不断上进的五年。以后几起几落反映出探索进程困难复杂,也暴露出当时理论认识的肤浅、缺陷和实践经验的不足。但是这几年

---

* 撰写于2019年8月29日。

的实践探索还是很有成就、具有重要价值的,实践证明在老一辈革命家正确把握方向的努力下,虽经起落,终于在改革开放新形势下,走上了正确发展的新时期,尤其是习近平新时代中国特色社会主义理论指引下,有鲜明中国特色社会主义的高等法学教育的中国路径已经显示出基本的、有影响的、值得传承的路径和特征。

一、 中国共产党领导下,为社会主义革命和建设服务的高等法学教育

回顾历史,华政创建的 1952 年,是新中国成立后三年经济恢复、抗美援朝取得决定性胜利,国家转入迎接社会主义现代化建设的变革奋进的一年,是迎接第一个五年计划建设 156 项全国重点项目,奠定中国社会主义工业化初步基础的一年,是全国司法改革取得重大成果,迫切需要一批有觉悟、能担当,为社会主义经济建设服务,保卫经济建设的政法干部的一年。伟大的变革时期,革命的现实需要,催生新中国法学高等教育的改革,华东政法学院与几所兄弟政法院校为适应新中国的革命和建设发展的需要,担负着明确的使命和任务,应急而生。

是年初,时任华东公安部政法部主任的郑文卿,奉调协助中共中央华东局秘书长魏文伯,在上海主持筹建一所进行社会主义高等法学教育的新型大学——华东政法学院。魏文伯兼任院长,郑文卿任日常主持工作的副院长、党组书记,教务长赵野民(后提任副院长兼教务长、党委书记)、政治辅导处主任张格、研究部主任徐盼秋、总务处长吴建章,还有上海解放时随陈毅一起接收上海并担任市政府常务副秘书长兼民政局局长、在"三反运动"中被撤下来、调至华政的曹漫之等(后陆续还有潘念之、王亚文、李润玉、袁玮、吕书云、莫超……),组成当时建校时期探索、创新我国社会主义高等法学教育的领导团队。我当时是复旦大学政治系学生,院系调整到华东政法学院继续学业,毕业后成为华政的一名教师,还在郑文卿同志任职期间担任郑院长教学秘书,从而亲历了华政这一段摸索、创新我国社会主义高等法学教育实践和奋斗的历程。回顾历史走过的路,留下一些刻骨铭心的记忆,随着时间的推移愈来愈感受到其核心价值的分量和意义的重要。

我感受到中国社会主义高等法学教育之路,与过去最大不同就在:在中国共产党领导下,培养为社会主义革命和建设服务的新一代法律人是创新

我国社会主义高等法学教育的根本。

创建华东政法学院之源是保卫社会主义现代化建设的需要,直白地说,就是作为国家权力主要标志的人民公安、人民法院、人民检察院及其他司法机关,需要一批能够体现人民意志、坚决站在党和人民立场上、有专业知识的新人,来承担管理和保护国家、社会和人民的利益的责任。当时司法改革揭示出:风卷残云式的革命胜利中,相当多法院留用下来的人员(主要是法官)根本没有共产党领导、没有为人民服务的观念,骨子里还没有从国民党反动派的"共匪"观念中转过来。要一个昨天还代表国民党反动派把共产党当敌人、当"共匪"的人,一夜之间就把自己倒过来是不可能的。他们在审判中分不清革命与反革命的界限,审判中仍是沿用国民党反动的旧立场、旧观念、旧法律、旧作风、旧方法,危害着国家和人民。因此,用一批新人换掉一批不合适的旧司法人员,是巩固人民刚刚获得的政权、稳定新社会之大事急事,是当时军事上政治上革命的一部分和继续,完全不同于今天我们所进行的"司法改革"。

由此必须认识,新型社会主义的政法高等学府培养的人才,首要解决的就是要让大学生尽快通过学习,真正懂得法律的本质,树立明确、坚定的共产党领导,为人民服务,保卫社会主义革命和建设的思想、意识,有对新社会的忠诚和责任担当。这就是开创新中国高等法学教育第一、根本的课题。郑文卿同志在筹办初的一次会上就明确传达说,全国司法改革即将告一段落,为了贯彻实行《共同纲领》关于废除国民党反动派的伪法统、巩固人民民主专政、建设新中国的法制,华东政法学院培养的是新社会的新人才,新一代新型的政法干部。

开学时,他说,新型的政法高等学府,不是一般的高等学府,形象地说,华东政法学院是半军事化半党校性质的政法高校,党的绝对领导成为新老大学的一个明显分水岭,这要让学生成为入学的第一认识,加以提升,从这里走出了新中国第一代法律人。

在魏文伯、郑文卿领导下的团队,开始了这条培养新型社会主义政法高等人才的探索新路。首先,就是大刀阔斧对高等法学教育的课程设置进行改革和创新,显著特点就是加大加重政治理论课程体系。历史证明,这是老一辈革命家从中国革命经验结合学习苏联总结出来的,是给我们传承的宝贵财富,必须铭记住,永远要坚持。

从旧中国刚走出来的新中国,当时大学生就是"大知识分子"了,知识分子的思想、认知许多是从书本上开始学习逐步启发提升的。郑文卿同志就用自己作例子说过,我们这些人就是从接触进步书刊、进步思想走上革命道路的。华政新路就是根据知识分子特点、认识规律,像党校似的重视、加强学生政治理论课,在课程设置、课程结构体系、内容讲稿、备课质量、课时分量、教师配备等,一步一个脚印走出来的。

当时华东地区原复旦、南大、厦门大学、东吴大学法学院、圣约翰大学、沪江大学、安徽大学等大学法律系政治系社会系学生先后并入华东政法学院,他们已经接受 1—2 年的大学教育。各校的情况不尽相同,但共同点都是通识性学识性课程为主,即使像复旦这样的大学,学习课程不少,内容丰富,观念也较新,教授不少都是当代进步的学术权威、名家,我在政治系上课的老师,国文(陈望道)、中国通史(周谷城、周予同)、近代世界史(王造时)、政治学(胡其安)、辩证唯物论(胡曲园)、社会发展史(王中)等,还有一些报告、讲座。但是,在教学中直接、明确、坚定地讲述共产党领导,为人民服务,保卫社会主义革命和建设的思想和意识的内容,显著薄弱,可以说是很少,表述也是不明确、不坚定,甚至在有的教学中是有意避开或缺失。当时的复旦尚如此,一般的、私立的、教会大学则可想而知。

针对现实情况,华政新学期开学第一年首先开出《中国共产党党史》《马列主义基础》《唯物辩证主义与历史唯物主义》《政治经济学》《马克思主义的法的理论》等全新课程,包含哲学、革命史、政治学、经济学、法学的基本课程体系,明确为全部学生必修课,课时至少在 80 课时以上。教学方法也不同,学习强调理论联系社会实际、思想实际,方法除上课外,形式变革为答疑、课堂讨论、小组讨论相结合,每个学生都可以与教师、同学在不同场合,自由提问、发言、讨论,以求增长知识、提高认识、解决问题。

这种教学课程设计和教学实践,从中国共产党和国际共产运动的革命历史实践中了解共产党的理念信仰、理论实践、人类社会历史发展和革命胜利的必然性,从资本主义社会的内在基本矛盾向社会主义的必然发展的经济规律、哲学世界观、人生观、方法论的高度,树立或打下为社会主义国家、为中国革命、为人民大众服务的初步思想观念基础,再回到现实中来,指导实际行动。这在当时一般大学是没有的,不仅是课程多少,课时多少,而是指导思想和权衡标准变了,知识与思想认识观念行动联系起来统一起来。实践检验效果,事实证明是有效、成功的。表现在毕业时学生的政治素养、职业能力、品德素养均与入学时相比显著提高，服从统一分配，到祖国最需要最艰苦的地方去，成为大家效法的风气。

同时，与课程体系改革创新的同时，根据学生情况，从政治上关心、帮助、提高学生的政治素质和觉悟水平，大学日常工作机构设置也有革新探索。这就是建立政治辅导处等新机构，成为学生政治思想工作的专门机构；在年级建立年级办公室，在班级配备政治辅导员与学生打成一片，上通下达，关心学生的学习生活思想，工作协调。从组织上保证加强学生教育管理和学生思想工作，在学生中形成为社会主义祖国为人民学习的新理念和工作导向、热情，这在老大学是没有的。值得专门念及的是，这些辅导员当时都是从山东荣军学校学员中，政治文化素养比较高，有一定政治工作经验，在战争中受伤的共产党员中选调来的，他们教育培养了华政学生中最早的一批共产党党员，我就是其中的一员。几十年后，能相见还能认识叫出名字、讲出特长、爱好等等。这方面的实践探索成果，也为中国社会主义高等法学教育事业，为培养建设伟大中国革命事业奋斗人才作出了奉献！

当时学生这一代人已经过去60年了，最小的也达耄耋之年，他们在复杂曲折的一生中怎么样？实践是检验真理的唯一标准。以我们这届为例，八个大学合并来总共约170余名学生，主要来自复旦、南大、厦大，近二三十年，逢五、十常聚会，在毕业65周年之际聚会，只要能来的包括家属推着轮椅来的，上海到会21人，最小的85岁，回顾我们工作和知道的包括已经去世的同学信息，历史证明华政建校探索、创新中国社会主义高等法学教育之路的成果。我们没负母校培养，毕业60多年接受了各种考验，包括受到种种意想不到的挫折和磨难走出来的同学，最后在各行各业做出一定成绩，都是方方面面的骨干，有的从右派成为亚洲律协副主席、某市人大副主任、有的从长期背历史包袱受不公正待遇审查到成为全国煤炭系统全国劳模，有的从缓分配待查到成为著名作家，作品改编成受好评、欢迎的电影，有的从被开除到农村作苦力成为法官评为先进工作者……更多的人在自己位置上作出为国家社会人民认可的贡献，不少成为方方面面的先进工作者、模范教师、学者教授、知名人士、政府部门领导，向母校交了一份合格的历史答卷。

二、 坚持信念目标，未达目标誓不休的艰苦奋斗精神

建立一所新型社会主义的政法高等学府，目标很明确，从无到有，从小

到大,从初步合格到高水平,是要不断发展提高的。社会主义不断发展,高等法学教育也永远不能满足现在,面前的困难和挑战永远存在,如要万事齐备只能不停办。只有艰苦奋斗,是坚持信念、实现目标的真实可靠之路。

新的政法高等学府有新大学的设施、硬件软件、质量的标准和要求。从环境硬件条件来说,原圣约翰大学校园是很美,环境在上海也是一流的,但是他是教会的、贵族的,少数人大学,其设施、布局从指导思想到实用都不符合办一所新型社会主义政法高等学府的要求,与我们要尽快培养一批为社会主义服务的人才,培养大量新一代政法干部是完全不能适应的。举个例子说,我们刚到圣约翰大学旧址上学,就碰到很多想不到的问题和尴尬:有大草坪没有大教室,小教室也不够;有花房,没有学生宿舍;有咖啡店、小吃店却没有学生吃饭的食堂;有结构精致的教堂却没有师生洗澡的浴室或澡堂;有高高的水塔却找不到师生必须的厕所,小的卫生间也难找到……许多个没有,怎么办?

财大气粗,资源丰富,也许能建能买,可是新中国成立初期,财力困难、物质条件差,没门。而且,许多事有钱也没有用,宿舍、食堂、厕所能想盖就盖起来吗? 办学的目标要求时间都不能变,路怎么走? 只有一条路,艰苦奋斗。当时的口号,条件太差艰苦奋斗上,没有条件创造条件一步一步上,困难重重克服困难也要上。记忆难忘的是开始学生吃饭是在一片泥土地上,靠苏州河边搭临时伙房煮饭烧菜,大家蹲在泥地上"顶天立地"围着四个小脸盆装的菜(加上路中间木桶里的汤就是"四菜一汤")吃饭,我们后来回忆说,当时真有点八路军行军的革命感觉。不久草篷食堂建造起来,结束了露天吃饭的日子。后来原地建造可供1000多人吃饭开会的两用食堂(复校后再次改建才有现在的长宁校区一楼饭厅二楼会场的大楼)。逐步具备了培养学生的最基础条件——学生食堂。学生宿舍、教室等等,都是这些教职员工团结努力、艰苦奋斗解决的。把条件最好的一座楼改设为女生宿舍,韬奋楼上面改成男生宿舍,下面辟出可供100多人和40人左右学生上课的教室。厕所从临时应急的便桶到教室区、宿舍区层层有卫生的冲水的厕所。图书馆在大学设施中有特殊的意义,千方百计收集整理法学类图书,购买最新法学教材图书,建立图书馆、阅览室等等,使各种设施逐步健全符合教学需要。两年左右时间,一批批大学生就这样在符合大学教学活动要求的环境中,生气勃勃、协调、文明、有序成长,从这里走出来,踏上国家需要的工作岗位。

　　新型社会主义的政法高等学府更困难的任务,是如何保证高等法学教育的社会主义方向、内容、教学水平、质量,以及教材、教学效果上。郑院长当时有这样一句话,"我们要用最新、最高水平的法学理论武装学生,我们要选最好的、最有水平、最有经验的老师教学生"。最好的、最有水平、最有经验的老师在哪里来,这比物质条件难、复杂多了,其实出路还是在艰苦奋斗,不过是更高智慧、更深层次、更复杂的为实现理想、目标的艰苦奋斗。

　　按照当时的认识、条件和历史局限,苏联就是社会主义法学理论的唯一标准、最高水平。中国革命、建设当然是最大的现实实践。新学府没有现成的符合当时需要的老师,靠组织、志气、精神、科学,走出一条艰苦奋斗的实现既定目标之路。具体地说:

　　一是自力更生,奋发图强。共产党人接受了任务,对困难首先是靠自己,自力更生,艰苦奋斗的精神。开办初期华政主要有三部分人,老干部(相当一部分是上中层领导)、老知识分子、大学毕业不久的青年教师。以老干部为骨干的办学方针,领导果断决定必须把有条件从事教学的老干部安排到教学第一线,但是这部分同志相当多过去没有这方面经历和经验,有的虽经过高层次级别的专业学习培养,已经为他们创造了一定条件,可是时间不长,离胜任社会主义高等法学教育标准还有差距。在接受明确教学任务后,担子压上了肩,他们的表现不负组织信赖,以百倍努力加非凡的毅力,学习、钻研各自的专业,是自力更生、艰苦奋斗的骨干,实现目标、完成任务的第一承担者。他们按照各自的办法,收集、学习、研究上面发下来的文件、资料,碰到困难和问题,寻师访友,多方请教,联系有关部门,努力接触实际,他们基本上是没有上下班时间,节假日也很少回家。他们的精神和言行,对老教授,特别是对年轻教师有极大的激励和榜样、凝聚作用。

　　重视青年教师的培养教育,华政从1952年始,培养青年教师严格要求自己,努力上进,自力更生,奋发图强,态度坚决,措施有力。从组织、引导、指导教师读马列毛原著、法律经典著作,自学讨论学习苏联的教材、参考书,在老干部组织带领下分工编讲义,依靠集体逐章节在教研室讨论研究提高,绝不放过讨论中认识理解甚至表述上分歧或不同看法,成稿后根据写作和准备等综合情况由教研室主任决定,再在教研室试讲通过,报校领导批准,一环扣一环,手把手地带、教、帮。青年教师宿舍晚上灯火通明,每天学习、研究、备课至深夜是常态,谁不奋进,自己都不会放过自己。

我毕业后当教师,特别是担任郑院长教学秘书后,逐步体会到领导们这条探索路的路径和走法。依靠老干部,培养青年,团结发挥旧社会老教授作用,自力更生,艰苦奋斗。

有一件让我印象深刻的事,就是力主懂八国外文、工作认真负责的老教授王绍唐担任图书馆长。当时由于左的思想影响,有人认为老先生历史复杂、思想保守,不能当图书馆长。在郑院长力主下,统一了认识正式任命,正确体现了党的政策,使王老教授十分感动,充分发挥自己特长和工作的积极性。还有如请刘焕文老教授在教研室讲刑法,郑院长亲自听课肯定刘这方面专长,有学问。这在当时都是很不容易的。让他们为创建中国社会主义高等法学教育也贡献了力量。

我1954年毕业留校在刑法教研室做助教,学校推荐我到北京中南海参加起草《中华人民共和国刑法指导原则》的判决罪名调查,给我难得的接触实际、扩大视野的学习机会。1955年开始给干训部学员辅导刑法课,学生都是基层领导或准备提拔到基层法院当领导的。我听党的话,刻苦学习,认真准备,积极参加研讨,1955年华政最早铅印的讲义《苏维埃刑法的几个基本问题》(王文升主持、主编),有两个章节就是我第一次写成讲义得到通过印发的。为了通俗更能理解,在老同志支持鼓励下,我收集参加讨论过许多案例,经过充分准备,抱着当老师又当学生态度,虚心深入,到这些有经验的老干部中去上辅导课。经过一二期教学,干部学员反映较好,我也在教学实践中慢慢被培养成长起来。特别难忘的是,1956年,高等教育部决定在高等法学院校本科学生中开新课《犯罪对策学》,开始连名称都第一次听到,学校决定平地建立犯罪对策学教研室,调老干部卫生科科长孙玉斌同志任教研室主任,指派我学习准备首开《犯罪对策学》课程(160学时)。为了培养我更快成长,组织上让我到人大参加犯罪对策教研室备课学习,到中央民警干校与老侦察员、法医搞合作实践研究,到沈阳国家警犬基地参观调研,到沈阳市公安局刑警队全面实习,还请苏联专家到教研室面对面重点指导我们长达一年半。在建立实验室过程中,郑院长亲自与公安部联系学生实习用的新旧枪支、弹头、弹壳,解决外汇购买学生实习用苏联进口卓尔基照相机等,点点滴滴我终生铭记,感恩华政培育。还有一件意外的事,在我第一次上大课讲堂授课前几小时,学生在课表上看到我是个名不见经传的年轻教师,就在大门前贴大字报点名不要徐建教师上《犯罪对策学》,指名要求时任副院长兼教务长赵野民上《犯罪对策学》课程。在我信心受到严重打击几近崩溃的情况下，赵副院长亲自陪我上讲台，听完我第一次课，在得到约 150 位学生认可后。才离开教室，我才顺利完成四小时的第一次大课。我的经历大体上也能反映当年青年教师艰苦奋斗，努力提高教学质量、历经曲折成长的概况。

二是科学规划，创造条件。一批批新老教师送到北京最高水平的高校和研究机构培养、深造，如中央党校、马列学院、人大、中央政法干校、北京政法学院等，老干部教师如王绎亭、王里枕、唐文章、李如馨等；青年知识分子每年少则十余人，多的年份二十多名，拔尖者如王志平、唐培吉、浦增元、庄詠文等，后来都成为学科领军人才。

还有傅季重、陈忠诚等党外人士、老学者，充分发挥专长，有的同志后来还入党。

三是依靠组织，请、调、借人，度过青黄不接的断层期。中央政法干校、人大等，暂借骨干教师来华政上课。调来当时的研究生齐乃宽、叶孝信等，增强华政教学力量。

聘请苏联专家驻校指导、讲课或短期讲学讲座，如贝斯特洛娃、柯尔金、科勒马阔夫等。

华政就是这样成为名副其实的新中国法学高等学府，与北京、西南、西北、中南组成当时最权威的社会主义高等法学教育集群。

三、 坚持理论联系实际，培养勇于实践、敢于创新的法律人才

华政探索中国高等法学教育之路与两部著作有很大关系，这就是毛泽东主席的《实践论》和《矛盾论》。郑文卿院长非常重视让师生学好这两部名著，在哲学课程中专门讲"两论"。他说，毛主席说过，真正亲知的是天下实践着的人，理论的源、根基、基础是实践，实践是第一根本，在这个基础上的理论，才更深刻、更正确、更完全地反映客观规律指导实践，让工作取得预想结果。中国革命"两论"起家，"两论"是指导中国革命胜利的法宝。我们要做好工作就要学好"两论"、按"两论"做事。

在"两论"起家的思想指导下，华政从开创之日起就一再强调"理论联系实际"是贯穿教学全过程的基本原则，要培养政法学生合格成才，首先严格

要求老师要先行做到"理论联系实际"。

　　教学创新"理论联系实际"之路，我认为建研究部就是重要决定之一。学院新建之初，什么基础都没有，就建立研究部，绝非偶尔，仍战略、智慧的大局安排。当时我们师生大都不理解，学校领导在不同场合向我们讲，大学教学就是当前"实际"，就要研究，没有研究就难以提高教学水平和质量。研究部把教学大纲、教学方法、教材、研读探讨经典等，都作为研究部的科研课题，还主动帮助联系、提供条件等。领导以身作则，支持、培养勤于实践、在实践中有责任感、勇于探索创新人才，例如创办之初，基础课、政治理论课有许多教学新课题，工农出身的新大学生学普通话，特别是汉语拼音，当时的学生不会，老师也不会，一位年轻的叶老师有基础，接受教学任务后，就自己钻研，又到研究推广的实际部门去学习，后来开出这一门新课，反应好、效果好，受到表彰和肯定。政治经济学年轻老师，研读马克思的《资本论》，研究商品价值、剩余价值，进行社会调查，加深对理论理解，写成论文，充实讲稿，提高教学质量，不仅受到表彰和鼓励，在职称评定中还获加分得到提升。研究部通过多种渠道、方式表彰、奖励科研成果，激发理论联系实际，探索创新出成果的热情，确实是自力更生、艰苦奋斗、加快人才成长、提高教学质量的路径之一。

　　再者，请实际部门领导给学生和老师上课，这是当时补高水平教师不足、增强实际接触的成功经验。如请税务局长讲税法、民政局长讲民主建设、婚姻法、救灾、社会救济政策，公安局长、法院院长讲镇压反革命条例，请领导土改工作的领导讲土地改革情况和政策等等。实际工作领导把教学和实际工作一下拉近了距离，作出理论联系实际的示范，学生接受快、理解深、受欢迎，能够领会、把握党和国家的政策法律的最新最重要的内容和精神。这种理论联系实际的紧密结合，具体生动，在高等法学教育中很有创造性，在当时一般高校中是不可能有的。

　　当然，校主要领导也以身作则，郑院长讲马列主义基础部分，有的领导主动授课中国革命史、政治经济学等。

　　第三，为了师生更多了解全国政法实际工作情况和变化，学校通过向中央有关部门申请、报告、组织联系等，与全国有关部门建立情况、简报、通告、总结的合作交流制度，给我校分送各种公开的、内部的资料。学校相应建立当时一般高校没有的"内部业务资料室"保管，建立专门制度，供有关老师借阅、学习、教学、研究。不仅扩大教学视野,与实际部门工作发展变化达到同步了解现实,而且建立交往联系,提高对国家政策法律的精神的理解,对提高教学质量,接近社会,参与实际活动,提高学生实际工作能力,发挥重要作用。有力促进师生眼睛向下,联系群众,乐于实践,勇于实践的风气和传统。

建立教研室,成为贯彻理论联系实际的学习实践的重要阵地,这也是重要的探索、创新,有值得总结传承的意义和价值。之前在传统大学里,教学都是以教授自由职业者个人进行。教研(组)室是苏联的先进经验,华政建校不久就借鉴其经验,建立教研室(组)在实践中探索,符合当时实际情况,强调集体的力量,以个人努力为基础发挥集体作用。当时由几个相近学科(后来学科与教师力量发展了,一分为二或几)的教学人员组成一个教研组(室),成为教学中,学习、贯彻党和国家教育方针,教学指导原则的基地,讨论研究制定教学计划,编写新教材;贯彻落实执行实施教学方案、分派教学任务;集体备课,收集资料,试讲、讨论、听取意见、修改改进;发现和改进教学问题,联系实际、了解学生需要,提高质量,交流经验改进方法,充分满足学生学习要求;组织科学研究,发现新课题,开展研究,扩大视野,聚集智慧,相互交流,批评监督等等,尤其是组织政治学习,对教师成长起着特别重要的作用。回顾过去,这不仅在建校初期、规模不大的时期起了重要作用,从现代科学发展的团队趋势和我国社会主义价值观高度思考,教研室在学校规模大、学科多、任务重的新时代,如何加强教师的政治思想工作,加强教学组织、管理和学科建设、提高教学质量、水平,培养青年、发挥学科带头人作用,加强教学管理等,诸多方面仍有值得研究、借鉴的价值。

在学生方面,也有一些措施,经上报批准进行,如学生来源注意增加有工、农实际经验的同等学力新生,在职干部学生。学生学法就与法结缘,参加国家立法、调研、法律宣传各种活动,如农村人民代表选举,54年全民《宪法》讨论,贯彻《婚姻法》宣传、调查等,让学生尽早能熟悉、进入新中国政法实际活动,为将来奉献自己作准备。

四、 以人为本,把党和国家的关怀带给师生、凝聚师生

华政初创,人员来自五湖四海,有身经百战的老干部,有刚毕业的大学生,有机关工作人员,有战场上受伤的荣誉军人,有东南西北、城市农村不同地方来的学生,互不相识,汇集一起,几年时间相聚奋斗,感情深厚,升华

成"华政情节",尽管由于各种原因又流向祖国各地,多少年后仍对华政充满怀念、感恩、难忘的感情,随着时间流逝而更深更浓,甚至把自己称为"华政人"。

什么力量、什么东西把不同单位部门、不同经历、不同工作、不同年龄、不同性别的人凝聚在一起,首先是有一个共同的目标:中国社会主义高等法学教育事业。

还有就是:以魏文伯、郑文卿为首的老一辈领导,以人为本,用自己的举止言行,细微深刻地把党的关怀、温馨渗融到每个人身上,温暖、凝聚了人的心,教育、培养了人。

一位老师回忆,来学校报到时碰见一位穿着洗得发白的黄军装、年纪比较大的人,帮他指路、怕他找不到宿舍,还带路、帮他拎行李,后来才知道他就是院长郑文卿。另一位老同志说,我刚来华政在宿舍里碰见郑院长,问寒问暖,以为是一位后勤杂务人员,想不到领导这么平易近人,关心大家。老院长自己一个人到食堂吃饭排队,看到学生急匆匆就让学生到自己前面先领,自己让到后面,后来别人告之才知道,不好意思地说,怎么也想不到院长让我先领饭菜。还有一件我亲自在场看到的事,总务科长汇报上面拨下来的师生困难补助金有结余,本意是来说明工作成绩的。郑院长事先已经了解有人很困难没人关心、没有解决,所以就问,补助金怎么会有结余? 是否还有困难的同志没关心到,没解决? 科长一口回答说,都解决了。郑院长很生气说出有困难人具体名字和情况问科长,科长回答不出。郑当场批评他,上面把困难补助金拨给我们,是要我们关心群众,解决群众的困难,不是要你留着不用。你不了解情况又不深入群众,这是不作为、偷懒,没有把群众生活放在心上。这位科长十分惭愧,当场检讨表态马上回去进一步做好工作。

除生活外特别关心年轻教师政治上追求进步,有一位工作积极、很有才华、追求进步的青年教师,在大学求学时就提出要求加入共产党,来华政工会后也多次申请,由于历史上一些问题没有批准。后因工作需要调到山东工作,组织上为他办好手续,临出发前郑院长专门约他谈话,知道他去的单位是自己熟悉的,不仅鼓励他到新单位好好工作继续上进,还专门为他写一封推荐信,特别介绍他追求进步、积极要求入党的情况,当面给他让他交将去的单位领导,让他十分感动。他是终生难忘,每有聚会总会流露怀念感激之情。

把群众放在心上，对自己则相反。对人亲、对己严，要求不一样。郑院长曾住靠近老图书馆的8号楼，没有煤气，家里做饭用煤球炉，非常不方便。办公室有人提出，图书馆有煤气，离8号楼很近，联系一下就可以接过去，郑知道后坚决不同意。说，附近的楼都没有煤气，给我接是搞特殊化，不行。办公室来自己过去的老同事、老朋友看望他，茶叶点心，一定要在他工资中扣付。他有时要到食堂吃饭，不要我们带或送，他说，自己去食堂吃饭，就知道伙食怎么样？还能知道学生有什么意见，可以改进。

关怀在大学里有特殊性。大学里学术职称是每位教师最关心的问题之一，1956年华政第一次评职称——讲师。郑院长一是要把一些搞教学的优秀老同志评上去，同时特别关注要把一批优秀年轻人选拔出来。老同志相对不多，如王文升、黄道等顺利通过。青年教师人数较多，意见不一，难度较大，郑院长一是要求把每一个人的情况弄清，事实准确，工作做细。二要严格掌握标准和分寸，不要对年轻人求全过分。三要充分听取意见。一定要把成果公认、表现突出的优秀年轻人才评出来。经过几个月，有一批年轻教师评为讲师，当时就被列入国家承认的高级知识分子了，如王志平、唐培吉、庄詠文、宗丹楠、范关坤、彭万林、金立琪等等脱颖而出。当时还准备破格提升两名表现突出的年轻老师，由于毕业时间短，意见不统一准备留到第二年，可惜由于众所周知的原因，职称评审工作一停二十几年，人事部门都觉得影响工作、影响人才使用，太不合适，主动通知二十年的老助教，以后填表不要填"助教"改填"教员"，比较符合实际。这次评审体现了党对教师的极大关怀，激励着教师特别是青年教师持续奋进的精神，是华政历史上有特殊影响的一次职称评审活动。改革开放后，当时评上讲师的人继承了党的优良传统、成长迅速，有的成为高校领导，有的担任上海市党史学会会长、荣获上海市马克思主义理论教学研究"终身荣誉奖"，有的担任东亚研究所所长……不少人成为知名教授、学术带头人，为法学、社会科学、高等教育作出贡献。

这种关怀也包括体现在对老革命曹漫之被错误处理后，身体不好，调来华政时期。当时，郑院长专门嘱咐我（任秘书），曹对革命有很大贡献，犯了错误受处分到我们学校，他身体不好，一定要好好照顾。你代表我经常关心一下，有什么困难、问题，需要尽量帮助解决，你无法办的有困难向我报告,如看病用车等等。曹漫之同志后来在华政担任领导,对华政发展作过许多重大贡献,也有他对华政的深厚情结。

这种关爱在这些老领导离开华政好多年后,仍长期延续,在师生中传颂。1954届毕业生欧阳文毕业时院长是魏文伯,分配到山东工作,后来到受到不公处理,文革后欧阳文写信给魏老反映情况。时隔二十年,魏老仍关心体恤,请有关部门查明事实后得到纠正,欧阳终得平反回到法院工作。他不忘初心,勤奋工作,用优异表现评为法院先进工作者。还有一件奇迹般的事,郑院长离开华政十几年后,文革中在青海被结合进省领导班子,原华政毕业生留校担任教师的陆锦华,在调到青海后被打成右派,文革中又因为刘少奇鸣冤叫屈,被定现行反革命,执行枪决。枪决执行前夜在青海省领导班子最后审批时,郑文卿同志看到材料,他认定这是一件冤案。情急之下,他机智地在材料中发现疑问,提出一个事实不清的疑点,当场无人能讲清。郑文卿同志用毛主席说过脑袋搬了家是装不回去的话为根据,建议需要查问清楚,经过讨论大家一致决定枪下留人,这样救下了陆锦华一条性命。粉碎"四人帮"后陆得彻底平反,恢复工作,后在徐盼秋、曹漫之、李润玉等关心下,回到复校后的华政。这种以人为本,坚持真理的精神在后来的张传祯抢救、学生食物呛入气管抢救等感人事件中,多次体现。

这就是"华政人"的凝聚力,为我国法学发展繁荣奋斗的动力,无尽力量的来源。

弹指67年,我有幸在华政三起二落中,与同学、同事、同志们砥砺前行,看到华政今天在创新我国社会主义高等法学教育进程中,不负众望,不断取得了令人瞩目的新成就。华政从创建之初师生不到两千人的单一学院,到现在有长宁、松江两个校区,22个学院,有本科学生、硕士生、博士生、博士后、接受中国政府奖学金来华留学生,以及教工近二万人的综合性大学,法学重点特色鲜明、享誉国内外。回顾历史,在习近平中国特色社会主义新时代,不忘记初心,放眼世界,开拓未来,让法学东方明珠的光辉更加灿烂辉煌。

忠肝义胆一英才

——漫老百年纪念[*]

曹漫之，原名曹元鹏，参加革命后改名漫之，山东荣成人。少年时代就大鹏有志，才华出众，18岁投身革命，腥风血雨，跌宕起伏，传奇一生。他是一位睿智儒雅的革命军人，一位具有英雄胆略个性的学者，一位才学广博有远见卓识的教育家。离开我们已经二十二年，时间推移、岁月流逝，丝毫没有减弱人们对他的怀念。今年是他诞生百年，追忆他的传奇一生和贡献，怀念、记述他的思想，体验他的理想、追求和人格精神，传承他的革命精神和宝贵遗产，对后人的成长和社会主义事业的进步，具有现实和长远的教育、借鉴意义。

一、 学习鲁迅，爱恨分明，走上革命道路

曹漫之诞生于1913年，那是个推翻清朝后，军阀割据、混战，帝国主义列强加紧对中国的侵略、掠夺，丧权辱国、民不聊生的时代；也是人民觉醒，新文化运动兴起，马克思列宁主义传入中国与中国革命实践结合的时代；也是国家多难、英才辈出的特殊时代。时代唤醒、教育了一代新青年，曹漫之从记事起就感受到国家和人民的苦难，痛恨社会的黑暗、腐败和不公。十一岁时，他得到给一个富家儿子陪读的机会，开始接受正规系统的教育，从熟读《三字经》《百家姓》、四书五经、唐诗宋词、二十四史，到后来接触进步和革命的思想，尤其是爱上了鲁迅的著作和文章，成为学习鲁迅的积极分子。他与当时许多进步的知识分子一样，都是从鲁迅的书和进步刊物中吸取养分成长的。这是因为国民党政治上、军事上反共、剿共，思想文化上也绝对禁止有共产主义、社会主义、马列主义等字眼的书籍、文章，鲁迅的书和文章虽然也在被"围剿"之列，但还能在有的书店、报刊中找到，这成为知识分子追求光明的一盏指引明灯。

---

[*] 原载《百年漫之》，上海人民出版社2013年版。

　　大家都知道,鲁迅是"五四"新文化的奠基人。鲁迅揭露、痛恨吃人的旧社会,以文艺为武器,唤起人民的觉悟,"改变他们的精神""取古代的事实,注进新的生命去"(《鲁迅全集》第十卷),让人们看清人吃人的封建社会的伪善、落后、腐败。鲁迅抨击时弊,反抗黑暗世界,"确信惟新兴无产阶级才有将来",让人们明是非黑白,看清前途,树立理想,追求光明。毛泽东在《新民主主义论》中说:"五四以后出现了一支新的装束和新的武器文化新军,声势浩大、威力猛烈、所向无敌,鲁迅是这支文化新军的旗手,中国文化革命的主将,向着敌人冲锋陷阵的最正确、最勇敢、最坚决、最忠实、最热忱的空前的民族英雄。"曹漫之曾追忆历史说:"年轻时刚开始参加进步活动,没有看过马列、毛主席的书,因为那时候没有条件接触,也没有那个水平,是鲁迅的著作和文章引导我们这些人爱憎分明,追求理想,参加进步活动,参加共产党,走上革命的道路。"

　　在当时,学习鲁迅、宣传鲁迅就是进步、革命的表现,同时也就有受到迫害、制裁的危险,这是今天的青年无法想象的,而在历史上这就是残酷的现实。革命从学习鲁迅开始体现革命文化的意义,其中有太丰富的内容,值得体会和珍惜。曹漫之一生热爱鲁迅,用今天的时髦语言是学习鲁迅,崇拜鲁迅的"粉丝",他读过许多鲁迅的著作和文章,熟悉鲁迅的思想和文风,与他当时一起的老同志,至今仍对曹元鹏(曹漫之当时的名字)读鲁迅著作多、有研究心得印象深刻。有一次在报纸上看到一篇引起大家关注的文章,没有署鲁迅名字,可是曹元鹏一读就说这是鲁迅的作品,推荐给大家看。开始大家颇有怀疑,后来被证实确是鲁迅写的,都深感惊异和佩服,传为美谈。

　　曹漫之不仅仅自己读鲁迅的书和文章,而且早在1929—1930年就与同学谷牧(曾任国务院副总理)组织鲁迅读书会,抵制日货,烧毁自己用的日本钢笔、铅笔,走上街头向群众宣传,他还发挥自己的绘画特长在街头画大幅抗日宣传画,在县城造成很大的影响。

　　他毕生热爱、推崇鲁迅,学习、介绍、宣传鲁迅。抗日战争时期,在他主政的胶东地区就办了两个鲁迅中学、六个鲁迅小学。上海市鲁迅纪念馆曾撰文称,许广平编辑于1946年出版的《鲁迅书简》是国内第一部铅印本鲁迅书信集,全书有一千多页,就是有人向时任胶东行署主任曹漫之汇报后,由胶东行政公署在上海的"和丰行"出资印刷出版的。许广平在编后记中有一段话,非常感谢对鲁迅先生的文学遗产"寄予深厚的同情"的不相识的朋友,就是指曹漫之、刘若明等人。

曹漫之热爱学习，从学习鲁迅的著作、文章走上革命道路开始，即使有杀头的危险也无所畏惧。入党后，他有条件接触更多进步书籍、党的文件，尤其是马克思列宁主义和毛泽东的著作，留心收集、认真阅读。当时传读这些文件、书籍是秘密的、十分危险的，他说："冒着杀头的危险也要读这些书，这就是革命，杀头也禁不住的。"在那特殊的年代和危险环境下，他经常说"读书要有行动"，并且直接与毛泽东、周恩来、朱德等把马克思主义与中国革命结合起来的实践联系起来。他对战友说过的一些非常明白又能让人听后就一直记住的话，如"革命就要行动，只读革命书，不做革命事是不对的"。"不学习，就会盲目，会说错话做错事，对革命不利"，"只读书不重视实践，就是蛀书虫"等等，至今对我们仍有长远指导意义。他一生勤学，他家大厅就是书房，除一个大写字台，没有什么家具，满屋子就是书，书架是战争年代制作的分格的木箱子，关上就能挑、驮着走，打开立起来就是书架。他年轻时代读书画画，写字赋诗，十分花功夫，他利用一切有用时间读书，行军走路在马背上也读书，文章被老师作为范文贴在墙上，漫画画在大街上。到上海后，警卫员说，他任市政府副秘书长期间，每天晚上看报读书不到半夜不睡觉。许多接触过曹漫之的人，对他努力学习，有理论、有能力、有办法，都一致赞赏，把他和谷牧、李耀文（曾任中国人民解放军海军政委）、王一平（曾任上海市委副书记）称为"胶东四大才子"。曹漫之在艰难危险的残酷斗争中，在复杂曲折的革命道路上一步步成长、成熟，成为革命队伍中出色的一员，为革命和建设事业奉献一生。

二、 反帝反封，为国为民冲锋陷阵的年轻战士

中国近代史是一部备受帝国主义侵略压迫的难忘的屈辱史，任何一个正直有血气的中国人都不会无动于衷。曹漫之早在小学时就从语文老师、历史老师那里知道日本帝国主义侵略的历史。1931年"九一八"日本帝国主义公然武力侵华占领东北，一句歌词"我的家在东北松花江上"，让多少中国人悲痛满怀，泪如雨下，这就是曹漫之这个年代的中华儿女的感慨。他的出生地就是1894年甲午战争的战场，1895年1月20日，日军在日舰掩护下开始在荣成龙须岛登陆占领威海卫城，北洋舰队全军覆没，山东被日本全部占领。日军抢劫奸杀，百姓遭殃。日本帝国主义的凶残与清政府的腐败，激发

了中国人民反帝反封建高潮。1928 年的"五卅惨案"也是发生在山东,日本军国主义按照预谋占领济南,奸淫掳掠,无所不为,其凶恶残酷令人发指,济南城成了日寇屠杀中国军民的杀人场,被野蛮屠杀者有几千人。这些历史深深印刻在年轻的曹元鹏心里。1983 年,我随漫老去青岛参加"青少年犯罪与少年法国际研讨会",当时正放映电影《甲午海战》,他触景生情,讲到甲午海战时的耻辱和悲痛愤慨之情,让我终生难忘。这些直接发生在他家乡的历史事件对他走上抗日烽火的战场无疑有着巨大的影响,激励他反封建、反侵略、为国为民冲锋陷阵的勇气和决心。

早在入党前,曹漫之已经怀有一颗反帝爱国的赤子之心。1929 年至1931 年,他与谷牧、李耀文等,同学少年,风华正茂,在当时就读的学校掀起了抗日救亡运动。他们不怕危险不怕死,演话剧、写标语、画漫画、战斗在敌人眼皮子底下。几个个头小小的学生合作,机警地把反封建、反侵略的标语贴到国民党县党部、县政府、警察局门口和许多村庄,让反动派害怕得如临大敌,全城戒严。他们还上街宣传,抵制日货、烧毁日货,他们的爱国行动轰动了全县。荣成县县长张裕良是国民党左派,赞成国共合作,提出"打倒贪官污吏",组织县政府科员阅读进步书籍,被国民党政府撤职,派反动的李学仁来当县长。曹漫之、谷牧、李耀文和王一平积极参加"挽张驱李"的活动,掀起了大规模的学潮。这些酷似电影的场景却不是电影,而是荣成抗日历史上的一场场真实战斗。

在国难当头,国家与民族存亡之际,中国共产党积极组织抗日救国。1932 年,曹元鹏参加了共产党,在抗日烽火中接受革命洗礼,从此就在党的直接领导下,投身反侵略斗争,成为在革命第一线冲锋陷阵的战士。他先以教学为掩护做党的工作,1934 年任特委巡视员,组织抗日宣传活动、筹办交通站,1935 年参与组织"一一四"暴动,冒着生命危险,克服重重困难,积极为反封建、反侵略东奔西走。

胶东"一一四"暴动失败之后,他经受了历史上第一次重大挫折和误解的几重考验。一方面,暴动失败,遭国民党反动派通缉,白色恐怖下,处境非常危险,但他革命意志更坚,仍然战斗不止,经受了重大挫折的考验。暴动失败被通缉搜捕,经群众帮助逃离家乡,事后又不顾个人安危,在朋友帮助下回到战友牺牲的地方了解情况,告诫其他战友躲避危险,注意保存力量,得到战友的信任和肯定。他很机警,不仅敢于斗争,而且能根据情况坚持斗争，在被断绝关系、受通缉逃亡中，曹被迫去青岛一面找组织关系，一面独立工作。他冷静观察周围人员的表现，继续与进步青年联系，保存力量，发展组织。尤其是逃在青岛时期，想办法在青岛大学听课学习，了解学生救亡活动，在接触的人员中宣传抗日救国，鼓舞士气，坚定信念。当时多位与曹漫之接触的同志证明其政治坚定、活动积极，在不同场合，向有关人员分析国民党出卖民族利益、加深民族危机的形势。在"一一四"暴动失败后的日子里，与曹漫之接触的同志说，他始终坚定并给人以力量和鼓励，特别是他讲巴黎公社的故事，生动鲜活，描绘了革命者的英勇无畏，小孩的机灵可爱，敌人的残酷可恨，当时大家佩服他书读得多、革命道理懂得多，大家爱听，很受鼓舞。几经周折找到组织后，在组织指示下曹漫之又回荣成活动，组织青年剧团，开展工作，经受了重大挫折的考验。

另一方面，他历史上第一次受到组织误解和不当处理的考验。由于当时的特殊环境，"一一四"暴动失败后，有人道听途说曹漫之消极沉默，甚至说他当组织上派人与他联系时，还扬言要报告反动派抓捕联系人等。曹漫之为此受到误解被扣除二年党龄的处分，有人为此不平，他的态度是，相信组织，事实总会弄清楚的。他对人说："个人受误解、受批评事小，革命事大。""一一四"失败，"有的同志被杀害，革命损失巨大，学会以后不吃亏是最重要的"。这就是革命者的理想、信念、追求，让他经受住了同志误解的特殊考验。双重考验更显现出一个革命战士的品格和勇气。

联想到20世纪80年代，有一次漫老做院领导在看望搞社会调查的学生座谈会上，一个学生曾提问，过去参加革命没有钱或其他报酬，又这么危险，图什么？是不是有点傻？漫老说，这就是理想和追求什么的问题，资产阶级革命家有了理想和信念，就有"生命诚可贵，爱情价更高，若为自由故，两者皆可抛"的诗句，当时参加革命怎么能用钱来理解或解释呢？新时代的大学生要有高层次的理想和追求，否则就会是庸庸碌碌，无所作为的人。同学们提出这个问题很好，大学生应该好好学习，建设伟大的社会主义国家，要求你们考虑这个问题。其实，漫老的历史实践早已解答了这个问题，今天重温历史对我们年轻一代仍具有重要意义。

三、烽火胶东，展示文才武略，敢作敢为得民心

在日本帝国主义侵略、国民党反动派反共剿共的复杂斗争中，曹漫之参

与或为主执掌胶东政权近十年,其影响、作用和贡献是人们不会忘怀的。纪念漫老百年,不能忘怀他挥刀跃马的胶东岁月。他善于学习,敏锐果断,紧跟着党,在战斗中成长,在战斗中显示才干。烽火胶东留下他许多大胆作为和感人的故事,展示了他的党性素养和才干智慧,也是他一生中十分出彩的岁月。我党在血的教训中得出的武装斗争、建立革命军队和革命根据地、土地革命,在国民党统治区恢复和建立党组织等基本经验,都能从曹漫之在胶东革命实践中体现应用,看到实际成果。

(一)积极参加和组织武装起义,建立革命武装队伍

1927年大革命失败后,在当时的认识和环境下,党的直接反应就是从南昌开始的多次武装起义,南昌起义、秋收起义、广州起义、湖北黄安起义、海陆丰起义、湘南起义、平江起义、百色起义等,众多起义条件不同、成败有异,但经过曲折都汇聚到以毛泽东为代表的武装起义、建立武装、创立根据地的道路上来。1932年入党的漫之同志到1934年已任胶东特委巡视员,1935年任中共荣成县工委书记,也汇合到这个革命洪流中来。曹漫之根据组织计划,参与发动胶东"一一四"暴动,与许多后来牺牲的烈士一样积极坚定。起义第二天,韩复榘就派两个师与国民党地方反动武装联手血腥镇压,不少同志牺牲,暴动失败。他在回顾由于敌人强大、镇压,客观条件不成熟、主观考虑也不周导致暴动失败时,毫不动摇,充满对牺牲同志革命精神的崇敬,称"一一四"暴动是胶东"推翻旧政权上的预演和首创精神"。

失败没有吓倒革命坚定的曹漫之。1937年至1938年,他继续参加并组织武装队伍,配合1937年底胶东特委组织的天福山起义,后又奉命去参加组织威海起义、荣成埠柳乡农学校抗日武装起义。"天福山起义"举起抗日大旗,以原中国工农红军(昆仑山)游击队为基础而建立的"山东人民抗日救国军第三军"正式成立,揭开了胶东武装抗日的序幕。

1938年初,胶东特委书记理琪和曹漫之在崖西头小学分析形势,决定举行威海起义和埠柳乡农学校起义。曹漫之按理琪指示先去埠柳乡农学校作好组织起义准备,然后于1月15日赶回威海参加起义,胜利时由曹漫之按理琪示意向天空鸣枪为号以示起义成功,参加起义有100多人,还有近百支枪支和弹药,壮大了刚建立的"第三军"抗日武装队伍。

随即他赶回到埠柳,李耀文、丁光、林乎加等同志已按事前与曹在凤鸣小学研究的意见做好了准备工作,埠柳乡农学校抗日武装起义也获得成功,

他带领参加起义的 30 余人带着几十支枪,到文登大水泊,也编入天福山起义时组建的"山东人民抗日救国军第三军"。之后,他又将荣成县其他地方留下的枪支弹药集中起来,送到"第三军",离开荣成正式成为抗日武装队伍的一名成员,以实际行动做到了中共中央北方局号召"每个优秀共产党员脱下长衫,到游击队去"的要求,成了一名为革命冲锋陷阵的战士,开始其革命军政生涯。在其影响下,荣成的其他人民抗日救国队伍,也逐步融入"第三军"。1938 年 4 月,理琪同志牺牲,曹漫之任胶东特委代理书记兼山东人民抗日救国军第三军政治部主任。特委机关和"第三军"总部西移时,混进抗日队伍的"第三军"二路指挥周拥鹤,不准总部西进。曹漫之召集特委会议,统一党内思想,率部赶到蓬莱,对周的队伍实行武装整编,创建了蓬、黄、掖抗日根据地,并在黄县圈杨家办起了胶东第一个兵工厂,创办了胶东特委机关报《大众报》,对胶东抗日斗争起了很大的宣传、导向和组织作用。理琪、曹漫之、李耀文等走出了一条在胶东武装起义、建立革命武装队伍的成功之路。

（二）建立革命根据地,在国民党统治区建立胶东抗日民主政权

从毛泽东上井冈山建立根据地开始,党在残酷的内外斗争中成长发展,一次又一次地粉碎国民党的"围剿"。但是,通过 1931 年的"九一八"事变,日军拉开了侵华的序幕,经过 1932 年的"一二八事变",中国东部沿海富庶区域也遭受到日军的侵略。形势危急,民族危机成为了中国生死存亡的首要问题。对此,中国共产党严肃地面对这一局势,着力解决西安事变,依靠群众、利用一切主张抗日的力量,建立抗日民族统一战线,开始国共第二次合作。胶东民主政权正是在当时的形势和条件下,走在毛泽东开创的正确道路上所创建的最早的抗日革命根据地之一。曹漫之在这个舞台上作出了受人瞩目、令后人铭记的贡献和成绩。

荣成是胶东地区抗日武装起义最早的一个县,也是抗日活动开展较早、活动较多、影响较大的县。曹漫之是早期活动的参加者和活动骨干,曾因开发抗日活动受到国民党反动政府的跟踪、通缉。在日本帝国主义侵略军占领胶东,抗日烽火席卷华夏大地的形势下,曹漫之在党的指示下,通过关系对国民党荣成县保安队做工作,使他们撤销了对曹漫之的通缉令,并邀他回去谈判,答应曹漫之提出的人民有武装抗日的自由,承认荣成所有的抗日组织都是合法的,还答应每月发给"第三军"薪饷等条件。

1937年,日寇发动卢沟桥事变,抗日的烽火迅速在胶东半岛遍地燃烧,到1938年夏,蓬、黄、掖三县相继建立了抗日民主政府。中共胶东特委决定在三县基础上以国民党山东省政府的派出机构"北海区行政督察专员公署"(简称北海专署)的名义组建我党领导下的专署级的抗日民主人民政权。专员公署设在黄县,这是山东省创建的第一个专区级抗日民主政权。党派出胶东特委政府工作部部长兼宣传部长曹漫之担任专员兼黄县县长,同时任胶东北海区保安司令员兼政委。这一年8月15日,在黄县举行了北海专署成立大会,国民党山东省政府还派要员出席。胶东第一个抗日根据地——蓬黄掖抗日根据地基本形成,有人口163万,面积3177平方公里。在党的领导下,曹漫之做了至今令人交口称赞的一些大事:

1. 建立共产党领导下的抗日民主政权

"北海区行政督察专员公署"成立后,曹漫之出任专员兼黄县县长。他深刻领会并根据实际情况贯彻毛主席建立革命根据地的理论和策略,一手抓武装,一手抓经济。抓住时机雷厉风行,成功地对政府要职进行了调整,委任共产党员孙端夫、于娘分别担任蓬莱、掖县的县长,同时在黄县委任了十个区长,并分派共产党员和"民先"队员担任各区的政治指导员,建立党领导下以共产党人为核心的人民民主政权,团结各种抗日力量,组建抗日民族统一战线,形成巩固的胶东蓬黄掖抗日根据地。有了这块巩固的根据地,抗日部队才有根基,才能发展壮大,反过来又保卫、强化、扩大了根据地;有了这块根据地,才能经受8年抗战的困难和各种危险,坚持到取得抗日战争的最后胜利;有了这块根据地,才能在后来的解放战争中为推翻国民党反动派,建立新中国,取得中国革命的全面胜利作出无可代替的巨大贡献。

2. 减赋税、采黄金,繁荣经济,深得民心

北海专员公署建立时,正是全面抗战初期,商业呈现一片萧条局面,物资缺乏,百姓生活十分困难。为了保障民生,繁荣商业,保证抗日物资和经费供应,专署修订了过去禁止一切日货入口的办法,采取奖励必需品入口和控制出口的政策,凡是有利于抗战的军需品、人民生活必需品,即使日货也可免税入口,有政府证明文件装运货物,一律免税,促进了经济繁荣,得到百姓拥护。

尽管早在荣成谈判时,国民党就承诺给抗日武装发军饷,实际上国民党政府一直拒绝拨款给共产党领导下的抗日部队。北海专署成立后,曹漫之

针锋相对采取果断措施，接管了国民党政府龙口海关所辖虎头崖、石灰嘴、八角、黄河营、刘沟等十个海关分卡，设立龙口特别行政区，由北海专署直接领导。3个月中，就收关税近20万元，充实了抗日经费，这是与国民党斗争的一次大胜利。为了促进农业发展，减轻农民负担，北海公署根据曹漫之就职时宣布的"能政纲领"颁发布告，实行减租减息，规定公田应先减租，私田出租在15亩以上者得减租25%，一切贷款不得超过月利1分5厘，同时也规定交租交息，保障地主和贷款者的合法利益。此举深受农民特别是贫佃农的拥护，大大提高了抗日和生产积极性，使农业生产得到了进一步发展。

曹漫之还在担任胶东行署主任期间，创办了"北海银行"，发行纸币，这在解放区根据地也是极具胆略的大胆突破，对胶东解放区经济发展和供应起到了重大作用，在中国人民银行的开拓发展历史上都有记载。特别值得一提的是1939年3月日军占领招远玲珑金矿后，曹漫之领导人民开展反掠夺斗争，采取多种形式坚持黄金生产，为抗日战争和解放战争作出重大贡献。1940年9月，他亲自带领800余人，把黄金分藏在各人身上，长途跋涉，历尽艰险，将6000两黄金安全送到山东分局驻地沂源。据有关资料统计，在8年抗战期间，胶东将十几万两黄金送到了山东分局和党中央，充实抗日军费。

3. 掌握司法大权，进行司法改革

曹漫之履历表上填写的学历是小学毕业，但传奇经历，丰富实践，勤学睿智，使他成为法学和社会学方面的专家。新中国成立后，复旦大学等多所著名大学聘请其为法学、社会学教授，中国社会科学院也聘请其任学术委员，其学术水平和素养，其权威性是公认的。翻开历史才发现，早在胶东时期，他发表"专员公署施政纲领"，领导或主持制定法规、条例三百余件。他通过专署掌握司法大权，改革司法工作上的弊病，清理积压的诉讼案件，深受人民欢迎。

在司法改革上也如行政机构一样，他大刀阔斧，规范严格，例如规定专员公署的立法机关为胶东北海区临时参议院，它的最高行政机关为胶东北海行政委员会。建立高等法院北海分院，在蓬、黄、掖三县成立了地方分院，规定地方分院办一审案件，北海高分院办理二审民刑案件，为巩固抗日民主根据地打下了极为重要的司法工作基础。同时专署成立了司法行政协进委员会,由专员、第一科长、高分院院长,首席检察官,以及各县地方分院的院长、检察官、各县"民先会"主任等组成,司法行政协进委员会核定各法院监所预算,决定法院推事、检察官、书记官和监所长官进退奖惩,灵活地运用法律,在不违反法令范围内,决定民刑案件政策和其他司法行政事项。此外,为了变革社会风气,禁止贿赂,取缔了黑讼代书;统一筹支司法经费;合理整顿、改善了监狱、看守所工作,在监所派了指导员,加强了对犯人的政治教育和生产教育。既推选任用国民党南京政府最高法院的人才,同时也培养了一批党领导下的司法干部。

(三)创办胶东公学,远见卓识,培养革命人才

革命需要人,特别需要有理想、有专长,能带领大家一起奋斗的人才。"干部""骨干"是决定性的革命条件之一,现实中普遍存在着重使用而忽视培养的情况。而曹漫之从代理特委书记开始,就想到怎样帮助一些年轻的同志和要求参加革命的群众,学习毛主席、朱总司令有关革命战争的理论,更快更好地成长起来,适应形势发展的需要。他参加革命时当过教员,懂得怎样办学校,受到党中央办陕北公学的启示,就提议胶东办个"胶东公学",培养革命人才。一批知识分子、参军的年轻人通过组织进入胶东公学,提高革命素养,增长了才干。许多人在胶东公学参加了党的组织,毕业后分配到抗日政府、部队和民运机关工作,后来成为党政军中的骨干和领导干部。

曹漫之兼任胶东公学校长并亲自讲课,调集了当时高水平的教师,为抗日战争和根据地建设培养和输送了大批干部。同时他还关注普通老百姓的文化教育,积极推动胶东的教育事业,先后建立北海中学、西海中学、东海中学、南海中学、文荣威联中。成立教材编辑委员会,主持颁发胶东战时中、小学暂行规程和提高中、小学教师薪资供应标准、奖惩和退休办法;所有这些,对发展当地的文化教育起到了重要作用。

四、 忠贞不渝,矢志不移,暴风劲雨一青松

生在动荡多难的中国,曹漫之一生经受过许多苦难和曲折,曾两次被国民党通缉。革命者受到敌人的追杀和迫害是无法避免的,最让他痛苦的是自己不惜一切为党的革命事业献身奋斗中,却受到组织长期的误解和错误处分。我在他病中曾多次去探望,就在他离世前几天,我在他病榻边帮他整理一下衣服中的零钱时,他仍然十分关注青少年犯罪研究,对我说:"青少年

犯罪是个值得好好研究的问题，你要下功夫总结我国特有的成功经验，为社会进步发展作贡献。""中国有成功经验，国际社会的学术讲坛，应该有我们一席之地"。他还说自己还有很多事情来不及做，我宽慰他身体好了陪他去做。这时也还没有忘怀自己受处理的问题，他说："我的问题已经得到平反，不过还是没有给我完全弄清楚，没到位……"，之后沉默许久。他指什么，我知道一些，也为他难过，因为他心中的纠结以前也向我说起过一些。事实虽已清楚，但历史已经成为过去，有些事似乎谁也无回天之力，这可能多少给漫老留下一点临终遗憾。

他一生三次受误解和不公处理。

第一次不当处理，主要有三个问题。第一个问题，"一一四"暴动失败后消极。曹漫之在暴动前是荣成的革命活动分子、党的骨干，带领和发动群众，做了许多工作，在地方上已引起国民党的注意，但他根据组织指示，一直积极参加"一一四"暴动。暴动失败后，曹在处境十分危险的情况下，一边躲避藏匿，一边仍然坚持活动、战斗不止，即使在被错误断掉关系后，不仅千方百计寻找组织，而且独立开展工作。因为向特派员如实汇报工作情况，带他到仍在活动的读书会参加活动，并告知自己被国民党注意，不能过多地活动，提醒特派员早些回去以免危险，却被断定为活动失败后消极，这显然是不正确的，有失客观和公允。第二个问题，拒绝与组织上派来的人对接关系。在地下斗争随时都有危险的情况下，面对一个组织手续不全、自己对其身份又不了解的对接关系人，怕上当不对接，是非常正常的，这是革命警惕性和对党的责任感的表现。这种误解一经调查核实很快就消除，事实也证明了这一点。第三个问题，对组织上派来对接关系的人说，要报告警察局逮捕他。后经直接当事人本人证明，根本上就没有的事。这位当时对接关系的同志说，与曹直接面对没发生过这样的事，我也没有说过类似的话。究竟这是什么人误传还是有人猜测，当事人已经证明事实真相，这么多年过去也就没有深究的必要了。

但是，由此造成曹漫之的关系被断掉，直到1937年8月，胶东特委派人接上，作为"重新入党"。曹漫之不同意，多次申诉，改为扣党龄二年，后减改为扣党龄一年。直到1979年6月才撤销原作出的错误决定，还历史真实，证实其主动找组织关系，与失去联系的同志取得联系，发展党员，开展工作等等，是一位即使与党组织失去联系，仍然是忠心耿耿为党的理想和目标坚持奋斗的共产党员。值得我们感动和尊敬的是,他对不当处理和误解的态度坦荡、无私,始终相信党,这不是一般人能够具备的革命品格。

第二次是1946年,曹漫之被人诬告,领导土改时阶级路线不明确,发动群众不够,执行富农路线,另外,批评他对外调配物资不够,有本位主义保守思想等。他因此于1947年冬被调到华东局学习,接受批评。

尽管第二次"处理"并未导致明确的处分,但他在华东局被无根据地揭发和批判,关于被撤职的说法也时有提及。平反过程中,解放后曾任中华人民共和国最高人民检察院检察长、1948年时任华东局领导之一的张鼎丞同志证明,"曹漫之是胶东的得力干部,是革命的,有能力的","1948年华东局会议,当时是自己检查、自我批评、互相讨论,没有什么揭露、严厉批评,处分、撤职等均无根据。后来就留在华东局,未回胶东"。曹漫之留在华东局,随陈毅同志接管上海,受重用任市政府副秘书长,似乎是一种正名,说明他没有被处分过。需要指出的是,中央曾明确指出胶东当时是根据中央的政策规定执行,没有错误,1948年批判胶东区党内组织不纯和土改中的富农路线与宗派主义是错误的。并正式发文撤销1948年华东局扩大会议《决议》,对所有受到批判及作过错误结论的同志,都应予以纠正。但实际上漫老第二次受"处理"的说法对其影响很大,甚至一定程度上一直被组织承认,还直接与第三次不公处理有着难以分割的联系。

第三次受到的打击最大。1952年2月29日,事先没有任何说明的情况下曹漫之突然在大会上被宣布为"品质极恶劣的""坏分子",开除党籍,撤销一切职务。曹在申诉中说,大会宣布开除其党籍的前一分钟他还一无所知,当时一起工作的同事和有关材料都证实他还在忙他的工作。与他一起受处理的顾准等大体上也是如此。2月28日还在处理有关财经工作并签署关于税款交付公告的顾准,面带笑容与同事谈着话走进会议室,突然听到市委宣布对自己的处理,简直好像是在捉弄人。曹漫之,昨天还是红旗向日、白马迎风的革命领导,一日之间,获"罪"成了华东地区"著名"的坏分子,消息刊登在《解放日报》头版头条,"知名度"大大提高,成为推动运动的"反面教员"。作为一名市级领导,土地革命时期参加革命,为革命事业不惜牺牲生命的老党员,被撤职开除,竟没有开过一个支部会,没有一个人找他谈过话,没有一个书面的决定就被处理了,更不用说什么辩解、说明事实真相的党员权利了。这不能不说是个不该发生的悲剧。

　　声势浩大，事实缺乏，事先没有任何征兆和程序、工作，大家都感到困惑和不解。几天后，报上显著位置刊登了民政局等单位的揭发材料和处理根据，新老账总算，归结起来主要是三个问题：一、历史上一贯犯严重错误，抗日战争政权阶级路线有问题，家长式作风，不服从党的决议；二、第三次国内革命战争时期军政关系极其恶劣，过地主资产阶级生活，相当于要 300 个中农才能负担，有马还要平车，冬天逼农民雪地挖菠菜、冰冻的河里捉鱼吃等。1947 年整风时被揭发斗争，撤去胶东行署主任职务；三、铺张浪费。担任市政府副秘书长兼民政局局长时，用 20 桶汽油洗刷原汤恩伯住的装饰很讲究的花园洋房，逼原副局长搬走等等。

　　历史上的事情一般人都不知情，当时像我们这样的年轻人或老百姓感到惊奇、震动的是，汤恩伯是国民党的大官、军政要人，他的公馆肯定豪华气派，普通人恐怕是想看一眼都难。住这种装饰讲究的花园洋房，还要用 20 桶汽油洗刷，真是浪费惊人、令人愤恨。但是若干年后知道一些真相后，确实让人啼笑皆非，难以置信。历史真相究竟怎么样？

　　第一个问题，抗日战争时期，历史上一贯犯严重错误。本文前面以可靠的历史资料和历史见证人的回忆、访谈为依据，还原了那段历史的真实，曹漫之的功过、表现已有公论，无需重复。

　　第二个问题，中央早已明确胶东当时是根据中央的政策规定执行，没有错误，1948 年批判胶东区党内组织不纯和土改中的富农路线与宗派主义是错误的，并正式发文撤销 1948 年华东局扩大会议《决议》，对所有受到批判及作过错误结论的同志，都应予以纠正。至于逼农民冬天雪地里挖菠菜，到冰河里抓鱼等问题，纯属无中生有的事情。经过对当时有关人员（警卫员）的了解证实，曹从来不吃河鱼，怎么会让人冬天去冰河里抓鱼，那个时代北方地区冬天不可能有菠菜，怎么去挖？至于有马还用车，当时的工作人员说，那时候领导没有马就没有交通工具。在山区时根本没有汽车，有也无法用，1947 年才有小吉普车，有车后，工作用车也属正常。关于曹的生活开支相当300 个中农收入，是批判曹时有人把警卫员、警卫班、马、饲养员、汽车、汽油、驾驶员开支都算进曹一个人的生活费。把这些批判分析与离奇的极左计算都作为"错误的事实"来认定，显属荒谬。

　　第三个问题是当时发生的事。有关人大都还健在，包括所谓被逼搬出汤恩伯花园洋房的那位副局长。人员访谈和书面证明证实，事实与处理的依据大相径庭。"当时,'20桶汽油洗刷装饰讲究的汤公馆'这一事件让许多人感到震惊和惊奇。"实际上,当时"汤公馆"由于受到战争的破坏,破损、枪洞、血迹斑斑,已不是汤恩伯居住时的"汤公馆"。解放后作民政局机关宿舍,有领导也有一般干部共同入住,经市有关部门批准修整,为去除血迹、污染物用了几小罐汽油。没有想到,就这么一件小事在1952年的"三反"中,竟被夸大成20桶上百公斤一桶的汽油,引起轰动。其他揭发的问题,如原副局长提升调走搬出大楼,被说成是曹逼其搬走。这些问题当时就受到质疑,不少人迫于当时形势只能私下议论,不敢公开说罢了。直到党的十一届三中全会以后,才得以撤销原处分决定,恢复曹漫之党籍和名誉,党龄从1932年算起,享受副部级待遇。

革命者在正常条件下尽心尽力、埋头苦干还是比较容易做到的,在困难挫折下就难了,在敌人屠刀、枪口、白色恐怖下坚持斗争,没有坚强意志和信念支撑是难上加难。而被自己为之奋斗献身的组织误解、冤枉、处分,承受同志的鄙视、骂名,那就要忍受内心的痛苦和煎熬,接受着信念、意志、素养的最高考验,漫老反复经受了这样的考验。

最令人崇敬、值得学习的是他置个人得失于不顾,识大体,顾大局,从不公开发牢骚。正像一位在他受处理后与他共事十余年的同志评说,"曹漫之自己从来没有把自己开除出党,无论他在哪里,他都是一个真正的老共产党员"。受不公正处理后,组织安排他做什么,他照样认真负责,照样能放开手脚按党的思想、原则出色地工作。"文革"期间,他虽年老体弱,劳动仍是一把手。接待调查,讲事实、讲真话,不逃避、不害人,在那样的形势下直面年轻人,讲革命历史"故事",教育红卫兵,让时人佩服。林彪事件后,漫老曾激动吟诗明志,"莫道文革是与非,十年动乱听惊雷。平生甘为主义死,年迈何须计安危。"海军政委李耀文上将说,曹漫之是"我投身革命的启蒙者,也是我的亲密战友。他一生忠诚于党的事业,不论遇到任何艰难曲折,都矢志不移,不论蒙受多少不白之冤,都忠贞不渝。"

与中国革命历史的复杂、曲折一样,漫老一生曲折传奇。他对革命的残酷性和曲折性,以及与之带来革命内部的过分举动,有一般人难以达到的认识和理解。他理解党、理解领导、理解同志的难处,相信党相信同志成了他的一种信念、力量和本能。他用自己完整的一生实践他入党时的誓言。

漫老在胶东抗日、解放战争支前、建国初期等历史上有许多方面的贡献，书刊资料时有反映，陈毅同志说：山东几十万民工用小车、扁担冒着枪林弹雨上前线支援淮海战役。历史证明其中就有一份漫老的付出。但在我查阅、学习有关历史资料中，也发现许多应该反映漫老革命足迹的地方，不少文献资料往往是避开、淡化、回避、不提，显然是漫老几十年遭受不白之冤的影响，历史不仅应颂扬其人格、品质、精神，还应该恢复历史的真实，不忘记他的作用和贡献。

五、坚持正义，勇担责任，敢说敢做，不谋私利

在华政讲到不谋私利、讲原则、有担当、说话算数的领导，许多人一定会脱口而出，说出曹漫之的名字。他的形象、风格、品德就是那么光耀，让人铭记。而许多人对漫老接触的第一感觉往往是严肃、不苟言笑，有点怕他，漫老就是一个极有个性特征、不容易被读懂的人。他坚持正义，认准的事，敢说敢做，敢于担当，在工作中、生活中有多方面表现：招生、聘用人员。大学里每年招生和日常进人的时候，往往电话特别多，有人找关系、托人情、请吃饭、批条子等等，这时涉及政策规定，人情交往、面子问题，办不到还影响关系、得罪人。这是最难办、最复杂的事，也是考验干部的时候。漫老在这种时候往往会态度明朗地提出自己的看法或办法。比如说1979年复校后第一次招生，他就召集到各地去招生的负责人开会说：我们要的学生以后要到政法机关、国家部门去工作，安邦治国，责任重大。招生要坚持条件，严格把关，一定要把最好的学生招进来，招学生的时候"六亲不认"，这就是纪律。话讲到这个程度谁敢违反。我当时在山东负责招生就十分严格认真，确实也有人打招呼，但一点也不敢有私情。就这样各地都把最好的学生招进来了，复校第一届学生素质相当好，有人称之为"华政一期"，毕业后，许多学生后来都成为我国社会主义现代化法治建设的骨干和领导，为华政增添光彩，华政人引以骄傲和自豪。

学校聘用教师员工、分配工作也是如此，漫老在领导班子会议上直接提出，不管是电话、亲友、说情、递条子，都拿到桌子上来，按政策原则讨论，应该解决就解决，不能办的谁也不照顾，大家也好给人家交代，好说话，不为难。他的意见受到其他领导的赞成支持，也解决了大家在原则和人情关系处理上的难题。

再说抓教学，首先是教师管理。他敢抓敢管，规定教授、副教授一定要

给学生上课。他说:"学校就是要培养人才,教授、副教授不给学生上课,你算个什么教授、副教授啊","给学生上课要给学生东西,要备课,自己要写讲义,不能抄人家的书,不能去背书、念书,这些都要与职称挂钩"。他规矩立在那里,话讲在前头,老师也自觉遵守,学生很满意。当时有一位 50 年代留学国外的老师课上不好,学生很有意见,怎么办? 漫老经过调查了解,这位老师有专业水平但口头表述能力确实不行。他决定,老师要传道、授业、解惑,讲不好课,不能给学生需要的东西,就把这位教师从课堂上撤下来。接着他又亲自与这位老师开诚布公地谈话,告之学生意见,建议其努力提高自己,准备好了可以再上,或者可以扬长避短搞研究。这位老师接受了意见,后来在研究上做出了很好的成绩。

他对教师敢管敢抓,说到做到,关键时候当断则断,而维护老师权利、利益也毫不含糊,敢于说话、敢于力争,甚至于不怕得罪上面来的人。复校初期,教师职称问题由于历史原因,问题很多、矛盾重重、极不合理,例如名额分配、条件要求不考虑历史情况、政治上不信任等等。他不仅要求有关部门如实向上反映、联系,还亲自到上级找领导直接反映情况、摆事实、讲道理,为解决老师合理的职称要求去协调、去力争。在他和有关领导、部门多年持续的努力下,得到逐步缓和和解决。再如 20 世纪 80 年代,教师住房十分困难,有的教师结婚多年还分别住在集体宿舍,有的三口之家住在别人让出的没有窗户通风的厨房内。漫老时常惦记着老师的实际困难,与有关职能部门研究,向司法部申请建房。为了老师有一个较好的住房条件,他决定给新建房卫生间在原有洗脸盆、抽水马桶的基础上加装一个浴缸,并亲自与后勤部门选定合适型号。却受到来校检查工作的司法部后勤部门领导的反对,认为没有必要,是违规操作,因为原设计图纸中没有浴缸,并责问学校后勤负责人,甚至于强令停止。漫老知道后找司法部后勤部门领导,当面说明这是自己决定的,据理力争,认为根据上海夏天气候情况,很有必要。他还说,眼光要远一点,从发展看以后有条件,老师还应该有书房等等。他还主动承担责任说,后勤是按照自己决定去办的,我的决定不违反部里原则,有问题自己承担责任。最后新房还是装了浴缸。事实证明漫老是对的,他的远见和敢于为老师的利益说话,敢于在上级部门责难的情况下担当责任,坚持正确的意见,一般人是难以做到的。新房建成要分配又是一个难题,他坚持分房小组要有教师代表参加,原则、条件公开,在当时情况下,首先照顾解决无房者、困难者。有的教师已经有房仍坚持要求分房,不少人怕得罪、不出头,漫老就出头、敢讲话、敢直面有关教师、敢负责任,得到大家肯定和赞扬。这位教师最后也无话可说,只能认同。

在政治风云变幻中,漫老同样不随波逐流、敢于直言、伸张正义、不避风险。国人皆知的1957年反右斗争,上海法学界有两个全国出名的大右派,王造时和杨兆龙。王造时是抗日战争时期与沈钧儒、史良等一起闻名全国的"七君子"之一,我在复旦大学读书时是我的老师,以敢于发表个人意见闻名,1957年因发表"社会主义民主是法制的指导原则",要"扩大民主,就必须健全法制"等言论,受批判成了右派分子。杨兆龙是美国哈佛大学法学院的博士,曾在国民党政府最高检察署代检察长。新中国成立前,通过我地下党工作,曾营救过不少在押的共产党员,1956年任复旦大学教授。因在《华东政法学院学报》上发表了《法律的阶级性与继承性》一文,被认为"有政治阴谋为反动法律招魂",被列为法学界最大的右派分子之一。

1958年,全国第一个学术性社团联合组织——上海哲学社会科学学会联合学会(简称上海社联)成立,漫老当选为秘书长,这是他1952年受处理后,在没有撤销或平反的情况下,刚刚出来在市级机构任职工作。面对民主法治和法律继承性等学术问题,以及学术界、理论界的困惑和不同议论。曹漫之和上海哲学社会科学学会联合学会会长雷经天(百色起义领导人之一)尽管无力改变现状,但他俩都有共同的看法,从不在公开场合称王、杨为右派分子。还在中央有关部门领导来上海视察工作召集上海法学界人士座谈会上,直接汇报王造时,杨兆龙的言论,提出这是不是右派言论的疑问。曹漫之甚至直接提出,发表杨兆龙关于法有继承性的文章,经过领导同志审阅,即使有问题,也不能全怪他,领导也有责任。这是在他还背着被处分的沉重枷锁情况下,刚刚出来在市级机构任职工作,面对政治上如此敏感和危险的问题,坚持真理,敢说敢做,实属难得少见。他与雷经天会长还借此机会请示,一位青年教师关于无罪推定的文章,算不算政治问题、右派言论?当场得到是学术问题,不能当成右派言论的回答,使这位老师避免了被打成右派的厄运。

漫老担当责任,敢说敢做,雷厉风行,是因为他坚持正义,不谋私利。漫老曾被人称为"胶东王",建国初曾任中共上海市委党组成员,市政府副秘书长,受不公处理未平反前,还担任上海市社联秘书长,他与一些国家领导人、社会知名人士有很广泛的交往联系,战友、部下众多,妻子也是胶东抗日战争时期的老革命。

谁都知道,他要托个关系、求个人情办事,应该是很有门路、很有办法的,但他与夫人蔡志勇从不为自己亲友子女谋私利、开后门。曹的二位兄长在家乡务农,从来没有沾过光。五个女儿,都靠自己努力考上名牌大学或重点中学,但与众多知青一样,有去军垦农场,有回家乡务农,有去崇明农场,有去安徽牧场,都是普普通通。他家子女多,来华政后就住在学校分配的食堂后面的一座普通二层楼房里,与其他干部、工人共住一楼,职位升迁也没有要求换过房子。这就是坚持正义,敢说敢做,敢于担当的底气。

特别让人感动的是,1961年初,时任上海市哲学社会科学联合会秘书长的曹漫之,刚上小学的唯一的小儿子,放学回家,快到家门口了,却遇车祸身亡。肇事司机是一个不满二十岁的实习女司机,他的痛苦和所经受的打击可想而知,而他处理事情的客观冷静和人性宽厚令人震惊和敬佩,把痛苦留在心中,把爱心和将来留给了他人。他了解情况认为,小孩玩耍穿马路,实习司机没有经验,酿成一桩生命关天的惨祸,一位二十岁的女司机,人生之路刚开始,自己小孩已经死去不能复生,不要再增加一个家庭的痛苦和不幸。他告诉事故处理人"事已如此,你们不要为难司机,让她以后要注意交通安全,好好工作"。当时一位参与工作的同志很受感动,他说,"曹老这时听似简单的一句话……体现了多么高尚的心胸和境界。"

六、 为中国社会主义民主与法治奔走呼号、呕心沥血

漫老是一位有全面领导能力和丰富实践经验的革命家,具有战略和全局的视野、思维和思想方法,他关注中国革命法治建设并为之奋斗终身,不仅仅是因为他担任华东政法学院副院长。这个岗位从某种角度说是他一生中一个不显赫的小岗位,他立足在这样一个岗位上能有不同一般的视野,考虑国家革命法治建设大问题,是由他的革命理想、经历和强烈的社会责任感决定的。

从历史上看,他在胶东参加革命初期和任胶东最高行政长官时,他切身体验过被追捕、通缉的危险,亲眼目睹革命同志被杀害的血腥惨状,深知国民党的法律、法院、警察局就是镇压共产党和人民的武器。政权从反动派手中夺过来后,就成为保护人民、保护革命的利益和秩序、保护共产党的工具,

成为与反动派斗争，与日本帝国主义斗争的武器。北海专署的实践，他不仅看到作用和效果，而且实现从实践向理论再向实践的再提升。前面曾专门讲到漫老在北海专署时期非常重视革命法治的建设，如成立专署司法行政协进委员会，改组法院，整顿监狱、看守所，还在 1938 年至 1940 年，领导、主持制定不少法规、条例，如胶东《惩治贪污条例》《惩治汉奸条例》《优抗条例》《税收条例》《法院组织条例》《胶东北海银行条例》等。显然，他在主管地区时段内的一系列工作，不可能是盲目或偶然的，而是有理论根据和思想指导的，他在这方面主政经验和形成的理论见解，是他宝贵的财富和后来献身中国法治建设的历史延续。

1948 年后，他在陈毅领导下，接管上海任市政府常务副秘书长、主持民政工作期间，进一步体现其法治的思想、理念和才干。入城前，他按陈毅同志指示起草至今传为佳话的《入城守则》。他主持上海市民政局是包含城市基层政权建设的大民政，①起草《上海市区政府、办事处、居委会组织条例》《区政府建设的基本方针和实施办法》等，这在当时是一个涉及新的政权建设、极富开创性的迫切现实课题。这些文件实质上是开创城市管理规范化、法治化，并为后来制定法律法规提供基本的经验和依据，从理论和法治实践上对城市政权的巩固、建设、管理具有重要、长远的意义，受到中央政府的肯定并推广实施几十年，直到今天还在继续发展沿用。现在除专业研究者，恐怕已经很少有人知道其开创源头和始作俑者。其他还有收容流浪人员、妓女改造等民政工作方面，也留下了令后人传颂的业绩。一位民政部门元老级老同志称曹漫之是上海民政工作的开创者、奠基人，实不为过。这是新中国成立后在一个特定领域中为中国社会主义法治探索积累经验和作理论提升作准备。

中国社会主义民主与法治，历经争论、起落、曲折、反复的理论和实践探索，其中包括"文化大革命"的惨痛教训。直到粉碎"四人帮"，1978 年 12 月召开的中国共产党十一届三中全会拨乱反正，才出现历史的转折。会议认

---

①　1949 年 5 月 27 日上海解放，同年 8 月 24 日成立上海市人民政府民政局（后改为上海市民政局），首任局长由时任上海市人民政府副秘书长曹漫之担任。相对现在的民政局，当时民政局的职能要广泛得多，它以加强地方政权建设、建立人民政权、医治战争创伤、涤荡旧社会遗留的污泥浊水、安定人民生活、稳定社会秩序为工作重点（具体参见《上海民政志》编纂委员会编著：《上海民政志》，上海社会科学院出版社 2000 年版）。

真讨论了民主和法治问题,《公报》指出:"为了保障人民民主,必须加强社会主义法治,使民主制度化、法律化,使这种制度和法律具有稳定性、连续性和极大的权威,做到有法可依、有法必依、执法必严、违法必究。从现在起,应当把立法工作摆到全国人民代表大会及其常务委员会的重要议程上来。检察机关和司法机关要保持应有的独立性;要忠实于法律和制度,忠实于人民利益,忠实于事实真相,要保证人民在自己的法律面前人人平等,不允许任何人有超于法律之上的特权。"

曹漫之是认真学习、与时俱进的好党员,他敏锐体会出中央提出"发扬社会主义民主和加强社会主义法制"的战略理论价值和实践意义。他像许多老同志一样,对社会主义民主和法治的深刻认识是在一次次的实践体验中加深和提升的,尤其是"文化大革命"不仅是身体精神受到摧残和磨难,而且看到和切身体验到破坏法治带来的灾难性后果和亡党亡国的危险。这是漫老在粉碎"四人帮"后,青春焕发,成为中国社会主义民主和法治的先锋和勇士的新动力,并与组织上委任其担任培养法治人才的岗位相结合,成为他献出自己最后生命的新理想、新目标。

他作为华东政法学院复校后的副院长兼教务长,把学校看作是中国社会主义民主与法治的培养人才的基地、宣传基地和研究基地,是关系着我国革命建设发展的事业。通过每一项工作、每一件事、每一次报告、每一个课题、每一本教材、每一节课,提高教学质量,培养合格人才,为中国社会主义民主法治大厦添砖加瓦,知难仍进,目标明确,竭尽全力,在所不惜。80年代初,他估算我国社会主义建设需要200万法律人才,他超前预计到国家发展对法律人才的素质、水平要求会愈来愈高。他一方面适应当时社会需求抓本科生培养,重视支持并调动一切力量,精心安排夜校、函授、专科、培训,自学考试等,多渠道、多形式培养更多的法律人才。另一方面,在不少人认为没有条件、不可能的情况下,以其特有的远见和气魄,提出并一步一步、扎扎实实地创造条件,启动分专业、培养研究生、留学生等高端法律人才。他想在前头,走在前头,让华政这颗东方法学明珠中,不断走出、输送足以适应推进改革、设计构筑中国社会主义法治大厦的建设者、工程师队伍。

杂志是推进中国社会主义法治不可忽视的窗口和阵地。1979年春天,身为华东政法学院副院长的曹漫之,与徐盼秋等领导研究,创办《民主与法制》杂志。他们当时没有用华政《法学》的老名称,是有深刻的用意和追求的。他在《民主与法制》第一期撰文说"法制首先是要保障民主的"，"社会主义法制的基础是社会主义民主，现在要从头启蒙"。杂志用《民主与法制》名称，是一面旗帜，是号召，在全国是绝无仅有的第一声春雷。当时创办这个杂志条件十分困难，漫老奔走呼号，审批、筹款、人员、办杂志场所、纸张供应指标、杂志定位、方针、组稿等，组织策划，一件件落实。当年9月与广大读者见面，成为当时国内发行量最大、最受关注、最受欢迎的法学杂志，影响遍及国内外。由于《民主与法制》理论联系实际，敢于直面群众关心敏感和热点问题，街头巷尾常常可以看到读者手持阅读的情景，至今仍历历在目。杂志创办发行，宣传、推行中国社会主义民主与法治，开拓创新、勇作先锋，功不可没。《民主与法制》由于某种原因从华政划出去后，漫老又及时恢复《法学》杂志，继续在社会主义现代化建设的新时期实现其推进社会主义民主和法治的理想和目标。

　　在改革开放、社会主义民主与法治建设初期，两份杂志的影响和作用之大是现在难以想象的，有许多值得在中国民主与法治建设历史上值得记述的事件，韩琨案件的提出和讨论在当时就轰动一时。韩琨是一位勤勤恳恳、乐于助人、精于业务的上海市橡胶研究所助理工程师，曾因多项成果得奖。1979年奉贤县一个濒临倒闭的乡办工厂接到一批价值几十万美元的国外订单，当时这无疑是一件了不起的业务，但是产品经多次检验，什么都符合要求，就是橡胶接口密封度不合格。工厂多方求助、努力改进均达不到要求，在走投无路的情况下找到学有专长的韩琨，韩琨明确表示经单位同意后，可以用节假日不休息义务帮忙。当时韩妻长期有病在家，但他每个节假日，无论严寒酷暑，利用假期不影响本职工作，自己花钱来回于上海、奉贤之间。当时的公交条件很差，几十公里来回要花几个小时，他无怨无悔，从不提经济酬劳（当时有人称之为义务的"星期六工程师"）。经过两年时间反复研究实验，经过许多次失败，付出巨量劳动，克服种种困难，最后成功攻关，解决了难题，生产出合格产品。实现创汇几十万美元，救活了这个工厂，为厂、为社会、为国家作出了贡献。工厂为感谢他，经研究决定，发给他奖金、18个月车票、补贴共3376元（其中包括以其妻名义每月补贴88元，21个月，共1848元，韩对这部分钱，婉拒不成，后单独存在了银行里）。这件事在全国打击经济领域违法犯罪活动中，经单位揭发，被检察机关以贪污受贿罪起诉。当时受理此案的主审法官系华政校友杜经奉，他认为不能认定犯罪，得到主管副院长李成仁支持。辩护律师郑学诚(与杜经奉都是华政1954届毕业的校友)也持同样见解,得到时任院长徐盼秋教授支持,徐盼秋和郑学诚分别在《光明日报》发表文章披露此案,引起轰动。

《法学》杂志主编曹漫之,从了解案情之日起,就力挺杜经奉、李成仁等同志,顶着很大的压力、冒着极大的风险组织邀请许多著名法学家和代表性人士开研讨会,发表文章,进一步推进全国大讨论。在当时经济变革、法律不完善的情况下,依据法律法规有关政策,结合法理和实践,许多法律界人士和学者都纷纷发表意见,认为韩琨无私奉献,无罪有功。讨论情况一直上达党中央政治局,韩琨这位受人尊敬的"星期六工程师"终于从贪污罪犯重新回归到为社会主义奉献的"功臣"。据说当时全国类似韩琨这样的"星期六工程师"不下五千人。这次全国性讨论在全国引起强烈反响,在我国法治建设发展史上留下光辉的一页,大大推动了我国经济立法的步伐和有关法律的发展和完善。

粉碎"四人帮"以来,中国法治建设的每一次重大事件,每一项重要法律的诞生、修改,都会有漫老的声音。他的法治报告,及时生动、信息量大、联系实际、深入浅出,触及敏感问题敢于直言,每次报告都座无虚席,极受欢迎。每遇重要法律出台、修订,法治建设重大事件,党的重大决策颁布,请他做报告的接连不断,许多单位往往很难如愿。他的报告对象涉及大学、研究机构、学术团体的老师、干部、研究人员、学生,内容广泛,涉及许多学科。1985年,漫老去日本进行学术交流,从日本的一篇报道中可以感受漫老报告的风格、魅力与影响。参与交流的日本学者、专家原先对漫老几乎没有任何了解,经过交流,听了他的报告,评论说:"曹教授并不是书斋中的学者,他是在实务及经验中得到锤炼的法律家,我们意料之外的大人物。""教授谈笑风生、兴致之处两眼炯炯有神,让我们深切感受到他的气魄。丰富的经验与肆无忌惮的发言,都给我们留下了很好的印象。""能迎来教授讲学是极有意义、令人高兴的事情。"从这些日本的刊物发表的评价和描述,可以看出给与会者的冲击性影响,绝不是一般学者能达到的。

七、 献身教育事业,是培养人才的人民功臣

曹漫之是小学教员出身,早在20世纪三四十年代,他任行署主任、特委书记、支前司令等职务,主管一方,独当一面,横刀跃马的时候,就一直关心

教育,创办学校,兼任教员、校长,编教材,学习、传播马列主义,培养干部,宣传鲁迅,学习鲁迅著作。他认为革命要办教育,才能培养革命需要的人才,才能适应工作和战争需要,他办鲁迅小学、胶东公学、党校、军政大学胶东分校,指导思想明确,讲"党的建设""游击战术""统一战线",理论联系实际,为革命培养人才。

1938年,他创办胶东公学,这在抗战初期十分艰难的战争环境下,确实是高瞻远瞩、具有战略远见,是极为难得的。现在许多老人包括一批后来成为国家高级干部回忆,胶东公学培养一批干部,许多知识青年从公学奔赴抗日前线,他们至今怀念、赞赏漫老有水平、有胆有识,对胶东知识分子走上革命影响很大。他在胶东主持编写的教材甚至在若干年后为朝鲜人民民主共和国金日成关注参考。1952年,受错误处理的曹漫之先到复旦大学任教授,当时"教授"是资产阶级知识分子的代名词,但是,这也客观地反映了他在教育领域的才学和专长在这种情况下也得到承认。此后岁月,与社会科学、教育特别是法学教育结下不解之缘,继续其独特的革命生涯,读书、上课、研究,社会科学的组织协调、教育管理,成为他人生另一个事业高峰的开始,并终其一生。

教育新事业的开始,不是曹自己的选择与追求。罢官后的曹漫之,面对不公正处遇,胸怀大局、积极对待。他说,我问心无愧,分配我做什么,我就做什么。组织上让他到教育、社会科学领域工作,他别无选择。他凭借自己的党性和信念、广博学识、教育历史经验、丰富的革命阅历、多年历练的领导艺术,全心投入。党的十一届三中全会拨乱反正和改革开放的形势,给了他另一个重新开始的机会,他立足于华东政法学院(2007年经教育部批准更名为华东政法大学)这个舞台,身体力行,提出并实践一套与传统教育不同、具有中国法学教育特色、又有鲜明个性的教育理念、思想、工作方法。如学生第一,学生是主人、宝贝,国家未来的栋梁;学校一切工作为教学服务,归根结底是为培养学生、为人才服务;教育先要抓教师,教学质量第一;教师无后顾之忧,才能全身心为学生服务;法学教育必须联系实际,与时俱进等等。

他认为,法学教育搞纯理论是行不通的。他要学生从写好字能当好书记员开始,更要有马列主义素养,有国际视野(他甚至提出每个教室挂一张世界地图),学生要搞调查研究,办案子,写论文,将来才能成合格法官,承担大任。他亲自领导社会调查,批经费印调查问卷、为师生购公交月票,亲自选点,与实际部门联系落实,组织力量,听取汇报,看望学生开座谈会,总结经验。他延伸拿破仑的话说,"不想当将军的兵不是好兵,当不好兵的人肯定当不好将军"。

他认为,学生是学校的主人,要培养学生,还要爱护学生。学生要独立思考,可以有不同看法。他正式提出校领导研究涉及学生的事要学生参与,学生自己的事自己来讨论、自己决定。这在民主和法治刚刚提出初期是难得的,后来我研究未成年人权益保护,学习研究联合国儿童权利公约中关于"儿童参与权"是儿童四大基本权利时,特别体会到漫老的思想当时是很超前的,既承续我国优良革命传统,又与国际先进理念一致。对学生犯错误,他考虑得很细、很人性。事实一定要弄清楚、对错分明,批评教育要严格,写成文字、进档案要特别慎重,不能害人一辈子。即便是错误严重一定要处理的,他主张不张榜公布,让犯错误的学生有更好改正错误的机会。

他提出,学校培养学生要靠教师,靠有水平的人才。教师一定要有水平,研究实践中的新问题,做贡献。他办律师事务所让教师做律师,就是要教师通过实践,提高自己的能力和水平,树立维护法治公平正义的意识。他关注青年教师的成长、生活需要,严格要求教师备课、试讲、独立编教材、搞科研,集中精力。同时,尊重知识,珍惜人才,关心教师的切身利益,漫老有一句很感动人的话,让许多教师一直铭记在心。他说,"要教师全身心、一心一意为学生,我们就要尽全力为教师解决实际困难,教师无后顾之忧,才能全身心去为学生服务"。

他具有一股人少有的策略远见卓识,深层次的理论思考。20世纪80年代初,全国只有一个大政法学科。他就说,"政法应该分专业、建系,专门化势在必行,晚干不如早干""政法教育、社会科学要有国际视野,早作进入国际社会的准备,如经济犯罪,青少年犯罪和保护青少年健康成长是国家和世界课题""国际法、经济法、犯罪学(刑事司法)都要搞""青少年犯罪研究要赶到世界前列,走上国际社会的讲台"等等,对华政发展和后人的影响是持续和久远的。

他的这些继承传统又很有改革开放特色的教育理念、思想、风格不是凭空来的,是与他一生经历、马背学习、理论素养、实践积累共生的。他的革命经历和革命视野、胸怀为后来的理论、事业奠定了基础。他从不为自己谋私利,人所共见。他的思想与实践,是一份宝贵遗产,是需要珍惜的文化精神财富。

八、关心下一代健康成长

漫老后半生专心致志于教育事业，为法学教育献出最后的时间与精力，他关心、期望下一代，特别关注接班人、青少年保护、少年保护法、预防青少年犯罪、社会治安、安全稳定等一系列问题。

70年代末80年代初"文化大革命"后的我国，是青少年犯罪问题非常突出，社会影响非常严重的时期。我当时从上海市科委回到华政从事犯罪对策学教学工作，非常期望致力于青少年犯罪问题的研究。有一天我到"帐篷"（校领导办公所在地）向曹院长"汇报"了自己的想法。事先我还从国家需要，个人研究条件，甚至于我关注青少年问题起始于20世纪70年代初两次偶然接触到少年犯罪的案子，引发一种责任感、参与感的冲动等方面，准备了许多理由。没有想到的是，他没有听完我的全部"汇报"，就明确对我说，"你想得很对，这个问题是涉及社会安全和国家发展的一个大问题，我支持你"。"你先写个计划方案给我，下次另安排时间谈一次。目前的课一定不能放松，一定要上好"。我真没想到这么顺利，感受到这个问题是他已经考虑很久，似乎胸有成竹，早有考虑和准备的课题。他还对我说，"你不能只从个人爱好、专业考虑，你要想到这涉及我们国家青少年一代的健康成长，我们国家以后能不能够稳定、能不能够持续发展、强盛的问题，要有社会责任感"。他特别说道，"美国和西方世界希望我们的第二代、第三代变颜色，我们要教育保护好一代代青少年，不能被美国人讲中了"。这些话提高了我的认识和境界，给了我方向，感到了一种非同寻常的责任，始终指引着我的工作和研究。

为此，曹有计划有步骤地布置了一系列有战略考虑的工作，首先是展开青少年犯罪调查，这是我从事专业青少年犯罪研究的真正开始，就是在漫老亲自领导、主持下展开的。我当时提出的计划方案是，先与二三位老师邀请几位同学组织一个小组进行调查研究。他听后说，"没有调查就没有发言权。要全院来组成学生搞大规模调查研究，了解青少年犯罪现状、动向、原因，研究预防、控制的办法，向实际部门提出建议，同时通过调查研究让学生接触实际，受到锻炼，提高做实际工作、解决问题的能力；这项调查研究结束后认真总结，以后每年搞一到两次，坚持几年"。他还提出，"研究青少年犯罪问题,至少要掌握 3000 个青少年犯罪的案例,才有发言权"。这就成为我后来关注案例研究,心里还有一个研究实际案例的数量指标,在学生中也作过传达。

在漫老的主持和院其他领导的关心下,我院组织两百多人先在全市、后来扩展到华东地区,展开持续三年的青少年犯罪调查,是新中国成立以来从未有的。那个时候教师很紧缺,学校经费也是很困难的,经过漫老协调,动员二十几位教师,拨出专门经费,利用暑、寒假进行,设计铅印问卷 5000 份,首用当时国内还很少用、比较科学先进的问卷,开展定性与定量相结合的调查研究方法,出了一批调查报告和文章,在国内产生很大影响。与长宁法院一起试点,创建全国第一个少年法庭,得到最高法院肯定并在全国推行,也是那个时期在长宁法院进行调查研究的成果。

调查研究积累了不少材料,开展研究必然关注收集国内外文献和新的研究成果。当时资料非常少,起初我们把这些资料汇集成册,供大家学习研究参考,有时也与其他单位部门交流。漫老认为应该有一份杂志,作为研究交流的阵地,也是国内外汇集人才力量的基地,更是宣传联络的窗口。在他的鼓励下,我们十分兴奋,作出许多努力,但是许多问题如审批、经费、纸张、印刷、出版、发行等等,没有漫老出面还是根本办不到的。在漫老多方联系、协调、策划下,《青少年犯罪问题》历经从内部资料,内部发行,到国家批准的国内发行的正式刊物,发展到国内外公开发行的杂志,成为国内三十年来唯一一份青少年犯罪与青少年法专业研究性期刊,在聚集力量、推动理论和实践发展上发挥了重要作用。

在掌握大量资料基础上,上海青少年保护立法研究在漫老关心下也是全国抓得最早的。他不仅是领导支持,而且亲自出面组织全市实际部门和大学、科研单位合作,一起参加讨论研究,对法规名称、内容、结构体系提出指导性意见和建议。由我院为主的起草小组在 1981 年就完成《上海市青少年保护条例建议稿》(后改为《青少年教育保护条例》),经漫老向当时的一位副市长(后任政协副主席)建议,计划在上海的主要报上刊登,组织全市公开讨论研究,后经慎重考虑还是决定上报人大决定。但积累了资料和经验,为正式立法打下了基础。1985 年上海市人大把制定《上海市青少年保护条例》列入立法规划,1987 年正式通过,成为全国第一个保护未成年人的正规的法规,对推动各省市制定青少年保护法,1991 年制定全国法起了很大的作用。

　　华东政法学院从 1981 年建立青少年犯罪研究室,到 1985 年司法部批准建立青少年犯罪研究所,这都是漫老的战略性考虑的体现。机构设置、人才引进、投入资金,建独立资料室,从香港购买一批当时内地买不到的书,这都与曹漫之同志认为青少年犯罪研究要有国际视野,要面向全世界,这个问题不仅是中国的问题,而且是一个世界性的课题的指导思想有关。使我校青少年犯罪研究所成为国内人员最多、力量最强、影响最大的国内研究中心,联合国介绍各国犯罪研究机构中,中国仅有的两个机构入列,一个是我校青少年犯罪研究所,另一个是司法部司法鉴定科学研究所。

　　1981 年,曹漫之与张黎群共同筹办全国青少年犯罪研究会。他们相互都早有了解,一见如故,张黎群同志建国初曾任《中国青年报》主编、中国青年杂志社社长,比漫老小 5 岁,入党也比漫老晚几年。两人经历极其相似,都是知识分子出身,18 岁入党,一生跌宕起伏,历史上都作出过独特贡献,与中央、各省市的许多领导、名人有广泛交往,又都受过误会和不公处理,当过大学校长,德高望重。尤其有缘的是,都极其关注青少年一代成长,充满爱心、激情、社会责任感,对党的事业忠诚敬业、有战略眼光。这两位阅历丰富的相当于部级的干部,为了社会的安宁发展和青少年健康成长,在 20 世纪 80 年代初走在了一起,开创我国青少年犯罪和青少年保护的新事业。1982 年在南宁召开的中国青少年犯罪研究会全国代表大会上,张老推选漫老任会长,漫老认为张老任会长更合适,有利于今后工作的发展。最后众望所归,张、曹当选为学会会长、副会长,开启我国青少年犯罪和青少年保护法的理论研究和实践探索,迄今为止最活跃的时期,推动国内外学术交流,促进立法和青少年权益保护,推进我国预防和少年司法,开创了多个第一,作出了与其经历、学识相匹配的贡献。

　　曹漫之同志一生有太多值得学习、怀念、传承的地方,从当今社会跨越式发展的现实中特别感受到,他随着时代前进,与时俱进,永葆青春,不断前进的难能可贵。

　　在胶东,在偌大的中国一个省的一个半岛上,在外有日本帝国主义侵略、内有国民党置我于死地不可的形势下,掌控一个专员公署,竟敢做独自维建法防,接收海关,办北海银行发行钞票等国家大事。随着解放大军进上海,在陈毅等同志领导下,制定入城守则,规定部队不入民宅颠覆旧军队扰民害民的历史形象,显人民军队的本质、伟大和光辉;创大城市、区、街道、居委的管理体系,几十年来保证城市的安全稳定和谐;改革开放,办《民主与法制》,组建社会学会、犯罪学会、中国青少年犯罪研究学会,倡导办律师事务所。20 世纪 80 年代,提出关注研究青少年问题、老年化问题,支持办民办大学,打破用人的传统体制,不拘一格公开招聘法学人才。在大学法学教育方面,打破原有学科、专业体系,从大法学到分专业,设新系,增开法学新课程,经济法、国际法、刑事侦查原理、犯罪学、青少年犯罪学、青少年保护、犯罪预防、综合治理等等,适应社会发展的需要,为中国社会主义法治建设累出新招。

他高瞻远瞩,善学习思考,有远见,有胆略,经常会从中央的全局战略中,根据当前和发展需要,提出新问题、新见解、新目标、新思路。在不同时期、不同岗位,都会有新的开拓创新,创许多第一,当第一个吃螃蟹者,真正做到不知疲劳、不断创新、与时俱进。

曹漫之同志才华横溢,有远见卓识,对于我们国家的贡献是多方面的,对于我们社会的贡献很大,他在法学、社会学和其他社会科学方面都有很多的贡献,做了在当时条件下,许多人不能做,做不了,也不敢做的事情,发挥了别人难以发挥的作用,作出令后人难忘的贡献。

百年沧桑,九州兴旺,录诵著名爱国词人辛弃疾①名句,敬颂漫老。

　　　　壮岁在旗拥万夫,
　　　　赢得生前身后名。

---

① 辛弃疾,著名爱国词人,山东人,有"人中之杰,词中之龙"美誉,与苏东坡合称"苏辛"。

无私奉献敢为人先的曹漫之

——写在华东政法大学建校 60 周年之际 *

　　明珠璀璨,再创辉煌。在迎接华东政法大学建校 60 周年的喜庆节日里,我们难忘 60 年来为华东政法大学的今天而奋斗、奉献的诸多领导、老师和校友。曹漫之就是我们怀念和感激的一位领导和导师,是我校领导的一位杰出代表。明年是他的百年诞辰,怀念、记述他的思想,体验他的人格精神,传承他的革命传统,也是华东政法大学 60 周年校庆中一件很有意义的事。

　　曹漫之是革命家的一生,少年时代就才华出众,鲲鹏大志,18 岁投身革命,腥风血雨,跌宕起伏,传奇一生。前半生战斗在狼烟烽火中,参与武装起义;抗击日本帝国主义侵略,组织开采黄金,亲自带领人一次就将 6000 两黄金送援抗战;任胶东支前司令时组织浩浩荡荡群众大军支援淮海战役;渡江前夕追随邓小平、刘伯承、陈毅,进上海前主持起草入城纪律,解放军进上海露宿街头不入民宅传为佳话,感召了多少人;接管上海改造妓女等等,改天斗地,数得上风流人物。

　　风云突变,1952 年的一天,须臾之间,红旗向日、白马迎风的革命领导获"罪"成了华东地区著名的"坏分子",成为推动运动的"反面教员"。受错误处理的曹漫之先到复旦大学"被教授",那个时代的"教授"是"资产阶级知识分子"的代名词。当然,在这种情况下,也反映出曹漫之的才学和历史特长仍是得到公认的。后来,他从复旦转到新成立的华政,与华政结下不解之缘,从此投身教育,开始其独特的教育生涯,读书、上课、研究、教育管理,继续他灿烂的后半生。

　　罢官后的曹漫之,明知受到不公正处遇,也胸怀大局、积极对待。他说,我问心无愧,分配我做什么,我就做什么。组织上让他到教育、社会科学领域,他凭借自己的党性、信念、广博学识、教育的历史经验、丰富的革命阅历、多年历练的领导艺术,全心投入。在改革开放的形势下,立于华政这个舞

---

　　* 原载《青少年犯罪问题》2012 年第 6 期。

台,身体力行,提出并实践一套与传统教育家不同的、具有中国法学教育特色的、鲜明的教育理念、教育思想和工作方法,如学生第一,学生是主人、宝贝,国家未来的栋梁;学校一切工作为教学服务,归根结底为培养学生人才服务;教育先抓教师、教学质量第一;教师无后顾之忧,才能全身心去为学生服务;法学教育必须联系实际,与时俱进等等。

他认为,法学教育搞纯理论是行不通的,他要学生从写好字、能当好书记员开始,更要有马列主义素养,有国际视野(他甚至提出每个教室挂一张世界地图),学生要搞调查研究,办案子,写论文,将来才能成合格法官,承担大任。他延伸拿破仑的话说,不想当将军的兵不是好兵,当不好兵的人肯定当不好将军。

他倡导,学生独立思考,可以有不同看法,涉及学生的事要学生参与,自己的事自己来讨论、自己决定。这在当时民主和法制刚刚提出初期是了不起的,这在后来我探索未成年人权益保护,研究联合国儿童权利公约中关于儿童参与权是儿童四大基本权利时,特别有感触,体会到曹的思想很超前、是与国际先进理念接轨的;对学生犯错误,他考虑得很细、很人性,事实一定要弄清楚、对错分明,批评教育严格,写成文字、进档案要特别慎重,不能害人一辈子。对一定要严肃处理的,他主张不张榜公布,让犯错误的学生有更好改正错误的机会。

他提出,学校培养学生要靠有水平的人才、靠教师。他关注青年教师的成长、生活需要,严格要求教师备课、试讲、独立编教材、搞科研,集中精力。同时,尊重知识,珍惜人才,关心教师的切身利益。曹老有一句很感动人的话,我与许多教师都一直铭记在心。他说,要教师全身心地、一心一意为学生,我们就要尽全力为教师解决实际困难,教师无后顾之忧,才能全身心地去为学生服务。

他具有一般人没有的战略远见卓识,深层次的理论思考。早在上世纪80年代初,全国只有一个大政法学科,他就说,政法应该分专业、建系,专门化势在必行,晚干不如早干;政法教育、社会科学要有国际视野,早做进入国际社会的准备,如经济犯罪,青少年犯罪和保护青少年健康成长是国家和世界的课题;国际法、经济法、犯罪学(刑事司法)都要搞;青少年犯罪研究要赶到世界前列,走上国际社会的讲台,司法部批准成立青少年犯罪研究所,后又建立青少年法律保护中心,一定要作出成绩等等。曹漫之对我校建设发展做过许多人没有做、无能力做的工作，发挥了在当时其他人无法代替的作用，作出了与其经历、学识相匹配的贡献。

他的这些很有改革开放特色的教育理念、思想、风格不是凭空来的，是有历史积累的。他18岁参加革命时就是小学教师，早在上世纪30、40年代，他任行署主任、特委书记、支前司令等职务，主管一方，独当一面，横刀跃马的时候，就一直关心教育，创办学校，兼任教员、校长、编教材，学习马列主义，培养干部，宣传鲁迅，学习鲁迅著作。他认为革命要办教育，才能培养革命需要的人才，才能适应工作和战争需要。他办鲁迅小学、胶东公学、党校、军政大学胶东分校，指导思想明确，讲"党的建设""游击战术""统一战线"等，理论联系实际，为革命培养人才。他的革命经历、革命视野和胸怀为后来的理论、事业奠定了基础。

他从不为自己谋私利，人格魅力，人所共见。他的思想与实践，不仅对我校过去的发展作出重大贡献，对我校将来的发展仍有积极意义，对我国高等教育也有许多普遍适用的指导价值。这是一份宝贵遗产，是需要珍惜的文化精神财富。

曹漫之同志是一个大写的人，一位真正的共产党人，心中有国有党有人民。他的音容笑貌，人品境界以及雷厉风行、勇于探索、承担责任的风格，永远活在我们心中。曹漫之是老一辈革命家，值得我们永远学习的革命教育家，我们尊敬的领导、导师。

一位值得尊敬的性情学者

——怀念我的老师陈忠诚教授*

人生就像一本书,有的书精彩厚实,随着时间的推移,更鲜亮,让人关注、获益、念念不忘。陈先生是一部光亮厚实的书,给人以精神、智慧、激励和力量,让人怀念、难忘。他教学、治学认真严谨;对学生热情、倾心、尽心;严格律己,追求梦想,几十年如一日;独立思考,创新、求进、求真,他留给我们许多宝贵的精神财富,值得学习、传承和发扬。

一、 燃烧自己,照亮学生的出色老师

陈先生除出道早期曾在外企和政府部门做文职工作,一生主要在高校致力于教育,从事外语教学和翻译实践、研究。我接触陈先生是在 1952 年院系调整后,从复旦大学来到新建立的华东政法学院,在俄语课上第一次见到他,30 来岁却留着日本式的小胡子,形象特征就有点特别,"陈先生"是我们那个时代对老师的敬称,私下里,同学们调皮地用"小胡子"作为标志性代称。

上课不久,他就因教学认真,要求严格,方法独特,发音很有特色,给我们这些从不同大学来的学生留下深刻良好的印象。由于我们过去都是学英语的,当时,为了学习苏联的社会主义法学理论和革命建设的经验改学俄语。当时俄语教师紧缺,对俄籍女教师不适应,上陈先生的课学生特别多,大班上课 100 多人。初学俄语,发音普遍不准,尤其是俄语卷舌音"P"很特别,很多同学都学不会。他会用刷牙含着水卷着舌头漱口等通俗的土办法让大家学习掌握卷舌音的发音方法。他备课从学生实际出发,备课充分,精力充沛。由于俄语的单词变化,词尾特别复杂,他会特别仔细讲述词尾变化引起词义的变化,结合词句结构、文法关系,让我们在最难把握的地方,理解透、印象深、记得牢,有时还会搞个小幽默活跃气氛。他课堂上特别强调互

---

* 原载《陈忠诚传》,序一。

动,朗读时会前后走动,用心听觉学生发音,随时发现周边同学发音问题及时指出纠正。他的发音能把特点强调、突出出来,让学生学得快、记得牢、能把握,很受同学欢迎、好评,也为努力的学生进一步提高打下基础。

俄语突击是一件特别难忘的事。毕业后我留校从事教学工作,一批青年教师,为提高自己,要阅读苏联论文书报,倍感学习俄语很需要很迫切。暑假时,我们联络了有志者想利用暑假突击提升一下。提升一定要有老师帮助,俄籍女教师年龄大不会中文不合适,陈先生有水平是我们的首选,但感到他平时很严肃、难说话,怕被拒绝。几经商量,我们抱着试试看的心理求他帮助。没想到他一口答应,让我们格外高兴。更让我们意外感动的是:当时为了集中精力、突击提高,我们向学校申请了韬奋楼“60 号”大教室,集中住、一起学,有时饭也带到教室吃。没有想到此后一个多月时间里,他几乎每天都陪伴式指导我们学习,把一个暑假无偿地奉献给我们。

他根据我们的计划和要求,首先建议到外文书店购买又方便又便宜的苏联原版的《联共(布)党史》为教材,以看和读为主,目标就是能尽快看原版《联共(布)党史》。为此,他要我们多记单词,增加词汇量,同时,每天选讲几段原文,一句一句分析,搞清句子中主语谓语,每个词的地位和相互关系,复合句中句子与句子的关系,理解每个句子的意思,开始非常难、非常慢。而问题还在于,当时的学习条件是目前的年轻人很难想象的差,高温酷暑,没有风扇,蚊子很多,除了借的几张双层铁床和教室里原有的小课桌外,别无设施,只好每人自带一把芭蕉扇,取凉、驱蚊都靠它,条件限制无法讲究,大家都是短裤背心,24 小时在这里奋斗。印象最深的是陈先生与我们同甘共苦,天太热也脱掉了短袖衬衫,而露出的背心满是小洞比我们还旧,汗水浸湿了背心,手把手,耐心和气地教我们。这样的情景下我们当然也十分努力,有的人梦中朗读、背诵俄语,半夜把别人吵醒;家在上海住得很近的人,一天都不回家;身上掉了肉,多了许多蚊叮块。可是暑假突击,结果喜人,每个人或快或慢基本上都能把原版的《联共(布)党史》看下来。后来,有人成为国际问题研究的专家,我经过巩固、再提高,后来不仅能够阅读俄文报、刊、专业书,还翻译论文、译著,这次暑假突击打下的基础功不可没。

多少年过去了,我成为教师、科研人员,无论是碰到俄文翻译中的问题去求教,还是碰到与西方学者学术交流中需要英语翻译向他求助,他仍然一如既往,指点迷津,记得有一次我翻译一篇论文,碰到难点一个晚上查字典、看资料、反复斟酌，云里雾里，弄不清楚，第二天找先生求教，他逐点剖析，拨开迷雾，豁然开朗。

退休多年后，年事已高的陈先生，许多学生一进华政就闻其名，虽近在咫尺，有求见之心，似乎距离甚远，不敢奢望。其实，陈先生住在学校教工宿舍区，近在咫尺，只是当面见到也不认识。有的特别关注外语的本科、研究生、校外的年轻学者，找我表达想要见见陈先生求教、又怕碰壁的顾虑。我知道陈先生乐于助学的个性，也乐于帮助他们，与先生打好招呼，介绍、鼓励他们去拜访老先生。每次造访后的学子回来都会告诉我，感受到爷爷式的慈祥，对其认真接谈，广博知识和高超外语水平，佩服得五体投地，得益匪浅。他们想不到名气这么大的老教授这么平易近人，而且这么认真负责地解答、帮助一个根本不认识的年轻人，说是自己光荣经历"一面难忘"。这就是本色的陈先生。

二、 勤奋专注、认真刻苦、独立思考的治学精神

许多人都能切身感受到陈先生知识面广，博学多才，法学理论根基扎实，时有精辟见解，还精通英、俄、日、德多国文字，却少有人知其超人的勤奋、刻苦、毅力，以及独立钻研、创新思考所付出的艰辛劳动。

宝剑锋从磨砺出，梅花香自苦寒来。陈先生对法学争议问题的独特论述、真知灼见、理论深度；与国内外学者交流时的侃侃而谈、学术答辩，不同语言的自由切换；翻译中的超人记忆和高速流畅翻译、同步翻译；论著和辞书挑刺、纠错中表现出的高水平和才能等，都是从苦寒中磨砺出来的，都与他数十年如一日地刻苦钻研，认真学习，时时处处做有心人，不放过任何学习的机会，不浪费一点时间是分不开的。就外文学习来说，他说过，"学外语要有兴趣，肯下功夫，有一辈子坚持的精神，才能真正掌握""会一点容易，学好难"。他本人对外语就是一辈子的投入，到了痴迷的程度，常常会一投入就忘却了吃饭。他会为查证一个词的正确用法或新的用法，翻阅各种辞典、图书馆所能找到的有关外文书报、查阅几年的外文报纸，然后把发现的有用资料抄在一张一张的纸上，用几十年一直陪伴他的一部老式打字机打在稿子上。不惜时间，不计精力，一丝不苟，认真到苛刻的程度，绝不马马虎虎。

他精通多种语言，除英语与其在东吴大学接受正规教育有关外，主要是利用课外、工余时间，自己通过各种渠道自学的，旁听，甚至在路边小摊向日

侨、俄侨学习……他有一次像孩子似的天真笑着对我说："我年轻时学日语像宁波人学生意偷偷向师傅学本事一样，偷偷向开小店、摆小摊的日本人学日语。我逛街、买东西是做样子，我没钱、没时间逛街买东西，实际上是去学口语练听力。"原国务院副总理吴仪曾说过："人前的潇洒是用人后的艰辛劳动换来的。"陈就是这样的人，我们看到他在人前生动授课、流畅翻译、交流，而人们通常没有条件看到他为此付出的汗水和心血。

图书馆是陈先生去得最多的地方，图书馆国外报纸杂志书籍进来，往往第一天就在他手中了。他每天清晨、晚上都伏案学习工作，没有休假娱乐，家中一切事务全靠妻子吴幼娟全力操办，陈的日常生活照料自不必说，教学研究中还有一些文秘工作也是妻子承包、支持、当助手（吴幼娟女士是宁波人与我同乡，我每次去，极为亲切，搬椅子倒茶，有时还和我讲讲买什么菜，讲宁波菜肴、生活习惯等）。特别是退休、妻子过世后，学习研究更是他的全部生活和精神寄托，每天去图书馆，早饭后由儿子推着轮椅准时"上班"，晚饭前回家，风雨无阻，人称"轮椅上的达人"，成为华政校园一道体现华政文化底蕴的独特风景线。

陈先生家中全是书，摆放无章，靠边桌子上一部老式英文打字机，从不装潢，家具简陋、生活俭朴，也是这位性情学者的性格表现。2011年住院躺在病床上不能动弹，我去看他。他说："最痛苦的就是不能再看书报和写东西了，我活着还有什么用。"他已经毫无保留地把自己全部生命都献给了教学科研事业。陈先生1992年退休，2003年脑中风成轮椅上的达人，十年左右共出书十余册。其中至少五六册是轮椅上完成的，这是多么难得的精神和感人的力量。

著名外语辞书编撰泰斗级专家陆谷孙教授，也曾经受过陈先生指责批评，但他评价说，"陈忠诚先生以望八之年，对语言中新出现的词语、引申义、譬喻义、新的语法功能等特别敏感。我接触的同行中人当然有限，然而在这有限的范围内，据我观察判断，纳新如此广泛，又肯下如许工夫者（陈不用电脑，全凭手制卡片），同龄专家中可说绝无仅有。可见其治学之执着用心艰苦严谨。"

三、求真务实，不容谬误，淡泊名利，执着创新的人格追求

陈先生毕业于解放前中国最著名的法学院之一——东吴大学法学院，

专攻比较法学。由于历史的原因和其外语天赋,他在外语翻译方面的专长和贡献,常常使人忽略其法学的本业造诣。其实他法学功底助成其翻译上尤其是法律翻译上的成就和贡献。上世纪 50 年代一场有关"法权"问题的讨论,最能反映陈先生在翻译与法学结合上,坚持真理、不容谬误,执着无畏的人格品德,全面体现他在法学、外语两方面的素养和水平。这场讨论,陈先生初始提出只是一个概念翻译的学术问题,由于张春桥的参与和人民日报的编者按,众多名人高官附和赞赏,演变成了政治性的批判。尽管如此,陈先生仍从原文字意和法理上论证自己的观点,认为自己有理就坚持自己不同意见,"压力山大"也从未改口,历史最后证明他的意见和观点是正确的。这一历史公案,陈老师在后来接受《法学》编辑部采访中说,"探索真理需要有勇气,敢于独立思考,敢于发表自己的见解,不迷信权威,这是做学问的基础";还说,"做学问应有广泛的涉猎,法学和语言的学习在其中发挥了基础性的作用"。坚持真理的勇气和外语、法学的基础,这是多么值得传承的宝贵财富。

陈先生是令我尊敬的性情学者,他以刻苦学习和广博知识为基础,以特有的敏锐和犀利眼光发现问题,抓住不放,严密论证,是非分明,不搅浆糊。我们从他的著作和发表的文章中,可以经常看到他言辞激烈,尖锐,有时甚至是尖刻、伤人的公开批评,给人一种武断、不留余地的感觉。其实这是他性格中很光亮的地方,认真、较真,固执,辞非刁难、作秀或谋求个人利益。他多次声明目标就是为了语言的正确准确,不误人子弟、不误导让国人出洋相。他明知得罪人,让人不待见,也要坚持,这是他做人、做学问的态度。这在对词典、辞典的捉谬、挑刺上表现得最明显、最有代表性。他不怕权威,哪怕西方国家中影响很大、很权威的词典,他也不迷信,发现问题,照样批评挑剔。这也使许多业内同行佩服不已,使他有的书成为专业人士参阅、学习的常用书、工具书,有的人慕名而来以一见为荣。当然,也有人看见他头痛,不满,说他吹毛求疵,远而避之,甚至骂他恨他的也有,成为一位有争议的人。金无足赤,人无完人。陈先生确实也有其性格固执、有时过激、方法生硬等缺点,但他认真严谨、正直坦荡、坚持真理确实是难能可贵的。人的路是自己走出来的,时时刻刻留下自己的足迹,历史的客观存在不能改变,人们自有公论。

他珍惜人格、名节,薄名利、重名节,心系社会,颇具中国知识分子传统的风格和美德。他出书，自己实名向出版社投稿，不请人推荐、介绍，也很少请人写序，如果按审稿规定时间不被采用，就毫不含糊立马要求催讨退还书稿。如被采用就按规矩订合同，如出版社不履行就不客气追询、查问，直到出版社完全履行合同为止。

他常有新想法，不断探索创新，一生中时有让人意想不到的事，让人惊奇。前面提到他出身东吴专攻法律，擅长英语，解放后却多年教俄语，从事俄语翻译等。当时口语翻译都是讲一段翻译一段，有的为保险不出错甚至先要报告稿子大体译好按着稿子来，他就提出不同意见，倡导同步翻译，可节省时间，避免忘漏更客观正确，尤其反对预先把稿子翻译好，认为这影响报告人当场发挥和互动交流。改革开放后，中日经济活动和学术交往频繁，陈又放弃俄语成为中日交流的沟通者，他的流畅日语与他小胡子的形象更融合。随着改革开放的发展，中西方法学交流大量增多，英文成为主要外文工具，陈更显示其英文的深厚功底，上课、口译、翻译文章、报告。各种报纸杂志发表文章，出版多部著作、见解独特，观点鲜明，意见直白尖锐，有人在文章中称其为"外文奇才"，完全不知道他的法学专长。他就是这样一位不断变化、进步、创新、探索的达人。这是因为他在教学科研中，时刻关注社会的进步与国家的发展，与时俱进，提出创新。

他的语言工作变化就让人惊奇，英语—俄语—日语—英语，真实反映出他根据国家、社会的巨大变化和需求，创新自己，迎接新挑战。他在法律—外语—外语与法律结合中，在适应国家、社会的变化发展中改造、发展、创新自己。他教书—翻译—倡议同步翻译—科研—著书立说，学无止境，执著创新，生命不息，永葆青春。

2013 年 8 月 12 日的上海纽约大学开学典礼上，我国首个中美合办大学上海纽约大学的美方校长杰弗里·雷蒙，（他曾任密歇根大学法学院院长，康奈尔大学第 11 任校长，以及北京大学国际法学院创始院长），专门谈到他第一次来上海是 1998 年，当时他还在美国密歇根大学当院长，那是他的首次中国之行。根据杰弗里·雷蒙的回忆，当时美国政府邀请了四位美国大学法学院院长来中国和法学学者进行交流，华东政法大学陈忠诚教授特意邀请几位上海法学泰斗与他会面，那一天是 6 月 14 日。十多年后，雷蒙任中美合办上海纽约大学的美方校长，他回忆起当时的场景还略显激动。他说，那是一次激动人心的会面。杰弗里·雷蒙盛赞陈和他的同行朋友"睿智犀利，见解独到深刻。在他们的身上,我看到了严谨的治学风格,和幽默风趣的性格。""和他们会面的场景让我的情绪久久难以平复,会面坚定了我以后一定要致力于两国教育文化交流的决心。"

四、 正直做人，爱憎分明，不懈努力，终成共产党人

他一生经历过军阀混战、帝国主义侵略、新中国建立、改革开放、社会变革……一直勤奋努力,追求上进。解放后的变化、发展,亲身经历复杂斗争的体验,他从内心深处感受到共产党伟大正确,相信共产党,一心一意申请要求加入共产党,用自己的行动,认认真真教书,堂堂正正做人,争做一个符合条件的共产党人。在改革开放前的历史条件下,左的影响,唯成分论,加上他为人倔强、发现问题就提意见、敢于公开批评等得罪人,于是群众关系不好、清高自大等等问题一直影响他入党。他的申请一直没有被所在的共产党组织接受。但是,他一如既往,继续努力,信念坚定,毫不动摇。在长达二三十年的时间里,他的进步表现、学识影响,多个民主党派也都与他联系,要吸收他,他深表感谢,但表示自己的选择是参加中国共产党。直到改革开放的 1987 年,时年 65 岁才正式被吸收入党,正式批准成为一位共产党员。1992 年 70 岁退休。

我记忆中不少事可以让我们感受这位奋斗几十年,要求成为一名共产党人的老教授风采。

他关心国家、关心社会。抗美援朝他捐献飞机大炮,倾己所能;捐助救灾,他积极大方,名列在前,绝不落后;我与陈先生相处半个多世纪,他接受任务,或学术活动求助于他作翻译、口译等,尽管他很忙也没碰到他推脱;在大学讲坛也抵挡不住金钱的诱惑的情况下,他也从不讲钱和报酬;领导给的任务自不再说,再难也会完成,有关部门、同行的求助也一律平等,尽心尽力。

有一件事值得一说,有次涉及商业性活动,面对外国老板,他就与常人碰到老外往往退让一些不同,而是特别较真,一定要先谈判、约定,按水平、按质量和工作难易论价,十分计较钱,而且要价颇高。这与我接触的陈先生不一样,我不理解曾提出疑问。他对我说,商人尤其是外国商人,他们是用"钱"来评判水平和价值的,许多外国人看不起中国人,认为中国人不行,同样的水平也要压下你一层。所以,这涉及人格、国格,不能让他们看不起。

高水平、高职称的中国教授、律师，就应该是高价，在美国、在国际上是什么标准，我一点也不能少，否则情愿不干，这不是钱，是志气。这让我亲身体会一种特殊的价值观，颇受教育。

80年代初，我重点研究青少年犯罪问题与少年权益保护。这是我国社会当时面临的一个严峻的社会问题，是人人关注的热点，党和国家都很重视。但我国这方面研究，基础薄弱，处于起步时期，条件差、困难重重。当时国际社会早已接触和关注、研究这个问题，有很多成功的经验和研究成果，可是，我们根本没有这方面资料。我们虽然做了大量现实情况调查研究，成果得到国家和社会认可，而进一步提高深化，迫切需要学习借鉴国外的经验和理论。当时，上海的条件非常好，国际交往频繁，资料的渠道也比较多，陈先生看到了我们的困难，他肯定我们研究的这个课题对社会、对青少年健康成长的影响，积极主动帮助我们，成为我们与西方学者、实际工作者交流的依靠、求救的靠山。英文资料把关、接待外宾、开会的翻译，帮我急需要的文件翻译、中文报告、资料翻译成英文等等，他都以前辈对我们后生扶持、奉献、相助。特别是在我校经司法部成立青少年犯罪研究所、创办《青少年犯罪问题》杂志后，他当时还在职，社会上邀请他、求他的人单位部门也很多，但他一直关心、支持我们的工作和研究，把他平时接触国外书报中有关内容翻译、介绍给我们，直接发表在杂志上让读者共享的就有十几篇，有经验、新动向、新观点、情况、统计数据等，而且面很广，涉及英、美、苏联（尚未解体）、日本、印度、巴西等国，很受欢迎，很多我知情同行都感谢他的一份贡献和付出。

一个人做一两件好事不难。而能够一辈子追求进步，跟上时代前进的步伐，永不满足，为国家、为社会、为教育事业默默奉献自己的人，就是一位值得我们永远怀念、尊敬的大写的人。陈先生对我而言更是一位对我有影响、让我怀念，让我铭记、感恩的恩师。我们会牢牢记住他并传承他的精神。

仰见突兀撑青空

——忆老会长黎群同志几件事 *

德高望重的革命老前辈、中国青少年犯罪研究会创始人、尊敬的老师黎群同志经过与癌症的顽强斗争,走完了令人尊敬的光辉一生,给我们留下许多难忘的回忆和宝贵的精神财富。今追忆几件往事,以寄托我们的怀念与哀思。

1980年年届花甲的黎群同志受命组建中国社科院青少年研究所并任所长。就我所知,从建所到1985年被撤销,在5年所长任内,黎群同志急群众之所急,想党和国家之所想,抓了好几件事关社稷安危的研究大事,青少年犯罪研究就是其中的一件。我就是在这时认识黎群同志,并成为我尊敬的领导、长者、导师。

1980年初,我参加了在北京召开的《全国青少年保护法座谈会》和在杭州召开的《全国青少年研究座谈会》,结识了一批志同道合、有社会责任感与事业心、热心青少年犯罪研究的人士,而把我们团结在一起、组织起来进行攻关研究的主要组织领导者就是黎群同志。当时他是中国社会科学院青少年研究所所长,初始接触起我就强烈感受到他具有一种常人所没有的社会责任感,气魄和对现实问题观察的尖锐性。众所周知,1980年前后,正是拨乱反正激烈斗争和改革开放起步时期,"文化大革命"造成的问题成堆,黎群同志认准青少年犯罪是一个事关国家稳定、经济发展、社会未来的大问题,果断采取一系列极具影响的重大措施:他制定了全国青少年犯罪研究规划,组织起一支统一协调的队伍;出版120多万字的四卷一套的《青少年犯青少年法》论文资料;倡导建立以上海、西南、西北四个政法学院为基地的青少年犯罪研究中心基地;经过中共中央宣传部批准,创建中国青少年犯罪研究会;组织全国或大区青少年犯罪问题学术研讨会;把撰写出版《中国青少年犯罪学》纳入国家"六五"哲学社会科学重点科研项目规划等等,这些令人瞩

* 原载《青少年犯罪问题》2003年第3期。

目、极具影响的成果，都是这几年中在学科几乎空白的情况下取得的。黎群同志无愧是我国青少年犯罪研究的创始人、领导和旗帜。

中国社会科学院青少年研究所撤销后，青少年犯罪研究碰到许多困难，领导中心基地没有了，经费困难了，研究队伍受到严重冲击，青少年犯罪研究工作跌入困难、低潮时期。黎群同志以一个坚强的共产主义战士身份，自愿担任"终身所长"，他奔走呼吁，足迹遍及祖国东南西北、长城内外、高原海岛，以其高尚品德和广博学识感召和推动青少年犯罪的理论研究与实践发展，一如既往领导中国青少年犯罪研究会。确实是困境之中显出了大丈夫英雄本色，成为真正没有围墙的而且是全国最大的研究所、学术交流中心、人才基地的大家公认的拥戴的"所长"，成为我们的支柱和依靠。韩愈的著名诗句"须臾静扫众峰出，仰见突兀撑青空"是对黎群同志非常恰当的写照。

我们永远不会忘记，近年来年过八旬的张老因其德高望重被推选为名誉会长，仍心系研究会，长途跋涉，南下海南，西上昆明，继续为研究会指导方向，排解最困难的一些问题，规划新世纪的研究会工作。他筹划人民大会堂的研究会 20 周年大庆和学术研讨，亲自主持研究《新编中国青少年犯罪学》的编撰工作等，事事件件，历历在目。尤其是在他治病的最后岁月，我二次探望黎群同志，病中的他住在北京医院，身体十分虚弱，但依旧胸怀事业，意志如钢，思路清晰，开朗慈祥，时时都关心着《新编中国青少年犯罪学》的进度与情况，他反复对我讲这本书的意义、价值、写作要求，亲切了解人员、经费情况与写作出版中的困难，再三嘱咐要有质量、要有新水平，一再提醒要全面反映我国青少年犯罪研究的最新成果与总结实践的最新发展，还具体交代序言中要表述的一些思想。我身受重托，深感责任重大，一定要与大家一起实现黎群同志的嘱咐，把《新编中国青少年犯罪学》写好。

黎群同志长期从事青年工作，是青年人的知心人，他理解青年、教育青年、支持青年、呵护青年，他传帮带、培育了几代人。记得上世纪 70 年代末，经过"文化大革命"破坏的我国社会，青少年犯罪成为当时一个非常瞩目的社会问题。我带着一点粗浅的认识关注并研究这个事关社会安全、国家稳定的社会问题，虽然有一份事业心和责任感，搞一些调查研究，也符合时代的要求和国家的利益，但个人力量有限，学识、信心也不足。黎群同志好像是站在高山上振臂一呼，树起了一面鲜明的旗帜，给了我们方向、鼓舞和力量，大家振奋积极响应。"晴空一鹤排云上，便引诗情到碧霄。"他带着我们干,教着我们干,支持着我们干,我们每一个小小的进步或成果,都会得到他热情的肯定和鼓励,我多次亲身感受到他的慈祥、关切、激励。他多次形象地对来自各地各方面的有志之士说,"八仙过海,各显神通""八百诸侯,占山为王",鼓励中青年的研究人员、实际工作中的专家,要敢于探索创新,勇挑重担,做学术带头人。我们应该铭记这些教诲,去实践他的理想。

黎群同志为研究会的创立、发展,为学科的进步和创新,作出了无人可代替的贡献,他的为人、治学是我们的楷模。他的逝世是我国学术理论界和有关实践工作的一大损失。我们失去了一位杰出的领导、革命的老前辈、学术的指引人。我们永远怀念他、纪念他,对革命的贡献,对科学事业作出的贡献,并沿着他已经开拓的道路,与时俱进,开拓创新,为人民、为国家作出新的成绩与贡献。

专题十四:难忘的回忆

我在抗日战争时期的一段回忆[*]

抗日战争对我们这一代人有挥之不去的记忆,因为这场战争给我们带来了太多的苦难、折磨和伤害。我当时还小,虽没有直接参加反对日本帝国主义的战斗,却亲身经历了抗日战争的全过程,有许许多多亲眼看见的难忘事件和痛苦遭遇。

1934年,我出生于山东烟台。父亲在那里当学徒、学生意,从我记事起,就是被日本帝国主义的侵略战火,逼我们一家经历流离逃亡之路。父亲先把年迈的祖母和我姐姐安排在宁波乡下老家躲避,然后带着我母亲和我、弟弟,从烟台到上海,再逆江而上逃难到武汉,又沿江最后到举目无亲的重庆。

在重庆最多的心惊胆战记忆就是日本飞机的大轰炸。我那时已经是小学生,战争让我很早就懂事了,什么地方被炸了,什么人被炸死的事,常听大人们说。为了躲避日本飞机的轰炸,我家先后搬了四次家,从市区到市郊最后到南岸的山窊杨家山。现在还清楚记得,每次轰炸都是从恐怖、刺耳警报声音开始,看到山上升起二个红球就是紧急警报,父亲早就把预先准备好装有衣服、最重要的用品、最值钱的东西的大小四个长筒形蓝布袋分给我们。爸爸是前后两个大袋挎肩上手上还要提个包,母亲手拎个包牵着我弟弟,我10岁不到也要肩膀上前后挎两个小袋跟着爸走,由于人小,两个袋快碰到脚后跟,一家人就是这样惊慌往就近的山里洞逃。日本飞机从头上飞过,呼啸、轰鸣、投炸弹,机关枪,一出去就不知道什么时候能回来,能不能回来。有一次半夜里,我与弟弟迷迷糊糊被叫起来,跌跌撞撞,跟着父母还未逃进山里,日本飞机三架一批已经飞来了。爸爸叫我们赶快伏趴在地上,不要动不要响,因为,飞机投照明弹照得白天一样,如被敌机发现就会转回来用机关枪扫射死,我们惊吓得要死,这种日子长达数年。

---

* 撰写于 2015 年 6 月。

1942年,我家还是没有逃脱敌机的轰炸,父亲与朋友在海棠溪开的江南饭店被炸毁;还有一颗炸弹投在我家住房左前方路边,离我家只有几公尺,幸亏没有爆炸,只炸了个大坑,门窗都震坏,我们逃在山里,幸免劫难。

现存的我父亲在耄耋之年陆续写的《我的小传》中回忆记录此事:"1942年初冬之间,江南饭店被敌机炸毁,还要轰炸南岸各处,敌机轰炸时间达100小时之久,紧急警报不解除也是100小时之久。"

日本侵略者给我们带来的灾难和痛苦难以言表,我一个逃到大后方重庆的小学生,也经历并见证了日本飞机狂轰乱炸造成的破坏和人员伤亡的罪行。

八年抗战,中国人民取得了反抗日本侵略战争的胜利。1945年,我在重庆南岸的杨家山山岙的小街上迎来了抗战胜利的一刻。那天,我家门口是一条沿山上坡的小街,日本宣布无条件投降,首先是从街上狂叫的"号外""号外""日本无条件投降"的号外声中传来的。瞬间,男女老少,鞭炮轰鸣,此起彼伏,奔走相告,欢呼狂舞,浸透在长久的胜利中。我们深受过日本侵略的苦,特别感受到抗战胜利的喜庆和狂欢,在我童年时期铭刻下至今无法忘怀的记忆。我父亲的《我的小传》是这样记述的:"1945年8月6日,买号外之声震动山城,美国原子弹落广岛,9日号外之声又纷纷传来第二颗原子弹落长崎。15日中午日本天皇向全国广播接受波茨坦公告,日本接受实行无条件投降,于9月2日上午九时许,在停于东京湾的美舰密苏里号上,正式举行了日本投降,正式签字仪式。人心大快,一片狂呼之声,喜气洋洋准备回乡。"

时间已经过去70年,我这个当年的未成年孩童,今天已成为耄耋老人,但是历史不能忘记,忘记就是背叛。全世界人民不能忘记,中国人民不能忘记,日本人民也不能忘记。今年是世界反法西斯战争胜利70周年,也是中国人民抗日战争胜利70周年。铭记历史、珍惜和平、共同坚守,开创未来。绝不能让军国主义复活,绝不能让历史悲剧重演,让世界更加美好,人民更加幸福,这就是我们今天纪念的意义和目的。

大兴安岭暖如春

——古稀之年忆呼玛[*]

阳春三月,在改革开放大变样的上海,我们几位当年的上海插队干部与知青见到了阔别近 30 年、来自呼玛的干部(指刘学臣、徐作田所长),激动的心情与相互的问候、思念、回忆使满桌佳肴均失色而不知其味,欢快、毫不拘束的夜谈,把我们带回到那个难忘的特殊年代,浮现多少难忘的友情、往事。

1969 年 10 月 3 日,我们上海插队干部乘专列火车离开上海,日夜兼程,途经哈尔滨、齐齐哈尔和当时从未听过地图上也查不到的塔河,到达目的地——呼玛县兴华公社,前后六年与呼玛干部、群众结下不解之缘。三十多年虽过去,亲身经历,仍历历在目,这是难忘的六年,影响我半世人生的六年。

一、 严寒中的融融暖流

到呼玛的第一感受就是自然气候的冷。上海的十月初还处在夏秋之交,10 月 3 日,我们告别上海的这天,艳阳高照,穿一件单衣背个包、上火车还满头大汗,随着火车的启动就不断添加衣服,经过四天三夜即将进入呼玛的前夜,已经是漫天白雪、地冻三尺。到了塔河这一夜,棉衣外加皮大衣,还是冻得睡不着觉。但是对于被"流放"的我来说,内心受到的冷的煎熬远比塔河的冷更难承受。事情发生在这年 4 月 12 日,一张在那个时代具有很大盲目性的表示忠于毛主席革命路线、坚决打倒叛徒、特务、走资派的特殊标语,一夜之间招来大祸,我成为"炮打张春桥"的现行反革命,铺天盖地的大字报与各种会议的声讨、批判,我成为众矢之的、上海难容之人。经过反复的调查、批判和检讨,8 月下旬,"四人帮"在上海的心腹利用干部群众对党和毛主席的信赖和忠诚,设计了一个"到边疆建设共产主义"的大骗局、大迫害,通过"报名批准",用最美好的语言,把二千五百多名由于各种原因为"四

* 撰写于 2004 年 5 月。

人帮"难容的干部,一个月内"热烈欢送"到北大荒,去拿工分养活自己(后因各方面反对,甚至于上告到周总理,才被迫未付诸实施)。名单一公布就通知 9 月 30 日动身去黑龙江,国庆节不准在上海过,引起大家抗议,最后只好同意大家延迟到 10 月 3 日动身。犯"错误"被流放到北大荒,将面临怎样的境地?我等待……

汽车终于把我们送到了兴华公社,我的第一感受就是呼玛干部与群众的理解与亲情。与"四人帮"冷酷、呼玛的严寒相反,我们在呼玛感受到当地干部、群众给予的温暖、尊重与关心,这是从第一天到达开始的。我们到达的那天已是傍晚时分,人下班,天已黑,气候很冷,想不到的是公社书记孟湘永带着干部等待着我们,公社简陋的平房中几只电灯在大地一片黑暗中特别显亮,会议室里用大油桶改装的火炉烧得十分暖和,公社食堂炊事员老潘大爷早有准备,狍子肉、犴肉、粉皮、白菜,不少第一次尝到的土特产,相当丰盛,硬座五天四夜的旅途疲劳、严寒,一下被热情包围融化了,这时我突然产生从一个家到了一个新家的感觉。

另一件事是春节年夜饭。1970 年 2 月 6 日是我国传统一年一度的最隆重的节日——春节,忘不了我们在呼玛的第一个春节。2 月 5 日晚俗称大年夜,按习俗这一天家家户户是全家团聚热热闹闹地吃一顿丰盛的年夜饭,我们按北方习俗在生产队领导关心下与知青在食堂包饺子,也颇热闹,但条件是非常有限的。回到宿舍,这是一间乡村医生的鸡棚(实际上原来是一间放杂物的简陋小屋,终极医生作养鸡专用),把鸡移走,临时改建、整理一下,砌一个火坑,成为我们四个插队干部住所。每逢佳节倍思亲,在这个特殊的日子有点孤夜难眠,我们四个人兴致勃勃地在"鸡棚"里摆起了年夜饭,酒在当地很容易得到,我们也都不会喝,菜就难了,大家拼凑出当时珍藏的菜:咸肉、肉松、萝卜干、大头菜、加上当地的大白菜。想不到队长王学山记挂着我们,特别是我们中有一位年过 50 岁的老同志。他一个人摸黑来看我们,一看我们的年夜饭,回头就走了,约 20 分钟后他回来从怀里拿出 6 个鸡蛋送给我们,他说:你们从上海到这里过这样一个年太艰苦了。我们十分感动,因为我们知道他家很贫穷,家中人都严重营养不良,鸡蛋在冬天的呼玛,其珍贵超过山珍海味。在难以推却的盛情下,我们来到冰天雪地的呼玛四个多月第一次吃到炒鸡蛋,成为难忘的年夜饭的难忘的记忆,深刻感受到当地老乡的朴实与对我们插队干部的关切与兄弟友情。

还要记述一段我生病的事,一个人远离亲人生病是很难过的,从哈尔滨医科大学毕业下放到兴华卫生院的穆大夫听说上海插队干部有人生病,就专程到宿舍来替我诊治给药,这种关怀带来的温暖和引发的感激之情是一般人无法体会到的。呼玛的生活很苦,除主食馒头,间或高粱、玉米面外,副食基本没有,最困难的时候,油、酱油都供不上,顿顿一碗盐水煮土豆,我们都不大适应,生病发烧二三天的我,更吃不下什么东西了。其他插队干部想熬点粥给我吃,但是大米是严格计划配给的,粮站刘站长知道后特批三斤大米让我们烧粥,我加糖竟吃了二碗,人很快就精神了。后来他们知道上海干部吃一次大米饭像过节一样,经过上级批准照顾上海干部南方人习惯每月配三斤大米解馋。

往事多多,件件难忘,仅此三事,也就足以反映呼玛干部群众的性格与品德,呼玛干部群众给予我们的无私关照,呼玛干部群众与我们血肉相连的友谊。

二、 满腔热忱奋斗边疆

下面记述几件与当地干部群众、插队知青一起,凭着对毛主席的忠诚与信念,并肩战斗的难忘之事。

我们到兴华公社就听说当地有两种可怕的地方病——克山病与大骨节病。克山病是一种原因不明的心肌坏死,慢性的使不少人失去劳动力,急性发作随时都可能导致死亡;大骨节病则使小孩长不高、发育不良、骨节粗大疼痛不已,不仅会丧失或部分丧失劳动力,而且也使这些人从小就缺乏童年的健康与欢乐。克山病与大骨节病严重损害兴华人民的身心健康,也严重制约当地经济发展。我们在这里难得看到几个身强力壮的当地年轻人,外地来的人也都不安心,克山病与大骨节病是压在兴华人的头上的一座大山,因此防治克山病与大骨节病当然成为当地政府经常讨论的问题,也是我们上海插队干部与知青十分关注的问题。1972 年,时任公社党委书记的李秋季怀着强烈改变兴华面貌的决心,调查研究这种地方病,当从资料中得知可能与水质中亚硝酸盐含量有关时,就研究决定要我承担对全公社范围内的井水进行测定的工作。这是一项关系到全公社切身利益的挑战性任务,我当然愿为之奋斗。接受任务后我得到不少有关资料,包括克山县有关资料。在学习有关资料的基础上,利用回沪休假,每天到地处上海淮海路常熟路口的上海市防疫站向有关人员求教,学习水质测定的知识、技术,这些方面都得到有关方面的很大帮助和支持,最困难的是采购水质测定的试剂、必要的简单设备等。由于当时的交通、物资条件,黑龙江买不到这些试剂、设备,这些物品在上海也很缺乏,购置十分难,有时为购一种试剂由于规格、纯度要求,不仅要有介绍信,还要托人、跑好几个地方、费很多口舌,特别是其中大部分是玻璃瓶装试剂和玻璃仪器,只能随身运回兴华,不能托运,换车搬运真是既担心又劳累。回兴华后,卫生院腾出一间房作实验室,在各个队配合下,我从日胜利、宋家店、新民、三合屯、东山、兴华、新立前后屯,一个一个水井取样分析测定,还对呼玛河水取样测定,最后结果是除三合屯一口水井的水样亚硝酸盐含量未超过有害标准外,其他水井的水只有新立有一口井亚硝酸盐含量超得不多,其余的井水水样均几倍、十几倍超过标准,而呼玛河水取样测定水质最好。此外,我们认为营养也是一个重要的因素。为此,党委曾决定各队到呼玛河拉水喝,还研究从呼玛河引水工程,以及增加收入、提高人民生活水平等等。我们当时多么希望改变兴华的面貌啊!但由于当时财力、人力、物力的困难,改变现状的愿望并没有实现。这次从刘学臣同志处得知,改革开放以来,经济、卫生、物质条件的综合变化,兴华地区这两种可怕的地方病——克山病与大骨节病已经消除了,这真是创造了我们当时无法想象的奇迹,为造福兴华地区的子孙后代做了一件永志不忘的好事。遗憾的是秋季同志过早地被癌症夺去了生命,如果他地下有知,现在兴华实现了他生前遗愿,他也当含笑九泉了。

　　还有一件难忘的危险事,知青在老乡的指导下,成长为生产上的一支生力军,他们打扇刀、修筑公路、赶爬犁、倒大木、开拖拉机,吃苦耐劳,奋斗在生产的第一线,有一次我与一位女知青小奚伐木,是合作对拉的一对锯手,与往常一样都很正常,但是在锯一棵枝干分布比较均匀的大树时,我们对树的倒向和开锯面做了仔细判断后开锯,当我们几乎把树快锯通了,树就是不按我们的预料倒下,我们知道这是极度危险的时刻,随时都有生命的危险,一面相互提醒鼓励,一面全神贯注,但是危险还是在树突然倒下的一刻发生了,小奚被压在树下,我惊叫救命,周围一起伐木的老乡、知青也都一股脑儿跑过来,我脑子一片空白不知怎么办,经验丰富的老乡一看只压住一只手,马上找木棒、木柄组织抢救,终于移动了大树把小奚救出用马爬犁送到最近的医院,我与知青们一起经受了一次生死的危险考验,每次回忆起这件事仍心惊肉跳，真有些后怕。那次事故的后果是出人意外的，小奚送到医院后，经诊断检查，由于地上干雪和枯叶层厚，被压的手腕朝上、树干受地上其他木棒支撑等，竟只有一些表皮伤，老乡说这是他们知道的奇迹，真是神仙保佑、难以想象的奇迹。

一次难得的见识与体验——打山火。在呼玛能直接体会到：森林着火就是命令。一发生山火，家家户户男男女女马上就能组成一支军队，做饼，上山，运送物资，许多人带上粮食，飞机投食品等等，无论前线后方、不分日日夜夜，人人完全视为自己的职责、义务，整个村庄生产队都能运作起来。在一次打山火行动中，我被指定为副指挥上山，指挥是派出所所长徐作田，他指导我这个第一次参加打火的副手带好狍子皮、鄂伦春刀（少数民族鄂伦春打猎时佩带的一种短刀）、火柴，还有干粮、水壶等，告诉我为什么要带这些东西，什么情况下怎样用等等。这次打火最直接体会到的是老乡们吃苦耐劳、无所畏惧、维护国家利益的精神。森林扑火是很危险的，而且老乡都告诉我很遭罪，那次火不是很严重，但是近百人上去根本见不到人，我被指定守在一个点上，实际上是比较安全的，但蚊蝇、小咬（一种咬人很厉害的小虫）、闷热、缺水的折磨是非亲身经历绝难想象的，老乡的水壶以酒代水真使我惊奇万分。实际上山火一烧起来，上山扑火是很难有实效的，主要办法是打一条隔离火道。我们这次运气好，下了一场大雨，把火灭了，除留下少数人监视余烟火场外，在山上三天就回来了。

三、 上海呼玛永相连

我在呼玛六年，我看到一个新世界，许多从未见过接触过的事物和现象，辽阔的黑土地，无边的大森林，大草甸子、性能奇特又漂亮又随地可见的桦树皮、狍子、飞龙，还有零下40多度的"冒烟"天气、在漠河的午夜没有任何灯火可以打扑克、呼玛河黑龙江的流冰排奇观、能使煤油冻结油灯自灭的严寒等等，我感受到伟大祖国的辽阔、可爱、自豪。

我与许多同去的干部一样，在边疆这几年直接接触农民群众的疾苦和农村生产力的落后低下的情况。"过硬的饼干，核桃酥的砖，新挂的马掌，到不了金山"，是当地群众摆脱当地科学技术落后、生产力低下的顺口溜，讽刺饼干硬得咬不动，砖瓦却酥软缺乏必要的强度，从呼玛到金山屯不过几十里地，在呼玛新钉的马掌，不到金山就坏了。我们从比较发达的上海到呼玛，更清楚看到这一点,特别感受到贫困的边疆农村提高文化、科学技术,发展经济的迫切需要。这在粉碎"四人帮"后,为我们这批插队干部体会中央一系列决策的英明正确,真诚拥护中央十一届三中全会以来的方针政策打下坚定不移的实践感受和认识基础。

几千名上海插队干部、十几万上海等地知青一下来到人口甚少、长期闭塞的边疆,人口聚集、文化差异冲突、物资匮缺等,给边疆带来诸多矛盾和极大变化,也出现具有许多社会变革特征的社会性问题,青少年学习教育、社会矛盾、社会治安与社会安全等等,对于我这样一个已从事多年社会问题和刑事法学研究的特定的人来说,许多事物和现象对我有特殊的冲击、影响和启示,如人口迁移、文化冲突、物质需求与精神生活矛盾等,我亲身经历并观察,积累了许多在一般情况下无法得到的知识和经验,与知青的共同生活与紧密交往,在兴华"笆篱子"(监狱)接触到三名被剃光头的过境少年犯的情况,引起我许多特殊的思考。我在粉碎"四人帮"后,重新回到刑事司法与社会治安的教学研究战线,特别是把重点放在犯罪与青少年犯罪问题研究上,是与这一段经历以及所给我的感受、启示与认识分不开的,我深深怀念这难忘的六年。

"四人帮"粉碎后,我从"五七"干校被调回到上海市科学技术委员会工作,1979年初,呼唤民主与法制的中国,出现了法学的春天,华东政法学院恢复。我又回到法学教育研究岗位上,从事刑事法与犯罪学科的教学、研究,特别关注我国青少年犯罪动向与治理研究,20世纪70年代末开始侧重青少年法律保护、少年司法制度等方面的研究,建立起我国第一个青少年犯罪专业研究所,创办迄今为止国内唯一国内外公开发行的青少年犯罪专业杂志——《青少年犯罪问题》,承担国家"六五""七五"哲学社会科学重点研究项目和上海"八五""九五"重点科研项目,出版有关著作十余部,国内外发表论文200余篇,有的还获得全国或上海市的奖。在大学本科教学基础上,率先在国内招收、培养"青少年犯罪与青少年法"专业方向硕士研究生,为国家培养这方面的高级专业人才与国内外进修教师。还曾先后赴英、美、日等国进行学术交流访问,组织并主持中外和全国或区域性学术讨论会。

我认为最有影响的还应该是与实际部门紧密合作对我国少年司法制度做了大量的开拓性研究与探索,首先是与上海长宁区人民法院合作试建我国第一个少年法庭,经最高人民法院肯定,推向全国法院,进而促进我国少年司法一条龙建设，当前我们还在研究与推进在我国建立少年法院。第二项重要开拓就是创议、制定中国第一部保护青少年的地方法规——《上海市青少年保护条例》，对各省市及全国的青少年立法产生重大影响。此外还讨论、参与起草全国其他一些有关法律法规，努力促进我国民主与法制建设的完善与进步。

我是华东政法学院教授，曾任青少年犯罪研究所所长、《青少年犯罪问题》杂志主编、青少年法律保护中心主任。1982年，经中共中央宣传部批准成立中国青少年犯罪研究学会，当选为常务理事兼副秘书长，后当选为副会长、执行会长、第二会长。1999年退休，今年已届古稀之年，是华东政法学院教授、校务委员会委员，《青少年犯罪问题》杂志顾问、退离休高级专家协会会长。兼任中国青少年犯罪研究学会第二会长、上海市犯罪学学会副会长、上海市警察学会副会长、上海市爱心基金会常务理事等。享受国务院政府特殊津贴。

呼玛地处边疆，发展经济是首要任务。随着经济的发展，法制环境、社会治安、青少年教育保护等也会出现一系列新问题，希望呼玛的发展能吸取其他地方经验，早预见、早预测、早学习、早准备，后来居上，健康快速全面发展。学无止境，探索创新，关注实际，服务社会是我一生的奋斗目标，我一生学习并坚信马克思主义，事物在发展，情况在变化，开拓创新是社会进步的需要、科学发展的需要，没有开拓创新就没有进步发展、就没有生命力。我希望我的工作对呼玛的进步发展也有一定作用，如果力所能及也愿继续有所奉献。

附　录

中国少年司法理论与实践的亲历者

——徐建先生访谈*

2014年10月30日—11月1日,英国牛津大学、曼彻斯特大学和中国华东政法大学联合组织的"社会治安综合治理理论创新暨有组织犯罪及其治理国际会议"在中国上海召开。本期主持人依约拜访了我国老一辈犯罪学家、华东政法大学功勋教授徐建先生。徐建先生虽然已是耄耋高龄,却鹤发童颜、精神矍铄、身形敏捷,令人敬仰。谈起犯罪学的研究和发展,徐建先生思路清晰、表达流畅,现特将此次采访实录展示如下:

一、 青少年犯罪研究孕育当代犯罪学　青少年保护立法引领综合治理学

主持人(以下简称"问"):徐老师好!我们想做一个系列的采访,请老一辈犯罪学专家主要谈谈自己的心路历程,形成中国犯罪学口述史。

您是我国改革开放后研究犯罪学的元勋,是很多犯罪学研究内容的倡导者和推动者。请用您的研究经历和心路历程谈谈我国的犯罪学及其研究特点。

徐　建(以下简称"徐"):我是"文化大革命"后的1979年初,从上海市科委奉调重新回到复校的华东政法学院(即现在的华东政法大学)任教的,主要从事刑法、犯罪对策教学研究,很快专心致志于犯罪和青少年犯罪的研究。我个人认为,中国大陆这个时期开始的犯罪或者青少年犯罪研究,有几个特点:

第一个特点,是断代后从实际出发的犯罪研究。我国在上世纪30年代有一批从西方学习引进犯罪学的先行者,包括与我在一起工作过的老前辈李剑华教授,尽管当时在国民党统治时期,战争不断,经济受到很大的破坏,但学术研究一度仍然比较活跃。这个时期不少国人把外国的一些新东西介

＊　皮艺军、翟范英采访所作,原载《河南警察学院学报》2015年第4期。

绍进来,但是时间很短,没怎么形成气候。此后,由于历史的原因,中国的犯罪学研究基本上就处于停止或者半停止状态。新中国成立以后,深受前苏联的影响,加上"极左"的错误,当时把犯罪学、社会学、心理学等,都戴上"伪科学"的帽子。"伪科学"谁会去学习研究? 谁还敢器重它! 所以,就都丢掉了,没有人去弄,也没有人敢弄。因此,我们的犯罪学研究,实际上是有一段很长的时期呈现断代的状况。

"文化大革命"后,青少年犯罪急剧上升,冲击社会安全稳定,影响经济恢复发展。从实际情况出发,中国大陆的犯罪研究,在一定意义上就是自青少年犯罪研究入手,从头开始、重新开始。更具体地说,"文化大革命"结束以后,改革开放了,思想解放了,"实践是检验真理的唯一标准",才有需要和可能从青少年犯罪入手,在上个世纪 70 年代末,开始以青少年犯罪问题为重点的犯罪学研究。

问:不好意思,徐老师,打断您一下。想请教您的是,当时为什么要从青少年犯罪研究开始,它怎么不从一般的犯罪学研究开始呢?

徐:这是由我国当时的社会现实决定的。"文化大革命"以后,我国社会碰到非常大的现实问题,就是青少年犯罪数量剧增,而且对社会的危害显得非常突出。我可以用这么一句话来描述,当时,青少年犯罪问题,成为街头巷尾人人议论的社会问题。国家机关、工厂企事业单位,政治学习一讨论,就是青少年犯罪问题怎么怎么样,这种情况在现在来讲是很难想象的。

现实问题引起了社会的震动,引起了党和国家的重视,我们的起点实际上就只能是从这里开始,当时,中国犯罪研究的路只能这样走,才较顺溜、走得通,因为重大现实需要摆在那里。1979 年中央的 58 号文件(即:1979 年 8 月 17 日《中共中央转发中央宣传部等八个单位〈关于提请全党重视解决青少年违法犯罪问题的报告〉的通知》。——编者注)就是明证,这一点皮艺军教授也是亲身经历和知道的。当时,团中央等 8 个部门(即:中共中央宣传部、教育部、文化部、公安部、国家劳动总局、全国总工会、共青团中央和全国妇联。——编者注),搞了一个社会调查,当时我们在上海也已经开始关注这个问题了,而 8 部门这个调查在全国是有决定性的权威影响的。这个调查报告认为,青少年犯罪问题已经影响到国家稳定和进一步发展,已成为一个非常严重的社会问题。所以,报告提出,要把青少年犯罪和青少年保护作为大事,提到党和国家的重要议事日程上来。中央转发这个文件,也就是正式肯定并要求把青少年犯罪问题提到党和国家以及各级党委政府的重要议事日程上来。这在中国党和政府的历史上是第一次,世界上其他国家似乎没有这样做过。这就是我国上个世纪 70 年代末 80 年代初,研究犯罪问题的一个特色。

这是从我们中国的国情出发,从实际出发,但是,青少年犯罪问题研究一旦开展、深入发展,它不可能局限在那么小的范围之内,必然就涉及整体犯罪学的问题。

当时,大家习惯用"青少年犯罪"概念,一开始就碰到这个基本概念与实际研究的矛盾,我们也不同场合、多种形式讨论"青少年犯罪"的概念,想在理论上和法律上科学准确一点。一种观点是,明确把它界定为 18 岁以下的未成年人犯罪;有人提出按照共青团员的年龄,上限定为 25 岁;还有同志认为,"文化大革命"乱了 10 年,年龄都"老化"了,共青团也"老化"了,有三十几岁的共青团员,不如就按实际情况,把"青少年"的年龄上限法定为 35 岁。如果按照最后一种说法界定的话,世界各国的特点都差不多,主要的犯罪年龄在 16、17 岁开始到 35 岁为止,这个年龄段犯罪率最高,相当于用青少年犯罪把犯罪人基本上都包括进去了。35 岁以后年龄段的人犯罪率就开始大大下降了,到 45 岁以后更是大幅度地下降,这是一般的犯罪的年龄规律。所以,青少年犯罪研究基本上把整个犯罪问题都含在里面了。当然,从理论上来说,当时没有科学地解决问题的基础,讨论一直继续着。

现实中,从青少年犯罪问题开始的研究,确实涉及犯罪的各个领域,是不可能局限在未成年人或青少年范围内的。例如,我们当时从社会层面对青少年犯罪研究开始,研究突出的团伙犯罪问题,在贵州省会贵阳等地还专门召开了全国青少年犯罪团伙专题学术研讨会。研讨中就谈到什么是团伙、团伙的界定,涉及团伙形成的原因,中国犯罪团伙的特点、中国团伙犯罪的一些分类规律等等,它就不仅是一个未成年犯罪问题,也不是一个小年龄阶段的综合问题,而是一个以"青少年犯罪"或者以"未成年犯罪"为名、为重点的犯罪整体问题研究。

链接:1984 年全国青少年犯罪团伙专题学术研讨会

4 月 22 日,中国青少年犯罪研究学会在贵州省贵阳市召开全国青少年犯罪团伙专题学术讨论会,这是继 1982 年 6 月广西南宁会议之后又一次重要的学术会议。到会的有中国法学会、公安部、最高人民检察院、最高人民法院、司法部、中国社会科学院青少年研究所、华东政法学院、西南政法学院、中国政法大学、中国人民大学，以及北京、天津、上海、广州、武汉等 13 个省市的专家学者和实践部门工作者 50 余人，收到论文和调查报告近 40 篇。

关于会议召开的背景。陈丕显（时任中央政法委书记）同志在中国法学会第一届理事会第二次会议上关于严厉打击刑事犯罪活动的讲话。

关于研究青少年犯罪团伙的现实意义。当时，在我国的刑法理论和刑法规定中，没有犯罪团伙的概念。因此，在这次会议中，经过争论，取得了较为一致的看法，即犯罪团伙这一概念的出现不是偶然的，它是我国社会现象中的一种现实的反映，认真研究这一现象具有重要的现实意义：一是通过对青少年犯罪团伙的发生、发展的研究，使人们进一步认清，青少年犯罪团伙的大量出现是特定历史条件下的产物，有它的必然性；二是通过对青少年犯罪团伙的发生、发展规律的研究，使人们进一步认清预防青少年犯罪团伙的重要性，从整个社会预防上寻找措施和途径；三是通过对青少年犯罪团伙的趋势性研究，可以及时了解其动向，找出有针对性的对策，有助于我们对未来犯罪的预防和控制；四是通过对青少年犯罪团伙的特点和规律之研究，可以不断地丰富符合我国自己国情的犯罪学、犯罪心理学和刑法学等法学学科的理论体系。

关于对青少年犯罪团伙概念的争论。一是对中央［1983］31 号文件指出的"流氓团伙"的理解。二是对犯罪团伙的几种不同观点。第一种观点认为，青少年犯罪团伙是一般共同犯罪；第二种观点认为，青少年犯罪团伙就是犯罪集团；第三种观点认为，犯罪团伙是新形势下出现的一种特殊的有组织的共同犯罪形式；第四种观点认为，"犯罪团伙"不是独立的一种共同犯罪形式，也不是一类罪的罪名，而是分属于犯罪集团、聚众犯罪和一般共同犯罪；第五种观点认为，犯罪团伙这一概念是与青少年犯罪相联系的，更能体现当时青少年结伙共同犯罪的特点；第六种观点认为，犯罪团伙这一概念不是很科学，应停止使用，但是，团伙犯罪可以使用。

关于对青少年犯罪团伙的惩处。主要涉及三大问题：一是对犯罪集团的认定；二是对流氓犯罪集团的认定；三是对青少年犯罪集团的惩处原则。

关于两个值得注意的问题。一个是劳改劳教场所中的犯罪团伙问题，另一个是干部子女的犯罪团伙问题。

当时，我在华东地区还组织召开过一次"大要案犯罪研讨会"，会议就没有"青少年"的限制。那个时候,社会上发生一些大要案,一经媒体公开出来,震动全国,在美国、欧洲都会从媒体上立即有反应,影响很大。那个时候的新闻传播媒体还是传统的,不像现在新媒体一个案子出来,马上全世界都知道了。尽管当时新闻传播媒体还没有这么厉害,但影响很坏。我们非常关注,就组织华东地区学者在山东专门召开了一个大要案犯罪讨论会。这个大要案研讨会,当时连"青少年"这个字都没加,就是研究不局限青少年的犯罪问题。

我这里还要插讲一下"中国青少年犯罪研究学会"的历史。这个学会成立比较早,是 1982 年成立的,当时是全国唯一的,而且是全国一级学会。当时的历史背景:1979 年中央发布 58 号文件,1980 年中国首次参加联合国预防犯罪大会,那次会议全名是"第六届联合国预防犯罪和罪犯待遇大会"。这个联合国专门组织,是第二次世界大战后,建立的一个国际范围内研究犯罪问题的组织。我国在上世纪 80 年代参加,华东政法学院武汉教授当选为该组织委员,这是中国参加联合国预防犯罪和罪犯大会第一个中国委员。

武汉是华东政法大学的功勋教授,毕业于圣约翰大学,是一位革命老同志,大学时代参加地下党,后来就到延安去了。他曾经追随陈毅同志在有美国代表参加的国共谈判时作过翻译,以后跟着陈毅解放上海,在上海市公安局工作,因为"潘汉年、杨帆冤案"牵连进去,成了反革命,在白茅岭劳改农场待了 10 多年。"四人帮"粉碎以后,平反出来调至华东政法学院(现在的华东政法大学),与我一起在当时的犯罪对策教研室负责。后来,经我国司法部推荐,联合国选举,武汉成为中国第一位参加联合国犯罪预防和罪犯待遇大会的中国委员。

1980 年,团中央召开"青少年保护法座谈会",促进了以张黎群为首的中国社会科学院青少年研究所召开了一个"全国青少年犯罪研究规划会议",筹备成立全国青少年犯罪研究会。1982 年,经过中共中央宣传部批准正式成立。这是中华人民共和国建国以后,也可以说是整个中国历史上第一个全国性的研究犯罪问题的学术团体。

我讲这一点是要强调一个历史事实,如果要研究中国大陆的犯罪学的历史,这是一个历史性标志性的开始。

当然,历史性标志性的事物不止一个,前面提到的标志性的历史文件,是 1979 年中央 58 号文件。没有那个文件,许多人是会有顾虑、不敢弄的。

由于"文件"把青少年犯罪研究提到了党和国家的重要议事日程上来,直接支持、鼓舞了那些原来关心学术研究的学者,他们开始热起来、积极投入了,这是一个标志性的。

我认为,标志性很重要,我们研究犯罪学史或者研究中国的犯罪发展,我觉得要特别关注标志性的事件,什么叫标志性的?我个人的标准:第一,至少在我们中国来讲,是带头的,是从这里开始牵头搞起来的,这是标志性的。第二,标志性是有创造性,开拓性的。第三,影响大,全局性影响。它不是一个小小的事情,它是一下子就影响整个全国的研究。青少年犯罪研究会酝酿成立,马上就考虑全国的犯罪研究规划,然后就组织全国构建了"一所四院(校)"的支撑体系。"一所"即中国社会科学院青少年研究所,"四院(校)"就是北京的北京政法学院(现在的中国政法大学),上海的华东政法学院(现在的华东政法大学),西南政法学院(现在的西南政法大学)、西北政法学院(现在的西北政法大学),这四个大学开始组建青少年犯罪研究组,后来发展成为"研究室"或"研究所"。北京政法学院和华东政法学院的青少年犯罪研究室是全国最早的。华东政法学院后来经司法部批准正式建立全国第一个"青少年犯罪研究所",下有办公室、研究室、杂志编辑部、资料室。

问:中国政法大学的原来叫"青少年犯罪教研室",后来叫法社会学与青少年犯罪研究所。

徐:我们一直就是青少年犯罪研究所,后来是两个牌子,华东政法大学青少年犯罪研究所,华东政法大学青少年法律保护中心。"一所四院(校)"外,后来华东政法学院又在全国首先成立了一个犯罪学系,在相当长时间内是全国唯一一个。犯罪学系有本科专业就是犯罪学,但是这个系成立的时间不长。为什么不长呢?在我国学科体系当中,犯罪学属于法学下面的一个小的学科。20世纪80年代末期,国务院、教育部修改学科的名录,把犯罪学名称去掉了。这样,华东政法学院犯罪学系就搞不下去了,改名为"刑事司法系",犯罪学课程以及犯罪学、青少年犯罪研究持续至今。刑事司法学系后来改为刑事司法学院。(华东政法大学刑事司法学院是华东政法大学的传统院系,是华东地区高校中历史最悠久的公安类本科专业办学单位之一,前身是1985年创建的新中国第一个犯罪学系,1992年改建为刑事司法系,2003年更名为刑事司法学院。——编者注)现在这个刑事司法名称好像很普遍。

问:我们国家的刑事司法和美国的刑事司法不是一回事,美国教犯罪学的就是"刑事司法学院"。但是它不像我们的法学院那样来教法律,它是用犯罪学来指导刑事司法,这个是很科学的吧。

徐:对。从历史上来讲,刑法学从某种程度上,应该是在犯罪学的范畴里。现代犯罪学和刑法学的发展,最早始于18世纪的意大利学者贝卡利亚,他是西方古典犯罪学的老祖宗。贝卡利亚在18世纪60年代出了一本《论犯罪与刑罚》,这本书后来就成为犯罪学的"原典",也是刑法学的"原典"。以后呢,就慢慢分化了,刑法学发展起来,犯罪学也发展成为很大的体系。包括后来的犯罪学家龙勃罗梭、菲利、加罗法洛等等许多著名人物,发展形成包括心理学派在内的各种各样的犯罪学学派。

按我的认识,犯罪与刑法总有先后,没有犯罪现象的存在,刑法无从谈起。按道理来讲,科学越分越细,犯罪学、刑法学都发展起来了,本来就密不可分。但是中国的情况,刑法学在我们国内是法学的一个大学科,是相当权威受重视的,刑法学家相应也备受关注,很有地位。为什么? 因为中国的历史传统是重刑轻民,中国的历史上是以刑法为主,民法在中国历史上不是很发达。在国外呢,商品经济发达,民法体系是很早形成的,它在古罗马就很受重视,中国传统重刑轻民,民法是被轻视的。

中华人民共和国成立,相对说也是刑法受重视,刑法发展得很快。新中国成立以后,搞刑法指导原则,再后来搞1979年《刑法》,1997年《刑法》,一直到现在的《刑法》修改案已经第九个了。按重刑轻民的逻辑,犯罪学也应该受到重视,但事实上中国的犯罪学一直不大受重视,这可能另有原因,与重实用轻理论有关,我想这方面还有要向国外学习的东西。

说到这里,回过头来。为什么我国犯罪学从青少年犯罪开始? 老实说,在大部分国家学科发展比较自然,理论一直受到重视,犯罪学在犯罪与青少年犯罪交织研究中发展,青少年犯罪在犯罪学中一直受到极大关注,这是自然形成的。我国就实用主义了一点,青少年犯罪问题一下弄得社会不安,所以,中国犯罪学研究就是从实际出发,必然以青少年犯罪为重的快速展开。这就形成"先有儿子,后有老子"的独特发展道路。这就是历史。

你们还关心后来建立的中国犯罪学会问题,我也谈一点我所知道的点滴情况。中国青少年犯罪研究学会是1982年成立的,犯罪学会实际上是从青少年犯罪学会里面的一部分核心领导分出去,所以远远晚于青少年犯罪学会成立。而且,改名还是另成立一个学会,最初也是在我们内部讨论争论多时的。实际上,我们也在学习探索。1982 年成立了青少年犯罪学会以后,我们慢慢认识到这个领域非常大,就在学会下逐步建立了很多的专业委员会,总体设计搞了 10 个专业委员会(后来又建立了几个? 我就记不清了),这些专业委员会实际上就包括犯罪学的方方面面。就是这个时候曾提出来,青少年犯罪研究学会是否应该改为犯罪学会的问题,或者另加一块犯罪学会的牌子。因为,犯罪学会涵盖面大,青少年犯罪应该是它的一部分。但是当时的意见不很一致:相当多的同志认为,中国的实际情况就是这样,青少年犯罪研究学会已经这么多年,方方面面都已被认可,实际工作中也不影响整个犯罪研究,多年实践和理论研究,实际上包括了犯罪学的方方面面,所以就不要改了。这个学会已经有历史,是"老资格"了,而且是中宣部批的,大家留恋这个名称,有感情了,包括我当时也比较主张暂时不改名为好。但是,有的同志认为这样名不正,言不顺,不如另建立一个中国犯罪学会。后来在康树华同志积极奔走联络下,建立犯罪学会得到了领导的支持。

中国青少年犯罪研究会组建时,康树华是北大《中外法学》主编,在《中外法学》上翻译发表多篇有关青少年犯罪和青少年的文章,与我和学会许多人都有交往,但他当时参与活动不多。中国青少年犯罪研究学会,是原《中国青年》杂志社第一任社长、创办《中国青年报》并担任第一任主编、浙江大学党委书记、时任中国社会科学院青少年研究所所长张黎群同志主要倡导、组织、领导的。筹办时,他与曾任胶东行署主任、上海解放时市人民政府第一副秘书长、时任华东政法学院副院长曹漫之相见,由于资历相近,具有共同的战略眼光,决定一起为推进中国研究青少年犯罪和保护青少年健康成长的新事业奋斗。由于曹漫之比张黎群年长 5 岁,张黎群希望曹漫之同志出任会长。曹漫之认为,黎群同志是学会创办的带头人、全国方方面面很重要的联系人,长期在首都工作,"非你(指黎群同志)莫属"。成立大会在广西南宁召开,中共中央宣传部副部长廖井丹代表中宣部到会讲话,大会选举张黎群当会长,曹漫之当副会长。选举商定秘书长和五个副秘书长。当时,北大法律系储槐植同志为学会出主意,作了不少实事,当选为理事。当时,康树华的贡献主要是翻译日本等国外的一些东西,他在这方面做了很多工作,功不可没,但是,成立时没有被提名为理事。

康树华是中国大陆的第一本《国外保护青少年法规与资料》的编撰人

（《国外保护青少年法规与资料选编》，北京大学法律系国外法学研究室集体编译，共 31 万字，群众出版社 1981 年 2 月出版。——编者注）。当时，他组织编译介绍国外少年法与青少年犯罪研究方面，尤其是日本少年犯罪与少年法方面的资料，作出了重大贡献，影响面很广。因此，1987 年 1 月学会新增补康树华同志为中国青少年犯罪研究学会常务理事。康树华同志先后编撰出版多部有关著作，影响很大。我们交往也很好，不过我个人以为，由于精力有限影响了他在犯罪学和青少年犯罪研究领域的直接研究，尤其是对中国实际接触研究很少。

上世纪 90 年代开始，康树华同志积极筹办成立中国犯罪学学会。开始的时候，呼应的人也不多，后来得到老犯罪学家严景耀教授夫人，原北京政法学院教授，全国政协副主席，时任民进中央主席、全国人大常委会副委员长雷洁琼的支持。从开始没有得到民政部的支持（民政部认为，全国已经有中国青少年犯罪研究学会，是否还要新建中国犯罪学学会？ 还是改组成一个，取消青少年犯罪研究学会？），到后来经研究协调，在中国青少年犯罪研究会成立 10 年后，1992 年，正式批准新建中国犯罪学学会。中国青少年犯罪研究学会这个"老大哥"也继续存在，犯罪学会也开展了许多有影响的活动，推进我国犯罪研究工作。说实在话，二十年来两个独立学会，其实有许多重合。成立犯罪学会，公推雷洁琼为名誉会长，康树华担任会长。第三届换届由王牧同志任会长。王牧原来是东北吉林大学法学院的，后来调到北京，他在这方面搞教学研究，也是比较早的，有不少成果，我看到一些，大部分就是新世纪开始的，比如犯罪现象的存在论等。他的年龄比我们小，现在应该还不到 70 岁，前些时候听说又换届了，新会长不知是哪一位。

中国的犯罪研究从上世纪 70 年代末期开始，是从我们中国的一个特定的社会现实出发的，上有党和政府的支持，下有群众基础，又有一批理论界学者和实践工作者专家关注、实干，才把这个学科搞起来了。以青少年犯罪为重点，然后拓宽到犯罪学，逐步对犯罪学各个领域的理论和应用展开。我体会，这么多年，有两个方面是发展比较快的。一个是青少年犯罪和青少年保护法研究。还有一个研究领域是犯罪预防和控制，这就是包括我们最早的社会治安综合治理。社会治安综合治理就是从青少年犯罪综合治理开始的，我们的犯罪预防与控制，现在强调社会治理都是跟这个思路一脉相承的。近年来，金融犯罪、暴力犯罪、网络犯罪、反恐等新类型犯罪也颇受关注。

问：康老师的贡献，翻译日文是他的一个贡献，其他方面他创造的东西还不是很多，这个要承认，他的贡献就是翻译。他把日本的犯罪学研究成果介绍给我国，这是他的贡献。因为人家那边是很成熟的，我们自己又没有。

徐：在翻译国外犯罪和青少年犯罪研究资料方面，当时还有一些同志作过不少贡献，如吉林大学的何鹏教授，还有潘汉典先生、鲍忠汉先生、华东政法学院的陈忠诚先生等，年龄大概都是我们的老师辈。还值得一提的是，华东政法学院那时还招聘了一位老先生叫陆伦章，他结合中国当时学术理论实际，写就了中国大陆第一本《犯罪学》。这位老先生原来是国民党的一个老县长，因反革命罪在东北关了好多年。后来查明有些事实不实，释放出来没工作，他早年曾在济南大学讲授《犯罪学》，比严景耀先生还要早一点。我们老院长曹漫之同志有远见，当时在华东政法学院搞公开社会招聘，在全国领先的。当时，陆老先生还没有得到最后结论，有人质疑"历史反革命"怎么能招进来使用。曹漫之经过专业和历史评审，认为过去的事情基本清楚了，可以用。陆先生来华政以后，很努力，力求用马克思主义指导写出了《犯罪学》，作出了他的贡献。这本书有相当影响。后来，刘灿璞教授出版发行的《犯罪学》，就借用许多陆著的材料。陆先生完成《犯罪学》后不几年，就年老病故了。

第二个特点，中国的当代犯罪学的研究，就是从实际出发，放眼世界。因为改革开放是大的时代背景，所以从中国的实际出发，放眼世界，开拓创新，是我们有中国特色的，或者说有中国特色的社会主义的特点。这一点恐怕也是我们几十年来，有很多东西在国外能够引起重视的原因。从实际出发，理论联系实际，就有自己的创新，有最新的开拓，才会在世界犯罪学的研究上，在世界青少年犯罪研究或者青少年法律保护的讲台上有我们讲话的地位。我们要讲有中国创新的犯罪学，认识这一点很重要。

我这几十年，在这个领域当中，从开始学习理论，接触实际，慢慢地、坚持从事青少年犯罪和犯罪学研究，这方面的感受最多。这里面谁的功劳很大？有张黎群，有曹漫之。曹漫之是我的顶头上司，他是我们的院长，他被冤假错案搞了二三十年，他早年与谷牧一起工作，海军政委李耀文就是曹漫之介绍入党的，解放上海时，跟陈毅一起来上海，1949年5月，上海解放，他被任命为上海市军事管制委员会政务接管委员会副主任，之后，又任中共上海市人民政府党组成员、第一副秘书长兼民政局局长、市人民政府区政指导处处长。但是,1952年,在"三反"的时候,说他是一个"三反"分子,"浪费国家财物",被开除党籍,撤销党内外一切职务,调离上海市委。直到1979年4月,中共上海市委"同意撤销1952年对曹漫之同志的处分决定,恢复曹漫之同志的政治名誉和党籍"。平反了以后,到我们学校当了副院长,担任过《法学》杂志主编、教授、上海市政协常委、中国青少年犯罪研究学会会长、中国社会学学会顾问等学术职务和领导职务。

曹漫之同志对我影响很大,他不仅很支持我,还经常给我一些指导性的意见。他要我一定要注意:第一,立足于我们中国的实际,研究我们中国的问题;第二,要有国际的视野,国际社会上的犯罪学和青少年犯罪研究论坛上,应该有我们中国的贡献和我们中国学者的声音。他多次讲这个问题,他想得很远。这个观点张黎群同志也是很支持、很尊重的。所以他们两个领导同志,对我的指导是很大的。

全国开展的青少年犯罪研究,有几个基点。其一是北京,北京是首都,是政治中心,经济、文化的中心,特别是文化的中心,那里有一批精英,有中国社会科学院,有多所知名大学,北大、清华等。其实,搞犯罪学研究,清华、北大开始的影响也不大,当时还是北京政法学院的影响较大。一些学者后来到了北大、清华,有一批学者在中国社科院。刑法民法等法学教师,在这些高校和研究院所很多。还有一个基点就是上海,上海作为一个开放的城市,本身就是一个经济中心,金融中心,国际文化交流的中心。所以这里呢,除了我们华东政法大学之外,复旦大学当时也很有影响了,上海社科院,还有其他的很多大学,也有一批走在实践第一线的同志,包括公检法、团妇系统,逐步形成了这个地区的特色。北京、天津、上海、江苏、福建、重庆、成都,西北的西安、中南、湖北、东北,都各有特色,汇集了一批学者、实际工作专家群。但是相对来讲,北京和上海是最最重要的。北京在理论上,站得高,人才汇集,搞理论的人多、历史渊源比较长。上海当时有曹漫之同志领着,具体组织联络、实际工作以我为主。当时主要根据曹漫之同志的指导,注重理论联系实际的研究和探索,特别关注实践的创造,从实践当中提升理论,来开拓中国特色的支柱理论。这个探索,实事求是地说,在全国来讲,我们走得还是比较靠前的。比如,最早开展青少年犯罪的调查,我们是从1980年开始的,我们当时最早参加调查并发表论文的一批学生中就有曹建明同志(现任中华人民共和国最高人民检察院检察长,首席大检察官,曾任华东政法学院院长。——编者注)。那是我们全国第一批,我们主要利用暑假组织十几位老师、100多名学生,在上海市的10个区、部分县,沉在第一线调查研究,后来又扩大到江苏省、浙江省、广东省,开展青少年犯罪调查,持续数年。这样的规模,当时在全国其他地方是没有的。

二、 中体西用抬头借鉴他山之石　国情出发低头实干与时俱进

问:您说到开放,您去美国考察那次,住的时间比较长,回来以后,我就觉得您的讲话发言都让我们耳目一新,真是在中外犯罪学这块洋为中用了。

徐:上世纪80年代末,中国的犯罪学会还没有成立,国内只有青少年犯罪研究学会。我应邀出国考察学习,当时我们已经有些好的经验和创新,全国社会治安综合治理经验已上国际论坛,上海是我在长宁法院调查研究,借鉴国外经验,结合中国情况,与长宁法院合作试建了一个专门审理未成年人刑事案件的合议庭,后来被最高法院肯定是全国第一个少年法庭。上海制定并通过全国第一部地方性青少年保护法规,媒体做了公开报道,在烟台召开的"中美青少年犯罪学术讨论会"上也深受好评。

我出去的目的,一是为宣传中国的进步与成果,二是为了进一步学习国外少年法和建立少年法庭以及少年司法制度的经验。我先去了两个国家,一个是美国,还有一个是日本。后来又应邀二访英国等,收获、影响都蛮大。日本考察的那次,是日本早稻田大学校长邀请的,我们学校去了我和苏惠渔同志,北京是陈广中等,团员一共六个人。我们去了半个月,考察了解日本犯罪和青少年犯罪的情况动向,预防治理对策,刑法理论,考察他们的红灯区,那时国内卖淫嫖娼问题已经泛滥,我们经过市委批准去看他们的红灯区,了解他们怎样管理处置。日方还派警察保护我们,预先征求我们意见是穿着警服还是穿着便服陪我们去。我们商量了一下,说穿便服吧,这样可以看得更真实一些。我们当时以为那里一定很乱,实际上去了才知道秩序蛮好,什么都公开的,是我们想象不到的。学术交流嘛,当然我们代表团成员也介绍中国的情况和刑法、青少年犯罪的研究成果,我作了《论现代科学技术对我国青少年犯罪的影响》的报告。

青少年犯罪与青少年法、青少年保护是分不开的,美国早在1899年就在

伊利诺伊州制定了世界上第一部少年法庭法,美国各州及世界各国争相效仿研究制定少年法。借鉴国外经验,我国二十世纪八十年代就提出制定《未成年人保护法》或《青少年保护法》。这必须要讲团中央在北京召开的《全国青少年保护法座谈会》,其历史功绩,功不可没。

链接:1980年青少年保护法座谈会

3月20日至25日,共青团中央在北京召开了"青少年保护法座谈会"。参加会议的有全国人大常委会法制工作委员会、最高人民检察院、最高人民法院、司法部、教育部、全国总工会、全国妇联、中国社科院法学所、中国人民大学、北京大学、北京政法学院、北京师范大学、复旦大学、华东政法学院以及京津沪共青团组织、公检法部门的专家学者,共60多人。会议认为,青少年是我们的希望,是祖国的未来;对青少年犯罪的调查研究,已经有了良好的开端。大家指出,青少年违法犯罪,既是一个严重的社会问题、也是一个复杂的社会现象,绝不单是一个社会治安或经济问题、也不单是一个教育问题,为了改造社会风气、促进青少年的健康成长,在加强思想教育的同时,还应发挥法制的作用,制定有关青少年的法规。

会议认为,制定青少年法规的指导思想应该是:以马列主义、毛泽东思想为指针,从我国的实际情况出发,以已有的经验为基础,着眼于保护广大青少年的健康成长,教育、挽救、改造违法犯罪的青少年,以便把我国广大青少年培养成为社会主义的一代新人。

会议除了建议成立全国性的青少年科学研究机构外,还通过了"关于建立青少年保护法起草小组的建议",建议由团中央同全国人大常委会法制委员会、司法部等单位共同筹备,并商借有关人员,尽快组成起草小组,开始起草工作。

这个会议以后,上海和北京同时在积极准备。但是,北京没搞出来,因为北京筹办涉及中央和北京各个方面,涉及部门很多,要把人全部聚集起来、意见统一起来,难度大。上海就比较好些,涉及的领导机关、实际部门、大学、研究机关,有一个核心,比较容易拧成一股绳。上海是曹漫之同志牵头,我具体操作,经过全市通力合作,开始定名为《青少年保护条例》,中间反复听取意见,改了很多稿,1982年就形成正式的青少年保护法规,最后定名为《上海市青少年教育保护条例》,突出了"教育保护",准备直接送人大。曹漫之同志十分慎重,与一位副市长商议后认为,为了慎重起见,拟以建议形式先把这个稿子在《文汇报》上全文刊登,广泛听取意见,如果得到社会好评支持,再修改送人大去更好。后来讨论讨论,觉得全国从来没搞过,立法是大事情,没把握还是有点怕,一直拖着。到了1983年,中央发出31号文件,文件明确说,要考虑起草保护青少年方面的法规,有了这句话支撑,胆子就大了,而且上海当时在综合治理、工读教育、家庭教育、试建少年法庭方面、少年犯教育感化等方面都积累了一些创新的经验,受到中央有关部门肯定。上海市人大十分重视、积极支持,人大法制委主任陆明亲自主持上海青少年法研讨起草。在我们原有基础上,组建青少年保护法起草办公室,王跃京任主任,柳忠良、徐建、柴俊勇任副主任,青少年保护法正式列入上海市人大立法议程。搞了多少调查,反反复复讨论多少次,组织全市性讨论听取各方面的意见多少次,都记不清了。十易其稿,最后于1987年上海市人大通过,这是全国第一个综合性的青少年保护地方法规——《上海市青少年保护条例》。上海的这项立法是开创性的,影响很大。上海通过这个《条例》以后,全国各省(市)都到上海来学习,大概一年左右时间,全国就有十七八个省(市)都通过了青少年保护条例或法规。

　　1991年《中华人民共和国未成年人保护法》通过了,1992年元旦开始实施。《上海市青少年保护条例》为国家制定《未成年人保护法》提供了构建法律体系,以及国家保护、社会保护、家庭保护、学校保护,青少年自我保护的青少年全面保护的思路。

　　研究犯罪必然要与刑法联系,研究青少年犯罪必然要与少年司法制度联系。我在美国收集有关资料,专门去参观考察了美国伊利诺伊州世界上第一个少年法庭,及其后来发展的情况。这对我教学和研究都很有帮助。时代给了我机遇,我有机会在上海根据中国的发展情况做研究,从实际出发,开始调查、合作、实践,推动少年法庭的建立,推动《未成年人保护法》的通过,同时在我们学校培养人才方面也积极建议作相应调整。我当时这一点理念上很清楚,就是我们国家青少年犯罪研究和青少年法律保护问题,一定要从中国的实际持续搞下去,除了我们当时聚集的这些人,一定还要有全国方方面面的人,而且要有年轻人。当时皮艺军同志他们都属于年轻人、年轻的精英。张荆跟皮艺军年龄也差不多,邵道生也比我年轻很多。还有我们学校的肖建国,福建的肖剑鸣等等。他们都比我小十几岁二十几岁。后来,我看到吴宗宪的著作,佟丽华的实干和贡献,他们更晚,更年轻。我们这一代年纪大了,他们那一批就接下来,现在新一代像姚建龙、高维俭、张鸿巍等,高学历、新视野,更厉害,青少年犯罪和少年法学未来都靠他们。我们这批人退出历史舞台,有时候也只能做一点力所能及的事情,或参加一点点活动。

《上海市青少年保护条例》通过以后,中美在烟台召开青少年犯罪研讨会,这个研讨会是北大的"三杨"(杨春洗、杨殿升、杨敦先三位教授)中的杨春洗教授与美国合作的,他当时兼任烟台大学副校长,所以在烟台召开了中美青少年犯罪研讨会,华政去了两三个人,包括院长史焕章。在那个会上,我做了一个发言,介绍《上海市青少年保护条例》,如何把保护青少年与保护社会统一协调好,保护青少年与保护社会要结合好,这是我们的成功经验,是有中国特色的理论创新。我当时为什么做这个发言呢? 因为美国少年保护曾出现问题,美国少年保护过头了得不到社会认可,一度在美国出现过反少年保护的思潮,指责他们过度保护,保护变成了怂恿少年无所顾忌地犯罪。少年犯罪中甚至于出现了这样的话,"犯罪要趁早""趁年轻,还没有到成年,赶快犯罪,这个时候我们是受法律保护的""成年以后,就不要犯罪了,那个时候犯罪的话就要受到严厉处罚了"。所以,当时上海青少年保护立法的时候,我们当时在讨论议题里边,就专门有这个课题,我当时就讲,根据我们中国的实际情况来看,一定要考虑、协调好这个关系,保护社会和保护青少年、保护未成年人要协调好,要找到一个最好的平衡点。保护青少年的立法,当然要保护青少年,但也要保护社会和公众。保护青少年又不让未成年人无所顾忌、为非作歹,才能得到全社会和大家的支持,不走美国曾经犯错的老路。

当时,我这个发言讲完后,就有一位美国的女少年法官和一位在理论上很有权威的青少年犯罪研究学教授福克斯,他们当时说,美国的少年犯罪研究和少年犯罪治理、法律保护,以后要向我们中国学习。一位美国记者在美国《每日周刊》报道里,把我的一段话引用进去了,他说,要向中国学习,为什么? 因为美国的少年司法制度,有很多失败,保护过了头,中国注意了这个协调,注意了社会保护和青少年保护这一对关系。我们为什么会想到这个问题? 就是有我们中国的理论、政策作指导。2013 年,西南政法大学在重庆召开的"少年法学理论国际研讨会",我与福克斯教授在研讨会上又见面了。他认出我说,徐教授,对您的印象很深很深。我们这是第二次见面。让我体会到学术创新的影响和国际学术交流的双向价值。

　　我们就是有马克思主义,有综合治理理论,要保护青少年也要保护社会平安。所以,保护青少年不能过头,不能单纯地保护青少年,什么问题都要有一个科学限度。这件事也让我体会到曹漫之同志多次给我讲的,一定要从我们中国的实际出发来创新,要总结我们中国的经验,到世界犯罪学会的讲台上去讲,要有我们自己的思路。中国是世界上很特殊的国家,960 万平方公里,是世界上地盘最大的国家之一,十几亿人口,有 56 个民族,相当于一个小世界。所以,从我们中国的实际出发,创造的经验,形成的理论,能解决中国问题的话,一定对其他国家有指导意义,有借鉴意义。这一点我有很深的感受。

　　中国犯罪学,我现在感觉的就是皮艺军同志一开始曾经讲的,现在很多人比较浮躁,这一点我深有同感,这毛病我自己也有。中国的研究很大的问题就在这一点上,特别是最近若干年来,功利主义太厉害了。国家管理科研的指导思想,也是有问题的。现在课题研究,最好是一年时间,甚至要求马上就出成果。科研的问题,特别是有的要取得比较大的突破成果的话,是一年两年根本搞不出来的。例如,犯罪统计研究,没有 5 年,这个统计就没有什么价值,一年、两年,两三年的统计有什么价值啊? 最起码要 5 年、10 年的统计,才有规律可研究。研究就必须要有人坚持,有人能坐得住冷板凳,扎扎实实地研究,一点点积累,然后才能总结归纳出来,提出科学性强的理论和对策。

　　问:刚才说到,上世纪二三十年代有文化生长的一个时期。改革开放后的中国犯罪学也是,1982 年中国青少年犯罪研究学会成立时,真是朝气蓬勃,蒸蒸日上的那种,而且是大家都很投入。那和时代有关系,改革开放刚刚开始兴起,全国人都想示范,在各个地方都有突破。但是,后来如何? 为什么啊? 我觉得从 1992 年中国犯罪学学会成立的时候,就有功利思想。犯罪学会刚刚成立,还没有做任何研究呢,就把青少年犯罪研究学会的一些研究成果以犯罪学会的名义大部头出书,这样做不合适。所以,从 1992 年以后,就基本上进入到浮躁时期了。后面这些时期的成果,还不如 2000 年以前的那些。

　　徐:当然,浮躁、功利主义在研究中很难一点没有。有些成果呢,学者作了好多年,比如说吴宗宪写的一本《西方犯罪学史》,这本书我是蛮欣赏的,他确实是花了几年工夫积累资料,辛苦耕耘很多年。当然,这里面并不是说每一个介绍都很好,但是他确实花了工夫,最后完成了这本书。我教育培养研究生,就多次推荐、介绍《西方犯罪学史》,指定为必读书之一。以这本书作为引子,自己去看更多原著、经典的著作。所以,我认为中国的犯罪学,在原有的基础上面,要继续推进的话,恐怕要克服这个科研管理上的和我们研究人员自身的某些不适宜的东西。

以前,国家没有钱,强调每个人都全心全意地投入做科研。现在给钱了,而且日益增多。但是有了钱不是所有问题都解决了,对科研的指导思想,我觉得有些问题需要好好解决。目前这样子的犯罪研究,要实现突破,恐怕是真的比较难。现在有好多成果,好的成果也不少。但是,总体方面,比较大的突破创新,在理论上还是没有,真的没有。因为研究者和研究管理者的心态不对。伟大的时代、伟大的变革实践是出伟大成果的基础,如果能够把我们中国近几十年来,实践中、理论上的探索好好地总结起来,我们应该能出大成果,应该能对世界上做更大贡献。

我们现在有很多事情可做,要做。全国的少年综合保护体系,实际上有很多创造,有些东西也向国外学了,有些国外的东西经过中国特殊的加工改造,完全具有我们土生土长的创造特色,很可贵,很解决问题。但是,许多经验,我们还没有真正把它总结、提升出来,很可惜。

问:您讲了两个方面,讲得很好,下面能否接着继续谈谈中国研究犯罪问题的特点?

徐:发展犯罪学的研究,跟国外来比,我们有几个优势,应该是国外没有的。国家级的这个组织,马克思主义的理论指导。我是信奉马克思主义的,我是在实践中体会到马克思主义很有指导意义,不论从理论指导上面还是方法论指导意义上。方法论的指导意义很大,很重要。搞科学研究的人,马克思主义的辩证唯物主义的方法论素养很重要。

问:是提供给我们一个正确的思维方式。

徐:对。如理论研究从实际出发,这种理论指导很重要,这是个优势,人家没有的。我们的组织优势也是人家没有的。有一次和法国的一位大法官交流,这位女法官就讲,你们国家搞综合治理比较容易,你们有共产党的领导,有权威能把各种力量统一起来。我们法国没有一个党有这个权威和力量。我想要把你们综合治理理论经验到法国去做,但做不了,因为各人有各人的意见,很难达成共识,没有一个统一机构,没有一个组织能够把那么多力量统一起来。

另外,这个组织当中,有几支力量,比如说,实际部门这支力量非常重要。只有理论部门的人,再有几个有本事能讲会说的教师,空有理论研究,我看都没用。还要有实际部门与理论部门结合,从理论到实际,这个是很厉害的。

我们中国的少年法庭发展那么快,有很多创新。实际部门这支力量是绝对不可轻视的。这两支力量结合非常重要,成绩显著。当然,这种结合还要成形的一些机构来实现。我认为像我们全国学会刚开始开展青少年犯罪研究的时候,一个全国的学会,"一所四院(校)",华北、华东、西南、西北、东北"五个研究片",10个"专业委员会"等,这些都是起过很大作用的。

我还要讲一个队伍问题,我深有体会要有后继队伍。这个队伍如果是后继不断有新的人出来,事业就有希望;如果没有后继的人出来,就没有希望。所以,我那个时候,不仅在研究所注意培养出色的年轻人,而且在全国最早从本科生中培养专业学生,招收研究生。我们从在全国最早开设的一门课程《青少年犯罪学》,这门课作为本科的一门选修课,后来建立了专业方向,培养研究生,接受博士生论文指导,开《青少年法学》《青少年犯罪预防》《犯罪研究方法论》等课。当时我培养的研究生当中,特别注意他们不同的特长、特点,加上他们自己也很努力,如后起之秀姚建龙教授,西南政法大学的高维俭教授等,再经过储槐植教授等进一步指导,他们的犯罪学造诣已经相当高,不断显现出他们的才能。北京那边也培养了一批人,西南也开始涌现一批人,有的地方如西北、东北,现在看样子就弱些,没有什么新星出现。

问:现在主要研究地方还在北京、上海、武汉。

徐:武汉有一点,重庆西南政法大学一直有基础,近年形成一支队伍。其他地方还是有的,像广西张鸿巍,很努力,研究成果都是不错的。张鸿巍与姚建龙、高维俭是一批的,属于新一代人。一个是要有队伍,要有理论部门的队伍和实践的队伍,还要有年轻的队伍,这个事业才能上得去,才能发展。另一个是方法论。我看这两个很重要。

问:近年来,"富二代"犯罪问题是青少年犯罪研究的一个重要内容,徐老师也专门为此撰文,请您谈谈"富二代"犯罪问题吧。

徐:"富二代"犯罪是当前颇受关注的热点问题,值得我们认真思考和研究。我个人有以下几点看法与大家交流、探讨。

第一,"富二代"犯罪问题具有显著的时代特征,是在当前这一特定时代背景下产生的新问题。我国改革开放 30 多年中,社会进步、经济飞速发展,社会主义中国造就出一批千万、亿万富翁,成为引人注目快速发展起来的新阶层。他们的下一代,大的已过而立之年,小的也许还是未成年人,由于其父母急剧致富的特殊背景,第二代也特别受到关注,成为一个备受社会注目的特殊社会群体,被称为"富二代",其违法犯罪行为更是引起人们普遍关心和议论。"富二代"犯罪在我国历来存在,西方资本主义的财富积累进程中也出现同样问题,只是由于其发迹的人数和经历的时间没有我国当今这样集中和影响巨大。我国当今人们热议的"富二代"犯罪是在中国改革开放经济上取得举世瞩目成就中派生的一个特殊群体的子女教育、培养、塑造问题,也是青少年教育大课题中的一个具有时代特征的特殊课题,值得我们认真思考和研究。

第二,新富起来的"富一代"还没有培养下一代的成熟经验。我国的新富代是在较短的时期内形成的,很"年轻",如何对他们的下一代进行教育管理,如何培养成功的接班人,还缺乏清晰的认识和认真的对待。这种状况的形成主要是由我国富一代的特征所决定的。因为我国的富一代是在较短时间内富起来的,在某种情况下是在市场经济秩序不完善的情况下富起来的,其中还有各种特殊机遇条件下发起来的暴发户,他们当中相当多的人的教育程度、素养先天不足,在发展进程中全部精力又都投入到致富上。这也导致人们对富一代本身就存在一些看法,更对其下一代炫富赛富、不良行为、违法殃民强烈反感。因此,研究"富二代"犯罪不能就事论事,"富二代"犯罪表现在年轻人身上,根子却往往在新富代身上,往深处考虑还不能不研究和思考社会教育、法律完备等因素。

第三,"富二代"是一个特殊而复杂的群体,要有客观具体分析,不能一以概之。"富二代"的共性是新富代的后代,但由于家长、学校、周边环境等主客观因素的不同,成长发展的差别很大,可分为各种不同类型:(1)有小部分富起来的新一代很有远见,十分关心下一代培养,以其雄厚的经济力量创造最好的条件培养教育下一代,成就出有学识、有教养、有能力、能干大事的"富二代";(2)富一代全部精力一直关注于致富上面,让下一代错过了教育培养的最好年华,平庸无为,享受父母成果过日子;(3)溺爱下一代,唯恐子女受委屈,为子女提供不符合其年龄身份的生活物质条件,结果把子女"培养"成为享受、挥霍、奢侈,挥金如土的败家子;(4)富二代沾染不良行为,新富代不加阻止管教,甚至于凭自己"金钱万能"的错误经验,用钱来掩盖、摆平问题或矛盾,被纵容的富二代走在危险的边缘,极可能越走越远;(5)违法犯罪的富二代。就我个人的接触和了解,坐享父母成果、享乐、炫富、欺贫、霸道等表现中下的占大多数。富二代犯罪还是极少数的,但危害很大、影响很坏。

第四,"富二代"问题给我们深层次警示的大问题是下一代教育、保护问题。从预防犯罪的角度讲,富二代问题值得关注,但我认为其重大意义和价值不仅仅限于富二代犯罪问题的讨论,我们显然可以把问题延伸到其他"二代"的违法犯罪问题,如独生子女二代、官二代、民工二代等。事实上,从更广的意义上讲,这里需要思考的是如何针对不同的未成年人在成长进程中的特殊性,培养、教育、关心、保护下一代,让整个下一代健康成长。富一代本身如何提高自己? 在富二代出现各种教育不到位、不衔接,以及子女出现不良表现、不良行为,感到困惑、无奈时,如何引导、控制、处置、挽救? 未成年人的社会责任教育,家长如何正确对待法律制裁的必要性等等,也是其他二代成长中会碰到的问题,这是具有更普遍意义、更重要的问题。当然,除家庭之外,还有学校、社会方面的问题需要调查研究。

第五,要对"富二代"犯罪问题多做实证调查,在充分调查研究的基础上,进行有针对的法律思考。我们可以在立法上研究如何弥补法律规定和体系中的缺陷,如家庭教育管理失职、包庇纵容、以钱买罪等是否要有法律上的责任与制裁规定? 未成年人是否应该具有与其年龄相符的法律责任意识和违法犯罪的具体法律责任规定? 在司法实践中加强未成年人维权和刑事判例指导,构建违法犯罪综合防控体系和扩展法制教育的宣传教育,从小重视综合素质和社会主义价值体系的基础建设等。

三、 30 年前努力推动少年法庭上海先行　30 年来热心倡导少年权利全面保障

问:徐老师是我国少年司法理论研究的先行者和少年法庭司法实践的推动者,在您的研究成果指导下,出现中国历史上第一个少年法庭,就是上海长宁法院少年法庭。这个举措是里程碑式的,也是徐老师里程碑式的一

个贡献。请您谈谈我国的少年法庭的情况。

徐：青少年犯罪的实验性研究我们是最早的,少年法庭是其中的一个成果。我是学法律的,少年法庭是我比较早思考的一个问题,我学习研究国外有关资料,认为中国应该搞少年法庭。当时,我带了几位研究人员和个别学生,在上海长宁法院作长达几个月的调查研究,翻阅了法院全部少年刑事案件档案,愈来愈感到建立专门的少年法庭的必要。幸运的是得到时任长宁法院副院长李成仁的赏识和支持,由于没有上面的指示和直接的法律依据,也没有明确的法律禁止,院长也由主管这方面工作的李成仁做主,开始在我所在工作区域的上海市长宁区法院试点。三年试点比较成功,少年犯重新犯罪率从 6.6% 降到了 2.2%,下降幅度十分明显。得到了中央肯定和最高人民法院的肯定。得到肯定以后,全国推广,第一次会议就是在上海延安饭店开的,第一个全国少年法庭工作会议,就是把上海的经验推广至全国,上海成为中国少年司法制度的摇篮。

1899 年,世界上第一个少年法院在美国伊利诺伊州的芝加哥成立了,标志着少年司法制度的诞生。我国少年法庭是 1984 年成立的,一晃 30 年,也已过了而立之年了。

中国的少年司法制度虽然比国外发展迟了近百年,但它一旦启动,就快速发展,在中国改革开放,经济、社会加速发展的大背景下,以它显著的社会效果焕发出巨大的生命力。1983 年,在"严打"第一战役的司法实践中,一个严峻的事实是青少年犯罪率趋于上升。仅公安机关统计的 14 岁至 18 岁的违法少年或构成犯罪的少年数量就占全国违法犯罪总数的五分之一,这还不包括那些未到 14 岁却已做出事实违法行为的人员数量。1984 年 10 月下旬,我国第一个少年法庭——上海市长宁区人民法院"少年犯审判合议庭"应运而生。对此,最高人民法院及时肯定并提出:"成立少年法庭是刑事审判制度的一项改革,有条件的法院可以推广。"要求全国有条件的法院都要进行试点。1988 年 5 月,最高人民法院在上海第一次专门召开"全国法院审理未成年人刑事案件经验交流会",讨论建立少年法庭的指导方针和基本原则,并推广了长宁法院的经验。会后,全国各地法院迅速做出反应,少年法庭的建立由个别省市扩展到全国范围,少年法庭工作成为人民法院审判工作的重要组成部分。到这年底,全国共建立了 100 多个少年法庭,至 1990 年 6 月,全国少年法庭达到 862 个。

　　1991 年是中国少年司法发展历史上重要的一年。为规范少年审判工作,1991 年 1 月,最高人民法院公布了《关于办理少年刑事案件的若干规定(试行)》,这是规范少年审判制度的第一个规范性文件,确立了未成年人刑事审判的原则和特殊程序,"寓教于审,审教结合"原则在全国得到推广。这年 4 月,最高人民法院又与国家教委、全国总工会、全国妇联、共青团中央等部门联合下发了《关于审理少年刑事案件聘请特邀陪审员的联合通知》,6月,最高人民法院与最高人民检察院、公安部、司法部联合发出《关于办理少年刑事案件建立互相配套工作体系的通知》。两个"通知"确立了"政法一条龙"和"社会一条龙"工作制度,带动了未成年人犯罪综合治理相关工作的有效开展和落实。同年 9 月,全国人大常委会颁布《中华人民共和国未成年人保护法》,明确规定了人民法院办理未成年人刑事案件,根据需要设立专门机构或者指定专人办理,为设立少年法庭提供了有力的法律依据。随着改革开放的深入开展,社会矛盾逐步呈现出多元化、复杂化的趋势,涉及未成年的继承、抚养、收养、探视、劳动争议等案件不断增多,单一的审理未成年人刑事案件合议庭已经不能满足现实情况的需求。1991 年 8 月,江苏省常州市天宁区人民法院成立了我国第一个未成年人案件综合审判庭——少年案件审判庭,受理审判未成年人的刑事、民事和行政案件。

　　少年法庭规范化建设快速发展,少年法庭数量也迅速增加。到 1992 年 6 月,全国已建立少年法庭 2763 个,共有 7049 名审判人员和 11008 名特邀陪审员从事少年法庭工作,基本实现了所有未成年犯罪案件全部由少年法庭审理。1994 年,最高人民法院设立少年法庭指导小组,对全国法院少年法庭的工作进行有力指导,全国各省、市、自治区高级法院也相继成立少年法庭指导小组,对辖区的少年法庭工作进行指导。于是,少年法庭的发展迎来了又一个高潮。到 1994 年底,全国法院已建立少年法庭 3369 个,其中独立建制的少年刑事案件审判庭 540 个,审理涉及未成年人保护的刑事、民事、行政案件的综合性审判庭 249 个,全国已有少年案件法官 1 万余名。

　　少年法庭不断壮大,少年审判面临的问题也越来越多。为了进一步规范少年审判工作,1995 年,最高人民法院公布了少年法庭审理未成年人案件如何适用刑法的第一个司法解释《关于办理未成年人刑事案件适用法律若干问题的解释》,极大地推动了全国少年审判工作的全面、规范化发展。少年法庭的发展,少年审判制度的规范,与之相应的未检工作发展很快,公安、检察均出台有关"规定""通知",标志着我国未成年人司法制度走向成熟,走上了规范化、法治化的轨道。

问:少年法庭在上海试验成功被推向全国取得斐然成绩以后,徐老师认为建立少年法院是很必要的而且已经具备了条件,因此,建议继往开来成立少年法院,更好地实现青少年权利的保护和更有利于预防青少年犯罪,引起了很大反响和热烈讨论。请谈谈您当时的想法。

徐:关于成立少年法院的问题,本世纪之初我就呼吁应迈出建立少年法院这关键的一步。建立少年法院是有法律依据的,虽然法律依据尚不很多,但这是新的法律措施刚产生时的必然现象。建立少年法院需要具备一定的条件,包括案件数量、区域范围和交通、经济发展与领导水平、队伍素质与经验、社会文化背景与公众法律意识等。少年法院的建立必将突破单一审理少年刑事案件的格局,使有中国特色的少年司法经验规范化、程序化和法治化。

第一,建立少年法院是我国少年司法制度走向全面统一法治化的关键一步。

进入 21 世纪时,我国少年司法制度的实践已经走过了 10 多年,在国内外已经产生良好的、积极的影响,但是严格地说,还是处在试验探索的阶段,没有形成或没有正式建立少年司法制度。这是因为,司法制度是重要的国家制度,是由法律严格规定的,当时我国现行法律对少年司法制度的规定仍然是十分不确定的。1991 年我国第一部综合性少年法《中华人民共和国未成年人保护法》第 53 条规定,"公安机关、人民检察院、人民法院办理未成年人犯罪的案件,应当照顾未成年人的身心特点,并可以根据需要设立专门机构或者指定专人办理"。这是我国法律中首次有关少年司法机构的规定,这一规定显然是原则的、简单的、实践中不统一、有一定的随意性。1999 年《预防未成年人犯罪法》第 45 条有了进一步的明确规定,"人民法院审判未成年人犯罪的刑事案件,应当由熟悉未成年人身心特点的审判员或者审判员和人民陪审员依法组成少年法庭进行"。但这些规定与 1899 年世界上公认的第一个少年法庭法规定的标志性要求仍然相差甚远,名称、设置、人员、权限、管辖、物质保障等没有,我国少年司法机构仍处在没有法律保证和十分不确定的状态。当时这种框架已经难以容纳进一步的发展开拓,建立少年法院是一种对新的法律框架的追求和对成人司法模式的突破,这也已经不是在原有少年庭框架内的发展而是在原有框架的基础上的重要飞跃,是少年司法制度发展中一个新的阶段的开始。它的诞生就是一个独立的、不依附于成人法院、不同于成人司法制度的真正开始。

这种突破是由我国少年司法实践的需要推动的,是由少年司法实践中产生的矛盾推动的。矛盾主要表现在:原有合议庭、少年刑事庭、少年综合庭都不具有少年司法制度的独立性,少年犯罪、少年权益在成人犯罪和成人权益保护框架内,用主要为成人制定的法律来进行处理、调整,不可能充分体现保护少年身心的特殊性、少年犯罪与少年权益的特殊性,少年犯罪处置和社会保护的特殊性,也可以说是不公正、不合理、不科学的;在原有体制内,必然受到成人案件审理的程序、案件数量、办案时间、工作量指标、评比条件等方面的相互制约;案源不足;指定管辖的法律依据不充分,通过指定管辖移送到指定法院处理的案件又不是全部少年案件,造成一个区域内的少年案件实际上都不同程度地分在两个法院处理,一头加强,一头削弱,产生许多新的矛盾与不平衡。建立少年法院在实践上能为科学解决这些问题创造基础条件,提供机构、规范和经验,也是从立法上、理论上有效加快实现少年司法制度的法治化、科学化的重要实践步骤。只有这样,具有中国社会主义特色的我国少年司法制度,才能巩固、推进、发展,否则,将可能在不断遇到的矛盾和阻力面前停滞不前、削弱,甚至难以存在。

第二,建立少年法院的法律依据问题。

依法治国是建立我国社会主义现代化强国的国策、方针,在我国社会主义法治建设不断进步和完善的今天,少年司法发展的每一步都要有法有据,同时少年司法制度在我国毕竟尚处在开创、试验的时期,面对一个新的领域、一种新的对象、一项新的工件,需要有新的思想、设计、规则。已有的法律法规不可能有具体、完善的规定,需要填补、创新、开拓与突破。如何正确理解、掌握两者关系是当时建立少年法院的一个重要现实法律问题。应该承认,目前我国少年法律体系还是不完整、有空白的。

回顾历史,1984年一个基层法院试探建立第一个少年法庭时,面临的最大课题也是法律依据,反复查阅研究只有1983年全国人大常委会修改通过的《中华人民共和国法院组织法》规定,"人民法院审判案件,实行合议制"。"合议庭由院长或者庭长指定审判员一人担任审判长。"以此为根据,在"解放思想""实践是检验真理的唯一标准"的思想指导下,实际工作者与理论工作者紧密结合认真研究现实中的少年犯罪的新情况、新问题,走出了创建"审理少年刑事案件专门合议庭"的重要一步。1988 年建立独立建制少年刑事审判庭时,尽管《法院组织法》没有设立少年刑事犯罪审判庭的规定,但《法院组织法》只规定"基层人民法院可以设刑事审判庭和民事审判庭,庭设庭长、副庭长",并没有规定不允许设立少年庭,因此法律规定没有成为建立少年庭的障碍,实践中独立建制的少年刑事审判庭也为法律和社会认可并接受。1983 年全国人大常委会修改通过的《中华人民共和国法院组织法》第 2 条有"军事法院等专门人民法院"的规定;1991 年全国人大常委会通过,公布施行的《中华人民共和国未成年人保护法》第 40 条规定,人民法院办理未成年人犯罪案件"可以根据需要设立专门机构";在我国首都北京修改制定、联合国大会通过的《联合国少年司法最低限度标准规则》(以下简称《北京规则》)第 1 条"基本观点"与第 2 条"规则的范围和采用的定义"中,也有"建立少年司法机构"以及"制定专门适用于少年犯的法律、规则和规定"的规定,这是我国承认并对我国少年司法工作有一定指导和约束的国际规则。显然,建立专门办理少年案件的少年法院是符合《法院组织法》和《未成年人保护法》以及《北京规则》的上述规定的。

但是,另一方面不能否认,在我国建立少年法院的法律依据还不是很充分,因为法律总是滞后的。任何一个新的法律措施刚产生时,它的活动规则的法律依据往往是不充分的,要通过其创新实践总结上升为新的法律法规,使开始不充分的法律甚至空缺的法律充实、完善起来。少年法院的建立顺应国际社会少年司法制度发展的潮流,适应少年犯罪处置与少年权益保护的社会需要,有法律依据,符合宪法原则,也不与国家现行法违背抵触。因此,进行有领导的、慎重的试验,也是我国少年司法制度走上法治化的必经道路和重要步骤。

第三,建立少年法院的条件。

并不是任何地方、任何时间都需要、都有条件建立少年法院的,需不需要建立,条件是否成熟,至少要考虑以下五点:

一是要考虑案件数量。一般说案件多少主要决定于人口和发案率,世界上第一个独立的少年法庭法规定人口超过 50 万的县设专门的"少年法庭"。借鉴这个数据,假设 50 万人口中,1/3 为未成年人,未成年人犯罪率为 10%—20%,则该地区每年发生少年犯罪案件约 1000 件左右。其中十分之一进入正式少年司法程序,少年法庭每年需处理约100起案件,这样的地区有一个法官人数不多的少年法庭就足够了,不一定要建立少年法院。但是,一个有500万到1000万人口的地区,每年可能有一二千起青少年犯罪案件,加上我国少年法庭还要承担前后延伸的工作。这样的工作量,力量薄弱的少年法庭就难以担当,如果考虑到涉及少年民事、行政案件,以及国际社会需要适当扩大受案范围的趋势,就有建立一个具有一定规模、独立的少年法院的实际需要,这是建立少年法院必须具备的第一个条件。

二是区域范围与交通条件。少年法院是一审基层专门法院,要直接受理案件,当事人要来法院打官司,其设置必须考虑公众的方便。因此,辖区的大小、地理环境、交通也是必须考虑的条件。一般说大中城市地域不大,居住集中,交通方便,像上海这样的特大城市,东西100公里,南北120公里,除崇明外,无论东南西北,上高架或地铁,一小时左右可以到达市内任何地方,就为公众提供了方便。如果在一个地域广大、居住分散、交通不便的区域只有一个独立的少年法院,少年案件无论远近必须到少年法院,大人、小孩从区域内某个边远地区来,几个小时甚至一天还到不了,这样的少年法院设置就是不合理、不合适的。

三是经济发展与领导条件。独立的少年法院要有相当的经济投入,不能不综合考虑该城市或地区的经济发展水平与人均生产总值的水平。发展初期,只有比较高的经济发展水平才能有承担少年法院的经济基础,而且还要领导重视、支持少年司法与儿童权益保护工作,才能为少年法院建立、运作创造良好条件,单靠主观热情或良好愿望是不现实的。

四是队伍素质与经验条件。《北京规则》规定,少年司法人员应"具有最低限度的法律、社会学、心理学、犯罪学和行为科学知识",《北京规则》指出"专业资格是确保公正有效地执行少年司法的一个重要因素"。一些国家的有关法律中,有的规定"少年法官、检察官要擅长教育学","了解教育学、心理学、精神病学",有的国家规定不具备儿童心理学和关于儿童福利的特别知识,"不能任命为少年法院成员",我国有关法律法规中也规定知识面广、熟悉未成年人特点、善于做未成年人思想工作等要求。建立少年法院是一项新的有重要开拓创新意义的工作,没有一支相当数量的、稳定的、知识素养较高、富有少年司法实践经验和开创精神的少年司法工作者队伍是不可能的。

五是社会文化背景与公众法律意识。建立少年法院还需要整个社会的综合条件,社会的文化水平、法治水平、研究水平等,尤其是社会公众对少年司法制度、儿童权益保护的理解、重视、尊重和接受程度,这是民主与法治化程度的一个检测指标,也是建立少年法院不能不考虑的条件。

综上分析,我国少年法院应在全面具有上述条件的城市或地区开始试建,在京、津、沪或福建、江苏、河南等少年法庭工作开展基础较好的地区中认真选定为好。

第四,建立少年法院的展望。

我国是一个幅员广大、地区差别悬殊的国家,有些地区经济发达、人口集中、发案率高,有些地区地域广阔、人口稀少、少年犯罪案件很少,因此少年司法机构的组织形式必须有所不同,这样才能适应经济文化发展水平不同、案件多少、条件差异很大等复杂情况。根据多年司法实践积累的经验,确定专人处理,少年刑事案件合议庭或审判庭、综合审判庭、少年法院并存是合理的、科学的。少年法院只是多种组织形式中能够更快积累经验、加强研究、显著提高工作效率与社会效果、集中体现我国少年司法制度特色和优越性的一种形式,它将在推动和完善我国少年司法制度中起中坚骨干作用,但它不是唯一形式,不应刻意追求,更不能强行推行。

少年法院的建立必将突破单一审理少年刑事案件的格局,以《未成年人保护法》为根据,设立专门法庭把多种涉及少年保护案件纳入自己的工作范围。根据某些国家和某些地区的做法,少年法院应该建立若干专门庭和部、处、室,例如刑事庭、保护庭、涉及成年的混合庭,以及缓刑监督处、延伸教育指导室等。少年法院的建立在继承、学习原有诉讼原理、程序的同时,将为审理少年案件摆脱成人模式的束缚创造条件,加速积累经验,促使少年刑法、学校伤害事件预防、处理法、少年案件诉讼法、少年法庭(院)组织法等少年立法、司法制度的诞生与完善,使少年案件调查、家长与律师提前介入、教育程序、简易程序、少年司法一条龙与社会帮教一条龙、少年违法犯罪综合治理等富有中国特色创造的少年司法经验规范化、程序化、法治化,体现出真正具有中国社会主义特色的少年司法制度的特点与个性。

中国的少年司法制度将在发展中巩固、完善,为中国的经济发展、社会稳定、民族兴旺作出贡献,为国际社会作出贡献。

问:我们注意到,几十年来,您一直围绕着青少年保护和少年司法的理论与实践,呕心沥血,在思索、在研究、在倡议、在呼吁。比如,未成年犯罪保释等基本权利问题。

徐:关于未成年犯罪的保释权利问题,我认为,英国保释的理念、追求及其做法有许多值得学习的经验。保释作为犯罪嫌疑人、被告人的一项基本人身权利的认识具有非常重要的意义,尤其是对未成年人来说具有更重要的价值。我曾接触过这样两个案例,一个是 15 岁的男孩受色情书刊的影响,奸污了一个 11 岁的女孩,未造成伤害和其他严重后果;还有一个是 17 岁的男学生与一个发育较早的 14 周岁还少一个月又十天的女孩谈恋爱发生了性关系,构成奸淫幼女罪。罪名都是严重的,在我国司法实践中一律不能适用取保候审,这是值得研究的。

我个人认为,应该在未成年人犯罪中建立中国式的保释制度。为了提高保释的社会效果,英国近年来创造了青少年犯罪小组(YOT)经验、建立了"暂居室",这些都是保障人身权利、最大限度减少关押的新办法、新途径,我们也应学习、开拓新办法、新途径。

作为比较研究,保障人身权利、最大限度减少关押的其他途径应不断扩大,我国少年司法实践中的不少规定或探索也是很有价值的。例如检察院的"不起诉"规定;有的地方正在吸取国外做法,试探在诉讼过程中采用缓诉、缓判;法院根据法律规定责令家长管教,或吸取英国"监督令"的经验试发"监管令";在判处监禁的罪犯中依法适用保外就医,有的地方试行试工、试农、试读;此外,还有我国对不进入司法程序的轻微犯罪者适用的工读学校学习、帮教等,其基本思想与保释都是一致的。我们应该从实践到经验来研究、提升我国有社会主义特色的经验与做法。

问:2013 年中央决定全面深化改革以后,您曾专门撰文呼吁改革和加强未成年犯罪预防措施的实施问题,请您谈谈这个情况吧。

徐:近年来,我在考虑和呼吁创新有效预防青少年犯罪工作。我国青少年犯罪问题仍然非常严峻:青少年违法犯罪的总体上升趋势或格局,在短期内仍难有根本改变,降低青少年犯罪率还没有持续稳定的基础和保障;青少年犯罪性质、类型、危害的严重性趋势,是比数量增减更应重视、值得关注的问题。因此,我们在创新有效预防青少年犯罪工作中,应积极树立动态战略思维,不断研究新情况、新动向、新变化,将日常管理的统一协调实现制度化、规范化,严格落到实处,并强化未成年人的自我保护和自我预防意识与能力。

党的第十八届三中全会通过的《关于全面深化改革若干重大问题的决定》提出,创新社会治理,必须着眼于维护最广大人民的根本利益,最大限度地增加和谐因素,增强社会发展活力,提高社会治理水平,全面推进平安中国建设,确保人民安居乐业、社会安定有序。创新有效预防青少年犯罪工作,正是落实、实现三中全会提出的社会治理任务的重要组成部分,对于保护青少年健康成长,维护最广大人民的根本利益,最大限度地增加和谐因素,确保人民安居乐业、社会安定有序等,均具有重大的现实意义。

第一,创新有效预防青少年犯罪工作,首先需客观、准确地评析现状。

30 多年来,我国预防青少年犯罪工作已经取得了重大的成就。从 20 世纪 70 年代末 80 年代初开始,我国未成年人犯罪率经历了四次上升、四次下降的过程。其中,下降幅度最大的是 1983 年"严打",下降幅度达 50% 以上,但维持时间不到三年;上升时间最长、幅度最大的是 1998 年至 2008 年的 11 年间,上升了 164%。这从客观上说明了三点:一是未成年人犯罪率总体呈上升趋势。以我掌握的研究资料看,从中共中央 1979 年 58 号文件提出"各级党委要把加强对青少年的培养教育,包括解决其中极少数人的违法犯罪问题,放到重要议事日程上来"算起,30 多年,未成年人犯罪升多降少。32 年的数据显示未成年人犯罪上升 23 年,下降 9 年。而且,升时幅度大、升速快,降时幅度小、持续时间短。二是未成年人犯罪的跌宕起伏,客观反映了我国上下合力,不断在探索、总结预防和控制青少年犯罪的经验和问题。我们通过采取多种手段及措施进行综合治理,并且理论联系实际,积极发现并解决问题,从而创新和积累了许多预防青少年犯罪的成功经验。三是未成年人犯罪的总量和总上升幅度得到了较为有效的控制。从全国法院审理的未成年人犯罪案件有数据以来的统计看,1990 年审理的未成年罪犯 42033 人,到 2010 年为 68193 人(其间起伏最高曾突破 8 万人),21 年间仅上升了 62%,而且再也未出现 1979 年前那种持续大幅度上升的态势。2009 年至今,未成年人犯罪率保持下降趋势,创 30 多年来连续下降时间最长的纪录。

我认为,能取得上述成就,是与我国预防青少年犯罪的工作积极探索和创新分不开的。我国预防青少年犯罪工作在这 30 多年中,通过积极探索和改进,经验日益丰富有效,组织制度得到完善加强,工作和研究队伍得到壮大,立法取得了突破性进展。当然,我们也应当看到,我国青少年犯罪问题仍然非常严重,预防、减少未成年人犯罪仍然是我国社会和谐稳定、国家安全发展的重要问题。对此,我有两个判断:一是青少年犯罪的总体上升趋势或格局,在短期内仍难以改变,降低青少年犯罪率还没有持续稳定的基础和保障;二是青少年犯罪性质、类型、危害的严重性趋势,是比数量增减更值得关注的问题,其根据是未成年人犯罪的原因、条件,以及近二十多年来青少年犯罪的现实和动向。

首先,从青少年犯罪的原因、条件来看,我国社会主义市场经济体制的持续发展,进一步推动了社会全方位、多层次、宽领域的对外开放,在这种社会转型、变革的大环境中,引发未成年人犯罪的条件、因素日益增多。物质诱惑、社会矛盾、科学技术、价值观念等均是引发或影响青少年犯罪的重要条件或因素。其中如传媒、网络等对青少年犯罪的影响比物质因素更直接、更广泛。此外,贫富差距、社会矛盾、国外不法势力等因素也均会加剧青少年犯罪的发生,这些因素在短期内都难以有根本改善。

其次,从青少年犯罪的现实和动向来看,随着我国少年司法制度的进步,针对未成年人的特殊保护原则和程序的逐步确立和实施,能够进入到司法审判环节的少年刑事案件几乎已不是传统的轻微犯罪,即使同量的犯罪所反映的犯罪危害性、严重性也与过去不可同日而语。某省批捕的 2972 名未成年犯中,犯故意杀人罪、抢劫罪、绑架罪、爆炸罪等严重暴力犯罪的就达 1695 名。青少年犯罪的严重性由此可见一斑。

我认为,青少年犯罪的原因、条件,以及近 20 多年来青少年犯罪的现实和动向,既是我们创新有效预防青少年犯罪的工作依据、目标和责任,也是我们工作的意义和价值所在。

第二,创新有效预防青少年犯罪工作,要有动态战略思维,不断研究新情况、新动向、新变化。

青少年犯罪的严峻性,不仅表现在数量上升方面,今后可能更主要的是表现在犯罪性质、类型、危害的严重性上。青少年犯罪的严重性、暴力性、结伙性、智力性等均在增加,其中还出现了个别极其危险的犯罪,如多类型结合的高危险犯罪、因好奇而实施带有模仿性的有组织犯罪、高科技智能性犯罪等。因此,对于较为轻微且常规的未成年人犯罪,需要在更大程度上通过日常管理中的关爱、保护、矫正来予以防止,并需要采取更加灵活、更人性化且没有后遗症的办法来处理。对于未成年人实施暴力性、结伙性、智力性、危害特别严重犯罪的情况,我们需要研究这些未成年犯的个人环境、人际因素、生理心理特点,以及其犯罪的引发机制、发生过程、实施条件等,特别要注重事前预防工作,争取在源头上将这些犯罪予以扼杀或化解,同时,探讨符合未成年特点的刑事处罚和非刑事性质的强制措施也迫在眉睫。我认为,这无论是对于保护未成年人,还是对于家庭和谐、社会稳定、国家安全,均具有重大的影响、意义和价值。而欲要有效预防青少年犯罪,我们就必须进行战略创新,动态思考,强调研究新情况、新动向、新变化、新问题、新矛盾,并相适应地突出探索新思路、新的关注点、新手段、新措施、新方法、新的组织形式、新的作战方案、新的工作机制等。

战略创新,动态思考,就要充分运用现代信息技术手段建立大统一信息网,通过存储积累将分散信息集中形成总信息库。信息是行动的指路灯,只有信息通畅、快速、全面,才能有效保证认识的客观、准确、及时,预防手段、对策也才能正确、有效。对此,我们必须做好以下工作:依靠群众、依靠全社会来收集信息;及时发现问题的隐患,并建立需要关注的人和事信息库;随时组织进行危险性的评估、筛选、沟通、通报;提示环境信息、重点保护区域、人、物;增加地区或区域间合作,适时进行危险预警,防止突发事件或恶性犯罪的发生。

第三,创新有效预防青少年犯罪工作,需将常管理的统一协调实现制度化、规范化,严格落到实处。

社会管理有序能够对青少年犯罪起到基础性预防的作用。浑水才能摸鱼,无法保证秩序的社会管理,就难以消除随时可能发生的无序或混乱。无序或混乱容易引发摩擦、纠纷、不满、冲动,甚至导致产生犯罪事实、掩盖违法犯罪活动。而有序就能明察秋毫,及时发现问题并将其消除在萌芽之初。

任何一个未成年人违规、违法甚至犯罪,都必然会有一系列的行为前生活、交往、情感及认识表现。而其中必有不符合规则、常情、规章制度的种种表现,如孤独、无望、内向、交恶、矛盾、不满、离家出走、旷课、辍学、私制武器或管制刀具、不合适的交往聚会、到不应去的场所、不符合身份的穿戴打扮、不正常的言语行为表现等等。这些都会在与家庭、学校、商店、活动场所、社会机构等接触过程中反映出来。人各有责,如其与常情、规章制度不合,接触者就应在其职责范围内根据情况给予关注、联系、反映、报告等,以使得未成年人能够得到指导、帮助、关怀、救济、监督等。能否及时发现未成年人的违规、违法、犯罪行为,并予以关心和阻止,实际上就是检验社会各方面统一协调管理的水平和能力。例如,某地五个小孩(13—16 岁)杀死一位在广场睡觉的流浪汉。而从这些小孩辍学、流浪、偷窃,到购买刀具,再到整晚在外聚集活动、实施抢劫等过程中,也曾有不少人或部门接触过,只要任何一个接触过的人或部门认真落实承担了社会管理的责任,这些小孩的越轨或犯罪行为也就能被发现、制止了。

应当看到,未成年人犯罪的情况比较复杂,有的是因交友不慎,有的是因脱离管教,也有的是因生活困难无着,还有的是因不良侵犯等。可见,儿童福利也是当前值得呼吁的重要问题。目前,我国有 6000 万农村留守儿童、60 万服刑人员未成年子女等,其中有相当一部分人是需要国家、社会予以关心、帮助的。以人为本,民生为先,就需要把关心儿童福利放在重要位置上予以优先考虑,这也是从源头上解决未成年人失管失控问题的重要举措。

社会管理是从管控向积极关心爱护、帮助,及时解决问题的转变。我们应积极探索创建一套保护未成年人、预防未成年人犯罪的有效管理办法和制度,而不是简单地实施控制或限制等消极措施或办法。将日常管理的统一协调予以制度化、规范化,并严格落到实处,做到发现问题能反映、矛盾能化解、权益有保障,才是社会有效预防青少年犯罪的可靠保障。

第四,创新有效预防青少年犯罪工作,需努力强化未成年人的自我保护。

预防青少年犯罪,虽然要靠家庭、学校、社会、国家的保护和管理,但这些都只是青少年的外在保护力量,而外部力量、因素要通过或结合青少年自我保护的力量和自身素质因素,才能发挥最大、最好的作用,否则这个预防体系是不全面的。

孩子是积极、能动的主体,未成年人自我保护、健康成长、自我控制具有特殊的战略意义。歌德说,谁不能主宰自己,便永远是一个奴隶。诱惑越多,自控能力越重要,不能让孩子随心所欲。从某种程度上说,自控能力比智商更重要。我们要让未成年人懂得自己是社会人,懂得责任和担当,懂得自尊,从小养成好习惯,明辨是非,能够正确评价自己的行为,增强并不断提高自控能力。我认为,只有社会的保护和预防,与未成年人自我保护和预防结合起来,才是科学、完整、全新的预防未成年人犯罪的方向。

自我保护是调动青少年自己的力量,是预防犯罪中最为积极、能动、有效的方面。虽然说基于青少年的弱势地位,我们必须把落实外在保护和预防放在首位,但从另一种意义上说,依靠外在保护、预防,不如依靠自我保护和自我预防。因此,将两者科学结合,才是最为全面、完整、有效的。

人的自我保护和自我预防的意识、素养、能力、水平,不会自然形成,需要不断学习、精心培养、实战训练。遗憾的是,目前我国对青少年自我保护和自我预防意识的培养大都停留在口头、说教上。

对此,我建议,应在全国试办未成年人自我保护和预防犯罪训练班、培训学校、夏令营、冬令营等,并编写未成年人自我保护和预防犯罪教材,通过生动、愉快的活动,让青少年懂得如何进行自我保护和自我预防。例如,对于碰到矛盾怎样避免使用暴力,怎样对待朋友怂恿去干坏事的情况,如何做到不能去的地方坚决不去等问题,可以通过介绍案例、组织讨论、做游戏、模拟法庭、搞动画等方式,让他们如亲身实践一样从中获取认知。

问:徐老师丰富的实践经验和深邃的理论探索相结合,提出了建立少年法学的学科建设思想,而且,在这一学科思想指导下,理论联系实际提出了很多非常有价值的学术指导。

徐:关于推动建构少年法学的问题。少年法学是一门在分歧、争议中诞生的法学新学科,其存在和发展具有必然性、现实性、迫切性。我国少年法学有大量现实问题和理论课题亟待研究,目前严重滞后的情况必须改变。少年法学以未成年人为法律的特殊主体,调整特定的法律关系,具有不同于其他学科的研究对象,有其作为独立法学学科存在的最基本构成元素。现在是我国少年法治建设和少年法学发展的最好时机。少年法学具有广阔的发展空间,大有可为。

少年法学学科建设,以及这一学科思想指导下围绕青少年保护的理论和实践问题的思考,我这些年也写了一些文章,有兴趣可以在网上查到,希望能够给年轻的学者和实践部门的同志有所启发、起到抛砖引玉的作用。

问:您说一下您对未来犯罪学有什么想法,请您提点希望、做一下展望。

徐:我觉得理论上的研究,历史上的很多问题回顾,还是值得总结总结的。我们要研究我们中国犯罪学的发展历史,要注意标志性的事件、学术活动,特别是那种带头的、创新的、影响大的事件,我刚才举过几个例子,不多说了。

另外,要研究人,要研究一些代表性的人物,以及他的学术贡献。比如,全国律师协会未成年人保护专业委员会主任佟丽华律师,这个人我觉得是值得总结总结的,他在一个很特殊的领域,我认为搞得是比较扎实的。佟丽华多次受到国家领导人的接见,因为他通过自己的艰辛努力在未成年人权益保护和农民工法律援助两大公益法领域作出了突出的贡献。

不同的时期,总有一些代表的人物,他们能够代表那个时期,发现犯罪研究或者青少年犯罪研究的一些规律、特点,做出一些在当时有价值的研究成果。他们关注了哪些问题,他们向前走进了什么,向后人铺垫了什么,我觉得这些东西都是蛮重要的。

还有一点,就是地区的特点。不同地区是有一些特别之处的,北京有北京的特点,毕竟是全国的首都,那里有一支很强大的力量,但同时也要注意,过多的争论、不必要的争论,力量有时候可能互相抵消,不利于发展进步。上海这个地方跟北京一比,有一个好的理念或者一个理论成果,实践探索起来要比那边快,很快就可以付诸实施。有很多问题开始的时候,往往好多地方都会碰到,实际上大家都想得差不多,一般的进度也都差不多的,但是后来往往就拉开距离,差得远了。

问:刚才徐老师说的,一个是少年法,一个是少年法庭,北京学者多容易引起争执,吵来吵去,推来推去,他们争了很多年,但难以实施。还有一些综合治理的措施吧,往下推非常难。

徐老师刚才讲的两大重点,关于标志性的领军人物,徐老师就是上海标志性的领军人物。关于标志性的事件,中国好多标志性是跟会议有关系的,比如说 1987 年平顶山会议,对青少年犯罪来说,它是一个标志性的。

好了,徐老师辛苦了! 祝您安康快乐!

"九零后"功勋教授徐建先生的传奇人生与学术思想[*]

　　徐建教授,我国当代著名犯罪学家、教育家,是华东政法的功勋教授,更是华东政法这一"法学教育东方明珠"的基石之一,正如梅贻琦先生所说"所谓大学者,非谓有大楼之谓,也有大师之谓也。"此外,谈及中国青少年犯罪问题与未成年人保护研究,必定无法绕开"徐建"的名字。这不仅是因为他深耕这些领域,取得了诸多"第一"的成绩,学术成就广受赞誉。更是因为作为学者胸怀"国之大者""民之所系",几十年如一日,钻研青少年犯罪问题和未成年人保护,为我们求学治学树立了榜样。桃李不言自成蹊,为有清香吐芬芳。徐建教授作为无数学子们景仰的大师,培养了一批又一批中国特色社会主义法治理论的坚定信仰者、坚决实践者、坚强捍卫者,彰显了为人师表的可敬模样。谨以此文拜贺徐建教授九十华诞,勉励吾辈传颂徐老的治学态度、传奇人生,承其精神、续其传奇,共铸新的辉煌。最后,再次恭祝徐建教授福如东海长流水,寿比南山不老松!

一、 徐建先生的简历与著述

　　徐建,浙江宁波人,中国当代著名的犯罪学家和法学教育家,青少年犯罪学研究的先行者和少年司法制度改革的推动者。负责起草中国首个全国青少年犯罪研究规划,并拟定研究参考课题 100 个。参与创建中国第一个少年法庭——上海市长宁法院审理少年刑事案件合议庭。组织起草的中国首部保护青少年的地方性法规——《上海市青少年保护条例》,和起草的《浦东新区外来人口管理办法》,先后通过并正式实施。他的诸多研究不仅填补了国内在专业研究资料方面的空白,更是为我国青少年犯罪研究、未成年人保护理论与实践作出了杰出贡献。2002 年,获中国青少年犯罪学术研究与学

　　* 由刘兆炀、毕雨健撰写,王心竹、王琳琳、董笑洋、李佳欣负责本文资料收集,原载《预防青少年犯罪研究》2024 年第 4 期。

术活动贡献奖。2008 年,获中国青少年研究事业突出贡献奖、中国青少年犯罪研究终身贡献奖、上海家庭教育工作突出贡献奖。2018 年,获上海市预防青少年犯罪研究终身成就奖。2019 年,获得第九届"上海市儿童工作白玉兰奖"。

　　徐建教授长期从事青少年犯罪预防、青少年法学、未成年人保护理论的研究,研究成果颇丰。不仅承担并完成国家"六五""七五"哲学社会科学重点研究项目和上海"八五""九五"重点科研项目,还先后出版过《青少年犯罪学》《法律怎样保护青少年》《中国青少年犯罪学》《我国第一部保护青少年的地方法规》《青少年保护手册》《学生法律实用读本》《青少年法学新视野》等十余部著作,以及在《中国法学》《社会科学》《法学》《青少年犯罪问题》《文汇报》《中国法制报》等国内外刊物上发表论文 200 多篇,做出了一系列具有深远学术价值和现实影响力的卓越成果。本文挑选部分有代表性的作品,并归纳为以下四类,帮助读者更好地了解徐建教授的学术思想:

　　第一类是青少年犯罪研究。徐建教授从零开始,一步步引领着中国青少年犯罪研究走向深入,他的研究不仅丰富了青少年犯罪研究的理论宝库,更为我们理解和解决青少年犯罪问题提供了宝贵的思路和方法。相关研究的著作包括(1)《青少年犯罪学》,徐建等著,上海社会科学院出版社 1986 年版,系我国公开出版的第一本探讨青少年犯罪问题的专著,该书观点鲜明,对我国青少年犯罪问题作了比较深入的理论探索。(2)《青少年法学新视野》(上、下册),徐建主编,中国人民公安大学出版社 2005 年版,该书属于中国青少年研究中心推出的青少年法律研究系列丛书,是一部研究、探索青少年犯罪与青少年法学前沿问题、新问题、难点热点问题的文集。(3)《上海市社区青少年工作现状与发展研究》,漆世贵主编,徐建、朱济民副主编,系《上海市社区青少年工作现状与发展研究》课题组成果汇编。相关论文主要有:(1)《一个事关未来的社会问题》,本文荣获上海市高校哲学社会科学奖;(2)《试论青少年犯罪团伙发展的新趋势》,本文于 1986 年荣获上海市哲学社会科学奖;(3)《对农村变革中青少年犯罪原因的新思考》;(4)《引发农村青少年犯罪的新因素及其防治》;(5)《中国青少年犯罪的发展变化与防治》;(6)《对改革开放以来我国刑事犯罪增减变化的评析》;(7)《立足现实预测我国青少年犯罪的发展》;(8)《论青少年犯罪预防中的自我保护与防范》;(9)《论显著提高未成年人犯罪预防实效的战略举措》;(10)《"富二代"犯罪的法律

思考》;(11)《未成年人犯罪预防战略的新思考——动态战略重在当前》;
(12)《创新有效预防青少年犯罪工作的思考》等。

第二类是少年司法制度和理论研究。徐建教授始终坚持将实践经验与
理论探索相结合,在他相关研究成果的支撑下,不仅推动上海长宁法院创立
了中国大陆第一个少年法庭,还为完善少年司法制度提供了重要贡献。主
要学术贡献列举如下,著作有《英国保释制度与中国少年司法制度改革》,徐
建主编,中国方正出版社 2005 年版,这部著作收集了中英双方专家、学者就
英国保释制度及我国少年司法制度改革与完善专题组织的三次研讨会的论
文及文章。相关论文主要列举如下:(1)《我国少年法庭的成就和进一步探
索》;(2)《发展中的中国少年刑事司法》;(3)《少年犯罪实体法适用中的犯罪
构成特殊性探析》;(4)《国外少年司法制度评析》;(5)《论我国建立少年法院的
条件和必要性》;(6)《少年司法制度发展中一面与时俱进的旗帜——纪念长宁
法院少年法庭成立 18 周年》;(7)《保释与未成年人基本权利保护》;(8)《扩大
取保候审适用率是我国少年司法新一轮改革的关键》;(9)《论未成年人独立
主体地位与保护法的科学性、实践性》;(10)《少年司法是向传统理论的挑
战》;(11)《少年法学在中国的发展和定位——中国法学急需建立的一门新
学科》;(12)《对我国少年司法制度创新发展中未成年人构罪理论和实践探
索的一些思考》;(13)《攀登少年司法制度理论新高地——读〈未成年人构罪
论〉有感》。

第三类是未成年人法律体系建设研究。徐建教授是我国未成年人法律
体系建设的重要参与者,他率先草拟了全国首部地方性青少年保护法
规——《上海市青少年保护条例》,为《未成年人保护法》提供了宝贵的实践
经验,还极大地推动了该法的迅速颁布与实施。此外,他还对构建完备的少
年法体系有着深入思考。主要论著有:(1)《法律怎样保护青少年》,徐建主
编,百家出版,1993 年版,系我国哲学社会科学“七五”规划国家重点科研项
目“青少年犯罪与我国青少年立法研究”研究资料的一部分。(2)《〈上海市
青少年保护条例〉立法记实》《上海市青少年保护条例》起草办公室编,上海
社会科学院出版社 1987 年版。(3)《学生法律实用读本》,徐建主编,华东师
范大学出版社 2001 年版。相关研究在徐建教授的论文中也有所体现,主要
列举如下:(1)《国外青少年法的状况和比较》;(2)《我国青少年法立法历史
概述》;(3)《论我国保护青少年立法的新发展——介绍上海市青少年保护条

例》;(4)《中国特色青少年保护第一法——〈上海市青少年保护条例〉忆往开来》;(5)《二十一世纪中国青少年法律保护的走向》;(6)《我国青少年法法制建设发展中的一座里程碑》;(7)《论〈预防未成年人犯罪法〉总纲——〈预防未成年人犯罪法〉学理简介》;(8)《论我国未成年人犯罪预防体系——〈预防未成年人犯罪法〉简介之二》;(9)《论〈预防未成年人犯罪法〉的法律责任——〈预防未成年人犯罪法〉法理简介(三)》;(10)《家庭教育立法的思考》;(11)《中国未成年人法律保护的新发展——解读修改后的〈未成年人保护法〉》;(12)《伟大变革中的我国青少年犯罪与未成年人保护法》。

第四类是未成年人自我保护的研究。徐建教授较早地洞察到未成年人自我保护的重要性,这也是他研究生涯中的一个重要特色,他对此问题展开了深入的研究,旨在加强对未成年人的全方位保护。主要著述列举如下:(1)《中国未成年人权益保护法律体系》;(2)《青少年素质培养是百年大计》;(3)《认真抓好薄弱环节全面提高青少年素质》;(4)《论青少年犯罪预防中的自我保护与防范》;(5)《论未成年人权利保护失当与认识原因》;(6)《〈青少年依法保护自己手册〉序》。

二、 徐建先生的传奇人生

徐建教授的人生历程一波几折,但是他不忘初心,始终怀揣着对知识的炽热追求和对祖国的深情厚意,无论何时何地都是勇挑重担,敢于奉献自我。从踏入学术殿堂的那一刻起,他便脚踏实地,勤奋耕耘;直至成为学界泰斗,他仍笔耕不辍,不断追求卓越。每一阶段的积累与沉淀,都如同坚实的基石,支撑着他取得令人瞩目的成就,并铸就了他深厚的学术底蕴。

(一) 服从国家需要,从中国实际出发,成功走上刑事法学教学科研之路

徐建于 1934 年 3 月出生在山东烟台,他的童年时期正值日本帝国主义发动全面侵华战争。家乡沦陷后,姐姐和祖母失去联系,父母带着他与弟弟四处逃难,辗转于烟台、上海、武汉和重庆等地。自幼经历日本侵华战争带来的苦难和折磨,徐建展现出超乎常人的懂事、刻苦性格。亲历了国难当头和国民党贪污腐败而造成的家破人亡、民不聊生的现实后,他深受触动并愈发勤奋励志。在中学时期,因受进步思想的熏陶,他对渴望民族振兴,国家富强的追求被进一步激发。

1951 年,年仅 17 岁的徐建考入国立复旦大学政治系。第二年,全国高

等院校院系调整,复旦大学、南京大学、东吴大学法学院、厦门大学法律系等合并创建一所新型法律专业高等学府——华东政法学院。他随之转入华东政法学院,由此踏入法学之门。

1954 年 8 月,经过寒窗苦读的徐建以优异成绩从华东政法学院毕业,服从统一分配,到国家最需要的地方去,从此学生时代画上了圆满的句号。当时国家正好在鞍钢筹建新中国第一个专门检察院,受命筹建检察院的检察长来华政选中了刚毕业的徐建,他欣然服从分配,很快做好离开家乡奔赴东北的准备。戏剧性的一幕发生在临行前夕——学校突然派人找徐建谈话,因华东政法学院刚刚建立,需要留下一批优秀的学生培养做教师,经领导批准,决定徐建留校任教。几分钟的谈话,让他从东北"回了"上海做老师,从此在组织的教育培养下,走上新中国高等法学教育、科研之路。从走上法学教育的岗位的第一天起,"坚持理论联系实际,从中国实际出发"就成为徐建一生遵循并坚持的座右铭。从担任干部培训班、专科班任辅导助教开始,徐建就下了决心,要在教书育人和学术研究的岗位上一步一个脚印,任凭教学与学术研究跋涉之路艰难挫折,不惜一生奉献出自己的心血和年华。在回忆起这段经历时,徐建教授感慨:"我们这代人,是受磨难的一代人,也是受锻炼的一代人、幸运的一代。"徐建一路走来遇到很多困难和挑战,也接受了很多帮助和支持,经历种种,让他得到锻炼,不断成长。

闯过第一关。1954 年,依据教育部文件要求,华东政法学院需要开设"刑法学"课程,这一重担落在了彼时新建的刑法教研室肩上。教研室遂决定,青年教师都要参加写讲稿,这便成为徐建九九八十一难的第一关。当时新中国还没有刑法典,只有中央在 1951 年制定的新中国第一个单行刑法《中华人民共和国惩治反革命条例》,以及之后颁布的《中华人民共和国惩治贪污条例》《中华人民共和国妨害国家货币治罪暂行条例》等。在这样的背景下,校领导决定让教研室学习北京等兄弟院校的经验,除讲单行法专题外,同时开设《苏维埃刑法的几个基本问题》课程,借鉴当时苏联刑法教材,结合中国实际情况,给学生讲刑法的一些基本理论。于是,教研室的一些老干部和与徐建一同毕业的学生,不畏艰难,共同努力搜集资料,千方百计地找到了一本珍贵的苏联刑法书籍,大家争先恐后地排队翻阅这本书,并且不辞辛劳地抄写它。在此过程中,他们还进行了深入的调查研究,探索我国当时的司法实际状况与中央的刑事政策。经过近一年的不懈努力,他们最终完成了一份具有特殊时期烙印的讲稿,阐述了刑法的"阶级性"、犯罪构成理论,同时分析了现实情况及其存在的问题。此外,讲稿还包括了群众路线和为人民服务等重要议题。讲稿虽然内容粗浅,但现在看来,这实际上是教研室集体对我国刑法学教学伊始的探索和创新。为了学习借鉴苏联的理论和经验,徐建还突击提升俄语水平,并翻译了当时苏联新出版的《审判员手册》。随后,为了培育年轻教师,组织上特别安排徐建与另一位青年教师前往全国人大参与立法调查工作。他们的任务是收集和整理各地法院在实际审判中运用的"罪名",为全国的刑事立法工作提供宝贵的立法资料。这一经历不仅拓宽了青年教师的视野,也显著提升了他们的专业水平,对徐建而言,这段经历对其后来的成长和职业发展起到了至关重要的作用。

最大的考验是在 1956 年。根据教育部的文件要求,华东政法学院被指定开设一门全新的课程——"犯罪对策学"(后来又称为"司法鉴定学")。在这一重要任务上,学校精心选拔了徐建进行授课。由于当时这门课程在全国范围内尚属首创,且徐建需要独立承担这一艰巨任务,这无疑是一项巨大的挑战。然而,徐建不仅成功跨越了这一难关,而且这段经历也给他留下了终生难忘的记忆和宝贵的成功体验。徐建一直感恩学校从多方面给他指导和支持,创造条件让他学习、备课、攻关。他首先前往学校图书馆和上海图书馆,开始搜集涵盖公安、侦查、指纹等领域的书籍,特别关注那些从苏联翻译过来的相关书籍和资料。不仅如此,他甚至还回溯到年轻时阅读过的中国古代侦探小说,以及国外翻译的福尔摩斯侦探小说等,力求全面掌握该领域的知识。有了一定准备后,徐建在组织的支持下前往了中国人民大学犯罪对策教研室参加备课,以及去往中央民警干校(沈阳)参加调查研究、总结经验和课题研究。他还曾前往抚顺战犯监狱调研,在那见到了正在服刑中的末代皇帝溥仪,并与之交谈。徐建在备课方面与众不同,他始终坚持扎根于实践。他深刻认识到,要想将这门具有强烈实践性质的课程讲授得生动精彩,使学生学有所获,关键在于自己首先要成为一个既掌握理论知识、又深入了解中国公安的实际操作、特点和经验以及有具备实际侦查技能的专家。为此,徐建全身心地投入到公安工作第一线,坚持在实践中学习,积累提高实际操作能力和水平,他还争取到了前往公安部在沈阳的警犬基地的学习机会,并在沈阳市公安局工作了几个月。在此期间,徐建穿上了警服,什么都干,如 24 小时刑警值班、出现场勘查、参加做各种鉴定、破案抓人……，只为更快更好地扩充知识储备、提高实战能力和教学水平。徐建为了提高教学质量，从无到有地新建了具有一定规模的实验室；为了讲解司法弹道痕迹，郑文卿老院长亲自与公安部联系，让华政犯罪对策教研室实验室获得了配备多种教学用枪支等器械的机会。特别是后来，学校通过司法部请来两位苏联专家（柯尔金和科勒马可夫），在他们的帮助下，教研室的水平获得显著提升。这期间，徐建与张传祯、高随捷、江素贞、叶约瑟等一批年轻的同事们一起奋斗，编写教材和辅导材料。在1957年历经波折后，他终于对58届本科学生首开并完成讲授犯罪对策学（后必名为司法鉴定、刑事侦查学）课程，得到校领导和学生好评。当时的刑事侦查教研室，也就是犯罪对策教研室（包括法医学、司法会计领域），在全国政法院校中拥有显著的实力和规模。这个教研室的建设过程虽然辛苦，但却充满了热情和探索精神，这正是其开设新专业课程并取得成功的关键。实际上，这些创新的实践不仅是一次成功的尝试，而且为1979年华政复校后能够顺利开设融合了中国公安实际操作、特点和经验的《刑事侦查学》课程奠定了坚实的基础。

（二）不忘初心，顺利、挫折、磨难都是对一个共产党员的考验和锻炼

1957年，"反右派斗争"猛烈冲击法学界，中国法学教育事业遭受严重的挫折。刚刚跨入法学之门、极力钻研并期望在专业上能有所作为的徐建也不可避免地受到批判和打击，但是他没有消极，相信组织相信党，不忘初心，经受住了种种考验。

五十年代末，华东政法学院被合并取消。徐建教授回忆这段经历时说："五七年，'极左'的影响，法学凋零，我国法治建设停滞甚至倒退，华东政法学院、上海财经学院、复旦大学法律系一起被并掉，成立上海社会科学院。我感觉搞法学没有前途，就选择去哲学研究所搞我比较有兴趣的哲学了。我一度集中精力研究自然科学中的哲学问题《自然辩证法》，因为这个领域比较新，国家需要，我也有一定条件，对我很有吸引力。经过几年努力，发表过几篇文章，也合作翻译出版过一本著作，但深入下去认识到自己自然科学基础不足，难有作为。"

十年动荡期间，徐建和许多同代人一样，再次经受挫折和考验，脱离专业，到港口做最苦最重的搬运工、到五七干校改造劳动，1969年，到遥远的东北黑龙江省呼玛县兴华公社插队（后改为"知青学习慰问团"），在黑土地上辛勤劳作六年。期间，零下三四十度打场，晚上点的煤油灯都被冻得熄灭；

深山伐木,如果不能准确判定树木倒的方向,就有伤亡的危险;掏粪像开山一样,用铁镐才能打开冻得像石头一样的粪便;夏天山林灭火,蚊子小咬,水粮补给不上,火场火势变化凶险,不上去很难体会困苦和难险……经历对人真是考验不断,这样特殊的年代、特殊的环境,恰让他不忘初心,加深了社会的认识和国家的期望。

文革结束后,党的十一届三中全会召开,开启了"拨乱反正"的重要历史时期。1976 年,徐建调回上海五七干校教书,不久调市科委在政策研究室负责科技信息情报,1978 年提任科长。由于徐建的知识结构比较适应科委工作,他在此期间参与了上海市科学技术大会的筹办工作,反馈科技前沿攻关、创新信息,并得到领导的肯定和赞赏。徐建在科委工作第一线享受到科学的春天,同时,法学的春天也来到了。

1979 年,随着中央政府批准华东政法学院复校,学院马上向徐建发出邀请,徐建应邀回归,重新踏回了这所刚刚恢复招生的华政校园,依然从事他所擅长的、中断了十余年的犯罪对策学教学与研究。在此期间,徐建面对国家发展和社会进步中现实问题,急党和国家之所急,想党和国家之所想,在完成教学任务的同时,关注研究犯罪和青少年犯罪及预防、治理问题。这是当时我国社会稳定、经济发展中面临的紧迫问题,是我国刑事法学、犯罪研究中的空白,他决心放下自己比较熟悉的专业,转而探索青少年犯罪预防和未成年人保护的新领域,尽己所能填补这个国家的空白。这个决心得到领导和方方面面的支持和关心,一路走来就是 50 多年,青少年犯罪问题、未成年人保护、少年司法制度……,就此成为他毕生奋斗与生命无法割舍的事业。

(三) 团结合作,敢于创新,锚定青少年犯罪与未成年保护的研究方向奋斗

1979 年 8 月 17 日,中央发出了《中共中央转发中央宣传部等八个单位〈关于提请全党重视解决青少年违法犯罪问题的报告〉的通知》,青少年犯罪问题被提到党和国家以及各级党委政府的重要议事日程上来。

徐建敏锐地意识到这是一个现实存在又亟待解决的重大社会问题,具有重要的意义和价值。他依然坚持扎扎实实的工作作风,从头做起,收集研究资料、制定计划、创造条件、主动请命,在副院长曹漫之的带领下,依靠团队力量,与实际部门长期紧密合作,率先在上海组建青少年犯罪研究基地,

开展了有规模的青少年犯罪一线调查。1980 年,徐建写了《一个事关未来的社会问题》一文,并在《上海社会科学》1980 年第 4 期上发表,该文被认为是我国第一篇公开发表的研究我国青少年犯罪的理论文章,广受社会关注。时值团中央正在北京筹备召开全国未成年人保护法立法座谈会,并专程派人赴上海点名邀请他参加座谈会。座谈会于 1980 年 8 月在北京召开,历时 6 天,创中国青少年保护法研究和立法历史之先河,是这个领域开拓创新、发展的里程碑。参与会议的有胡启立(时任团中央书记,后任中共中央政治局常委、中共中央书记处书记)、陶希晋(时任全国人大法制委员会副主任,著名法学家,主持起草中华人民共和国刑法、刑诉、民法等)和最高人民法院、最高人民检察院、司法部、教育部、全国总工会、全国妇联等中央部门,北大、人大、北京政法学院、华东政法学院等代表 60 余人。这次会议在理论引领和推动实践探索方面作出了重大贡献,也为徐建提供了积极参与全国高层次学术研究和组织策划活动的平台和机遇。

　　会后,华政领导班子十分重视这个课题的重要意义和社会价值,于是曹漫之同志亲自主持并联系上海市公检法等相关部门协调合作,建立联络机制,提出具体课题,制定计划,筹集和落实经费,抽调人员并交由徐建具体负责。同年,徐建应中国社科院青少年研究所邀请,起草《全国青少年犯罪研究规划》,积极参与全国高层次学术研究和组织策划活动。为解决理论界和实务部门紧缺专业资料的问题,在谢昌逵(青少年研究所)、郭翔、马晶淼(北京政法学院)、康树华(北大法律系)等配合、支持下,专职赴京编纂《青少年犯罪研究资料》(1—4),两个月完成约 150 万字的选删、审定、编排、定稿等任务。这套书乃国内业界首套具有强专业性的书籍,内容包括国内外法律法规及其研究、当时国内最新的论文和研究、案例和调查报告、外国青少年犯罪动向和治理资料,对推动国内同行学习研究、提升理论水平和治理对策能力发挥了不少作用。

　　1981 年,华政正式建立了青少年犯罪研究组,后升格为青少年犯罪研究室,开始探索青少年犯罪、少年法学课程教学和课题研究。在此基础上,1986 年经司法部批准,华东政法大学成立了全国第一个青少年犯罪研究所,由徐建负责。

　　1982 年,上海逐渐形成了以华东政法学院为核心的强大研究力量,这一力量聚集了大学、研究机构和实际操作部门,形成了一个组织严密、协作紧密的团队。在这个团队的推动下,相关的理论研讨和实践探索活动异常活跃,为全国在相关领域的发展起到了引领和示范作用。例如,在校领导的鼎力支持和曹漫之老院长的直接指导下,徐建成为全国首位联合多个部门,倡导并起草《上海市青少年教育保护条例》的专家。同年,他还创立了中国第一份面向国内外公开发行的定期刊物——《青少年犯罪问题》,这本刊物专注于犯罪与少年法的核心理论研究。此外,徐建还参与了合作试点未成年人刑事审判合议庭和少年司法"一条龙"服务等多个研究课题。

1985年,遵循中共中央(85)20号文件的精神,上海市人大开始筹划《上海市青少年保护条例》的起草工作,并在1986年正式成立了《上海市青少年保护条例》起草办公室。在市人大法制委员会陆明的直接组织、领导下,徐建作为专业骨干和主要起草人,汇聚了多方力量,历时一年多,十易其稿,最终于1987年由市人大审议通过并正式颁布,同年10月1日施行。该条例是全国第一个综合性的青少年保护地方法规,是上海这一时期理论和实践探索成功的经验的总结和立法提升,它的颁行实施,极大地推动了全国各省市有关法规的制定和全国未成年人保护法的诞生。在此后一年里,全国有十七八个省(市)借鉴上海的经验,制定通过了青少年保护条例或法规,上海成为公认的我国少年司法和少年法的发源地。

随着社会对青少年犯罪问题的关注日益增加,这一领域的研究逐渐受到政府和法学界的高度重视。早在1982年6月,中国青少年犯罪研究学会在广西南宁成立,得到了中共中央宣传部的正式批准。在会上,徐建被选为常务理事兼副秘书长,开始了他在该学会的领导角色。随后,徐建在学会中担任了多个重要职位:1987年被选为副会长,1996年担任执行会长,直至2000年荣膺第二会长。在这些年里,徐建为推动研究会的发展作出了卓越的贡献,促进了青少年犯罪研究的深入与发展。

(四)与时俱进,不断创新,推动中国少年法治和青少年保护在新时代的发展

青少年犯罪和青少年法、青少年保护是分不开的。在这方面,国外早已有实践和经验,例如美国早在1899年就在伊利诺伊州制定了世界上第一部少年法庭法。在上世纪80年代末期,徐建曾获邀前往海外考察学习,他的行程涵盖了美国、日本和英国等国家。特别是在美国伊利诺伊州,他参观了世界上第一个少年法庭的旧址,这一经历给他留下了深刻的印象。基于这些

观察和体验,徐建深入思考了在当代中国建立少年法庭的必要性、时代性和特殊性。他特别关注少年法庭与中国独特的社会环境、丰富的历史传统以及现有的法律法规制度之间的联系和协调问题,这些考量体现了他对中国少年法学发展复杂性的深刻理解和洞察。

万事开头难,而创新更难。面对少年犯罪大幅度上升,审判工作量大、效果不好,重犯、再犯率高等问题,法院怎样审理未成年犯罪案件才能实现审判目的、得到更好的社会效果? 他带着研究人员及学生,在上海长宁法院开始了长达几个月的调研,翻阅多年的全部少年刑事案件档案。在调研中,他们深入细心发掘犯罪未成年人的生理心理特殊性、犯罪原因、家庭环境、父母情况、教育方法、营养发育、学校教育、学习交友、认知水平、习惯爱好、罪错认识……,经过个案分析、分类分析、统计分析,比较分析,看到许多特点与一般成年人很不相同,有些特点与成年人比甚至是不可理解,无法解释。对于这些犯罪少年,必须要有不同于成年人的提问、谈话、交流、沟通、接触的"审理""处置"方法,才能合理、科学、有效,实现公平、正义。只有关爱、平和、疏导、说理才能感化、挽救、改造……,他的研究成果、观点和思想获得了长宁法院副院长李成仁的高度赞赏和支持,二人的思路高度一致,特别是在关于改革少年罪犯审判的必要性方面,共同认为必须对现有的少年审判体系进行深刻的改革。但是,这项改革和探索不仅要改进审判方法,还涉及审判人员、组织机构、制度创新等法律规定,更要考虑是否偏离当时经常强调的"严打"方针。他们经过反复学习研究,以《法院组织法》为依据,选派有业务水平、懂心理学、有爱心的审判员,建立相对稳定、专门的合议庭来负责审理未成年人犯罪案件。组建专门的少年刑事案件合议庭进行试验,合法可行,符合国家利益,有利于社会稳定。他们顶着压力开始了长达三年的试点工作,成效显现,审判氛围得到改善,少年犯认罪、改过的自觉性明显提高,重新犯罪率从百分之 6.6％降到了 2.2％,下降幅度十分显著,得到公众好评、社会赞扬,《青少年犯罪问题》杂志公开刊登李成仁等署名的文章,这是第一次公开长宁法院组建专门的少年刑事案件合议庭的经验总结。之后,华政青少所的肖建国在《中国法制报》发表文章,很快获得最高人民法院领导肯定,林准副院长在一次全国少年工作会议上明确指出"这就是中国的少年法庭"。中国第一个少年法庭——上海市长宁法院审理少年刑事案件合议庭应运而生,并迅速推向全国基层法院,到 1994 年底,全国法院已建立少年法庭 3369 个,而上海也就成为了中国少年司法制度的摇篮。

　　这里不得不提一个小插曲,徐建教授在少年司法改革研究中还曾两次涉足编创、拍摄电视剧。这是因为,少年刑事案件合议庭在全国许多基层法院推开后,还是受到一些人的质疑,有的同志甚至尖锐批评"少年法庭"是"慈善庭",其丧失立场,为罪犯讲话,为此,长宁法院联手徐建教授共同策划并制作了两部电视剧《拯救》。该剧通过对真实案例的改编,生动地展示了"少年法庭"如何帮助罪犯改过自新,成为对社会有益的人。同时,剧集也形象地描绘了少年法庭在保护社会安全和人民生命财产方面所发挥的重要作用。第一次是用电视剧宣传、论述少年庭的全新的核心思想和理论原则:"寓教于审,审教结合"。第二次是一部多集的纪实性法制教育片,应实际部门的要求和社会需求而制作。该片重点探讨了家庭教育、家庭关系及家庭环境对少年犯罪的影响,该作品是在与南通电视台著名编导任大洪先生的紧密合作下完成的,最终定名为"为了母亲的微笑"。

　　五十年来,徐建教授紧跟我国社会的进步和变化,从不松懈,不断了解、研究新情况、新问题。他针对不同时期、不同情况,多次就建立少年法庭、少年法院以及未成年人检察制度提出了深入的意见和建议。他曾应邀前往英国参加学术交流和考察,他将英国的"合适成年人"制度引入到了中国,并组织了不同规模的研讨会,旨在将其与中国的少年司法制度和实践相结合,实现本土化。此外,他还提出了关于中国未成年人权益保护的法律体系构想、未成年人构罪研究的不足及解决方案的建议。他还深入探讨了未成年人法治教育的三个层次及其递进性、科学技术发展对青少年犯罪的影响、刑事责任年龄以及社会上其他重大热点课题的研究等领域等等。半个多世纪,一直围绕着青少年保护和少年司法的理论与实践,呕心沥血,他获得了诸多荣誉和表彰。

　　未成年人犯罪和预防、未成年人教育和保护,少年司法、少年法律体系……,是培育中国社会主义接班人不可与缺的重要组成部分,是关系到子孙后代千秋大业,具有战略意义。但是由于种种原因,我国在这方面与发达国家比,起步晚,问题矛盾多,投入少,要走的路还很长。徐建教授经常警示自己,与时俱进,新时代急需理论和实践的重大创新突破。

三、 徐建先生的主要学术观点与重要贡献

　　徐建教授长期深耕于青少年犯罪预防、青少年立法、未成年人保护以及

少年司法改革等领域的理论和实践研究。他不仅提出了众多具有深远影响力的重要理论观点,更致力于将自己的学术知识与深刻见解融入实践中,为我国青少年犯罪研究和未成年人保护的伟大事业作出了重要贡献。

(一) 关于青少年犯罪问题的相关研究

作为我国青少年犯罪研究的先驱,徐建教授对青少年犯罪问题始终保持着高度的关注。他凭借非凡的洞察力,总能精准地捕捉到那些涉及青少年犯罪的细微且重要之处,这些问题往往是在社会变迁的进程中尚未引起广泛关注的,或是那些刚刚显现的青少年犯罪新趋势。徐建教授的研究不仅深入,而且具有前瞻性,他始终站在预防青少年犯罪的前沿。

1. 青少年犯罪的概念界定

徐建教授认为,若要研究青少年犯罪问题,就必须要先对"青少年犯罪"这一概念进行准确理解和把握。[①]未成年犯罪行为符合刑法中的构成要件标准和年龄的界限标注,是我国刑法意义上的"未成年人犯罪"概念,是狭义的"青少年犯罪"概念。而青少年犯罪的研究中不能把"犯罪"一词局限于刑法规定追究刑事责任的那部分青少年犯罪行为上,其内涵和和外延是需要大于刑法规定的,所以以对"青少年犯罪"的研究应当扩大到青少年危害社会的全部行为上,即指 25 岁以下的青少年的犯罪行为和违法行为。具体来说,就是在年龄上要研究刑法上未达到刑事责任年龄的人实施的危害社会行为,以及那些已满 18 岁但在生理、心理特点和行为特征上仍具有幼稚、不成熟性的这部分青年人的犯罪行为;在行为上,不仅要研究犯罪行为,还要研究青少年与犯罪有关的一些危害行为,包括青少年犯罪前过程表现,以及与犯罪行为有内在联系的青少年不良品行、习惯、不轨活动、违法行为等。徐建教授所提出的关于青少年犯罪的广义概念,对于全面、科学地研究青少年犯罪的发生、发展及其变化规律具有深远的影响。这一概念不仅有助于寻找有效的治理对策,还对教育和挽救更多青少年,促进科学发展和社会进步具有重大意义。

2. 青少年犯罪现象研究

"充分调查研究"是徐建教授进行犯罪学研究的重要方法。徐建教授认

---

① 参见徐建:《中国青少年犯罪的发展变化与防治》,1988 年 2 月撰写于上海,发表于日本成文堂。

为,预防青少年犯罪研究首先要客观、准确地评析现状。①不断调查研究并科学、准确地分析其发展变化及其趋势,是犯罪研究与实施对策中需要不断进行探索的重要课题。②因此,徐建教授曾从不同角度对青少年犯罪进行过数据统计,对特殊群体的犯罪进行讨论(如"富二代犯罪"③"农村青少年犯罪"④),以及对当时的青少年犯罪状况进行评析⑤等。通过对不同阶段、不同类型、不同地区的犯罪情况做记录、趋势研究,探究青少年犯罪的发生机制和发生前后的变化规律、查明原因,这不仅有助于制定有效的预防措施和治理对策,也是对全面认识和把握青少年犯罪的本质和变化规律非常有价值的举措。即使在信息传递受限的年代,他仍旧坚持不懈地广泛搜集全国各地的青少年犯罪数据,这一努力极大丰富了他的研究成果,也为深入总结和预测我国青少年犯罪趋势提供了至关重要的支持,相关研究也获得了实务界和理论界的普遍认可。

3. 青少年犯罪预防研究

徐建教授格外重视综合治理在预防青少年犯罪中的价值,其认为,预防、减少青少年犯罪的根本措施在于"综合治理"。⑥早在上世纪 80 年代,他就提出,青少年犯罪是一个非常复杂的社会问题,涉及到社会各个方面。⑦因此,对于青少年犯罪的预防不能只靠一个部门或少数人,而需要进行综合治理,即依靠党的领导,各方配合,从经济、政治、行政、教育、道德、法律等各方面来保护、培养、塑造青少年。同时,徐建教授还提醒道:"我国青少年犯罪问题的长期性与严重性,绝不是短期可以顺利解决的,它需要举国上下真正重视并长期努力,不能因为取得了一些成就,比如犯罪的暂时下降、稳定控制,就放松警惕,或者对形势产生不正确的判断。我们对犯罪形势一定要有充分的认识,要在理论上、文件上、政策上提高社会治安综合治理的地位,要

---

① 徐建:《创新有效预防青少年犯罪工作的思考》,载《青少年犯罪问题》2014 年第 3 期,第 4 页。

② 董方、徐建:《对改革开放以来我国刑事犯罪增减变化的评析》,载《青少年犯罪问题》1995 年第 2 期,第 1 页。

③ 徐建:《"富二代"犯罪的法律思考》,载《青少年犯罪问题》2009 年第 6 期,第 4—5 页。

④ 徐建:《试论青少年犯罪团伙发展的新趋势》,载《中国法学》1984 年第 2 期,第 14—20 页。

⑤ 董方、徐建:《对改革开放以来我国刑事犯罪增减变化的评析》,载《青少年犯罪问题》1995 年第 2 期,第 1—5 页。

⑥⑦ 徐建:《青少年犯罪问题研讨》,载《社会科学》1980 年第 4 期,第 85 页。

在实践中、措施中、工作中将其真正放上重要位置。"①

此外,徐建教授特别提出要创新有效预防青少年犯罪工作,要具备动态战略思维,不断研究新情况、新动向、新变化。②这是徐建教授在充分把握青少年犯罪的历史变化及其发展情况并对当下青少年犯罪问题进行准确判断之后提出的观点。早在1990年,徐建教授就提出一个警示性论点:"未成年人犯罪的严峻性不仅表现在数量上升上,今后可能更主要的是表现在犯罪性质、类型、危害的严重性上。"此后,他除了表示对青少年犯罪问题形势依旧较为严峻、总体呈上升趋势,短期内难有根本改变的担忧外,又强调说明青少年犯罪性质、类型、危害的严重性趋势应比数量增减更应得到重视和关注。"③在解决路径上,徐建教授指出:"在应对如此暴力性、结伙性、智力性、危害特别严重犯罪的情况时,需要特别注重事前预防工作。而欲要有效预防,就必须进行战略创新,动态思考,强调研究新情况、新动向、新变化、新问题、新矛盾,并相适应提出突出探索新思路、新的关注点、新手段、新措施、新方法、新的组织形式、新的作战方案、新的工作机制等。要做到这一点,需要我们做好以下工作:依靠群众、依靠全社会来收集信息;及时发现问题的隐患,并建立需要关注的人和事信息库;随时组织进行危险性的评估、筛选、沟通、通报;提示环境信息、重点保护区域、人、物;增加地区或区域间合作,适时进行危险预警,防止突发事件或恶性犯罪的发生。"④

(二) 关于少年法基础理论的相关研究

徐建教授在少年法理论领域有着深入的研究,他尤其重视构建具有中国特色的少年法体系,并深刻理解少年法学作为一门独立学科的独特价值。此外,徐教授对少年犯罪构成的特殊性作了详尽而深入的剖析,并提出了与成年人刑事惩罚理论截然不同的独到见解。他这一新颖思路,为少年法研究指明了新的方向,极具启发性,值得我们进一步深入思考和探索。

① 徐建、忠孝:《立足现实预测我国青少年犯罪的发展》,载《青少年犯罪问题》1995年第3期,第5页。
② 徐建:《创新有效预防青少年犯罪工作的思考》,载《青少年犯罪问题》2014年第3期,第5页。
③ 皮艺军:《中国少年司法理论与实践的亲历者——徐建先生访谈》,载《河南警察学院学报》2015年第4期,第20页。
④ 参见徐建:《创新有效预防青少年犯罪工作的思考》,载《青少年犯罪问题》2014年第3期,第5页。

1. 少年法学的发展与定位研究

少年法学是一门在分岐、争议中诞生的法学新学科。虽然在中国官方认定的法学学科分类和学科系列中还没有少年法或少年法学的分类,也没有法学学科、法律门类、部门的划分。在学者专家中除非专门关注少年司法和少年法学者外,一般都不甚关注少年法学的特殊性及其独立存在和发展的必要性、理论价值、现实意义。但是徐建教授坚信,少年法学是一门社会需要、价值重大、发展空间很大,大有可为的科学、法学大学科,所以,必须有远见地将其创建为一门法学体系中的独立学科。[①]另外,徐建教授对于少年法学作为一个独立的法学学科所具备的核心要素有着深刻的理解。他指出,少年法学所调整的法律关系有其独特性,这是其他法学领域所无法替代的。这包括了少年的不良行为、违法犯罪行为、少年特殊行为、与少年有关的行政关系,以及少年与少年、少年与成人、少年与社会、少年与家庭、学校以及社会组织之间的特定关系等多个方面。[②]目前,我国的少年司法已经建立了一系列特殊的程序和制度,这是历史性的重大创新和突破,是对以成人为中心的法律制度的无可争辩性提出的挑战。但是徐建教授认为,目前少年法学的发展仍是滞后于立法和少年司法发展的需要,所以,有必要大力加强对少年法学理论的构建和探索。[③]探索少年法学理论可以为立法和司法提供强有力的支持,而少年法学理论的构建与少年法学独立地位的确立分不开。

2. 未成年人特殊主体地位的研究

一方面,关注未成年人的特殊独立地位。徐建教授在研究未成年人保护法律时强调,未成年人的特殊独立主体地位是一个具有根本意义的课题,承认未成年人的特殊独立主体地位对于制定完善的、有创造性、针对性、实效性的未成年人保护法律,构建科学的、严密的、能动的未成年人保护体系至关重要。[④]独立主体是指,真正承认且在法律上保证在《未成年人保护法》及其保护体系中,未成年人与成年人有平等地位。徐建教授指出:"'平等'

[①]　徐建:《少年法学在中国的发展和定位》,载《青少年犯罪问题》2009 年第 4 期,第 4 页。

[②]　徐建:《少年法学在中国的发展和定位》,载《青少年犯罪问题》2009 年第 4 期,第 8 页。

[③]　徐建:《少年法学在中国的发展和定位》,载《青少年犯罪问题》2009 年第 4 期,第 6 页。

[④]　徐建:《论未成年人独立主体地位与保护法的科学性、实践性》,载《青少年犯罪问题》2005 年第 2 期,第 4 页。

不是一般的抽象、空泛地作秀,也不是把未成年人视为珍宝、成为消极被保护的接受者承受者,更不是形式上说是独立主体而实际上视为被圈养、被恩赐者,而是让他们成为切实享有平等权利,受到尊重有主观能动性,有发言权、参与权、决定权的公民。"①

另一方面,关注未成年人在犯罪构成中的特殊性。徐建教授在上世纪90年代就提出,未成年人犯罪构成标准及其相关的理论和科学处置发展是将少年司法制度理论提升到了新的高度。他期望,相关研究者应当持续深入地研究未成年人犯罪的特殊性,以此支持少年司法逐步摆脱成人刑法的桎梏,踏上真正的少年刑事司法制度的发展之路,为解决少年刑事司法实体规则变革这一核心问题提供理论支持。②徐建教授不但从理论上研究未成年人犯罪构成的特殊性,还利用与长宁法院的合作,坚持理论与实际紧密结合,深入研究、剖析该院1984—1993年已结案的全部少年刑事案件,从中逐步发现少年犯罪构成的特殊性,由此进一步意识到加强研究正确处理少年案件的重要价值与现实必要性。③鉴此,他提出,少年犯罪构成的特殊性体现在主体、主观方面、客体、客观方面中,对于这些方面的特殊性形成有效的认识和科学判定,才能有助于少年犯罪案件的正确处理,实现公平、公正。④同时,徐建教授还认识到,未成年人构罪研究中最大的关键是立法,而理论研究成果对于立法有促进作用,所以他殷切希望少年司法制度方面的研究能够繁荣,并坚信我国立法机关不会忘记少年司法这个特殊领域。⑤

3. 未成年人权利保护研究

未成年人的权利保护是一项系统工程,不仅有未成年人的自我保护,还涉及家庭、学校以及司法部门等社会的方方面面。徐建教授较早意识到,未成年人自我保护是一项有待重视的权利,关注未成年人自我保护与自我防

---

① 徐建:《论未成年人独立主体地位与保护法的科学性、实践性》,载《青少年犯罪问题》2005年第2期,第4页。

② 参见徐建:《攀登少年司法制度理论新高地——读〈未成年人构罪论〉有感》,载《青少年犯罪问题》2017年第4期,第5—6页。

③ 徐建:《少年犯罪实体法适用中的犯罪构成特殊性探析》,载《青少年犯罪问题》1997年第6期,第8页。

④ 参见徐建:《少年犯罪实体法适用中的犯罪构成特殊性探析》,载《青少年犯罪问题》1997年第6期,第9页。

⑤ 参见徐建:《对我国未成年人构罪理论和实践探索的思考》,2017年8月29日于滁州会议上的发言。

范是犯罪预防观念的进步与飞跃。①他认为,家庭、学校、社会、国家的保护和管理属于预防青少年犯罪是预防青少年犯罪的外在保护力量,外部力量、因素要通过或结合青少年自我保护的力量和自身素质因素,②将未成年人本身作为积极能动的主体,发挥未成年人自我保护的主动性、积极性、能动性,③才能将预防体系发挥最大、最好的作用,否则这个预防体系是不全面的。本世纪初,我国预防青少年犯罪注意力集中在制约外在力量或控制外在环境上,实践中收获了一定效果,但是整体的预防效果仍不是很理想。因此,徐建教授认为,在青少年犯罪的对策中,青少年犯罪预防中的自我保护与自我防范目前经验不多,亟待深入研究。④所以,徐建教授提出,我国应当制定《未成年人自我保护指导法(通则)》,适应未成年人生理心理特点,确保未成年人保护战略、理论、指导思想的完整性、能动性、科学。⑤到 2014 年,年至耄耋的徐建教授再次强调,要强化未成年人自我保护在创新有效预防青少年犯罪工作体系中的重要作用,并直接指出,在过去的十余年间,我国对于青少年自我保护和自我预防意识的培养还是没有得到真正落实,多是停留在口头上的说教,自我保护需要落实实践教育上,比如,开设培训班、夏令营,编写教材。⑥

(三) 关于少年法治建设的相关研究

徐建教授倾其数十年之精力投身我国少年法治的建设与发展。他不仅直接参与了相关的立法工作,更以独到的前瞻性视角,对少年法体系的完善与发展进行了深入研究。他的许多创新见解和深刻论证,不少都被立法机关及司法部门采纳,为推动我国青少年法治进步的道路上留下了浓墨重彩

①　徐建:《论青少年犯罪预防中的自我保护与防范》,载《青少年犯罪问题》2000 年第 5 期,第 9 页。

②　徐建:《创新有效预防青少年犯罪工作的思考》,载《青少年犯罪问题》2014 年第 3 期,第 6 页。

③　徐建:《论未成年人独立主体地位与保护法的科学性、实践性》,载《青少年犯罪问题》2005 年第 2 期,第 5 页。

④　参见徐建:《论青少年犯罪预防中的自我保护与防范》,载《青少年犯罪问题》2000 年第 5 期,第 9 页。

⑤　徐建:《少年法学在中国的发展和定位——中国法学急需建立的一门新学科》,载《青少年犯罪问题》2009 年第 4 期,第 10 页。

⑥　参见徐建:《创新有效预防青少年犯罪工作的思考》,载《青少年犯罪问题》2014 年第 3 期,第 6 页。

的一笔。

1. 少年法体系建设的先行者

第一，参与起草、制定《上海市青少年保护条例》。《上海市青少年保护条例》作为我国第一部地方性保护青少年的专门法规，不仅填补了我国在青少年法律保护方面的空白，更是我国未成年人法治建设的历史长河中的重要里程碑。而徐建教授正是这部具有划时代意义的《条例》的见证者和直接参与者，他的贡献极大地推动了我国在保护青少年立法方面取得新的发展。

积极推动构建全面的未成年人法律保护体系。徐建教授认为，青少年保护是一个涉及千家万户、各行各业的复杂的社会系统工程，不仅要改善和优化青少年生活、学习、工作环境，而且从青少年自身来说，也包括需要保护的若干特殊方面。①因此，《上海市青少年保护条例》根据各个部门的性质、特点和职能，分别规定了他们在保护青少年工作中所应当承担的责任，使保护落到实处。而且，条例将综合治理的科学指导思想贯彻始终，从系统保护的全局系统出发，把青少年保护看作是一个总系统，下分国家保护、家庭保护、学校保护、社会保护、青少年自我保护五个子系统，保证分工负责能够在青少年保护中做到责任明确，协调一致，进而实现治标与治本，预防与治理，整体保护与特殊保护统一起来。②其推动了上海市未成年人保护工作呈现政府主导、社会参与、学校和家庭密切配合的良性发展的格局，形成比较完整的未成年人保护工作网络体系和专、兼职相结合的未成年人保护工作者队伍，卓有成效地开展未成年人保护工作过程中，发挥了重大的作用。③所以，从一定意义上说，青少年保护法就是一部"综合治理法"，这是《上海市青少年保护条例》的一个重要特色。

第二，号召并推动家庭教育立法。家庭教育是教育未成年人成人成才的重要一环。习近平同志指出："家庭是人生的第一个课堂，父母是孩子的第一任老师。孩子们从牙牙学语起就开始接受家教，有什么样的家教，就有什么样的人。"④自徐建教授着手青少年犯罪和未成年人保护的调查研究之

---

① 徐建:《论我国保护青少年立法的新发展》,载《法学》1987 年第 9 期,第 14 页。

② 徐建:《论我国保护青少年立法的新发展——介绍上海市青少年保护条例》,载《中美青少年犯罪问题学术论讨会论文》,第 7 页。

③ 肖建国:《"上海实践"到"上海理论"——论未成年人法律保护的"上海模式"》,载《青少年犯罪问题》2005 年第 4 期。

④ 习近平著:《论党的思想宣传工作》,中央文献出版社 2020 版,第 282 页。

时,他便敏锐地察觉到家庭教育的重要性。因此,在制定《上海市青少年保护条例》时,他积极提议将家庭教育保护纳入保护体系,并将其置于国家机关保护之后的重要位置,以凸显其举足轻重的地位。①随着研究的逐步深入,徐建教授又屡次强调家庭教育立法的迫切性,更是高瞻远瞩地意识到,上海可以充分发挥在家庭教育方面的广泛影响和良好基础,积极推动相关立法工作。为此,他不断地提出富有建设性的意见和建议。

2001年,上海市妇联、上海市家庭教育研究会决定把家庭教育立法提上议事日程,徐建与起草小组成员一起,收集资料,经过调查研究,结合上海实际情况和问题,论证家庭教育立法的必要性。他们深入剖析家庭教育理念所存在的一些错误看法和认识误区,比如"棍棒底下出孝子""以爱代教""以钱代教",家庭教育是不可立法干预的私人领域等等,为家庭教育立法鸣锣开道。经过一年多时间,从无到有,起草组最终完成了《上海市家庭教育条例建议稿》,共计七章三十条,其中规定了家庭教育有关主体的职责;家庭教育指导的实施与管理;家庭教育指导网络;家庭教育指导培训;推广奖惩等等。尽管《条例》建议稿送人大审议未能采用,但实现了家庭教育立法的一次重要实践尝试,为后来的立法积累了宝贵资料和经验。

第三,倡导并构建中国的少年法体系。如何构建起少年法体系一直是徐建教授所钻研的重要问题,徐建教授在1996年就结合我国21世纪的青少年可能面临的四个问题,提出了青少年法律保护的未来走向,②又在2007年就中国未成年人权益保护法律体系提出设想,2016年,徐建教授结合我国未成年人法律保护体系的实际情况,再次对我国少年法体系的完善与发展提出了具有深刻参考价值的构想。③主要观点如下:

其一,少年法体系的建成标准。根据联合国儿童权利公约和我国特色社会主义法治理论,从我国法律体系下的一个分支领域思考,少年法律体系的标准至少有三:一是宪法的要求和赋权;二是分支领域的有关法比较全;

---

① 参见徐建:《中国特色青少年保护第一法——〈上海市青少年保护条例〉忆往开来》,载《青少年犯罪问题》2017年第3期,第14页。

② 徐建:《二十一世纪中国青少年法律保护的走向》,载《青少年犯罪问题》1996年第4期,第4—8页。

③ 徐建:《伟大变革中的我国青少年犯罪与未成年人保护法》,载《青少年犯罪问题》2016年第1期,第4—12页。

三是相关法律之间是否相互协调、衔接,是否形成了一个统一的有机整体。①徐建教授认为,我国当前已经基本具备第一个标准,而考虑到联合国的《儿童权利公约》比较科学和成熟,所以第二标准应参照《儿童权利公约》进行完善。②徐建教授通过对法律体系的深入研究,不仅体现了他对少年法律制度的关切,更凸显了他对于构建更为完备和适应时代需求的少年法体系的迫切思考,这种全面性、系统性的观察和深刻的洞察力为我们理解和改进少年法律体系提供了宝贵的学术支持。

其二,少年法体系的不足之处。英国救助儿童会组织专家将《儿童权利公约》全部的 41 条概括为四个权,即生存权、保护权、发展权、参与权。徐建教授认为,参照公约的四个权,我们的儿童权利还存在较大缺口。他具体指出了三个问题,一是缺乏保护未成年人的专门组织机构,比如少年法庭还缺少一个法律上的定位;二是我国还未制定《儿童福利法》,导致儿童的生存权、保护权及发展权缺乏有效保障;三是我国目前没有专门的少年刑法,紧缺专门的少年刑事处罚的专章,和适合未成年人犯罪的特殊处置法。③站在今天来看,徐建教授有关完善少年法体系的先见之明已经得到了实践的验证,显露出了他观点的高瞻远瞩。如我国《刑事诉讼法》已经将未成年人刑事案件诉讼程序独立成章,凸显了未成年人在刑诉程序中的特殊性。由此可见,徐建教授的观点不仅仅是抽象的理论构想,而是紧紧围绕着我国的现实情况所展开。

2. 少年司法制度进步的推动者

第一,参与创建中国第一个少年法庭。1984 年 11 月,徐建教授参与创建中国第一个少年法庭——上海市长宁法院审理少年刑事案件合议庭,由此开拓了一条中国少年法庭前进之路、发展之路。徐建教授一直参与并见证了长宁法院少年法庭的发展历程。从初步的探索创建,到 1987 年获得最高院的支持与赞赏后逐步推动少年法庭的程序化与制度化,再到 20 世纪末,长宁法院少年法庭建设迈入深化发展及与国外进行比较研究的新探索阶段,徐建教授都是这一历程中不可或缺的一员。徐建教授也特别关注国外

---

① 参见徐建:《伟大变革中的我国青少年犯罪与未成年人保护法》,载《青少年犯罪问题》2016 年第 1 期,第 9—10 页。

②③ 参见徐建:《伟大变革中的我国青少年犯罪与未成年人保护法》,载《青少年犯罪问题》2016 年第 1 期,第 10 页。

少年司法制度的新经验、新动向、新成果,为我国少年法庭的深化发展与创新开拓提供理论支持和比较、评析。此外,在徐建教授的推动下,华东政法大学和长宁法院之间的交流与合作已成为常态,双方在紧密的协作中相得益彰,使得一支有理论功底、实践经验和创新热情的长宁队伍不断壮大,持续推出了一系列的创新探索新成果,为少年法庭乃至少年司法的发展不断作出新贡献。在长宁法院少年法庭成立 18 周年的研讨会上,他盛赞长宁法院不但拥有与时俱进的精神与传统,更开拓了一条中国少年法庭前进、发展之路,是中国少年司法制度发展中一面与时俱进的旗帜。

第二,探索完善未成年人刑事司法诉讼程序。徐建教授在未成年人刑事程序法的构建方面,对我国的取保候审、社区矫正办法、教育令、司法分流、合适成年人参与制度、恢复性司法、前科消灭问题、限制与减少强制措施、扩大适用缓刑、社会调查、风险评估等问题,都作出了极具开拓性的研讨。

保护未成年人的基本权利是未成年人刑事司法诉讼程序的核心价值。徐建教授深刻认识到,羁押或监禁不是最好的刑罚方法,尤其是对未成年人来说更是如此。因此,他通过比较研究的方法,积极学习借鉴域外做法,为完善我国的未成年人刑事司法诉讼程序找寻新思路。例如,徐建教授就注意到,英国近年来创造了青少年犯罪小组(YOT)经验、建立了"暂居室",这些都是保障人身权利、最大限度减少关押的新办法、新途径。[1]但是,徐建教授在借鉴之余不忘结合中国实际情况,他认为,改革和完善我国取保候审制度是有难度的,所以,目前最可行的举措是扩大未成年人取保候审的适用率,扩大取保候审适用率是我国少年司法新一轮改革的关键。[2]他还指出,我国目前少年司法实践中的不少规定或探索是很有价值的,例如,检察院的"不起诉"规定;有的地方正在吸取国外做法,试探在诉讼过程中采用缓诉、缓判;法院根据法律规定责令家长管教,或吸取英国"监督令"的经验试发"监管令";在判处监禁的罪犯中依法适用保外就医,有的地方试行试工、试农、试读;对不进入司法程序的轻微犯罪者适用的工读学校学习、帮教等,其

---

① 皮艺军、翟英范:《中国少年司法理论与实践的亲历者——徐建先生访谈》,载《河南警察学院学报》2015 年第 4 期,第 20 页。

② 徐建:《扩大取保候审适用率是我国少年司法新一轮改革的关键》,载《青少年犯罪问题》2004 年第 1 期,第 4 页。

基本思想与保释都是一致的。①

四、结语

"芳草地红砖墙,百年学子拼搏场。坎坷复坎坷,潮落又潮涨,生生不息如长江。"当雄浑的华政校歌响起时,我们发现徐建教授与华政有着相同的坎坷经历,而二者都在磨难中愈发坚强并绽放出了耀眼的光芒。再听华政校歌,"莫忘莫忘,祖国未来担肩上,不负青春时光。"歌声勾画出徐建教授年轻时在韬奋楼中刻苦钻研的模样,那激荡心弦的旋律唤起了徐建教授曾经奋斗时的每一个画面。"莫忘莫忘,祖国未来担肩上,耀我明珠之光,耀我明珠之光。"随着歌声飘扬,徐建教授坚定选择将青少年犯罪与未成年人保护作为主要研究方向时的敢为人先的精神也愈发动人,正是这种"先天下之忧而忧"的勇气与担当,才造就了徐建教授今日之卓越成果,这份为国为民的担当令人敬佩。校歌唱的不仅是校,更是人,徐建教授传奇人生的跌宕起伏,都随着旋律跃动而呈现眼前。歌与人,共同构建起一段向内心深处探寻的深邃旅程,奏者、听者,无不沉浸其中。曲毕,音韵渺远,但徐建教授的乐章仍将在激昂的旋律中回荡。

---

① 徐建:《保释与未成年人基本权利保护》,载《青少年犯罪问题》2002年第3期,第20页。

图书在版编目(CIP)数据

中国青少年保护与犯罪防治四十年 / 徐建著.
上海：上海三联书店，2024. 10. -- ISBN 978-7-5426
-8629-9

Ⅰ. D922.74；D669.5

中国国家版本馆 CIP 数据核字第 2024E294A9 号

中国青少年保护与犯罪防治四十年

著　者 / 徐　建

责任编辑 / 郑秀艳
装帧设计 / 一本好书
监　制 / 姚　军
责任校对 / 王凌霄

出版发行 / 上海三联书店
　　　　　(200041)中国上海市静安区威海路 755 号 30 楼
邮　箱 / sdxsanlian@sina.com
联系电话 / 编辑部：021－22895517
　　　　　发行部：021－22895559
印　刷 / 上海展强印刷有限公司

版　次 / 2024 年 10 月第 1 版
印　次 / 2024 年 10 月第 1 次印刷
开　本 / 710mm×1000mm　1/16
字　数 / 780 千字
印　张 / 50.5
书　号 / ISBN 978－7－5426－8629－9/D・651
定　价 / 198.00 元

敬启读者,如发现本书有印装质量问题,请与印刷厂联系 021－66366565